RECHT UND KONSENS IM FRÜHEN MITTELALTER

VORTRÄGE
UND FORSCHUNGEN

Herausgegeben vom
Konstanzer Arbeitskreis für mittelalterliche Geschichte

Band LXXXII

JAN THORBECKE VERLAG

RECHT UND KONSENS IM FRÜHEN MITTELALTER

Herausgegeben von
Verena Epp und Christoph H. F. Meyer

JAN THORBECKE VERLAG

Gedruckt mit Unterstützung
der Deutschen Forschungsgemeinschaft

Bibliografische Information der Deutschen Nationalbibliothek
Die Deutsche Nationalbibliothek verzeichnet diese Publikation in der Deutschen Nationalbibliografie; detaillierte bibliografische Daten sind im Internet über http://dnb.d-nb.de abrufbar.

www.thorbecke.de

Satz: Schwabenverlag AG, Ostfildern
Druck: Memminger MedienCentrum, Memmingen
Hergestellt in Deutschland
ISBN 978-3-7995-6882-1

Inhalt

Vorwort

Der vorliegende Band setzt sich aus Beiträgen zusammen, welche für die vom Konstanzer Arbeitskreis für Mittelalterliche Geschichte e.V. vom 27.–30.3.2012 abgehaltene Tagung „Recht und Konsens im frühen Mittelalter" auf der Insel Reichenau verfasst worden sind und für den Druck überarbeitet und teilweise erweitert wurden. Seit der von Peter Classen im Jahre 1976 organisierten Doppelkonferenz „Recht und Schrift im Mittelalter" war dies die erste Tagung des Arbeitskreises, welche Historiker und Rechtshistoriker wieder miteinander ins Gespräch brachte.

In vergleichender Perspektive, die stärker bzw. schwächer romanisierte Regionen einander gegenüberstellt, wird untersucht, ob und inwieweit nach dem Ende des römischen imperium als einigender politischer, kultureller und rechtlicher Ordnungsmacht die Grundlagen von Staatlichkeit in den gentilen Königreichen der Westgoten, Ostgoten, Burgunder, Franken etc. auf dem Konsens über deren jeweils neue Rechtsordnungen beruhten. Geistliche und weltliche Versammlungen auf Reichs-, Provinz- oder lokaler Ebene werden als Rahmen solcher Konsensgesetzgebung und „assembly politics" (Reuter) betrachtet. Dabei wird die Tragfähigkeit der Hypothese erprobt, dass es ein consensus iuris christlicher bzw. römischer Prägung auf unterschiedlichen Ebenen war, der seit den foedera der Goten mit dem imperium 380/2 mithalf, neue politische Einheiten zu formen und zu stabilisieren. Leider konnte infolge der Absage von Wolfram Brandes (MPI Frankfurt) der Bereich des Byzantinischen Reiches nicht in den Vergleich einbezogen werden.

Als Herausgeber sind wir vielen Mitwirkenden zu Dank verpflichtet. In erster Linie den Referenten, die sich die Zeit nicht nur zum Vortrag, sondern zur weiteren Reflexion und Anreicherung Ihrer Beiträge im Lichte der Tagungsdiskussion genommen haben. Alle TeilnehmerInnen der lebhaften Diskussionen werden die Atmosphäre des denkenden Miteinanders in bester, auch von der Sonne verwöhnter Erinnerung haben. Für die Mühen der Organisation im Vorfeld und vor Ort danken wir Frau M. Folk und Frau S. Traber vom Arbeitskreis, die schon für die Erstellung des Protokolls verantwortlich zeichneten.

Für seine Umsicht und beharrliche Geduld bei der Koordination der Arbeiten zum Register danken wir unserem Kollegen, Herrn PD Dr. Otfried Krafft, weiterhin Herrn Oliver Teufer M.A. und Herrn Steffen Boßhammer sowie Frau Stefanie Riedasch M.A. für redaktionelle Tätigkeit im Vorfeld und nicht zuletzt Jeanette Grohmann für ihre tatkräftige Unterstützung im Sekretariat. Der DFG gilt unser Dank für die Finanzierung der Drucklegung. Dem Verlagsleiter des Thorbecke Verlages, Herrn Dr. Jürgen Weis, sagen wir für die sorgfältige Betreuung der Publikation verbindlichen Dank.

Marburg/Frankfurt am Main, im Herbst 2016

Verena Epp Christoph H. F. Meyer

Historische Einführung in das Thema ›Recht und Konsens im frühen Mittelalter‹

Verena Epp (Marburg)

Der Begriff des Konsenses ist in der Mediävistik vor allem seit dem einflussreichen Essay ›Konsensuale Herrschaft‹ von Bernd SCHNEIDMÜLLER beinahe zum Topos in der Beschreibung mittelalterlicher politischer Ordnungen geworden[1]. Die Tagung verfolgte das Anliegen zu erproben, ob die Formel, mittels derer er die Partizipation der Fürsten an politischen Entscheidungen für die Zeit ab 751 hervorhob, auch für das frühe Mittelalter, genauer für die Phase der Transformation des spätrömischen *imperium* in eine Pluralität von gentilen *regna*, Erklärungspotential entfalten könnte. Damit war gleichzeitig die Frage gestellt, worin sich antike Formen politischer Willensbildung und Entscheidungsfindung von mittelalterlichen unterscheiden und welche Traditionslinien sich möglicherweise ziehen lassen. Auch eine Definition des Begriffs »Konsens«, welche bei SCHNEIDMÜLLER noch offen geblieben war, sollte auf diese Weise vorbereitet werden.

In der historischen Forschung wird die Konsensbasierung mittelalterlicher Königsherrschaft seit den 1980er Jahren herausgestellt,[2] um das einseitige Bild vom starken

1) Vgl. etwa Steffen PATZOLD, Konsens und Konkurrenz. Überlegungen zu einem aktuellen Forschungskonzept der Mediävistik, in: FmSt 41 (2007), S. 75–103; DERS., *Consensus – concordia – unitas.* Überlegungen zu einem politisch-religiösen Ideal der Karolingerzeit, in: *Exemplaris imago.* Ideale in Mittelalter und Früher Neuzeit, hg. von Nikolaus STAUBACH (Tradition – Reform – Innovation 15), Frankfurt/M. u. a. 2012, S. 31–56; DERS., Konsens und *consensus* im Merowingerreich (in diesem Band), S. 265–297 mit zahlreichen Literaturhinweisen.

2) Janet NELSON, Legislation and Consensus in the Reign of Charles the Bald, in: DIES., Politics and Ritual in Early Medieval Europe, London 1986, S. 91–116; Gerd ALTHOFF, Colloquium familiare – colloquium secretum – colloquium publicum. Beratung im politischen Leben des früheren Mittelalters, in: Ders., Spielregeln der Politik im Mittelalter, Darmstadt 1997, S. 157–184; Bernd SCHNEIDMÜLLER, Konsensuale Herrschaft. Ein Essay über Formen und Konzepte politischer Ordnung im Mittelalter, in: Reich, Regionen und Europa in Mittelalter und Neuzeit, Festschrift für Peter Moraw, hg. von Paul-Joachim HEINIG, Berlin 2000, S. 53–87; Verena POSTEL, *Communiter inito consilio:* Herrschaft als Beratung, in: Politische Reflexion der Welt des späten Mittelalters/Political Thought in the Age of Scholasticism. Essays in Honour of Jürgen Miethke, hg. von Martin KAUFHOLD, Leiden 2004, S. 1–25; Burkhard APSNER, Vertrag und Konsens im früheren Mittelalter. Studien zu Gesellschaftsprogrammatik und Staatlichkeit im

deutschen König- und Kaisertum zu korrigieren, welches eine national gesonnene Verfassungsgeschichte des 19. Jhs. gezeichnet hatte[3]. Der Konsensbegriff spielte bereits in Jürgen HANNIGS Dissertation zum »*consensus fidelium*« eine wichtige Rolle: Er sah freilich in der Einbindung der Großen in die frühmittelalterliche Königsherrschaft weniger eine Strukturkonstante politischer Ordnung als einen propagandistischen Begriff, der den Usurpationscharakter karolingischer Herrschaft verschleiern und den Adel zur Mitarbeit auch unter den gewandelten Verhältnissen auffordern wollte.

Seit dem Ende der 1980er Jahre hat die Forschung den Blick darauf gelenkt, dass auch »starke« Herrscher auf die Mitwirkung ihrer Großen angewiesen waren, auf deren Bereitschaft, Heeresfolge zu leisten und an Beratungen am Hof teilzunehmen und Entscheidungen mitzutragen. Timothy REUTER hat dafür den Begriff »assembly politics« geprägt[4]. Die Frage der Versammlungen für das Zustandekommen von politischem Konsens wird insbesondere im Beitrag von Chris WICKHAM zentral sein. Er sieht in den politischen Versammlungen, auf denen Konsens und damit Legitimität hergestellt wurde, ein kennzeichnendes Merkmal frühmittelalterlicher Staaten – und diesen Begriff gebrauche ich hier bewusst[5]. Gerade weil Konsens in der Erwartungshaltung nicht nur der Eliten, sondern aller Freien als zentral für politische Entscheidungen gegolten habe, hätten sich die Könige bemüht, Versammlungen zu organisieren, um Konsens herzustellen und zu inszenieren.

Das Zustandekommen politischer Entscheidungen war seiner Ansicht nach im frühen Mittelalter in erster Linie kollektiv begründet, erst in zweiter Linie habe der König steuernd eingegriffen, um die Meinungsbildung zu lenken[6].

westfränkischen Reich, Ostfildern 2006; Roman DEUTINGER, Königsherrschaft im ostfränkischen Reich, Trier 2006, dort besonders: Teil II, 1 Herrschaft durch Konsens: Ratgeber und Rat, S. 225–272; Steffen PATZOLD, Konsens und Konkurrenz (wie Anm. 1), S. 75–103; Matthias BECHER/Alheydis PLASSMANN (Hgg.), Streit am Hof im frühen Mittelalter, Göttingen 2011, mit Beiträgen unter anderem von: Daniel EICHLER, Karolingische Höfe und Versammlungen – Grundvoraussetzungen, S. 121–148; Andrea STIELDORF, Adel an der Peripherie im Streit mit dem höfischen Zentrum, S. 223–245; Linda DOHMEN, [...] *evertit palatium, destruxit consilium* [...] – Konflikte in und um den Rat des Herrschers am Beispiel der Auseinandersetzungen am Hof Ludwigs des Frommen (830/31), S. 285–316; Steffen PATZOLD, *Consensus – Concordia – Unitas* (wie Anm. 1), S. 31–56; Gerhard DILCHER, Konsens, in: HRG 3 (^{2}2013), Sp. 108–117.

3) S. dazu auch Steffen PATZOLD, S. 270 f. in diesem Band.

4) Timothy REUTER, Assembly Politics in Western Europe from the Eighth to the Twelfth Century, in: The Medieval World, hgg. von Peter LINEHAN und Janet NELSON, London 2003, S. 432–450; s. dazu auch P. S. BARNWELL (Hg.), Political Assemblies in the Earlier Middle Ages, Turnhout 2003.

5) Zur Diskussion: Walter POHL, Staat und Herrschaft im Frühmittelalter. Überlegungen zum Forschungsstand, in: Staat im frühen Mittelalter, hg. v. Stuart AIRLIE, Wien 2006, S. 9–38.

6) Das Interesse an politischer Entscheidungsfindung im Mittelalter ist in jüngster Zeit unter Historikern intensiver geworden. Matthias BECHER hat 2009 eine Tagung zum Streit am Hof im frühen Mittelalter organisiert (s. Anm. 2). Dabei beschrieb er den mittelalterlichen Hof als einen Ort des Interessenausgleichs, an dem Entscheidungen gefällt werden mussten, die nicht zu gewaltsam ausgetragenem Streit führen

Verschiedene Beobachtungen schienen mir die Anwendbarkeit der Formel von der konsensualen Herrschaft auch auf frühere Phasen der Geschichte nahezulegen.

Nicht erst das Königtum der Karolinger, Ottonen, Salier und Staufer war auf die Zustimmung wichtiger geistlicher und weltlicher Großer angewiesen[7], um als moderierender Vermittler in Konflikten regieren zu können. Bereits die Rechtsordnungen der nachrömischen *regna* als Basis der neuen politischen Gemeinwesen wurden im Konsens zwischen König und Großen verschriftlicht und promulgiert[8]. Daher stellte ich mir die Frage, ob dieser Modus der politischen Gestaltung nicht wesentlich früher und (auch) aus römischer Tradition in das Mittelalter gelangt wäre. Für Jürgen WEITZEL[9] war bekanntlich das fränkisch-deutsche Recht vom Konsens der Rechtsgenossen abhängig und prägte damit auch die politische Ordnung. Doch auch das römische Recht, dem so oft einseitig unterstellt wird, allein den monarchischen Absolutismus später auch des Papsttums gefördert zu haben, besaß einen Traditionsstrang, der ausgehend von der ›lex de imperio Vespasiani‹ eher die Mitwirkungsrechte des *populus* akzentuierte[10]. Welche Rolle spielten in diesem Zusammenhang die *foedera*, die seit den Gotenverträgen 380/2 die Ansiedlung gentiler Gruppen auf dem Boden des *imperium* regelten? Welche Vorstellungen und Praxen von Konsens wurden in dieser Zeit entwickelt?

Prägnant formuliert hatte den Gedanken konsensualer Rechtsbindung politischer Gemeinwesen bereits Cicero in der ›Res publica‹, wenn er in ihr den Beginn staatlichen Zusammenlebens verortete:

> *Res publica res populi. Populus autem non omnis hominum coetus quoquo modo congregatus, sed coetus multitudinis iuris consensu et utilitatis communione sociatus. (De rep. 1,25,39)*

Wie kein anderes Zitat führt uns diese Cicerostelle in den Kern der Frage. Waren, wie für die Römer, auch für die nachrömischen *regna* nicht nur das Recht, sondern auch die Formation und Legitimität politischer Einheiten an den Konsens breiterer Kreise ge-

durften. Eine entscheidende Rolle kam dabei der Fähigkeit des Herrschers zu, solche Prozesse entsprechend zu lenken, auf Konsens hinzuwirken.

7) Beim Begriff »Konsens« fällt jedem Mediaevisten der brillante Essay ›Konsensuale Herrschaft‹ von Bernd SCHNEIDMÜLLER ein. Dabei ging es ihm darum, das Charakteristische mittelalterlicher »Herrschaft« im Gegensatz zu jenen Befehl-Gehorsam-Beziehungen zu benennen, welche Max WEBER in den berühmten drei Typen legitimer Herrschaft voneinander abgegrenzt hatte (rationale, traditionale und charismatische Herrschaft). Er hat »die konsensuale Bindung von Herrschaft als Grundlage alteuropäischer Ordnung zu begreifen« gesucht; SCHNEIDMÜLLER, Konsensuale Herrschaft (wie Anm. 2), S. 53–87, Zitat S. 65.

8) Verena EPP, Gesetzgebung und Integration in der Zeit der sog. Völkerwanderung, in: Migration als soziale Herausforderung. Historische Formen solidarischen Handelns von der Antike bis zum 20. Jahrhundert, hgg. von Joachim BAHLKE u. a., Stuttgart 2011, S. 77–99.

9) Jürgen WEITZEL, Dinggenossenschaft und Recht. Untersuchungen zum Rechtsverständnis im fränkisch-deutschen Mittelalter, Köln 1985.

10) Yves CONGAR, Quod omnes tangit, ab omnibus tractari et approbari debet, in: Droit ancien et structures ecclésiales, hg. von DEMS., London 1982, S. 210–259.

bunden? Im römischen Rechtsdenken wurde der Verstoß gegen eine *lex* als Bruch einer Verpflichtung gesehen, die man sich durch Konsens selbst auferlegt hatte. Da auch nach dem Zerfall des Westreichs die romanischen Provinzialen das Recht als den Kern ihrer Tradition ansahen, blieb diese Tradition präsent[11]. Nicht Fremdbestimmung, sondern Selbstbindung also an der Basis von Staatlichkeit? Hier begann auf der Tagung eine folgenreiche Diskussion: Ging es beim Konsens nicht so sehr um die Begründung von »Herrschaft«, ein anachronistischer Begriff auch für das frühere Mittelalter[12], sondern um gemeinsame Selbstverpflichtung auf das Recht? Die Tagungsdebatte führte in der Tat zu einer wesentlichen Akzentverschiebung, welche auch der inzwischen erschienene Artikel ›Konsens‹ im Handwörterbuch zur deutschen Rechtsgeschichte betont: der Begriff Konsens entfaltet sein Erklärungspotential nicht so sehr im Kontext des Herrschaftsbegriffs, sondern primär im Zusammenhang der Konsentierung einer Rechtsordnung als Basis politischer Einheiten. »Der Konsens ist eine wichtige Form der Legitimation von Recht, seiner Genese und seiner Geltung.«[13]

Die Arbeitshypothese, der wir nachgehen wollten, lautete also: der von den Römern als konstitutiv für jedwede Staatlichkeit erachtete Konsens eines Gemeinwesens über seine Rechtsordnung lag auch den nachrömischen *regna* zugrunde. Die in den *foedera* mit den zuwandernden *gentes* sichtbar werdenden vertraglichen Abmachungen zwischen Rom und den barbarischen Königen und *gentes*, welche diesen Territorien des *imperium* und Jahrgelder überließen gegen die Verpflichtung, für die Römer Kriegsdienst zu leisten, waren *pacta*, die das Recht als Grundlage des Zusammenlebens verschiedener Ethnien erkennen lassen. Es sollte demnach um die Frage gehen, ob ein »*iuris consensus*« bereits seit der Spätantike, im Konsens der gentilen *regna* über ihre Rechtsordnungen, als politische Basis der Königreiche angelegt war. Dies würde das weit verbreitete Bild der »barbarischen Gesellschaft« des Frühmittelalters, deren agonale Prägung Georg Schei-

11) Dies belegt ein Brief (epist. V,5) des Sidonius Apollinaris, des Bischofs von Clermont (ca. 470–486), der aus einer Familie der galloromanischen Senatsaristokratie stammte und Schwiegersohn des Kaisers Avitus war, an seinen Freund, den Rechtsgelehrten, Dolmetscher, Übersetzer und Richter Syagrius. Der »neue Solon« hatte die burgundische Sprache so gut erlernt, dass die Burgunder sich fürchteten, in ihrer Sprache Barbarismen zu begehen. Sidonius schreibt von ihm: »Gebeugte germanische Greise bestaunen Dich, wie Du Briefe übersetzt, und sie ziehen dich als Richter und Schlichter in ihren Angelegenheiten bei [...]. Und obwohl sie gleichermaßen körperlich wie geistig unbeweglich und unsensibel sind, lernen und erfassen sie in Deinen Worten doch zugleich ihre Muttersprache und das römische Wesen (*sermonem patrium, cor Latinum*).« Gaii Solii Apollinaris Sidonii Epistulae et Carmina, hg. von Christian Lütjohann, Berlin 1887, S. 80/81. Das römische Recht als Ausdruck des römischen Wesens drang offenbar selbst durch den Filter der Übersetzung zu den Barbaren durch.

12) Vgl. dazu Walter Pohl, Herrschaft, in: Reallexikon der Germanischen Altertumskunde 14 (^{2}1999), S. 443–457.

13) Dilcher, Konsens (wie Anm. 2), Sp. 109.

BELREITER beschrieben hat, beträchtlich modifizieren[14]. Die nachrömischen *regna* würden damit noch stärker in römischer Tradition wurzeln als es bisher gesehen wird.

Für die Richtigkeit der Annahme eines auch römisch beeinflussten Konsensdenkens am Anfang der nachrömischen *regna* schienen mir folgende Indizien zu sprechen. Zunächst die Gesetzgebungsberichte der *leges*. Nehmen wir das Beispiel Burgund[15]:

Die Verschriftlichung von Rechtsnormen im *regnum* setzte bereits vor 501 unter König Gundobad († 516) ein, den auch Gregor von Tours als Gesetzgeber der Burgunder bezeichnet[16]. Die ›Lex Gundobada‹ wurde nicht einseitig vom König verordnet, sondern auf einer Versammlung mit den Großen des Reiches beraten und dann verabschiedet. Sie besitzt damit Einungscharakter. *Consensu omnium* wurde zum Beispiel auch eine Novelle Gundobads beschlossen, in der es darum geht, eine Prozessverschleppung durch die Richter zu verhindern.

Den Charakter der *lex* als Konsensgesetzgebung bezeugen insbesondere am Schluss der *prima constitutio* die Unterschriften von 31 *comites*. Ein ewiger Vertrag, eine *perpetua pactio*, stand am Anfang des Burgunderreiches, welches sich einer gemeinschaftlichen Willensbildung (*communi omnium voluntate*) nicht nur der Großen, sondern sogar des gesamten Volkes verdankte, welches wahrscheinlich auf einer Volksversammlung als Umstand seine Zustimmung gegeben hatte. Dieser breite, nicht nur auf die wenigen *optimates* beschränkte Konsens sicherte der Sammlung die Akzeptanz. Hier treffen wir Konsens im Sinne gemeinschaftlicher politischer Willensbildung.

Was DEUTINGER[17] für das Ostfrankenreich des 9. Jahrhunderts betont, galt bereits hier: Konsens und *regalis potestas* bedingten einander, sie waren zwei Seiten einer Medaille. Gundobad brauchte die Zustimmung von Romanen und Burgundern, um seiner Sammlung Akzeptanz und Dauerhaftigkeit zu sichern und damit seine Herrschaft zu stabilisieren, indem er als Friedensstifter wirkte.

14) In dieser Richtung argumentierte bereits Jürgen WEITZEL, Die Bedeutung der Dinggenossenschaft für die Herrschaftsordnung, in: Leges, gentes, regna. Zur Rolle von germanischen Rechtsgewohnheiten und lateinischer Schrifttradition bei der Ausbildung der frühmittelalterlichen Rechtskultur, hgg. von Gerhard DILCHER und Eva-Marie DISTLER, Berlin 2006, S. 351–366, hier S. 360: Er hält es für »nicht gerechtfertigt, das Konsensprinzip erst in der Karolingerzeit entstehen sehen zu wollen.«

15) Beispiele für Konsensgesetzgebung gibt es auch für spätere Jahrhunderte: So berichtet Beda über die Gesetzgebung König Aethelberts (HE 11,5), dass der König sich mit seinen Beratern abstimmte und dann eine förmliche Erklärung seiner Entscheidung abgab, zu der die Großen ihre Zustimmung gaben. Auch Rotharis Gesetzgebung, 643 vor dem Feldzug nach Ligurien im Palast von Pavia unter Beschwörung der langobardischen Invasion Italiens 76 Jahre vorher promulgiert, dürfte als eine solche Identitäts- und Legitimitätsbeschwörung gewertet werden.

16) Gregor von Tours, Decem libri historiarum, hgg. von Bruno KRUSCH und Wilhelm LEVISON, Hannover 1937 (MGH SS rer. Merov. 1,1), II, 33.

17) Roman DEUTINGER, Königsherrschaft im ostfränkischen Reich. Eine pragmatische Verfassungsgeschichte der späten Karolingerzeit, Ostfildern 2006 (Beiträge zur Geschichte und Quellenkunde des Mittelalters 20).

Das Beispiel Burgund mag die Richtung unserer Fragestellung aufgezeigt haben: Welche politische Bedeutung und Ausstrahlung hatte Konsens in den frühmittelalterlichen *regna?*

Der Blick auf das Ostgotenreich, den John MOORHEAD in diesem Band wirft, erweist einmal mehr die Bedeutung des »*generalis consensus*« zwischen Goten und Römern zur Zeit Theoderichs, den bereits Cassiodor so intensiv beschwor[18].

Die konkrete Idee zu dieser Tagung entstand dann im Frühjahr 2007 auf der Reichenau, als die von Herrn KÖLZER und Herrn SCHIEFFER organisierte Tagung ›Von der Spätantike zum Frühmittelalter: Kontinuitäten und Brüche, Konzeptionen und Befunde‹ stattfand. Während seinerzeit eine Region, die Gallia, im Fokus des Interesses stand und anhand ihres Beispiels im Wege der dichten Beschreibung nach Kriterien und Grenzen historischer Periodisierung gefragt wurde, sollte diese Tagung gleichsam komplementär eine europäisch vergleichende Betrachtung der politisch-gesellschaftlichen Integration der nachrömischen *regna* leisten, welche sich aus dem Transformationsprozess des spätantiken *imperium* nicht nur im Westen des Mittelmeerraumes, sondern auch in Byzanz und Nordafrika entwickelten. Leider blieb der Blick auf Byzanz wegen der Absage von Wolfram BRANDES aus.

Die Tagung sollte dennoch einen ersten Baustein zu einer solchen vergleichenden europäischen Geschichte liefern, wie sie theoretisch seit Marc BLOCH 1928 oder Otto HINTZE 1930 auf der Agenda steht[19] und in den letzten zehn Jahren auch von der deutschen Mediaevistik stärker in den Vordergrund gerückt wird[20]. Gleichzeitig soll der Dialog zwischen Geschichtswissenschaft und Rechtsgeschichte intensiviert werden, der

18) Z. B. Var. VIII, 2, 3 (Cassiodori Senatoris Variae, hg. von Theodor MOMMSEN, MGH Auct. Ant. 12, Berlin 1894); Verena EPP, Goten und Römer unter Theoderich d. Gr., in: Migration und Integration. Aufnahme und Eingliederung im historischen Wandel, hgg. von Matthias BEER u. a., Stuttgart 1997, S. 55–73.

19) Marc BLOCH, Pour une histoire comparée des sociétés européennes, Revue de synthèse historique, 46 (1928), S. 15–50, deutsche Übersetzung Marc BLOCH, Für eine vergleichende Geschichtsbetrachtung der europäischen Gesellschaften, in: Alles Gewordene hat Geschichte. Die Schule der ANNALES in ihren Texten 1929–1992, hgg. von Matthias MIDDELL und Peter SCHÖTTLER, Leipzig 1994, S. 121–167. O. HINTZE, Typologie der ständischen Verfassungen des Abendlandes, in: HZ 141 (1930), S. 229–253.

20) Heinz-Gerhard HAUPT/Jürgen KOCKA, Historischer Vergleich: Methoden, Aufgaben, Probleme. Eine Einleitung, in: Geschichte und Vergleich. Ansätze und Ergebnisse international vergleichender Geschichtsschreibung, hgg. von DENS., Frankfurt/Main 1996, S. 9–39, passim; Michael BORGOLTE, Vorwort, in: Das europäische Mittelalter im Spannungsbogen des Vergleichs. Zwanzig internationale Beiträge zu Praxis, Problemen und Perspektiven der historischen Komparatistik, hg. von DEMS. (Europa im Mittelalter 1), Berlin 2001, S. 9–10; Johannes PAULMANN, Internationaler Vergleich und interkultureller Transfer. Zwei Forschungsansätze zur europäischen Geschichte des 18. bis 20. Jahrhunderts, in: HZ 267 (1998), S. 649–685; Jürgen KOCKA, Comparison and Beyond, in: History and Theory 42 (2003), S. 39–44.

durch Martin PILCHS am Frühmittelalter entwickelte Kritik des juristischen Denkens in Normensystemen in jüngster Zeit neue Impulse erhalten hat.[21)]

Zum Aufbau der Tagung: Es wurde bewusst versucht, innerhalb des europäischen Vergleichs stärker beziehungsweise schwächer romanisierte Rechtskreise nebeneinander zu stellen, namentlich vom Beispiel Irlands erhofften wir uns eine mögliche »Kontrasterfahrung«. Wir fragten nach den Ordnungsgefügen der nachrömischen *regna*, und dazu gehörte vor allem das Recht als gedachte und gelebte Norm. Das »offene System« Staat, wie es Walter POHL charakterisiert hat[22)], verfügte in dem Zeitraum zwischen dem 5. und 9. Jahrhundert, den wir hier betrachten wollen, über verschiedene Regelungsmechanismen, die seine Stabilität in Zeit und Raum, seine Kohäsion sicherten. Fixpunkte entstehender Identität der *gentes* waren außer dem Recht die Sesshaftwerdung in einem bestimmten Territorium, die Zugehörigkeit zur *ecclesia*, zu einem *regnum* mit einem König, der die Fähigkeit besitzen musste, Konflikte nach außen und innen zu schlichten und Partizipation an politischen Entscheidungen als Lohn konkurrierenden Mächtigen zu gewähren, die Zugehörigkeit zu einer *gens* und ihrer *memoria*, wie sie sich in den *origines* und in Architektur sowie künstlerischer Produktion darstellte.

Welche Modelle von Recht und Konsens hatte das frühe Mittelalter vor Augen? Zunächst biblische. Schon das Alte Testament kennt den Bund (*pactum:* Ex. 19) Gottes mit dem Volk Israel, welcher von der Zustimmung der Beherrschten getragen und mit einem Ehebund verglichen (Jes. 62,5) wird. Folgt man NEHLSEN[23)], war dieses Modell im Mittelalter präsent. Noch etwas muss bewusst bleiben: Reden über Konsens setzt die Überzeugung voraus, dass es menschliche Willensfreiheit gibt. Die lange Tradition des *consensus*-Begriffs in der stoischen Wahrnehmungs- und Handlungstheorie, die dem Mittelalter über Augustinus ›*De civitate Dei*‹ (9,4) vermittelt wurde, und vor allem in der Auffassung der griechischen und lateinischen Kirchenväter, welche die in der Entscheidungsfreiheit begründete Zustimmung als Voraussetzung einer Zusammenarbeit (*cooperatio*) zwischen Gott und den Menschen sahen, kann ich hier nur andeuten und die Frage aufwerfen, inwieweit dieser Gebrauch von *consensus* als sündentheologischer Begriff auf seine Verwendung im profanen Bereich ausstrahlte[24)]. Thomas NOBLE hat in seinem Beitrag Papst Gregors des Großen Vorstellungen von Sünde, Verbrechen, Strafe und Erlösung analysiert.

21) Martin PILCH, Der Rahmen der Rechtsgewohnheiten, Wien/Köln/Weimar 2009.

22) POHL, Staat (wie Anm. 5), S. 38.

23) Hermann NEHLSEN, Der Einfluss des Alten und neuen Testaments auf die Rechtsentwicklung in der Spätantike und im frühen Mittelalter bei den germanischen Stämmen, in: Leges, gentes, regna (wie Anm. 14), S. 203–218.

24) Raymonde CALONNE, Le libre arbitre selon le traité des principes d'Origène, in: Bulletin de littérature ecclésiastique 89 (1988), S. 243–262.

Auch das Vorbild der Urkirche als *cor unum et anima una* (Apg. 4,32) diente zumal in Klöstern und Orden als Leitmotiv. Welche Rolle spielte Konsens in Mönchskonventen und auf Konzilien? Franz FELTEN hat in seinem grundlegenden Beitrag zur ›Herrschaft des Abtes‹ festgestellt, dass sich der Rat der Mönche, wie ihn die Benediktsregel im dritten Kapitel vorsah, im Laufe der Zeit, namentlich seit dem 8. Jahrhundert, vom *consilium*, auf das der Abt als Stellvertreter Christi, dem die Mönche Gehorsam schulden, gleichwohl hören sollte, zum rechtlich relevanten *consensus* fortentwickelte[25]. Steffen PATZOLD hat die Parallelität dieser Entwicklung mit der Abschichtung einer *mensa fratrum* seit dem 9. Jahrhundert hervorgehoben, welche die auch wirtschaftliche Unabhängigkeit der Mönche sicherte[26]. Sprechen diese Beobachtungen gegen einen so frühen Ansatz konsensualer Ordnungsvorstellungen und -praktiken, wie wir ihn vorschlagen?

Wie kam Konsens auf Konzilien zustande? Durch eine Mehrheit oder aufgrund des Übergewichtes einer *sanior pars?* Folgt man Wilfried HARTMANNS Überlegungen zu den westgotischen Konzilien auf dieser Tagung[27], so war schon die Einberufung für gewöhnlich Sache des Königs, nach dem Vorbild der von den christlichen Kaisern der Spätantike einberufenen Konzilien. Auch die Tagesordnung bestimmte er, wie Chlodwig in Orléans 511. Denn es war üblich, dass der König einen *tomus regius* den versammelten Bischöfen überreichte, in dem die von ihm als wichtig erachteten Punkte genannt waren. Die westgotischen ›Ordines de celebrando concilio‹ lassen freilich erkennen, dass in der Schlusssitzung vor einem breiten Publikum die angenommenen Kanones öffentlich verlesen wurden und die Anwesenden durch ihr Amen ihre Zustimmung ausdrücken konnten. Doch auch hier Ansätze eines Konsensrituals? Könnte man auch die am Ende der Kanones platzierten »*Placet, placet*«-Rufe als Hinweise auf eine Art Abstimmung deuten, die sich nach dem Vorbild der römischen Senatsverhandlungen abspielten? Diese waren den Bischöfen des 4. und 5. Jahrhundert gut bekannt: Wie die ›Lex Gundobada‹ so enthalten auch die Konzilstexte *subscriptiones* in Listenform.

Doch die geistliche Tradition ist nicht der einzige Bereich, in welchem Konsens zur Legitimation von Recht und politischer Ordnung gebraucht wurde. Aristoteles nennt ihn in der Politik (II,9,22), und vor allem die römische Republik und der Prinzipat – Augustus berief sich bekanntlich auf den *consensus universorum* – gründeten auf ihn.

Doch auch die *gentes*, die seit der Spätantike in den Mittelmeerraum einsickerten, brachten vergleichbare Verfahren mit. Jürgen WEITZEL[28] hat die dinggenossenschaftliche Rechtsprechung eingehend analysiert. In diesem Prozessverfahren ist demnach ein wei-

25) Franz FELTEN, Herrschaft des Abtes, in: Herrschaft und Kirche. Beiträge zur Entstehung und Wirkungsweise episkopaler und monastischer Organisationsformen, hg. von Friedrich PRINZ, Stuttgart 1988, S. 147–296.

26) Steffen PATZOLD, Mensa fratrum und consensus fratrum, in: Kloster und Wirtschaftswelt im Mittelalter, hgg. von Claudia DOBRINSKI u. a., München 2007, S. 25–38

27) S. 87–115.

28) S. Anm. 8.

terer Ort des Konsenses zu suchen, der zu der Hypothese führt, dass christliche, antike und gentile Traditionen im Konsensverfahren als Mittel der Rechtsfindung und politischen Gestaltung konvergierten.

Konsens in der Rechtsgeschichte des frühen Mittelalters

Christoph H. F. Meyer (Frankfurt a. M.)*

Wer das Verhältnis von Herrschaft, Recht und Konsens im frühen Mittelalter vor dem Hintergrund der Wissenschaftsgeschichte betrachtet, kann sich an Goethes Wort über das römische Recht erinnert fühlen, »das, gleich einer untertauchenden Ente, sich zwar von Zeit zu Zeit verbirgt, aber nie ganz verloren geht, und immer einmal wieder lebendig hervortritt«[1]. Das moderne Wort »Konsens« verdeckt leicht den Blick dafür, wie weit das historische Interesse an *consensus* beziehungsweise *consentire* im Zusammenhang mit Recht und Herrschaft zurückreicht. Dies zeigt die Rolle eines frühmittelalterlichen Zitats in der französischen Literatur des späten Ancien Régime. Seitdem MONTESQUIEU in *De l'esprit des lois* (1748) den aus dem Edikt von Pîtres (864) stammenden Satz (*quoniam*) *lex consensu populi et constitutione regis fit*[2] zitiert hatte, wurde er beinahe zum geflügelten Wort und spielte als historisches Argument gegen die Gesetzgebungsbefugnisse des absoluten Monarchen in der gelehrten Diskussion bis zum Beginn der Französischen Revolution eine wichtige Rolle[3].

* Bei der Zitation der justinianischen Institutionen und Digesten werden im Folgenden Abkürzungen anstelle vollständiger bibliographischer Angaben verwendet. Zugrunde liegen die Editionen von KRÜGER/MOMMSEN. Vgl. Corpus iuris civilis, Bd. 1,1: Iustiniani Institutiones, hg. von Paul KRÜGER, Berlin [17]1963 (zit.: Inst.); Bd. 1,2: Digesta, hg. von Theodor MOMMSEN und Paul KRÜGER, Berlin [17]1963 (zit.: Dig.).

1) Johann Peter ECKERMANN, Gespräche mit Goethe in den letzten Jahren seines Lebens (1823–1832), Bd. 2, Leipzig 1836, S. 109 (6. April 1829).

2) Capitularia regum Francorum, Bd. 2, hg. von Alfred BORETIUS und Victor KRAUSE (MGH Capit. 2), Hannover 1897, Nr. 273 (Edictum Pistense, a. 864), cap. 6, S. 313 Z. 35: *Et quoniam lex consensu populi et constitutione regis fit,* [...]. Vgl. Bernd SCHNEIDMÜLLER, Pîtres, in: Lex.MA 6 (1993), Sp. 2188–2189.

3) Charles-Louis de MONTESQUIEU, L'esprit des lois, Bd. 1, hg. von Robert DRATHÉ (Bibliothèque du XVIIIe siècle 14), Paris 2011, Livre XVIII, chapitre XXX, S. 326; François OLIVIER-MARTIN, L'absolutisme français; suivi de Les parlements contre l'absolutisme traditionnel au XVIIIe siècle, Paris 1997, S. 448; Arnaud VERGNE, La notion de constitution d'après les cours et assemblées à la fin de l'Ancien Régime (1750–1789) (Romanité et modernité du droit), Paris 2006, S. 204; Christian CHEMINADE, Charles le Chauve et le débat sur le pouvoir législatif au XVIIIe siècle, in: Le prince et la norme. Ce que légiférer veut dire, hg. von Jacqueline HOAREAU-DODINAU, Guillaume MÉTAIRIE und Pascal TEXIER (Cahiers de l'Institut d'Anthropologie Juridique 17), Limoges 2007, S. 177–193, S. 181–193; Stéphane BAUDENS, Un défen-

In dieser Zeit zeichneten sich die Umrisse eines Themas ab, das die Forschung mutatis mutandis bis heute beschäftigt: Konsens als Voraussetzung und Ausdruck einer Beteiligung an politischen oder rechtlichen Entscheidungsprozessen, durch die Rechte oder Handlungsspielräume (früh)mittelalterlicher Herrscher eingeschränkt wurden[4]. Aus Sicht der Forschung hat das Phänomen vor allem einen besonders naheliegenden Sitz im Leben, und zwar die (Volks)Versammlung als Brennpunkt der Entscheidungsfindung, für die sich beginnend mit der *Germania* des Tacitus vielfältige Belege finden[5]. Doch liegt die Attraktivität des Konsenses nicht zuletzt darin, dass sich unter diesem Vorzeichen noch eine ganze Reihe anderer historischer Phänomene und Probleme erschließen lassen. Zugleich berührt sich das Thema mit zentralen politischen Vorstellungen und Legitimationsbedürfnissen der Moderne. So gesehen muss es nicht verwundern, dass der Konsens in den Lehrgebäuden der mittelalterlichen Verfassungsgeschichte[6], deren Fundamente im

seur du libéralisme aristocratique lors de la Pré-Revolution en Anjou: Antoine-Joseph-Philippe Walsh, Comte de Serrant, in: Les Cahiers poitevins d'Histoire du Droit 3 (2011), S. 199–212, 204 f. Ferner vgl. Ian Wood, The Modern Origins of the Early Middle Ages, Oxford 2013, S. 37–51.

4) Vgl. auch Ernst Pitz, Verfassungslehre und Einführung in die deutsche Verfassungsgeschichte des Mittelalters (Schriften zur Verfassungsgeschichte 75), Berlin 2006, S. 1049–1065.

5) P. Cornelius Tacitus, Germania, hg. von Joachim Herrmann (Quellen und Schriften der Alten Welt 37,2), Berlin 1990, Lib. XI,2: *si displicuit sententia, fremitu aspernantur; sin placuit, frameas concutiunt: honoratissimum assensus genus est armis laudare.* Vgl. P. Cornelius Tacitus, Historiarum libri, hg. von Erich Köstermann (P. Cornelii Taciti Libri qui supersunt 2,1), Leipzig 1957, Lib. V 17,3: *Ubi sono armorum tripudiisque (ita illis mos) adprobata sunt dicta,* [...]. Ferner vgl. Hinkmar von Reims, De ordine palatii, hg. und übers. von Thomas Gross und Rudolf Schieffer (MGH Fontes iuris 3), Hannover 1980, cap. 6. Zu Versammlungen im frühen Mittelalter vgl. Matthias Springer, Märzfeld, in: Reallexikon der Germanischen Altertumskunde 19 ([2]2001), S. 113–116; Political Assemblies in the Earlier Middle Ages, hg. von Paul S. Barnswell und Marco Mostert (Studies in the Early Middle Ages 7), Turnhout 2003; Assembly Places and Practices in Medieval Europe, hg. von Aliki Pantos und Sarah Semple, Dublin 2004; Matthias Hardt, Volksversammlung, in: Reallexikon der Germanischen Altertumskunde 32 ([2]2006), S. 589–591; Daniel Eichler, Karolingische Höfe und Versammlungen – Grundvoraussetzungen, in: Streit am Hof im frühen Mittelalter, hg. von Matthias Becher und Alheydis Plassmann (Super alta perennis. Studien zur Wirkung der Klassischen Antike 11), Göttingen 2011, S. 121–148; Levi Roach, Kingship and Conflict in Anglo-Saxon England, 871–978. Assemblies and the State in the Early Middle Ages (Cambridge Studies in Medieval Life and Thought), Cambridge 2013. Zur Öffentlichkeit vgl. Christoph H. F. Meyer, Das Publicum als Instrument spätmittelalterlicher Justiz, in: Politische Öffentlichkeit im Spätmittelalter, hg. von Martin Kintzinger und Bernd Schneidmüller (VuF 75), Ostfildern 2011, S. 87–146.

6) Zur Geschichte der Disziplin vgl. Ernst-Wolfgang Böckenförde, Die deutsche verfassungsgeschichtliche Forschung im 19. Jahrhundert. Zeitgebundene Fragestellungen und Leitbilder (Schriften zur Verfassungsgeschichte 1), Berlin [2]1995; Hans-Werner Goetz, Moderne Mediävistik. Stand und Perspektiven der Mittelalterforschung, Darmstadt 1999, S. 174–224; Bernd Schneidmüller, Von der deutschen Verfassungsgeschichte zur Geschichte politischer Ordnungen und Identitäten im europäischen Mittelalter, in: Zeitschrift für Geschichtswissenschaft 53 (2005), S. 485–500; Ewald Grothe, Neue Wege der Verfassungsgeschichte in Deutschland. Probleme und Perspektiven aus Sicht eines Historikers, in: Verfassungsgeschichte in Europa, hg. von Helmut Neuhaus (Der Staat, Beiheft 18), Berlin 2010, S. 123–144; Christian Waldhoff, Stand und Perspektiven der Verfassungsgeschichte in Deutschland aus Sicht der Rechtswis-

Vormärz gelegt wurden, Türen zu ganz unterschiedlichen Räumen (zum Beispiel einer germanischen Volkssouveränität) öffnet, deren Inventar zum Teil aus Begriffen und politischen Forderungen des frühen 19. Jahrhunderts besteht [7].

Lenkt man den Blick vom 19. auf das 20. Jahrhundert, dann zeigt sich einerseits die Wandlungsfähigkeit des Themas, andererseits aber auch die Bedeutung seines politischen und weltanschaulichen Kontexts. Das gilt für die von Fritz KERN gegebenen Fingerzeige zum Beispiel in Richtung einer »Konsensgebundenheit des Herrschers«[8] genauso wie für die Neue deutsche Verfassungsgeschichte, deren Vertreter seit den 1930er Jahren den Konsens vom Volk zum Adel verschoben und ihn von einem Mitbestimmungsrecht zu einem Herrschaftsinstrument umdeuteten[9]. Nicht weniger bemerkenswert ist für die Zeit nach dem Zweiten Weltkrieg das verstärkte Interesse an der Karolingerzeit und den in ihr wirksamen Konsensvorstellungen[10]. Die seit den späten 1950er Jahren unter anderen von François Louis GANSHOF und Rudolf BUCHNER geführte Diskussion um die Bedeutung der Wörter *consensus* beziehungsweise *consentire* in den karolingischen Kapitularien, die sich nicht zuletzt um Rechte des Adels drehte, erscheint einerseits als Fortsetzung, andererseits als Wendepunkt gegenüber der älteren Forschung[11]. Wenn GANSHOF die Be-

senschaft, in: Verfassungsgeschichte in Europa, hg. von Helmut NEUHAUS (Der Staat, Beiheft 18), Berlin 2010, S. 145–174; Barbara STOLLBERG-RILINGER, Verfassungsgeschichte als Kulturgeschichte, in: ZRG Germ. 127 (2010), S. 1–32.

7) Jürgen HANNIG, Consensus fidelium. Frühfeudale Interpretationen des Verhältnisses von Königtum und Adel am Beispiel des Frankenreiches (Monographien zur Geschichte des Mittelalters 27), Stuttgart 1982, S. 3–17.

8) Fritz KERN, Gottesgnadentum und Widerstandsrecht im früheren Mittelalter. Zur Entwicklungsgeschichte der Monarchie, hg. von Rudolf BUCHNER, Darmstadt ^{3}1962, S. 278–288 (Anhang X. Anmerkung 283. (Das Maß der Konsensgebundenheit des Herrschers.)). Vgl. ebd. S. 269–276 (Anhang VIII. Anmerkung 280. (Consensus fidelium.)). Zu Kern vgl. HANNIG, Consensus fidelium (wie in Anm. 7), S. 20–23 und Oliver SCHILLINGS, Vom Bourgeois zum Citoyen. Fritz Kern zwischen Politik und Wissenschaft, Münster 2001.

9) HANNIG, Consensus fidelium (wie in Anm. 7), S. 19–26; Walter POHL, Staat und Herrschaft im Frühmittelalter. Überlegungen zum Forschungsstand, in: Staat im frühen Mittelalter, hg. von Stuart AIRLIE, DEMS. und Helmut REIMITZ (Österreichische Akademie der Wissenschaften, Philosophisch-historische Klasse, Denkschriften 334/Forschungen zur Geschichte des Mittelalters 11), Wien 2006, S. 9–38, S. 11–13.

10) François GANSHOF, Was waren die Kapitularien?, Darmstadt 1961, S. 53–62; Rudolf BUCHNER, Rez. zu: F. L. Ganshof, Wat waren de Capitularia? [...], 1955 (Recherches sur les Capitulaires), Paris 1958, in: Rheinische Vierteljahrsblätter 23 (1958), S. 311–312, S. 312; Dieter HÄGERMANN, Zur Entstehung der Kapitularien, in: Grundwissenschaft und Geschichte. Festschrift für Peter Acht, hg. von Waldemar SCHLÖGL und Peter HERDE (Münchener Historische Studien, Abteilung Historische Hilfswissenschaften 15), Kallmünz 1976, S. 12–27, S. 13–15.

11) Werner HECHBERGER, Adel im fränkisch-deutschen Mittelalter. Zur Anatomie eines Forschungsproblems (Mittelalter-Forschungen 17), Ostfildern 2005, S. 212–214; Steffen PATZOLD, Consensus – Concordia – Unitas. Überlegungen zu einem politisch-religiösen Ideal der Karolingerzeit, in: Exemplaris Imago. Ideale in Mittelalter und Früher Neuzeit, hg. von Nikolaus STAUBACH (Tradition – Reform – Innovation 15), Frankfurt am Main/Berlin/Bern/Brüssel/New York/Oxford 2012, S. 31–56.

deutung von *consentire* für die Kapitularien Karls des Großen und Ludwigs des Frommen mit »anerkennen, daß etwas Recht ist« umschreibt[12], *consensus* also nicht mit »(freiwillige!) Zustimmung« (so BUCHNER) übersetzt[13], dann zeichnet sich hier eine Skepsis ab, die sich bis in Jürgen HANNIGS 1982 erschienene Dissertation fortsetzt, demzufolge Konsensformeln wie *consensus populi* in der Merowingerzeit nur propagandistische Funktion hatten[14].

Mit Bernd SCHNEIDMÜLLERS im Jahre 2000 veröffentlichtem Essay ›Konsensuale Herrschaft‹ kam es erneut zu einem Richtungswechsel[15]. Geleitet von einem »neue[n] Interesse an der genossenschaftlichen Ausgestaltung von Herrschaft«[16] lenkt SCHNEIDMÜLLER den Blick auf das gemeinsame Agieren von Königen und Fürsten beziehungsweise Adel im 12. und 13. Jahrhundert, das ihm als eine gleichermaßen traditionale wie innovative Form von Herrschaft erscheint. Das spätere Mittelalter, das für gewöhnlich als Zeit schwachen Königtums und einer Krise der Reichsverfassung gesehen wird, rückt so in ein neues Licht. Ausgehend von diesem Ansatz hat sich in den letzten Jahren – auch mit Blick auf das Frühmittelalter – ein vielgestaltiges neues Interesse am Konsens entwickelt[17]. Dabei mögen, wie SCHNEIDMÜLLER selbst zu bedenken gibt, auch äußere Ein-

12) GANSHOF, Kapitularien (wie in Anm. 10), S. 55. Für die Kapitularien nach 843 glaubt er dagegen einen veränderten Begriff des *consensus* zu erkennen, der stärker in Richtung einer freien Zustimmung der Großen tendiert. Vgl. ebd. S. 59–62.

13) BUCHNER, Rez. (wie in Anm. 10). Ferner vgl. HÄGERMANN, Kapitularien (wie in Anm. 10), S. 13–15; Arnold BÜHLER, Capitularia Relecta. Studien zur Entstehung und Überlieferung der Kapitularien Karls des Großen und Ludwigs des Frommen, in: AfD 32 (1986), S. 305–502, S. 426–432.

14) So zum Beispiel HANNIG, Consensus fidelium (wie in Anm. 7), S. 45 (vgl. ebd. S. 45 Anm. 17). Vgl. auch ebd. S. 59 und S. 300. In eine andere Richtung gehen die Arbeiten von NELSON. Vgl. Janet L. NELSON, Legislation and Consensus in the Reign of Charles the Bald, in: DIES., Politics and Ritual in Early Medieval England, London 1986, S. 91–116; Janet L. NELSON, How Carolingians created Consensus, in: Le monde carolingien. Bilan, perspectives, champs de recherches. Actes de colloque international de Poitiers, Centre d'Études supérieures de Civilisation medieval, 18–20 novembre 2004, hg. von Wojciech FAŁKOWSKI und Yves SASSIER (Culture et société médiévales 18), Turnhout 2009, S. 67–81.

15) Bernd SCHNEIDMÜLLER, Konsensuale Herrschaft. Ein Essay über Formen und Konzepte politischer Ordnung im Mittelalter, in: Reich, Regionen und Europa in Mittelalter und Neuzeit. Festschrift für Peter Moraw, hg. von Paul-Joachim HEINIG und Sigrid JAHNS (Historische Forschungen 67), Berlin 2000, S. 53–87 (vgl. DERS., Rule by Consensus. Forms and Concepts of Political Order in the European Middle Ages, in: The Medieval History Journal 16,2 (2013), S. 449–471). Vgl. PATZOLD, Consensus (wie in Anm. 11), S. 36 Anm. 29.

16) SCHNEIDMÜLLER, Konsensuale Herrschaft (wie in Anm. 15), S. 64.

17) Vgl. etwa Bernd SCHNEIDMÜLLER, Konsens – Territorialisierung – Eigennutz. Vom Umgang mit spätmittelalterlicher Geschichte, in: FmSt 39 (2005), S. 225–246; Burkhard APSNER, Vertrag und Konsens im frühen Mittelalter. Studien zur Gesellschaftsproblematik und Staatlichkeit im westfränkischen Reich (Trierer Historische Forschungen 58), Trier 2006; NELSON, Consensus (wie in Anm. 14); Roman DEUTINGER, Königsherrschaft im ostfränkischen Reich. Eine pragmatische Verfassungsgeschichte der späten Karolingerzeit (Beiträge zur Geschichte und Quellenkunde des Mittelalters 20), Ostfildern 2006, S. 225–272; Steffen PATZOLD, Konsens und Konkurrenz. Überlegungen zu einem aktuellen Forschungs-

flüsse eine Rolle gespielt haben[18]. Dazu zählt nicht zuletzt die Gegenwartserfahrung, dass der omnipotente Staat der klassischen Moderne in die Defensive geraten ist[19].

So vielfältig die Erfahrungen sind, die das historische Interesse von außen nähren, so breit ist das Spektrum der Vorstellungen und Erklärungsmodelle zum Konsens. Es beginnt bei dem Gedanken, es habe in vormodernen Gemeinschaften ein allgemeiner Konsensdruck bestanden, der Vertreter divergierender Positionen veranlasste, auf dem Wege des Verhandelns oder Aushandelns zu einer Einigung zu gelangen[20], und reicht bis zu der Auffassung, der in den Quellen erwähnte Konsens habe in Wirklichkeit nie existiert, es handele sich vielmehr um eine Fiktion[21] oder um Propaganda[22]. Die folgenden Beobachtungen zielen nicht darauf ab, hier verbindliche Gewissheiten zu schaffen. Sie gelten lediglich einigen ausgewählten Forschungsentwicklungen zu dem Thema »Recht und Konsens im frühen Mittelalter«, dem Gegenstand der Frühjahrstagung des Konstanzer Arbeitskreises für Mittelalterliche Geschichte 2012 und des vorliegenden Tagungsbandes.

Der Abriss gliedert sich in drei Schritte. Nach einem ersten Blick auf das Verhältnis von Recht und Konsens aus Sicht der frühmittelalterlichen Rechtsgeschichte geht es um Tendenzen der Forschung. Dazu gilt es zunächst, die Entwicklung der (mittelalterlichen) Rechtsgeschichte als akademischer Disziplin in den letzten Jahrzehnten zu betrachten,

konzept der Mediävistik, in: FmSt 41 (2007), S. 75–103; PATZOLD, Consensus (wie in Anm. 11); Pacto y consenso en la cultura política peninsular (siglos XI al XV), hg. von José Manuel NIETO SORIA und Óscar VILLARROEL GONZÁLEZ, Madrid 2013; ROACH, Kingship (wie in Anm. 5).

18) SCHNEIDMÜLLER, Konsensuale Herrschaft (wie in Anm. 15), S. 64.

19) Horst CARL, Genossenschaft und Herrschaftsverdichtung. Zur politischen Kultur von Adelseinungen im Alten Reich, in: Staatsbildung als kultureller Prozess. Strukturwandel und Legitimation von Herrschaft in der Frühen Neuzeit, hg. von Ronald ASCH und Dagmar FREIST, Köln/Weimar/Wien 2005, S. 405–427, S. 405 f. Vgl. auch POHL, Staat und Herrschaft (wie in Anm. 9), S. 15 f.

20) Barbara STOLLBERG-RILINGER, Einleitung, in: DIES., Vormoderne politische Verfahren (Zeitschrift für historische Forschung, Beiheft 25), Berlin 2001, S. 9–24, S. 22–24. Vgl. auch Hans-Ulrich WIEMER, Voces populi. Akklamation als Surrogat politischer Partizipation, in: Genesis und Dynamiken der Mehrheitsentscheidung, hg. von Egon FLAIG (Schriften des Historischen Kollegs, Kolloquien 85), München 2013, S. 173–202, S. 176 f.

21) Heinrich BRUNNER, Deutsche Rechtsgeschichte, Bd. 1, Leipzig ²1906, S. 406 Anm. 2. Vgl. auch Heinrich BRUNNER/Claudius Frhr. VON SCHWERIN, Deutsche Rechtsgeschichte, Bd. 2 (Systematisches Handbuch der Deutschen Rechtswissenschaft II, 1, 2), München/Leipzig ²1928, S. 172; Rainer PARIS, Konsens, Fiktion und Resonanz. Über einige Wirkungsbedingungen ritueller Kommunikation, in: Fest und Festrhetorik. Zu Theorie, Geschichte und Praxis der Epideiktik, hg. von Josef KOPPSCHMIDT und Helmut SCHANZE (Figuren 7), München 1999, S. 266–280, S. 272–274; Martin JEHNE, Konsensfiktionen in römischen Volksversammlungen. Überlegungen zur frührepublikanischen Curienversammlung und zu den kaiserzeitlichen Destinationscenturien, in: Genesis und Dynamiken der Mehrheitsentscheidung, hg. von Egon FLAIG (Schriften des Historischen Kollegs, Kolloquien 85), München 2013, S. 129–152.

22) HANNIG, Consensus fidelium (wie in Anm. 7), insbesondere S. 50–79 (mit Blick auf die vorkarolingische Zeit). Zustimmend: Maurizio LUPOI, The Origins of the European Legal Order, Cambridge 2000, S. 185 f.

um dann auf Theorien einzelner Autoren eingehen zu können. In einem dritten und letzten Schritt wird nach möglichen Perspektiven der Forschung zu fragen sein.

I. Konsens, Recht, Rechtsgeschichte

Im Vergleich zu den gerade skizzierten Entwicklungen, die sich in einem weiteren Sinne der Verfassungsgeschichte zuordnen lassen, stellt sich die Erforschung des Konsenses aus Sicht der Rechtsgeschichte etwas anders dar. Dass Recht und Konsens eng miteinander verbunden sind, ja der Konsens eine »psychologische Funktionsbedingung des Regelsystems« (Wieacker) ist[23)], erscheint auf den ersten Blick einleuchtend. Immerhin bedürfen auch Gerechtigkeitsvorstellungen, um wirksam zu werden, des Konsenses. Entsprechende Einsichten reichen, soweit es das Recht betrifft, weit in die Antike zurück, wenn man etwa an eine Bemerkung des Mitte des 3. Jahrhunderts n. Chr. lebenden römischen Juristen Modestinus denkt, demzufolge alles Recht die Übereinstimmung (*consensus*) geschaffen, die Notwendigkeit (*necessitas*) begründet oder die Gewohnheit (*consuetudo*) bestätigt hat[24)]. Zeugnisse für Konsensvorstellungen ließen sich leicht durch Belege aus frühmittelalterlichen Rechtsquellen (zum Beispiel aus Prologen einzelner Leges barbarorum oder Kapitularien) vermehren, in denen auf die Zustimmung der Großen, der *fideles* oder des *populus* Bezug genommen wird.

Und doch spielt bis heute, wenn man von den Titeln einschlägiger Publikationen ausgeht, das Thema »Recht und Konsens im Mittelalter« in der rechtshistorischen Literatur eine sehr überschaubare Rolle[25)]. Wenngleich sich dieser erste Eindruck, der wohl auch mit dem bis vor wenigen Jahren selten verwendeten und wenig problematisierten Terminus »Konsens« zusammenhängt, bei genauerem Hinsehen als korrekturbedürftig erweist, bleibt der Befund doch bemerkenswert. Allerdings steht die Rechtshistorie damit nicht allein. So hat etwa die Rechtstheorie den Faktor »Konsens« erst relativ spät im letzten Drittel des 20. Jahrhunderts für sich entdeckt. Erinnert sei hier nur an Josef Essers An-

23) Franz Wieacker, Zur Topikdiskussion in der zeitgenössischen deutschen Rechtswissenschaft, in: Ders., Ausgewählte Schriften, Bd. 2, hg. von Dieter Simon, Frankfurt am Main 1983, S. 81–100, S. 93. Zu Wieacker vgl. Franz Wieacker, Historiker des modernen Privatrechts, hg. von Okko Behrends und Eva Schumann, Göttingen 2010; Viktor Winkler, Der Kampf gegen die Rechtswissenschaft. Franz Wieackers ›Privatrechtsgeschichte der Neuzeit‹ und die deutsche Rechtswissenschaft des 20. Jahrhunderts (Studien zur Rechtswissenschaft 313), Hamburg 2014.

24) Dig. 1,3,40: *Ergo omne ius aut consensus fecit aut necessitas constituit aut firmavit consuetudo.*

25) Ekkehard Kaufmann, Konsens, in: HRG 2 (1978), Sp. 1090–1102; Jürgen Brand, Kampf, Konsens, Befehl und Zauber als latente Rechtstechniken, in: Evolution des Rechts, hg. von Rüdiger Voigt (Schriften zur Rechtspolitologie 7/Jahresschrift für Rechtspolitologie 10), Baden-Baden 1998, S. 57–72, S. 60–64; Gerhard Dilcher, Konsens, in: HRG 3 (^{2}2013), Sp. 109–117. Ferner vgl. Ekkehard Kaufmann, Deutsches Recht. Die Grundlagen (Grundlagen der Germanistik 27), Berlin 1984, S. 106–109 (»Die Zustimmung der Rechtsgenossen (Konsens)«).

fang der 1970er Jahre vorgetragene Deutung des Rechts als »autonomes, aber auf Konsensfähigkeit angewiesenes Ordnungsprogramm«[26]. Seit der Jahrtausendwende begann sich innerhalb der Jurisprudenz dann auch die Wissenschaft vom öffentlichen Recht für den Konsens zu interessieren[27].

Doch zurück zur Rechtsgeschichte. Im Artikel ›Konsens‹ der zweiten Auflage des Handwörterbuchs zur deutschen Rechtsgeschichte listet Gerhard DILCHER fünf Bereiche auf, in denen das betreffende Phänomen im mittelalterlichen Rechtsleben eine wichtige Rolle spielte: Vertrag, Weistum und Urteil, Gesetzgebung, Wahlen und die Theorie des Gesellschaftsvertrags[28]. Ordnet man die fünf Bereiche den drei großen Themenfeldern Privatrechtsgeschichte (Vertrag), »Recht und Gericht« (Weistum, Urteil, Gesetzgebung) und Verfassungsgeschichte (Wahlen, Gesellschaftsvertrag) zu und lässt das letztgenannte Feld unberücksichtigt, dann fällt zunächst die Präsenz von Themen, die im Zusammenhang mit Recht und Gericht stehen, ins Auge. Demgegenüber scheint die Bedeutung der

26) Josef ESSER, Vorverständnis und Methodenwahl in der Rechtsfindung. Rationalitätsgarantien der richterlichen Entscheidungspraxis (Studien und Texte zur Theorie und Methodologie des Rechts 7), Frankfurt am Main 1970, S. 14. Vgl. ebd. S. 9, 24–25, 115, 153–155 sowie Johannes KÖNDGEN, Josef Esser – Grenzgänger zwischen Dogmatik und Methodologie, in: Deutschsprachige Zivilrechtslehrer des 20. Jahrhunderts in Berichten ihrer Schüler. Eine Ideengeschichte in Einzeldarstellungen, Bd. 1, hg. von Stefan GRUNDMANN und Karl RIESENHUBER, Berlin 2007, S. 103–127, S. 118 f.; Stefan VOGEL, Josef Esser – Brückenbauer zwischen Theorie und Praxis (Schriften zur Rechtswissenschaft 126), Berlin 2009, S. 159–162. Für die beiden folgenden Jahrzehnte vgl. Rechtsgeltung und Konsens, hg. von Günther JAKOBS (Schriften zur Rechtstheorie 49), Berlin 1976; Reinhold ZIPPELIUS, Zur Funktion des Konsenses in Gerechtigkeitsfragen, in: Festschrift für Hans-Jürgen Bruns zum 70. Geburtstag, hg. von Wolfgang FRISCH und Werner SCHMIDT, Köln/Berlin/Bonn/München 1978, S. 1–10; Günther JAKOBS, Zur Stabilität von Konsens und zur Stabilisierung durch Konsens, in: Mehrheitsprinzip, Konsens und Verfassung. Kieler Symposium vom 14.–16. Juni 1984, hg. von Hans HATTENHAUER und Werner KALTEFLEITER (Motive – Texte – Materialien 27), Heidelberg 1986, S. 23–45; Ota WEINBERGER, Die Rolle des Konsenses in der Wissenschaft, im Recht und in der Politik, in: Methodologie und Erkenntnistheorie der juristischen Argumentation, hg. von Aulis AARNIO, Ilkka NIINILUOTO und Jyrki UUSITALO (Rechtstheorie, Beiheft 2), Berlin 1981, S. 147–165; Wolfgang NAUCKE, Konsens als Quelle richtigen Rechts, richtiges Recht als Grenze des Konsenses, in: Mehrheitsprinzip, Konsens und Verfassung. Kieler Symposium vom 14.–16. Juni 1984, hg. von Hans HATTENHAUER und Werner KALTEFLEITER (Motive – Texte – Materialien 27), Heidelberg 1986, S. 47–60; Gunther TEUBNER, Ist das Recht auf Konsens angewiesen? Zur sozialen Akzeptanz des modernen Richterrechts, in: Kommunikation und Konsens in modernen Gesellschaften, hg. von Hans-Joachim GIEGEL (Suhrkamp-Taschenbuch Wissenschaft 1019), Frankfurt am Main 1992, S. 197–211.

27) Florian BECKER, Kooperative und konsensuale Strukturen in der Normsetzung (Jus Publicum 129), Tübingen 2005; Gunnar FOLKE SCHUPPERT, Politisches Entscheiden. Überlegungen zur politischen Kultur als Entscheidungskultur, in: Kluges Entscheiden. Disziplinäre Grundlagen und interdisziplinäre Verknüpfungen, hg. von Arno SCHERZBERG (Neue Staatswissenschaften 4), Tübingen 2006, S. 233–258, S. 252 f.; Consent in the Law, hg. von Deryck BEYLEVLED und Roger BROWNSWORD Oxford/Portland (Oregon) 2007; The Ethics of Consent. Theory and Practice, hg. von Franklin G. MILLER und Alan WERTHEIMER, Oxford 2010.

28) DILCHER, Konsens (wie in Anm. 25).

individuellen Seite des Konsenses, das heißt der Willensübereinstimmung zwischen einzelnen Parteien als Voraussetzungen eines Vertrags, in den frühmittelalterlichen Quellen seltener thematisiert worden zu sein.

Die gerade angedeutete Schwerpunktbildung spiegelt sich auch in der Literatur zu »Recht und Konsens im frühen Mittelalter« wider. Legt man die traditionelle Einteilung in eine romanistische, kanonistische und germanistische Rechtshistorie zugrunde und lässt übergreifende Themen wie zum Beispiel die Geschichte des Mehrheitsprinzips außer Acht[29)], dann spielt das Thema in der römischrechtlichen Forschung die wohl geringste Rolle. Wenn schon für das antike *ius Romanum* das Interesse am *consensus* eher mäßig ist[30)], dann gilt dies umso mehr für diejenigen frühmittelalterlichen Normenbestände, die in der Tradition des römischen Privatrechts stehen oder von ihm stärker beeinflusst sind[31)]. Deutlich besser sieht es für das Kirchenrecht aus, das bei vergleichsweise guter Quellenlage Ansatzpunkte für konsensbezogene Untersuchungen etwa zu Bischofswahlen oder zu Entscheidungsfindungsprozessen auf Konzilien bietet[32)]. Zudem hat auch der

29) Egon FLAIG, Die Mehrheitsentscheidung. Entstehung und kulturelle Dynamik, Paderborn/München/Wien/Zürich 2013; Genesis und Dynamiken der Mehrheitsentscheidung, hg. von Egon FLAIG (Schriften des Historischen Kollegs, Kolloquien 85), München 2013. Ferner vgl. Werner MALECZEK, Abstimmungsarten. Wie kommt man zu einem vernünftigen Wahlergebnis?, in: Wahlen und Wählen im Mittelalter, hg. von Reinhard SCHNEIDER und Harald ZIMMERMANN (VuF 37), Sigmaringen 1990, S. 79–134.

30) Hans FRITSCHE, Untersuchung über die Bedeutung von consensus und consentire in den Digesten, jur. Diss., Berlin 1888; Rudolf LEONHARD, Consensus, in: Paulys Realencyclopädie der classischen Altertumswissenschaft 4,1 (1900), Sp. 902–910; Theo MAYER-MALY, Consensus, in: Der Kleine Pauly 1 (1986), Sp. 1278; Gottfried SCHIEMANN, Consensus, in: Der Neue Pauly 3 (1997), Sp. 129; Cosimo CASCIONE, Consensus. Problemi di origine, tutela processuale, prospettive sistematiche (Pubblicazioni del Dipartimento di diritto romano e storia della scienza romanistica dell'Università degli studi di Napoli ›Federico II‹18), Neapel 2003 (umfassend).

31) György DIÓSDI, Contract in Roman Law. From the Twelve Tables to the Glossators, Budapest 1981; Harald SIEMS, Handel und Wucher im Spiegel frühmittelalterlicher Rechtsquellen (MGH Schriften 35), Hannover 1992, S. 221–276.

32) Klaus GANZER, Das Mehrheitsprinzip bei den kirchlichen Wahlen des Mittelalters, in: Theologische Quartalschrift 147 (1967), S. 60–87; Gerard BARTELINK, Electio und consensus im christlichen Sprachgebrauch (bis 600), in: Concilium 8 (1972), S. 556–559; Yves M.-J. CONGAR, Quod omnes tangit, ab omnibus tractari et approbari debet, in: Die geschichtlichen Grundlagen der modernen Volksvertretung. Die Entwicklung von den mittelalterlichen Korporationen zu den modernen Parlamenten, hg. von Heinz RAUSCH (Wege der Forschung 196), Darmstadt 1980, S. 115–182; Hermann Josef SIEBEN, Consensus, unaminitas und maior pars auf Konzilien. Von der Alten Kirche bis zum Ersten Vatikanum, in: Theologie und Philosophie 67 (1992), S. 192–229; Rachel L. STOCKING, Bishops, Councils, and Consensus in the Visigothic Kingdoms, 589–633 (History, Languages, and Cultures of the Spanish and Portugese Worlds), Ann Arbor 2000; Andreas THIER, Hierarchie und Autonomie. Regelungstraditionen der Bischofsbestellung in der Geschichte des kirchlichen Wahlrechts bis 1140 (Studien zur europäischen Rechtsgeschichte 257/Recht im ersten Jahrtausend 1), Frankfurt am Main 2011; Peter VAN NUFFELEN, The Rhetoric of Rules and the Rule of Consensus, in: Episcopal Elections in Late Antiquity, hg. von Johan LEEMANS und Peter VAN NUFFELEN (Arbeiten zur Kirchengeschichte 119), Berlin/Boston 2011, S. 243–258, S. 250–254; Processi di formazione

vertragliche Konsens mit Blick auf das kirchliche Eherecht und das sogenannte Konsensprinzip (*consensus facit nuptias*) schon immer die Aufmerksamkeit der Forschung gefunden[33]. Doch ändert das nichts an dem Umstand, dass der Konsens per se kein großes Thema der Kanonistik ist. Sieht man einmal von den Jahren vor und nach dem Zweiten Vatikanischen Konzil ab, dann ist auch kein äußerer Faktor erkennbar, der ein entsprechendes Interesse hätte generieren können[34]. So bleibt als dritter großer Bereich der frühmittelalterlichen Rechtsgeschichte die weltliche nicht-römische Rechtstradition als Gegenstand der rechtshistorischen Germanistik. Hier stellt sich das Bild ungleich komplexer dar als in der Romanistik und der Kanonistik. Wirklich verständlich wird es erst vor dem Hintergrund der jüngeren Forschungsentwicklung der letzten Jahrzehnte. Sie soll im Folgenden kurz skizziert werden, bevor auf einzelne Theorien näher einzugehen ist.

II. Konsens und Recht im frühen Mittelalter: Facetten und Probleme der Forschung

II.1 Germanistische Frühmittelalterforschung seit den 1970er Jahren

Als zeitlicher Ausgangspunkt kann die letzte Reichenautagung mit einem rechtshistorischen Themenschwerpunkt, das heißt die 1975/1976 von Peter Classen organisierte Doppeltagung ›Recht und Schrift im Mittelalter‹ dienen[35]. Dabei geht es nicht um einen allgemeinen Abriss der Forschungsgeschichte, sondern nur um ausgewählte Tendenzen in der deutschsprachigen Forschung, die für den vorliegenden Band von Interesse sind[36].

del consenso, hg. von Nunzio Capizzi und Orazio Condorelli (Quaderni di Synaxis 31), Catania/Troina 2013. Ferner vgl. Leo Koep, Consensus, in: Reallexikon für Antike und Christentum 3 (1957), Sp. 294–303 sowie Franz J. Felten, Auctoritas – consilium – consensus. Zur Einschränkung der Macht des Abtes im Mittelalter, in: Les personnes d'autorité en milieu régulier. Des origines de la vie régulière au XVIIIe siècle, hg. von Jean-François Cottier und Daniel-Odon Hurel (Congrégations, ordres religieux et sociétés 22), Saint-Étienne 2012, S. 27–46.

33) Für weiterführende Literaturangaben vgl. Ines Weber, ›Consensus facit nuptias!‹. Überlegungen zum ehelichen Konsens in normativen Texten des Frühmittelalters, in: ZRG Kan. 87 (2001), S. 31–66; Ralf Frassek, Consensus facit nuptias, in: HRG 1 (^{2}2008), Sp. 884–885.

34) Das in den Jahrzehnten nach dem Vaticanum II verschiedentlich behandelte Problem der Rezeption universalkirchlicher, insbesondere päpstlicher Normen ist aus historischer Sicht in erster Linie ein Thema des Spätmittelalters und der Neuzeit. Vgl. James A. Coriden, The Canonical Doctrine of Reception, in: The Jurist 50 (1990), S. 58–82; The Jurist 57 (1997), S. 53–179 (Untersuchungen zur antiken und mittelalterlichen Kirchengeschichte im Rahmen des Themenbandes ›Reception and Communication among Churches‹).

35) Recht und Schrift im Mittelalter, hg. von Peter Classen (VuF 23), Sigmaringen 1977.

36) Zur jüngeren Entwicklung der deutschsprachigen Rechtshistorie vgl. Gerhard Dilcher, Leges – Gentes – Regna. Zur Rolle normativer Traditionen germanischer Völkerschaften bei der Ausbildung der mittelalterlichen Rechtskultur. Fragen und Probleme, in: Leges – Gentes – Regna. Zur Rolle von germa-

Einige davon hängen eng mit der Entwicklung des Faches »Rechtsgeschichte« zusammen. Bis in die 1980er Jahre hatte das (Früh)Mittelalter seinen festen Platz innerhalb eines Kanons zentraler Quellen und Themen der »Deutschen Rechtsgeschichte«, wie sie sich als Gegenstand von Forschung und Lehre an juristischen Fakultäten darstellte. Dies hat sich in der Folgezeit in mancherlei Hinsicht geändert. Die »Deutsche Rechtsgeschichte« ist in der Lehre vielerorts mit anderen rechtshistorischen Fächern verschmolzen worden, und die Gesamtdisziplin »Rechtsgeschichte« hat innerhalb der Juristenausbildung an Bedeutung eingebüßt. Zudem haben sich innerhalb der rechtshistorischen Forschung die Gewichte verschoben, und zwar zugunsten des 19. und vor allem des 20. Jahrhunderts sowie in Richtung einer europäischen, mitunter sogar bereits global-vergleichenden Betrachtungsweise. Zu berücksichtigen sind zudem die sich verändernden fachlichen Hintergründe derjenigen, die sich mit der Rechtsgeschichte des frühen Mittelalters beschäftigen. Wenn auch noch nicht in dem gleichen Maße, wie sich Juristen aus der Erforschung der mittelalterlichen Rechtsgeschichte zurückgezogen haben, so hat doch die Zahl der Mittelalterhistoriker und der Philologen, die zu diesem Bereich arbeiten, in den letzten Jahrzehnten deutlich zugenommen.

Wie auf der Ebene der Disziplin so lassen sich auch in den Themen und Fragestellungen der germanistischen Frühmittelalterforschung seit den 1990er Jahren Veränderungen beobachten. Sie werden klarer erkennbar, wenn man sie der Entwicklung in den 1960er bis 1980er Jahren gegenüberstellt. In diesen Jahrzehnten stand die Beschäftigung mit den Rechtsquellen, aus deren Analyse man wesentliche Erkenntnisgewinne zu erzielen hoffte[37], im Mittelpunkt des Interesses. Gleichzeitig durchlief die Germanistik wie auch andere Teildisziplinen der Rechtsgeschichte einen methodisch inspirierten Historisierungsprozess. Erinnert sei nur an die umfassende Kritik, der Karl KROESCHELL und seine

nischen Rechtsgewohnheiten und lateinischer Schrifttradition bei der Ausbildung der frühmittelalterlichen Rechtskultur, hg. von Gerhard DILCHER und Eva-Marie DISTLER, Berlin 2006, S. 15–42, S. 15–20; Frank L. SCHÄFER, Juristische Germanistik. Eine Geschichte der Wissenschaft vom einheimischen Privatrecht (Juristische Abhandlungen 51), Frankfurt am Main 2008; Michael STOLLEIS, Rechtsgeschichte schreiben. Rekonstruktion, Erzählung, Fiktion? (Jacob Burckhardt-Gespräche auf Castelen 21), Basel 2008; Thomas LIENHARD, L'historiographie germanophone sur les lois barbares. Centres de gravité, évolutions, desiderata, in: Revue de l'Institut français d'Histoire en Allemagne 2 (2010), S. 133–163; Thomas DUVE, Von der Europäischen Rechtsgeschichte zu einer Rechtsgeschichte Europas in globalhistorischer Perspektive, in: Rechtsgeschichte 20 (2012), S. 18–71; Marcel SENN, The Methodological Debates in German-speaking Europe (1960–1990), in: Making Legal History. Approaches and Methodologies, hg. von Anthony MUSSON und Chantal STEBBINGS, Cambridge/New York 2012, S. 108–117. Ferner vgl. David SÖRGEL, Die Implementation der Grundlagenfächer in der Juristenausbildung nach 1945 (Beiträge zur Rechtsgeschichte des 20. Jahrhunderts 80), Tübingen 2014.

37) Zur Entwicklung bis Ende der 1970er Jahre vgl. Clausdieter SCHOTT, Der Stand der Leges-Forschung, in: FmSt 13 (1979), S. 29–55.

Schüler zentrale Begriffe und Lehren der älteren Rechtsgeschichte unterzogen haben[38], oder die von Claudieter SCHOTT und Hermann NEHLSEN angestoßene Debatte über die Effektivität des geschriebenen Rechts im frühen Mittelalter[39].

Seit den 1990er Jahren sind demgegenüber verschiedene Neuansätze und Veränderungen erkennbar. Einige stehen in keinem direkten Zusammenhang mit den vorangehenden Entwicklungen. Das gilt etwa für die verstärkte Beschäftigung mit der Rechtssprache, was abgesehen von der zunehmenden Bedeutung der philologischen Forschung vielleicht auch auf den linguistic turn des späten 20. Jahrhunderts zurückzuführen ist[40]. Manches hängt zudem mit der Gesamtentwicklung des Faches »Rechtsgeschichte« zusammen. Dazu zählt beispielsweise der wieder verstärkt zu beobachtende Zug zu übergreifenden inhaltlich-dogmatischen Fragestellungen, die im chronologischen Längsschnitt bearbeitet werden. Anders verhält es sich mit einer dritten Entwicklung, die wohl nicht zuletzt eine Reaktion auf das vor allem von KROESCHELL und seinen Schülern eingeleitete »Abbruchunternehmen« ist. Sie besteht in einer seit den 1990er Jahren zu beobachtenden, von den Quellen zum Teil losgelösten Beschäftigung mit theoretischen, methodischen und wissenschaftsgeschichtlichen Fragen wie etwa nach den Rechtsbegriffen des Mittelalters oder dem Konzept der Rechtsgewohnheit[41]. Weniger bemerkbar hat sich dagegen in der Forschung zur frühmittelalterlichen Rechtsgeschichte die kul-

38) Karl KROESCHELL, Studien zum frühen und mittelalterlichen Recht (Freiburger Rechtsgeschichtliche Abhandlungen, N.F. 20), Berlin 1995. Zu Kroeschell vgl. Martin PILCH, Der Rahmen der Rechtsgewohnheiten. Kritik des Normensystemdenkens entwickelt am Rechtsbegriff der mittelalterlichen Rechtsgeschichte, Wien/Köln/Weimar 2009, S. 279–290.

39) Clausdieter SCHOTT, Pactus, Lex und Recht, in: Die Alemannen in der Frühzeit, hg. von Wolfgang HÜBENER (Veröffentlichungen des Alemannischen Instituts Freiburg im Breisgau 34), Bühl/Baden 1974, S. 135–168; Hermann NEHLSEN, Aktualität und Effektivität der ältesten germanischen Rechtsaufzeichnungen, in: Recht und Schrift im Mittelalter, hg. von Peter CLASSEN (VuF 23), Sigmaringen 1977, S. 449–502. Ferner vgl. Karl KROESCHELL, Laudatio, in: Von den Leges Barbarorum bis zum ius barbarum des Nationalsozialismus. Festschrift für Hermann Nehlsen zum 70. Geburtstag, hg. von Hans-Georg HERMANN, Thomas GUTMANN, u.a., Köln/Weimar/Wien 2008, S. 1–4, S. 4.

40) Francisca LOETZ, Sprache in der Geschichte. Linguistic Turn vs. Pragmatische Wende, in: Rechtsgeschichte 2 (2003), S. 87–103; Thomas GERGEN, Translation von und durch Normen. Rechtsgeschichtliche Forschungsansätze zur juristischen Übersetzung, in: Unwissen und Missverständnisse im vormodernen Friedensprozess, hg. von Martin ESPENHORST (Veröffentlichungen des Instituts für Europäische Geschichte Mainz, Abteilung für Universalgeschichte, Beiheft 94), Göttingen 2013, S. 219–259.

41) Rechtsbegriffe im Mittelalter, hg. von Albrecht CORDES und Bernd KANNOWSKI (Rechtshistorische Reihe 262), Frankfurt am Main/Berlin/Bern 2002; Leges – Gentes – Regna. Zur Rolle von germanischen Rechtsgewohnheiten und lateinischer Schrifttradition bei der Ausbildung der frühmittelalterlichen Rechtskultur, hg. von Gerhard DILCHER und Eva-Marie DISTLER, Berlin 2006; PILCH, Rechtsgewohnheiten (wie in Anm. 38). Ferner vgl. die Debatte zur mittelalterlichen Rechtsgewohnheit in: Rechtsgeschichte 17 (2010), S. 15–90.

turalistische Wende der letzten Jahrzehnte gemacht[42]. Dies erklärt sich abgesehen von dem Gegenstand und der Quellenlage wohl auch aus einem im Vergleich zu mediävistischen Vorstellungen von »ungeschriebenen Gesetzen« und »Spielregeln« engeren Normbegriff[43].

II.2 Drei Forschungsansätze: Rudolph Sohm, Jürgen Weitzel und Gerhard Dilcher

Die gerade angedeuteten Entwicklungen bilden gleichsam den Verständnishintergrund für neuere Theorien zur Rolle des Konsenses. Bevor auf diese näher einzugehen ist, soll zunächst ein Klassiker des 19. Jahrhunderts, und zwar Rudolph Sohm betrachtet werden, dessen Überlegungen bis in die zweite Hälfte des 20. Jahrhunderts die Forschung beeinflussten. Danach schwenkt der Blick auf zwei Autoren der Gegenwart, Jürgen Weitzel und Gerhard Dilcher. Damit ist das Spektrum der Verfasser, die sich mit konsensualen Aspekten des Rechts beschäftigt haben, nicht erschöpft[44], doch sind mit den betreffenden Autoren gerade auch in methodischer Hinsicht wichtige Positionen und Zugänge erfasst.

42) Gerhard Dilcher, Mittelalterliches Recht und Ritual in ihrer wechselseitigen Beziehung, in: FmSt 41 (2007), S. 297–316; Symbolische Kommunikation vor Gericht in der Frühen Neuzeit, hg. von Reiner Schulze (Schriften zur Europäischen Rechts- und Verfassungsgeschichte 51), Berlin 2006; Joachim Rückert, Kommentar zur Sektion ›Symbolische Kommunikation im Recht des Mittelalters‹, in: Alles nur symbolisch? Bilanz und Perspektiven der Erforschung symbolischer Kommunikation, hg. von Barbara Stollberg-Rilinger, Tim Neu und Christina Brauner (Symbolische Kommunikation in der Vormoderne), Köln/Weimar/Wien 2013, S. 131–137. Ferner vgl. Marcel Senn, Rechtsgeschichte – ein kulturhistorischer Grundriss mit Bildern, Karten, Schemen, Register, Biographien und Chronologie, Zürich/Basel/Genf [4]2007; Martin P. Schennach, Recht – Kultur – Geschichte. Rechtsgeschichte und Kulturgeschichte. Wissenschaftshistorische und methodische Annäherungen, in: Zeitschrift für Neuere Rechtsgeschichte 36 (2014), S. 1–31. Zur Oralität siehe unten S. 34 f., 37 f.

43) Gerd Althoff, Ungeschriebene Gesetze. Wie funktioniert Herrschaft ohne schriftlich fixierte Normen?, in: Ders., Spielregeln der Politik im Mittelalter. Kommunikation in Frieden und Fehde, Darmstadt 1997, S. 282–304; Gerd Althoff, Rechtsgewohnheiten und Spielregeln der Politik im Mittelalter, in: Gewohnheit. Gebot. Gesetz. Normativität in Geschichte und Gegenwart: Eine Einführung, hg. von Nils Jansen und Peter Oestmann, Tübingen 2011, S. 27–52. Zur Kontroverse zwischen Weitzel und Althoff vgl. Jürgen Weitzel, ›Relatives Recht‹ und ›unvollkommene Rechtsgeltung‹ im westlichen Mittelalter. Versuch einer vergleichenden Synthese zum ›mittelalterlichen Rechtsbegriff‹, in: Rechtsbegriffe im Mittelalter, hg. von Albrecht Cordes und Bernd Kannowski (Rechtshistorische Reihe 262), Frankfurt am Main/Berlin/Bern 2002, S. 43–62; Gerd Althoff, Recht nach Ansehen der Person. Zum Verhältnis rechtlicher und außerrechtlicher Verfahren der Konfliktbeilegung im Mittelalter, in: Rechtsbegriffe im Mittelalter, hg. von Albrecht Cordes und Bernd Kannowski (Rechtshistorische Reihe 262), Frankfurt am Main/Berlin/Bern 2002, S. 79–92 sowie Hermann Kamp, Die Macht der Spielregeln in der mittelalterlichen Politik. Eine Einleitung, in: Spielregeln der Mächtigen. Mittelalterliche Politik zwischen Gewohnheit und Konvention, hg. von Claudia Garnier und Hermann Kamp, Darmstadt 2010, S. 1–18, S. 8 f.

44) Für weitere, allerdings eher synthetische Ausführungen zum Konsens vgl. Lupoi, Origins (wie in Anm. 22), S. 173–223 (»Consensus by assembly«). In der italienischen Ausgabe lautet die Überschrift des

Überblickt man die rechtshistorische Literatur zur zweiten Hälfte des ersten Jahrtausends, dann sind es vor allem die Leges barbarorum, das heißt die zwischen dem späten 5. und dem frühen 9. Jahrhundert aufgezeichneten Rechte nichtrömischer Gentes, und die fränkischen Kapitularien, die sich als Gegenstand von Untersuchungen zum Verhältnis von Recht und Konsens anbieten. Die Volksrechte werden in der Literatur zuweilen auch mit dem Begriff der Konsensgesetzgebung in Verbindung gebracht[45]. Als Beleg für einen besonderen konsensualen Zug wird gerade im Zusammenhang mit dem salischen und alemannischen Recht gelegentlich auf den Umstand verwiesen, dass die entsprechenden Texte in der ältesten Handschriftenüberlieferung als ›Pactus Legis Salicae‹ beziehungsweise ›Pactus Lex Alamannorum‹ erscheinen und es sich demnach um Einigungen zwischen König, Adel und Volk in Hinblick auf das überkommene Volksrecht handelt, das auf dem Wege eines Weistums aufgezeichnet und durch besondere konsensuale Formeln (*placuit*, *convenit*) gekennzeichnet wurde[46]. Sieht man einmal davon ab, dass an dieser Deutung manches umstritten ist – so lässt sich etwa die Handschriftenüberlieferung der ›Lex Salica‹ nur sehr begrenzt für die Bezeichnung als Pactus in Anspruch nehmen[47] –

entsprechenden Kapitels gar »Il consenso assembleare«. Vgl. Ders., Alle radici del mondo giuridico europeo. Saggio storico-comparativo, Rom 1994, S. 227. Tatsächlich steht für Lupoi jedoch die Versammlung und nicht der Konsens im Mittelpunkt des Interesses. Ferner vgl. Maurizio Lupoi, Autorità e consenso. Le radici altomedievali, in: Scritti in onore di Elio Fazzalari, Bd. 1, Mailand 1993, S. 239–307.

45) Ruth Schmidt-Wiegand, Leges, in: Reallexikon der Germanischen Altertumskunde 18 (^{2}2001), S. 195–201, S. 196. Vgl. Ruth Schmidt-Wiegand, Lex Salica, in: HRG 3 (1978), Sp. 1949–1962, Sp. 1950; Anette Niederhellmann, Arzt und Heilkunde in den frühmittelalterlichen Leges. Eine wort- und sachkundliche Untersuchung (Arbeiten zur Frühmittelalterforschung 12), Berlin 1983, S. 10; Theodor Bühler, Rechtsschöpfung und Rechtswahrung an der Schnittstelle zwischen Mündlichkeit und Schriftlichkeit aufgrund von mittelalterlichen Rechtsquellen insbesondere aus Mitteleuropa (Europäische Rechts- und Regionalgeschichte 18), Zürich/St. Gallen 2012, S. 125–137. Zu den Volksrechten allgemein vgl. Rudolf Buchner, Die Rechtsquellen. Beiheft zu: Wattenbach-Levison: Deutschlands Geschichtsquellen im Mittelalter, Weimar 1953; Claudieter Schott, Leges, in: Lex.MA 5 (1991), Sp. 1802–1803; Schmidt-Wiegand, Leges (wie in Anm. 45); Harald Siems, Die Entwicklung von Rechtsquellen zwischen Spätantike und Mittelalter, in: Von der Spätantike zum frühen Mittelalter. Kontinuitäten und Brüche, Konzeptionen und Befunde, hg. von Theo Kölzer und Rudolf Schieffer (VuF 70), Ostfildern 2009, S. 245–285. Ferner vgl. Leges – Gentes – Regna (wie in Anm. 41).

46) So zum Beispiel Brunner, Rechtsgeschichte (wie in Anm. 21), S. 419; Schmidt-Wiegand, Lex Salica (wie in Anm. 45), Sp. 326. Vgl. auch Buchner, Rechtsquellen (wie in Anm. 45), S. 4; Ekkehard Kaufmann, Aequitatis iudicium. Königsgericht und Billigkeit in der Rechtsordnung des frühen Mittelalters (Frankfurter wissenschaftliche Beiträge. Rechts- und wirtschaftswissenschaftliche Reihe 18), Frankfurt am Main 1959, S. 65. Dagegen vgl. Hannig, Consensus fidelium (wie in Anm. 7), S. 64–79. Zum Weistum vgl. Dieter Werkmüller, Weistümer, in: HRG 5 (1998), Sp. 1239–1252; Dieter Werkmüller, Weistümer, in: Reallexikon der Germanischen Altertumskunde 33 (^{2}2006), S. 427–431.

47) Hermann Nehlsen, Sklavenrecht zwischen Antike und Mittelalter: Germanisches und römisches Recht in den germanischen Rechtsaufzeichnungen. Bd. 1: Ostgoten, Westgoten, Franken, Langobarden (Göttinger Studien zur Rechtsgeschichte 7), Frankfurt am Main 1972, S. 257 f. Zur ›Lex Salica‹ allgemein vgl. Heiner Lück, Lex Salica, in: HRG 3 (^{2}2014), Sp. 924–940; Karl Ubl, Im Bann der Traditionen. Zur

dann verweist diese Argumentation mittelbar bereits auf den großen Einfluss des ersten hier zu betrachtenden Autors.

Es ist dies Rudolph SOHM (1841–1917), der mit seinem Buch ›Die Altdeutsche Reichs- und Gerichtsverfassung‹ (1871) in mancherlei Hinsicht neue Wege beschritt[48]. Das gilt nicht zuletzt für seinen Zugriff auf den Rechtsbegriff[49], wenn SOHM zum Teil in Analogie zum Dualismus von *ius civile* und *ius honorarium* bei den Römern zwischen einem Volksrecht und einem Amtsrecht bei den Franken unterscheidet[50]. Die Distinktion soll unter anderem den Umstand erklären, dass die fränkische ›Lex Salica‹ keine nennenswerten Fortschreibungen erfahren hat, Veränderungen der *lex scripta* vielmehr durch Kapitularien erfolgten. Im Zusammenhang mit dieser Unterscheidung sieht SOHM zum Teil im Rückgriff auf andere Autoren (zum Beispiel BORETIUS) einen in der Verfassung des Frankenreichs angelegten Gegensatz zwischen einem auf überkommener Gewohnheit beruhenden Volksrecht, das auf Versammlungen gewiesen und vom Volk für gut befunden wurde, und einem auf herrscherlichen Befehl basierenden königlichen Amtsrecht. Bemerkenswert an diesen Überlegungen ist nicht zuletzt ihr Ansatzpunkt. Sie bahnen der Frage nach dem Konsens ausgehend von der Verfassungsgeschichte einen Weg über das Verfahren der Rechtsaufzeichnung oder Normgebung hin zu dem Rechtsbegriff und den Rechtsquellen und verleihen ihr so aus rechtshistorischer Sicht eine besondere Attraktivität.

SOHMS Theorien wurden von der rechtshistorischen Forschung trotz mancher Kritik bereitwillig aufgegriffen und zu einer von einzelnen Autoren unterschiedlich akzentuierten Lehre von Volks- und Königsrecht fortentwickelt[51]. Die vielfältigen Spielarten und

Charakteristik der Lex Salica, in: Chlodwigs Welt. Organisation von Herrschaft um 500, hg. von Mischa MEIER und Steffen PATZOLD (Roma Aeterna 3), Stuttgart 2014, S. 423–445. Ferner vgl. Clausdieter SCHOTT, Zur Geltung der Lex Alamannorum, in: Die historische Landschaft zwischen Lech und Vogesen. Forschungen und Fragen zur gesamtalemannischen Geschichte, hg. von Pankraz FRIED und Wolf-Dieter SICK (Veröffentlichungen des Alemannischen Instituts 59), Augsburg 1988, S. 75–105 (ND: Thesaurus historiae iuris. Clausdieter Schott zum 75. Geburtstag, hg. von Heiner LÜCK, Halle 2011, S. 39–70), S. 84 sowie PILCH, Rechtsgewohnheiten (wie in Anm. 38), S. 224 f.

48) Rudolph SOHM, Die altdeutsche Reichs- und Gerichtsverfassung, Bd. 1: Die Fränkische Reichs- und Gerichtsverfassung, Weimar 1871. Zu SOHM vgl. Karl S. BADER, Rudolph Sohm als Jurist und Rechtshistoriker, in: Juristen-Handbuch 5 (1964/65), S. 1–15; Andreas THIER, Rudolf Sohm, in: NDB 24, Berlin 2010, S. 239–241.

49) BÖCKENFÖRDE, Forschung (wie in Anm. 6), S. 192–194.

50) SOHM, Reichs- und Gerichtsverfassung (wie in Anm. 48), S. 102–146. Zur Lehre von Volks- und Königsrecht aus neuerer Sicht vgl. Ekkehard KAUFMANN, Königsrecht, in: HRG 2 (1978), Sp. 1055–1058; Hans-Georg HERMANN/Joerg MÜLLER, Rechtssatzung, in: Reallexikon der Germanischen Altertumskunde 24 (^{2}2003), S. 262–268; Eva SCHUMANN, Königsrecht, in: HRG 3 (^{2}2013), Sp. 72–73.

51) Für eine frühe Kritik an Sohms Unterscheidung vgl. Numa-Denis FUSTEL DE COULANGES, Histoire des institutions politiques de l'ancienne France, Bd. 3, Paris 1888, S. 109–115; Gerhard SEELIGER, Volksrecht und Königsrecht? Untersuchungen zur fränkischen Verfassungs- und Rechtsgeschichte, in: HV 1 (1898), S. 1–40, 313–369; DERS., Juristische Konstruktion und Geschichtsforschung, in: HV 7 (1904),

(Teil)Revisionen müssen hier nicht weiter interessieren[52]. Wenn die Akzeptanz der Lehre seit Mitte des 20. Jahrhunderts deutlich nachgelassen hat, dann liegt dies vor allem daran, dass sie auf anachronistischen Vorstellungen und klaren institutionellen Differenzierungen (zum Beispiel hinsichtlich der Normgebungskompetenz) beruht, die sich in den Quellen so nicht finden[53]. Ungeachtet ihres allmählichen Bedeutungsverlusts hat die Unterscheidung zwischen Volks- und Königsrecht bis weit in die zweite Hälfte des 20. Jahrhunderts ausgestrahlt und eine Grundlage für andere Forschungsansätze geliefert[54]. Das gilt zunächst für die Rechtsquellenlehre, wenn man etwa an zwei der drei von Wilhelm EBEL in seiner ›Geschichte der Gesetzgebung‹ unterschiedenen Grundformen, und zwar Weistum und Satzung, denkt[55]. Abgesehen von den materiellen Quellen des Rechts spielte die Lehre von Volks- und Königsrecht aber auch für die Untersuchung der formellen Quellen, das heißt der entsprechenden Texte, eine wichtige Rolle. Zu denken wäre hier insbesondere an Franz BEYERLES Versuche, Textschichten anhand von Normtypen zu unterscheiden, die unterschiedliche Entstehungshintergründe – etwa im Sinne der von SOHM entwickelten Vorstellungen über Normgebungskompetenz und Aufzeichnungsverfahren – haben[56].

S. 161–191; DERS., Gesetzgebung, in: Reallexikon der Germanischen Altertumskunde 2 (1913–1915), S. 236–239, S. 237 f. Ferner vgl. Bruno KRUSCH, Neue Forschungen über die drei oberdeutschen Leges. Bajuvariorum, Alamannorum, Ribuariorum, Berlin 1927, S. 1–3.

52) Dazu vgl. zum Beispiel Alfred BORETIUS, Beiträge zur Capitularienkritik, Leipzig 1874, S. 1–67; BRUNNER, Rechtsgeschichte (wie in Anm. 21), S. 405–412; Alfred VON HALBAN, Das römische Recht in den germanischen Volksstaaten. Ein Beitrag zur deutschen Rechtsgeschichte, Bd. 3 (Untersuchungen zur Deutschen Staats- und Rechtsgeschichte 64), Breslau 1901, S. 193–198 und Richard SCHRÖDER/Eberhard Frh. VON KÜNSSBERG, Lehrbuch der deutschen Rechtsgeschichte, Berlin/Leipzig 71932, S. 283–286. Ferner vgl. HANNIG, Consensus fidelium (wie in Anm. 7), S. 15–17 (vgl. auch ebd. S. 49 f.) sowie SCHUMANN, Königsrecht (wie in Anm. 50).

53) So bemerkte Ekkehard KAUFMANN schon in den 1970er Jahren: »Es gab also im Grunde weder Volksrecht noch Königsrecht, sondern Recht, das im Zusammenwirken von König, Adel (und ›Volk‹) zustande gekommen war.« Vgl. KAUFMANN, Königsrecht (wie in Anm. 50), Sp. 1057.

54) Die Distinktion »Volksrecht – Königsrecht« findet sich, wenngleich teilweise in differenzierter Form, noch in wichtigen Lehrbüchern der zweiten Hälfte des 20. Jahrhunderts. Vgl. Heinrich MITTEIS, Der Staat des hohen Mittelalters. Grundlinien einer vergleichenden Verfassungsgeschichte des Lehnszeitalters, Köln/Wien 91974, S. 46; Hermann CONRAD, Deutsche Rechtsgeschichte, Bd. 1, Karlsruhe 21962, S. 128 f. bzw. 134–136; Hans PLANITZ/Karl August ECKHARDT, Deutsche Rechtsgeschichte, Köln/Wien 41981, S. 76 f. und Heinrich MITTEIS/Heinz LIEBERICH, Deutsche Rechtsgeschichte. Ein Studienbuch (Juristische Kurz-Lehrbücher, München 151978, S. 90–92 (zum Teil kritisch).

55) Wilhelm EBEL, Geschichte der Gesetzgebung in Deutschland (Göttinger Rechtswissenschaftliche Studien 24), Göttingen 21958, S. 12–25.

56) Franz BEYERLE, Über Normtypen und Erweiterungen der Lex Salica, in: ZRG 44 (1924), S. 216–261. Zu Beyerle vgl. Florian G. DÜRSELEN, Franz Beyerle (1885–1977). Leben, Ära und Werk eines Rechtshistorikers (Rechtshistorische Reihe 307), Frankfurt am Main/Berlin/Bern 2005; Axel SCHÜTZENMEISTER, Franz BEYERLE. Leben und Werk (Leipziger Juristische Studien, Rechtshistorische Abteilung 4), Leipzig 2008.

Lenkt man den Blick von Rudolph SOHM auf die Gegenwart, gelangt man schnell zu den Arbeiten der beiden Rechtshistoriker Jürgen WEITZEL und Gerhard DILCHER, die sich seit den 1980er Jahren mit dem Konsens und seiner Bedeutung für das (früh)mittelalterliche Recht beschäftigt haben. Ihre zumeist in anderen thematischen Zusammenhängen angestellten Überlegungen sind hier auch deshalb von Interesse, weil sie gegenüber den gerade skizzierten älteren Ansätzen einen anderen methodischen Zugang erkennen lassen. – Zunächst zu Jürgen WEITZEL. Wie für SOHM so liegen auch WEITZELS Ausgangspunkte im Bereich des Verfahrens, näherhin in Prozess und Gericht. Ausgehend von seiner 1985 veröffentlichten Habilitationsschrift ›Dinggenossenschaft und Recht‹ hat WEITZEL in verschiedenen Arbeiten die Bedeutung des Konsenses für das (früh)mittelalterliche Recht herausgearbeitet[57]. Seine Grundposition, die teilweise an älteren Vorstellungen des 19. Jahrhunderts anknüpft[58], lässt sich auf folgenden Punkt bringen: »Das fränkisch-deutsche recht [sic] lebt und gilt nur im Konsens der Genossen.«[59] Diese Aussage bezieht sich einerseits auf das Recht, das sich im Bewusstsein der nach ihm lebenden Menschen als ungeschriebene Rechtsgewohnheit darstellt, und andererseits auf das im Gericht gesprochene Recht, das in der konsensualen Rechtsfindung eine Konkretisierung erfährt, wenn in einem dinggenossenschaftlichen Verfahren die Urteiler unter Zustimmung der Gerichtsgemeinde erklären, was rechtens ist, und ein Urteil finden, das der Richter dann verkündet[60]. Zwar hebt WEITZEL hervor, dass man nicht »zu hohe Anforderungen« an den Konsens im Gericht stellen darf[61]. Dennoch ist klar, dass aus seiner Sicht hier ein Geltungsgrund des Rechts und damit ein zentraler Aspekt des Rechtsbegriffs liegt.

In eine zum Teil ähnliche Richtung gehen die Überlegungen Gerhard DILCHERS, der im Konsens »eine wichtige Form der Legitimation von Recht, seiner Genese und seiner

57) Jürgen WEITZEL, Dinggenossenschaft und Recht. Untersuchungen zum Rechtsverständnis im fränkisch-deutschen Mittelalter (Quellen und Forschungen zur höchsten Gerichtsbarkeit im Alten Reich 15), 2 Bde, Köln/Wien 1985. Für eine Zusammenschau und Analyse von WEITZELS Auffassungen vgl. PILCH, Rechtsgewohnheiten (wie in Anm. 38), S. 183–191, 337–347.

58) August S. SCHULTZE, Privatrecht und Process in ihrer Wechselwirkung. Grundlinien einer geschichtlichen Auffassung des heutigen Civilprocessrechts, Bd. 1, Freiburg im Breisgau/Tübingen 1883, S. 97–126. Vgl. Peter LANDAU, Otto Gierke und das kanonische Recht, in: Die Deutsche Rechtsgeschichte in der NS-Zeit. Ihre Vorgeschichte und ihre Nachwirkungen, hg. von Joachim RÜCKERT und Dietmar WILLOWEIT (Beiträge zur Rechtsgeschichte des 20. Jahrhunderts 12), Tübingen 1995, S. 77–94, S. 91.

59) WEITZEL, Dinggenossenschaft (wie in Anm. 57), Bd. 2, S. 1346.

60) WEITZEL, Relatives Recht (wie in Anm. 43), S. 59. Ferner vgl. Karin NEHLSEN-VON STRYCK, Gerichtsverfahren, in: HRG 2 (^{2}2009), Sp. 178–192; Heiner LÜCK, Gerichtsverfassung, in: HRG 2 (^{2}2009), Sp. 192–219; Wolfgang SELLERT, Vollbort, in: HRG 5 (1998), Sp. 1023–1024; Stefan Chr. SAAR, Vollbort, in: Reallexikon der Germanischen Altertumskunde 32 (^{2}2006), S. 591.

61) WEITZEL, Relatives Recht (wie in Anm. 43), S. 59 Anm. 39.

Geltung« sieht[62]. DILCHER unterscheidet im Anschluss an Wilhelm EBEL das Recht des Mittelalters in »Weistum, vereinbarte Satzung (Einung und Willkür) und obrigkeitliches Gebot« und sieht als Basis aller drei »Grundformen« einen sich unterschiedlich darstellenden Konsens. Im Hintergrund steht wohl die Webersche Vorstellung von der »Zustimmung als Grundlage des ›Legitimitätsglaubens‹« (DILCHER)[63]. Die Bedeutung des so verstandenen Konsenses ergibt sich für DILCHER nicht zuletzt aus einer allgemeinen Deutung der frühmittelalterlichen Rechtskultur als Verbindung von »lateinischer Schriftkultur« und »germanischen Rechtsgewohnheiten«[64]. Da zumindest im weltlichen Bereich die lateinische Schriftkultur nur eine bescheidene Rolle spielte, stellte sich Recht im frühen Mittelalter in erster Linie als Teil oraler Rechtskultur und als ungeschriebene Rechtsgewohnheit dar[65]. Die Mündlichkeit, die die ältere Forschung lediglich im Zusammenhang mit Spezialfragen (zum Beispiel zum Verhältnis von schriftlicher Ausfertigung und mündlicher Bekanntmachung karolingischer Kapitularien)[66] interessierte, wird so zu einem allgemeinen Erklärungsfaktor für das Recht im frühen Mittelalter. Zur Findung oder Ermittlung eines solchen Rechts, das nur in der (kollektiven) Erinnerung und dem Bewusstsein der Gemeinschaft präsent war, bedurfte es des Konsenses, sei es in Form eines Weistums oder eines Urteils[67]. Hier knüpft DILCHER an WEITZELS Überle-

62) DILCHER, Konsens (wie in Anm. 25), Sp. 109. Vgl. EBEL, Gesetzgebung (wie in Anm. 55), S. 11–27; Gerhard DILCHER, Bildung, Konstanz und Wandel von Normen und Verfahren im Bereich mittelalterlicher Rechtsgewohnheit, in: Prozesse der Normbildung und Normveränderung im mittelalterlichen Europa, hg. von Doris RUHE und Karl-Heinz SPIESS, Stuttgart 2000, S. 187–201, S. 190 und PILCH, Rechtsgewohnheiten (wie in Anm. 38), S. 186 Anm. 239.

63) DILCHER, Konsens (wie in Anm. 25), Sp. 111. Vgl. Gerhard DILCHER, Die Zwangsgewalt und der Rechtsbegriff vorstaatlicher Ordnungen im Mittelalter, in: Rechtsbegriffe im Mittelalter, hg. von Albrecht CORDES und Bernd KANNOWSKI (Rechtshistorische Reihe 262), Frankfurt am Main/Berlin/Bern 2002, S. 111–153, S. 119.

64) So der Untertitel des unter Federführung von Dilcher herausgegebenen, 2006 erschienenen Sammelbandes Leges – Gentes – Regna. Dazu siehe unten Anm. 75–80. Zum Begriff der Rechtsgewohnheit vgl. Anm. 41.

65) Gerhard DILCHER, Oralität, Verschriftlichung und Wandlungen der Normstruktur in den Stadtrechten des 12. und 13. Jahrhunderts, in: Pragmatische Schriftlichkeit im Mittelalter, hg. von Hagen KELLER, Klaus GRUBMÜLLER und Nikolaus STAUBACH (Münstersche Mittelalter-Schriften 65), München 1992, 9–19, S. 15; DILCHER, Konsens (wie in Anm. 25), Sp. 113. Vgl. PILCH, Rechtsgewohnheiten (wie in Anm. 38), S. 294–298, 307–312. DILCHER knüpft hier zum Teil an Überlegungen an, die in den 1980er Jahren bereits von Hanna VOLLRATH vorgetragen worden sind. Vgl. Hanna VOLLRATH, Gesetzgebung und Schriftlichkeit. Das Beispiel der angelsächsischen Gesetze, in: HJb 99 (1979), S. 28–54; DIES., Das Mittelalter in der Typik oraler Gesellschaften, in: HZ 233 (1981), S. 571–594; DIES., Rechtstexte in der oralen Rechtskultur des frühen Mittelalters, in: Mittelalterforschung nach der Wende 1989 (HZ, Beihefte 20), München 1995, S. 319–348.

66) Rudolf SCHIEFFER, Die Zeit des karolingischen Großreichs (714–887) (Handbuch der deutschen Geschichte, 10. Aufl., Bd. 2), 2005, S. 119 f.; LUPOI, Origins (wie in Anm. 22), S. 190 f.

67) Gerhard DILCHER, Zeitbewußtsein und Geschichtlichkeit im Bereich hochmittelalterlicher Rechtsgewohnheit, in: Hochmittelalterliches Geschichtsbewußtsein im Spiegel nichthistoriographischer Quellen,

gungen zum fränkisch-deutschen Recht an, das im Konsens der Rechtsgenossen lebt, und liefert so zugleich eine kulturalistische Begründung für dessen Theorien.

Die Positionen WEITZELS und DILCHERS können hier auch deshalb nur skizzenhaft wiedergegeben werden, da sie noch keinen Niederschlag in Spezialstudien gefunden haben. Beachtung verdient vor allem das besondere normative Interesse am Konsens, der als eine wesentliche Eigenschaft des frühmittelalterlichen Rechtsbegriffs erscheint, sei es dass er als Grundlage einer dinggenossenschaftlichen Rechtsfindung (WEITZEL) oder sei es dass er als formales Instrument der Tradierung und Ermittlung von Recht (DILCHER) fungiert. Die gerade angedeuteten Theorien sind vor allem von perspektivischem Interesse. Zugleich fordern sie zu einer kurzen kritischen Vergewisserung heraus. – Das gilt zunächst für das Fundament der Überlegungen. Gemessen an der Allgemeinheit der Aussagen, die von WEITZEL oder DILCHER über das Recht im (frühen) Mittelalter getroffen werden, nimmt sich die Quellenbasis, zumindest soweit es die etwas eingehender interpretierten Texte betrifft, recht schmal aus[68]. Die Ursachen hierfür liegen wohl nicht zuletzt im allgemeinen Erkenntnisinteresse. Sowohl WEITZEL als auch DILCHER bieten vor allem Theorien zu Rechtsentwicklung und Rechtsbegriff im (frühen) Mittelalter, die in erster Linie aus der Arbeit mit und der Analyse von normativ-juridischen oder theoretischen Begriffen gewonnen werden. Demgegenüber treten die Quellen in den Hintergrund.

Jenseits dieses methodischen Ausgangspunktes besteht vor allem in zweierlei Hinsicht Anlass zur Nachfrage. Das betrifft, wenn man einmal von der Frage absieht, inwieweit sich die räumlich begrenzte Dinggenossenschaft überhaupt als allgemeines Erklärungsmodell eignet, zunächst WEITZELS Konsensbegriff. Was hat man sich unter dem Konsens, auf den WEITZEL sich bezieht, vorzustellen[69]? Diese Frage stellt sich nicht zuletzt deshalb,

hg. von Hans-Werner GOETZ, Berlin 1998, S. 31–72, S. 33 f., 46 f.; DILCHER, Konsens (wie in Anm. 25), Sp. 112. Vgl. auch Gerhard DILCHER, Die Stellung des langobardischen Rechts in einer Typologie der frühmittelalterlichen Leges, in: DERS., Normen zwischen Oralität und Schriftkultur. Studien zum mittelalterlichen Rechtsbegriff und zum langobardischen Recht, hg. von Bernd KANNOWSKI, Susanne LEPSIUS und Reiner SCHULZ, Köln 2008, S. 225–264, S. 262; Gerhard DILCHER, Germanisches Recht, in: HRG 2 (^{2}2012), Sp. 241–252, Sp. 248.

68) Zweifel, ob ein Erklärungsansatz wie derjenige der Dinggenossenschaft über eine ausreichende Quellenbasis verfügt, sind schon früh geäußert worden. Vgl. Karin NEHLSEN-VON STRYK, Die boni homines des frühen Mittelalters unter besonderer Berücksichtigung der fränkischen Quellen (Freiburger Rechtsgeschichtliche Abhandlungen, N.F. 2), Berlin 1981, S. 83–92. Dagegen vgl. WEITZEL, Dinggenossenschaft (wie in Anm. 57), Bd. 1, S. 514–530 sowie Jürgen WEITZEL, Die Bedeutung der Dinggenossenschaft für die Herrschaftsordnung, in: Leges – Gentes – Regna. Zur Rolle von germanischen Rechtsgewohnheiten und lateinischer Schrifttradition bei der Ausbildung der frühmittelalterlichen Rechtskultur, hg. von Gerhard DILCHER und Eva-Marie DISTLER, Berlin 2006, S. 351–366.

69) Unberücksichtigt bleibt hier die allgemeine Kritik, die an Weitzels Überlegungen von verschiedener Seite geübt worden ist. Vgl. Karin NEHLSEN-VON STRYK, Zum ›Justizbegriff‹ der rechtshistorischen Germanistik, in: Ius Commune 17 (1990), S. 189–222; PILCH, Rechtsgewohnheiten (wie in Anm. 38),

weil WEITZEL die Anforderungen, was den Konsens ausmacht, so weit senkt, dass er sich mit dem Grundsatz *qui tacet consentire videtur* zufrieden gibt[70]. Unter solchen Vorzeichen fällt es nicht schwer, allenthalben konsensuale Rechtsfindung am Werke zu sehen. Der zum allgemeinen Erklärungsmodell erhobene Konsens schrumpft, wenn nicht auf eine Fiktion, so doch auf ein (postuliertes) Formalprinzip zusammen, das sich zunächst einmal nur auf ein Argumentum e silentio stützen kann[71]. Auch in sachlicher Hinsicht bleibt manches unklar. Das gilt nicht zuletzt für die kommunikativen Voraussetzungen, das heißt die Frage, inwieweit man für das (Früh)Mittelalter grundsätzlich davon ausgehen kann, dass sich einzelne Glieder einer (Rechts)Gemeinschaft einem erwarteten oder eingeforderten Konsens verweigern konnten. Je nachdem, ob man eher die Möglichkeit zum Dissens oder einen Konsensdruck gegeben sieht, wird man WEITZELS Modell der Rechtsfindung, das seiner Konsensvorstellung zugrunde liegt, für mehr oder weniger überzeugend halten. Das reale Ungleichgewicht der Macht zwischen Gerichtsherrn und Dinggenossen bleibt bei ihm jedenfalls weitgehend ausgeblendet[72].

Eine zweite Nachfrage gilt DILCHERS Hinweis auf die Bedeutung der oralen Rechtskultur. Zweifellos spielte Mündlichkeit innerhalb der frühmittelalterlichen Rechtsentwicklung eine wichtige Rolle[73]. Allerdings stellt sich angesichts der Tatsache, dass es zum

S. 343–347. Auch punktuelle Einwände müssen hier ausgeblendet bleiben. Vgl. Franz KERFF, Die Urteilsfindung im Sendgericht. Kritische Anmerkungen zu Jürgen Weitzels ›Dinggenossenschaft und Recht‹, in: Rechtshistorisches Journal 8 (1989), S. 397–407 (dagegen vgl. Jürgen WEITZEL, So scheiden sich die Geister, in: Rechtshistorisches Journal 8 (1989), S. 407–413); Jörg MÜLLER, Karl von Amira und das kanonische Recht. Am Beispiel des Rügeverfahrens, in: Karl von Amira zum Gedächtnis, hg. von Peter LANDAU, Hermann NEHLSEN und Matthias SCHMOECKEL (Rechtshistorische Reihe 206), Frankfurt am Main/Berlin/Bern 1999, S. 273–289, S. 286 f.

70) WEITZEL, Relatives Recht (wie in Anm. 42), S. 59 Anm. 39. Zu der betreffenden Sentenz vgl. Cesare MAGNI, Il silenzio nel diritto canonico, in: Rivista di diritto privato 4,1 (1934), S. 50–90, 113–156; Stefan Tobis SCHWARTZE, Qui tacet, consentire videtur – eine Rechtsregel im Kommentar. Vorläufer in kanonistischen Brocardasammlungen und zeitgenössische Kommentierung (Rechts- und Staatswissenschaftliche Veröffentlichungen der Görres-Gesellschaft, N.F. 104), Paderborn/München/Wien/Zürich 2003.

71) Zur Kritik an Weitzels Konsensbegriff vgl. auch Joachim RÜCKERT, Rechtsbegriff und Rechtsbegriffe – germanisch, römisch, kirchlich, heutig?, in: Leges – Gentes – Regna. Zur Rolle von germanischen Rechtsgewohnheiten und lateinischer Schrifttradition bei der Ausbildung der frühmittelalterlichen Rechtskultur, hg. von Gerhard DILCHER und Eva-Marie DISTLER, Berlin 2006, S. 569–602, S. 597 f.

72) ALTHOFF, Rechtsgewohnheiten (wie in Anm. 43), S. 35 f.

73) Zum Folgenden vgl. auch GOETZ, Moderne Mediävistik (wie in Anm. 6), S. 204 f., 349–353; Simon TEUSCHER, Zur Mediengeschichte des ›mündlichen Rechts‹ im späten Mittelalter, in: ZRG Germ. 131 (2014), S. 69–88, insbesondere S. 73–77. Ferner vgl. Michael RICHTER, Die ›Entdeckung‹ der Oralität der mittelalterlichen Gesellschaft durch die neuere Mediävistik, in: Die Aktualität des Mittelalters, hg. von Hans-Werner GOETZ (Herausforderungen. Historisch-politische Analysen 10), Bochum 2000, S. 273–285; Simon TEUSCHER, Erzähltes Recht. Lokale Herrschaft, Verschriftlichung und Traditionsbildung im Spätmittelalter (Campus Historische Studien 44), Frankfurt am Main 2007; Stephan MEDER, Ius non scriptum – Traditionen privater Rechtsetzung, Tübingen ^{2}2009, insbesondere S. 21–46 (zum antiken römischen Recht).

Recht des Frühmittelalters keine oralen Quellen gibt und noch kein Anhänger der oralen Rechtstradition auch nur für eine frühmittelalterliche Rechtsaufzeichnung umfassendere Angaben gemacht hat, welche Teile des betreffenden Textes beziehungsweise der einzelnen Kapitel mündlich zu Protokoll gegeben worden sind und was schriftkultureller Zusatz ist[74)], die Frage, wie sich ein solches vom Konsens geprägtes Recht konkret, das heißt in Hinblick auf seinen Inhalt und Normcharakter darstellte. Auf eine mögliche Antwort deutet der Untertitel des Sammelbandes ›Leges – Gentes – Regna‹, der unter Federführung von Gerhard DILCHER 2006 veröffentlicht wurde, hin[75)]. Demnach beruht die »frühmittelalterliche Rechtskultur« auf einer Verbindung von »lateinischer Schriftkultur« und »germanischen Rechtsgewohnheiten«[76)]. DILCHER verschränkt also die Dichotomie »oral – schriftlich« mit dem Gegensatz »germanisch – lateinisch«. Als Gegenstück zur »lateinischen Schriftkultur« bilden die »germanischen Rechtsgewohnheiten« demnach den Kern oder wesentlichen Teil einer frühmittelalterlichen Rechtskultur, der nicht durch Schriftlichkeit, sondern durch Oralität bestimmt war.

Probleme bereitet hier weniger das umstrittene Attribut »germanisch«, als vielmehr seine Verbindung mit dem Terminus »Rechtsgewohnheiten«[77)]. Wenn über die Rechtsgewohnheiten der Teil der frühmittelalterlichen »Rechtskultur«[78)], der ursprünglich nicht zur lateinischen, auf Schriftlichkeit beruhenden Rechtstradition gehörte, mittelbar ger-

74) Zu der von HECK mit Blick auf die Lex Frisionum entwickelten Theorie einer Rechtsaufzeichnung als »Übersetzung zu Protokoll« und ihrer Ablehnung durch die Forschung vgl. Philipp HECK, Die Entstehung der Lex Frisionum (Arbeiten zur deutschen Rechts- und Verfassungsgeschichte 6), Stuttgart 1927, S. 39 f. beziehungsweise S. 56 und Harald SIEMS, Studien zur Lex Frisionum (Münchener Universitätsschriften. Juristische Fakultät, Abhandlungen zur rechtswissenschaftlichen Grundlagenforschung 42), Ebelsbach 1980, S. 25.

75) Leges – Gentes – Regna (wie in Anm. 41).

76) Zum Untertitel des Sammelbandes siehe Anm. 75–80.

77) Jörg JARNUT, Germanisch. Plädoyer für die Abschaffung eines obsoleten Zentralbegriffes der Frühmittelalterforschung, in: Leges – Gentes – Regna. Zur Rolle von germanischen Rechtsgewohnheiten und lateinischer Schrifttradition bei der Ausbildung der frühmittelalterlichen Rechtskultur, hg. von Gerhard DILCHER und Eva-Marie DISTLER, Berlin 2006, S. 69–77; DERS., Zum „Germanen"-Begriff der Historiker, in: Altertumskunde – Altertumswissenschaft – Kulturwissenschaft. Erträge und Perspektiven nach 40 Jahren Reallexikon der Germanischen Altertumskunde, hg. von Heinrich BECK, Dieter GEUENICH und Heiko STEUER (Ergänzungsbände zum Reallexikon der Germanischen Altertumskunde 77), Berlin/Boston 2012, S. 391–400. Zum Folgenden vgl. auch Karin NEHLSEN-VON STRYK, Rez. zu: Leges – Gentes – Regna. Zur Rolle von germanischen Rechtsgewohnheiten und lateinischer Schrifttradition bei der Ausbildung der frühmittelalterlichen Rechtskultur, hg. von Gerhard DILCHER und Eva-Marie DISTLER, Berlin 2006, in: ZRG Germ. 124 (2007), S. 426–436, S. 434–436.

78) Zum Begriff der Rechtskultur vgl. Werner GEPHART, Recht als Kultur. Zur kultursoziologischen Analyse des Rechts (Studien zur europäischen Rechtsgeschichte 209), Frankfurt am Main 2006; Georg MOHR, Was ist eine Rechtskultur, in: Recht und Kultur. Menschenrechte und Rechtskulturen in transkultureller Perspektive, hg. von Hans Jörg SANDKÜHLER (Philosophie und Transkulturalität 13), Frankfurt am Main/Berlin/Bern 2011, S. 9–20.

manisch attribuiert wird, dann liegt der Gedanke nahe, dass »oral« bezogen auf das Recht im frühen Mittelalter letztlich nicht viel mehr als ein Synonym für »germanisch« ist und hinter der oralen Rechtskultur eine andere, ältere Vorstellung steht, und zwar der Begriff des germanischen Rechts[79]. Damit wäre eine Antwort auf die Frage nach Inhalt und Normcharakter konsensual-oraler Rechtsüberlieferung gegeben. Zu berücksichtigen ist dabei jedoch, dass so mancher Autor, der in der Vergangenheit den Begriffshimmel des germanischen Rechts zu erbauen half, »dicke Bücher über Gegenstände schrieb, die es nie gegeben hat« (GAGNÉR)[80]. Heute besteht kein Zweifel, dass das »germanische Recht«, so wie es sich in den älteren Lehrbüchern darstellt, auf methodisch zweifelhaften Grundlagen basiert und deshalb zu Recht von KROESCHELL und seinen Schülern seit den 1960er Jahren großenteils demontiert worden ist[81]. – Verbirgt sich also hinter der modernen Fassade von Konsens und Oralität das germanische Recht des 19. und frühen 20. Jahrhunderts? Die Frage bleibt letztlich offen. Zu denken gibt allerdings, dass DILCHER einzelne Spolien aus dem älteren Lehrgebäude wie etwa die Vorstellung einer besonderen (germanischen) Freiheit in seinen Konsensbegriff zu integrieren sucht[82].

79) Karl KROESCHELL, Germanisches Recht als Forschungsproblem, in: Festschrift für Hans Thieme zu seinem 80. Geburtstag, hg. von Karl KROESCHELL, Sigmaringen 1986, S. 3–19; Karl KROESCHELL, Germanen, Germania, germanische Altertumskunde, IV, C: Recht, in: Reallexikon der Germanischen Altertumskunde 10 (^{2}1998), S. 215–228, hier: S. 395–408; DILCHER, Germanisches Recht (wie in Anm. 67) (insbesondere Sp. 249); Bernd KANNOWSKI, Germanisches Recht heute, in: Juristenzeitung 67 (2012), S. 321–327.

80) Sten GAGNÉR, Zielsetzung und Werkgestaltung in Paul Roths Wissenschaft, in: Festschrift für Hermann Krause, hg. von Sten GAGNÉR, Hans SCHLOSSER und Wolfgang WIEGAND, Köln/Wien 1975, S. 276–450, S. 285. Die Bemerkung bezieht sich auf: Karl VON AMIRA, Nordgermanisches Obligationenrecht, 2 Bde, Leipzig 1882–1895. Vgl. Hermann NEHLSEN, Karl von Amira (1848–1930). Ein Gelehrtenleben, in: Karl von Amira zum Gedächtnis, hg. von Peter LANDAU, Hermann NEHLSEN und Mathias SCHMOECKEL (Rechtshistorische Reihe 206), Frankfurt am Main/Berlin/Bern 1999, S. 9–22, S. 15; Mathias SCHMOECKEL, Amira, Karl von, in: HRG 1 (^{2}2008), Sp. 200–202.

81) Wolfgang FLIESS, Die Begriffe Germanisches Recht und Deutsches Recht bei den Rechtshistorikern des 19. und 20. Jahrhunderts, jur. Diss., Freiburg im Breisgau 1968; Andrea NUNWEILER, Das Bild der deutschen Rechtsvergangenheit und seine Aktualisierung im ›Dritten Reich‹ (Fundamenta juridica 31), Baden-Baden 1996; Peter LANDAU, Prinzipien germanischen Rechts als Grundlage nationalistischer und völkischer Ideologien, in: Zur Geschichte und Problematik der Nationalphilologien in Europa. 150 Jahre Erste Germanistenversammlung in Frankfurt am Main (1846–1996), hg. von Frank FÜRBETH, Pierre KRÜGEL, Ernst E. METZNER und Olaf MÜLLER, Tübingen 1999, S. 327–341; Johannes LIEBRECHT, Brunners Wissenschaft. Heinrich Brunner (1840–1915) im Spiegel seiner Rechtsgeschichte (Studien zur europäischen Rechtsgeschichte 288), Frankfurt am Main 2014, S. 114–121, 135–146. Ferner vgl. Jürgen BUSCH, Das Germanenbild der deutschen Rechtsgeschichte. Zwischen Wissenschaft und Ideologie (Rechtshistorische Reihe 299), Frankfurt am Main/Berlin/Bern 2004. Zu KROESCHELL siehe oben S. 28.

82) Gerhard DILCHER, Zur Entstehungs- und Wirkungsgeschichte der mittelalterlichen Rechtskultur, in: Leges – Gentes – Regna. Zur Rolle von germanischen Rechtsgewohnheiten und lateinischer Schrifttradition bei der Ausbildung der frühmittelalterlichen Rechtskultur, hg. von Gerhard DILCHER und Eva-Marie DISTLER, Berlin 2006, S. 603–638, S. 634–636, vgl. auch ebd. S. 606. Dazu vgl. Hildburg HUNKE, Germa-

III. Drei Fragen nach Ursache und Wirkung, Argumentation und Wissen sowie Spuren im Text

Wenn man von einzelnen Autoren den Blick noch einmal auf die Literatur allgemein richtet und nach übergreifenden Tendenzen fragt, die das Bild des Konsenses in der rechtshistorischen Literatur bestimmen, dann fällt unter anderem dreierlei ins Auge: Erstens eine, vielleicht auch von der Verfassungsgeschichte beeinflusste »voluntaristische« Wahrnehmung von Konsens als Ergebnis kollektiver Willensbildungs- und Entscheidungsprozesse, zweitens ein weitgehendes Desinteresse an der diskursiven Seite des Phänomens und drittens eine Neigung zur begrifflich-theoretischen Konstruktion. Eine Antwort auf die Frage, inwiefern sich der Blick für »Recht und Konsens im frühen Mittelalter« weiten lässt, ergibt sich nicht zuletzt bei dem Versuch, über die gerade genannten Tendenzen hinauszugelangen. Die entsprechenden Ansätze lassen sich mit drei Stichworten verbinden: a) Konsens als Form und Folge des Rechts, b) Konsens und Wissen sowie c) Text als Niederschlag von Konsens.

Was mit dem ersten Punkt gemeint ist, wird womöglich etwas klarer, wenn man drei Quellen mit Blick auf den *consensus* zu Worte kommen lässt. Am Anfang steht Ciceros bekannte Definition der *res publica* als *res populi*, die dem Mittelalter über Augustins ›De civitate Dei‹ und Isidors Etymologien mittelbar präsent war[83]. Den *populus* als Gemeinschaft, deren Sache der Staat ist, bestimmt neben der Gemeinsamkeit der Interessen

nische Freiheit im Verständnis der deutschen Rechts- und Verfassungsgeschichtsschreibung, jur. Diss., Göttingen 1972; Dietmar Willoweit, Freiheit in der Volksgemeinde. Geschichtliche Aspekte des Freiheitsbegriffs in der deutschen rechtshistorischen und historischen Forschung des 19. und 20. Jahrhunderts, in: Die Deutsche Rechtsgeschichte in der NS-Zeit, ihre Vorgeschichte und ihre Nachwirkungen, hg. von Joachim Rückert und Dietmar Willoweit (Beiträge zur Rechtsgeschichte des 20. Jahrhunderts 12), Tübingen 1995, S. 301–322.

83) Marcus Tullius Cicero, De re publica, in: Ders., De re publica, De legibus, Cato maior de senectute, Laelius de amicitia, hg. von Jonathan G. F. Powell, Oxford 2006, S. 28, Lib. I, 39: *›Est igitur‹ inquit Africanus ›res publica res populi; populus autem non omnis hominum coetus quoquo modo congregatus, sed coetus multitudinis iuris consensu et utilitatis communione sociatus‹.* Vgl. Filippo Cancelli, ›Iuris consensu‹ nella definizione ciceroniana di ›res publica‹, in: Studi in memoria di Guido Donatuti, Bd. 1 (Università degli Studi di Parma, Facoltà di Giurisprudenza), Mailand 1973, S. 211–235; Hans-Peter Kohns, Consensus iuris – communio utilitatis (zu Cic. Rep. I 39), in: Gymnasium 81 (1974), S. 485–498; Werner Suerbaum, Vom antiken zum frühmittelalterlichen Staatsbegriff. Über die Verwendung und Bedeutung von res publica, regnum, imperium und status von Cicero bis Jordanis (Orbis antiquus 16–17), Münster ³1977, S. 23–26; Mario Varvaro, Iuris consensus e societas in Cicerone. Un'analisi di Cic., De rep., 1,25,39, in: Annali del Seminario Giuridico della Università di Palermo 45 (1998), S. 445–482. Zur Rezeption vgl. Aurelius Augustinus, De civitate Dei, Bd. 1: Libri I–X, hg. von Bernhard Dombart und Alfons Kalb (CCSL 47), Turnhout 1955, Lib. II,21, S. 52–55; Matthew S. Kempshall, De re publica 1.39 in Medieval and Renaissance Political Thought, in: Cicero's Republic, hg. von Jonathan G. F. Powell und John A. North (Bulletin of the Institute of Classical Studies, Supplement 76), London 2001, S. 99–135. Zu Isidor siehe Anm. 84–85.

(*communio utilitatis*) vor allem der *consensus iuris*. Ähnlich sieht es Isidor von Sevilla in seiner Erklärung von *populus*[84]. Dagegen spielt der *consensus iuris* in den ›Etymologiae‹ bei der Erläuterung des Ausdrucks *lex* keine Rolle[85]. Im Edikt von Pîtres (864) scheint es dann zu einer Synthese ciceronianisch-augustinischer und isidorischer Traditionen gekommen zu sein: *lex consensu populi et constitutione regis fit*[86].

Die kleine Auswahl legt die Vermutung nahe, dass eher das *ius* als die *lex*, das heißt im Sinne antiken Sprachgebrauchs eher das (womöglich ungeschriebene) Recht als das (geschriebene) Gesetz als Gegenstand des *consensus* gesehen wurde. Der Weg von Cicero zu traditionellen rechtshistorischen Vorstellungen von Recht und Konsens scheint so gesehen gar nicht so weit. Bei genauerer Betrachtung ergibt sich jedoch ein komplexeres Bild. Schon Ciceros Prägung *consensus iuris* ist deutungsoffen. Die Junktur lässt sich einerseits als Genitivus obiectivus etwa mit »Anerkennung des Rechtes« (BÜCHNER) übersetzen, das heißt im Sinne von *consentiens de iure*[87]. Das Volk (*populus*) ist demnach eine Gemeinschaft, die sich unter anderem dadurch auszeichnet, dass sie in Hinblick auf Recht und Gerechtigkeitsvorstellungen (*ius*) übereinstimmt, die sich ihrerseits aus dem Konsens ergeben. Doch lässt sich *consensus iuris* auch als Genitivus subiectivus, das heißt im Sinne von (*sociatus*) *consentienti iure*, übersetzen[88]. In diesem Fall käme das Einvernehmen oder der Konsens erst durch das *ius* zustande, das gleichsam den Rahmen bildet, der nicht nur den *consensus* erforderlich und möglich macht, sondern durch die Konsensbildung auch einen *coetus hominum* erst zu einem *populus* werden lässt. Diese zweite Deutungsmöglichkeit verweist auf einen Zugang, durch den sich die Rolle des Konsenses stärker historisieren lässt. Es geht dann nicht um einen unbewegten Beweger, sondern immer auch um

84) Isidori Hispalensis episcopi Etymologiarum sive originum libri XX, rec. brevique adnotatione critica instruxit Wallace M. LINDSAY, Bd. 1: Libros I–X, Oxford 1971 (ND von: 1911), Lib. IX,4,5: *Populus est humanae multitudinis, iuris consensu et concordi communione sociatus. Populus autem eo distat a plebibus, quod populus universi cives sunt, connumeratis senioribus civitatis.* Vgl. Hanna VOLLRATH-REICHELT, Königsgedanke und Königtum bei den Angelsachsen bis zur Mitte des 9. Jahrhunderts (Kölner historische Abhandlungen 19), Köln/Wien 1971, S. 41–43; Otto ZWIERLEIN, Die Definition von populus in Isidors Etymologiae, in: Göttinger Forum für Altertumswissenschaft 6 (2003), S. 123–128.

85) Isidorus, Etymologiae (wie in Anm. 83), Lib. II,10,1: *Lex est constitutio populi, quam maiores natu cum plebibus sancierunt. Nam quod Rex uel Imperator edicit, constitutio uel edictum vocatur.* Vgl. Heinrich Eduard DIRKSEN, Ueber die durch Isidor von Sevilla benutzten Quellen des römischen Rechts, in: DERS., Hinterlassene Schriften, hg. von Friedrich Daniel SANIO, Bd. 1, Leipzig 1871, S. 185–203, S. 192; BRUNNER, Rechtsgeschichte (wie in Anm. 21), S. 419.

86) Capitularia (wie in Anm. 2), Nr. 273 (Edictum Pistense, a. 864), cap. 6, S. 313 Z. 35. Vgl. Felix DAHN, Die Könige der Germanen. Das Wesen des ältesten Königthums der germanischen Stämme und seine Geschichte bis zur Auflösung des Karolingischen Reiches, Bd. 7, 2, Leipzig 1909, S. 42 Anm. 1; GANSHOF, Kapitularien (wie in Anm. 10), S. 59 f.; SCHNEIDMÜLLER, Pîtres (wie in Anm. 2).

87) Karl BÜCHNER, M. Tullius Cicero, De re publica. Kommentar, Heidelberg 1984, S. 123 f.

88) CANCELLI, Iuris consensu (wie in Anm. 83); Georg ZENKERT, Die Konstitution der Macht. Kompetenz, Ordnung und Integration in der politischen Verfassung (Philosophische Untersuchungen 12), Tübingen 2004, S. 85. Dagegen vgl. BÜCHNER, De re publica (wie in Anm. 87), S. 124.

das Ergebnis anderer, insbesondere rechtlicher Faktoren (zum Beispiel von Normen, Verfahren und Institutionen).

Doch ganz gleich, welchen der beiden Aspekte man in den Vordergrund rückt, beide verweisen auf jene Seite des Konsenses, die in der Wortbedeutung »Zustimmung, Einwilligung« präsent ist[89]. Allerdings gibt der Duden noch eine andere Grundbedeutung von »Konsens« an, und zwar »Übereinstimmung der Meinungen«. Das führt insofern zum zweiten Gesichtspunkt, das heißt zu Konsens als Wissen, als die zweite Grundbedeutung eher auf die kognitive oder diskursive Seite des Phänomens hindeutet. In diesen sachlichen Zusammenhang gehören etwa die philosophische Vorstellung von dem *consensus omnium* als Wahrheitsindiz und -kriterium und der aus der Kirchengeschichte geläufige Gedanke des *consensus patrum*, aus dem sich Antworten auf Glaubensfragen ergeben[90].

Mit dem Recht scheint das auf den ersten Blick nicht viel zu tun zu haben. Bei genauer Betrachtung ergibt sich jedoch ein anderer Eindruck. Erinnert sei nur an die Bedeutung, die ESSER und WIEACKER dem Konsens beziehungsweise der Konsensfähigkeit für das Recht zuweisen[91]. Ihre Überlegungen stehen in enger Verbindung mit der seit den 1960er Jahren geführten juristischen Topik-Diskussion, in der es unter anderem um Fragen des Konsenses der Meinungen und Wertungen innerhalb der Rechtswissenschaft ging[92]. In diesem Zusammenhang stand der Konsens der Fachleute, das heißt der Juristen, im Mittelpunkt des Interesses. Doch ist das Blickfeld der antiken Topik ungleich weiter, geht es ihr doch um Topoi, das heißt Sätze und Argumente, »die Allen oder den Meisten oder den Weisen wahr scheinen, und auch von den Weisen wieder entweder Allen oder den Meisten oder den Bekanntesten und Angesehensten« (Aristoteles)[93]. Vor diesem Hintergrund betrachtet könnte man fragen, ob sich nicht auch in den Rechtstexten des Frühmittelalters Spuren von Konsens im Sinne einer »Übereinstimmung der Meinungen« finden. Zu denken wäre etwa an das, was mit Blick auf Prologe und Epiloge mitunter als Topoi oder

89) Duden. Das große Wörterbuch der deutschen Sprache, Bd. 4, Mannheim/Leipzig/Wien/Zürich ^{2}1994, S. 1943 s. v. Konsens.

90) Klaus OEHLER, Der Consensus omnium als Kriterium der Wahrheit in der antiken Philosophie und der Patristik. Eine Studie zur Geschichte des Begriffs der Allgemeinen Meinung, in: DERS., Antike Philosophie und byzantinisches Mittelalter, München 1969, S. 234–271; Ruth SCHIAN, Untersuchungen über das ›argumentum e consensu omnium‹ (Spudasmata 28), Hildesheim/New York 1973; Johannes BEUMER, Die mündliche Überlieferung als Glaubensquelle (Handbuch der Dogmengeschichte I,4), Freiburg/Basel/Wien 1962.

91) Siehe oben S. 24 f.

92) Agnes LAUNHARDT, Topik und Rhetorische Rechtstheorie. Eine Untersuchung zu Rezeption und Relevanz der Rechtstheorie Theodor Viehwegs (Recht und Rhetorik 3), Frankfurt am Main 2010.

93) Aristoteles, Topik, übersetzt von Eugen ROLFES, Leipzig 1919, I,1 (100b18), S. 1. Vgl. Wim A. DE PATER, La fonction du lieu et de l'instrument dans les Topiques, in: Aristotle on Dialectic. The Topics. Proceedings of the Third Symposium Aristotelicum, hg. von Gwilym E. L. OWEN, Oxford 1968, S. 164–188.

bloße Rhetorik abgetan wird[94], oder auch an die vielfältigen Formen der Argumentation, die sich in den Leges barbarorum finden. Daraus ergibt sich eine allgemeinere Überlegung. Möglicherweise war für die Autorität des weltlichen Rechts, über dessen Aufzeichnung auf Versammlungen im frühen Mittelalter entschieden wurde, sowohl in einem formalen als auch in einem materialen Sinne der Gedanke der Gerechtigkeit – oder modern gesprochen der Richtigkeit des Rechts[95] – von ungleich größerer Bedeutung als in der Forschung gemeinhin angenommen wird, und dies könnte zugleich eine Erklärung für das zeitgenössische Bedürfnis nach Beratung (*consilium*) und Zustimmung (*consensus*) liefern[96].

Das führt zum letzten Punkt, Konsens und Text. Seine Bedeutung zeigt sich zunächst ex negativo, wo theoretische Postulate und begriffliche Konstruktionen den Blick auf die Quellen verstellen. Als Beispiel mag das Konsenserfordernis in der römischrechtlichen Lehre vom Gewohnheitsrecht dienen[97]. Es wird in einer (Pseudo)Ulpian zugeschriebenen Sentenz greifbar, derzufolge die Sitten die stillschweigende Zustimmung des Volkes sind, die durch lange Gewohnheit verwurzelt ist[98]. Wenn man will, kann man das als bloßen Überbau verbuchen. Hannig etwa geht in seiner Dissertation zwar auf diese Auffassung ein, doch interessiert sie ihn nur mit Blick auf die Herrscherideologie der

94) Dazu vgl. Christoph H. F. Meyer, König Rothari (in diesem Band) S. 169–171.

95) Naucke, Konsens (wie in Anm. 26), S. 50–52.

96) Robert Scheyhing, Rez. zu: Jürgen Hannig, Consensus fidelium [...], in: ZRG Germ. 102 (1985), S. 351–353, S. 352. Ferner vgl. Hermann Krause, Consilio et iudicio. Bedeutungsbreite und Sinngehalt einer mittelalterlichen Formel, in: Speculum historiale. Geschichte im Spiegel von Geschichtsschreibung und Geschichtsdeutung. Festschrift Johannes Spoerl, hg. von Clemens Bauer, Laetitia Boehm und Max Müller, Freiburg im Breisgau/München 1965, S. 416–438; Jürgen Weitzel, Die Formel consilio et iudicio im Lichte des fränkisch-deutschen Urteilsverständnisses, in: Wege europäischer Rechtsgeschichte. Karl Kroeschell zum 60. Geburtstag dargelegt von Freunden, Schülern und Kollegen, hg. von Gerhard Köbler (Rechtshistorische Reihe 60), Frankfurt am Main/Bern/New York/Paris 1987, S. 573–591; Gerd Althoff, Colloquium familiare – Colloquium secretum – Colloquium publicum. Beratung im politischen Leben des früheren Mittelalters, in: FmSt 24 (1990), S. 145–167; Verena Postel, Communiter inito consilio. Herrschaft als Beratung, in: Politische Reflexion in der Welt des späten Mittelalters/Political Thought in the Age of Scholasticism. Essays in honour of Jürgen Miethke, hg. von Martin Kaufhold (Studies in Medieval and Reformation Traditions 103), Leiden/Boston 2004, S. 1–25; Deutinger, Königsherrschaft (wie in Anm. 17), S. 225–272.

97) Alfred Pernice, Parerga X. Nachtrag über Gewohnheitsrecht und ungeschriebenes Recht, in: ZRG Rom. 22 (1901), S. 59–95, S. 69–74; Cascione, Consensus (wie in Anm. 30), S. 129–160.

98) Martin Avenarius, Der pseudo-ulpianische liber singularis regularum. Entstehung, Eigenart und Überlieferung einer hochklassischen Juristenschrift. Analyse, Neuedition und deutsche Übersetzung (Quellen und Forschungen zum Recht und seiner Geschichte 12), Göttingen 2005, S. 170 ((Pseudo)Ulpianus, Epitome regularum I,4: *Mores sunt tacitus consensus populi, longa consuetudine inveteratus.*) Vgl. ebd. S.°170–173; Dig. 1,3,32,1; Inst. 1,2,9.11 sowie Caroline Humfress, Law and Custom under Rome, in: Law, Custom and Justice in Late Antiquity and the Early Middle Ages, hg. von Alice Rio, London 2011, S. 23–47.

römischen Kaiser[99]. Unberücksichtigt bleibt dabei jedoch, dass das Konsenserfordernis im Zusammenhang mit der Lehre vom Gewohnheitsrecht einen wichtigen rechtsimmanenten Beitrag zur Erklärung des Umstands liefern könnte, dass römische und nachrömische Gesetzgeber ausweislich von Prologen und Epilogen bei der Aufzeichnung ungeschriebener Gewohnheit so großen Wert auf den Konsens legten[100].

Doch erschöpft sich der Hinweis auf »Konsens und Text« nicht in dem allgemeinen Monitum einer quellennahen Betrachtungsweise. Er zielt auch auf ältere methodische Traditionen, für die zum Beispiel Franz Beyerle steht[101]. Wenn sich Konsensbildung in Form und Inhalt von Rechtsaufzeichnungen niederschlug, dann ist zu fragen, inwieweit nicht der Wortlaut, das heißt der Text, das Ergebnis eines Ausgleichs zwischen unterschiedlichen Positionen, das heißt auch von Konflikt und Dissens, ist[102]. Dabei muss es sich nicht notwendigerweise um eine Übereinstimmung in Hinblick auf das rechtlich oder theologisch Richtige oder Wahre, das heißt einen Richtigkeits- oder Wahrheitskonsens handeln[103]. Oft mag einfach ein Kompromiss zwischen unterschiedlichen Interessen, den Simmel einmal als »eine der größten Erfindungen der Menschheit« bezeichnet hat[104], vorausgegangen sein. Doch ganz gleich, ob der *lex scripta* ein Wahrheits- beziehungsweise Richtigkeits- oder ein Interessenkonsens zugrunde liegt, die Möglichkeit, dass es sich um einen »bewegten Text« handelt, der das Ergebnis von Diskussionen, Ver-

99) Hannig, Consensus fidelium (wie in Anm. 7), S. 44.

100) Zur Präsenz solcher Vorstellungen im frühen Mittelalter vgl. Lex Romana canonice compta. Testo di leggi romano-canoniche del sec. IX pubblicato sul ms. Parigino Bibl. Nat. 12448, hg. von Carlo Guido Mor (Pubblicazioni della R. Università di Pavia, Facoltà di Giurisprudenza), Pavia 1927, cap. CLXX,10, S. 116: [...] *Ex non scripto ius venit, quod usus comprobavit: nam diuturni mores consensu utentium comprobati legem imitantur.* Vgl. Inst. 1,2,9 und Wolfgang Kaiser, Die Epitome Iuliani. Beiträge zum römischen Recht im frühen Mittelalter und zum byzantinischen Rechtsunterricht (Studien zur Europäischen Rechtsgeschichte 175), Frankfurt am Main 2004, S. 493–522. Ferner vgl. Kaufmann, Deutsches Recht (wie in Anm. 25), S. 88–90. Möglicherweise beeinflussten diese römischrechtlichen Vorstellungen selbst das islamische Recht. Vgl. Joseph Schacht, Fiḳh, in: The Encyclopaedia of Islam 2, Leiden [2]1991, S. 886–891, S. 887.

101) Siehe oben S. 33.

102) Adolf Merkel, Recht und Macht, in: Ders., Gesammelte Abhandlungen aus dem Gebiet der allgemeinen Rechtslehre und des Strafrechts, Bd. 1, Straßburg 1899, S. 400–428 (ND von: Schmollers Jahrbuch für Gesetzgebung, Verwaltung und Volkswirtschaft 5 (1881), S. 439–465), S. 422 f. Ferner vgl. Helmuth Schulze-Fielitz, Der politische Kompromiß als Chance und Gefahr für die Rationalität der Gesetzgebung, in: Gesetzgebungstheorie und Rechtspolitik, hg. von Dieter Grimm und Werner Maihofer (Jahrbuch für Rechtssoziologie und Rechtstheorie 13), Opladen 1988, S. 290–326.

103) Zum Folgenden vgl. Dietrich Böhler/Boris Rähme, Konsens, in: Historisches Wörterbuch der Rhetorik 4 (1998), Sp. 1256–1298, Sp. 1256–1258.

104) Georg Simmel, Das Ende des Streits, in: Ders., Aufsätze und Abhandlungen 1901–1908, Bd. 1 (Georg Simmel Gesamtausgabe 7), Frankfurt am Main 1995, S. 333–344, S. 338.

handlungen und Revisionen ist[105], bietet die Chance, konsensuale Baufugen in der Normenarchitektur zu ermitteln und auf diese Weise einen Beitrag zur Historisierung des frühmittelalterlichen Rechts zu leisten[106].

Consensus in the Legal History of the Early Middle Ages

Starting with a brief glance at the modern historical interest in law and *consensus* in the early Middle Ages the article proceeds in three steps. First, the author looks at the phenomenon of both consent and consensus within the general picture of (early) medieval legal history. In a second step he deals with selected research trends. Having outlined the development of Legal History as an academic discipline at German speaking universities since the 1980 s the author analyses the assumptions of three legal historians (Rudolph Sohm, Jürgen Weitzel and Gerhard Dilcher) regarding the role of consensus within the general picture of secular law in the early Middle Ages. The article concludes with an outlook on some perspectives for future research.

105) Für einen entsprechenden Ansatz in der antiken Konziliengeschichte vgl. Samuel Laeuchli, Power and Sexuality. The Emergence of Canon Law at the Synod of Elvira, Philadelphia 1972, S. 4–9, 17–55. Zu Laeuchli vgl. Hamilton Hess, The Early Development of Canon Law and the Council of Serdica, Oxford ²2002, S. 29–33, S. 28 f. beziehungsweise S. 41; Andreas Weckwerth, Das erste Konzil von Toledo. Philologischer und kirchenhistorischer Kommentar zur Constitutio concilii (Jahrbuch für Antike und Christentum, Ergänzungsband, Kleine Reihe 1), Münster 2004, S. 75 f. Ferner vgl. Arthur P. Monahan, Consent, Coercion and Limit. The Medieval Origins of Parliamentary Democracy, Leiden 1987, S. 46–56.

106) Vgl. auch Beyerle, Normtypen (wie in Anm. 56), S. 219.

Theological Perspectives on Law and Consensus in the Writings of Gregory the Great

Thomas F. X. Noble (Notre Dame, Indiana)

Gregory the Great[1], who reigned as pope from 590 to 604, was a man of law; in fact, he was a man of three laws. As a Roman aristocrat Gregory will almost certainly have possessed that knowledge of and dedication to the law that always marked noble Romans. And Gregory served as prefect of the city of Rome in 573 which means that he will have had responsibility for administering Rome's laws. Unfortunately the sources reveal almost nothing about Gregory's activities as prefect or about any legal training he may have received[2]. In the second place, Gregory served in an ecclesiastical capacity as one of Rome's regionary deacons. These officials were critical to the day-to-day operation of the

1) The bibliography on Gregory the Great is immense. See Robert GODDING, Bibliografia di Gregorio Magno (1890–1989), Rome 1990. Still unsurpassed is F. HOMES DUDDEN, Gregory the Great: His Place in History and Thought, 2 vols., London 1905. Detailed and still valuable is Erich CASPAR, Geschichte des Papsttums von den Anfängen bis zur Höhe der Weltherrschaft, Tübingen 1933, 2 vols., p. 306–514. More recent are: Jeffrey RICHARDS, Consul of God: The Life and Times of Gregory the Great, London 1980 and Robert A. MARKUS, Gregory the Great and His World, Cambridge 1997. Volumes from three symposia contain useful papers: Grégoire le Grand: Chantilly Centre culturel Les Fontaines 15–19 septembre 1982, ed. Jacques FONTAINE, Robert GILLET, and Stan PELLISTRANDI, Paris 1986; Gregorio Magno e il suo tempo: XIX Incontro di studiosi dell'antichità Cristiana in collaborazione con l'École Française de Rome, Roma, 9–12 maggio 1990, (Studia Ephemeridis Augustinianum), 2 vols., Rome 1991; Gregory the Great: A Symposium, ed. John C. CAVADINI, Notre Dame 1995. On Gregory's thought in general: Claude DAGENS, Saint Grégoire le Grand: Culture et experience chrétiennes, Paris 1977; Carole STRAW, Gregory the Great: Perfection in Imperfection (Transformation of the Classical Heritage 14), Berkeley, CA 1986; G. R. EVANS, The Thought of Gregory the Great, Cambridge, 1986; John MOORHEAD, Gregory the Great, London 2005. Other works will be cited below when relevant.

2) As Giralomo ARNALDI, Gregorio Magno e la giustizia, in: La Giustizia nell'alto medioevo (Settimane di studio del Centro Italiano di Studi sull'alto medioevo 42) Spoleto 1995, p. 73–78 points out, it would be interesting to know if the law schools in Italy, and especially in Rome, reopened after the Pragmatic sanction of 554; see also Detlef LIEBS, Die Jurisprudenz im spätantiken Italien (260–640 n. Chr.) (Freiburger rechtsgeschichtliche Abhandlungen 8), Berlin 1987, p. 124–129.

Roman church[3]. During his long pontificate Gregory had massive responsibilities in the administration of his own church and its far-flung province. Canon law, therefore, was a second law in which Gregory was both knowledgeable and experienced. Third, and most importantly, Gregory was a man of God, and God's law was constantly on his mind. Gregory's knowledge of the Scriptures was broad and deep; one almost has the sense that he knew the Bible by heart. He believed the Bible to be the unmediated word of God. In his ›Moralia‹ he said it was *valde supervacuae* (»fundamentally pointless«) to ask who wrote the Scriptures[4].

Gregory lived in a world of law. Shortly before his birth, Justinian issued his massive ›Corpus Iuris Civilis‹ and in Western regions various recensions of the ›Theodosian Code‹ still formed the bedrock of Roman law[5]. To these Roman legal texts one might add a vast array of ecclesiastical law. Thousands of pages of conciliar enactments survive and are printed in the standard editions. Canonical collections were circulating too, albeit none had yet become authoritative[6]. Surely the dozens of extant monastic rules may be regarded, at least in some respects, as law. Finally, there were the *leges barbarorum* that are extant from almost every Germanic kingdom[7]. No elite member of society, no person in a position of responsibility, could possibly have evaded or avoided constant confrontation with law of one kind or another.

Nevertheless, Gregory was not a lawyer. As far as I can see, he did not think or write like a lawyer. He wrote no treatise on law and never addressed himself explicitly to law as a specific topic[8]. He wrote no administrative treatise like, say, Isidore's ›De ecclesiasticis officiis‹. His ›Regula Pastoralis‹ is a moral essay. What Gregory thought about law, and how he thought about it, must be painstakingly extracted from his letters and his exegetical works. The task is complicated by the fact that Gregory was not a systematic theologian and he never wrote an exclusively theological book. As I turn now to what Gregory said about law, I am conscious of skating on dangerously thin ice because Gregory did not directly ask himself the question that I am going to ask him to answer. That question is, basically, what happened when a devout Christian mind schooled on the Bible encountered the rules and procedures of the secular law? As we shall see, Gregory

3) Thomas F. X. NOBLE, The Republic of St. Peter: The Birth of the Papal State, 680–825, Philadelphia 1984, p. 217–218.

4) Moralia, Praefatio, 2.1, ed. Marc ADRIAEN (CC 143) Turnhout 1979, p. 8.

5) The Theodosian Code, ed. Jill HARRIES and Ian WOOD, Ithaca, NY 1993.

6) Lotte KÉRY, Canonical Collections in the Early Middle Ages (ca. 400–1140), in: A Bibliographical Guide to the Manuscrits and Literature, History of Medieval Canon law, ed. Wilfried HARTMANN and Kenneth PENNINGTON, Washington, DC 1999, p. 1–86. There is no point listing here all the editions of councils, or of monastic rules.

7) These have been published in the MGH.

8) Max CONRAT's famous Geschichte der Quellen und Literatur des römischen Rechts im frühen Mittelalter, Leipzig 1891, never mentions Gregory.

could deal knowledgeably and skillfully with both canon and Roman law[9] but he tended to put Christian charity and mercy above worldly legal dictates.

In July of 603 Gregory sent the *defensor* John to Spain to investigate the case of two bishops who, having been deposed, appealed to him. The case is particularly revealing about Gregory's attentiveness to and knowledge of the law. In a first letter dispatched in July Gregory gave John detailed instructions on how he was to proceed. In a follow-up letter sent in August, he cited the law in precise detail, at least the procedural elements of Roman law that pertained to the case[10]. I begin with a summary of the details.

Two bishops, Januarius of Malaga and Stephen of an unknown see, had been deposed on the authority or perhaps with the connivance of the secular official Comitiolus[11]. John was urged to judge the character of the accused, then to hear their testimony, and finally to examine the proof that had been brought in against them. Stephen, in particular, claimed that he had been condemned out of personal hatred and by means of false application of the law. In this instance, John was told to investigate whether a judgment had been duly reached, whether the accusers and witnesses for Stephen are in disagreement, whether evidence was taken under oath or in writing, and whether Stephen had had an opportunity to defend himself. John was especially instructed to determine if evidence was based on personal grudges, hearsay, or first-hand knowledge. If some charges were proved but others were not, John was to weigh the issues carefully before issuing his decision. The bishops who had wrongly taken Januarius's and Stephen's sees were to be deposed and excommunicated for six months, although if they were in danger of dying their punishment could be modified so as to permit them final blessings. Likewise, if they

9) Giuseppe Damizia, Il ›Registrum epistolarum‹ di S. Gregorio Magno ed il ›Corpus Iuris Civilis‹, in: Benedictina 2 (1948), p. 195–226; idem, Lineamenti di diritto canonico nel ›Registrum epistolarum‹ di Gregorio Magno, Rome 1949; Albert Gautier O.P., L'utilisation du droit romain dans la lettre de Grégoire le Grand à Jean le Défenseur, in: Angelicum 54 (1977), p. 417–28; Lisania Giordano, Giustizia e potere giudiziario ecclesiastico nell'epistolario di Gregorio Magno (Quaderni di Vetera Christianorum 25) Bari 1997.

10) Gregory I, Registrum Epistularum, ed. Dag Norberg (CC 140/140 A), 2 vols., Turnhout 1982, epp. 13.46, 49, S. 1052–55, 1058–64. Ep. 13.43, S. 1057–58, dated August 603, constitutes John's reply to Gregory without new details relevant to the present discussion. For general background on bishops as judges see Wilfried Hartmann, Der Bischof als Richter nach den kirchenrechtlichen Quellen des 4. bis 7. Jahrhunderts, in: La Giustizia nell'alto medioevo (Settimane di Studio del Centro italiano di Studi sull'alto medioevo 42), Spoleto 1995, p. 805–837. On this case see also Arnaldi, Gregorio Magno e la giustizia (as n. 2), p. 73–78.

11) Apparently the *magister militum* of Byzantine Spain 589–590 but then recalled to the East by Maurice. He was murdered by Phocas in 602 without ever returning to Spain. See, The Prosopography of the Later Roman Empire, ed. J. A. Martindale, vol. 3 A, A.D. 527–641, Cambridge 1992, p. 321–325 (»Comentiolus I«). See also: E. A. Thompson, The Goths in Spain, Oxford 1969, p. 28, 29; Dudden, Gregory the Great (as n. 1), vol. 1, p. 413–414. Comitiolus's (or Comenciolus's) coercion of bishops echoed in later Spanish sources: Thompson, ibid. p. 196. There is no way to know when Gregory learned about this case but in 603 he seems not to have known that the official was no longer on the scene.

pleaded that they had been coerced by imperial officials, their sentences were to be reduced. Comitiolus, or his heirs, were to make restitution for any damages suffered by Januarius or Stephen.

The instructions that Gregory gave to John are precise, detailed, and logically ordered. They are what one would expect from a person in authority who was accustomed to applying the rules. It is Gregory's second letter to John, however, that is instructive about the pope's position vis-à-vis the law. On the one hand, the August letter merely repeats the instructions contained in the July letter. On the other hand, well over half of the August letter consists of twelve direct and reasonably lengthy quotations from the ›*Novels*‹, ›*Codex*‹, and in one instance the ›*Digest*‹ of Justinian. Gregory proceeded as though well established civil and ecclesiastical procedures governed the investigation of church officials. Giuseppe DAMIZIA has found more than 120 instances in Gregory's letters where the pope quoted or alluded to specific Roman enactments[12]. His command of the law was substantial. What is more, Gregory assumed that the law was generally known. He concludes the August letter by saying that »many laws, of which practically no one can be ignorant, make manifest what kinds of witnesses and whose testimony should be admitted in evidence.«[13] Gregory did in a sense blend Roman and canonical procedures and sanctions in his disposition of this case. In assigning the guilty bishops to monastic penance and separation from communion, Gregory says that they were so punished because they had violated the *statuta canonum*[14]. Albert GAUTHIER argues that Gregory was not merely operating in a cultural atmosphere where Roman law was omnipresent, but that he readily adverted to Roman law when it provided him with a solid basis for intervention[15].

It would be otiose to study individually every one of the dozens of cases where Gregory referred to the *sacri canones*, *canonum decreta*, *regula canonica*, or *statuta canonica.* Suffice it to say that the church's canon law was never far from Gregory's mind as he addressed problems and controversies. One case, therefore, may stand for many.

Gregory engaged in a protracted struggle with the archbishops of Ravenna over their use of the pallium. Peter Chrysologus (ca. 400–450, archbishop 431–450) is the first bishop of Ravenna known to have consecrated a suffragan[16]. Writing in the ninth century, Agnellus did a good deal to confuse the ecclesiastical history of his city. Agnellus says explicitly that emperor Valentinian (III: 425–455) conferred the pallium on John I

12) DAMIZIA, Lineamenti (as n. 9), p. 141–199 and Registrum epistularum (as n. 10), p. 220–225 (on this case) and passim. See also GAUTHIER, L'utilisation de droit romain (as n. 9). HARTMANN, Bischof als Richter (as n. 10), p. 809 observed that in the Latin West there are no further documents like this because after the Christianization of the Roman Empire »the procedural rules of Roman law were taken over«.

13) Ep. 1.49, ed. Norberg (as n. 10), p. 1064.

14) Ep. 13.46, ibid., p. 1054.

15) GAUTHIER, L'utilisation de droit romain (as n. 10), p. 417, 428.

16) *Sermo* 175, ed. Alexander OLIVAR, Collectio Sermonum (CC 24b), Turnhout 1982, p. 1065–67.

(477–494), which is impossible, and he also says that Justinian conferred the pallium on Maximian (546–557), which is possible but lacking in corroborating evidence[17]. Nothing can be said for certain about the conferral of palliums on the archbishops between John I and Maximian or about Archbishop Agnellus (557–570), but Peter III (570–578) received his pallium from Pope John III in 569 who said that his predecessors had always conferred the pallium on Ravenna and who, furthermore, granted him the use of the pallium just as his predecessors had always enjoyed[18]. When Peter died he was succeeded by John II (578–595) who was in fact a dear friend of Gregory's[19]. And it was with John II that Gregory's struggles began, not over who was to confer the pallium, for the emperor had dropped out of the picture, but over how the pallium was to be used in Ravenna.

In a letter of July 593 Gregory wrote to John about his use of the pallium[20]. The subject of the pallium was frequently on Gregory's mind; thirty-six of his letters address the topic and eight of these pertain to Ravenna[21]. Gregory's letter refers to the *morem ecclesiasticum* and the *ecclesiae consuetudinem.* He did not explicitly refer to the canons but he clearly considered the matter to fall under the jurisdiction of the church's law and of the pope's authority. Gregory had learned that something was amiss in the archbishop's use of the pallium. In this letter Gregory expressed concern that the pallium should only be worn at mass and not in the presence of the laity before mass. Gregory told John to do what all metropolitans do or else produce a papal privilege that had been conferred on his church. Gregory said that he had searched the archives of his church (*in nostro scrinio*) in vain looking for such a privilege. Gregory did show some consideration for his old friend, saying »following the view of the councils, we decline to punish minor offenses which are denied«. The letter reveals that another minor distraction had come up as well. The clergy of Ravenna had taken to using *mappulae*, linen saddle-covers, on many

17) Agnellus, Liber Pontificalis Ecclesiae Ravennatis, cc. 40, 70, ed. Deborah M. DELIYANNIS (CC Cont. Med. 199), Turnhout 2006, S. 198, 239. EADEM, Ravenna in Late Antiquity, Cambridge 2010, p. 84, 210–211. See also John Albert EIDENSHINK, O.S.B., The Election of Bishops in the Letters of Gregory the Great (The Catholic University of America Canon Law Studies 215), Washington, DC 1945, p. 110–116.

18) Exemplum praecepti, in: Gregory I, Registrum Epistularum (as n. 10), ed. NORBERG, Appendix VII, p. 1100: *Conuenire nouimus ratione ut eius amictu palii decoremus, quos in illis ciuitatibus diuina inspirante misericordia sacerdotii honor illuminat, in quibus hoc etiam illis qui praeteritis temporibus fuere pontifices ab apostolica sede esse constat indultum. Ideoque caritati tuae usum palii sicut decessores tui habuisse noscuntur praesenti auctoritate concedimus.*

19) So much can be inferred from the exceptionally warm letter Gregory sent to John in February of 591 accompanied by a copy of the Regula Pastoralis: Gregory I, Registrum Epistolarum, 1.24a, ed. Paul EWALD (MGH Epp. 1), Berlin, 1887, S. 37–38. The letter is not in NORBERG.

20) Ep. 3.54, ed. NORBERG (as n. 10), p. 200–203. The Ravenna pallium case has been discussed several times: DUDDEN, Gregory the Great (as n.1), vol. 1, p. 434–46; EIDENSCHINK, Election of Bishops (as n. 17), p. 109–25; MARKUS, Gregory the Great (as n. 1), p. 148–56.

21) EIDENSCHINK, Election of Bishops (as n. 17), p. 109–10.

occasions. Gregory said that Ravenna's clergy had no right to the use of *mappulae* and that no privilege had ever conferred such a right. Nevertheless, in a spirit of comity, Gregory said that Ravenna's first deacons could use the *mappulae* when immediately in the service of the bishop.

Later in July John wrote back to Gregory and asked: »By what missteps shall I have presumed to contradict that most holy see which transmits its rights to the universal church?«[22] He also said that when he was in Rome he saw the *mappulae* used there by visiting Ravenna clergy and that, surely, they could also use them in Ravenna itself. Essentially he ignored the pope's charges and queries.

Increasingly exasperated, Gregory wrote back in October of 594 to complain that John had mobilized Ravenna's elite against him[23]. But Gregory also revealed that he had learned from the deacon Adeodatus that John's predecessors never used the pallium outside mass except on three occasions, the feasts of Saints John the Baptist, Peter, and Apollinaris. Gregory continued to say that many others had told him that they had never witnessed even these public uses of the pallium. Still, Gregory once again compromised with his old friend and allowed him the use of the pallium on those three feasts as well as on the anniversary of his consecration. One gets the sense, however, that Gregory was still investigating the matter.

In November of 594 Gregory wrote again expressing his deep concern because none of his predecessors had ever granted permission to use the pallium outside mass except when relics were being installed[24]. He also informed John that he had written to his representative in Constantinople to learn whether there was in the East a custom of wearing the pallium in litanies. Early in 595 John died with the issue of the pallium unresolved. Various parties in Ravenna proposed two candidates to Gregory but he rejected both and consecrated instead Marinian who had once lived in his own monastery on the Coelian Hill in Rome. In August of 595 Gregory granted Marinian the use of the pallium in his own church and city on four occasions only outside mass, and never merely to greet the laity[25].

In April of 596 Gregory was continuing his probe into the use of the pallium in Ravenna[26]. He wrote to his notary Castorius after a certain Andrew claimed, contradicting Adeodatus, that Ravenna's archbishops wore the pallium every day except in Lent. Gregory instructed Castorius to conduct a very careful investigation and he attached a list of the names of those in particular whom he wanted interrogated. Gregory expressed his desire to ascertain the *usus antiquior* of Ravenna's church while leaving no room for *nouo*

22) Epistula Iohannis, in: Gregory I, Registrum Epistularum, ed. NORBERG (as n. 10), Appendix VI, p. 1097–99.

23) Ep. 5.11, ibid., p. 277.

24) Ep. 5.15, ibid., p. 280–281.

25) Epp. 5.51, 61, ibid., p. 345–346, 363.

26) Ep. 6.3, ibid., p. 403–404.

ausu. Those who were to be questioned were to take an oath on the tomb of St. Apollinaris. The form of the oath is preserved in the latter but there is no evidence as to whether or not this enquiry was ever conducted. The matter did not rest there for in June of 599 Gregory was writing to Castorius again[27]. A deacon of Ravenna had appeared in Rome to press the case for Ravenna's use of the pallium. Gregory has asked him what the ancient custom was and the deacon replied that the archbishop used the pallium in all the litanies, their number not being specified. Gregory reminded Castorius that Adeodatus had said that the pallium was worn at Ravenna in "four or five" major litanies (previously Adeodatus had been reported as saying that three litanies were involved). Once again, Gregory deputed Castorius to conduct an investigation into what the ancient custom was, into how many litanies there had been. The issue never came up again in the surviving record. There is no way of knowing how it was resolved.

Several lessons can be drawn from this case. Gregory regarded the whole controversy as purely a matter for the church. He brusquely rebuffed any exarchal participation. Gregory did not refer explicitly to canon law, to specific canonical collections, or to any particular church council. But he continually referred to the customs, mores, and uses of the church. Surely these kinds of references are synonymous with canon law. As in the case of the *defensor* John sent to Spain, so also here, Gregory was precise, ordered, measured in his approach. In the Spanish case, Gregory provided general instructions and then buttressed them with a lengthy series of Roman legal citations. In the Ravenna case one can see Gregory straining to act in just the same way. He believed that he had law to hand in the use of the pallium but he was also aware that customs differed from place to place and that record-keeping was not as thorough and efficient as might be desired. So Gregory checked his own archives and several times asked John and Marinian to produce documents supporting their claims. The case also shows that while Gregory was alert to the law of the church he did not have an authoritative collection to guide his steps. The contrast with the Spanish case could not be more stark in regard to the citation of specific texts. And yet in their precision, attention to detail, and powerful sense of authoritative rules, the two cases could not be more similar.

As a man of law, then, Gregory reveals himself as rule-bound and detail oriented. One can cite countless statements from his letters to support this contention. In a letter to Anthelm, an official in the Campanian patrimony, Gregory said: »Since it is proper to discipline, to prohibit men from illegal acts and to stop the miscreant profitably from further offenses, the strictness of judgment should be keenly preserved. For if it is neglected, everything falls into confusion.«[28] In a letter of 595 to the deacon Cyprian, who was investigating a wayward abbot, Gregory told him to be sure that »legal strictness«

27) Ep. 9.168, ibid., p. 726–727.

28) Ep. 9.108, ibid., p. 660: *Cum sit proprium disciplinae ab illicitis prohibere et excessus culpas salubriter resecare, studiose eius servanda censura est. Nam si neglegitur, cuncta in confusionem deueniunt.*

(*regularis districtio*) was not compromised by any delay[29]. In a letter to Empress Constantina, also written in 595, he said that no one should act »against the statutes of the canons« (*contra canonum statutum*) and that »severity of canon law« (*districtionem canonicam*) should be applied[30]. A letter of 595 to the bishops of Epirus insisted that simony should be punished with »canonical severity« (*canonica severitate*)[31]. In 602 Gregory wrote to Bishop Victor to tell him to investigate »altogether strictly« (*omnino districte*) the case of a priest who was abusing his clergy[32]. One more example of this sort of attitude and language appears in a letter to Senator, a priest and the abbot of a *xenodochium* in Francia. Gregory said that the bishop of Autun and six other bishops should arrive at a »strict canonical judgment« (*canonicae districtionis censura*) before depriving the man of his *xenodochium*[33].

From these examples one would legitimately conclude that Gregory was stern and austere in his application of the law. Many more examples can be cited and I shall confine myself to just a few to illustrate the range of instances in which Gregory held fast to the rules. Not surprisingly, many of my examples concern routine ecclesiastical business. Gregory considered it uncanonical for men to join a monastery and then return to secular life[34]. Ecclesiastical punishments, he said, should be carried out canonically and not willfully[35]. To depose a bishop it is necessary to hold a council and apply canonical judgments[36]. A deposed priest should be judged in a sacerdotal council and subjected to canonical punishments[37]. Canonical rules should apply to the distribution of church revenues[38]. The canons forbid a person who has lapsed from ministry to resume it[39]. Ordinations should be carried out strictly in accord with the canons[40]. Canon law does not permit a bishop who is ill to be replaced[41]. The famous ›Liber Quaestionum‹, his replies to the questions put to him by Augustine of Canterbury, is full of canonical prescription[42]. Sometimes Gregory made more general statements. He once said: »far be it

29) Ep. 5.33, ibid., p. 301.
30) Ep. 5.39, ibid., p. 315, 318.
31) Ep. 6.7, ibid., p. 376.
32) Ep. 12.9, ibid., p. 981.
33) Ep. 13.9, ibid., p. 1064.
34) Ep. 2.36, ibid., p. 121.
35) Ep. 3.6, ibid., p. 151–152.
36) Ep. 3.8, ibid., p. 156.
37) Ep. 3.9, ibid., p. 157.
38) Ep. 4.11, ibid., p. 228–230.
39) Ep. 4.26, ibid., p. 244–246.
40) Epp. 6.9, 27, ibid., p. 377–378, 399.
41) Epp. 13.5, 6, ibid., p. 997–1000, 1000–1001.
42) Gregory I, Registrum Epistolarum, ep. 11.56a, ed. Ludo Moritz HARTMANN (MGH Epp. 2), p. 331–343. This is not the place to rehearse the controversy over the authenticity of the documents. I myself consider them essentially genuine.

from me to break the statutes of our ancestors.«[43)] On another occasion he opined that »if shame does not effect correction then canon law must.«[44)]

In some of Gregory's letters, however, we hear a very different melody. In a letter to the *defensor* Romanus in Sicily dealing with some complicated matters of testamentary law Gregory said: »Although the rule of law does not permit those things that have come under the jurisdiction of the church to be alienated, nevertheless a strict judgment (*censura districtionis*) should be tempered when a consideration of mercy invites it.«[45)] Amid a complex financial transaction in Campania, Gregory urged his official Anthelm to see that the aggrieved party »as befits a noble and Christian man, be more kind than rigid, more merciful than strict.«[46)] In a letter to Marinian of Ravenna concerning the appropriateness of a cleric's consecration, Gregory added a moral dimension, saying »just as we ought not to be harsh to the humble so we ought to be strict to the proud.«[47)] In two instances Gregory set the Christian dispensation over against the Jewish; he trumped one law with another, so to speak. A Jewish woman had received surety money on her betrothal and then decided to become a Christian. In general, Gregory was acutely sensitive to the rights of the Jews but this time he said that the woman should be left in peace, arguing that she had chosen the »better part«. He took his prompt from the story of Mary and Martha in Luke's Gospel (10.38–42)[48)]. In 602 a controversy had arisen in Rome about the observance of the Sabbath. Against those who were quoting the Jewish law Gregory said: »But after the grace of almighty God, our Lord and God Jesus Christ, appeared those things that had been expressed figuratively could no longer be observed literally [...] For we understand what had been written about the Sabbath spiritually and we maintain it spiritually.«[49)] Finally, in a case involving bequests, Gregory wrote to Bishop Donus of Messina and basically told him to set Roman law aside »because we know that your fraternity lives by the law of God and not by the law of the world.«[50)] So notwith-

43) Ep. 2.44, ed. NORBERG (as n. 10), p. 136.
44) Ep. 5.44, ibid., p. 350.
45) Ep. 9.48, ibid., p. 607.
46) Ep. 9.109, ibid., p. 662: *ut in hac re, sicut Christianum decet et nobilem, plus benignus quam rigidus, plus misericors esse debeat quam districtus.*
47) Ep. 9.156, ibid., p. 713–714: *Sicut enim obstinati esse humilibus non debemus, ita districti existere superbis debemus.*
48) Ep. 1.69, ibid., p. 78. There is a substantial literature on Gregory and the Jews. A good introduction is Ernst BAMMEL, Gregor der Grosse und die Juden, in: Gregorio magno e il suo tempo (as n. 1), p. 283–291. The essential sources are collected by Shlomo SIMONSOHN, The Apostolic See and the Jews. Documents: 492–1404 (Studies and Texts 94), Toronto 1988, p. 3–24.
49) Ep. 13.1, ed. NORBERG (as n. 10), p. 991–992: *At postquam gratia omnipotentis Dei domini nostril Iesu Christi apparuit, praecepta legis, quae per figuram dicta sunt, iuxta litteram seruari non possunt* [...] *nos itaque hoc quod de sabbato scriptum est spiritaliter accipimus, spiritaliter tenemus.*
50) Ep. 8.3, ibid., p. 517–18: *Sed quia fraternitatem vestram lege Dei, non autem lege saeculi nouimus uiuere.*

standing his incessant calls for strict observance of the law, and Gregory's thorough command of the law, he was prepared to relax the law's rules when charity called for it, to place one kind of divine law above another, and to elevate God's law over the law of this world.

If one were to ask what Gregory saw as impediments to both the letter and the spirit of the law, the answer is easy to give: sin. It might, however, be better to say that Gregory thought more in terms of justice being confounded than of law being contravened. As far as I can see, Gregory had no theory of criminality but he was deeply conscious of the fallen, wounded state of humankind[51]. Still, Gregory being Gregory, he could be minutely specific. That said, the offenses Gregory identifies are unsurprising. Avarice, or greed, figured prominently in his thinking, broadly as a sign of man's fallen state and more narrowly as a sign that people were too attached to this world and insufficiently attentive to the next one[52]. Negligence also comes near the top of Gregory's list. Here, perhaps, we encounter the noble Roman with his characteristically keen sense of duty and discipline[53]. Closely related to negligence were delays, stalling, and contrived obstruction[54]. Again, I suspect because he knew his world so well, friendship and patronage worried Gregory[55]. The offense about which Gregory complained most frequently was simony. In some respects simony represented for him almost all the offenses that most concerned him: pride, greed, neglect of the rules of church and state, private interest over public or ecclesiastical good, and patronage gone terribly wrong[56].

Thus far I have drawn exclusively on Gregory's letters. In exploring what he thought about law, this is a good place to start because the correspondence reveals Gregory both acting and thinking. The letters reveal Gregory applying the rules as he knew and understood them and also making pragmatic, prudential judgments in cases where there was no law to guide him or where the law seems inadequate to the issue at hand. Before turning to Gregory's other writings to gain a richer sense of what he was thinking – and he used forms of the verb *pensare* more than 600 times in his writings – let us briefly summarize what we have seen so far. Gregory was committed to the rule of law and knowledgeable about law both human and divine. As a rule, he was strict in his application of the law but he could on occasion temper a rigorous use of the law when Christian charity called for it.

51) David F. Johnson, Divine Justice in Gregory the Great's Dialogues, in: Early Medieval Studies in Memory of Patrick Wormald, ed. Stephen Baxter, Catherine E. Karkov, Janet L. Nelson, and David Pelteret, Farnham 2009, p. 115–128.

52) For some examples: Epp. 5.48, 8.32, 35, 9.19, 11.38, 40, 47, 12.9, 13.01, 11.

53) Examples: Epp. 8.9, 26, 9. 29, 114, 123, 138, 11.4, 13.29, 14.2.

54) Examples: Epp. 9.70, 77, 84, 120, 173, 11.32, 53, 12.12, 13.4.

55) Examples: Epp. 1.2, 5.33, 62, 9.81, 114, 136, 155, 11.28, 1.8.

56) Examples: Epp. 4.1, 20, 5.6, 16, 58, 60, 62, 63, 6.3, 26, 8.4, 9.136, 214, 216, 219, 220, 11.42, 49, 50, 51, 12.8, 9, 13.9, 10, 11, 42.

He could also place divine law above human law. Finally, Gregory tended to label as sin what the laws often called crimes.

Gregory's letters reveal a man who was extraordinarily busy. What is more, his letters probably reveal only a fraction of his daily activities. First of all, we cannot be confident that we have all of his letters. Second, much of what he did every day in the administration of Rome and its immediate environs was probably accomplished orally in his presence and has left no trace in the record. It is safe to assume that Gregory's daily administrative burden far exceeded what we find in his correspondence[57]. Gregory was also seriously ill much of the time he was pope. In many letters he apologizes for being tardy in dealing with a particular issue because he was too sick to work. Finally, Robert MARKUS reminds us of »the great insecurity of the time: invasions, Lombard savagery, brigandage, hunger, flood, fever and poverty.«[58] I make these points merely to suggest how astonishing it is that Gregory wrote so much – nearly six volumes in the *Patrologia Latina*[59]! Gregory's non-epistolary writings do not reveal a different man than the correspondence does, but they do bring out his thinking in greater depth and with greater feeling.

A superb guide to Gregory is Paul MEYVAERT who writes: »It is Gregory's personality, a warm human personality, placed in particular historical circumstances, which accounts for much that he had to say about the exercise of authority.«[60] Carol STRAW adds the important observation that Gregory accepted man's imperfection. He knew that it was impossible to be without sin[61]. How did a deeply humane person in a position of authority cope with the intractable sinfulness of those under his jurisdiction? Lisania GIORDANO offers this explanation: Gregory inverted traditional concepts of justice by means of Pauline *caritas.* Animated by Christian love, Gregory's rhetoric balanced the absoluteness of values and the relativity of individual cases[62].

Let us hear Gregory's own words as he tried to resolve these potential contradictions. It is the duty of the ruler, Gregory said, »to correct with severe and zealous asperity those

57) ARNALDI, Gregorio Magno e la giustizia (as n. 2), p. 68–70. See also, in general, HARTMANN, Bischof als Richter (as n. 10).

58) MARKUS, Gregory the Great (as n. 1), p. 63.

59) The most recent summary of Gregory's writings is Carole STRAW, Gregory the Great (Authors of the Middle Ages 12), Aldershot 1996, p. 47–60. MOORHEAD, Gregory the Great (as n. 1), p. 10–18 gives a good synopsis of the major writings. The only contested work remains the commentary on I Kings, the most recent treatment of which is Lellia CRACCO RUGGINI and Giorgio CRACCO, Gregorio magno e I Libri dei Re, in: Transformations of Late Antiquity: Essays for Peter Brown, ed. Philip ROUSSEAU and Manolis PAPOUTSAKIS, Aldershot 2009, p. 223–258.

60) Paul MEYVAERT, Gregory the Great and the Theme of Authority, in: Spode House Review 3 (1966), p. 3.

61) Carole STRAW, Gregory's Politics: Theory and Practice, in: Gregorio magno e il suo tempo (wie Anm 1), p. 47–48.

62) GIORDANO, Giustizia e potere giudiziario (as n. 9), p. 24–29.

evils in his subjects which cannot be treated with forbearance lest, being too little incensed by such faults, he himself be held guilty of all.«[63] This sort of attitude seems to recur in the ›Dialogues‹. Peter, Gregory's interlocutor, says that the heavenly Jerusalem must contain mostly infants and children and Gregory responds that not even all children make it to heaven. He tells a story about a father who failed to teach his son properly to avoid blasphemy. Caught up in a plague the boy saw devils coming and blasphemed yet again. God allowed the child to die and go to Hell to draw attention to his father's sin of neglect »for in neglecting the soul of his little son he had made him a sinner worthy the fires of Hell.«[64] This sounds like the very strict Gregory I discussed earlier. But there is more. Peter asked Gregory what if someone should say that God merely threatened sinners with eternal punishment to keep them from committing sins? Gregory answered: »If He makes empty threats to keep us from injustice, then the promises He makes to lead us to justice are likewise worthless.«[65] »Who,« Gregory says, »can comprehend the hidden judgments of God? When His judgments are beyond our understanding, we should stand before them in awe rather than with a questioning mind.«[66] »For,« Gregory adds, »the Holy Spirit is not bound by any law.«[67] Throughout the ›Dialogues‹ Gregory provides concrete examples of divine justice operating in this world. Evildoers are always punished, and in the ›Dialogues‹ they are punished visibly in the here-and-now and not mysteriously in the hereafter[68].

Faced with this deep quandary, the ruler must be a »neighbor in compassion« to everyone[69]. The ruler should not wish to be the lord of men but the shepherd of flocks[70]. Even before he became pope Gregory spoke of sweet reason and gentle persuasion in a letter he wrote for Pelagius II to Elias of Aquileia[71]. In the ›Moralia‹, which Gregory began drafting while he was still *apocrisiarius* in Constantinople, Gregory expressed himself similarly: »Those rule with severity and force who do not seek to correct their subjects by calmly reasoning with them, but rather hasten domineeringly to compel their

63) Regula Pastoralis, 2.10, ed. Giuseppe CREMASCOLI (Opere di Gregorio Magno 7), Rome 2008, p. 72.

64) Dialogi, 4.19, ed. Adalbert DE VOGÜÉ (Opere di Gregorio Magno 4), Rome 2000, p. 364.

65) Dialogi, 4.46.2, ed. CREMASCOLI, p. 424.

66) Dialogi 4.27.14, ibid., p. 380.

67) Dialogi, 1.1.6, ibid., p. 78.

68) JOHNSON, Divine Justice in Gregory the Great (as n. 51). The author provides a »taxonomy« of punishments, p. 124–128.

69) Regula Pastoralis, 2.5, ed. CREMASCOLI (as n. 63), p. 48.

70) Moralia in Job, 21.15.22, ed. Marcus ADRIAEN and Robert GILLET (Sources chrétiennes 538), Paris 2010, p. 1082.

71) Registrum Epistolarum, 1.24a, ed. Paul EWALD (as n. 19), p. 37–38; Paul the Deacon, Historia Langobardorum, 3.20, ed. Ludwig BETHMANN und Georg WAITZ (MGH SS rer. Lang. 1), Hannover 1878, p. 103 said that Gregory wrote letters for Pelagius. MEYVAERT, A Letter of Pelagius II Composed by Gregory the Great, in: Gregory the Great, ed. CAVADINI (as n. 1), p. 94–116, studies the issue thoroughly with the older literature.

assent.«[72] Gregory's thinking was the same when he delivered his ›Homilies on Ezechiel‹: »Temperance must follow upon his justice, because very often justice, if it knows no bounds, falls into cruelty. Therefore, justice itself is truly justice that restrains itself with the reins of temperance in order that every man may also be temperate in the zeal with which he burns, lest if he be more zealous he lose justice, the bounds of which he ignores.«[73] In the ›Moralia‹, Gregory says that »with good rulers both authoritativeness of ruling and loving kindness of consoling are mixed together.« A bit further on in the same passage Gregory speaks of the rod and the staff, that is, the strictness of the rod may smite but the comfort of the staff may sustain. He concludes this chapter by speaking of how Moses combined discipline and mercy.[74] Just as the ›Dialogues‹ contain, as David F. JOHNSON puts it, a »taxonomy« of punishments, so too in the Praefatio which precedes the ›Moralia‹:

> »There are different kinds of punishments. For there is one kind of punishment where the sinner is stricken that he may suffer punishment without hesitation. Another where the sinner is struck, that he may be corrected. Another [is] where sometimes someone is struck, not that his old faults be corrected, but that future ones not be committed. Yet another, which strikes many, [is] where neither a past offense is corrected, nor a future one prevented, but that when unexpected deliverance follows the blow, the power of the deliverer, on reflection, may be more ardently loved, and that while the innocent person is injured by the blow, the total of his merits through his patience may be increased through his forbearance.«[75]

Every case is different and thus requires discretion, prayerful consideration, and a commitment to amendment.

People were sinners and so were rulers. Secular rule was born in carnality, as Gregory argues in his remarkable ›Exegesis of Job‹ and the ›Rhinosceros‹[76]. The subjection of one man to another was not part of the natural order of things but a consequence of sin[77]. The sins of the wicked may require the ruler to act but »all who are superiors should not regard in themselves the power of their rank, but the equality of their nature; and they should find their joy not in ruling over men, but in helping them[78].« How might the ruler be helpful? Robert MARKUS puts it this way: »In all that the pastor says and does, *pro-*

72) Moralia, 23.13.23, ed. ADRIAEN (as n. 70), p. 1162.

73) Homiliae in Hiezechielem Prophetam, 1.3.8, ed. Marc ADRIAEN (CC 142), Turnhout, 1971, p. 37.

74) Moralia, 20.5.14, ed. ADRIAEN (as n. 70), p. 1013–14.

75) Moralia, Praefatio, 5.12, ibid., p. 17. This passage is also cited by JOHNSON, Divine Justice (as n. 51), S. 118–19 who uses the English version of J. BLISS, Morals on the Book of Job by Saint Gregory the Great, 2 vols., Oxford 1844, vol. 1, p. 96. The translation above is my own.

76) Job 39.9–12; Moralia, 31.1.1–5, ed. ADRIAEN (as n. 70), p. 1549–53. See STRAW, Gregory's Politics (as n. 61), p. 51–52.

77) MEYVAERT, Gregory the Great and the Theme of Authority (as n. 60), p. 6.

78) Regula Pastoralis, 2.6, ed. CREMASCOLI (as n. 63), p. 54.

desse, to be of use, not *praeesse*, to be in charge, is the supreme imperative[79].« Gregory's answer seems to be the same whether the rulers are secular or ecclesiastical, but he has the most to say about the latter. The ruler, especially the bishop, must possess several qualities. He must be compassionate, merciful, neighborly, patient, and temperate. But the ruler, or bishop, must also *do* something. He must preach. The *ecclesia praedicans* is absolutely central to Gregory's idea of the church[80]. Gregory did not understand preaching as instruction in, say, the finer points of theology. Gregory once called the preacher *medicus*, and the ills this spiritual physician was meant to cure were sins[81]. The kinds of sin that Gregory had in mind are spelled out in some detail in two places in his writings. Near the end of his extremely long ›Commentary on Job‹ he discussed various faults[82] and then he devoted the whole of Book 3 of his ›Regula Pastoralis‹ to admonition, quite specifically to how the bishop/preacher might admonish those who committed one sin or another. Conrad LEYSER speaks of Gregory's »unified science of admonition[83].« One key aspect of that science was a proper estimation of those who were being admonished. The dedicatory letter to Leander that precedes the ›Moralia‹ has a beautiful image of the Bible comparing it to a kind of river in which the lamb may walk and the elephant float[84]. His point is that every passage requires deep study and varied interpretation. How this metaphor has relevance for the preacher becomes clear when Gregory comments on Hosea (2.8): »She did not know that I gave them corn, wine, and oil.« Gregory says: »For we receive corn from the Lord when in the more obscure passages the husk of the letter is removed, and we perceive, through the interior force of the Spirit, the deeper meaning of the law[85].« Gregory introduces this discussion by speaking about how to admonish the learned and the unlearned, the proud and the humble. Interpreting Ezechiel 2.9–10, the passage where the prophet saw a scroll written on both sides, Gregory says that the Bible was given to the weak and to the strong[86]. Gregory notes the difference between Paul's words to Titus »Rebuke with all authority« and his words to Timothy »Reprove, rebuke, exhort with all long suffering and teaching[87].« Some people, Gregory believed, had visible

79) MARKUS, Gregory the Great (as n. 1), p. 30.

80) Michael FIEDROWICZ, Das Kirchenverständnis Gregors des Grossen: Eine Untersuchung seiner exegetischen und homiletischen Werke, in: Römische Quartalschrift für christliche Altertumskunde und Kirchengeschichte, Supplementheft 50 (1995), p. 126–161. Less satisfactory is EVANS, Gregory (as n. 1), p. 75–86.

81) Hom. in Ezech., 1.10.17, ed. ADRIAEN (as n. 73), p. 152.

82) Books 33–35, passim.

83) Conrad LEYSER, Authority and Asceticism from Augustine to Gregory the Great, Oxford 2000, p. 164.

84) Moralia, Epistola ad Leandrum, 4, ed. ADRIAEN (as n. 70), p. 6.

85) Regula Pastoralis, 3.24, ed. CREMASCOLI (as n. 63), p. 174–76.

86) Hom. in. Ezech., 1.9.29–31, ed. ADRIAEN (as n. 73), S. 138–40; Moralia, 13.36.41, 14.32.39, 15.56.67, ed. ADRIAEN (as n. 70), S. 690, 721–22, 791–92.

87) Hom. in Ezech., 1.11.15, ed. ADRIAEN (as n. 73), p. 175.

faults and hidden strengths while others had visible strengths and hidden faults[88]. In another place Gregory says: »Shy minds [...] are to be gently reproved because if they are more harshly rebuked they are broken rather than instructed. But as to exasperating, shameless minds, if they were gently reproved they would be provoked by this very gentleness to greater sins.«[89] Bishops' teaching needed to acknowledge that they and their audience had different experiences and that no two members of the audience had identical experiences[90].

Here we see again the precision and attention to detail we remarked earlier in discussing Gregory's administrative work. But as Gregory famously said: »The government of souls is the art of arts[91].« For Gregory the *cura animarum* was vastly more important than *terrena negotia.* And it was more urgent. Gregory believed that he was living at the very end of time. In the ›Dialogues‹ he mentioned Mt. Etna in Sicily and said: »With the end of the world approaching, it seems that the openings to Hell are enlarged in order to receive the great number of souls who will be gathered there to be cast into eternal punishment[92].« In one of his ›Homilies on the Gospels‹ Gregory said that anyone who does not rejoice in the world's coming to an end is a friend of this world and not of God[93]. For Gregory everything truly important depended on the imminent *tremendum iudicium*[94]. Law, rule, authority, these were mere human contrivances attributable to sin. Law, rule, and authority, therefore, could only find authentic and legitimate application as the kind of healing admonition that snatched as many souls as possible back from the fires of Hell. Although he was dutiful and vigilant in the discharge of his responsibilities, Gregory was not interested in the right ordering of this world. His aim was salvation, the right ordering of souls for the next world.

In what concerns consensus, there is little to report from Gregory's vast *oeuvre.* He rarely used the word consensus. As bishop of Rome, Gregory was more interested in compliance. Gregory sometimes spoke of consensus in metaphorical terms. He used the image of the harmony of voices in a choir[95]. In speaking of temptations, Gregory addressed the failings of individuals who succumbed to, who consented to, temptations: »Temptation affects us in three ways, *suggestione, delectatione, et consensu*[96].« Jesus con-

88) Moralia, 31.13.25, ed. ADRIAEN (as n. 70), p. 1568.
89) Hom. in Ezech, 1.11.17, ed. ADRIAEN (as n. 73), p. 176.
90) LEYSER, Authority and Asceticism (as n. 83), p. 187.
91) Regula Pastoralis, 1.1, ed. CREMASCOLI (as n. 63), p. 10.
92) Dialogues, 4.36.12, ed. DE VOGÜÉ (as n. 64), p. 398.
93) Homiliae in Evangelia, 1.3, ed. Raymond ÉTAIX (CC 141), Turnhout 1999, p. 7.
94) ARNALDI, Gregorio Magno e la giustizia (as n. 2), S. 64; GIORDANO, Giustizia e potere giudiziario (as n. 9), p. 36–39; Raoul MANSELLI, L'escatologia di San Gregorio Magno, in: IDEM, Scritti sul Medioevo, Rome 1994, p. 81–96; DAGENS, Grégoire le Grand (as n. 1), p. 345–429.
95) Ep. 7.29, ed. NORBERG (as n. 10), p. 489; Hom. in Ezech, 1.8.8, ed. ADRIAEN (as n. 73), p. 106.
96) Hom. in Evang., 16, ed. ÉTAIX (as n. 93), p. 110.

sented to be tried by Pilate and to suffer for the sins of humanity[97]. Gregory urged people to resist heretics »with a united heart« because heresy damages the »unity« of the church[98]. These sentiments might be regarded as no more than theological or moral tropes. They are not programmatic statements. On one occasion he spoke movingly of the need for concord: »It is our desire that the discordant return to concord, and that those whose differences of opinion divide them from loving one another, are united in grace[99].« The implication seems to be that where consensus is lacking grace is also absent. In this respect, albeit implicitly, consensus would appear to matter deeply to Gregory. I discussed already Gregory's determined effort to reach consensus with the archbishops of Ravenna. On at least twelve occasions Gregory expressed his delight and satisfaction that communities had come together unanimously to elect their bishops[100]. Twice he said the same thing about abbatial elections[101]. I suspect that we cannot take these statements literally but Gregory's attitude is clear. One more time, then, we see Gregory transposing practical matters into a moral, or theological, key. This great pope always had one eye focused closely on this world and the other eye focused on the next world.

Summary

Pope Gregory I (590–604) was a man of law. In fact he was a man of three laws: Roman, canonical, and biblical. From Roman and canon law Gregory learned a harsh and disciplined form of conduct and behavior. What happened when Roman and canonical strictness encountered biblical precepts? Gregory could be rule-bound and detail oriented, as several case studies will show. Gregory can seem indifferent or even cruel in meting out or justifying punishments. Yet, justice could be tempered by mercy as a number of other case studies will show. In Gregory the guiding spirit was less a devotion to rules than a profound sense of the sinfulness of humanity. Hence, for Gregory, Pauline love trumped Roman strictness, whether secular or canonical. Forgiveness and redemption were at the heart of Gregory's conception of law.

97) Moralia, 3.16.29, ed. Adriaen (as n. 70), p. 133–34.

98) Epp. 1.75, 8.2, ed. Norberg (as n. 10), p. 84, 515.

99) Ep. 3.38, ibid., p. 183.

100) Epp. 1.19 (Salona), 1.43 (Illyria), 1.56 (Rimini), 2.3 (Naples), 3.30, 3.31, 4.1 (Milan), 5.10, 6.16 (Prima Justiniana), 9.100 (Osimo), 9.140 (Rimini), 9.185 (Gubbio), 11.6, 1.14 (Milan), 11.58 (Corsica), 13.12 (Palermo).

101) Epp. 6.57 (Canterbury), 9.18 (Palermo).

Geltung kraft Konsenses oder kraft königlichem Befehl?

Die lex Romana unter den Westgoten, Burgundern und Franken

Detlef Liebs (Freiburg i. Br.)

Der christliche Monotheismus prägte den Absolutismus der christlichen Spätantike und umgekehrt; und beide gemeinsam den frühneuzeitlichen Absolutismus. Die absolutistisch regierten Rechtsgemeinschaften wiederum empfingen ihr Recht im Wesentlichen von oben, dem Kaiser oder sonstigen Fürsten, allenfalls von einem hohen Beamten[1]. Von weniger bedeutsamen Randerscheinungen abgesehen, wurde das Recht den Untertanen von oben gesetzt; die Kompetenz stand dem Herrscher fraglos zu. Und der demokratische Staat hat davon die Vorstellung übernommen, dass (wieder von – vielleicht geringfügig vermehrten – Randerscheinungen abgesehen) Recht, nachdem das für sein Zustandekommen vorgeschriebene Verfahren mit klaren Kompetenzen eingehalten wurde, am Ende von oben gesetzt und in Gesetzes- und Verordnungsblättern der Rechtsgemeinschaft verkündet wird. In der Richterschaft ist die Meinung verbreitet, das gesetzte Recht werde durch Richterrecht ergänzt, gleichermaßen von oben verkündetes Recht. Von Verfassung wegen ist das jedoch zweifelhaft, sind Richter eigentlich nicht zur Setzung neuen Rechts berufen. Eine ständige Rechtsprechung wird erst durch Zustimmung der Rechtsgenossen oder doch ihrer Repräsentanten Gewohnheitsrecht, das heißt der mannigfachen Fachleute, die sich für gerechte Regeln engagieren und daran arbeiten: die juristische und rechtspolitische Öffentlichkeit, Schrifttum und Medien. Zutreffenderweise

1) Im spätantiken Rom etwa Edikte des Stadtpräfekten, z. B. Corpus inscriptionum Latinarum VI Nr. 1770 f. und 1711, oder der Prätorianerpräfekten, Beispiele bei Wolfgang Kaiser, Authentizität und Geltung spätantiker Kaisergesetze. Studien zu den Sacra privilegia concilii Vizaceni (Münchener Beiträge zur Papyrusforschung und antiken Rechtsgeschichte 96), München 2007, 179–183. Zur Rechtssetzung in der Spätantike näher Detlef Liebs, Das Gesetz im spätrömischen Recht, in: Das Gesetz in Spätantike und frühem MA. 4. Symposion der Kommission „Die Funktion des Gesetzes in Geschichte und Gegenwart" (Abh. Göttingen 196), hg. von Wolfgang Sellert, Göttingen 1992, S. 11–27. Daraus ergibt sich, dass von den mannigfachen in der römischen Republik bei der Rechtssetzung zu beobachtenden konsensualen Elementen nur wenig übrig blieb, siehe sofort bei Anm. 15.

kann erst wirkliches Gewohnheitsrecht als weitere Rechtsquelle gelten[2], ohne dass damit den Gerichten die Aufgabe abgesprochen wird, alle vor sie gebrachten Rechtsfälle zu entscheiden, auch wenn es dabei auf bis dahin noch nicht geregelte Rechtsfragen ankommt, und insoweit auch zur Rechtsfortbildung beizutragen[3]. Aber das bedeutet nicht, eine ständige höchstrichterliche Rechtsprechung als Rechtsquelle genügen zu lassen. Zwar kommt diese Ansicht einem verständlichen Bedürfnis nach Klarheit durch Kompetenzen für staatliche Institutionen entgegen, vernachlässigt aber, dass Richter, die in ihrer Unabhängigkeit leicht von der Gesellschaft abheben, der Auseinandersetzung mit deren Kräften bedürfen und diese ihr Einverständnis bekunden müssen, wenn Ergebnisse einer Rechtsprechung von der Gesellschaft als nunmehr geltendes Recht angenommen werden sollen[4]. Dieses Einverständnis kann freilich auch dadurch zum Ausdruck kommen, dass begründeter Widerspruch über lange Zeit ausbleibt.

I. Die ›Lex Romana‹ der Westgoten

Das erste von außerhalb des römischen Reichs in dieses Reich drängende Volk, das mit dem römischen Gemeinwesen auch rechtlich in engere Berührung kam, waren die Westgoten. Es geschah zu einer Zeit, als dieses Reich offen absolutistisch geworden war. So entwickelten die gotischen Herrscher bald den Ehrgeiz, mit dem römischen Staatsgebaren

2) Siehe etwa Manfred Rehbinder, Einführung in die Rechtswissenschaft. Grundfragen, Grundlagen und Grundgedanken des Rechts, Berlin [8]1995, S. 194–206 (§ 25). Das maßgebliche Schrifttum bzw. die dort herrschende Meinung mag mitunter schwer abzugrenzen sein, doch kann man exzentrische Teilnehmer vernachlässigen. Entfaltet ist die Bedeutung des Gewohnheitsrechts in zwei neueren Sammelbänden und einer Monografie: The Nature of Customary Law. Legal, Historical and Philosophical Perspectives, hg. von Amanda Perreau-Saussine und James Bernard Murphy, Cambridge 2007; Nils Jansen, The Making of Legal Authority. Non-legislative Codifications in Historical and Comparative Perspective, Oxford 2010; und Gewohnheit, Gebot, Gesetz. Normativität in Geschichte und Gegenwart, hgg. von Nils Jansen und Peter Oestmann, Tübingen 2011. Zum Gewohnheitsrecht in römischer Antike und Frühmittelalter siehe den Sammelband: Law, Custom, and Justice in Late Antiquity and the Early Middle Ages. Proceedings of the 2008 Byzantine Colloquium, hg. von Alice Rio, Hertford 2011.

3) Dazu etwa Felix Maultzsch, Streitentscheidung und Normbildung durch den Zivilprozess. Eine rechtsvergleichende Untersuchung zum deutschen, englischen und US-amerikanischen Recht, Tübingen 2010, der sich gegen die überwiegend weite Auslegung des Rechtsfortbildungsauftrags der Revisionsgerichte z. B. Zivilprozessordnung, § 543 Abs. 2 Nr. 2 wendet.

4) Rechtsänderungen allein durch Änderung der Rechtsprechung sind vor allem deshalb bedenklich, weil Gerichtsurteile sich stets als Anwendung des geltenden Rechts geben. Wenn ein oberstes Gericht nun seine Rechtsprechung ändert, was naturgemäß plötzlich geschieht und wie es der deutsche Bundesgerichtshof in den vergangenen Jahrzehnten mehrfach getan hat, wirkt das dadurch wie eine unvorhersehbare, und doch rückwirkende Rechtsänderung. Das aber hat meist ungerechte Folgewirkungen. Zum Beispiel werden Verträge und Vereinbarungen rückwirkend unwirksam, obwohl sie im Vertrauen auf die seinerzeitige Rechtslage geschlossen worden sind, wie sie die Gerichte bis dahin verstanden haben.

zu konkurrieren[5], was sich auch in der Rechtssetzung niederschlug. König Eurich redete den weströmischen Kaiser, dem die Anrede *dominus* zustand, selbstbewusst *amicus* an[6] und erließ eine Rechtskodifikation für sein Volk, das die moderne Forschung übertreibend ›Codex Euricianus‹ nennt. Quellentreu wäre *edictum regis*, allenfalls *edictum Eurici regis*[7]. Mit diesem Gesetzbuch stellte Eurich sich also in die Tradition eines Reichspräfekten. Sein Sohn und Nachfolger Alarich II. ging darüber hinaus und stellte sich insofern in die Tradition der römischen Kaiser Theodosius II. und Valentinian III., als er für die Römer in seinem Reich die für sie untereinander maßgeblichen römischrechtlichen Texte ein für alle Mal zusammenzustellen befahl. Wir nennen das Ergebnis, die 506, möglicherweise auch ein Jahr vor- oder nachher zustande gekommene Kodifikation ›Lex Romana Visigothorum‹[8]. Formell war sie ein Werk des Königs. Im dazu erhaltenen Einführungsgesetz, in den Handschriften *auctoritas Alarici regis* überschrieben und einleitend *commonitorium* an den jeweiligen Gaugrafen genannt, sagt er eingangs, er habe in Fürsorge für sein Volk (*utilitates populi nostri propitia divinitate tractantes*) in sorgfältiger Erwägung verbessert (*meliore deliberatione corrigimus*), was in den geltenden Gesetzen ersichtlich ungerecht war (*quod in legibus videbatur iniquum*); und gegen Ende, er habe befohlen, eine Abschrift den einzelnen Gaugrafen zuzustellen. Der königliche Kanzleichef Anian bestätigt das zu Beginn seines die Versendung begleitenden Schreibens, *subscriptio* genannt; dort heißt es: *ex praeceptione gloriosi Alarici regis* – in vollerer Version: *domni nostri gloriosissimi regis Alarici* – [...] *hunc codicem* (!) [...] *subscripsi et edidi.* Die längere Fassung des Begleitschreibens fügt nach der Nennung des Königs ein: *ordinante viro magnifico et inlustre Goiarico comite.*

Die *praescriptio* schließlich, eine Art Titelblatt, lautete: *In hoc corpore continentur leges sive species iuris de Theodosiano vel de diversis libris electae vel sicut praeceptum est explanatae anno XXII.* (mehrere Handschriften: *XXI.*) *regnante domno Alarico rege*[9].

5) Vgl. den berühmten bei Orosius, Historiae adversus paganos 7, 43, 4 f., kolportierten Ausspruch ihres Königs Athaulf um 415 n. Chr.

6) Ennodius, Vita Epifani, hg. von Theodor Mommsen (MGH Auct. ant. 7), Hannover 1885, Kap. 88, S.95; und dazu Herwig Wolfram, Die Goten. Von den Anfängen bis zur Mitte des sechsten Jh. Entwurf einer historischen Ethnographie, München [3]1990, S. 191.

7) Detlef Liebs, Römische Jurisprudenz in Gallien (2. bis 8. Jh.) (Freiburger Rechtsgeschichtliche Abh. N. F. 38), Berlin 2002, S. 158.

8) Zu ihr Liebs, Gallien (wie Anm. 7), S. 109 f. und S. 166–176; zum Datum S. 168 f.; und schon Hartwig Schellenberg, Die Interpretationen zu den Paulussentenzen (Abh. Göttingen 64), Göttingen 1965, S. 89 f. Für 507 Bruno Saint-Sorny, La fin du roi Alaric II: La possibilité d'une nouvelle datation du Bréviaire, in: Studi di storia del diritto 3 (2001), S. 27–90; zustimmend Thomas Deswarte, Le code du roi Réceswinthe (654) a-t-il abrogé les droits antérieures? in: Traditio iuris. Permanence et/ou discontinuité du droit romain durant le haut Moyen Age, hg. von Alain Dubreucq, Lyon 2005, S. 57–76, hier S. 59, beide möglicherweise beeinflusst von antigotischem Ressentiment der Franken.

9) Harald Siems, Lex Romana Visigothorum, in: HRG 2 ([1]1978), Sp. 1940–1949, hier Sp. 1942, hält das für eine Rekonstruktion Mommsens; indessen haben schon die älteren Ausgaben des Breviars eben diese

Praeceptum est bezieht sich anscheinend nicht auf den König, der hier nur genannt ist, um das Jahr zu bestimmen; es geht um sein 22., allenfalls 21. Regierungsjahr. Danach fährt das Titelblatt abschließend im gleichen Duktus fort: *ordinante viro inlustre Goiarico comite.*

Der eigentliche Initiator war danach Gojarich, ein offenbar gotischstämmiger Großer des Westgotenreichs. Und es ist das Titelblatt, welches das und nicht etwa den Anteil des Königs verkündet, nicht den Monarchen rühmt, wie es im römischen Reich üblich geworden war. Stattdessen ist bescheiden der Inhalt angegeben: *leges sive species iuris de Theodosiano et diversis libris electae.* Andererseits droht das Einführungsgesetz, insoweit wiederum ganz entsprechend wie beim ›Codex Theodosianus‹ und kurze Zeit später beim ›Codex Justinianus‹, dem jeweiligen Richter, hier den Gaugrafen schwerste Strafen für den Fall an, dass in Zukunft römische Rechtstexte vor seinem Gericht angeführt oder zugelassen würden, die nicht in das Werk aufgenommen worden sind (*Providere ergo te convenit, ut in foro tuo nulla alia lex neque iuris formula proferri vel recipi praesumatur. Quod si factum fortasse constiterit,* [...])[10].Das vom König autorisierte Gesetzbuch war die in seinem Reich nunmehr maßgebliche ›Lex Romana‹, wenn diese Bezeichnung auch erst später gebraucht wurde: in den Formelsammlungen, einzelnen Breviarhandschriften und Epitomen[11]. Auf dem alten Titelblatt ist bescheidener und ehrlicher schlicht von ei-

praescriptio, siehe Gustav HÄNEL, Lex Romana Visigothorum. Ad LXXVI librorum manu scriptorum fidem recognovit, septem eius antiquis epitomis, quae praeter duas adhuc ineditae sunt, titulorum explanatione auxit, annotatione, appendicibus, prolegominis instruxit, Leipzig 1849, S. 2; SIEMS bezweifelt das Ergebnis und erklärt den ursprünglichen Titel für unbekannt. Dadurch übergeht er einen Bescheidenheitsgestus Alarichs, der sich im Titelblatt zurückgenommen hat und den ›Codex Theodosianus‹ groß herausstellen ließ, mit dem die Römer die Barbaren beeindruckten; noch die Prachthandschrift Paris BN lat. 4404 vom Anfang des 9. Jh., vermutlich Tours, stellt Theodosius II. ganz in den Mittelpunkt neben anderen Kaisern des 5. Jh. n. Chr., siehe Blatt 1^v (Theodosius und drei andere spätantike Kaiser); auch 2^r (Septimius Severus und drei Juristen); und dazu Hubert MORDEK, Bibliotheca capitularium regum Francorum manuscripta. Überlieferung und Traditionszusammenhang der fränkischen Herrschererlasse (MGH Hilfsmittel 15), München 1995, S. 457 f. Auch Gregor von Tours, Historiae 4, 46, meint mit *legis Theodosianae libri*, und die Vita Boniti 2 mit *Theodosii decreta* das Breviar, LIEBS, Gallien (wie Anm. 7), S. 68 und 91. *Lex Romana*, *Liber/libellus legis doctorum* oder ähnlich heißt das Werk erst später, siehe sofort Anm. 11.

10) Satz 4 und 5 des Gesetzes; Erlasse des Königs, die damals noch nicht in das Breviar inkorporiert zu werden pflegten, waren davon selbstverständlich nicht erfasst. Vgl. Novellae Theodosii 1, das oströmische Einführungsgesetz zum Codex Theodosianus, § 6; und Cod. Just. const. Summa § 3, dasjenige zum Codex Justinianus.

11) In den Formeln von Angers (um 600 n. Chr.?), siehe die Arengen der Nr. 40, 46, 54 und 58 (siehe auch Nr. 40 Anfang, und 41 Ende); Markulfs Formeln (späteres 7. Jh.), siehe die Arenga von Nr. 17; den Formeln von Bourges, siehe Nr. 9 Mitte; den Formeln von Tours (Mitte 8. Jh.), siehe Nr. 15, 32 und die Arengen der Nr. 20, 22, 24, 25 und 29; sowie der Nr. 4 der Appendix; den Formeln von Clermont Ferrand (nach Alice RIO, Legal Practice and the Written Word in the Early Middle Ages. Frankish Formulae, c. 500–1000, Cambridge 2009, S. 80 f., vielleicht erst 9. Jh.), siehe Nr. 3 Mitte; der Epitome Parisina von Paris BN lat. 10753 wohl aus dem mittleren bis späteren 9. Jh., siehe die *praefatio* auf Blatt 13^r, deren Text al-

ner Auswahl aus dem ›Codex Theodosianus‹ und dem juristischen Schrifttum die Rede. Außerdem heißt es dort, dass die ausgewählten Kaisergesetze (*leges*) und Stücke aus der Rechtsliteratur (*species iuris*) *sicut praeceptum est explanatae* seien. Damit war gemeint, dass den einzelnen Bestimmungen wie befohlen kurze Erläuterungen beigegeben worden sind, *explanationes*, auch *interpretationes* genannt, die heute übliche Bezeichnung.

546 n. Chr. befahl der Westgoten-König Theudis, sein Gesetz über Prozesskosten in das nur mehr kurz *Theodosiani* (allenfalls *Theodosianum*) *corpus* genannte Breviar an einer bestimmten Stelle einzufügen[12]. *Corpus* bedeutet im frühmittelalterlichen Latein ›Werk‹[13]. Mit *Theodosiani corpus* meinte er also die ganze ›Lex Romana Visigothorum‹, ebenso wie nicht wenige spätere Handschriften derselben, etwa die auswählende Epitome in Sankt Gallen, niedergeschrieben im Oktober 793; auch sie nennt das Breviar insgesamt kurz *corpus Theodosiani.* Der hauptsächliche Bestandteil des Breviars, mit dem es auch beginnt, war nun einmal ein Auszug aus dem ›Codex Theodosianus‹. Dieser selbst heißt 793, im Unterschied zum Ganzen, nicht *corpus*, sondern *liber Theodosiani*[14], ein Teil des *corpus*, auch wenn dieser *liber* wiederum aus 16 *libri* besteht[15], so wie noch das deutsche Bürgerliche Gesetzbuch, also ein Buch, in fünf Bücher unterteilt ist; ebenso das geltende Handels- und das Sozialgesetzbuch.

lerdings auf das 8. Jh. zurückgehen wird; *in hoc corpore continetur tota lex Romana* lautet die Überschrift zu der Kurzfassung des Breviars in einer Sammelhandschrift aus dem frühen 9. Jh., Montpellier, Bibl. interuniversitaire 136; sie fährt fort: *Incipit prologus ex corpore Theodosiani.* Der Plural *Romanae leges* bei Reccesvinth 654 n. Chr., Lex Visig. 2, 1, 10; und (*leges Romanae*) häufig in der Überschrift der *Epitome Aegidii* (daneben schlicht *leges, leges Romanorum*), siehe HÄNEL, Lex Romana (wie Anm. 8), S. 2 Anm. b und S. 3; *leges Romanorum* sagt auch der Prolog der *Epitome monachi*; der Breviar-Auszug von Clermont Ferrand, Bibl. municipale 201, ist *Liber* bzw. *Libellus legis doctorum* überschrieben.

12) Überliefert in der Breviarhandschrift von León, Bibl. Capitolare 15 aus dem 6. Jh., S. 36 zu Lex Rom. Visig. Cod. Theod. 4, 16, Z. 72–74: *Hanc quoque constitu/tionem in Theodosiani corporis libro quarto sub titu/lo XVI. adiectam iubemus,* [...]. Grammatisch könnte als Nominativ also sowohl *Theodosiani* als auch *Theodosianum corpus* zu denken sein. Häufiger ist *corpus* mit dem Genetiv, also *corpus Theodosiani* (sc. *codicis*): bei den Feldmessern, siehe: Die Schriften der römischen Feldmesser, Bd. 1, hg. von Friedrich BLUME, Karl LACHMANN und Adolf August Friedrich RUDORFF, Berlin 1848, S. 267; in der Consultatio 3, 12; 8, 2 und 5 und 7; 9, 12 f.; und der Interpretatio zur Novelle 22. 1 von Theodosius II., hg. von Paul M. MEYER, Theodosiani libri XVI, Berlin 1905, Bd. 2, S. 53 Z. 80; *Theodosianum corpus* kommt dagegen zu Beginn der 32. und 35. Novelle Valentinians III. vor, MEYER, ebd., S. 133, Z. 5, und S. 142, Z. 8; und in der Interpretatio zur 16. Novelle von Theodosius II., MEYER, ebd., S. 40 Z. 92.

13) Ludwig TRAUBE, in: Theodor MOMMSEN/Paul M. MEYER, Theodosiani libri XVI, Bd. 3: Tabulae sex in folio, S. II; LIEBS, Gallien (wie Anm. 7), S. 228 mit Anm. 547 und S. 273 mit Anm. 20. Schon das Titelblatt sagte *In hoc corpore continentur* [...].

14) Sankt Gallen Stiftsbibl. 731, S. 1: *Incipiunt Tituli legum ex corpore Theodosiani* (wortgleich übrigens die Überschrift eines Auszugs aus der *Epitome Aegidii* in einer jüngeren Mailänder Hs., siehe unten bei Anm. 106); bzw. S. 10: *Explecit liber Theodosiani* und 133: *Expleto libro Theodosiani.*

15) Mitunter sind die *libri* der einzelnen Bestandteile des Breviars durchgezählt, so in der rätischen Epitome, ›Lex Romana Curiensis‹ genannt.

Freilich ergibt das Einführungsgesetz, das auch über das Zustandekommen dieser Kodifikation berichtet, dass auf dem Weg dorthin mehrere Stationen zu bewältigen waren; und diese enthalten mannigfache konsensuale Elemente. Auch aus diesem Grund ist es unwahrscheinlich, dass bei Herstellung des Ganzen Eile oder gar Hast gewaltet habe, wie viele meinen[16]. Ein oströmisches Gesetz bestimmte 446 n. Chr., dass in die Gesetzgebung das kaiserliche *consistorium* und der Senat – von Konstantinopel – einbezogen werden müssen[17]; schon vorher spielten beide dabei eine Rolle, der Senat allerdings hauptsächlich als bloßes Promulgationsorgan[18]. Was im Westgotenreich geschah, geht ausweislich des Einführungsgesetzes darüber aber hinaus. Zunächst einmal wurden *sacerdotes ac nobiles viri*, also Geistliche und Adlige hinzugezogen (*adhibiti*). Vielleicht lassen diese sich genauer bestimmen. In Betracht kommen Hofleute, insbesondere ein ständiges Gremium, das den König regelmäßig beriet und Beschlüsse umsetzte, eine Art

16) Theodor MOMMSEN, Das theodosische Gesetzbuch, in: DERS., Gesammelte Schriften, Bd. 2, Berlin 1905, S. 382 Anm. 1 (zuerst 1900); Franz WIEACKER, Lateinische Kommentare zum Codex Theodosianus, in: Symbolae Friburgenses in honorem Ottonis Lenel, Leipzig o. J., wohl noch 1933, S. 262 Anm. 1; Eberhard Friedrich BRUCK, Caesarius von Arles und die Lex Romana Visigothorum, in: DERS., Über römisches Recht im Rahmen der Kulturgeschichte, Berlin 1954, S. 146–163, besonders 153 f.; Ernst LEVY, ZRG Rom. 75 (1958), S. 452; WIEACKER, Allgemeine Zustände und Rechtszustände gegen Ende des weströmischen Reichs (Ius Romanum Medii Aevi I 2 a), Mailand 1963, S. 51 f.; DERS., Recht und Gesellschaft in der Spätantike, Stuttgart 1964, S. 113 f.; Wolfgang KUNKEL, Römische Rechtsgeschichte, Köln [5]1967, S. 152; unverändert KUNKEL/Martin SCHERMAIER [14]2005, S. 206 f.; Dieter MEDICUS, Lex Romana Visigothorum, Der Kleine Pauly 3 (1969), Sp. 609; auch nur wenige Monate veranschlagend SAINT-SORNY, La fin (wie Anm. 8), S. 84–86 und 89 f., obwohl nach ihm die Interpretationen jedenfalls im Wesentlichen erst von Alarichs Kompilatoren stammen; demgegenüber nimmt Hermann NEHLSEN, Alarich II. als Gesetzgeber, in: Studien zu den germanischen Volksrechten. Gedächtnisschrift für Wilhelm Ebel, Frankfurt am Main 1982, S. 143–203, Letzteres zwar gleichfalls an, räumt den Kompilatoren aber wesentlich mehr Zeit ein, s. besonders S. 153–182; in diesem Punkt ebenso LIEBS, Gallien (wie Anm. 7), S. 169–173; und schon Jean GAUDEMET, Le Bréviaire d'Alaric et les Épitomé (Ius Romanum Medii Aevi I 2 b aa ß), Mailand 1965, S. 8.

17) Cod. Just. 1, 14, 8, wohl doch nicht von Valentinian III., wie LIEBS, Das Gesetz (wie Anm. 1), S. 22, angenommen hatte, sondern von seinem Kollegen im Osten, Theodosius II., Christoph F. WETZLER, Rechtsstaat und Absolutismus. Überlegungen zur Verfassung des spätantiken Kaiserreichs anhand von CJ 1.14.8 (Freiburger Rechtsgeschichtliche Abh. N. F. 27), Berlin 1997, S. 120–131.

18) So wurde der kaiserliche Auftrag zur Herstellung des ›Codex Theodosianus‹, Cod. Theod. 1, 1, 5, im Senat (von Konstantinopel) verlesen, der dem erwartungsgemäß zustimmte, wodurch es sich formell um einen Senatsbeschluss handelte; das Einführungsgesetz dagegen, Novell. Theod. 1, ist an den Präfekten des Ostens gerichtet. Im Westreich allerdings haben wir die *Gesta senatus Romani de Theodosiano publicando*, wurde also der Senat von Rom in die Promulgation des ›Codex Theodosianus‹ einbezogen. Auch Justinian hat nur einzelne seiner Rahmengesetze zu den verschiedenen Teilen seiner Kodifikation an den Senat gerichtet: zum Codex Justinianus den Auftrag, Cod. Just. const. Haec, und das Einführungsgesetz zur Erstfassung, Cod. Just. const. Cordi; und zu den Digesten das Einführungsgesetz, Dig. const. Tanta; dagegen sind das Einführungsgesetz zur endgültigen Fassung des Codex Justinianus, Cod. Just. const. Summa, an den wichtigsten Präfekten, der Auftrag die Digesten herzustellen, Dig. const. Deo auctore, an den kaiserlichen Quästor, die Studienordnung, Dig. const. Omnem, an die beamteten Rechtslehrer, und das Einführungsgesetz zu den Institutionen, Inst. const. Imperatoriam, an die *cupida legum iuventus* gerichtet.

Ministerium oder Regierung, vergleichbar dem kaiserlichen *consistorium.* Aber auch eine größere Versammlung könnte in Betracht kommen, eine Art Hof- oder Landtag. Die als erste genannten *sacerdotes* waren sicherlich christliche Priester; aber dass sie auch Bischöfe gewesen wären, wie mitunter einebnend behauptet wird[19], ist nicht gesagt. Da sie zu den engeren Beratern des Königs gehörten, wird es sich um gotischen, also arianischen Klerus gehandelt haben. Von gotischen Landtagen hören wir meines Wissens nichts, anders als bei dem kleineren, leichter überschaubaren Volk der Burgunder, bei dem die ›Lex Burgundionum‹ einen *conventus Burgundionum* bezeugt[20]. Die westgotischen Adligen (*nobiles viri*), darunter wahrscheinlich Gojarich in prominenter Stellung, werden hauptsächlich Goten wie dieser gewesen sein. Allerdings sind bei den gotischen Königen auch prominente römische Berater beziehungsweise Minister bezeugt, weshalb wohl auch hier vornehme Römer, der eine oder andere Senator dazugehörte[21]; das ganze Unternehmen betraf ja Römer.

Davon zu unterscheiden ist ein zweites im Einführungsgesetz genanntes Gremium: *prudentes*, also Fachleute, welche aus jenen *leges Romanorum* und dem *antiquum ius*, der alten Rechtsliteratur, eine Auswahl trafen (*quibus omnibus enucleatis atque in unum librum electione collectis*) und die Exzerpte mit einer *Interpretatio* versahen (*haec quae excerpta sunt vel clariore interpretatione composita*). Das werden im Wesentlichen Juristen des römischen Rechts gewesen sein, die das Werk im Einzelnen auszuarbeiten hatten[22]; und hier werden Römer jedenfalls die Hauptrolle gespielt haben.

Am Ende hat ein drittes Gremium dem Ergebnis zugestimmt, bestehend aus Bischöfen und gewählten Provinzialen: *venerabilium episcoporum vel electorum provincialium nostrorum roboravit adsensus.* Dabei wird es sich um eine Vertretung – zumindest hauptsächlich – der romanischen Bevölkerung gehandelt haben, für die das Gesetzbuch bestimmt war, eine Art Nachfolgeorgan der römischen Diözesanlandtage von Südgallien und Spanien[23]. Im römischen Reich setzten diese sich aus den Provinzstatthaltern (*iudi-*

19) Zum Beispiel von Ralph Whitney MATHISEN, Roman Aristocrats in Barbarian Gaul. Strategies for Survival in an Age of Transition, Austin 1993, S. 133 unten.

20) Im Einzelnen sofort unter II. Ende.

21) WOLFRAM, Die Goten (wie Anm. 6), S. 200, nimmt das ohne weiteres an.

22) So schon Friedrich Carl von SAVIGNY, Geschichte des römischen Rechts im MA, Bd. 2, Heidelberg ²1834, S. 41, der jedoch im Einzelnen nicht hinreichend differenziert (S. 41–45); ebenso wenig John F. MATTHEWS, Interpreting the Interpretationes of the Breviarium, in: Law, Society and Authority in Late Antiquity, hg. von Ralph W. MATHISEN, Oxford 2001, S. 11–32, hier 16 f., der z. B. den vereinzelten Adressaten einer Abschrift, den Gaugrafen Timotheus, für eine Art Prätorianerpräfekten hält; siehe hierzu LIEBS, Gallien (wie Anm. 7), S. 167 f. und 174.

23) Das *concilium VII provinciarum* war durch Gesetz des Honorius vom 17. April 418 wiedererrichtet worden: Epistolae Merowingici et Karolini aevi, hg. von Wilhelm GUNDLACH (MGH Epp. 3), Hannover 1892, S. 13–15. Weitere, hauptsächlich inschriftlich belegte *concilia* aus spätrömischer Zeit bei Ernst KORNEMANN, Concilium, in: Paulys Realencyclopädie der classischen Altertumswissenschaft. Neue Bearbeitung 4, 1 (1900), Sp. 801–830, hier Sp. 820 ff.; speziell zu den Diözesankonzilien Sp. 826 f.

ces) zusammen, außerdem aus der in der Diözese ansässigen Reichsaristokratie (*honorati*) und Vertretern (*legati*) der Munizipalaristokratie (*curiales*)[24]. Das westgotische Gesetz dagegen nennt als erste *venerabiles episcopi*, worunter sinnvollerweise nunmehr römische, also katholische Bischöfe zu verstehen sein werden; und zweitens *electi provinciales nostri*, also, wie Rudolf SCHIEFFER zu Recht einwarf, am ehesten von der Regierung ausgewählte Römer, allenfalls von den Römern in den vom König beherrschten Provinzen gewählte Vertreter, dann wohl vom jeweiligen Stadtrat bestimmte »Gesandte« der wichtigsten Stadtgemeinden der Diözese wie nach römischem Kaiserrecht. Diese vermutlich größere Versammlung wurde aber wie gesagt erst am Ende eingeschaltet, mit dem fertigen Entwurf befasst.

Das vom König zunächst hinzugezogene Gremium von *sacerdotes ac nobiles viri* hatte vermutlich Richtlinien aufgestellt. Die als ungerecht erachteten Gesetze (*quod in legibus videbatur iniquum*) waren ungerecht vom Standpunkt der gotischen Regierung aus, vermutlich vor allem, soweit sie Arianer drangsalierten[25]. Außerdem sollte die Dunkelheit der römischen Gesetze und des alten Rechts: *legum Romanarum et antiqui iuris obscuritas* ins Licht eines besseren Verständnisses gerückt werden und erstrahlen: *in lucem intellegentiae melioris deducta resplendeat*; keiner der neu zusammenzustellenden Rechtstexte sollte mehr zweideutig sein. Die Rechtsquellen, konkret: die Gesetze der spätantiken Kaiser und das alte Recht, das den Juristenschriften zu entnehmen war, sollten bereinigt und übersichtlich werden, wobei auch die Codices ›Gregorianus‹ und ›Hermogenianus‹ zu den Juristenschriften zählten, obwohl sie ausschließlich Kaiserkonstitutionen enthielten. Das waren die Richtlinien für die *prudentes*; und derartige Richtlinien stellt ein politisches Gremium auf. Dieses plante die Kodifikation und legte Standards fest, wahrscheinlich genauere als im *commonitorium* nachzulesen. Gojarich wird in diesem politischen Gremium der maßgebliche Mann gewesen sein. Dass er auch den *prudentes* vorsaß, ist dagegen weniger gewiss; jedenfalls kann man nicht kurzerhand unterstellen, dass er, wohl ein Gote, auch Fachjurist des römischen Rechts gewesen sei, was aber auch nicht auszuschließen ist[26]; lateinisch gebildet wird er allemal gewesen sein.

Alarichs kurzes Einführungsgesetz bezeugt also wesentlich mehr Beteiligung als die zahlreichen und wortreichen Einführungsgesetze Kaiser Justinians zu seiner Kodifikation 25 bis 30 Jahre später[27], auch als das Einführungsgesetz zum ›Codex Theodosianus‹[28]. Die unentbehrlichen Fachleute werden von allen drei Gesetzgebern gerühmt. Alarich

24) Siehe S. 14, Z. 1 f., 32 f. und 35, und S. 15, Z. 3 der Ausgabe von GUNDLACH (wie Anm. 23) und dazu KORNEMANN, Concilium (wie Anm. 23), Sp. 826 f.

25) Knut SCHÄFERDIEK, Die Kirche in den Reichen der Westgoten und Suewen, Berlin 1967, S. 15 f. und 42–55; und MATTHEWS (wie Anm. 22), S. 22 f.

26) Vgl. LIEBS, Gallien (wie Anm. 7), S. 60 f.

27) Außer der oben Anm. 10 genannten const. Summa: constt. Imperatoriam (Institutionen), Tanta (Digesten) und Cordi (Neuauflage des Codex Justinianus).

28) Nov. Theod. 1.

aber nennt überdies eingangs ein politisches Gremium, wohl gotischen Klerus und – hauptsächlich – gotische Adlige; und am Ende eine Vertretung der Betroffenen. Theodosius und Justinian dagegen haben, was nicht den Fachleuten zu überlassen war, selbst geregelt; jedenfalls behaupten sie das. In Wahrheit war es bei Justinian weithin Tribonian und bei Theodosius II. Antiochus Chuzon. Im Sog des kaiserlich-römischen Vorbilds, das schon Justinians Vorgänger abgaben, könnte das *commonitorium* Alarich mehr zugeschrieben haben als der Wirklichkeit entsprach; das heißt, könnte die Beteiligung von Vertretern der Rechtsgemeinschaft weiter gegangen sein als dort verlautet.

König Theudis nannte das Gesetzbuch 40 Jahre später wie gesagt immer noch bescheiden ›*Theodosiani* (oder *Theodosianum*) *corpus*‹. Weitere 30 Jahre später nannte Leovigild eine abzuschaffende Bestimmung des *Theodosianus*-Auszugs *prisca lex* ohne weitere Spezifizierung[29]. Ähnlich allgemein verweisen weitere 50 Jahre später die Formeln von Cordoba auf Breviarbestimmungen[30]. Um 650 beruft sich König Chindasvinth in seinem Gesetz zur Begrenzung der Mitgift auf eine konkrete Bestimmung des Breviars mit den Worten *iuxta quod et legibus Romanis recolimus fuisse decretum*[31]. 654 n. Chr. aber spricht sein Sohn, König Reccesvinth, nur mehr ablehnend von *Romanae leges.* Er rechnet sic zu den *aliene gentis leges*, die zwar für den Rechtsunterricht nützlich und sogar wünschenswert seien (*ad exercitium hutilitatis inbui et permittimus et optamus*); die Rechtspraxis (*negotiorum discussio*) jedoch solle mit ihnen nicht länger gequält werden (*nolumus* [...] *amplius convexari*)[32]. Die gesamte Bevölkerung des Westgotenreichs solle fortan nach einheitlichem, vom König verfügtem Recht, seinem *Liber iudiciorum* leben[33]; einen besonderen romanischen Bevölkerungsteil mit eigener *lex Romana* sollte es nicht mehr geben. Wer nach 654 ein altes Gesetzbuch vor Gericht anführte, hatte ebenso wie der Richter, der das nicht unverzüglich zurückwies (*si vetitum librum sibi postea oblatum disrumpere fortasse distulerit*), eine dem Fiskus zu entrichtende Strafe von 30 Pfund Gold zu gewärtigen[34]. 27 Jahre später hat König Ervig eine Ausnahme für den Fall verfügt, dass die veralteten Gesetze (*anteriores leges*) zur Beurteilung von Altfällen vorgebracht würden[35].

29) Lex Visig. 3, 1, 1: *prisce legis abolita sententia* und *prisce legis remota sententia*; gemeint ist das Mischehenverbot von Lex Rom. Visig. Cod. Theod. 3, 14, 1.

30) Formulae Visig. Nr. 32 auf Lex Rom. Visig. Pauli sent. 2, 19, 1 mit den Worten *sanctione legum sit constitutum*; und Nr. 34 auf ebd. Cod. Theod. 3, 5, 2 Interpr. mit den Worten *Prisca consuetudo et legum decreta sanxerunt* [...].

31) Lex Visig. 3, 1, 5, auf Lex Rom. Visig. Nov. Valent. 12 § 9 Satz 2 Bezug nehmend.

32) Lex Visig. 2, 1, 10.

33) Auswärtige Händler (*transmarini negotiatores*) sollten allerdings weiterhin nach ihrem Heimatrecht beurteilt werden, Lex Visig. 11, 3, 2.

34) Lex Visig. 2, 1, 11 S. 1–3. Autoritär auch 2, 1, 13 zum Verfahren bei Gesetzeslücken.

35) Lex Visig. 2, 1, 11 S. 4: *immunes esse iubemus, qui ad conprobationem preteritarum causarum proferre in iudicio fortasse voluerint.* Zu weit übersetzt und versteht diese enge Ausnahme Deswarte, Le code (wie Anm. 8), 65–76, Übersetzung S. 76. Zutreffend Harald Siems, Anmerkungen zur Entwicklung von Rück-

II. Die lex Romana für Burgund

Schon ungefähr zehn Jahre vor der Promulgation der westgotischen ›Lex Romana‹ versprach der König des Burgunderreichs, Gundobad, seinen Römern einen schriftlichen Leitfaden des unter ihnen geltenden römischen Rechts: (sc. *Romani*) *formam et expositionem* (sc. *Romanarum*) *legum conscriptam, qualiter iudicent, se noverint accepturos.* Einleitend hatte er in Übereinstimmung mit seinen Vorfahren ihnen garantiert, dass unter ihnen nach römischem Recht geurteilt werde: *Inter Romanos vero, interdicto simili conditione venalitatis crimine, sicut a parentibus nostris statutum est, Romanis legibus praecipimus iudicari; qui formam* [...][36]. Der dieses Versprechen einlösende Text, in mehreren Handschriften überliefert, ist in der einzigen insoweit fehlerfreien Handschrift anspruchsvoll ›Lex Romana‹ über- und unterschrieben[37]; die gleichfalls anzutreffende Benennung ›*liber Papiani*‹, wonach der Text oft kurz ›Papian‹ oder ähnlich genannt wird, beruht auf einem Abschreiberversehen[38].

Dieser Text enthält indes nichts Amtliches, keinerlei Hinweis auf Sanktionierung durch eine offizielle oder politische Instanz[39]. Daraus zu folgern, es handle sich um eine bloße Privatarbeit, wäre indes voreilig. Der Text war unter den Römern des Burgunderreichs schlechthin maßgeblich, hatte gesetzesgleiche Geltung. Aufbau und oft auch der Text selbst lehnen sich in den ersten vier Fünfteln des Ganzen eng an die im letzten Jahrzehnt des 5. Jahrhunderts von König Gundobad sanktionierte ›Lex Burgundionum‹ an[40], auch ›Lex Gundobada‹ oder ›Liber constitutionum‹ genannt, der für Konflikte zwischen Burgundern und zwischen Burgundern und Römern galt. Dieser Text enthält

wirkungsverboten, in: Römische Jurisprudenz – Dogmatik, Überlieferung, Rezeption. Festschrift für Detlef Liebs, hg. von Karlheinz Muscheler, Berlin 2011, S. 591–622, hier S. 613 f.

36) Lex Burg. prima const. 8; zum *venalitatis crimen* s. §§ 2–7.

37) Eine Überschrift fehlt, jedenfalls ist die Vorderseite von Blatt 1 heute leer; das Kapitelverzeichnis auf der Rückseite von Blatt 1 beginnt jedoch: *Incipit capitla de Lege Romanae*; und auf Blatt 23 endet der Text mit den Worten *Explicit lex romana*, denen ein Titel angefügt ist, der nicht zu diesem Text gehört, siehe Ludwig Rudolf von Salis, Leges Burgundionum (MGH LL nat. Germ. II/1), Hannover 1892, Praefatio S. 12 Anm. 1 und Text S. 163.

38) Georges Chevrier/Georges Pieri, La loi romaine des Burgondes (Ius Romanum Medii Aevi I 2 b aa δ), Mailand 1969, S. 13 f. mit älterer Literatur; Hermann Nehlsen, Lex Romana Burgundionum, in: HRG 2 ([1]1978), Sp. 1927–1934, hier Sp. 1928; und Friederike Bauer-Gerland, Das Erbrecht der Lex Romana Burgundionum (Freiburger Rechtsgeschichtliche Abh. N. F. 23), Berlin 1995, S. 23.

39) Darauf hat schon von Salis (wie Anm. 37), S 11 f., aufmerksam gemacht und auf die sofort bei Anm. 47–54 verzeichneten Verben hingewiesen.

40) Im Einzelnen aufgezeigt bei von Salis (wie Anm. 37), S 12; Chevrier/Pieri, La loi romaine (wie Anm. 38), S. 23–29; Nehlsen (wie Anm. 38), Sp. 1928 f.; und zumal Bauer-Gerland (wie Anm. 38), S. 23, 172–174 und 191.

mannigfache Befehlsworte, sagt *iubemus*[41], *praecipimus*[42], *decernimus*[43], *volumus custodiri*[44], *adiecimus*[45], *sententiam diximus*[46] und ähnlich, lässt also den König selbst sprechen. Dergleichen fehlt in der ›Lex Romana‹ für Burgund. Die Verben, mit denen hier eine Norm verkündet wird, sind typisch für juristische Abhandlungen und Rechtsbücher: *sciendum*[47], *constat*[48], *superiore titulo comprehensum est quid qualiter iudices debeant observare*[49], *ex praecepto domini regis convenit observari*[50] und *ad praeceptionem domini regis* [...] *teneantur*[51]. Autoritär klingt *omnes agnuscant*[52] und *custodiant iudicantes*[53], aber nur leicht; berichtend heißt es: *dominus noster statuit observandum*[54]. Der gentile König ist also auch insoweit oberster Gesetzgeber, auch für die Romanen untereinander; für gemischte Streitigkeiten wird das eigens betont[55]. Aber aus seiner Autorität verkündet hat er den Text der ›Lex Romana‹ nicht, während er das bei der ›Lex Burgundionum‹ getan hatte. Und doch ist die Überlieferung der ›Lex Romana‹ der Burgunder eng mit derjenigen der ›Lex Burgundionum‹ und auch des Breviars verschränkt. *Lex* als Bezeichnung der burgundischen ›Lex Romana‹ bedeutet also nicht »vom Herrscher (zumindest) verkündetes, formelles Gesetz«, sondern allgemein »geltendes Recht«, hier das unter den (burgundischen) Römern – im Einverständnis mit dem Herrscher – geltende.

Die in dieser Kodifikation vereinigten Texte waren keine wörtlichen Exzerpte aus römischrechtlichen Rechtstexten. Vor allem galten sie nicht ausschließlich wie die des westgotischen Gegenstücks. Gewiss schloss, was darin bestimmt war, positive Geltung von anderslautenden römischrechtlichen Texten aus. Aber ergänzend galten nicht einbezogene römischrechtliche Texte sehr wohl. Für ausschließliche Geltung war die burgundische ›Lex Romana‹ zu schmal: sie umfasste nicht einmal ein Fünfzehntel der westgotischen ›Lex Romana‹; ihre Regelungen waren nur punktuell, sehr lückenhaft.

41) Lex Burg. 2, 7; 9; 11, 2; 14, 5; 18, 1 und 2; 24, 3; 66, 11; 29, 3; 35, 2; 36; 43, 3; 44, 2; 46, 1; 50, 1; 52, 3 und 5; 53, 2; 54, 1; 55, 1 und 4; 73, 1; 74, 1; 76, 1; 80, 1; 81, 2; 89, 2 und 4 und 6; 91; 92, 1 und 5 und 15 f.; 93; 97; 99, 1 f.; 100; 101, 1; 102, 1–3; 103, 6; 104; und const. extrav. 21, 7.
42) Lex Burg. prima const. 8–10; 2, 2; 8, 2; 24, 3; 27, 2; 28, 2; 38, 5 und 11; 40, 1; 48, 2; 49, 2; 52, 5; 54, 2; 56, 1; 89, 6; und 99, 2.
43) Lex Burg. 24, 3; 42, 1; 45; 47, 1; und 76, 1.
44) Lex Burg. 7, 1; 14, 1; 15, 1; 17, 4; 38, 3; und 76, 4.
45) Lex Burg. 51, 1 Abs. 1.
46) Lex Burg. 52, 2.
47) Lex Rom. Burg. 10, 9; 11, 2: 22, 3 und 5; 35, 5; 36, 2; 37, 6; und 38, 2.
48) Lex Rom. Burg. 17, 2; 22, 9; 31, 1; 36, 9; 43; und 45, 3.
49) Lex Rom. Burg. 31, 3.
50) Lex Rom. Burg. 2, 6 a. E.
51) Lex Rom. Burg. 30, 2.
52) Lex Rom. Burg. 40.
53) Lex Rom. Burg. 31, 1.
54) Lex Rom. Burg. 2, 5.
55) Lex Burg. prima const. 3: *Omnes itaque administrantes ac iudices secundum leges nostras* [...] *inter Burgundionem et Romanum* [...] *iudicare debebunt.*

Inhaltlich ging das burgundische Römergesetz mitunter eigene Wege. Zugrunde lagen dieselben römischrechtlichen Texte wie beim westgotischen Schwesterwerk[56], also vor allem der ›Codex Theodosianus‹ samt Novellen und – in viel geringerem Maße – die ›Institutionen des Gajus‹. Dazwischen stehen die ›pseudopaulinischen Sentenzen‹; da von Letzteren jedoch, im Gegensatz zu jenen Werken, nur ein kleiner Bruchteil erhalten ist, könnten sie stärker herangezogen worden sein als heute noch erkennbar. Und das gleiche gilt von den Codices ›Gregorianus‹ und ›Hermogenianus‹. Im Unterschied zum Breviar, das anscheinend nichts aus dem ›Codex Euricianus‹[57] übernahm, übernahm die burgundische ›Lex Romana‹ einiges aus der ›Lex Burgundionum‹[58] und weiteres aus dem westgotischen ›Codex Euricianus‹[59]. Sie formulierte die übernommenen Texte neu und änderte dabei manches auch inhaltlich[60]. So gelangte sie im Bürgschaftsrecht zu einem allgemeinen Rückgriffsanspruch des zahlenden Bürgen gegen den Hauptschuldner, unabhängig von einem besonderen Innenverhältnis zwischen Bürge und Hauptschuldner, worauf das römische Recht abgestellt hatte; diese Neuerung war offenbar von der noch weiter gehenden Regelung der ›Lex Burgundionum‹ beeinflusst[61]. Im Personenstandsrecht statuierte die ›Lex Romana‹ für Burgund erstmals das Prinzip der ärgeren Hand allgemein, wonach bei ungleichem Stand der Eltern das Kind stets den schlechteren Stand hat, unabhängig davon, ob die Mutter oder der Vater ihn hatte. Das betraf meist Sklavenstand, oft auch den eines Kolonen. Nach römischem Recht war diese Rechtsfolge bei freiem Stand der Mutter an mannigfache Bedingungen geknüpft[62]. Im Kaufrecht übernahm die burgundische ›Lex Romana‹ Regelungen des ›Codex Euricianus‹ und entwickelte sie selbständig fort[63].

Soweit seine Bestimmungen reichten, heischte das Rechtsbuch sonach von Anfang an Geltung, hat es nicht erst kraft Gewohnheit Geltung erlangt, als Gewohnheitsrecht.

56) Im Einzelnen von Salis (wie Anm. 37), S. 168–170; Chevrier/Pieri, La loi romaine (wie Anm. 38), S. 29–44; Bauer-Gerland (wie Anm. 38), S. 176–184, besonders 178 ff.; ferner Heinrich Brunner, Deutsche Rechtsgeschichte, Bd. 1, Leipzig ²1906, S. 505; und Liebs, Gallien (wie Anm. 7), S. 178.

57) Die gebräuchliche Bezeichnung als *codex* ist nicht korrekt; vielmehr nannte man die Kodifikation offenbar schlicht *edictum* (*Eurici*) *regis*, Liebs, Gallien, S. 158.

58) So geht Lex Rom. Burg. 34 auf Lex Burg. 83 zurück; vielleicht auch Lex Rom. Burg. 9, 2 auf Lex Burg. 12, 5, siehe Bauer-Gerland (wie Anm. 38), S. 176.

59) Brunner (wie Anm. 56); und Liebs, Gallien (wie Anm. 7), S. 178.

60) Ausführlich dazu Chevrier/Pieri, La loi romaine (wie Anm. 38), S. 44–53; und Bauer-Gerland (wie Anm. 38), S. 176–189.

61) Näher dazu Liebs, Gallien, S. 178 f.

62) Im *senatus consultum Claudianum*, ergänzt um Kaisergesetze des 4. und 5. Jh.; dazu Wulf Eckart Voss, Der Grundsatz der ärgeren Hand bei Sklaven, Kolonen und Hörigen, in: Römisches Recht in der europäischen Tradition. Symposion aus Anlaß des 75. Geburtstages von Franz Wieacker, hg. von Okko Behrends u. a., Ebelsbach 1985, S. 117–184, hier 167 und Anm. 237; und Kyle Harper, The SC Claudianum in the Codex Theodosianus: Social history and legal texts, in: Classical Quarterly 60 (2010), S. 610–38.

63) Näher dazu Liebs, Gallien (wie Anm. 7), S. 177 f.

Vielleicht kann man sich den Hergang so vorstellen, dass der burgundische König einem oder auch mehreren vertrauenswürdigen Repräsentanten der römischen Rechtsgemeinschaft in seinem Reich den versprochenen Leitfaden für ihre Gemeinschaft herzustellen überließ und auf eine formelle Sanktionierung des Ergebnisses verzichtete. Der Repräsentant formulierte dann die Normen wie in einem Rechtsbuch, wobei er sich mit seiner Gemeinschaft abgestimmt, auch konsensuale Elemente eine Rolle gespielt haben mögen.

Die primäre ›Lex Burgundionum‹ sagt dagegen immer wieder, die Rechtssetzung des Königs sei in Abstimmung mit Vertretern der Rechtsgemeinschaft der Burgunder zustande gekommen[64]. So ist wie gesagt von einem *conventus Burgundionum* die Rede, der in Ambérieux bei Lyon tagte und vor dem der König die umfangreiche jüngste Novelle 21 vor allem zu Personenstandsfragen einrichtete (*instituit*)[65]. Es war wohl der letzte burgundische König, Godomar (523–34), der die Novelle also nicht nur verkündete, sondern zumindest insofern auch billigen ließ, als der »Umstand«[66] hätte protestieren können. Der König sagt auch, er habe die Regelung vorher mit seinen Großen beraten (*habito nunc cum comitibus nostris tractatu*). Im selben Ambérieux hatte König Gundobad am 3. September 501 *in colloquio* eine erbrechtliche Bestimmung erlassen, die in die ›Lex Burgundionum‹ einging[67]. Und in einer jüngeren Bestimmung fungiert die Volksversammlung als Zeuge einer entehrenden Strafe[68]. *Consensu omnium* statuierte der burgundische König, wie er sagt, eine Frist zur Beschleunigung der Prozesse[69]. Und seinen Kodifikationsplan habe er, sagt Gundobad, vor seinen Großen bedacht (*coram positis obtimatibus nostris universa pensavimus*) und ihren Rat eingeholt (*eorum sententiam* [...] *sumpsimus*)[70]. Ebenso habe er mit ihnen zwei erbrechtliche Reformen und seine Novelle zum Schadensersatz für Tierschäden beratschlagt (*cum obtimatibus populi nostri inpensius de causa* und *adtentius universa tractantes advertimus* beziehungsweise *cum obtimatibus nostris de re inpensius pertractantes iustum esse perspeximus*)[71]. Kurz danach nennt er als seine Ratgeber bei der Kodifikation seine Grafen und Vornehmen (*habito consilio comitum et procerum nostrorum*)[72]. Am Ende haben 31 Grafen (*comites*) das *communi omnium voluntate* niedergeschriebene Gesetzbuch unterzeichnet und bekräftigt, das auch

64) Alfred von HALBAN, Das römische Recht in den germanischen Volksstaaten, Bd. 1, Breslau 1899, S. 278 und 281 f., schätzt das wirkliche Gewicht dieser Beteiligung sehr gering ein.

65) Lex Burg. const. extravag. 21.

66) So von HALBAN, Das röm. Recht (wie Anm. 64), S. 278 unten.

67) Lex Burg. 42.

68) Lex Burg. 97: Der Dieb eines Windspiels, Spür- oder Hetzhundes soll *in conventu coram omni populo* dessen Hinterteil küssen oder dem Bestohlenen sieben Goldstücke zahlen.

69) Lex Burg. 81, 1.

70) Lex Burg. prima const. pr.

71) Lex Burg. 53, 1; 74, 1 Abs. 1; und const. extrav. 18, 1.

72) Lex Burg. prima const. 2.

von späteren Generationen als ewige Vereinbarung (*perpetua pactio*) beachtet werden sollte[73].

III. Die Lex Romana unter den fränkischen Königen

Die fränkischen Könige kümmerten sich zunächst kaum um das Recht ihrer Römer. Soweit Römer unter ihre Herrschaft gelangt waren, sollten sie ihre Geschäfte weiterhin nach ihrem bisherigen, römischem Provinzialrecht abwickeln: *Inter Romanus negutia causarum romanis legebus praecepemus terminari* sagt König Chlothar lapidar[74]; und es ist weder ersichtlich noch auch nur wahrscheinlich, dass unter den Franken jemals etwas anderes galt, wie etwa Stefan Esders annimmt[75]. Römer als Richter können die ›Lex Salica‹, die ohnehin nur einen Teil der Lebenswirklichkeit einer rechtlichen Regelung unterwarf, auf Streitigkeiten unter Römern kaum angewandt haben; und noch weniger fränkisches Gewohnheitsrecht.

Umstritten ist, ob mit jenem Chlothar der Erste im frühen bis mittleren 6. oder der Zweite im frühen 7. Jahrhundert gemeint ist; und auch, ob die genannte Bestimmung nur für Frankoburgund oder für das ganze Frankenreich erlassen wurde und vor allem galt[76]. Jedenfalls formuliert der fränkische König hier enger als seinerzeit Gundobad: er nennt nur das eigentliche Privatrecht, offenbar einschließlich Familien- und Erbrecht; nicht erfasst sind Straf-, Verwaltungs-, Kirchen- und Staatsrecht. Ebenso wenig verheißt er, dass sich auch ein fränkischer König um das unter seinen Römern anzuwendende Recht bemühen würde. Das bedeutete doch wohl, dass es insoweit beim bisherigen Rechtszustand bewendete. Mit dieser Bestimmung wurde nichts Neues eingeführt, schon gar keine grundsätzliche Neuorientierung, die zudem nur für Frankoburgund hätte gelten sollen. Konkrete Anordnungen der fränkischen Könige gingen, wenn sie Geltung auch gegen-

73) Lex Burg. prima const. 14: *Constitutiones nostras placuit etiam adiecta comitum subscriptione firmari, ut definitio, quae ex tractatu nostro et communi omnium voluntate conscripta est etiam per posteros custodita perpetuae pactionis teneat firmitatem.*

74) Chlotharii praeceptio 4, in: Capitularia regum Francorum (MGH Legum sectio 2), Bd. 1, hg. von Alfred Boretius, Hannover 1883, S. 19 Z. 3; und Stefan Esders, Römische Rechtstradition und merowingisches Königtum. Zum Rechtscharakter politischer Herrschaft in Burgund im 6. und 7. Jh. (Veröffentlichungen des Max-Planck-Insitituts für Geschichte 135), Göttingen 1997, S. 82; Kommentar S. 157–169.

75) Esders, Rechtstradition, S. 157: nach der ›Lex Salica‹ seien Fremde, also auch die unterworfenen Römer zunächst dem salfränkischen Recht unterworfen gewesen, was er jedoch nicht belegt. In Lex Rib. 35 (31), 3 f., ist das Personalitätsprinzip für die Angehörigen der verschiedenen germanischen Stämme festgehalten; und in Markulfs Formelsammlung sind die Romanen selbstverständlich eine weitere Rechtsgemeinschaft: I 8.

76) Siehe Liebs, Gallien (wie Anm. 7), S. 76 und Anm. 259. Esders, Rechtstradition (wie Anm. 74), S. 88–93, beschränkt das Geltungsgebiet der Bestimmung wie der ganzen *praeceptio* auf Frankoburgund. – Der Sohn Chlothars II., Dagobert I., erließ um die Mitte der 630er Jahre die ›Lex Ribuaria‹, wo es in Kap. 61 (58), 1, bekanntlich heißt [...] *secundum legem Romanam, quam ecclesia vivit,* [...].

über den Römern heischten, römischem Provinzialrecht selbstverständlich ebenso vor wie bei Gundobad die burgundischen; im Frankenreich zudem vom König sanktionierte Konzilsbeschlüsse, worauf mich Sebastian SCHOLZ hinweist.

Studieren konnte man römisches Recht in der Spätantike auch in Narbonne, auch noch unter westgotischer Herrschaft, so in den 460er Jahren bei dem späteren Minister Eurichs, Leo von Narbonne[77]. Auch in Lyon konnte man noch in burgundischer Zeit römisches Recht studieren, etwa um 470 n. Chr. bei Syagrius[78]; auch noch unter fränkischer Herrschaft: im nicht allzu späten 8. Jahrhundert bei Walbert *levita*, dem Autor der ›Epitome Parisina‹ nach naheliegender Interpretation eines späteren Vermerks in deren einziger Handschrift[79]. Die Verbindung mit Rom, der Hauptstadt des römischen Rechts, bis ins 6. Jahrhundert und darüber hinaus Hauptstudienort für Jura im Westen, war im 6. Jahrhundert zwar zeitweise gestört, aber nie wirklich abgeschnitten, auch nicht, nachdem Italien byzantinisch und später zum Teil langobardisch geworden war; Handels- und kulturelle Beziehungen des fränkisch gewordenen Gallien, zumal des fränkischen Burgund und der Provence zu Italien und zumal Rom gab es immer, wenn ihre Intensität auch schwankte[80]. Sogar die justinianische Kodifikation des römischen Rechts gelangte zumindest in Teilen wenigstens nach Frankoburgund, vor allem Justinians ›Novellen‹ mit viel Kirchenrecht, das oft die Kirche begünstigte, rezipiert in der Form der ›Epitome Iuliani‹[81], einer lateinischen Kurzfassung der justinianischen Novellen. Hauptsächliche Textgrundlage des römischen Rechts im frühmittelalterlichen Gallien war allerdings die westgotische Kodifikation, nicht nur in den ehemals westgotischen Gebieten, wo sie seinerzeit auch formell in Geltung gesetzt worden war. Sogar das westgotische Einführungsgesetz wurde in den fränkischen Handschriften meist mitgeführt mitsamt seiner Androhung schwerer Strafen für den Fall, dass breviarfremde römischrechtliche Texte angewandt würden. Das hinderte die Abschreiber des Breviars jedenfalls im 9. und 10. Jahrhundert jedoch nicht daran, ihren Text um immer mehr Stellen vor allem aus dem

77) Zu ihm LIEBS, Gallien (wie Anm. 7), S. 53–57. Zu Magnus von Narbonne, von Peter LANDAU, Die Lex Baiuvariorum. Entstehungszeit, Entstehungsort und Charakter von Bayerns ältester Rechts- und Geschichtsquelle (SB München 2004 Heft 3), München 2004, S. 41, zum juristischen Experten hochstilisiert, siehe Detlef LIEBS, Magnus von Narbonne, in: Liber amicorum Christoph Krampe zum 70. Geburtstag, hg. von Matthias ARMGARDT, Fabian KLINCK und Ingo REICHARDT (Freiburger Rechtsgeschichtliche Abh. N. F. 66), Berlin 2013, S. 239–249.

78) LIEBS, Gallien (wie Anm. 7), S. 57–59.

79) LIEBS, Gallien (wie Anm. 7), S. 93, 113 und 254–265; und DERS., Römischrechtliche Glut für ein Bischofsgericht in Burgund. Die Epitome Parisina der Lex Romana Visigothorum, in: AARC 16 (2007), S. 63–83.

80) Wie etwa Felix von Marseille zeigt, zu ihm LIEBS, Gallien (wie Anm. 7), S. 67–70; oder Venantius Fortunatus, Mauriz SCHUSTER, Venantius 18, in: Paulys Realencyclopädie (wie Anm. 23) 8 A, 1 (1955), Sp. 677–695; und Reinhart HERZOG, Venantius, in: Der Kleine Pauly 5 (1975), Sp. 1162 f.

81) LIEBS, Gallien (wie Anm. 7), S. 102; außerdem der Codex Justinianus, siehe S. 101 f.; Justinians Institutionen und sogar seine Digesten, S. 108.

vollständigen ›Codex Theodosianus‹, auch den vollständigen Paulussentenzen zu ergänzen.

Unterrichtet wurde römisches Recht unter den Franken wie schon im Westgotenreich an Hand des Breviars, auch in Frankoburgund, der Heimat der schmalen burgundischen ›Lex Romana‹; sie eignete sich dafür ihres geringen Umfangs wegen weniger. So hatte Gregor von Tours um 580 n. Chr. für Unterricht im römischen Recht das Studium der ›Lex Theodosiana‹ vor Augen[82], womit er das Breviar meinte; ganz ebenso wie der Biograf des Heiligen Bonitus im frühen 8. Jahrhundert mit ›*Theodosii edoctus decretis*‹ Rechtsunterricht an Hand des Breviars in den 650er Jahren meinte[83]. Für die Zeit grob um 600 bezeugt die Wolfenbütteler Epitome des Breviars Rechtsunterricht, vielleicht in Lyon; für das frühere 8. Jahrhundert die ›Epitome Aegidii‹ in Mittel- oder Südgallien; für das mittlere 8. Jahrhundert in Chur die ›Lex Romana Curiensis‹[84]; schließlich für das 8. Jahrhundert in Burgund wie gesagt die ›Epitome Parisina‹, entstanden unter kirchlicher Regie.

Vor allem die praktische Geltung des Breviars ist gut bezeugt[85]. Zu nennen sind etwa die fränkischen Testamente des 6. bis 8. Jahrhunderts[86]; sodann die Formelsammlungen[87], auch grundsätzlich fränkischrechtliche wie die von Markulf[88]; schließlich spätere Kleriker wie Regino von Prüm oder Burchard von Worms[89]. Der leichteren Handhabung dienten die ›Lyoner Parafrasen‹ am Anfang der einzelnen Titel des Breviars aus dem 6. Jahrhundert, die ›Lyoner Summen‹ am Anfang der einzelnen Bücher des Breviars noch aus dem 6. Jahrhundert[90] und die ›Explanationes titulorum‹ aus dem späteren 6. bis 7. Jahrhundert[91]. Auch die summierende ›Epitome monachi‹ aus dem 8. Jahrhundert, wohl Burgund, war offenbar auf leichtere praktische Handhabung des Breviars bedacht, vermutlich vor allem in der bischöflichen Gerichtsbarkeit[92]; und die schon genannte,

82) Gregor von Tours, Historiae 4, 46 Anfang, und dazu LIEBS, Gallien, S. 68.

83) Vita Boniti, c. 2, und dazu HÄNEL, Lex Romana (wie Anm. 9), S. XCI mit älterer Literatur; und LIEBS, Gallien (wie Anm. 7), S. 91.

84) LIEBS, Gallien (wie Anm. 7), S. 202–9 und 221–35. Skeptisch bezüglich der ›Lex Romana Curiensis‹ Harald SIEMS, Zur Lex Romana Curiensis, in: Schrift, Schriftgebrauch und Textsorten im frühma. Churrätien, hg. von Heidi EISENHUT, Karin FUCHS, Martin Hannes GRAF und Hannes STEINER, Basel 2008, S. 109–136, hier 113 und 120; Theorie traut er dem Autor aber zu, siehe S. 133–135 zu *convenientia.*

85) Alfred von WRETSCHKO, De usu Breviarii Alariciani forensi et scholastico per Hispaniam Galliam Italiam regionesque vicinas, in: MOMMSEN, Theodosiani (wie Anm. 13), Bd. 1, S. CCCVII–CCCLXXVII.

86) Dazu LIEBS, Gallien (wie Anm. 7), S. 280–282.

87) LIEBS, Gallien (wie Anm. 7), S. 191–296 und 235–249; und DERS., ZRG Rom. 129 (2012) 801 f.

88) LIEBS, Gallien (wie Anm. 7), S. 199–201.

89) Nachweise bei Dafydd WALTERS, From Benedict to Gratian: the Code in Medieval Ecclesiastical Authors, in: The Theodosian Code, hg. von Jill HARRIES und Ian WOOD, London 1993, S. 200–216, hier 204–208.

90) Zu beiden Texten LIEBS, Gallien wie Anm. 7), S. 184–190.

91) LIEBS, Gallien (wie Anm. 7), S. 183 f.

92) LIEBS, Gallien (wie Anm. 7), S. 249–254.

gleichfalls summierende ›Epitome Parisina‹ war zwar aus Rechtsunterricht hervorgegangen, sollte aber wohl zugleich ebenfalls der bischöflichen Gerichtspraxis in Burgund dienen, nicht anders als die auswählenden Breviarepitomen der Handschrift des Vandalgarius aus dem Jahr 793, wohl Westschweiz, und derjenigen von Clermont-Ferrand, um 900 n. Chr. südlich der Loire entstanden[93].

Das Geltungsgebiet der westgotischen Kodifikation schrumpfte also nicht etwa im gleichen Maße wie das Reich ihres Gesetzgebers, sondern dehnte sich im Gegenteil mit dem Frankenreich aus, wobei die von den Westgoten verfügte Beschränkung auf ihre Textauswahl zwar mitüberliefert, aber nicht beachtet wurde. Der formelle Gesetzgeber im nicht mehr gotischen Gallien und weiter östlich, die Frankenkönige, hatte zu all dem keinen Finger gerührt. Er überließ es ganz seinen Römern, selber und allein zu entscheiden, auf welche Texte sie sich für ihr römisches Recht berufen wollten. Die von Alarichs II. Helfern geleistete Zusammenfassung des römischen Rechts erwies sich als so praktisch, dass sie zur Grundlage genommen wurde. Doch gab das Breviar nur den Grundstock ab. Die Franken ließen der römischen Rechtsgemeinschaft freie Hand, diesen Grundstock aus außerdem noch zugänglichen Texten zu erweitern. Und die Romanen waren – oft unter kirchlicher Führung – so frei, ihre Textgrundlage maßvoll zu erweitern: aus dem vollständigen ›Codex Theodosianus‹ beziehungsweise Auszügen daraus vor allem mit weiteren kirchenrechtlichen Gesetzen der römischen Kaiser, außerdem aus den vollständigen Paulussentenzen und geringfügig den vollständigen Codices ›Gregorianus‹ und ›Hermogenianus‹[94]. Man ging auch über den Kreis der im Breviar repräsentierten Werke hinaus und bezog zum Beispiel die ›Sirmondschen Konstitutionen‹ ein, eine eigene Sammlung kirchenrechtlicher Gesetze römischer Kaiser des 4. und frühen 5. Jahrhunderts[95]; ferner Justinians ›Novellen‹ in jener lateinischen Kurzfassung[96],Teile des ›Codex Justinianus‹[97] und die ›Lex Dei‹ oder ›Collatio legum Mosaicarum et Romanarum‹[98].

Aber Karl der Große scheint sich mit der Geltung des Breviars befasst zu haben[99]. Jacques CUJAS und noch Gustav HÄNEL haben in ihren Ausgaben des ›commonitorium,

93) Oben Anm. 11 Ende und 14; David GANZ hat mir dankenswerterweise mündlich und brieflich mitgeteilt (Juli 2013), dass die Vandalgarius-Handschrift nicht in Lyon entstanden sein könne, wie oft, auch von mir, bisher angenommen.

94) Nachweise bei LIEBS, Gallien (wie Anm. 7), S. 98 mit Anm. 26–30; 99 mit Anm. 39; und 100 mit Anm. 42 und 47.

95) LIEBS, Gallien (wie Anm. 7), S. 119. Neue Ausgabe mit französischer Übersetzung: Elisabeth MAGNOU-MORTIER, Autour des Constitutions Sirmondiennes: introduction, texte latin, traduction française, in: Traditio iuris (wie Anm. 8), 137–197; siehe auch Olivier HUCK, Antiquité Tardive 11 (2003), S. 196–199.

96) LIEBS, Gallien (wie Anm. 7), S. 102.

97) LIEBS, Gallien (wie Anm. 7), S. 101 f.

98) Zu deren Vermittlung über Gallien Robert M. FRAKES, Compiling the Collatio legum Mosaicarum et Romanarum in Late Antiquity, Oxford 2011, S. 38–51.

99) SIEMS, Rückwirkungsverbote (wie Anm. 35), S. 610–622 (zusammenfassend 620 ff.), hat an einem konkreten Beispiel gezeigt, wie die Rechtssetzung bei den Franken über Jahrhunderte auf einem wesentlich

also des Einführungsgesetzes zum Breviar, dem abschließenden Vermerk Alarichs: *Recognovimus. Data sub die IIII*[100] *nonas Februarias anno XXII*[101] *Alarici regis* (2. Februar 506) *Tolosae* hinzugefügt: *Et iterum anno XX regnante Karolo, rege Francorum et Langobardorum et patricio Romanorum*[102]. Danach hätte Karl in seinem 20. Regierungsjahr, also zwischen dem 9. Oktober 787 und dem 8. Oktober 788 das Breviar noch einmal erlassen oder doch sanktioniert. Allerdings ist das in keiner heute zugänglichen Handschrift zu verifizieren; auch CUJAS erwähnt keine bestimmte Handschrift[103]. SAVIGNY meinte aus inhaltlichen Gründen: »Sehr wahrscheinlich rührt die ganze Bemerkung lediglich von dem Abschreiber her, der dabey keine andere Absicht gehabt hat, als die Zeit seiner Abschrift zu bezeichnen«.[104] Aber seine Argumente gegen eine späte Autorisierung des Breviars durch Karl überzeugen ebenso wenig wie die zu seiner Abschreiberhypothese angeführte Parallele seine Ansicht wirklich stützt[105]. Jedenfalls hat die Annahme einiges für sich, dass CUJAS das Karls-Datum nicht ohne handschriftliche Grundlage in seine Ausgabe des commonitorium aufgenommen hätte.

Noch eine weitere Äußerung über eine Legalisierung des Breviars – beziehungsweise einer Fassung davon – durch Karl ist erhalten: eine Randglosse in einem ungewöhnlich reichhaltigen Sammelwerk kanonistischer, königlicher und einiger weniger römischrechtlicher Rechtstexte, das am Ende des 9. Jahrhunderts in Reims entstand, die Glosse also noch später. Sie steht neben der Überschrift eines dort gegen Ende einbezogenen, allerdings lediglich neun Seiten füllenden Auszugs aus der ›Epitome Aegidii‹ des Breviars. Die Überschrift lautet: *INCIPIUNT TITULI LEGUM EX CORPORE THEODO-*

schlichteren Niveau verharrte als bei Westgoten und Langobarden; und dass erst Karl dieses Niveau hob. Allgemein zu Karls Bevorzugung des geschriebenen Rechts Matthew INNES, Charlemagne, justice and written law, in: Law, Custom (wie Anm. 2), S. 155–203.

100) Die Hs. Paris BN lat. 4404, Blatt 3r: *III.*

101) Die Hss. Paris BN lat. 4405 und 16001: *XX.*

102) CUJAS in seiner Ausgabe des *Theodosianus* im Rahmen seiner Συναγωγή veterum Juris conditorum, hoc est, Codex Theodosianus, cum Novellis, usw., erstmals Lyon 1566, in den späteren beibehalten, abgedruckt auch bei Antonio MARVILLIUS, Prolegomena ad Codicem Theodosianum 5, 9, in: Jacques GODEFROY, Codex Theodosianus in sex tomos divisus, hg. von Johann Daniel RITTER, Leipzig 1726, Bd. 1, S. CCXXIV; und HÄNEL, Lex Romana (wie Anm. 9), S. 4; von MOMMSEN, Theodosiani (wie Anm. 13), Bd. 1, S. XXXIV, nur im kritischen Apparat angeführt. – Den Titel *patricius Romanorum* führte Karl seit seinem ersten Rombesuch 774 bis zu seiner Kaiserkrönung, siehe etwa Josef DEÉR, Zum Patricius-Romanorum-Titel Karls des Großen, in: Zum Kaisertum Karls des Großen, hg. von Gunther WOLF, Darmstadt 1972, S. 240–308 (zuerst 1965), besonders 241 und 279 f.

103) HÄNEL, Lex Romana (wie Anm. 9), S. XXII Anm. 104. SAVIGNY, Geschichte 2 (wie Anm. 22), S. 37 f. Anm. b, 41 und 164 f. mit Anm. a, und noch HÄNEL, Lex Romana S. 4 Anm. d am Ende, hatten angenommen, Cujas habe den Satz einer verlorenen Hs. von Ranconnet entnommen; in seinen später verfassten Prolegomena S. XXII vermutet HÄNEL dagegen, Cujas habe das einer verlorenen Hs. von Pithou entnommen.

104) SAVIGNY, Geschichte 2 (wie Anm. 22), S. 165.

105) HÄNEL, Lex Romana Visigothorum (wie Anm. 9), S. XXIII und S. 4 Anm. d Ende.

SIANI BREVITER SUCCINCTI; und die Randglosse: *Haec capitula a Karolo primo et pipino filio eius inter leges francorum recepta et posita sunt*[106]. Zur Datierung dieser Randbemerkung sind mir keine Äußerungen bekannt, doch erinnert sie fatal an die spätmittelalterlichen Legenden einer Autorisierung hochmittelalterlicher Rechtsbücher wie dem Sachsenspiegel durch Karl[107]. Ebenso offensichtlich unsinnig ist sie allerdings nicht[108]. Trotzdem könnte ihre Aussage, worauf Christoph H. F. MEYER hinweist, lediglich eine spätere Rationalisierung des vorgefundenen Rechtszustands darstellen. Der 777 geborene dritte Sohn Karls des Großen, Karlmann, wurde am 14. April 781 vom Papst auf den Namen Pippin getauft und zwei Tage später zum König von Italien gekrönt, sein jüngerer Bruder Ludwig zum König von Aquitanien, während der etwa fünf Jahre ältere Bruder, Karl der Jüngere, insoweit unberücksichtigt blieb. Er stand seinem Vater zur Seite, kämpfte auch gemeinsam mit ihm, offenbar weil er zum Haupterben ausersehen war[109]; zum König von Neustrien bestimmt wurde er allerdings erst 788, gesalbt und gekrönt gar erst am 25. Dezember 800. Das würde hinreichend erklären, warum er in der Glosse fehlt. Am 8. Juli 810 starb Pippin (und Karl der Jüngere am 4. Dezember 811). Danach müsste dieser römischrechtliche Text zwischen April 781 und Juli 810 unter die fränkischen Rechtsquellen aufgenommen worden sein. Befremdlich ist allerdings, dass neben Karl selbst nur ausgerechnet Pippin genannt ist, der für Italien eingesetzt war, wo das Breviar schwerlich angewandt wurde, vielmehr die justinianische Kodifikation fortgalt. Dagegen galt das Breviar in Ludwigs Königreich, der gerade nicht genannt ist. Von Karl dem Großen ist als *Karolo primo* die Rede, weshalb die Glosse erst formuliert worden sein kann, als es mit Karl dem Kahlen, seit 840 König Westfrankens und 875 römischer Kaiser, auch einen Karl II. gab.

Haben die beiden fränkischen Könige aber wirklich nur jene 47 summierten Breviartitel[110] ins fränkische Recht zu rezipieren und einzustellen verfügt? Hinter der Aussage der Glosse könnte auch mehr stecken, nämlich eben das, was in jenem zweiten Datum

106) Mailand, Bibl. Ambrosiana A. 46 inf., S. 152^{r}, abgedruckt bei MORDEK, Bibliotheca (wie Anm. 9), S. 238, S. 233 zum Charakter der Hs., S. 233–239 zu ihrem Inhalt. Zur Datierung der Randglosse äußert er sich nicht, zieht aber ebenso wenig wie die S. 238 zitierten Max CONRAT und Ernst MEYER eine bloße Legende in Betracht, wie sie im 13. Jh. zum Sachsenspiegel entstand.

107) Dazu Heinrich SIEGEL, Die deutschen Rechtsbücher und die Kaiser Karls-Sage, Wien 1899, besonders S. 2–20; Winfried TRUSEN, Die Rechtsspiegel und das Kaiserrecht, ZRG Germ. 102 (1985), S. 12–59, hier 28 f.; und JANSEN, The Making (wie Anm. 2), S. 26 f.

108) Für glaubwürdig halten sie Max CONRAT, Geschichte der Quellen und Literatur des römischen Rechts im früheren MA, Leipzig 1891, S. 44 f.; Ernst MEYER, Zur Entstehung der lex Utinensis, in: MIÖG 26 (1905), S. 1–44, hier 43 f.; und MORDEK, Bibliotheca (wie Anm. 9), S. 238.

109) Siehe etwa Rudolf SCHIEFFER, Die Karolinger, Stuttgart ^{4}2006, S. 81, in welchem Buch auch die anderen hier interessierenden karolingischen Daten nachzulesen sind.

110) Im Einzelnen verzeichnet von CONRAT, Geschichte (wie Anm. 108), S. 227 und Anm. 2.

stand[111]. Beide Angaben passen zu Karls Bemühungen um Sicherung der geltenden Rechtstexte der verschiedenen Stämme und Rechtsgemeinschaften in seinem Reich. Diese Bemühungen sind auch den aus dem späten 8. und frühen 9. Jahrhundert erhaltenen Rechtshandschriften zu entnehmen, insbesondere einem Prachtcodex aus Tours vom Anfang des 9. Jahrhunderts mit Breviar, ›Lex Salica‹, ›Lex Alamannorum‹, ›Lex Ribuaria‹ und vielen Kapitularien[112]. Und zeitlich widerspräche die Aussage nicht der durch CUJAS überlieferten Datierung ins Regierungsjahr 787/88 n. Chr.

801 verkündete Karl der Große, mittlerweile römischer Kaiser, er habe den in Italien lebenden Romanen und Langobarden nach dem vor Gericht vorgetragenen römischen beziehungsweise langobardischen Recht Recht gesprochen[113], wobei als römisches sicherlich das justinianische vorgetragen wurde. Und ebenso hat er im selben Jahr oder wenig später einem gallischen *missus* auf dessen Anfrage hin den Bescheid gegeben, er möge in der ›Romana lex‹ nachschlagen und danach vorgehen, was er dort geschrieben finde[114]. Damit muss er in Gallien verbreitete römisch-rechtliche Texte gemeint haben; das aber war hauptsächlich das Breviar beziehungsweise eine aktualisierende Kurzfassung[115]. In einem kirchenrechtlichen Kapitular aus Aachen, gleichfalls aus dem frühen 9. Jahrhundert führt Karl dessen einzelne Kapitel zurück auf ›Lex Salica‹, ›Lex Romana‹ und ›Lex Gombata‹, also ›*Gundobada*‹[116], wenn inhaltlich auch mit zweifelhaftem

111) So CONRAT, Geschichte (wie Anm. 108), S. 228, allerdings »zu Aachen i. J. 802« (S. 45), während MEYER, Utinensis (wie Anm. 108), an einen Italienaufenthalt Karls denkt.

112) Paris BN lat. 4404, und dazu MORDEK, Bibliotheca (wie Anm. 9), S. 456–463; ferner aus Ludwigs des Frommen Leges-Skriptorium in Tours: Warschau, Bibl. Uniwersytecka 1 mit Breviar, *Lex Salica, decretio Childeberti II*, Formeln von Tours, Isidor und Kanonistischem; Montpellier, Bibl. interuniversitaire, Médic. H 136 aus dem frühen 9. Jh. mit Breviar, burgundischer *Lex Romana*, *Lex Salica* und vielen Kapitularien. Schon die Vandalgarius-Hs. von 793 mit auswählender Breviarepitome, *Generationes Iesu Christi*, *Lex Salica*, *Regna vel tempora* bis Pippin d. J. 768 und *Lex Alamannorum* (wie Anm. 13) könnte diesen Bemühungen zu verdanken sein, insofern sie auf Kosten inhaltlicher Richtigkeit hastig niedergeschrieben wurde, vielleicht weil sie bei einem offiziellen Termin präsentiert werden sollte.

113) Capitulare Italicum pr.: *pleraque* (sc. *ante conspectum nostrum quaestiones tam de ecclesiasticis quam publicis ac privatis rebus*) *statim recitata ex Romana seu Langobardica lege competenti sententia terminata sunt*, in: Capitularia 1 (wie Anm. 74), S. 204, Z. 33–35.

114) Responsa misso cuidam data (zwischen 801 und 814), Kap. 2: *Lege Romanam legem, et sicut ibi inveneris exinde facias; si autem ad Salicam pertinet legem* [...], in: Capitularia 1 (wie Anm. 74), S. 145, Z. 15–17.

115) Übersicht über die in Gallien bis zum 9. Jh., wenn auch oft nur regional und nur ausnahmsweise die ganze Zeit hindurch verfügbaren römischrechtlichen Texte bei LIEBS, Gallien (wie Anm. 7), S. 95–268; weitere, allerdings nicht nur für Gallien, bei Wolfgang KAISER, Die Epitome Iuliani. Beiträge zum römischen Recht im frühen MA und zum byzantinischen Rechtsunterricht (Studien zur europäischen Rechtsgeschichte 175), Frankfurt am Main 2004, passim.

116) Capitulare Aquisgranense (zwischen 801 und 813), pr.: *Karolus serenissimus imperator augustus, a Deo coronatus, magnus et pacificus, cum episcopis, abbatibus, comitibus, ducibus omnibusque fidelibus christianae ecclesiae cum consensu consilioque constituit ex lege Salica, Romana atque Gombata capitula ista in palatio Aquis, ut unusquisque fidelis iustitias ita faceret*, in: Capitularia 1 (wie Anm. 74), S. 170, Z. 28–31.

Recht[117]. Karl berief sich also auch für das Frankenreich auf das römische Recht, das dort hauptsächlich im Breviar und seinen Ableitungen verkörpert war, ebenso wie auf die germanischen Kodifikationen. Die Forschung nach SAVIGNY nimmt die Nachrichten über Karls offizielle Befassung auch mit dem Breviar mittlerweile ernst[118].

* * *

Zusammenfassend lässt sich nach dem Grad abstufen, in dem die drei germanischen Herrschaften den im römischen Reich angetroffenen Absolutismus der spätrömischen Kaiser bei der Rechtssetzung übernahmen. Die Westgoten gerieten als erstes germanisches Volk in intensiven rechtlichen Kontakt mit dem Reich. Ihr König hat zwar von Rom die Rolle des zentralen Gesetzgebers übernommen, dabei aber seine Großen einbezogen, und zwar in wesentlich stärkerem Maße als im römischen Reich, auch im weströmischen mit dem altehrwürdigen Senat von Rom; und auch – was sich wegen der Mehrzahl der Rechtsgemeinschaften in seinem Reich zumal empfahl – eine Vertretung der römischen Gemeinschaft, als er deren Recht kodifizierte. Über Einbeziehung seiner Goten, die hauptsächlichen Adressaten des ›Codex Euricianus‹, gibt es zwar keine Überlieferung, doch möchte man hier erst recht annehmen, dass ihre Vertreter dazu gehört wurden.

Bei den Burgundern nennt die Überlieferung zur Rechtssetzung ihrer Könige für das eigene Volk mannigfache Beteiligungen der Rechtsgenossen. Seinen Römern versprach der König eine Zusammenfassung und Setzung ihres Rechts, legte dazu jedoch nicht selbst Hand an, sondern überließ das einem der Ihren, einem Einzelnen oder einem Gremium; allerdings war klar, dass der germanische König auch ihr oberster Gesetzgeber war und bleiben würde[119].

Die fränkischen Könige schließlich kümmerten sich um das unter ihren vielen Romanen geltende Recht zunächst kaum. Das dort bisher geltende westgotische Breviar galt

117) Das ist jedoch kein taugliches Argument, um die Verbindung der Worte mit den folgenden Kapiteln für ein Abschreiberversehen zu erklären und sie auf verlorene Kapitel zu beziehen, wie BRUNNER, Rechtsgeschichte 1 (wie Anm. 56), S. 546 Anm. 27 ([1]1887: 379 Anm. 17), aus diesem und einem zweiten, ebenso wenig überzeugenden Grund annahm; noch luftiger die weiter gehenden Hypothesen von CONRAT, Geschichte (wie Anm. 108), S. 44 f. Auf beide Annahmen kommt es in diesem Zusammenhang allerdings nicht an.

118) So weit zutreffend CONRAT, Geschichte (wie Anm. 108), S. 44 f. und 226–28; siehe ferner etwa MOMMSEN, Theodosiani (wie Anm. 13), Bd. 1, S. XXXVII; Alfred von WRETSCHKO, ebd. S. CCCXIIIf.; MEYER, Utinensis (wie Anm. 108), S. 43 f.; SIEMS, Lex Romana Visig. (wie Anm. 9), Sp. 1946; und MORDEK, Bibliotheca (wie Anm. 9), S. 238; siehe auch BRUNNER, Rechtsgeschichte 1 (wie Anm. 56), S. 515 Anm. 20.

119) Zur Prägekraft der römischen Rechtstradition noch unter burgundischer Herrschaft siehe jüngst etwa Peter HEATHER, Law and Society in the Burgundian Kingdom, in: Law, Custom (wie Anm. 2), S. 115–153.

unter ihnen fort, von Anfang an; es wurde auch auf Römer im Frankenreich angewandt, die nicht einstmals von den Westgoten beherrscht waren, und galt ohne die inhaltlichen Grenzen, welche die Goten verordnet hatten. Dabei schlichen sich allerdings mannigfach fränkisch-germanische Rechtsvorstellungen ein[120]. Karl der Große scheint sich 787/88 n. Chr. auch des Breviartexts angenommen zu haben, noch bevor er römischer Kaiser wurde.

Westgoten: Formelles Gesetz mit Einführungsgesetz, aber Mitwirkung von Repräsentanten

Burgunder: Kein formelles Gesetz, aber doch eigener Text im Einvernehmen mit dem König

Franken: Kein eigener Text; fremder spät vom König sanktioniert

Summary: Validity by consensus or by royal order? The Lex Romana under the Visigoths, Burgundians and Franks

The three gentile kingdoms adopted the Roman emperor's absolute sovereignty in the field of legislation to a varying degree.

The Visigoths were the first gentile group to establish legal relations with the empire. Their king indeed received the central law-giving authority from Rome, but he let his magnates participate in it, much more than the senate of Rome, even the time-honoured western Roman, had ever been allowed. Representatives of his Goths, the main addressees of ›Codex Euricianus‹, are supposed to have been heard, too, even though our sources are silent on this.

Wide participation in law-giving is also reported of the Burgundian subjects. The king promised his Romans the collection and validation of their law and committed this task to one of their fellow-citizens, an individual or a group. Nevertheless the Burgundian king remained supreme legislator for the Romans, too.

The kings of the Franks did not care about Roman law initially. ›Breviarium Alarici‹ was valid among them from the beginning, and it was applied – but not as exclusively as the Gothic kings had ordered – to the Romans living in the Frankish kingdom, also to those who had not been under Visigothic rule. During this process various »germanisms«,

120) Dazu etwa Liebs, Gallien (wie Anm. 7), passim (siehe das Sachregister, Stichwort ›Germanismen‹ [S. 329]); speziell zur Sklaverei aus Not ders., Sklaverei aus Not im germanisch-römischen Recht, in: ZRG Rom. 118 (2001), S. 286–311.

gentile notions, crept in. Charlemagne seems to have concerned himself with the Breviarium as well, even before he became emperor.

Visigoths: Formal law including an introductory law, but with the collaboration of representatives

Burgundians: No formal law, but in accordance with the king, a proper text

Franks: No proper text; alien text later recognized by the king

Das Westgotenreich: Misslingen »konsensualer« Herrschaft?

Wilfried Hartmann (Tübingen)

Vor einigen Jahren hat Bernd SCHNEIDMÜLLER den Begriff »konsensuale Herrschaft« geprägt[1], um bei der Beschreibung mittelalterlichen Herrschens von der einseitigen Fixierung auf die Königsherrschaft wegzukommen. Seine Beispiele für eine Mitregierung des Adels und die andauernde Bemühung des Königs, den Konsens mit dem Adel in sein Regierungshandeln einzubeziehen, entnahm er der Zeit vom ausgehenden 8. bis zum 13. Jahrhundert. An SCHNEIDMÜLLERS Ausführungen anknüpfend soll hier die Frage aufgeworfen werden, ob die »Konsensualität als Bauprinzip frühmittelalterlicher Ordnung«[2] auch schon vor dem 8. Jahrhundert, im Frankenreich der Merowinger oder im Toledanischen Reich der Westgoten, als Erklärung für die inneren Konflikte in diesen Reichen herangezogen werden kann.

* * *

Die Geschichte der Westgoten ist voll von Konflikten und Kämpfen zwischen den Königen und den Großen. Mehr als die Hälfte ihrer Könige wurde gestürzt und die meisten von diesen fanden ein gewaltsames Ende. Bald nachdem sich am Ende des 6. Jahrhunderts das katholische Christentum durchgesetzt hatte, wurden die gestürzten Könige nicht mehr umgebracht; der letzte ermordete König war Witterich († 610)[3]. Aber die Thron-

1) Bernd SCHNEIDMÜLLER, Konsensuale Herrschaft. Ein Essay über Formen und Konzepte politischer Ordnung im Mittelalter, in: Reich, Regionen und Europa in Mittelalter und Neuzeit. Festschrift für Peter Moraw, hg. von Paul-Joachim HEINIG/Sigrid JAHNS/Hans-Joachim SCHMIDT/Rainer Christoph SCHWINGES und Sabine WEFERS (Historische Forschungen 67), Berlin 2000, S. 53–87.

2) Ebd. S. 66.

3) Die Zahl der neueren Gesamtdarstellungen zur Geschichte der Westgoten ist überschaubar: Zu nennen sind in deutscher Sprache vor allem: Dietrich CLAUDE, Geschichte der Westgoten, Stuttgart u. a. 1970; DERS., Adel, Kirche und Königtum im Westgotenreich (VuF Sonderband 8, Sigmaringen 1971); Wolfgang GIESE, Die Goten, Stuttgart 2004; Gerd KAMPERS, Die Geschichte der Westgoten, Paderborn 2008. Dazu kommen vor allem einige wichtige Darstellungen in englischer Sprache, so z. B. Edward Arthur THOMP-

stürze gingen weiter, so wurde Tulga (642) tonsuriert und ins Kloster abgeschoben und Wamba wurde 680 durch eine List zum Büßer gemacht[4]. Kann unter solchen Umständen überhaupt von Konsens und von »konsensualer« Herrschaft gesprochen werden?

Immer wieder zitiert wird Fredegars Formulierung vom *morbus Gotorum*, also von der besonderen »Anfälligkeit« der Goten: sind die zahlreichen Thronstürze tatsächlich eine Besonderheit dieses Volkes? Auch im Frankenreich des 6. und 7. Jahrhunderts wurden zahlreiche Könige ermordet, allerdings spielten sich diese Gewalttaten meist innerhalb der merowingischen Dynastie ab[5], so wie es die Westgoten in der Zeit der Dynastie Theoderichs I. (418–531) getrieben hatten, als Thorismund (453) und Theoderich II. (466) jeweils von ihrem Bruder (Theoderich bzw. Eurich) ermordet wurden.

Königsmord war auch bei den Angelsachsen sehr häufig. So starb etwa in Northumbrien von 15 Königen des 8. Jahrhunderts nur einer im Besitz seiner Würde, alle andern wurden getötet, vertrieben, zur Abdankung gezwungen oder durch die Witan abgesetzt[6].

Bei den Langobarden starben von 26 Königen 12 eines gewaltsamen Todes. Man hat den Thronsturz als »die ‚reguläre' Form der Thronerledigung» bei den Langobarden bezeichnet[7] und davon gesprochen, dass der Mord am König die «Berufskrankheit der Könige« gewesen sei[8]: Alboin, Cleph, Authari, Adaloald, Rodoald, Godepert, Grimoald und Liutpert wurden ermordet. Das große »Vorbild« für die germanischen Königreiche war das Kaiserreich Byzanz, und dort gab es ebenfalls zahlreiche Entthronungen: von 109 Kaisern zwischen Arkadius und Mehmed II., also zwischen dem 5. und dem 15. Jahrhundert, verloren 65 gewaltsam ihren Thron[9].

* * *

Die Quellenlage zur Geschichte des Westgotenreichs, vor allem zu seiner »inneren« Geschichte, also zum Funktionieren von Regierung und Verwaltung, zu Einzelheiten der Verfassung, vor allem zum Verhältnis von König, Adel und »Volk«, ist nicht sehr günstig.

son, The Goths in Spain, London 1969; Paul David King, Law and Society in the Visigothic Kingdom, Cambridge 1972; Von den älteren Darstellungen behält vor allem Felix Dahn, Die Könige der Germanen. Das Wesen des ältesten Königthums der germanischen Stämme und seine Geschichte bis zur Auflösung des Karolingischen Reiches. Nach den Quellen dargestellt, Bd. 6: Die Verfassung der Westgothen – Das Reich der Sueven in Spanien, Leipzig ²1885, seinen Wert.

4) Vgl. vor allem Konrad Bund, Thronsturz und Herrscherabsetzung im Frühmittelalter (Bonner Historische Forschungen 44, Bonn 1979), bes. S. 575 f. und S. 582–585.

5) Bund, Thronsturz (wie Anm. 4) S. 340.

6) Vgl. ebd. S. 625 ff., bes. S. 764 f.

7) Ebd. S. 221.

8) Ebd. S. 228.

9) Vgl. Fritz Kern, Gottesgnadentum und Widerstandsrecht im früheren Mittelalter. Zur Entwicklungsgeschichte der Monarchie, Darmstadt 1954, bes. S. 320 f.

Die wenigen im Westgotenreich des 7. Jahrhunderts entstandenen historiographischen Quellen sind zu diesen Fragen nicht sehr aussagefreudig.

Zum Glück liegen aber umfangreiche Rechtstexte vor, nämlich einmal die ›Leges Visigothorum‹, zum anderen die Akten von nicht wenigen Konzilien, die in einer Reihe von alten Handschriften auf uns gekommen sind. Allerdings muss beachtet werden, dass das große Gesetzbuch König Rekkeswinths, der ›Liber iudiciorum‹, ein Rechtsbuch für die Praxis des Gerichts ist. Daher enthält es in der Hauptsache Satzungen, die für das gerichtliche Verfahren und die Entscheidungen der Richter wichtig sind, aber keine direkten Aussagen über die Organisation des Reiches. »Das Staatsrecht ist daher prinzipiell ausgeschlossen. Wenn wir trotzdem wichtige Aufschlüsse über das westgothische Staatsrecht dem ›Liber iudiciorum‹ entnehmen können, so ist das möglich, weil staatsrechtliche Bestimmungen insofern aufgenommen sind, als sie für gerichtliche Entscheidungen in Betracht kommen«[10)].

Wenn wir fragen, aus welcher Zeit wir erste Belege für die Bedeutung von »Recht und Konsens« bei den Westgoten besitzen, so kommen wir in die Zeit Alarichs II. (484–507), der in der Einleitung zu seinem großen Gesetzbuch für die romanische Bevölkerung seines Reichs, der ›Lex Romana Visigothorum‹, schreiben ließ: *Adhibitis sacerdotibus ac nobilibus viris* – »unter Heranziehung der Bischöfe und der vornehmen Männer« habe er das Gesetzbuch erarbeiten lassen. Und: *venerabilium episcoporum vel electorum provincialium nostrorum roboravit assensus* – »die Zustimmung der Bischöfe und der gewählten Vertreter der Provinzen« hat (das Gesetz) bestätigt[11)].

Reichsversammlungen sind allerdings aus der Zeit des Tolosanischen Reiches der Westgoten nicht belegt. Wir kennen überhaupt nur zwei derartige Versammlungen, die beide ins 7. Jahrhundert gehören; von ihnen wird später noch zu sprechen sein.

Nach 589, nach dem Übertritt des Königs und des Volks zum katholischen Christentum, wurden die Konzilien als Treffen zwischen dem König und den Großen wichtig. Das erste Konzil, in dem die Gesamtheit des Westgotenreichs präsent war, war das 3. Konzil von Toledo, das im Jahr 589 zusammentrat, um den Übertritt des westgotischen Königs und des Adels zum katholischen Christentum abzuschließen.

In dem ausführlichen Bericht, den der Historiograph Johannes von Biclaro gibt, wird betont, dass der König Rekkared persönlich anwesend war[12)]. Nach Johannes sollen 72 (also 6 mal 12) Bischöfe teilgenommen haben; in Wahrheit waren es wohl etwas weniger (63 + 6). Rekkared wird dabei mit den römischen Kaisern Konstantin dem Großen

10) Karl ZEUMER, Geschichte der westgothischen Gesetzgebung I., in: NA 23 (1898) S. 419–516, hier S. 488.

11) Leges Visigothorum, hg. von Karl ZEUMER (MGH LL nat. Germ. 1), Hannover/Leipzig 1902, S. 466 Z. 2 und Z. 6 f.

12) Johannes von Biclaro, Chronica, hg. von Theodor MOMMSEN (MGH Auct. Ant. 11), Berlin 1894, S. 219.

(306–337) und Markian (450–457) verglichen, die auf den Konzilien von Nicaea 325 bzw. Chalkedon 451 den Vorsitz geführt hatten.

Die *Professio fidei*, die der König dem Konzil vorlegte, ist von Rekkared und seiner Gemahlin Baddo unterzeichnet[13]. Die *Professio fidei* der Goten trägt die Unterschriften von acht ehemals arianischen Bischöfen und aller *seniores Gothorum.* Fünf *viri illustri* haben diese *Professio* persönlich unterzeichnet: Gussinus, Fonsa, Afrila, Aila und Ella[14]; sie »repräsentierten« den westgotischen Adel[15]; alle fünf sind sonst unbekannt[16].

Nach dem Wortlaut einer ganzen Reihe von Beschlüssen des Konzils wird der Anschein erweckt, als ob der König die Entscheidungen ganz wesentlich beeinflusst habe. In c. 2 heißt es zwar noch: *consultu* [...] *domni Reccaredi regis sancta constituit synodus*[17]. In c. 8 wird dann aber formuliert: *iubente et consentiente rege* [...] *praecepit sacerdotale concilium* (hier geht es um die *servi fisci*)[18]. Und in c. 10 heißt es: *annuente* [...] *Reccaredo rege hoc sanctum affirmat concilium*[19]. Etwas anders lautet die Formulierung in c. 14: *suggerente concilio* [...] *rex* [...] *precepit* (es geht um die Juden); hier ging also die Initiative anscheinend von den Bischöfen aus[20]. In c. 16 heißt es: [...] *hoc cum consensu gloriosissimi principis sancta synodus ordinavit*[21]. In c. 17 geht es um die Zusammenarbeit zwischen dem König und den Bischöfen zur Bestrafung von Mördern ihrer Eltern[22]. In c. 18 schließlich wird vorgeschrieben, dass einmal pro Jahr ein Konzil stattfinden soll und dass die *iudices locorum* und die *actores fiscalium patrimoniorum* am Konzil teilnehmen

13) La Colección canónica Hispana, hg. von Gonzalo MARTINEZ DÍEZ und Felix RODRIGUEZ, Bd. 5, Madrid 1992, S. 73.

14) Ebd. S. 98.

15) Vgl. José ORLANDIS, Die Synoden im katholischen Westgotenreich, in: José ORLANDIS/Domingo RAMOS-LISSÓN, Die Synoden auf der Iberischen Halbinsel bis zum Einbruch des Islam (711) (Konziliengeschichte, Reihe A), Paderborn 1981, S. 111. – Wenig ergiebig für die hier behandelte Fragestellung waren die Bücher von Heide SCHWÖBEL, Synode und König im Westgotenreich. Grundlagen und Formen ihrer Beziehung (Dissertationen zur mittelalterlichen Geschichte 1), Köln/Wien 1982, und – trotz des anscheinend einschlägigen Titels – Rachel L. STOCKING, Bishops, Councils, and Consensus in the Visigothic Kingdom, 589–633, Ann Arbor 2000.

16) Vgl. Luis A. GARCIA MORENO, Prosopografia del reino visigodo de Toledo (Acta Salmanticensia. Filosofía y letras 77), Salamanca 1974, Nr. 77, 59, 3, 6 und 47.

17) Colección canónica Hispana (wie Anm. 13) 5 S. 110; vgl. Aloys SUNTRUP, Studien zur politischen Theologie im frühmittelalterlichen Okzident. Die Aussage konziliarer Texte des gallischen und iberischen Raumes (Spanische Forschungen der Görresgesellschaft, Reihe 2, Bd. 36), Münster 2001, S. 380.

18) Colección canónica Hispana (wie Anm. 13) 5 S. 115.

19) Ebd. S. 116.

20) Vgl. SUNTRUP, Studien (wie Anm. 17) S. 219. Vgl. zu den westgotischen Gesetzen gegen die Juden jetzt Alexander Pierre BRONISCH, Die Judengesetzgebung im katholischen Westgotenreich von Toledo. Neue Thesen und Überlegungen (Forschungen zur Geschichte der Juden, Abteilung A: Abhandlungen, Bd. 17), Hannover 2005.

21) Colección canónica Hispana (wie Anm. 13) 5 S. 122.

22) Ebd. S. 123 f.

sollen[23]. Das Konzil soll *ex decreto gloriosissimi domni nostri simul cum sacerdotali concilio* zusammentreten[24]. In c. 21 bittet das Konzil den König darum, die Übergriffe von *iudices* und *actores publici* gegen Sklaven der Kirche und der Kleriker abzustellen: *omne concilium a pietate gloriosissimi principis poposcit*[25]. Letztlich ist also die Zahl der vom König bzw. vom Konzil initiierten Kanones fast ausgeglichen.

Nach den 23 Kanones folgt in den Akten der Synode das ›*Edictum regis in confirmatione concilii*‹, mit dem die Konzilsbeschlüsse durch den König bestätigt werden. Es heißt dort unter anderem: *Nostra* [...] *auctoritas id omnibus hominibus ad regnum nostrum pertinentibus iubet, ut si qua definita sunt,* [...] *nulli contemnere liceat, nullus praeterire praesumat.* [...] *Capitula enim,* [...] *in omni auctoritate sive clericorum sive laicorum sive quorumcumque hominum observentur et maneant*[26]. Das bedeutet doch, dass erst der König die Konzilskanones in Kraft setzt.

Wenn in c. 18 von Toledo III vorgeschrieben wurde, dass jedes Jahr ein Konzil veranstaltet werden sollte, dann wurde das wohl nicht verwirklicht, wenn auch aus den Jahren nach 589 noch einige kleinere Konzilien bekannt sind. Mit einem großen zeitlichen Abstand fand erst im Jahr 633, also nach 44 Jahren, wieder ein großes Reichskonzil in Toledo statt. 62 Bischöfe und 7 Vertreter von Bischöfen unterzeichneten die Akten; diesmal waren keine Laien unter den Subskribenten.

König Sisenand (631–636) hatte seinen Vorgänger Swintila (621–631) abgesetzt; der wurde aber nicht getötet, sondern konnte einen friedlichen Lebensabend in der Nähe von Toledo verbringen. Das Konzil behauptet, Swintila habe freiwillig auf den Thron verzichtet[27].

Zur Erhebung Sisenands im Jahr 631 schreibt Fredegar im Kapitel IV, 73: »dort (nämlich in Zaragoza) erhoben alle Goten aus dem Reiche Spanien Sisenand auf den Thron«[28]: Fredegar scheint also eine Art von Königswahl vorauszusetzen.

In der *Praefatio* von Toledo IV (633) heißt es in Bezug auf den König: *eius imperiis atque iussis* sei das Konzil zusammengetreten[29]. Andererseits – könnte man sagen – wirft sich der König bei seinem Eintreten in die Konzilsaula vor den Bischöfen auf den Boden: *coram sacerdotibus dei humo prostratus cum lacrimis et gemitibus pro se interveniendum domino postulavit* [...][30] Aber nur drei von 75 Kanones sagen ausdrücklich, dass sie auf

23) Ebd. S. 125 f.; vgl. ORLANDIS, Synoden (wie Anm. 15) S. 115.
24) Colección canónica Hispana (wie Anm. 13) 5 S. 125.
25) Ebd. S. 129.
26) Ebd. S. 133 f.
27) Ebd. S. 257.
28) *ibique omnes Goti de regno Spaniae Sisenandum sublimant in regnum* (Die vier Bücher der Chroniken des sogenannten Fredegar, hg. und übersetzt von Andreas KUSTERNIG, Darmstadt 1982, S. 244 f.).
29) Colección canónica Hispana (wie Anm. 13) 5 S. 179.
30) Zur Bedeutung dieser Prostration vgl. jetzt Gerd KAMPERS, Das Prooemium des 4. Toletanum von 633, in: ZRG Kan. 98 (2012) S. 1–18, bes. S. 15–18. Vgl. Toledo XV (688) unter Egica: *Egica princeps* [...] *in*

Befehl des Königs erlassen wurden: so beginnen die Kapitel 47 und 65 jeweils mit den Worten: *Praecipiente domno nostro* [...] *Sisenando rege id constituit sanctum concilium*[31]. Und der Anfang von c. 66 lautet: *Ex decreto gloriosissimi principis hoc sanctum elegit concilium*[32].

Nach 74 Kanones zu kirchlichen Fragen bietet der sehr umfangreiche Kanon 75 eine neue »Grundlage der Reichsordnung« (ORLANDIS), das »Grundgesetz des Westgotenreichs« (SUNTRUP)[33], oder, wie es das Konzil formulierte: *Sententia est pro robore nostrorum regum et stabilitate gentis Gotorum*[34] – »zur Kräftigung unserer Könige und zur Festigung des Gotenvolkes«.

Ungefähr in der Mitte heißt es: »Ein Sakrileg ist der Königsmord, nicht bloß eine Verletzung des Vertrages (*pacti transgressio*), nein, auch des Gott geleisteten Versprechens. [...] Niemand reiße bei uns rechtswidrig das Reich an sich. Niemand errege Aufruhr und Parteiung unter den Bürgern. Niemand sinne die Könige zu verderben. Sondern, nachdem der Fürst in Frieden entschlafen, soll der Adel, die *primates* des ganzen Volkes, mit den Bischöfen in gemeinsamer Beratung (*consilio communi*) den Nachfolger bestellen, auf dass durch so gewahrte Eintracht (*unitatis concordia*) jede gewaltsame, herrschsüchtige Spaltung in Land und Volk (*patriae gentisque discidium*) verhindert werde.«[35]

Neben der Regelung des Wahlvorgangs enthält der Kanon auch noch eine Einführung des Rechtsschutzes für Angeklagte vor dem königlichen Gericht. So wie der Wahlvorgang in c. 75 geregelt wird, könnte die Wahl Sisenands vor sich gegangen sein. Allerdings: Wahlen nach dieser Regel gab es auch nach 633 nur selten oder sogar nie. Was den Schutz für Angeklagte angeht, so bedeutet das im Kern, dass der König künftig Rechtsfälle, in denen die Todesstrafe drohte oder Vermögensverlust, also Kapitalverbrechen, nicht mehr allein entscheiden durfte: es sollte ein öffentliches Verfahren mit ordentlichen Richtern stattfinden (*consensu publico cum rectoribus*)[36]. Dieser Beschluss sollte eine Willkürherrschaft des Königs verhindern. An diese Bestimmung knüpfte später das 12. Konzil von Toledo in seinem 2. Kapitel mit dem sog. Habeas-corpus-Gesetz an[37].

Sisenands Nachfolger Chintila (636–639/40) hatte einen Ausgleich mit dem Adel und besonders mit der Kirche versucht[38]. Allerdings wissen wir über diese Vorgänge nicht gut

medio pontificum positus humoque prostratus sacerdotum Dei se commendat orationibus (Colección canónica Hispana, wie Anm. 13, Bd. 6, Madrid 2002, S. 291 f.). Dazu SUNTRUP, Studien (wie Anm. 17) S. 231.

31) Colección canónica Hispana (wie Anm. 13) 5 S. 229. Vgl. SUNTRUP, Studien (wie Anm. 17) S. 238.

32) Colección canónica Hispana (wie Anm. 13) 5 S. 241.

33) Vgl. ORLANDIS, Synoden (wie Anm. 15) S. 167 und SUNTRUP, Studien (wie Anm. 16) S. 239.

34) Colección canónica Hispana (wie Anm. 13) 5 S. 248.

35) Vgl. ebd. S. 251 sowie SUNTRUP, Studien (wie Anm. 17) S. 242.

36) Colección canónica Hispana (wie Anm. 13) 5 S. 256.

37) Vgl. dazu bes. SUNTRUP, Studien (wie Anm. 17) S. 245.

38) Vgl. KAMPERS, Geschichte (wie Anm. 3) S. 198.

Bescheid. Denn es gibt von der Thronbesteigung Sisenands (631) bis zur Absetzung Tulgas durch Chindaswinth (642) überhaupt keine historiographische Quelle aus dem Westgotenreich über diese Vorgänge. Und während Fredegar über Chindaswinth noch recht ausführlich berichtet[39)], gibt es nach diesem Bericht in der fränkischen Historiographie keine Nachrichten mehr über die Westgoten. Wir besitzen also für die wichtigen Jahre von 631 bis 642 nur die Protokolle der Konzilien von Toledo V und Toledo VI[40)]. Dass diese beiden Reichskonzilien in der kurzen Regierungszeit Chintilas veranstaltet wurden, kann vielleicht als Beleg dafür genommen werden, dass dieser König im Einvernehmen mit der Kirche regieren wollte. Oder ist es eher ein Zeichen für eine Krise in der Herrschaft Chintilas[41)]?

Wie Chintila erhoben wurde – etwa durch eine Wahl nach den Vorschriften von Toledo IV c. 75 – wissen wir nicht; in c. 3 von Toledo V ist aber doch von einer *electio omnium* die Rede[42)].

Am 5. Konzil von Toledo des Jahres 636 nahmen neben dem König nur 22 Bischöfe und zwei Vertreter von Bischöfen teil[43)]. Es wurden 9 Kanones erlassen, die sämtlich eine politische Bedeutung besitzen[44)] und die die Vorschriften ergänzen, die in c. 75 von Toledo IV erlassen wurden; fünf Kapitel befassen sich mit dem Schutz der königlichen Familie. In Toledo VI von 638 waren dagegen 48 Bischöfe und 5 Vertreter von Bischöfen anwesend. Ungefähr die Hälfte der 19 Kanones (cc. 11–18) haben einen politischen Inhalt[45)]; sie greifen meist die Themen des vorangegangenen Konzils wieder auf[46)].

* * *

Unser Thema »Recht und Konsens« kann an den Regierungen der Könige von Chindaswinth bis Egica recht gut in seinen unterschiedlichen Ausprägungen dargestellt werden:

1. Die Auseinandersetzungen zwischen Königtum und Adel erreichten im Jahr 642, also, ca. 70 Jahre vor dem Ende des Westgotenreichs, einen neuen Höhepunkt: der damals fast 80-jährige Chindaswinth setzte nicht nur den minderjährigen König Tulga ab und ließ ihn scheren, sondern er soll darüber hinaus einen beträchtlichen Teil des Adels liquidiert haben lassen.

39) Siehe unten bei Anm. 48.
40) Vgl. Thompson, Goths (wie Anm. 3) S. 170.
41) So Suntrup, Studien (wie Anm. 17) S. 254.
42) Vgl. ebd. S. 250.
43) Die Rubrik auf S. 275 der Colección canónica Hispana 5 (wie Anm. 13) spricht sogar nur von 20 Bischöfen.
44) Orlandis, Synoden (wie Anm. 15) S. 174–178 und Kampers, Geschichte (wie Anm. 3) S. 197 f.
45) Orlandis, Synoden (wie Anm. 15) S. 184–186.
46) Vgl. Suntrup, Studien (wie Anm. 17) S. 249 und 256 ff.

2. Unter dem Sohn und Nachfolger Chindaswinths, Rekkeswinth, wurde vielleicht ein Versuch gemacht, das Einvernehmen zwischen König und Adel wieder herzustellen.
3. Unter Wamba (672–680) gab es wahrscheinlich erneut eine Konfrontation.
4. König Ervig (680–687) versuchte wieder, einen Ausgleich zwischen dem Königtum und dem Adel in Kirche und Reich zu schaffen, was ihm den Beinamen eines «Pfaffenkönigs» eingebracht hat.
5. König Egica (687–702) versuchte vielleicht nochmals, eine autokratische Königsherrschaft zu praktizieren.

Wenn wir zuerst noch fragen, ob man für die Zeit vor Chindaswinth von einer »konsensualen« Herrschaft oder von konsensualem Regieren sprechen kann, so wird diese Frage mit einem klaren »Nein« beantwortet werden müssen. Chindaswinth verstarb 653 als angeblich 90 jähriger, er wäre also um 563 geboren, d. h. er wurde erwachsen während der Regierung Leovigilds (568–586) und erlebte die Aufstände gegen Rekkared (586–601) und vor allem das Ende der kurzen Dynastie des Leovigild durch die Verschwörung gegen Rekkareds Sohn Liuva, der 603 ermordet wurde. Der Anführer der Rebellion gegen Liuva, Witterich, wurde 610 ermordet; dies war allerdings der letzte Mord an einem westgotischen König[47]. In den folgenden 30 Jahren herrschten sechs Könige; zwei Mal wurde dabei der Versuch gemacht, den Sohn zum König einzusetzen, was aber jeweils nur für ganz kurze Zeit gelang: Rekkared II., der Sohn Sisebuts, und Tulga, der Sohn Chintilas, regierten nur drei Monate bzw. drei Jahre.

Nun aber zu Chindaswinth und zu seinem Versuch, eine autokratische Herrschaft zu verwirklichen. Ausgangspunkt soll ein Text aus der Chronik des sog. Fredegar (IV, 82) sein, in dem es heißt:

> »In diesem Jahre (nämlich im Jahr 639) starb Chintila, der König Spaniens, der Sisenand in der Herrschaft gefolgt war. Gemäß seinem Wunsch wurde sein Sohn Tulga noch als Kind in Spanien zum König erhoben. Das Volk der Goten ist aber aufsässig, sobald es kein schweres Joch auf sich lasten fühlt. So verübte während Tulgas Jugend ganz Spanien wie gewöhnlich mancherlei Übergriffe aus reiner Willkür. Schließlich aber wurde von einer Versammlung der meisten gotischen Senatoren und des übrigen Volkes einer von den Großen namens Chindaswinth zum König von Spanien erhoben. Er setzte Tulga ab und ließ ihm für ein geistliches Amt das Haupthaar scheren. Als er nun das gesamte spanische Reich fest unter seine Herrschaft gebracht hatte, ließ er – denn ihm war die üble Sitte der Goten, ihre Könige abzusetzen, wohlbekannt, da er ja oftmals mit ihnen darüber beraten hatte – alle jene Goten, die nachweislich an diesem Laster litten und deren Schuld an der Vertreibung von Königen er genau kannte, Mann für Mann töten, andere wieder ließ er mit Verbannung bestrafen; ihre Frauen und Töchter übergab er mit all ihrem Besitz seinen Gefolgsleuten. Wie es heißt, wurden von den Goten vornehmsten Standes zweihundert getötet, um dieses Übel auszurotten, von denen mittleren Standes aber ließ er fünfhundert umbringen. Chindaswinth hörte nicht eher auf, diejenigen, die er in Verdacht hatte, mit dem Schwerte umzubringen, als bis er sich überzeugt hatte, dass dieses Übel der Goten (morbus Gotorum) gänzlich ausgerottet sei. Von Chindaswinth aber (dermaßen) in Zaum gehalten,

47) Vgl. Bund, Thronsturz (wie Anm. 4) S. 566–568.

wagten die Goten nicht, (so) gegen ihn vorzugehen, wie sie es von (früheren) Königen her gewohnt waren. Als Chindaswinths Tage sich erfüllten, machte er seinen Sohn Rekkeswinth zum König über das gesamte spanische Reich. Er selbst aber tat Buße, gab viel Almosen aus seinem Vermögen und starb in hohem Alter, angeblich als Neunzigjähriger.«[48)]

Dass ein Teil der Aristokratie abgeschlachtet wurde: gab es das nur bei den Westgoten und nur unter Chindaswinth? Schon im 6. Jahrhundert hatte König Leovigild eine größere Anzahl von Adligen hinrichten lassen, wie Gregor von Tours berichtet (IV, 38): Leovigild »schaffte alle diejenigen, die gewohnt waren, die Könige aus dem Wege zu räumen, aus der Welt und ließ nichts übrig, was männlich war«[49)]. Also schon hier ist von der vollständigen Ausrottung aller männlichen Gegner des Königs die Rede. Es ist gut möglich, dass Fredegar, der die Gregor-Stelle sicher kannte, diese Aussage für seinen Bericht über Chindaswinth als Vorbild nahm.

Was das Frankenreich der Merowinger angeht, so erzählt Gregor von Tours nirgends von Massakern eines Königs unter dem Adel, obwohl er die zahlreichen Gewalttaten der Könige nicht verschweigt. Dagegen berichtet Fredegar (IV, 49–50) über Pläne langobardischer Könige, nach denen zahlreiche Adlige umgebracht werden sollten: König Adaloald (616–626) sei von Eusebius, dem Gesandten des byzantinischen Kaisers Maurikios, überredet worden, »alle Großen und Vornehmen im Reiche der Langobarden töten zu lassen und sich nach deren Beseitigung mit dem gesamten langobardischen Volke dem Imperium zu unterwerfen«[50)]. »Als er aber schon etwa zwölf von ihnen ohne jede Schuld mit dem Schwerte hatte niedermachen lassen, erkannten die übrigen, dass sich ihr Leben in Gefahr befand, und so erwählten alle hohen Herren und vornehmsten Männer des langobardischen Volkes Arioald zu ihrem Königskandidaten, den *dux* von Turin, der die Schwester des Königs Adaloald namens Gundeberga zur Gemahlin hatte. König Adaloald ging an Gift zugrunde, (und) Arioald riß sofort die Herrschaft an sich«.[51)] Etwas später (IV, 70) schreibt Fredegar über König Rothari (636–652): Er habe »viele vornehme Langobarden« töten lassen, »von denen er wußte, daß sie ihm trotzig Widerstand leisteten«[52)]. Rothari war bekanntlich Arianer und wird möglicherweise aus diesem Grund von Fredegar sehr negativ beschrieben. Der fränkische Geschichtsschreiber behauptet nämlich auch noch, Rothari habe »mit seinen Konkubinen ein ausschweifendes Leben« geführt[53)]: Rothari hat sich also wie ein typischer Ketzer verhalten[54)].

48) Fredegar, hg. von Kusternig (wie Anm. 28) S. 257.
49) Gregor von Tours, Historiarum libri decem, hg. von Rudolf Buchner (Ausgewählte Quellen zur deutschen Geschichte des Mittelalters. Freiherr vom Stein-Gedächtnisausgabe, Bd. 2), Darmstadt 1967, S. 249.
50) Fredegar, hg. von Kusternig (wie Anm. 28) S. 211.
51) Ebd. S. 211.
52) Ebd. S. 241.
53) Ebd. S. 241.

Als Beleg dafür, dass unter Chindaswinth tatsächlich der größte Teil der gotischen Aristokratie vernichtet worden ist, hat Claudio SÁNCHEZ-ALBORNOZ die ›Leges Visigothorum‹ untersucht mit dem Ergebnis, dass es in den vor Chindaswinth entstandenen Gesetzen, also in der sog. *Antiqua*, zahlreiche Gesetze gegen Übergriffe von *potentes* gegeben habe (Leg. Visig. II,2,8; II,4,14; II,5,9; V,7,5; VII,1,1; VIII,4,24; IX,1,13), während es nach Chindaswinth nur noch wenige gewesen seien (II,3,9; II,5,5; VI,1,1; VII,5,2)[55]. Eine genauere Betrachtung der einzelnen Belege zeigt aber, dass der Unterschied nicht bedeutend ist: offensichtlich gab es auch nach Chindaswinth noch genügend *potentes*, deren Übergriffe in der weltlichen und in der geistlichen Gesetzgebung mit Strafen bedroht werden mussten.

Als weiterer Beleg für die Richtigkeit des Berichts bei Fredegar wird vielfach das ›Epitaph Chindaswinths‹ des Eugen von Toledo (Erzbischof 646–657) angeführt, dessen Mittelteil schwere Beschimpfungen des Königs enthält:

»Ich, Chindaswinth, stets der Freund böser Taten,/ Vollstrecker von Verbrechen, ich, Chindaswinth./ Gewissenlos, schamlos, lasterhaft, unanständig, gehässig./

Gutes habe ich nie gewollt, stark war ich hingegen in allem Schlechten/ und habe alles begangen, was einer tut, der die Verworfenheit begehrt und nach Schlechtigkeit strebt. /

Ja, ich bin sogar noch schlimmer gewesen./ Es gab kein Verbrechen, das ich nicht begehen wollte./ In allen Lastern war ich der Größte und der Erste […].«[56]

Ist dieses Epitaph ein Zeugnis dafür, dass der westgotische Episkopat gegen den verstorbenen König agitierte? Die Beschimpfung des Königs ist auch deshalb erstaunlich, weil Eugen durch Chindaswinth zum Erzbischof von Toledo erhoben wurde. Dieser Text könnte zum einen zeigen, welchen Hass der König erregt hat, zum andern aber auch, wie wenig die Gegner Chindaswinths nach dessen Tod eine Rache seines Sohnes Rekkeswinth zu befürchten hatten, wenn sie sich dermaßen über den toten König äußern.

Nach Ansicht des Editors darf die Beschimpfung jedoch nicht wörtlich verstanden werden[57], vielmehr handele es sich um eine »Selbstbespeiung«, wie sie im »Stil der Zeit für

54) Dass für einen Ketzer sexuelle Ausschweifungen typisch sind, ist bes. für Heinrich IV. gezeigt worden, vgl. zuletzt Steffen PATZOLD, Die Lust des Herrschers. Zur Bedeutung und Verbreitung eines politischen Vorwurfs zur Zeit Heinrichs IV., in: Heinrich IV., hg. von Gerd ALTHOFF (VuF 69), Ostfildern 2009, S. 219–253, bes. S. 228 f.

55) Vgl. Claudio SÁNCHEZ-ALBORNOZ, El aula regia y las assembleas políticas de los Godos II, in: Estudios visigodos (Studi storici 78–79), Rom 1971, S. 176 mit Anm. 33.

56) Eugen von Toledo, Carmen 25: *Epitaphion Chindasvintho Regi Conscriptum:* […]/ *Chindasuinthus ego noxarum semper amicus/ patrator scelerum Chindasuinthus ego./ inpius obscaenus, probrosus turpis iniquus,/ optima nulla volens, pessima cuncta valens/ quidquid agit qui prava cupit, qui noxia quaerit,/ omnia commisi, peius et inde fui./ nulla fuit culpa, quam non conmittere vellem,/ maximus in vitiis et prior ipse fui.* (hg. von Friedrich VOLLMER, in: MGH Auct. Ant. 14, Berlin 1905, S. 251 Z. 9–16); eine deutsche Übersetzung bietet KAMPERS, Geschichte (wie Anm. 3) S. 198 f.

57) Vgl. Friedrich VOLLMER, Die Gedichtsammlung des Eugenius von Toledo, in: NA 26 (1901) S. 391–409, hier S. 408.

ein in der ersten Person abgefasstes Epitaphium« typisch sei. Eugen hat nämlich auch ein *Epitaphium proprium*, einen Nachruf auf sich selbst, verfasst[58)], in dem von einer *culpa grandis* die Rede ist und von *crimina vitae.* Er bittet darum, ihn vor der Strafe des pechschwarzen Abgrunds (*poena picei barathri*) zu verschonen und die *probra*, seine Schandtaten, abzuwaschen. Nach VOLLMER wurde das Gedicht über Chindaswinth »vom Könige bei Lebzeiten bestellt, aber [...] erst nach seinem Tode veröffentlicht«[59)]. Anderer Meinung ist BRUNHÖLZL, seiner Ansicht nach haben wir es nicht mit einem Nachruf auf den Toten, sondern mit einer Mahnung, einer Warnung, einem Aufruf an den Lebenden zu tun[60)]. Dann könnte das Gedicht vielleicht ins Jahr 652 gehören, als Chindaswinth sich als Pönitent ins Kloster begab, wie Fredegar berichtet[61)].

Das einzige Konzil unter Chindaswinth tagte im Jahr 646: Toledo VII. 29 Bischöfe nahmen teil, dazu 11 Vertreter von Bischöfen; das heißt, etwa 50 % des Episkopats des Reiches waren vertreten. 42 % der Anwesenden tragen germanische Namen. Außerdem war das *collegium palatinum* vertreten, wenn auch diese Laien die Akten des Konzils nicht unterschrieben haben. Die geringe Teilnahme ist als Zeichen der »Missstimmung über den Regierungsstil des Königs« interpretiert worden[62)]. Das ist aber fraglich, denn, wenn Chindaswinth so brutal gewesen ist, wie er in der Literatur meist dargestellt wird, dann hätten die Bischöfe doch schon aus Furcht am Konzil teilgenommen; es sei denn, die große Anzahl von Vertretern für abwesende Bischöfe ließe sich auf diese Weise erklären. In unserem Zusammenhang wichtig ist eigentlich nur Kanon 1, der ›Leges Visigothorum‹ (künftig: LVis) II,1,8 übernimmt[63)]: damit stimmten die Bischöfe dem Hochverratsgesetz Chindaswinths zu, mit dem die *refugae* (ins Ausland geflohene Gegner des Königs) und die *perfidi* (Aufständische) bekämpft wurden[64)]. Interessant ist noch, dass die meisten der Subskriptionen unter die Beschlüsse des Konzils mit dem Zusatz versehen sind: *haec statuta definiens subscripsi*[65)]. Dürfen wir diese ungewöhnliche Formulierung als Ausdruck des bischöflichen Selbstbewusstseins interpretieren?

Kapitel 1 des Konzils knüpft an das Gesetz Chindaswinths (LVis. II,1,8) an und beklagt, dass es nicht nur Laien sind, die ins Ausland gehen und von dort das Reich der Westgoten bekämpfen, sondern auch Geistliche. Daher beschließt das Konzil: Wenn ein Geistlicher sich ins Ausland begibt und von da aus mit Gewalt das Vaterland oder den König schädigen will, so soll er seinen Grad verlieren und zur lebenslangen Pönitenz

58) Eugen von Toledo, Carmen 16 (wie Anm. 56), MGH Auct. Ant. 14 S. 246.
59) VOLLMER, Gedichtsammlung (wie Anm. 57) S. 408.
60) Franz BRUNHÖLZL, Geschichte der lateinischen Literatur des Mittelalters, Bd. 1, München 1975, S. 97.
61) Dazu siehe oben bei Anm. 48.
62) So SUNTRUP, Studien (wie Anm. 17) S. 260.
63) Vgl. ORLANDIS, Synoden (wie Anm. 15) S. 197. Bereits DAHN, Könige 6 (wie Anm. 3) S. 448–451 hatte sich eingehend mit diesem Kanon auseinandergesetzt.
64) Vgl. KAMPERS, Geschichte (wie Anm. 3) S. 249; SUNTRUP, Studien (wie Anm. 17) S. 260.
65) Colección canónica Hispana (wie Anm. 13) 5 S. 357–364.

verurteilt werden. »Haben doch – wie wir wissen – alle Priester Spaniens, alle Senioren, Richter und andere Männer des Palastamts geschworen [...], dass kein Landflüchtiger oder Verräter, der gegen Volk, Vaterland oder König der Goten gehandelt hat [...] wieder in seine Güter eingesetzt werden darf.«[66]

Können wir daraus schließen, dass es vor allem Geistliche waren, die sich gegen Chindaswinths Herrschaft gestellt hatten?[67]

In der ›Lex Visigothorum‹ gibt es eindeutige Belege dafür, dass Chindaswinths Gesetzgebung über die Sklaven gegen die adligen Großgrundbesitzer gerichtet war[68]. So wird verfügt, dass die Tötung eines fremden Sklaven wie Totschlag zu verfolgen sei (LVis. 6,5,12), und auch im Fall von Körperverletzung sollte eine öffentliche Strafe, nämlich 200 Peitschenhiebe, verhängt werden. Außerdem (LVis. 6,4,1) durfte ein Richter einem vornehmen Verletzten keine höhere Buße zusprechen als einem geringen. Auch gegenüber dem eigenen Herrn wird die körperliche Integrität des Sklaven geschützt: Der Herr darf seinen Sklaven nicht töten (LVis. 6,5,12). Der Sklave wird also jetzt als Mensch, wenn auch einer minderen Rechtsstellung, betrachtet.

»Rekkeswinth geht den von seinem Vater eingeschlagenen Weg weiter«[69] und verbietet bei Strafe eines dreijährigen Exils auch verstümmelnde Strafen (Augen herausreißen, Zunge, Nase oder Lippen abschneiden, Hand oder Fuß abschlagen) (LVis. 6,5,13). Unter Berufung auf dieses Gesetz des Königs hat die Synode von Merida (666) c. 15 den Bischöfen verboten, Kirchensklaven zu verstümmeln[70]. Unter Ervig gibt es dann eine rückläufige Entwicklung[71]: das passt gut zu diesem König, der sich mit den Bischöfen und dem Adel gut stellen wollte. Bei Egica ist wieder eine sklavenfreundliche Gesetzgebung erkennbar[72].

Nehlsen fasst zusammen: »Bemerkenswerterweise hat die Sklavengesetzgebung Chindaswinths, eine hervorragende, in ihrer Zeit in Europa beispiellose Leistung auf dem Gebiet sozialer Reformen, seitens der hohen Geistlichkeit im Westgotenreich keine Anerkennung gefunden.«[73]

66) [...] *quia nouimus omnes paene Spaniae sacerdotes omnesque seniores uel iudices ac ceteros homines officii palatini iurasse,* [...] *ut nullus refuga uel perfidus qui contra gentem Gotorum uel patriam seu regem agere* [...] *reperitur,* [...] *integritati rerum suarum ullatenus reformetur* [...] (Colección canónica Hispana, wie Anm. 13, S. 343).

67) Suntrup, Studien (wie Anm. 17) S. 261–265 und 374 behauptet, Toledo VII habe den König indirekt heftig kritisiert (vor allem in c. 1, Colección canónica Hispana, wie Anm. 13, 5 S. 341, 342 und 347).

68) Vgl. Hermann Nehlsen, Sklavenrecht zwischen Antike und Mittelalter. Germanisches und römisches Recht in den germanischen Rechtsaufzeichnungen. I. Ostgoten, Westgoten, Franken, Langobarden (Göttinger Studien zur Rechtsgeschichte 7), Göttingen u. a. 1972, S. 153 ff., bes. S. 172 ff.

69) Nehlsen, Sklavenrecht (wie Anm. 68) S. 174.

70) Concilium Emeritense c. 15 (Migne PL 84, Sp. 620 D).

71) Nehlsen, Sklavenrecht (wie Anm. 68) S. 177.

72) Ebd.

73) Ebd. S. 178.

Für unser Thema ist vor allem von Bedeutung, dass die Sklavengesetzgebung Chindaswinths und Rekkeswinths zeigt, dass der König den Konsens mit dem Adel aufgekündigt hat. Und es ist nicht die Kirche gewesen, die diese Humanisierung der Sklavengesetzgebung herbeigeführt hat, was sich darin zeigt, dass die Bischöfe auf dem Konzil von Merida (666) die königliche Legislative als Vorbild für die kirchlichen Kanones ansehen.

2. Nun zu Rekkeswinth, der im Ganzen eher einen Konsens zwischen dem König und den geistlichen und weltlichen Großen anstrebte. Die ›Epitome Ovetensis‹ hat die Regierung Rekkeswinths (und Chindaswinths) mit den Worten charakterisiert: *quievit Spania et per sinodos erudivit ecclesia*[74].

Bereits zweieinhalb Monate nach dem Tod Chindaswinths wurde das 8. Konzil von Toledo einberufen (*iussu regis*), nachdem Rekkeswinth die gefährliche Rebellion des Exulanten Froia niedergeschlagen hatte[75]. 46 (so Chronik von 754; nach den Akten 51) Bischöfe, zahlreiche Kleriker und Vertreter der abwesenden Bischöfe nahmen teil, so dass ca. drei Viertel der Diözesen vertreten waren. Dazu unterzeichneten die Äbte im eigenen Namen, was die gestiegene Bedeutung der Klöster im 7. Jahrhundert verdeutlicht[76]. Dazu kamen Beamte des Palastes, denn Angehörige des *officium palatinum* unterzeichnen die Akten als Mitglieder der Versammlung. »Jetzt erscheinen zum ersten Mal die Laien aus dem Hofadel als Mitglieder des Konzils.«[77] Es wird jedoch behauptet, dies sei »nach altem Brauch« (*mos primaevus*) geschehen[78]. 18 *viri illustri* unterschreiben (dazu unten mehr). Rekkeswinth war offensichtlich daran interessiert, Geistliche und Hofleute zusammen mit dem König als Berater zu vereinen; beide Gruppen werden als *ministri idonei* bezeichnet[79]. Wie aus diesen. « Subskriptionen hervorgeht, hatten zum ersten Mal auf einem westgotischen Konzil die Goten die Mehrheit über die Romanen[80].

Im ›Tomus regius‹, den der König dem Konzil vorlegte, werden die Mitglieder des *officium palatinum* als Kollegen angesprochen: Ihr [...] seid in *regimine socios, in adversitate fidos, et in prosperis amplecturos strenuos*[81]. José Orlandis fasst das so zusammen: »Der König forderte sie auf, im Einvernehmen mit den Bischöfen, Güte und Gerechtigkeit walten zu lassen; und er versprach ihnen seine Zustimmung und den Befehl zur Durchführung von allem, was sie dekretierten, wenn es der Frömmigkeit und Gerechtig-

74) Epitome Ovetensis, hg. von Theodor Mommsen (MGH Auct. Ant. 11 S. 374).

75) Vgl. dazu Thompson, Goths (wie Anm. 3) S. 199 f.

76) Vgl. Orlandis, Synoden (wie Anm. 15) S. 202.

77) Ebd. S. 203.

78) Colección canónica Hispana (wie Anm. 13) 5 S. 378.

79) Ebd. S. 379 f.

80) Vgl. dazu Thompson, Goths (wie Anm. 3) S. 216 und 295.

81) Colección canónica Hispana (wie Anm. 13) 5 S. 378 Z. 155; Orlandis, Synoden (wie Anm. 14) S. 203; vgl. auch Suntrup, Studien (wie Anm. 17) S. 273 ff.

keit entsprach. Aus diesen Worten schien sich gewissermaßen ein konstitutionelles und kollegiales Regierungsprogramm abzuzeichnen.«[82]

Rekkeswinth erörtert im Tomus außerdem die Frage, welche Folgen das Gesetz LVis. II,1,8 aus der Zeit seines Vaters (gegen die Feinde des Vaterlands) aufgeworfen hatte. Der König lädt in seiner Ansprache am Beginn des Konzils die Bischöfe dazu ein, die weltlichen Gesetze, also die ›Leges Visigothorum‹, durchzusehen auf Teile, die dunkel oder überflüssig sind[83]. Diskussionen gab es anscheinend, als die Bischöfe versuchten, einen Teil der Gesetze Chindaswinths (besonders das Hochverratsgesetz) und die Wirkungen seiner Herrschaft (vor allem die Konfiskationen von Adelsgütern) rückgängig zu machen. Der Streit ist aber nicht direkt in den Quellen überliefert, sondern kann nur indirekt erschlossen werden.

Im ›Tomus regius‹ versichert Rekkeswinth[84], dass die Bischöfe mit Zustimmung des Königs eine Entscheidung treffen könnten: *cum nostro consensu adimplere elegeritis.* Die Bestätigung des Königs soll mündlich gegeben werden und nicht in einem Edikt zur Bestätigung des Konzils[85]. Kanon 2 behandelt das angestrebte Amnestiegesetz für Hochverräter[86] und c. 10 unterscheidet zwischen Krongut und königlichem Privatbesitz[87]. Die Hintergründe für dieses Kapitel sind im sog. ›Decretum iudicii universalis‹ zusammengestellt[88]. Die Bischöfe beklagen darin das Unrecht, das während der Regierung Chindaswinths geschehen ist, und die Habgier dieses Königs; Rekkeswinth soll daher die durch die Konfiskationen seines Vaters an ihn gekommenen Güter wieder zurück- oder an die Großen ausgeben[89]. Nach dem Urteil ZEUMERS ist dieses Dokument »in einem ziemlich hochfahrenden Tone gehalten«[90]. Felix DAHN hat bereits darauf hingewiesen, dass das *Decretum* sehr grundsätzliche Aussagen über das Verhältnis zwischen König und Adel macht, so, wenn gesagt wird, dass der König und seine Untertanen *aequales* seien und dass der König nur durch die Wahl erhöht worden sei[91].

Das abschließende Gesetz des Königs (*Lex regis*) enthält Formulierungen, die ganz beträchtlich von den im *Decretum* geforderten Regularien abweichen[92]: Alle Besitztümer, die sich im Eigentum des Königs befinden, sollen überprüft werden. Außerdem soll

82) ORLANDIS, Synoden (wie Anm. 15) S. 203.

83) Ed. S. 377 Z. 140; Karl ZEUMER, Geschichte der westgothischen Gesetzgebung II., in: NA 24 (1899) S. 39–122, hier S. 47; THOMPSON, Goths (wie Anm. 3) S. 201; vgl. LVis. II,1,5, Schluss.

84) Colección canónica Hispana (wie Anm. 13) 5 S. 380.

85) Vgl. dazu SUNTRUP, Studien (wie Anm. 17) S. 267.

86) Colección canónica Hispana (wie Anm. 13) 5 S. 386–412.

87) Ebd. S. 427–432.

88) Ebd. S. 448–457. Vgl. LVis. II,1,6 und zur Interpretation ORLANDIS, Synoden (wie Anm. 15) S. 208 f.

89) Colección canónica Hispana (wie Anm. 13) 5 S. 455–457.

90) ZEUMER, Geschichte II (wie Anm. 83) S. 48.

91) DAHN, Könige (wie Anm. 3) 6 S. 544 zu Colección canónica Hispana (wie Anm. 13) 5 S. 451.

92) ZEUMER, Geschichte II (wie Anm. 83) S. 45–57 und ORLANDIS, Synoden (wie Anm. 15) S. 209.

die Überprüfung für alle Könige gelten, die während der letzten 30 Jahre regierten (also für Svinthila, Sisenand, Chintila und Tulga, und nicht nur für Chindaswinth).

Beide Texte, das *Decretum* und die *lex regis*, wurden als Anhang den Konzilsakten beigefügt. Kann man sagen, dies sei ein Zeichen dafür, dass es zwar nicht zu einem Konsens, aber zu einem »Remis« zwischen König und Adel gekommen war[93]? Man wird mindestens sagen können, dass Rekkeswinth seine Ansicht im Konzil nicht völlig durchsetzen konnte oder wollte. Wie die Praxis nach dem Ende des Konzils aussah, wissen wir leider nicht.

Unter Rekkeswinth gab es nur noch ein weiteres Reichskonzil, das Toletanum X (656), das eher schwach besucht war: nur 1 Metropolit, 19 Bischöfe (davon 10 mit gotischen Namen) und 5 Vertreter von Bischöfen waren anwesend[94]; der König war nicht zugegen[95]. Hier wurden mit Ausnahme von c. 2, in dem es um Schutzbestimmungen für den König ging, keine politischen Kanones erlassen. Schon zuvor war Toledo IX zusammengetreten; das war aber nur ein Provinzialkonzil, das vom Metropoliten und 13 (von 22) Suffraganen, dazu zwei Nachbarbischöfen, drei Vertretern von Bischöfen, sechs Äbten und vier *viri illustres* unterschrieben wurde[96].

Nach 656 fand für ca. 20 Jahre kein Reichskonzil mehr statt, denn auch das Konzil von Merida (666) war ein Provinzialkonzil, das allerdings, wie es in c. 8 heißt, *iussu regis* versammelt wurde. In c. 3 wurden Gebete für den König im Fall eines Kriegszuges verordnet und c. 4 spricht sich für eine Mitwirkung des Königs bei der Bischofserhebung aus.

König Rekkeswinth starb im Jahr 672.

3. Wir kommen zu König Wamba und damit zu der Frage, ob es in seiner Regierung erneut eine Konfrontation mit den Bischöfen und dem Adel gab.

Wamba war der einzige König, von dem wir sicher wissen, dass er sein Amt durch eine Wahl nach den Vorschriften der Konzilien (bes. Toledo IV c. 75) erhalten hat. Ausgerechnet gegen ihn erhob sich die Rebellion des Paulus und ausgerechnet er wurde gewaltsam vom Thron entfernt[97]. Als einziges Konzil unter Wamba (672–680) trat 675 das 11. Konzil von Toledo zusammen; es war ein Provinzialkonzil (nur 17 Bischöfe, 2 Vertreter von Bischöfen und 8 Äbte der Provinz Toledo nahmen teil). Interessant für uns ist vor allem c. 1, weil es einen Einblick in die tatsächlichen Verhältnisse auf dem Konzil zulässt: *Ne tumultu concilium agitetur*[98]. Anscheinend wurden die Ansprachen öfter durch Geschrei, Geschwätz, Zank usw. unterbrochen, denn das Konzil formuliert: *nullis*

93) So ZEUMER, Geschichte II (wie Anm. 83) S. 53 und GIESE, Goten (wie Anm. 3) S. 158 f.
94) ORLANDIS, Synoden (wie Anm. 15) S. 218.
95) Vgl. dazu SUNTRUP, Studien (wie Anm. 17) S. 290.
96) ORLANDIS, Synoden (wie Anm. 15) S. 214–218.
97) Vgl. THOMPSON, Goths (wie Anm. 3) S. 219 ff. und KAMPERS, Geschichte (wie Anm. 3) S. 249.
98) Colección canónica Hispana (wie Anm. 13), Bd. 6, Madrid 2002, S. 98.

[...] *aut indiscretis vocibus praestrepi aut* [...] *tumultibus proturbari, nullis etiam vanis fabulis vel risibus agi et* [...] *obstinatis concertationibus tumultuosas voces effundere*[99].

Im selben Jahr 675 trat auch in Braga ein Provinzialkonzil zusammen (= Braga III)[100]. Nach 675 gab es in der Regierungszeit Wambas keine weitere Synode; es ist vermutet worden, dass diese Pause »auf Spannungen zwischen den Bischöfen und dem König zurückzuführen« sei[101]. Es könnte aber auch sein, dass der König so mächtig war, dass er ein weiteres Konzil nicht nötig hatte. Oder berief Wamba kein Konzil ein, weil er den Bischöfen misstraute und möglichen Forderungen kein Forum bieten wollte?

Ein weiterer Punkt, der bei Wamba in unserem Zusammenhang zu erörtern ist, ist sein Heeresgesetz (LVis IX,2,8). Anscheinend war das Heer in einem desolaten Zustand, vor allem die Heeresfolge der Freien war fast ganz außer Übung gekommen. Am Anfang von Wambas Regierung scheint das gotische Heer allerdings noch recht gut funktioniert zu haben. So war es möglich, einen Feldzug gegen die Basken zu führen und fast gleichzeitig mehrere hundert Kilometer nach Osten zu marschieren, um den Aufstand des Paulus in Septimanien zu bekämpfen, der von den Franken unterstützt wurde. Dennoch erließ Wamba ein Gesetz, durch das das Aufgebotswesen wieder funktionsfähig gemacht werden sollte[102], weil anscheinend viele Wehrpflichtige aus Gleichgültigkeit, Feigheit oder Gehässigkeit zu Hause geblieben waren. Bei einem feindlichen Einfall sollten sich in Zukunft Bischöfe und Kleriker sowie Laien aller Ränge samt ihren Gefolgschaften, soweit sie in einem Umkreis von 100 km ihren Wohnsitz hatten, zum Heeresdienst einfinden. Wenn ein Einfall von außen abgewehrt werden musste, wurden folgende Strafen für ein Fernbleiben vom Heer angedroht: Geistliche müssen für den entstandenen Schaden aufkommen oder in die Verbannung gehen, während Laien der Infamie verfallen, das heißt sie verlieren ihre Zeugnisfähigkeit vor Gericht und ihre Besitzungen werden zur Beseitigung des Schadens konfisziert. Bei Erhebung im Innern droht Exil und Enteignung.

Ervig hat dieses Heeresgesetz wieder abgeschafft[103], wie gleich noch näher ausgeführt werden wird. Unter Egica gab es dann abermals neue Regeln: jetzt müssen auch Unfreie dienen. Da viele Grundbesitzer die Zahl ihrer Knechte zu verheimlichen suchen, werden auch dafür Strafen verhängt, nämlich Verbannung, Einziehung der Güter, 200 Hiebe, Dekalvation, Verknechtung und Zahlung von einem Pfund Gold. Kranke sollen nachweisen müssen, dass sie tatsächlich krank sind.

4. Nun zu Ervig, der als *rex clericorum*, als Pfaffenkönig, erscheint, weil er am Beginn seiner Regierung vom Segen der Bischöfe abhängig war[104]. Er erstrebte keine Allein-

99) Ebd. S. 98.

100) Concilium Bracarense tertium (Migne PL 84), Sp. 585–592.

101) Orlandis, Synoden (wie Anm. 15) S. 240.

102) Vgl. Kampers, Geschichte (wie Anm. 3) S. 219.

103) Vgl. Orlandis, Synoden (wie Anm. 15) S. 251 und 257.

104) Vgl. ebd. S. 250 f.

herrschaft, sondern er baute auf Zusammenarbeit mit den geistlichen und weltlichen Amtsträgern. THOMPSON hat das so ausgedrückt : »There is no reason to doubt that Ervig was the first and last Visigothic king to be the puppet of the lay and ecclesiastical nobility throughout his reign.«[105] Bezeichnenderweise fand sofort nach dem Regierungsantritt Ervigs (680–687) ein Reichskonzil statt, das 12. Konzil von Toledo (681). In den folgenden Jahren (683 und 684) gab es noch zwei weitere Konzilien (Toletanum XIII und XIV).

Beim Toletanum XII war der Besuch eher mäßig: 35 Bischöfe waren präsent, darunter vier der sechs Metropoliten; weitere drei Bischöfe sandten Vertreter, das heißt ziemlich genau 50 % der Diözesen waren vertreten. Nach vier Äbten unterzeichneten auch 16 *viri illustres*[106] (seit Toledo IX hatten Hofmagnaten die Akten nicht mehr unterzeichnet). Diese Laien werden von der Chronik von 754 als *collegium Christianorum* bezeichnet[107]. Die Anwesenden waren wahrscheinlich zum großen Teil die engen Anhänger Ervigs, wie die noch zu besprechenden Kanones 1 und 2 zeigen.

Der ›Tomus regius‹ Ervigs verlangt, dass die Versammlung eine erneute Bestätigung (*innovatio*) seines Regiments geben soll: »Ferner bedarf der Abhilfe die Wirkung des Gesetzes unseres Vorgängers, wonach *herisliz* und Nichtbefolgung des Heerbanns Infamie und Verlust des Zeugnisses zur Folge hatte [...], wodurch beinahe die halbe Bevölkerung von ganz Spanien mit lebenslänglicher Ehrlosigkeit geschlagen und in manchen Dörfern alle Bewohner zeugnisunfähig gemacht sind. [...] Und was Euch an den Gesetzen unserer Herrlichkeit absurd oder gegen die Gerechtigkeit erscheint, das ändert in einmütigem Beschluss. [...] Und auch neue Satzungen erlasst, [...] damit die anwesenden geistlichen Leiter der Provinzen und die Spitzen der edelsten Stände ganz Spaniens dieselben in die ihnen anvertrauten Gebiete mitnehmen können.«[108]

Zur Verteilung der Rechte von König, Episkopat und Adel bei der Gesetzgebung der Konzilien sagt der Tomus folgendes:

1. die Versammlung wird nur vom König berufen,
2. sein Befehl (*iussus*) legt den Bischöfen und den Senioren des Palasts die Agenda vor (allerdings haben auch die Bischöfe selbst eine Initiative) und
3. Die Beschlüsse der Versammlung werden erst durch königliche Bestätigung und Publikation zu einem Gesetz.

Durch Kanon 1 wird Ervigs Staatsstreich mit juristischen Argumenten legitimiert[109], denn es heißt: »Der Beweis der uns vorgelegten Urkunden hat dargetan, mit welcher Friedlichkeit und Ordnungsgemäßheit Fürst Ervig den Thron bestiegen und die Regierungsgewalt durch die heilige Salbung empfangen hat. Aus diesen Urkunden ersieht man

105) THOMPSON, Goths (wie Anm. 3) S. 241.

106) Colección canónica Hispana 6 (wie Anm. 98) S. 197–199.

107) Continuatio Hispana 754, hg. von Theodor MOMMSEN (MGH Auct. Ant. 11), S. 349, 51 f.

108) Colección canónica Hispana 6 (wie Anm. 98) S. 144–146. Die oben gegebene deutsche Übersetzung folgt DAHN, Könige (wie Anm. 3) 6 S. 464 f.

109) Vgl. ORLANDIS, Synoden (wie Anm. 15) S. 252.

die Übernahme der Pönitenz durch den früheren König Wamba und die Übertragung der königlichen Ehre auf diesen unseren Fürsten« [...] »Demzufolge sei die Hand des Volkes von jedem Band des Eides, welches dasselbe an König Wamba, so lang er das Reich besaß, geknüpft hielt, gelöst. Es diene fortan allein diesem König Ervig mit freiem Dienst und freudigem Gehorsam, ihm, den der Wille Gottes im Voraus zum Throne bestimmt, den sich der abgetretene Fürst zum Nachfolger bestellt (*post se praeelegit regnaturum*)[110] und, was dazu kommt, die Liebe des ganzen Volkes ausgewählt hat.«[111]

In c. 2 wurde nur scheinbar ein kirchliches Problem behandelt, in Wahrheit geht es um Wambas Buße[112]. Dabei wird deutlich, wie wenig freiwillig Wamba die Krone mit der Tonsur vertauscht hat. Außerdem sollte Wamba die Rückkehr auf den Thron versperrt werden.

Kapitel 7 enthält ein neues Gesetz gegen Landesverrat (vgl. LVis. VI,1,7; IX,2,8). Insofern ist das Urteil SUNTRUPS berechtigt, der schreibt: »Kaum ein anderer westgotischer König hatte seine Macht so sehr der Reichssynode und dem Episkopat zu verdanken, wie Erwig.«[113]

Im Unterschied zu Toledo XII waren in Toledo XIII (683) fast alle Bistümer (74 von 78) persönlich (48) oder durch Vertreter (26) präsent. Dazu kamen 8 Äbte und 26 *viri illustres*, deren Ämter genannt sind; so viele weltliche Amtsträger waren sonst nie anwesend[114]. Der Tomus Ervigs ist sehr politisch, wie auch die Hälfte der Kanones[115]. In c. 10 geht es um die Frage, ob ein Bischof, der eine Buße auf sich genommen hat, danach sein Amt wieder ausführen darf[116].

Nicht im Tomus Ervigs erwähnt wird ein ganz wichtiger Punkt, der im Kanon 2 des Konzils behandelt wird. Daraus kann geschlossen werden, dass die Initiative zu diesem Kanon auf die Synode zurückging. Felix DAHN hat diesen Beschluss mit der englischen Habeas-corpus-Akte[117] von 1679 verglichen[118]: ohne klare Beweise seiner Schuld darf

110) Vgl. dazu SUNTRUP, Studien (wie Anm. 17) S. 299.

111) *Etenim sub qua pace vel ordine serenissimus Eruigius princeps regni conscenderit culmen regnandique per sacrosanctam unctionem susceperit potestatem, ostensa nos scripturarum euidentia edocet. In quibus et praecedentis Vuambae principis paenitentiae susceptio noscitur, et translatus regni honor in huius nostri principis nomine deriuatur. Idem enim Vuamba princeps, dum ineuitabilis necessitudinis teneretur euentu, suscepto religionis debito cultu et uenerabili tonsurae sacrae signaculo, mox per scripturam definitionis suae hunc inclitum dominum nostrum eruigium post se praelegit regnaturum et sacerdotali benedictione unguendum* (Colección canónica Hispana 6, wie Anm. 98, S. 151 f.).

112) Vgl. ORLANDIS, Synoden (wie Anm. 15) S. 253 f. und SUNTRUP, Studien (wie Anm. 17) S. 300.

113) Ebd. S. 323.

114) ORLANDIS, Synoden (wie Anm. 15) S. 262 f.

115) Ebd. S. 265–268.

116) SUNTRUP, Studien (wie Anm. 17) S. 300.

117) Danach müssen Inhaftierte binnen 3 Tagen einem Richter vorgeführt werden und dürfen nicht außer Landes gebracht werden. Vgl. auch Artikel 104 des Grundgesetzes.

künftig kein Bischof und kein Angehöriger des Palastadels abgesetzt, gefangen genommen, enteignet oder gefoltert werden, um ihn mit Gewalt, List oder Heimlichkeit zu einem Geständnis zu zwingen. Angeklagte müssen so lange auf freiem Fuß bleiben, bis sie in einem öffentlichen Gerichtsverfahren vor die Bischöfe, Senioren und Gardingi geführt und verurteilt oder freigesprochen sind. Das gleiche Vorrecht soll jeder Freie genießen, wenn er des Hochverrats angeklagt wird. Jedenfalls werden durch Toledo XIII c. 2 »die Mitglieder der geistlichen und weltlichen Aristokratie in allen Criminalsachen, die übrigen Freien in Hochverrathsprocessen den ordentlichen Gerichten ebenso wie der Willkür des Königs und seiner Beamten entzogen.«[119] Noch ein Detail sei hervorgehoben: Adlige, die nicht zum *ordo palatinus* gehören, wurden anscheinend öfter geprügelt: *Pro culpis minimis, ut assolet, flagellorum ictibus a principe verberentur*[120]. Man ist versucht zu fragen, ob das tatsächlich heißen soll, dass der König persönlich zum Stock gegriffen hat?

Für die Frage nach der Effektivität der frühmittelalterlichen Gesetzgebung ist übrigens noch interessant, dass Egica im Tomus von Toledo XV darüber Klage führt, dass Ervig selbst sich nicht an sein Gesetz gehalten habe[121].

Ob man die Brandmarkung von Gewalt gegen Adlige als »unter kirchlichem Einfluss erfolgte Humanisierung« bezeichnen darf, wie das CLAUDE und ihm folgend SUNTRUP tun[122], erscheint mir als übertrieben positive Einschätzung. Eher kann von einer Bevorzugung des Adels durch Ervig[123] gesprochen werden, wie auch aus Gesetzen (LVis II,2,9; V,2,2 und VI,5,12) hervorgeht, die von Ervig mit Zusätzen versehen wurden, um die Rechte des Adels zu verbessern gegenüber ihrer ursprünglichen Gestalt bei Chindaswinth. Weitere Gesetze Ervigs (LVis II,1,8,21 und VI,1,2) sahen für Adlige geringere Strafen bei bestimmten Vergehen vor. Und auch Wambas Heeresgesetz wurde zugunsten der Oberschicht stark verändert[124]: Wer wegen eines Verstoßes gegen dieses Gesetz seine Zeugnisfähigkeit verloren hatte, soll sie wieder erhalten, sogar rückwirkend, d. h. Ansprüche, die er wegen einer zeitweiligen Zeugnisunfähigkeit nicht hatte geltend machen können, soll er jetzt verfolgen können.

118) Vgl. DAHN, Könige (wie Anm. 3) 6 S. 238; dort findet sich auch eine dt. Übersetzung des Kanons. Vgl. weiter ZEUMER, Geschichte I (wie Anm. 10) S. 503 f.; CLAUDE, Adel (wie Anm. 3) S. 179 f.; GIESE, Goten (wie Anm. 3) S. 175 und SUNTRUP, Studien (wie Anm. 17) S. 313 f.

119) ZEUMER, Geschichte I (wie Anm. 10) S. 504.

120) Colección canónica Hispana 6 (wie Anm. 98) S. 233.

121) Egica schreibt über Ervig: *Additur super hoc, ut fertur, pressurarum eius in plerosque acerbitas, quos indebite rebus et honore priuauit, quos de nobili statu in seruitutem sui iuris implicuit, quos tormentis subegit, quos etiam uiolentis iudiciis pressit* (Colección canónica Hispana 6, wie Anm. 98, S. 295).

122) CLAUDE, Adel (wie Anm. 3) S. 176 und SUNTRUP, Studien (wie Anm. 17) S. 314.

123) Vgl. dazu THOMPSON, Goths (wie Anm. 3) S. 239.

124) Vgl. LVis. IX,2,9 (hg. von ZEUMER, wie Anm. 11, S. 374–379, bes. S. 372 Anm. 1); vgl. auch schon DAHN, Könige (wie Anm. 3) 6 S. 469.

5. Egica: ein letzter Versuch einer autokratischen Königsherrschaft?

Egica war ein Neffe Wambas; dieser lebte noch, als Ervig starb. Die Chronik von 754 charakterisiert die Regierung Egicas mit den Worten: *hic Gothos acerva morte persequitur*[125]. Wieder wird also von einer »Verfolgung« der Goten gesprochen wie schon bei Gregor von Tours über Leovigild und bei Fredegar über Chindaswinth.

Unter Egica (687–702) traten drei große Konzilien zusammen:

1. In Toledo XV (688) waren 61 Bischöfe persönlich anwesend, dazu 5 Vertreter von Bischöfen, d. h. 85 % der Diözesen waren präsent. Dazu kamen 17 *comites*, von denen wir einen großen Teil (ca. 2/3) schon aus Toledo XIII kennen[126]. Im ›Tomus regius‹ legt Egica dar, wie es zu seiner *praeelectio regni* (= Designation) durch Ervig gekommen ist. Außerdem äußert er sich über sein Verhältnis zu den Söhnen Ervigs. Weiter geht es um die Eide, die er seinem Vorgänger geschworen hat[127]. Vor allem aber ist wichtig: Egica erhebt schwere Vorwürfe gegen seinen Vorgänger und Schwiegervater Ervig[128].
2. Zaragoza III (691): war ein Provinzialkonzil, das auf Befehl des Königs zusammenkam.
3. Es erließ aber eine staatsrechtliche Neuerung über die Königswitwe: sie muss sofort nach dem Tod ihres Gatten ins Kloster gehen[129].
4. Toledo XVI (693): Die Haltung des Adels zu Egica hatte sich möglicherweise verändert, denn es unterzeichnen nur 16 Adlige, von denen lediglich sechs aus früheren Konzilien bekannt sind[130]. Nach der Auffassung von Orlandis müsse es eine »umfangreiche Säuberung unter dem hohen Hofadel« gegeben haben[131]. Der Grund für diese Säuberung war wahrscheinlich die Rebellion, als deren Anführer Erzbischof Sisebut von Toledo bekannt ist[132]. Es war anscheinend geplant, einen gewissen Suniefrid zum König zu erheben.

Auf dem 16. Toletanum waren 64 Bischöfe präsent sowie drei Vertreter von Bischöfen und fünf Äbte, also die Geistlichkeit war in beachtlicher Vollständigkeit vertreten.

Im ›Tomus regius‹ fordert der König das Konzil auf, die gesamte Gesetzgebung zu revidieren[133]. Dabei wird aber bestimmt, dass die Gesetze, die von Chindaswinth bis Wamba erlassen wurden, unberührt bleiben sollen. Das bedeutet, nur die Gesetzgebung Ervigs wird als revisionsbedürftig angesehen. Um ein Beispiel zu geben: Ervig hatte das

125) MGH Auct. Ant. 11 S. 349 Z. 30 f.
126) Orlandis, Synoden (wie Anm. 15) S. 280.
127) Suntrup, Studien (wie Anm. 17) S. 324 f. hat dies als „Gewissensproblem" bezeichnet.
128) Vgl. Suntrup, Studien (wie Anm. 17) S. 324 mit Anm. 689.
129) Vgl. Orlandis, Synoden (wie Anm. 15) S. 298 f.
130) Ebd. S. 301.
131) Ebd.
132) Thompson, Goths (wie Anm. 3) S. 244.
133) Vgl. Orlandis, Synoden (wie Anm. 15) S. 303.

Gesetz Rekkeswinths LVis. VI,5,13 getilgt. Dort war die Verstümmelung von Sklaven durch ihre Herren unter strenge Strafe gestellt worden. Jetzt wird Rekkeswinths Gesetz wieder eingeführt[134] mit der Begründung, dass auch Knechte Ebenbilder Gottes seien.

Aus einigen Kanones kann auf eine schwere Krise des Reichs geschlossen werden, so aus c. 4, der sich mit Selbstmördern befasst und eine etwas groteske Strafandrohung ausspricht: diejenigen, deren Selbstmordversuch gescheitert war, sollen für 2 Monate exkommuniziert werden. Eine solche Sanktionsdrohung zeigt die völlige Hilflosigkeit des Konzils vor dem Phänomen massenhaft begangener Selbstmorde. Eine gewisse Parallele zu diesem Krisenphänomen scheint mir in den zahlreichen Eintritten von langobardischen Großen in ein Kloster in den Jahren nach 750 zu liegen, die das Ende des Langobardenreichs vorweg zu nehmen scheinen[135].

Die Kanones 9 und 10 setzen sich mit einer Verschwörung der Hofleute auseinander[136]: Der Anführer, Erzbischof Sisbert von Toledo, soll für seinen Eidbruch und für den Versuch des Königsmords aus der katholischen Gemeinschaft ausgestoßen, seines Amtes entsetzt, aller Besitzungen zum Vorteil des Königs beraubt, zu lebenslanger Strafarbeit verbannt und erst im Tod wieder zur Kommunion zugelassen werden. Egica hatte den Erzbischof allerdings bereits abgesetzt und einen Nachfolger bestimmt, was jetzt vom Konzil in gewisser Weise kritisiert wird, wenn es verlangt, dass der *consensus cleri ac populi* (zur Bischofserhebung) nachgeholt werden müsse[137].

Das Gesetz LVis. II,5,19: gegen Verschwörungen zeigt, dass sich Verschwörer die Bestimmungen von c. 2 von Toledo XIII zunutze machten. Egica vermochte zwar dieses Kapitel, die Habeas-corpus-Bestimmung von c. 2 von Toledo XIII, nicht aufzuheben, versuchte aber »seinen schlimmsten Wirkungen vorzubeugen« (Zeumer)[138]. Wer fortan Tod oder Absetzung des Königs plant, soll lebenslang verknechtet werden; sein Eigentum gehört dem König.

Vom letzten näher bekannten Konzil von Toledo, dem 17. aus dem Jahr 694, sind zwar noch 8 Kanones und ein Bestätigungsgesetz, aber keine Unterschriftsliste erhalten, daher kennen wir die Teilnehmer nicht, nicht einmal ihre Anzahl. Die Themen der Kanones sind nicht neu: c. 7 befasst sich wieder einmal mit dem Schutz der Familie des Königs und c. 8 enthält Gesetze gegen die Juden. Wieder einmal wird die Initiative des Königs hervorgehoben[139].

Egica starb 702; sein Nachfolger wurde sein Sohn Witiza, den er vielleicht schon 693 oder 694, spätestens aber 698 zum Mitkönig erhoben hatte. In der Chronik von 754 wird

134) Zeumer, Geschichte I (wie Anm. 10) S. 508.

135) Vgl. dazu Jörg Jarnut, Geschichte der Langobarden, Stuttgart u. a. 1982, S. 125 f.

136) Vgl. Dahn, Könige (wie Anm. 3) 6 S. 484; Thompson, Goths (wie Anm. 3) S. 245; Orlandis, Synoden (wie Anm. 15) S. 313 f. und Suntrup, Studien (wie Anm. 17) S. 329 ff.

137) Suntrup, Studien (wie Anm. 17) S. 375.

138) Zeumer, Geschichte I (wie Anm. 10) S. 507.

139) Migne PL 84 Sp. 560 AB.

er sehr positiv gesehen: er habe nicht nur die, die sein Vater verdammt hatte, in Gnaden wieder aufgenommen, sondern er habe diejenigen, die Egica mit schwerem Joch beschwert hatte, ihrer früheren Freude zurückgegeben[140]. Ganz anders lautet die Charakteristik in der sog. Chronik Alfons' III., in der es unter anderem heißt, Witiza habe den Bischöfen, Priestern und Diakonen befohlen, Frauen zu nehmen, damit sie kein Konzil gegen ihn zusammenrufen könnten[141].

Vielleicht ist aber im Jahr 703 noch ein 18. Konzil von Toledo zusammengetreten, von dem sich jedoch keine Beschlüsse erhalten haben[142].

* * *

Im Folgenden sollen drei zentrale Aspekte meines Themas noch einmal zusammenfassend vorgestellt werden:

1. Das Verhältnis von König und Konzil,
2. Die Bestimmungen über Wahl und Schutz des Königs und
3. Der König, das Recht und das Gericht.

1. Zum ersten Punkt »König und Konzil« möchte ich hervorheben, dass die Könige auf den Synoden der westgotischen Kirche eine entscheidende Rolle spielen. Nicht nur, dass die Synoden *iussu regis* zusammentreten, wie meist ausdrücklich gesagt wird, sondern die Beschlüsse gehen vielfach auf die Initiative des Königs zurück. Diese Initiative ist im sog. ›*Tomus regis*‹ geradezu institutionalisiert, in dem der König dem Konzil seine Verhandlungsgegenstände vorgibt. Am Ende der Bischofsversammlung steht oft eine *lex* oder ein *edictum in confirmationem concilii*, mit dem der König die Beschlüsse des Konzils bestätigt. Nur selten sind Diskussionen unter den Teilnehmern oder ein Dissens zwischen der Synode und dem König erkennbar, am ehesten 653, im 8. Toletanum, als die unterschiedlichen Auffassungen von Konzil und König sogar in die Akten aufgenommen wurden. Als sich nach dem »Staatsstreich« Chindaswinths das 7. Konzil von Toledo mit den Hochverrätern, den Gegnern des Königs, befasste (in c. 1), griff das Konzil auf ein zuvor ergangenes königliches Gesetz zurück.

Unter Ervig steigerte sich die Bedeutung der Konzilien noch einmal: Er trug dem Konzil in seinem Tomus die Bitte vor, seine Gesetze und Entwürfe zu revidieren. Der König nahm also für die ordentliche weltliche Gesetzgebung die Mitwirkung des Konzils

140) MGH Auct. Ant. 11 S. 350,30–351,4.

141) [...] *ne adversus eum censura ecclesiastica consurgeret, concilia dissolvit, canones obseravit, omnemque religionis ordinem depravavit; episcopis, presbiteris et diaconibus uxores habere precepit* (hg. von Jan Prelog, Die Chronik Alfons' III. Untersuchung und kritische Edition der vier Redaktionen (Europäische Hochschulschriften, Reihe III, Bd. 134), Frankfurt/Main u. a. 1980, S. 74 und Anm. 61 auf S. 148 f.).

142) Vgl. Orlandis, Synoden (wie Anm. 15) S. 323.

in Anspruch[143]. Die Beschlüsse von Toledo XII wurden durch ein *edictum in confirmatione concilii* ausdrücklich bestätigt; das hatte es seit 589 nicht mehr gegeben. Damit erhielten alle Konzilsbeschlüsse die Kraft weltlicher Gesetze. Ein derartiges Konfirmationsgesetz erließ der König auch zu Toledo XIII. Und auch in den folgenden Konzilien blieb das üblich (mit Ausnahme von Toledo XIV, das nur Beschlüsse zum Dogma gefasst hatte). Noch im ›Tomus regius‹ des 16. Konzils von Toledo schreibt König Egica: *Cuncta vero*[…] *accomodante serenitatis nostrae consensu* – »alles wurde aufgrund der Zustimmung Unserer Hoheit beschlossen.«[144]

Für das Thema »König und Konzil« ist natürlich auch von Bedeutung, dass sich zahlreiche Konzilskanones mit dem Schutz des Königs und vor allem auch seiner Familie, seiner Kinder und seiner Frau befassen. Diese Gesetzgebung beginnt auf den Konzilien Toledo V und VI (636 und 638) und reicht bis zum 17. Toletanum von 694.

Da die Konzilien spätestens seit 633 (Toledo IV) von ganz zentraler Bedeutung für unser Thema sind, muss wenigstens kurz erwähnt werden, wie die Bischöfe erhoben wurden:

Erst in c. 6 von Toledo XII (681) wird allerdings die *libera principis electio* ausdrücklich angesprochen, wenn es heißt: *Regalis potestas elegerit et iam dicti Toletani episcopi iudicium dignos esse probaverit*[145]. Aus c. 8 von Toledo XIII (683) geht hervor, dass der König (*princeps*) genauso wie der Metropolit dem Bischof gegenüber weisungsbefugt ist[146].

Die Teilnahme von wichtigen und mächtigen Laien am Konzil, die seit Toledo III durch ihre Unterschrift unter die Akten hervortreten, erweist, dass die Konzilien allmählich zu Reichstagen werden.

In Toledo III wurde allerdings nur die *Professio fidei Gothorum* von 5 namentlich genannten Großen unterzeichnet, von denen vier als *vir illuster*, einer als *vir illuster procer* bezeichnet werden. Es folgt die Wendung: *Similiter et omnes seniores Gotorum subscripserunt*[147]. In den Akten der folgenden vier Toletanischen Konzilien sind keine Laien genannt, wenn auch die Chronik von 754 berichtet, dass am 7. Toletanum das *collegium palatinum* präsent war[148].

In Toledo VIII unterzeichnen 16 *viri illustres*, die alle als *comes* bezeichnet werden. Unter diesen *comites* sind sechs, die zusätzlich auch den Titel eines *dux* tragen. Sofern die *comites* einen Amtstitel tragen, heißen sie Kämmerer (2), Schenken (5), Kanzleivorstand

143) Vgl. Zeumer, Geschichte I (wie Anm. 10) S. 502.

144) Concilium Toletanum XVI. (Migne PL 84 Sp. 536 B).

145) Colección canónica Hispana 6 (wie Anm. 98) S. 170.

146) Zu den Normen der westgotischen Konzilien über die Bischofserhebung vgl. jetzt Andreas Thier, Hierarchie und Autonomie. Regelungstraditionen der Bischofsbestellung in der Geschichte des kirchlichen Wahlrechts bis 1140 (Recht im ersten Jahrtausend 1, 2011) S. 204–208.

147) Colección canónica Hispana (wie Anm. 13) 5 S. 98.

148) Continuatio Hispana 754 (wie Anm. 107) S. 341, 34 f.

(2), Verwalter des Kronguts (1) und Kommandant der Leibgarde (1). In Toledo IX unterzeichnen vier *viri illustres:* je ein Kämmerer, ein Krongutsverwalter, ein Kanzleivorstand und ein *comes et dux*. Die Akten von Toledo X und XI tragen keine Unterschriften von Laien.

In Toledo XII unterzeichnen 17 *viri illustres officii palatini* ohne weiteren Amtstitel.

Die Akten von Toledo XIII tragen die Unterschriften von 26 *viri illustres*, unter denen diesmal über die in Toledo VIII genannten Amtsträger hinaus auch ein Thesaurar, ein Stallmeister und ein *comes Toletanae civitatis* genannt ist. Toledo XIV, das nur dogmatische Fragen behandelte, nennt keine Laien. Dagegen unterzeichnen in Toledo XV 17 *comites* ohne nähere Amtsbezeichnung. Und auch die Akten von Toledo XVI werden von 16 *viri illustres* bzw. *comites* unterschrieben.

Wenn man andere Landessynoden des frühen Mittelalters vergleicht, so kann man feststellen, dass bei den Franken nur selten Laien als Teilnehmer belegt sind (nur Epao 517, Orange 529, Marseille 533, Bordeaux 663/65 und St-Pierre-de-Granon 673/75 erwähnen dies). Und lediglich in Orange 529 haben auch 8 *viri illustres* die Akten unterzeichnet[149)]; damals gehörte die Kirchenprovinz Arles noch zum Westgotenreich. Bei den Angelsachsen gehörte nach Hanna VOLLRATH die »Anwesenheit der weltlichen Großen zum Traditionsbestand des Synodalwesens in der angelsächsischen Kirche«[150)], aber in den Subskriptionslisten erscheinen diese Laien nicht. Wir können also sagen, dass es eine westgotische Besonderheit war, dass Laien auf Synoden nicht nur als Zuhörer, sondern auch als stimmberechtigte Mitglieder auftraten.

Zu 2. Königswahl

Die Möglichkeit der Mitregierung der Großen lässt sich bei den Westgoten besonders gut bei der Königswahl überprüfen[151)]. Hier liegen eine ganze Reihe von normativen Texten vor[152)]:

Zuerst ist hier der Kanon 75 des 4. Konzils von Toledo (633) zu nennen[153)], von dem bereits ausführlich die Rede war. Dann c. 3 von Toledo V (636)[154)] und c. 17 von Toledo VI (638)[155)]:

Demnach muss der König von adliger Herkunft sein und aus dem gotischen Volk stammen.

149) Concilia aevi merovingici, hg. von Friedrich MAASSEN (MGH Conc. 1), Hannover 1893, S. 53 f.

150) Hanna VOLLRATH, Die Synoden Englands bis 1066 (Konziliengeschichte, Reihe A, Paderborn u. a. 1985) S. 144.

151) Vgl. ZEUMER, Geschichte II (wie Anm. 83) S. 56 f.

152) Vgl. SANCHEZ ALBORNOZ, El aula regia (wie Anm. 55) S. 232 f. mit Anm. 44.

153) Colección canónica Hispana 5 (wie Anm. 13) S. 248–259. Deutsche Übersetzung bei DAHN, Könige (wie Anm. 3) 6 S. 439 ff.

154) ORLANDIS, Synoden (wie Anm. 15) S. 176–178.

155) Ebd. S. 184–186.

Kleriker (d. h. vor allem: zu Klerikern gemachte Angehörige der früheren Königssippe) und Dekalvierte (auch dies ja eine Maßnahme gegen abgesetzte Könige oder deren Nachkommen) sind unfähig, König zu werden.

Nach dem Staatsstreich Chindaswinths befasste sich c. 1 von Toledo VII (646) mit den Hochverrätern. Unter Rekkeswinth äußerte sich Toledo VIII c. 2 und c. 10 zum Ort der Königswahl (Sterbeort oder Toledo)[156].

Wie oft tatsächlich ein König nach der Wahlordnung von c. 75 von Toledo IV gewählt wurde, ist nicht klar. Vielleicht waren auch schon Sisenand 631 und Chindaswinth 642 in einer Wahl zum König erhoben worden, wenigstens berichtet uns Fredegar dies[157].

Sicher ist aber Wamba 672 gewählt worden, wie Julian in seiner ›Historia Wambae‹ schreibt: *quem totius gentis et patriae communio elegit* (c. 2)[158]. Allerdings sieht der Bericht Julians eher danach aus, dass es sich um eine tumultuarische Wahl gehandelt hat: »Während der *vir clarissimus* Wamba das Leichenbegängnis für den verstorbenen König Rekkeswinth vorbereitete, riefen alle einstimmig, [...] sie würden ihn gern zum Herrscher haben. Mit donnernder Lautstärke riefen sie [...], jener und kein anderer sonst solle über die Goten herrschen, und sie warfen sich ihm scharenweise vor die Füße, damit er den Bittenden keine abschlägigen Bescheid gäbe.«[159]

Zu 3. König und Recht

Nach Zeumer gab es bei den Westgoten zwei Rechtskreise, nämlich die »rein königliche Gesetzgebung« und die Konzilien. »Bis auf Ervig war nur der König das [...] gemeinsame Haupt dieser beiden Rechtskreise.«[160] Wir wollen hier aber doch auch fragen: gab es eine Alleinregierung des Königs oder eine Mitwirkung der Großen bei der Gerichtsbarkeit?

Nach LVis. VI,1,6 (7), einem Gesetz Chindaswinths[161], soll das Begnadigungsrecht des Königs an die Zustimmung der geistlichen und weltlichen Großen gebunden sein: *Cum adsensu sacerdotum maiorumque palatii licentiam miserandi habebit* (*rex*)[162].

In LVis. II,1,4 ist das Publikationsedikt (sog. ›Lex Quoniam‹) erhalten, das Rekkeswinth seinem Gesetzbuch mitgegeben hat[163]. Dort wird verfügt:

156) Vgl. Zeumer, Geschichte II (wie Anm. 83) S. 54 f.

157) Siehe oben bei Anm. 48.

158) Julian von Toledo, Historia Wambae regis, hg. von Wilhelm Levison (MGH SS rer. Merov. 5), Hannover 1910, S. 501, 17 f.

159) Ebd. S. 501, 19–502, 3; dt. Übersetzung bei Kampers, Geschichte (wie Anm. 3) S. 208.

160) Zeumer, Geschichte I (wie Anm. 10) S. 502.

161) Leges Visigothorum, hg. von Zeumer (wie Anm. 11) S. 256.

162) Vgl. dazu Dahn, Könige (wie Anm. 3) 6 S. 243 ff., bes. S. 246 f. und S. 542.

163) Vgl. Zeumer, Geschichte I (wie Anm. 10) S. 483 ff. und 511 ff.

1. Das Gesetzbuch soll für alle Personen und Völker im Gotenreich gelten; daher werden die Gesetze anderer Völker, bes. das römische Recht, aufgehoben. Jedes andere im Gericht vorgelegte Gesetzbuch soll vernichtet werden.
2. Der König hat das Recht, nach Bedarf neue, mit Zustimmung der Großen des Reiches erlassene Gesetze dem Gesetzbuch hinzuzufügen: *conexis aliis legibus, quas nostri culminis fastigium iudiciali praesidens trono coram universis Dei sanctis sacerdotibus cunctisque officiis palatinis, ducante Deo adque favente audientium universali consensu, edidit et formavit ac sue glorie titulis adnotabit.* ZEUMER übersetzt: Der König erließ diese Gesetze »auf dem Richterstuhle sitzend in Gegenwart aller Bischöfe und Würdenträger des Palastes (*episcopi, seniores palatii et gardingi*) und mit ihrer Zustimmung.«[164)]

Hier ist also ganz klar von Konsens die Rede!

Und in LVis. I,1,5 heißt es über den *artifex legum*, dass er *consilio probis et parvis* handelt, und zwar *adsensu civibus populisque conmuni* [...] *ex universali consensu*[165)]. Muss das aber auch heißen, dass der König an die Mitwirkung und die Zustimmung der geistlichen und weltlichen Großen gebunden war, wie DAHN behauptet[166)]?

Für die Gerichtsverhandlungen gilt: Kein König darf allein über Kapitalverbrechen urteilen; er ist an den Konsens der »Öffentlichkeit« (*consensu publico*) gebunden, wie es in c. 75 von Toledo IV heißt. Diese Linie wird im sog. Habeas-corpus-Gesetz von Toledo XIII c. 2 fortgesetzt. Ähnlich hatte auch schon Chindaswinth in LVis. VI,1,6 (7) verfügt: *cum adsensu sacerdotum maiorumque palatii licentiam miserandi libenter habebit* (scil. rex)[167)].

Im Gerichtsverfahren gegen den Rebellen Paulus im Jahre 673 wurden sowohl c. 75 von Toledo IV als auch LVis. II,1,6 (8) zitiert[168)]; die Versammlung – und nicht etwa der König allein – hat dann das Urteil gefällt (*definivimus sententia*): *Ut idem perfidus Paulus cum iam dictis sociis suis morte turpissima condemnati interirent*[169)].

* * *

Zum Abschluss sollen noch zwei Fragen gestellt und knapp beantwortet werden:
1. Gab es – wenigstens zeitweise – bei den Westgoten eine »konsensuale« Herrschaft oder Regierung?

164) Ebd. S. 502.
165) Leges Visigotorum, hg. von ZEUMER (wie Anm. 11) S. 39.
166) DAHN, Könige (wie Anm. 3) 6 S. 246 f.
167) Hg. von ZEUMER (wie Anm. 11) S. 256 Z. 16 f.
168) Historia Wambae (wie Anm. 158) S. 534.
169) Historia Wambae (wie Anm. 158) S. 535, 1 f.

2. War das schließliche Misslingen eines Konsenses zwischen dem König und den (geistlichen wie weltlichen) Großen ein wesentlicher Grund für das rasche Ende des Westgotenreiches unter dem Ansturm der Sarazenen?

Zu 1. Bereits Felix DAHN hat davon gesprochen, dass das westgotische Königtum »despotisch und ohnmächtig zugleich« gewesen sei. Und dass eine »sultanische Willkür« (etwa bei Eurich, Leovigild und Chindaswinth) gegen die »germanische Volksfreiheit« gestanden habe[170].

Heute würden wir das natürlich nicht mehr so formulieren; aber auch die Vorstellung von der »konsensualen Herrschaft« hat ja deutlich aktuelle Bezüge. Unsere eigenen Beschränktheiten zeigen sich vielleicht auch in der Verurteilung der Könige Chindaswinth und Egica, die den Adel zu unterdrücken versuchten: Der Ausgleich zwischen König und Adel, wie ihn am Ende des Westgotenreichs vor allem Ervig versuchte, bedeutete auch, dass der König dem Adel Zugeständnisse machte, die auf Kosten der unteren Schichten gingen, dass also z. B. die Sklaven der Willkür ihrer Herren ausgeliefert bleiben sollten. Die Großgrundbesitzer, die vom König nicht in ihrer uneingeschränkten Herrschaft gegenüber ihren Sklaven beschränkt werden wollten, wehrten sich gegen die sklavenfreundlichen Gesetze der Könige Chindaswinth, Rekkeswinth und Egica. Daher sollten wir die Vorliebe des 19. Jahrhunderts für ein starkes Königtum nicht nur als nostalgische Sehnsucht nach einem wiederherzustellenden Mittelalter betrachten, sondern auch erkennen, dass der Wunsch nach einem starken Königtum auch eine Stellungnahme in den sozialen Auseinandersetzungen ihrer Zeit gewesen ist.

Zu 2. Das plötzliche Ende des Reichs der Westgoten, die totale Niederlage gegen einen zahlenmäßig unterlegenen Gegner aus Nordafrika, ist in der Forschung seit langem immer wieder als erklärungsbedürftig angesehen worden[171]. Vergleichbar ist dieses Ende mit dem raschen Zusammenbruch des Langobardenreichs ca. 60 Jahre später: auch dieses Reich ist anscheinend ohne nachhaltigen Widerstand gegen die Franken innerhalb eines knappen Jahres zusammengebrochen[172]. Auch das angelsächsische Königreich ist gegen die anstürmenden Normannen 1066 sehr schnell und fast ohne weiteren Widerstand erloschen[173].

Bei den Langobarden wie bei den Westgoten folgten diesem Ende des Königtums und des einheitlichen Reichs zwar noch einige regional begrenzte Widerstandsbewegungen, aber zu einer Gefahr gegen die neue Herrschaftsordnung wurden diese nicht mehr.

Ein Zusammenhang zwischen dem Untergang des Westgotenreichs und dem ungeklärten Verhältnis zwischen König und Adel lässt sich auch aufgrund einer Aussage der

170) DAHN, Könige (wie Anm. 3) 6 S. 496.

171) Vgl. z. B. Roger COLLINS, Early Medieval Spain. Unity in Diversity, 400–1000 (New York 1983) S. 151–154; KAMPERS, Geschichte (wie Anm. 3) S. 226–232.

172) Vgl. JARNUT, Langobarden (wie Anm. 135) S. 122–124.

173) Vgl. COLLINS, Early Medieval Spain (wie Anm. 171) S. 152 f.

Chronik von 754 aufzeigen: Dort heißt es über den Einfall Roderichs, der den Sieg der Muslime erleichterte: *Rudericus tumultuose regnum ortante senatu invadit*[174].

Wenn mit *tumultuose* eine rechtlich nicht abgesicherte Aktion umschrieben ist, so widerspricht dies in gewisser Weise dem Ausdruck *ortante senatu*, wonach eine Versammlung der Großen diese Invasion gebilligt habe. Welches tatsächliche Mitwirkungsrecht dieser *senatus* aber besaß, ist unklar.

Summary: The Visigothic Kingdom: failure of "consensual governance"?

Visigothic history is full of conflicts between kings and magnates. More than half of these kings were overthrown and killed treacherously. But it still can be demonstrated what »law and consensus« meant with regard to the Iberian peninsula when focusing on how the five kings from Chindaswinth to Egica ruled.

The conflicts between ruler and aristocracy climaxed once again in 642 – about 70 years before the end of the Visigothic kingdom: 80 year-old Chindaswinth did not only depose the minor king Tulga and had him tonsured, but is said to have had assassinated a considerable part of the aristocracy. Chindaswinth's son and successor Rekkeswinth tried to restore consensus between king and aristocracy. Under the reign of Wamba (672–680) the conflict probably escalated once more. King Ervig (680–687) tried to reconcile king and aristocracies – secular and ecclesiastical – which earned him the cognomen »king of the priests«. King Egica (687–702) made a further attempt at establishing autocratic rule.

There were three main approaches to analyzing the governance of these five kings:

Firstly, the relationship between king and church councils, especially the role of the king in summoning the councils and fixing their agenda. Under Ervig the council was used for secular law-giving and the canons of the councils were promulgated as secular law. Many conciliar canons were concerned with the protection of the king and his family. This is as typical of the Visigothic kingdom as the presence and participation of secular nobles in church councils.

Secondly, at the election of the king the co-governance of the magnates became evident, although we do not know whether the electoral regulations set forth by canon 75 of the fourth council of Toledo have ever been put into practice.

Thirdly, the relationship between king and law and justice respectively. The central issue was the following: did the magnates participate in formulating and validating the laws and in jurisdiction, or was there self-governance of the king? At least from time to time we catch a glimpse of the king being bound to the cooperation and approval of the

174) Continuatio Hispana 754 (wie Anm. 107), S. 352, 23 f.).

secular and ecclesiastical aristocrats when acting as a law-giver. No king was allowed to adjudicate on capital offences.

In conclusion, the question was raised whether the missing consensus between king and aristocracies, the failure of »consensual governance«, contributed to the break-down of the Visigothic kingdom.

The Evidence for Consensus in the Irish Law-texts of the Seventh to Ninth Centuries AD

Fergus Kelly (Dublin)

In this paper I provide a summary of the Irish situation with regard to law and consensus, concentrating in particular on the law-texts of the seventh to ninth centuries AD. An important fact to emphasise at the outset is that the manuscripts – dating mainly from the fourteenth to sixteenth centuries – are much later than the texts themselves, so we are not dealing with original documents, but with copies of copies many times over. The texts are in Classical Old Irish couched in a rather formal style: the various authors (practically all anonymous) put a lot of thought, care and effort into drafting these documents. The range of subjects dealt with is remarkable. Some of the texts treat of general topics such as rank, marriage, the family, legal procedure, etc. Others consist of specialised treatments of a single legal area. For example, one text is concerned with the legal problems which may arise through the construction of a water-mill, particularly if the mill-race has to be cut through another's land[1]. Another text deals solely with the obligation of a person to look after someone whom he has illegally injured. This text is of particular interest on account of the abundant information which it provides on Early Irish medical practice[2]. Some of these law-texts have survived the process of copying and recopying remarkably well, and it is possible to establish and translate the original Old Irish with a fair degree of confidence. But other texts have, sadly, not fared so well, and survive in fragments, sometimes only partially decipherable. And yet other law-texts have not survived at all: we know of their existence merely from references in glossaries. But we should of course be grateful for what we have.

The task of making early Irish legal material available to the academic world and other interested persons goes back to the nineteenth century, when two very fine Irish scholars, John O'Donovan and Eugene O'Curry, worked on the transcription and translation of the legal manuscripts which had then been identified, mainly in the libraries of Trinity College Dublin, the Royal Irish Academy, the British Library, and the Bodleian Library

1) D. A. Binchy, Coibnes Uisci Thairidne, in: Ériu 17 (1955), p. 52–85.
2) D. A. Binchy, Bretha Crólige, in: Ériu 12 (1938), p. 1–77.

Oxford. They both died before the publication of the first volume in 1865, so regrettably it was marred by misprints and other errors. In all, five volumes of facing text and translation were produced, and a final sixth glossary volume came out in 1901[3]. The general reception of the six volumes of the ›Ancient Laws of Ireland‹ was rather negative, but at least their publication illustrated the remarkable richness of the material.

The most important name in the field of early Irish legal studies during the first part of the twentieth century was that of Rudolf THURNEYSEN, who held professorships at Freiburg and then Bonn. He originally worked on Old Irish literary and linguistic topics, but in mid-life developed an interest in early Irish legal material. His scholarly strategy was two-fold: to re-edit the material which had been particularly mishandled in the ›Ancient Laws of Ireland‹, and to edit the considerable body of law-texts which had been omitted. Still, over three-quarters of a century later, his editions are models of accuracy and insight. His last major legal project was an edition of a text dealing with marriage, concubinage and divorce, published in 1936 by the Royal Irish Academy in ›Studies in Early Irish Law‹, a very useful collection of essays and editions[4].

The other great name in twentieth-century legal studies is that of Daniel A. BINCHY, who contributed fine editions of a number of law-texts in the journals *Ériu* and *Celtica.* But perhaps his greatest achievement was in publishing a reliable diplomatic edition in six volumes of virtually all the surviving legal material in Irish. An immense and courageous undertaking, this work was published by the Dublin Institute for Advanced Studies in 1978, in BINCHY's seventy-ninth year.[5] The existence of this ›Corpus Iuris Hibernici‹ means that every scholar working in the field of Irish legal studies has access to a careful transcript of what each legal manuscript actually has, with full word-division and extensive cross-references and suggested emendations. BINCHY's work has been made all the more useful by the publication in 2005 of Liam BREATNACH's ›Companion to the Corpus Iuris Hibernici‹, which provides information on the subject-matter of every text, long or short, and deals with the manner in which the legal material was organised in the law-schools[6].

In spite of the fact that his textual editions and his ›Corpus Iuris Hibernici‹ were well received by Irish scholarship, BINCHY himself became rather despondent about the future of early Irish legal studies, and entitled one of his last publications ›Corpus Iuris Hi-

3) W. NEILSON HANCOCK et al., Ancient Laws of Ireland 1–6, Dublin 1865–1901.

4) Rudolf THURNEYSEN, Cáin Lánamna, in: Studies in Early Irish Law, ed. D. A. BINCHY, Dublin 1936, p. 1–80. A new edition in English of this text has been made available by Charlene M. ESKA, Cáin Lánamna: An Old Irish Tract on Marriage and Divorce Law, Leiden and Boston 2010.

5) D. A. BINCHY, Corpus Iuris Hibernici 1–6, Dublin 1978.

6) Liam BREATNACH, A Companion to the Corpus Iuris Hibernici (Early Irish Law Series 5), Dublin 2005.

bernici – Incipit or Finit Amen?‹[7] But, in fact, the publication of his *Corpus* acted as a spur to a new generation of scholars, and – among other benefits – lead to the establishment of the Early Irish Law Series. The ultimate aim of this series is to provide editions with reliable English translations of all our extensive inheritance of legal material in Irish, suitable both for the professional scholar and the general reader alike. Five volumes have been published to date and half a dozen more are in various stages of readiness. So, the work goes on …

Almost all the surviving law-texts are accompanied by an extensive apparatus of glosses and commentary of various periods, testifying to the continued vitality of the academic law-schools, right down to the final defeat of the Irish aristocacy at the Battle of Kinsale in 1603, and their subsequent exodus in the so-called »Flight of the Earls« in 1607. So we have documents relating to native Irish law of a full millennium from the seventh century down to the beginning of the seventeenth century, when English Common Law finally ousted the indigenous system. Particularly noteworthy is the fact that the most abundant legal material comes from the beginning of this period, mainly the seventh and eighth centuries AD, when an extensive programme of legal composition was embarked upon. The main collection, entitled the *Senchas Már* ›Great Tradition‹ is known to have included about forty-seven separate tracts. Where, one wonders, did the impetus to undertake this massive project come from? Needless to say, the concept of law goes back into the distant recesses of pre-history, and would have been present in embryonic form among our hunter-gatherer forebears. The surviving Celtic languages share a basic legal vocabulary, which indicates that at the Common Celtic period – sometimes placed as far back as 1000 BC – legal concepts such as suretyship (Irish *macc,* Welsh *mach*), and distraint (Irish *athgabál,* Breton *adgabael*) were already recognised. So we can assume that before the introduction of any form of writing into Ireland, there would have been specialised legal experts, who arbitrated in the case of disputes and used a recognised set of legal principles to arrive at a resolution of whatever was at issue. It is highly probable – as BINCHY maintained – that they knew by heart extensive legal compositions in verse to guide them in their decisions.

The Christianisation of Ireland was initiated in or around the fifth century. With Christianity came the use of Latin and the circulation of documents in that language. As monasteries were established all around the country, there naturally would have been a need for monastic rules and penitential texts setting out what was permissible under the Christian regime, and what was forbidden. Christianity brought with it a new way of looking at many aspects of daily life. In particular, it is clear that the traditional Irish polygamous marriage did not fit in with the ideal of life-long monogamy favoured by the

7) D. A. BINCHY, Corpus Iuris Hibernici — Incipit or Finit Amen?, in: Proceedings of the Sixth International Congress of Celtic Studies 1979, ed. Gearóid MAC EOIN, Anders AHLQUIST and Donncha Ó hAODHA, Dublin 1983, p. 149–164.

Church. Irish converts to Christianity also had to get used to the idea of not working on a Sunday, and having no truck with the practitioners of the displaced pagan religion of their ancestors. Old habits die hard, and we find the ›First Synod of Saint Patrick‹, dating probably from the sixth century, outlawing the swearing of oaths before the druid (Old Irish *druí*), the priest of the pre-Christian Celtic world[8]. And when a penitential forbids some activity we can be sure that it is going on.

On many issues it is clear that compromises were worked out. The full Christian marriage – though regularly presented as the ideal in the law-texts – could not realistically be imposed on Early Irish society, so we find that the law explicitly recognises the rights and privileges of the concubine, though she goes by the term *adaltrach* from Latin *adultrix* »adulturess« with all its negative connotations. Indeed, as in every society with a strong religious lobby, there must always have been tension between secular law and the desire of the church to legislate against sin as well as crime. So we find that the ecclesiastical law-text *Cáin Domnaig* ›The Law of Sunday‹ specifically forbids milling on Sunday[9], whereas the the secular law-text on watermills includes Sunday as a day of normal use for the mill[10].

The extent to which the Old Irish law-texts reflect real life is not easy to establish. Some of the texts seem too complex and also too neat-and-tidy to have ever actually been carried through in practice. For example, *Bechbretha*, ›bee-judgements‹, a seventh-century text on the law relating to honeybees, describes how a stray swarm of bees should be shared out between (1) the owner of the hive, (2) the person who follows and captures the swarm, and (3) the person on whose land the swarm has alighted[11]. How often was this complex mechanism ever actually put into practice? Of course, all law-texts are to some extent artificial abstractions. No legal code devised by any human mind – no matter how intricately conceived – can possibly provide a just solution for every eventuality. The question of how early Irish law worked out in practice is particularly relevant because of the almost total lack of case-law in the surviving material. In the few cases where a precedent is cited for a particular rule, the source is usually biblical. For example, a text on contracts emphasizes the binding nature of a contract, even when it may be unfair to one party. It gives the precedent of Adam's exchange of the whole world for a single apple. Though clearly a very unequal contract, it is nonetheless a valid one, because Adam was an adult male of sound mind not acting in ignorance or under duress[12].

Confirmation of the general historicity of Irish law also comes from external sources. After the Anglo-Norman invasion of 1169, officials of the English Crown realised early

8) Ludwig BIELER, The Irish Penitentials (Scriptores Latini Hiberniae 5), Dublin 1963, p. 56 § 14.

9) Vernam HULL, Cáin Domnaig, in: Ériu 20 (1966) p. 160 § 1.

10) See discussion by BINCHY, Coibnes Uisci (as n. 1), p. 59.

11) Thomas CHARLES-EDWARDS and Fergus KELLY, Bechbretha (Early Irish Law Series 1), Dublin 1983, p. 78 § 43.

12) Neil MCLEOD, Early Irish Contract Law (Sydney Series in Celtic Studies 1), Sydney 1991, p. 164 § 33.

on that one of the most resilient aspects of the Irish socio-political system was its traditional law, which they termed Brehon Law, from the Irish word *brithemain,* plural of *brithem* »judge.« Much energy was devoted towards the end of abolishing or at least curtailing the practice of native Irish law, at first with limited success. Indeed, there are records that some of the major Anglo-Norman families themselves adopted Irish law, along with Irish language and customs[13]. In the mind of English officialdom, Irish law was dangerous on a number of counts, in particular the manner in which the king's court was in many situations by-passed. So we get denunciations of such processes as the private distraint of goods to pay for a fine or debt without going to court. Also repugnant to the English authorities was the manner in which compensation for a killing could be effected by the payment of a fine to the relatives of the victim. With some justification, this was looked upon as making things too easy for rich murderers. So we can deduce from the condemnations of various aspects of Irish law that the system in broad terms was that described in the Irish texts themselves.

Also of relevance is a very important summary of Irish law which I am in the process of editing and translating for submission to the Early Irish Law Series. As I have mentioned, most of our law-texts are from the seventh to ninth centuries AD – the main collection, the ›Senchas Már‹, having been put together in the second half of the seventh century[14]. Thereafter, the emphasis in the academic law-schools was on the work of interpreting and expanding upon the original texts. However, one notable exception has survived: this is a general summary of Irish law by Giolla na Naomh Mac Aodhagáin, who was chief justice of the province of Connacht, and whose death in 1309 is recorded in the Annals. At the beginning of this lengthy Treatise he explicitly states that he is basing his work on the Old Irish law-texts of about half a millennium previously, and that his intention is to provide a simplified version of »the hard text of Irish«.[15] Even though English Common law had been in operation in parts of Ireland for over a century, little influence from this quarter is discernible in the Treatise, apart from the appearance of the jury-system, going under the name *fínné,* a word borrowed from Norman French *vigny,* ultimately Latin *vicinetum* »neighbourhood«.

There is another category of Old Irish literary composition which I believe also to be of special relevance to the theme of this conference. These are conventionally termed the »wisdom texts«. We know from Old and Middle Irish literature generally that the early Irish were very fond of proverbs, and this disposition gave rise to a number of texts which can be viewed as developments of the proverbial *genre.* These are learned compositions,

13) Fergus KELLY, A Guide to Early Irish Law (Early Irish Law Series 3), Dublin 1988, p. 253–4.
14) Liam BREATNACH, The Early Irish Law Text Senchas Már and the Question of its Date (E. C. Quiggin Memorial Lectures 13), University of Cambridge 2011.
15) BINCHY, Corpus Iuris Hibernici (as n. 5), vol. 2, p. 691.1–699.4; Fergus KELLY, Giolla na Naomh Mac Aodhagáin: a Thirteenth-century Legal Innovator, in: Mysteries and Solutions in Irish Legal History, ed. D. S. GREER and N. M. DAWSON, Dublin 2001, p. 1–14.

but I believe that to a greater or lesser extent they originated from folk tradition. For example, one of these texts, *Tecosca Cormaic* ›The Teachings of [King] Cormac‹, as recounted to his son Cairbre, contains some passages of weather-lore. Such material is of wide frequency in popular wisdom in any farming or fishing community anywhere – particularly in the uncertain climates of Western Europe. So, the author of ›Tecosca Cormaic‹, probably working in the ninth century, may have adapted from popular usage such sayings as »ice is the mother of corn, snow is the father of fat«, in other words, a cold winter benefits growth and fruitfulness in the following year[16]. As in many traditions of folk wisdom, this text contains a good deal of anti-female material, mostly of a humorous variety. For the purposes of this conference, the most significant section of the text provides a summary of the recommended behaviour of a king, nicely illustrating the somewhat contradictory expectations heaped on any head of state[17]. Thus, there is great emphasis on the beneficial effects of the king's justice (*fír flathemon*) which causes the earth to be fruitful, the river-mouths to be full of fish, and the trees to be laden with fruit. He must exert his authority through keeping hostages in fetters, restraining the mighty, and slaying evil-doers. He should keep a sword-smiting troop for the protection of his kingdom, and launch raids into adjoining territories. It is stressed that it is necessary for the king to be acquainted with law and other branches of learning. He should learn poetry and every craft, and should also buy works of art. A section of the text deals with the proper behaviour of a king and his guests at a feast, and advises that there should be liberality of dispensers, music in moderation, joyous countenance, short story-telling, harmonious choruses, and lighted lamps[18]. From around the same period, another wisdom text – known as the ›Triads of Ireland‹ – arranges ideas in groups of three, and sometimes touches on the nature of kingship. In one Triad, we are told that the three best things for a king are »justice, peace and an army«, which I think sums up the ideal reign quite acutely[19].

An earlier wisdom text, *Audacht Morainn* ›The Testament of Morann,‹ probably from the seventh century, contains a more focused and detailed assessment of the essentials of kingship. As in the case of ›Tecosca Cormaic‹, ›Audacht Morainn‹ lays great stress on the beneficial consequences to the territory of the king's justice. This justice not only guarantees peace and stability, but is also expected to bring about abundance of corn, fruit, fish, milk-yields, fertility of women, and protection from plagues, lightning and enemy attack[20]. Morann stresses the interdependence of a king and his people, and advises »let

16) Kuno MEYER, Tecosca Cormaic: The Instructions of King Cormac Mac Airt (Todd Lecture Series 15), Dublin 1909, p. 36 § 17.

17) Ibid., p. 2–6 §§ 1–2.

18) Ibid., p. 10–12 § 4.

19) Kuno MEYER, The Triads of Ireland (Todd Lecture Series 13), Dublin 1906, p. 32 § 242.

20) Fergus KELLY, Audacht Morainn, Dublin 1976, p. 6 §§ 12–21.

him care for his subjects (*túatha*), they will care for him; let him help his subjects, they will help him«.[21] He urges the king to be cautious as well as just, and compares his task with that of a charioteer: »For the driver of an old chariot does not sleep. He looks ahead, he looks behind, in front and to the right and to the left. He looks, he defends, he protects, so that he may not break with neglect or violence the wheel-rims which run under him.«[22] He is warned not to redden many fore-courts, for bloodshed is a vain destruction of all rule and of protection from the kin for the ruler. He should not let a concern for treasures or rich gifts blind him to the sufferings of the weaker members of society, and should ensure that the old are treated with due respect. All types of merchandise must be correctly valued in his kingdom, and he should see to it that lords treat their clients fairly. Craftsmen should be properly paid for the production of well-made manufactured articles.

The text concludes with a description of four types of king, an interesting and original venture into the realms of political philosophy, touching on some of the themes explored in much greater detail in Machiavelli's fifteenth-century study, ›The Prince.‹ The most admirable ruler, according to ›Audacht Morainn‹, is the true ruler (*fírfhlaith*) who »smiles on the truth when he hears it«. Next to him in worth is the wily ruler (*ciallfhlaith*) who does not have the full legitimacy of the true ruler, but yet has the military capacity to defend his borders and exact tribute. Less successful is the reign of »the ruler of occupation with hosts from outside«, as he has difficulty controlling his army. Finally, the reign of the violent and tyrannical bull-ruler (*tarbfhlaith*) is one of constant turbulence[23].

I now discuss what we know about how kings fitted into the Irish legal system, and investigate the limits of their power. But first I must stress on what a small scale the average early Irish king operated. We have a considerable amount of genealogical material from the early Christian period – mainly dealing with ruling families – and this indicates the existence of up to 150 petty kingdoms in what is quite a small island. Such a kingdom was called a *túath,* and had its own king or *rí túaithe,* king of a *túath.* Some kings were strong enough to exact tribute and hostages from neighbouring *túatha*, and thereby achieved higher status than a king of a single *túath.* A law-text on status entitled ›Críth Gablach‹ provides us with a very interesting account of the structure of early Irish society – it is a perceptive attempt to convey how the different levels in society relate to one another[24]. This text describes the second level of king as one who is overlord of three or four *túatha*, and consequently is entitled to a higher honour-price than that of the lowest category of king: he is called a *rí túath* »king of kingdoms«[25]. At a higher level again we

21) Ibid., p. 4 § 9.

22) Ibid., p. 8 § 22.

23) Ibid., p. 18 §§ 58–62.

24) D. A. Binchy, Críth Gablach (Mediaeval and Modern Irish Series 11), Dublin 1941.

25) The »honour-price« is the sum paid for any affront to the person or honour of a freeman, and is related to the rank of the offended party: see Kelly, Guide (as n. 13), p. 8–9.

have the provincial king (*rí cóicid*) who ruled over one of the five (or later seven) provinces. There is occasional mention in the law-texts of a king of Ireland (*rí Érenn*), but it is clear that while provincial kings sometimes claimed overlordship of Ireland, in reality no-one was ever fully in control of the whole island.

One important aspect of a king's role in society is the matter of his observance of the law, or failure to do so. Our sources – particularly law-texts and wisdom texts – devote a lot of attention to the ideal of a law-abiding king, and this theme is also well worked in the saga literature. In theory, the very kingship of a king is dependent on his observance of the law: a Legal Heptad states that if a king eats stolen food or defaults on his oath, he loses his honour-price and hence his right to rule[26]. Similarly, if he commits the heinous crime of *fingal*, that is, killing a member of his own family-group or *fine*, he also forfeits his right to rule. But the annals record many instances of a king slaughtering his near relatives, and continuing to rule. So, as so often in human society, theory and practise are not in agreement. One very interesting law-text entitled *Córas Bésgnai,* 'the Ordering of Discipline', provides an important analysis of what held early Irish society together: *cach thuath co ríg, cach rí cona thuaith docum n-eclasa cona grádaib* »every people to the king, every king with his people to the Church with its grades«[27]. So it seems that the author – quite probably a churchman himself – argues that the people look to the king, and that he, along with his people, looks to the organised Church to provide them with guidance on how to operate a properly functioning society.

In the sagas, the king is sometimes portrayed as a judge. There is a dramatic episode in a saga which describes the arrival of the young Cormac mac Airt at the gates of the royal seat of Tara[28]. He observed a woman being addressed by the royal steward and given some information which caused her to weep. On enquiring what was wrong, he was told that the woman's sheep had broken into the queen's woad-garden and grazed on her woad-plants, a valuable source of a strong blue dye for cloth. The king had ordered that the sheep be forfeit in recompense for their offence. Cormac, though an unknown youth, immediately challenged the king's judgment, and stated that it should have been »one shearing for another«, in other words that only the fleeces of the sheep, not the sheep themselves, should have gone in recompense for the grazing of the woad-plants. This judgement was relayed to the king, who immediately realised that he had given a false judgment or *gáu fhlathemon*, and handed over his kingship to Cormac.

But in real life it is clear that things were somewhat different: we have a great deal of information about the professional judge or *brithem*, an important member of society who secured one twelfth of the value of any legal case upon which he adjudicated: if he judged that a fine of twelve cows was appropriate in a particular case, one of those cows

26) BINCHY, Corpus (as n. 5) vol. 1, 14.34–15.4.
27) BINCHY, Corpus (as n. 5) vol. 2, 527.4–5.
28) Tomás Ó CATHASAIGH, The Heroic Biography of Cormac Mac Airt, Dublin 1977, p. 122.

went to him. Nonetheless, we know that the king also had a role in the administration of justice within his *túath*, particularly in major cases. One surviving law-text gives a brief account of the procedure at a law-court[29]. The author is evidently thinking of a session at which a number of cases was heard. The court is presided over by a king, bishop or chief poet – the king presides in ordinary secular matters, the bishop in matters relating to the church, and the chief poet in matters relating to poetry. A number of judges (*brithemain*) are assigned a central position in the court, and in front of them are the litigants, each represented by an advocate. On either side are other categories of person who have a part or interest in the case: sureties, witnesses and historians or *senchaid,* learned men who might be required to give expert evidence on such matters as traditional boundaries. The crucial information provided by this text is that the substance of the judgment was decided by the judges, but that it was approved and announced by the president of the court, whether king, bishop or chief poet.

In the traditions of many peoples throughout the world, a king is credited with the devising or codifying of a set of laws. This applied for example in the case of King Hammurabi for Assyrian law, the Emperor Justinian for Roman law, Kings Rothari and Liutprand for Lombardic law, King Howel the Good for Welsh law, and many others. We do not in the Irish tradition have a particular king whose name is stamped on the national law-code. Nonetheless, the introductory material to the main collection of law-texts, the ›Senchas Már‹, contains a tradition that on the arrival of Christianity, the traditional law of the pagan Irish was brought into line with Christian principles with input from three bishops, Patrick, Benén and Cairnech, three kings Loigaire mac Néill, king of Ireland whose seat was at Tara, Corc Mac Luigdech king of Munster and Dáire king of Ulster, and three learned men Ros mac Trechim, Dubthach moccu Lugair (who is decribed as a legal expert, *suí bérla féne*) and Fergus the poet[30].

Our texts regularly distinguish two categories of law. The first is called *Féinechas,* which might be translated, »The Law of the Irish (*Féini*)«, the body of law which the Irish inherited from Common Celtic times, and which, as we have seen, shares many basic features with medieval Welsh law. In contrast, we have proclaimed law, called *cáin* or *rechtgae.* ›Críth Gablach‹ refers to the entitlement of a king to issue an emergency ordinance in a time of plague, or after defeat in battle, or to repel foreign invaders, specifically the Saxons. There is also the very significant stipulation (of special relevance to this conference) that the king may issue an ordinance of traditional law in response to pressure from his people. The wording in the text is careful: »It is the people who choose it, and the

29) Fergus KELLY, An Old Irish Text on Court Procedure, in: Peritia 5 (1986) p. 74–106.
30) John CAREY, An Edition of the Pseudo-Historical Prologue to the Senchas Már, in: Ériu 45 (1994), p. 11–12.

king who confirms it.«[31] The text gives no further details, but I think we can envisage some such situation as there being general disquiet, presumably voiced at the assembly or *óenach*, that some aspect of the traditional legal code was being flouted. The king is then expected to ensure that a communal effort is made to put things right. This is not royal legislation as such – the law is already there – but it is the king who in this situation is expected to take the initiative.

In other cases *cáin* or proclaimed law may in fact be innovatory. The annals provide many instances where a *cáin* is proclaimed in a particular territory. Often, it is proclaimed simultaneously by a king and a prominent ecclesiastic: there may be a ceremonial circuit accompanied by holy relics. Sometimes, only the king is mentioned in the annals, and sometimes only an ecclesiastic. The most famous such *cáin*, the text of which fortunately has come down to us, is *Cáin Adomnáin*, ›The Law of Adomnán,‹ an abbot of Iona in Scotland, whom the Annals of Ulster record as having brought this law to Ireland in the year 697[32]. The subject-matter of this law was mainly concerned with offences against women, but also touched on the protection of children and clerics. The innovatory aspect of this law is that it doubled the penalty for offences against women and other innocents, with particular reference to those carried out during warfare. In ordinary secular law, a crime of violence against a woman was assessed according to the rank of her husband or other male guardian, and there was no extra penalty involved on account of her sex. Another *cáin* dealt with the fines imposed on those who worked or carried out unnecessary travel on a Sunday, much of the revenue going to the Church.

I conclude with a brief account of the theory of Kingship in early Christian Ireland. Various early texts emphasise that the body of the king must be perfect – any physical blemish debars him from kingship. ›Bechbretha‹ records that a certain king Congal had to abdicate the kingship of Tara on the grounds that he had lost the sight of one eye[33]. There is repeated stress on the necessity for a king to behave in a manner suited to his elevated rank. Another law-text states that a king's honour-price is reduced to that of a commoner if he takes his hound and goes off hunting by himself. This clearly was not regarded as dignified behaviour – a proper king must always be accompanied by a suitable retinue. He also forfeited his honour-price if he demeaned himself by carrying out menial toil with mallet, spade or axe. In theory, the king should not be defeated in battle, though here real life did not always tally with the ideal. We know from the annals that kings were often defeated in battle, and yet managed to cling on to their kingship, in some cases carrying out further onslaughts on their enemies on later occasions.

31) BINCHY, Críth Gablach (as n. 24), p. 20. See also discussion by Thomas CHARLES-EDWARDS, A Contract between King and People in Early Medieval Ireland? *Críth Gablach* on Kingship, in: Peritia 8 (1994) p. 107–19.

32) Kuno MEYER, Cáin Adamnáin: an Old-Irish Treatise on the Law of Adamnan (Anecdota Oxoniensia. Mediaeval and Modern Series 12), Oxford 1905.

33) CHARLES-EDWARDS and KELLY, Bechbretha (as n. 11), p. 68 § 32.

As we have seen, there is much emphasis on the supernatural effects of the king's justice or *fír flathemon* on the fertility of the soil and the general prosperity of the kingdom. Such ideas are widely attested in many ancient cultures, eloquently expressed for example in Homer's *Odyssey*; »a blameless king, one who fears the gods [...] maintaining right, and the black earth bears wheat and barley, and the trees are laden with fruit, and the sheep bring forth and fail not, and the sea gives store of fish, and all out of his good guidance, and the people prosper under him«. In 1909 Siegmund HELLMANN edited a Latin text attributed to Cyprian, entitled ›De duodecim abusivis saeculi‹ ›On the Twelve Abuses of the Century‹, which he believed to have been written in Ireland in the second half of the seventh century, and which was widely quoted on the continent from the ninth century onwards, and was used by Bishop Jonas of Orléans in his ›De institutione regia‹ of 884 and by Bishop Hincmar of Reims in his ›De regis persona et regio ministerio‹ of circa 860. HELLMANN suggests that ›De duodecim abusivis‹ may well have helped to influence the medieval notion of kingship[34].

It is noteworthy that the section in this text on the *rex iniquus* »unjust king« agrees quite closely in content with part of the Old Irish text on kingship ›Audacht Morainn‹[35]. However, although there is a certain similarity of phrasing between the Old Irish ›Audacht Morainn‹ and ›De duodecim abusivis saeculi‹ there seems to be nothing sufficiently unusual to prove influence in either direction. Thus, the Latin text states that the justice of the king brings about »abundance of corn« just as the Irish text refers to »abundance of every high tall corn«. The Latin text likewise attributes the fecundity of the trees to the justice of the king, just as the Irish text speaks of »abundances of great tree-fruit of the great wood« which result from his justice. These are similar, but rather commonplace sentiments. The question must therefore – for the moment at least – be left open.

SUMMARY: THE EVIDENCE FOR CONSENSUS IN THE IRISH LAW-TEXTS OF THE SEVENTH TO NINTH CENTURIES AD (FERGUS KELLY)

This paper provides a general account of the Old Irish law-texts, dating from the seventh to ninth centuries AD, with a summary of the editorial and interpretative scholarship which has been carried out on this material since the mid-nineteenth century. Attention is then focused on what the law-texts can reveal about the nature of early Irish kingship. In

34) Pseudo-Cyprianus, De XII Abusivis Saeculi, ed. Siegmund HELLMANN (Texte und Untersuchungen zur Geschichte der altchristlichen Literatur 34), Leipzig 1909. See further discussion by Hans-Hubert ANTON, Pseudo-Cyprian: De duodecim abusivis saeculi und sein Einfluß auf den Kontinent, insbesondere auf die karolingischen Fürstenspiegel, in: Die Iren und Europa 2, ed. Heinz LÖWE, Stuttgart 1982, p. 568–617; Aidan BREEN, De XII Abusiuis: Text and Transmission, in: Texte und Überlieferung, ed. Próinséas Ní CHATHÁIN and Michael RICHTER, Stuttgart 2002, p. 78–94.

35) See discussion by KELLY, Audacht Morainn (as n. 20), p. xv–xvi.

spite of traditions of the passing of judgements by mythological kings, the evidence of the law-texts indicates that historically the role of the king was that of president of the court of law, approving and announcing judgements arrived at by professional judges (*brithemain*). The early Irish king was not a legislator or codifier of the law, but was nonetheless entitled to issue ordinances in times of emergency, such as plague or invasion. He could issue an ordinance of traditional law in response to pressure from his people, presumably voiced at an assembly (*óenach*).

This paper also examines the theory of kingship propounded in the wisdom-texts, notably in the seventh-century ›Audacht Morainn‹, which lays great stress on the necessity for kingly justice (*fír flathemon*), which was believed to bring about abundant harvests, fruit on trees, fish in rivers, fertility of women, and general prosperity in the kingdom. Finally, the paper adverts to the possibility that the Old Irish wisdom-texts contributed to the continental *Specula Principum*, and may have influenced the medieval notion of kingship.

The Making and Qualities of Ostrogothic Kings in the Decade after Theoderic

John Moorhead (Brisbane)

Writing towards the end of the nineteenth century, the English historian Thomas HODGKIN described the mechanism by which, at a time of crisis for the Ostrogothic state in 536, the ineffectual king Theodahad was deposed and replaced by Vitigis, a man thought more likely to provide effective leadership:

> »That which our ancestors would have called a Folc-mote, an assembly of the whole Gothic nation under arms, was convened [in August 536], by what authority we know not, to deliberate on the perilous condition of the country.«

Despite his personal enthusiasm for the great king Theoderic, HODGKIN envisages the Goths as having been unhappy during his reign:

> »Yet if there were any tradition of a healthy national life lingering among the warriors whom he had settled in Italy, they must have been continually wounded by what they saw and what they heard at the Court of Ravenna [...] we are sure [...] that [the words of Cassiodorus and others] must have grated on the ears of all that was self-respecting and genuinely Teutonic in the countrymen of Theodoric.«

Against the effusions of such Roman authors as Cassiodorus HODGKIN sets a quality one is surprised to find apparently endorsed by a Quaker, »that free heroic spirit, that love of danger and adventure which rang in every Gothic battle song.« He envisages »the nation« as having come together, and says of Vitigis: »With all his incapacity he was loyal to the nation, and the nation was loyal to him.« The elevation of Vitigis exemplified the tradition that operated even in cases of succession from a father to an eldest son: »the nation chose, the nation raised the first-born on the shield, the nation was loyal to him«.[1)]

1) Thomas HODGKIN, The Imperial Restoration (Italy and her Invaders 4), Oxford ²1896, p. 61 f., 70; the first edition was published in 1885. HODGKIN describes a folc-mote at The Ostrogoths (Italy and her Invaders 3), Oxford 1896, pp. 234–36. Any tradition: Imperial Restoration, pp. 245, 247. Free heroic spirit: ibid. p. 249. Elsewhere, HODGKIN refers to the meeting that elevated Vitigis as »a nation-parliament«: Theoderic, New York 1891, p. 324.

HODGKIN's interest in such things as battle songs and a nation is very much of its time and place. And his concern to find some institutional authority for a gathering of Goths that could be placed in some relation to the governance of his English ancestors parallels the kind of work that William STUBBS had been carrying on. His famous *Select Charters and other Illustrations of English Constitutional History* begins with »Extracts Illustrative of the Early Polity of the English«, but the earliest extract turns out to be a passage from Caesar's ›De Bello Gallico‹, which is followed by a longer one from Tacitus' ›Germania‹, and only after presenting these does STUBBS pass on to early English laws[2]. Every generation reads history in the light of its own preoccupations, and HODGKIN's approach reflects a feeling that the great Reform Acts of Victorian Britain were the culmination of national tendencies long at work among the English, while an interest in the political life of »our Teutonic forefathers« was one HODGKIN shared with his fellow Englishman Charles KINGSLEY, whose series of lectures published in 1864 as ›The Roman and the Teuton‹ began: »I wish in this first lecture to give you some general conception of the causes which urged our Teutonic race to attack and destroy Rome. I shall take for this one lecture no special text-book: but suppose you all to be acquainted with the ›Germania‹ of Tacitus, and with the 9th Chapter of GIBBON.« To some extent HODGKIN's concerns can be placed beside those of the editors of the *Monumenta Germaniae Historica* (who can forget their proud motto, *Sanctus amor patriae dat animum?*)[3]. The interests of the nineteenth century are very evident here; the approach GIBBON had taken to the deposition of Theodahad a century earlier was different[4]. But HODGKIN gives us a way into the themes of this present paper. For the brief reign of Theodahad and his replacement by Vitigis raise interesting questions as to how kingship was viewed among the Ostrogoths some four decades after their settlement in Italy. I shall suggest that the approach taken towards this by HODGKIN, and a number of more recent scholars, is seriously misleading, and that the notions of kingship current among the Ostrogoths at the time make better sense when located against a different background.

Despite its extraordinary success, the Ostrogothic state established in Italy by Theoderic had a fatal flaw, the failure of its founder to produce a son who would be his heir. As early as 507, Ennodius produced at the climax of his panegyric on Theoderic a passage of

2) William STUBBS, Select Charters and Other Illustrations of English Constitutional History from the Earliest Times to the Reign of Edward the First, Oxford ^{8}1905.

3) The Rechtsschule that originated in nineteenth century German scholarship is recently discussed by Paul J. E. KERSHAW, Peaceful Kings. Peace, Power and the Early Medieval Political Imagination, Oxford 2012, p. 70.

4) Teutonic forefathers: HODGKIN, Ostrogoths (as n. 1), p. 238. A century earlier: Edward GIBBON, The History of the Decline and Fall of the Roman Empire, ed. J. B. Bury, 4, London 1898, p. 310. Indeed, Hodgkin's approach was more Germanic than that of his German counterpart Ludo Moritz HARTMANN, Geschichte Italiens im Mittelalter 1, Das Italienische Königreich, Leipzig 1897, p. 264.

utter poignancy expressing the wish that a purple offshoot from the king would extend the benefits of a golden age and that an heir to his kingdom would play in his lap[5]. This deficiency seems never to have been remedied, so that following Theoderic's death in 526, power passed to his daughter Amalasuintha, herself by then a widow, who exercised authority on behalf of her son Athalaric. We may note in passing the laconic descriptions of Jordanes, according to whose ›Getica‹ Theoderic, calling together the Gothic counts and the leaders among his people, established Athalaric as king (*constituit regem*), while, according to the version in his ›Romana‹, Athalaric succeeded the dead Theoderic *ipso ordinante*. HODGKIN's description of this process, »The presentation to the Gothic warriors was a sort of recognition of their slumbering right to choose the successor to the throne«[6], is highly questionable, there being not the slightest hint in Jordanes of any slumbering right. Athalaric was later remembered as having been free of official concerns because of his young age, and Procopius told a famous story according to which he came under bad influences and fell into evil ways, taking to drink and women. While it is not clear how literally this tale is to be taken, he certainly died in 534[7]. Later in that year Amalasuintha, who had begun to style herself *regina* following the death of her son, associated another member of the family, Theodahad, with her on the throne, whereupon he became *rex*[8]. There were plenty of recent imperial precedents for a woman acting in such a way: Pulcheria chose Marcian to succeed her brother Theodosius II 450 and married him; Verina, the widow of Leo I, proclaimed her brother Basiliscus emperor in 475; Verina's daughter Ariadne, the widow of Zeno, chose Anastasius to succeed her husband and married him in 491. Similarly, among the Lombards one thinks of Rosamund, unhappily married to king Alboin, marrying the man she had prompted to kill her husband in 572 and later planning to murder him so she could marry someone else, of queen Theodelinda taking Agilulf as her husband and making him king following the death of Authari in 590, and Gundoberga, the daughter of Theodelinda by her second husband, marrying Rothari after the death of her husband Arioald. In some cases the hands of these women may have been forced, and Amalasuintha was presumably trying to shore up her position in making Theodahad *rex*, but there was a clear principle that a close female associate of a dead king could exercise her own choice and pass the royal power to another

5) Ennodius, Panegyricus, ed. F. VOGEL (MGH Auct. Ant. 7), Berlin 1885, 93, going on to assert that such a *sacer parvulus* would be received with joy. On the date of this work, J. SUNDWALL, Abhandlungen zur Geschichte des ausgehenden Römertums, Helsinki 1919, p. 43 f.

6) Jordanes: *Convocans Gothos comites gentisque suae primates Athalaricum* [...] *regem constituit*, Getica, ed. Th. MOMMSEN (MGH Auct. Ant. 5), 304; cf. Romana, 367. HODGKIN, The Ostrogoths (as n.1), p. 527.

7) *otioso pro parvula aetate rege*, in a work of Cassiodorus, ed. Th. MOMMSEN (MGH Auct. Ant. 12), 476.15 f. Procopius: Gothic War, ed. and transl. H. B. DEWING, London and Cambridge Mass. 1919, 1.2.1–20, 3.10, 4.4.

8) Amalasuintha was Theodahad's *creatrix*, according to an addition to the Chronicle of Marcellinus Comes, ed. Th. MOMMSEN (MGH Auct. Ant. 11), additamentum, 534.

man. Yet Amalasuintha did not take the step of marrying Theodahad; rather, we know from the letters of Cassiodorus that she made him a sharer in the government (*consors regni)*[9].

The position to which Theodahad was admitted almost has the feel of a formal title, and there is ample Roman precedent for it. Suetonius describes Titus declaring his brother his *consortem successoremque*, and Tacitus uses the term *consortem imperii*[10]. The position of *consors regni* was to be a familiar one among the Visigoths, among whom Liuvigild was to make his sons Reccared and Herminigild his *consortes regni*, and Ricimer was received *in consortio regni* by Suinthila[11]. But we owe to the work of Gunther WOLF on what he terms ›Mitherrschaft‹ the acute observation that formal sharing of power was unknown among the Germans until the sixth century[12]. (I might add that his discussion of the origins of the persecution of Jews in the West during the sixth and seventh centuries is similarly persuasive, except for his attributing significance to the teaching of Arius that Christ was ›similar‹ to the Father being closer to Jewish belief about God, which it is hard to see as being relevant. His ›Arian‹ sentiments did not stop Constantius from legislating against Jews; moreover, the jump between Arius and the post-Roman Germanic states is a long one.) While I wonder whether the short-lived agreement to share power concluded by Theoderic and Odovacer in 493 might be a slightly earlier example of ›Mitherrschaft‹[13], there can be no doubt that Amalasuintha followed a practice that would have been familiar to her contemporaries, and which they would have seen as Roman rather than Germanic.

The arrangement between Amalasuintha and Theodahad turned out to be short lived. The new *consors* turned against his patron, having her banished to an island in lake Bolsena in Etruria, where she was murdered in 535, in the time-honoured location of a bath; according to Gregory of Tours, admittedly not the most reliable source, on Theodahad's orders she was confined to a steam bath where she fell to the floor and died, a narrative that recalls the fate of Fausta at the hands of Constantine some two hundred years earlier[14]. But he was not long to survive his victim. The stunning success of Justinian's in-

9) *Elegimus* [...] *consortem regni nostri:* Cassiodorus, Variae, (as n. 7), 10.3.2; *consortem me regni sui*, ibid 10.4.1.

10) Suetonius, Titus, 9 (ed. and transl. H. AILOUD, Paris 1964); Tacitus, Libri Historiarum, 3.75 , ed. H. HEUBNER, Stuttgart 1978. Note too in the Vulgate: *consortem regni nostri Esther* (Esth. 16:13).

11) Liuvigild and his sons: John of Biclarum, Chronicon, ed. J. CAMPOS, Madrid 1960, s.a. 573. Suinthila and Ricimer: Isidore of Seville, Historia Gothorum, ed. Th. MOMMSEN (MGH Auct. Ant. 11), 65.

12) Gunther WOLF, Mittel der Herrschaftssicherung in den Germanenreichen des 6. und 7. Jahrhunderts, in: ZRG Germ. 105 (1988), p. 214–38 at 216; Arius' understanding of the relationship between Christ and God is touched on at 237.

13) Procopius, Gothic War (as n. 7), 1.1.24; John of Antioch, ed. C. MUELLER, Fragmenta Historicorum Graecorum 4, Paris 1868, frag. 214a.

14) Jordanes reports that Amalasuintha was *in balneo strangulata*, Getica (as n. 6), 307; Gregory's version occurs within a garbled account he gives at Libri Historiarum, ed. B. KRUSCH et al. (MGH SS rer. Me-

vasion of Africa led that emperor to think on a wider scale than he may have hitherto, and Belisarius was sent to invade Italy. It proved beyond the competence of Theodahad to deal with such an emergency. Following the loss of Naples in 536 he was replaced as king by Vitigis, a man with no connection to the family of Theoderic[15]. Vitigis is represented as having distinguished himself in fighting against Gepids in 504, but received no preferment from Theoderic; only in the reign of Athalaric did he receive advancement, by being made *spatharius*, and served Theodahad as *armiger*; we may note in passing that there are similarities between his elevation and that of Theudis, a former *armiger* of Theoderic, to become king of the Visigoths in 531[16]. Let us consider the manner in which Vitigis became king.

Almost all we know of his accession comes from just two sources[17]. The first of them is passage in a letter written by Cassiodorus in the name of Vitigis shortly after the elevation of the new king that was addressed to all the Goths (*Universis Gothis*):

> »[...] our kinsmen the Goths, amid a fence of circling swords, raising us in ancestral fashion (*more maiorum*) upon a shield, have by divine guidance bestowed on us the kingly dignity, thus making arms the emblem of honour to one who has earned all his renown in war. For know that not in the corner of a presence-chamber, but in wide-spreading plains I have been chosen King; and that not the dainty discourse of flatterers, but the blare of trumpets announced my elevation, that the Gothic people, roused by the sound to a kindling of their inborn valour, might once more gaze upon a soldier king. Too long indeed have these brave men, bred up amidst the shock of battle, borne with a sovereign who was untried in war; too long have they laboured to uphold his dubious fame, though they might presume upon their own well-known valour.«[18]

It is a fine piece of rhetoric in which Cassiodorus shows himself a spin doctor adept at accommodating himself to new political realities. It was certainly a shift in the way in which he presented the reigning monarch. In about 533 Cassiodorus had written in the name of Athalaric: »The grammatical art is not used by barbarous kings: it abides pecu-

rov. 1), 3.31. On Constantine arranging for the murder of his wife Fausta by having her placed in a hot bath, see the sources listed and discussed by C. M. ODAHL, Constantine and the Christian Empire, London and New York 2004, p. 353 f n. 14. In 668 the emperor Constans would be murdered while taking a bath in Syracuse: Theophanes, Chronographia, ed. C. DE BOOR, Leipzig 1883, AM 6160.

15) Patrick AMORY, People and Identity in Ostrogothic Italy, 489–554, Cambridge, 1997, p. 161 f.

16) Fights Gepids: Procopius, Gothic War (as n. 7), 1.11.5; Cassiodorus, Orat. 2 (as n. 7), p. 473–76. Failure to receive advancement is explicitly mentioned by Cassiodorus: *persequamur itaque ordinem rerum, ne, dum te tardius remumneratum esse referimus, regnatorem illius temporis accusemus* (p. 476.6–9; such indirect criticism of Theoderic is extraordinary.) Appointed *spatharius:* Cassiodorus, Variae (as n. 7), p. 476.9–20; *armiger:* Jordanes, Getica (as n. 6), 309. The career of Theudis is set out in J. MARTINDALE ed., The Prosopography of the Later Roman Empire vol. 2, Cambridge 1980, p. 1112 f.

17) In addition to the accounts of Cassiodorus and Procopius, it is briefly mentioned by Jordanes, Getica (as n. 6), 309 f., and the Additamenta to the Chronicle of Marcellinus comes, (as n. 8), s.a. 536.

18) Cassiodorus, Variae (as n. 7), 10.31, transl. Thomas HODGKIN, The Letters of Cassiodorus, London 1886.

liarly with legitimate sovereigns. The nations have arms and other things: the lords of the Romans alone have eloquence.«[19] Presumably some would have felt that, after their losses in the initial stages of the Gothic War, a *barbarus rex* would have been a good idea. While in the earlier letter the trumpet is described as sounding (*classicum canit*) for the legal fray in the forum, in the latter trumpets have a different function, for it was their blare (*tubis concrepantibus*) that announced the elevation of Vitigis. Now, with the army of Belisarius already making headway in Italy, it was arms that were stressed, and in a fragment of an oration honouring Vitigis Cassiodorus explained that the only person who could have been elected was one who had been shown to have frequently prosecuted wars[20]. Cassiodorus did not survive for over thirty years as a propagandist for the Ostrogothic state by always telling the same story. He represents Vitigis as asserting to the Goths that he acted for the *utilitas* of his people. We may be inclined to see Theodahad as an early example of the medieval *rex inutilis*[21], but the replacement of a king who had shown himself useless by a military man was no more extraordinary at that time than a queen's taking a *consors regni*. Just five years earlier Hilderic, the elderly king of the Vandals described by Procopius as having been little interested in war, was deposed after their army had been defeated by Moors and replaced by another member of the royal family, Gelimer, a proven warrior who came to power with the support of the Vandal nobility[22]. But again, it is the Byzantine parallels that are more significant, there having been any number of successful or attempted coups mounted by military men, such as Basiliscus (augustus 475–476), intriguingly near in time to that mounted by Odovacer in Italy in 476[23], and the rebellions of Vitalian against Anastasius early in the sixth century. We may note too the case of another general from the East, Aspar. At the beginning of the sixth century Theoderic reminded bishops meeting in synod in Rome of the senate having said to Aspar that he should become emperor; no coup took place, but should the senate have acted in this way, a date of 457 seems likely[24]. We shall return to the military basis of Vitigis' coup.

Our second source for the elevation of Vitigis is a passage in the great history of Justinian's wars written by Procopius. He describes the Goths being amazed at Theodahad's

19) *Hac non utuntur barbari reges: apud legales dominos manere cognoscitur singularis. Arma enim et reliqua gentes habent: sola reperitur eloquentia, quae Romanorum dominis obsecundat*, ibid., 9.21.4. Such an emphasis may not have been unexpected in a letter addressed to the senate of Rome.

20) *Non potuissent eligere, nisi qui probetur saepius bella peregisse*, Cassiodorus, (as n. 7), p. 479.17–19 ; cf. *plus contingit a pugnatoribus prodi quam potuit a laudatore narrari*, ibid. p. 476.2–5.

21) *ad gentis utilitatem respiciet omne quod agimus*, ibid. 5.31.4.

22) Procopius, Vandal War, ed. and transl. H. B. DEWING, London and Cambridge Mass. 1916, 1.9.1; he was μαλθακός in matters of war. Corippus describes him as *insuetus conferre manum*, Iohannidos, ed. A. PARTSCH (MGH Auct. Ant. 3), 3:199. Discussion in A. H. MERRILLS, The Secret of my succession. Dynasty and crisis in Vandal North Africa, in: Early Medieval Europe 18 (2010), p. 135–159.

23) A point discussed by S. KRAUTSCHICK, Zwei Aspekte des Jahres 476, in: Historia 35 (1986), p. 344–71.

24) *Aspari a senatu dicebatur, ut ipse fieret imperator*, Cassiodorus, Acta synhodorum (as n. 7), 425.

indolence (ἡσυχία) in the face of the Byzantine forces advancing northwards across Italy, and his unwillingness to engage them, which led them to suspect him of betraying the cause of the Goths to Justinian and wishing for no more than a life of idleness (ἡσυχή)[25]. Now there is a precedent for the feelings of the Goths towards Theodahad in the writing of Procopius, for he describes Honorius, at the time when Alaric was threatening Italy at the beginning of the fifth century, as wishing for nothing more than being quiet (ἡσυχάζειν) in his palace[26]. But such a notion occurs elsewhere as well. The death of Theodosius I in 395 was followed by a long sequence of emperors who did not lead armies; while military men certainly became emperors they seem to have renounced fighting on coming to office, and only in the early seventh century would an emperor, in the person of Heraclius, take to the field again[27]. Famously, Theodosius' elder son Arcadius was said by Synesius to have lived the life of a jelly fish[28]. John Lydus describes Theodosius providing for the leisure (ῥαστώνη) of his sons and restricting their manliness (ἀνδρία) by forbidding emperors to set out on war[29]. It was under these sons that the loss of the West began, and we may suspect that a negative judgment of the western emperors of the fifth century came to be felt with greater force at the time of Justinian's campaigns in the West. In a law of 536, Justinian spoke of his hope of regaining lands held by the Romans of old that had been lost *sequentibus neglegentiis* (ῥαθυμίαις)[30]. Needless to say, Justinian did not lead the armies that were dispatched to those lands in person, and it is worth remembering that the practice of not doing so seems to have been adopted by Theoderic, who is not known to have led an army after establishing his authority in Italy in 493; perhaps here we have an unexpected sign of his adoption of an imperial practice. Against such an interpretation, it could be said that a king who did not lead an army was simply acting in accordance with ancient Germanic practice, for Patrick WORMALD has interpreted a famous distinction Tacitus made between the ways in which kings and war leaders were taken, *reges ex nobilitate, duces ex virtute sumunt*, as suggesting that Ger-

25) Procopius, Gothic War (as n. 7), 1.11.1.

26) Procopius, Vandal War (as n. 22), 1.2.8. Note too his madness (ἀμαθία), ibid. 3.2.26. The account John Malalas gives of Honorius is confused and does not explicitly make the point Procopius does (Chronographia, ed. L. DINDORF, Bonn 1831, 349 f.); he was clearly neither interested nor well-informed about the West.

27) Zosimos places the turning point a little earlier, describing Theodosius as having renounced warfare after his defeat of Maximus in 391: Historia nova, ed. F. PASCOUD, Paris 1979, 4.50 (where PASCOUD discusses the question of his sources).

28) Synesius, De Regno, ed. J. LAMOUREUX, Paris 2003, 14.

29) On Theodosius: Johannes Lydus, De Magistratibus Populi Romani Libri Tres, ed. and transl. Michel DUBUISSON and Jacques SCHAMP, Paris 2006, 2.11; on Justinian, 3.55.1 with 2.15.3 where, as SCHAMP points out, the emphasis on Justinian's going without sleep and taking little food comports with an emphasis on the same issues in Procopius, Anecdota, ed. and transl. H. B. DEWING, London and Cambridge Mass. 1935, 12.27.

30) Novella 30.11.2, ed. R. SCHOELL and G. KROLL, Corpus Iuris Civilis 3, Berlin 1912.

manic kings were traditionally not war-leaders[31]. But the kings of the Vandals, Visigoths, Franks and other groups clearly remained military leaders in a way that Theoderic did not after 493, and it occurs to me to wonder whether the apparent indolence of Theodahad as well answered to an imperial model. While I am not persuaded by the argument of CHRYSOS that the concessions Theodahad was prepared to offer Justinian during negotiations in 535 show that the authority of the Ostrogothic state in Italy had a legal basis, it being risky to generalize on the basis of proposals made by one king in a desperate situation, he has put it beyond doubt that Theodahad paid close attention to imperial norms[32]. Conceivably a hands-off attitude to warfare that could be construed as indolence was one such norm.

Procopius goes on to explain that the suspicious Goths, having come together at a place named Regata, a site that cannot now be identified, it being known only from this incident, chose Vitigis as king (βασιλεύς) over them[33]. There is no mention here of Vitigis being raised on a shield, although we need not doubt that this took place; such an act may be implied in another source, the ›Liber Pontificalis‹ of the Roman church, where we read that the tyrant Theodahad was killed and Vitigis lifted up as king (*levatur rex Witigis*; it is not clear whether »*levatur*« is to be taken in a literal or metaphorical sense)[34]. But Procopius' account may be compared to that he provides of people he describes as the best of the Goths, proposing that Belisarius be elevated, deciding to proclaim him emperor of the west and begging him to assume royal power (βασιλεία) when Byzantine forces seemed likely to take Ravenna in 540; Belisarius subsequently gave them to understand that he would become the βασιλεύς of the Italians and the Goths (in his translation for the Loeb Classics DEWING reverses the order of these terms, so that it becomes ›the Goths and the Italians‹, making it conform to the usage of Cassiodorus in his ›Variae‹, who always mentions Goths before Romans)[35]. Now there is more than one way of understanding

31) Patrick WORMALD, Kings and Kingship, in: The New Cambridge Medieval History 1, ed. Paul FOURACRE, Cambridge 2005, p. 571–604, at p. 592. The words of Tacitus occur at Germania, ed. J. C. G. ANDERSON, Oxford 1938, p. 7, most interestingly discussed by R. MUCH (rev. H. JANKIEN and W. LANGE), Die Germania des Tacitus, Heidelberg 1967, p. 154 f.

32) Evangelos CHRYSOS, Die Amaler-Herrschaft in Italien und das Imperium Romanum. Der Vertragsentwurf des Jahres 535, in: Byzantion 51 (1981), p. 430–474, arguing on the basis of Procopius, Gothic War (as n. 7), 1.6.2–5.

33) Procopius, Gothic War (as n. 7), 1.11.1–5.

34) Liber Pontificalis, ed. Louis DUCHESNE, Rome 1886, p. 290.7. Consularia Italica, ed. Th. MOMMSEN (MGH Auct. Ant. 9) apparently speak of elevation to office in a metaphorical sense in the case of Theodosius I (*levatus est imp. a Gratiano*, Fasti Vind. Priores 497; *elevatus est*, Barbarus... Scaligeri 316), as does Gregory of Tours in the case of Theudegisel (Libri Historiarum 3.30, but see further on Gregory below, n. 47.) Further references in Thesaurus Linguae Latinae 7:1235.16–24.

35) Procopius, Gothic War (as n. 7), 2.29.17 f; the verb ἀνειπεῖν does not seem to have any constitutional sense. Evangelos CHRYSOS, The Title βασιλεύς in early Byzantine International Relations, in: Dumbarton Oaks Papers 32 (1978), p. 29–75.

what was offered. DEWING provides upper case letters for the key phrase »Emperor of the West«, but this editorial decision may be a case of over-interpretation, for it may suggest something more formal than those who made the proposal had in mind, and of course βασιλεύς could simply mean »king«[36]. CHRYSOS has pointed out that Greek literary sources sometimes use the word βασιλεύς of kings in the West. Hence, Procopius represents the Vandal king Gelimer as beginning a letter to Justinian »Basileus Gelimer to Justinian the basileus«[37]. DEWING translates this »King Gelimer to the Emperor Justinian«, which doubtless reflects the constitutional reality, but one of his predecessors, Huneric, had legislated in a way that emperors did[38], and we may presume that a presumption of equality lay behind Gelimer's expression. How sharply could an imperial βασιλεύς be distinguished from a royal one? We enter murky territory here, as exemplified by translations of the Lord's Prayer into English, which generally take the petition ἐλθέτω ἡ βασιλεία σου as »Thy kingdom come«; given the political realities in Palestine in the first century surely its original sense was »Thine empire come«. Needless to say it is the task of translators to render a text into the idiom of their own day, but in this case such a practice may obscure the significance the phrase may have had in the first century. In any case, the terms Procopius uses for Romulus Augustulus taking over his *basileia* and Athalaric taking over his are almost identical[39].

Procopius seems to avoid applying any title to Theoderic, twice making what amounts to the same point: although Theoderic took neither the garb nor the title of emperor of the Romans and was called by the barbarian word ῥήξ, yet he behaved as one who was by nature a βασιλεύς, and while he was in name a tyrant, in fact he was a true βασιλεύς. He also seems to avoid using the term βασιλεύς of Theodahad, although it was *basileia* to which Amalasuintha summoned him. Again, DEWING's translation seems to obscure Procopius' terminology by over-interpreting the text, so that at one point ἡγεμονία is translated »kingship«[40]. I wonder, then, just how great a distance lies between what one group identified as Goths saw themselves as doing when they elevated Vitigis in 535 and what others proposed to Belisarius five years later.

One might object that the description Cassiodorus provides of Vitigis being raised aloft on a shield points in another direction, such a ceremony being evidently Germanic,

36) Josephine BLOOMFIELD, Benevolent Authoritarianism in Klaeber's *Beowulf:* an Editorial Translation of Kingship, in: Modern Languages Quarterly 60 (1999), p. 129–59, discusses another case of mistranslation of terms pertaining to royalty in an early medieval text, suggesting that the problem »seems likely to lie in Klaeber's suppositions about ideal rulership and his particular expectation of kings and rulers in the text« (p. 151; she identifies a Prussian background).

37) CHRYSOS, (as n. 35.), Procopius, Vandal War (as n. 7), 1.9.20.

38) Victor of Vita, Historia persecutionis, ed. and transl. S. LANCEL, Paris 2002, 3.7.

39) Procopius, Gothic War (as n. 7), 1.1.2, 1.2.1.

40) Theoderic: Gothic War, 1.1.26, 29. Theodahad: Gothic War, 1.4.6, 8. DEWING's translation: Gothic War, 1.6.11.

but it need not have seemed this way at the time[41]. While Tacitus describes one Brinno, placed on a shield and shaken on the shoulders of the people who were holding him up, being chosen (*deligitur*, a rather vague verb) king in language that suggests the practice was already customary (*more gentis*)[42], the first evidence we have for it in late antiquity relates to the elevation of Julian near Paris, perhaps in 361[43]. The scene is described by Ammianus Marcellinus: the troops declared Justin *augustus* (*augustum appellare*; here the vocabulary has a technical feel[44]) having been placed on the shield of a foot soldier and lifted on high he was declared *augustus* (the word *renuntiatus* seems more formal than Tacitus' *deligitur*)[45]. The accession of the Greek speaking Julian at the hands of Germanic troops in this manner may reflect Germanic practice, of a kind later familiar among the Franks. Gregory of Tours mentions people from around Köln applauding Clovis with their shields as well as their voices, raising him on a shield and making him their king (*super se regem constituunt*) when he had taken over the »power and treasure« of king Sigibert (it is noteworthy how much Gregory is interested in Clovis' gaining control of treasure). Later, we hear of the whole army coming together at Vitry and, having placed another Sigibert on a shield, made him their king (*sibi regem statuunt*) in an attempt to overcome king Chilperic, and of the pretender Gundovald being placed on a shield and lifted up as king (*rex est levatus*) before being carried about[46]. But perhaps the practice can better be seen as a reminder of the unity in late antiquity of Roman civilization, in which the post-Roman states of the West often acted in similar ways to the continuing Empire. While contemporary Greek sources were not interested in Julian's having been raised on a shield[47], Zosimos, writing in about 500, mentions it in a matter-of-fact way[48]. By then there had been the case of Leo I, raised to the throne in 457[49], and we later hear of Justin II standing on a shield (*clypeus*) held aloft by four young men in 565[50], and that in

41) See the general discussion of Christopher WALTER, Raising on a shield in Byzantine iconography, in: Revue des études byzantines 33 (1975), p. 133–175.

42) Tacitus, Hist. (as n. 10), 4.15.

43) Wilhelm ENSSLIN, Zur Torqueskrönung und Schilderhebung bei der Kaiserwahl, in: Klio 35 (1942), p. 268–298.

44) Cff. *Regem* […] *et socium atque amicum appellaret* (Tacitus, Annales, ed. E. KOESTERMANN, Leipzig 1965, 4.26).

45) Ibid., 20.4.17.

46) Gregory of Tours, Libri historiarum (as n. 14), 2.40 (Clovis), 4.51 (Sigibert), 7.10 (Gundovald).

47) Julian passes over it quickly in his letter to the Athenians (Ad Ath, ed. and transl. J. BIDEZ, Paris 1932, 10, 285C), while Libanios does not mention it (or., ed. and transl. A. F. NORMAN, London and Cambridge Mass, 1969, 18.94–103); on the other hand, both writers have a good deal to say about the wearing of a diadem.

48) Zosimos, Historia nova (as n. 27), 3.9.2.

49) Constantine Porphyrogenitus, De Cerimoniis, ed. J. J. REISKE, Bonn 1829, 1.91.

50) Corippus, In Laudem Iustini Augusti minoris, ed. S. ANTÈS, Paris 1981, 2.137–39; see the full discussion p. 109–111.

610 troops rebelling against the emperor Maurice raised Phocas aloft on a shield; the factions would later raise him on a shield at the Hebdomon, the site of a military camp in a suburb of Constantinople[51]. But I doubt whether historians of Ostrogothic Italy have ever noticed that an event similar to the elevation of Vitigis seems to have taken place in Constantinople just four years earlier. According to the twelfth century author John Zonaras, during the Nika riot of 532 Hypatius, a nephew of a preceding emperor, Anastasius, and hence a potential lightning rod for discontent with Justinian, was led to the Forum of Constantine, not far from the palace, and there lifted on a shield[52]. I therefore suspect that what occurred to Vitigis would rather have been thought of as following general contemporary practice than something that was particularly non-Roman[53]. In such cases of shield-raising we are dealing with an unexpected transfer of power in which the army was involved that may be interpreted as having come to be seen as conventional behaviour in both the Empire and the successor states of the West rather than an explicitly Germanic practice; I shall return to this topic towards the end of this paper.

The ceremony was carried out by the army, and we may ask to what extent this body was thought of as enacting the will of the people. Cassiodorus makes Vitigis attribute his elevation to *parentes nostros Gothos*, and Procopius describes its agents as ›the Goths‹, a chronicle has the *exercitus Gothorum* receiving Vitigis as king, while the ›Liber Pontificalis‹ of the Roman church has Belisarius hearing that *Gothi sibi fecissent regem*[54]. I concur with Gideon MAIER, who speaks of »die Ausrufung durch das Heer« in this case[55]. ›The Goths‹ in Procopius' account are located in what is clearly a military camp, which is no surprise, for since the time of Mommsen we have seen the Goths as forming the military arm and the Romans the civilian arm of society in the Italy of Theoderic and his successors, and while more recent scholarship has nuanced the formulation it still largely works; as Cassiodorus put it in a letter to a praetorian prefect, *Dum belligerat Gothorum exercitus, sit in pace Romanus*[56]. But perhaps the data could be arranged in

51) Troops rebelling: Theophylact Simocatta, Historiae, ed. C. DE BOOR and P. WIRTH, Stuttgart 1972, 8.7.7; transl. M. and M. WHITBY, Oxford 1986, p. 220. Factions: John of Antioch (as n. 13), *frag.* 218d.4.

52) Zonaras, Epitome Historiarum, ed. L. DINSDORF, vol. 3, Leipzig 1870, 14.16, p. 272.30–32.

53) François BOUGARD, Public Power and Authority, in: Italy in the Early Middle Ages 476–1000, ed. Cristina LA ROCCA, Oxford 2002, p. 34–58 at p. 35.

54) Cassiodorus, Variae (as n. 7), 10.31.1; Cassiodorus frequently uses *parentes* of Goths, as at Variae, 3.24.4, 5.43.4. Procopius, Gothic War (as n. 7), 1.11.5, cf 1. Marcellinus comes, Chronicle (as n. 8) s.a. 534, 104. Liber Pontificalis (as n. 34), p. 290.

55) Gideon MAIER, Amsträger und Herrscher in der Romania Gothica, Stuttgart 2005, p. 108.

56) Th. MOMMSEN was very explicit: Gesammelte Schriften 6, repr. Berlin 1965, p. 436. More recent scholarship: John MOORHEAD, Theoderic in Italy (Oxford, 1992), p. 71 f., and in particular AMORY, People and identity (as n. 15); I have suggested elements of a response to the views put forward in this book in Carmina Philosophiae 7 (1998), p. 81–7. The quotation is from Cassiodorus, Variae (as n. 7), 12.5.4; cf. *Vos autem, Romani, magno studio Gothos diligere debetis qui et in pace numerosos vobis populos faciunt et*

another way: rather than seeing the Goths as constituting the entire army, perhaps we could see ›Goths‹ as being a word used to describe members of the army, the prime significance of the term being military rather than ethnic. Hence the statement of Marcellinus Comes that the ›*Gothorum exercitus*‹ was responsible for admitting Vitigis to power may be almost a tautology, to be taken as referring not to the army of the Gothic people but an army that was known to have been made up of people who identified themselves as Goths[57)], and Cassiodorus' use of the very rare word ›*procinctuales*‹ (*parentes nostros Gothos inter procinctuales gladios)* suggests a high level of readiness for battle. It is very clear from Gregory of Tours, for example, that the word ›*Franci*‹ tends to be used of bearers of weapons; one would never imagine that the Franks who fight their way across so many of the pages of Gregory's ten books of history had much in common with those whose lives were regulated by the provisions of the Salic Law[58)]. So I wonder whether it would make sense to see the elevation of Vitigis as not so much something done by a *folcmote* that constituted an assembly of the nation but as a kind of military putsch familiar from Byzantine and indeed earlier Roman history that was carried out by an army made up of people identified as Goths. He had been elected *in campis late patentibus*, and when Cassiodorus writes *regem sibi Martium Geticus populus inveniret* he uses for the only time in the ›Variae‹ the word *Geticus* in place of the familiar *Gothus*, the former word having »connotations of a warlike past«[59)]. Historians may have been a little too ready to assert that the deposition of Theodahad was the work of »a powerful group among the leading Goths« or that »the nobility« thrust Vitigis to power[60)]. Herwig WOLFRAM suggests that the Goths deserted and killed Theodahad, together with Athalaric (but did they kill Athalaric?) »because they proved failures in the battle for the survival of the *gens*«[61)]. Nor is there any need to interpret the abandonment of Theodahad as P. D. KING does, when he describes it as a classic case of resistance »grounded in a principled conviction that the king was failing to act as a true ruler should«[62)]. Rather, it was an act of desperation grounded in no principles at all. *Me regem omnes facitis*, says Vitigis in a letter addressed to all the Goths[63)], but if we accept that Goths were to be identified with soldiers

universam rem publicam per bella defendunt (7.3.3); *illi labores bellicose pro communi utilitate subeunt, vos autem civitatis Romanae habitatio quieta multiplicat* (8.3.4).

57) Marcellinus comes, Chronicle (as n. 8), s.a. 536,4. The elevation of subsequent kings, however, is simply attributed to *Gothi* (s.a. 540.5, 541.2, 542.2).

58) On Gregory, see the references collected by John MOORHEAD, The Roman Empire Divided 400–700, Harlow ²2012, p. 84.

59) AMORY, People and Identity (as n. 15), p. 78 n.185, to whom I am indebted for this point.

60) Powerful group: Peter HEATHER, The Goths, Oxford 1996, p. 263. Nobility: T. S. BURNS, A History of the Ostrogoths, Bloomington 1984, p. 106.

61) Herwig WOLFRAM, History of the Goths, Engl. transl. Berkeley 1988, p. 342.

62) The Barbarian Kingdoms, in: The Cambridge History of Medieval Political Thought c. 350–1450, Cambridge 1988, ed. J. H. BURNS, p. 123–53 at p. 150.

63) Cassiodorus, Variae (as n. 7), 10.31.3.

this may be another way of saying that Vitigis owed his elevation to the army, the military arm of society having turned against its leader.

Nevertheless, Vitigis came to the throne as an outsider, of whom Cassiodorus had to admit that the only relationship he could claim with Theoderic was on the basis of the deeds by which he imitated him: *idcirco parens illius debet credi qui eius facta potuerit imitari*[64]. Again one recalls the observation of Tacitus that the ancient Germans took *duces ex virtute* but kings *ex nobilitate*, and on such an understanding Vitigis may have seemed ill-qualified for the latter office; while the exact meaning of the word *nobilitas* is not clear, so that for Cassiodorus it seems to have involved morality as well as parentage, it is not easy to see Vitigis as satisfying this requirement[65]. How important was it to be the member of the royal family? Jordanes, writing in the mid-sixth century, makes much of the Amals, describing them as being referred to as Anses or semi-gods, and immediately thereafter tracing their descent across the generations[66], and a long scholarly tradition has been inclined to accept the implication of rule by one family over a long period, but Peter HEATHER, in a study that confronts the evidence of Jordanes with that of Ammianus Marcellinus, has shown that traditions concerning the pre-eminence of the Amal family among the Ostrogoths were an achievement of the time of king Valamir in the mid-fifth century, and that »[t]he Getica's genealogy and associated statements, which backdate Amal rule into the distant past, are no more than dynastic propaganda«[67]. This is not the only case where we must be on guard against such propaganda, for a study of the chief source for early Kievan Rus has argued that the Tale of Bygone Years, or Russian Primary Chronicle, should be seen as a source for concerns at the time of its composition, the twelfth century, as much as for hard data concerning the earlier centuries whose history it purports to narrate. Its author, the hegumen Silvestr, was commissioned to write it by a prince of Kiev, Vladimir Monmakh, and can be shown to have manipulated his material so as to legitimate the claim to power of the descendents of Riurik, and these alone[68]. That membership of the Amal family had become significant at the time

64) Ibid., 10.31.5.

65) *antiquam parentum eius repetimus nobilitatem* (ibid., 10.17.3); *cum generis tui honoranda nobilitas et magnae fidei documenta suasissent* (ibid. 10.29.1). Perhaps both senses are to be understood in Jordanes' use of the word in his summary of the contents of the Getica (as n. 6): *Getarum origo ac Amalorum nobilitas et virorum fortium facta* (315), although morality must be intended at Getica 116, *Hermanaricus nobilissimus Amalorum*; compare *longe a Gothici sanguinis nobilitate* (233); *Ecdicius nobilissimus senator et dudum Aviti imperatoris* [...] *filius* (240).

66) Ibid., 78.

67) Peter HEATHER, Cassiodorus and the rise of the Amals: Genealogy and the Goths under Hun domination, in: Journal of Roman Studies 79 (1989), p. 103–128, quoted from p. 126.

68) Alexandr RUKAVISHNIKOV, Tale of Bygone Years: the Russian Primary Chronicle as a family chronicle, in: Early Medieval Europe 12 (2003), p. 53–74. Similarly, it may be that the famous account of Russian envoys being impressed by the beauty of the Liturgy celebrated in Constantinople reflects the emphases

proposed by HEATHER is suggested by names borne by some of its members across three generations from about the middle of the fifth century: Theoderic's sister Amalfrida, her daughter Amalaberga, and Amalaberga's son Amalafridas; Theoderic's daughter Amalsuintha, and Amalaric, Theoderic's grandson by his daughter Theodegotha. But one recalls that Gregory of Tours could only trace the Merovingian line back as far as Merovech, the grandfather of Clovis, and that Bede thought that the leaders (*duces*) Hengist and Horsa, many of whose descendents became kings, were only four generations removed from Woden[69]. Moreover, as Kenneth SISAM observed, »[f]ew will dissent from the general opinion that the ancestors of Woden were a fanciful development of Christian times«[70]. If we accept a view that would see significant kingship among the Germanic peoples who settled on Roman soil as being recent, against, for example, the presupposition entailed in the view that »[h]istory catches first sight of a kingdom of the Goths in the first century A.D.«[71], it necessarily follows that the advent of royal families was late.

There is a fair amount in Cassiodorus' ›Variae‹ on various people being members of the Amal family, but it is not evenly distributed across the books into which he divided his correspondence. The family is only mentioned three times in the five books of letters that Cassiodorus wrote in the name of Theoderic. Herminifrid the king of the Thoringians was told that, having married Theoderic's niece Amalaberga, he would shine owing to the brightness of Amal blood; the infamous Theodahad was told that vulgar desire was unbefitting a man of Amal blood; and Trasimund the king of the Vandals was told that Theoderic's sister Amalafrida was a singular ornament of the Amal stock[72]. The modest dimensions of this harvest from 235 letters suggests that membership of the family was not seen as having been very important during these years. In the less stable conditions that followed the accession of Athalaric in 526, membership of the Amal line came to be

that had developed in Russian Orthodoxy by the time the Chronicle was composed rather than the experience of Russian ambassadors in the late tenth century.

69) Gregory of Tours, Libri Historiarum (as n. 14), 2.9. Hengist and Horsa: Bede, Historia Ecclesiastica 1.15 (ed. C. PLUMMER, Oxford 1898, p. 31 f). Later genealogies place Woden much further back; for example, Manuscript A of the Anglo-Saxon Chronicles (the Winchester Manuscript) sees Cerdic, said to have landed in Britain with his son Cynric in 495, as being nine generations removed from him: The Anglo-Saxon Chronicles, ed. and transl. Michael SWANTON, London 2000, p. 2.

70) Kenneth SISAM, Anglo-Saxon Royal Genealogies, in: Proceedings of the British Academy 39 (1953) p. 287–346 at p. 308.

71) Henry A. MYER, in co-operation with Herwig WOLFRAM, Medieval Kingship, Chicago 1982, p. 64; cf. the remark that Roman historians remained unaware of the distinctive attributes of Frankish kingship till the fifth century (ibid p. 61), an unawareness that may simply be accounted for by the absence of such kingship.

72) Herminifrid: *claritate Amali sanguinis* [...] *quia genus suum conspicit esse purpuratum*, Cassiodorus, Variae (as n. 7), 4.1.1; MOMMSEN and FRIDH (CC 96) read *Hamali* and *Amali* respectively against the *imperialis* of most manuscripts). Theodahad: Variae, 4.39.2. Trasimund: Variae, 5.43.1.

emphasised more. In a letter to the senate of Rome, a body whose members could be expected to have been interested in family descent, Cassiodorus placed the following words in the mouth of Athalaric: »The hope of our youth has been preferred to the merits of all [others], and what has been believed of us has been preferred to what has been proven of others; properly so, since the brightness of the Amal stock yields to none, and just as senatorial origin is ascribed to one who is born of you, so one who proceeds from this family is proved most worthy of reigning.«[73] The language Cassiodorus uses for Roman and Gothic lineage elsewhere is identical. While Jordanes, referring to the marriage of Germanus and Matasuintha, speaks of *coniuncta Anicorum genus cum Amala stirpe*[74], Cassiodorus uses each of the words *genus* and *stirps* for both the Amals and Roman families; he writes of the »*Ordo generis Cassiodororum*«[75], and quite apart from the overlap in vocabulary the more general point may be made that an interest in the genealogies of the aristocracy was part of the late Roman environment into which Germanic settlers came, and that such enthusiasm as Theoderic's family may have had for its putative Amal descent would have been paralleled by the concerns of the senators for their own lineage[76]. A letter to the Goths in Italy invites them to receive a name that is ever propitious, the royal family of the Amals, a purple sprout. And in a letter bestowing on the warrior Tuluin the dignity of patrician, Cassiodorus observes that he had been joined to the most noble Amal stock and mentions one Gensimund who had also joined himself to the Amals with great devotion. Writing to Hilderic the king of the Vandals, after the murder of Amalfrida, Theoderic's sister, Athalaric mentions both the lineage of the Hasdings and, apparently to its advantage, the purple dignity of Amal blood. Moreover, in a remarkably long letter written by Cassiodorus to the senate of Rome on the occasion of his own appointment to the office of praetorian prefect in 533, Athalaric is made to comment that in a History he had written, Cassiodorus had treated his ancient stock and brought forth the kings of the Goths who had been concealed by long forgetfulness, restoring the Amals with the brightness of their *genus* and making it clear that its *stirps* had

73) Letter to the senate: Variae, 8.2.3, amended transl. HODGKIN (as n. 19). Letter to the Roman people: Variae, 8.3.5. A letter to the Roman people that immediately follows it makes no mention of the Amal line, and asserts that Athalaric renewed the example of that people's Trajan.

74) Jordanes, Getica (as n. 6), 314.

75) Ordo generis Cassiodororum, ed. A. J. FRIDH (CC 96), p. v.

76) Interest in the genealogies of the Old Testament may also be relevant. Gregory of Tours found it noteworthy that bishop Maurilio of Cahors could recite these genealogies by heart (Libri Historiarum, as n. 14, 5.42). It is interesting that the form in which Jordanes presents the genealogy of the Amal line (a genuit b. b genuit c...) closely resembles that in which St Matthew presents that of Christ (Matt 1:2–16; St Luke arranges his material according to different principles (3:23–38).

been royal for seventeen generations, propaganda that directly anticipates that of Jordanes[77)].

One other consideration may be relevant to our enquiry at this point. In his letter to the Goths on Athalaric's behalf, Cassiodorus applies to the young king the terms *blatteum germe* and *infantiam purpuratam*[78)], language that recalls Ennodius' hope that a *purpuratum germen* would proceed from Theoderic to extend the golden age[79)]. The word *purpuratus* refers to someone clad in a purple garment, and is applied by other authors to emperors, kings and usurpers[80)]. In Cassiodorus it evokes morality, when Theodahad is told by Theoderic that vulgar desire does not befit a man of Amal blood, because the stock is seen to be always *purpuratus*. It is used of Theoderic who, having profited from the instruction of Cassiodorus, is described as having the appearance of a *purpuratus* [...] *philosophus*[81)]. Among the 58 letters written in the name of Athalaric, six refer to the Amal line, a far higher proportion than in the letters written in the name of Theoderic, which is doubtless a sign of the weakness of the monarchy in the latter period. Similarly, the haste with which Vitigis married Matasuintha, the daughter of Amalasuintha and granddaughter of Theoderic, after coming to power suggests that he felt that marrying into the family would strengthen his position[82)].

The last two references to the Amals in the correspondence of Cassiodorus occur in letters written after the death of Athalaric. In the following year, Cassiodorus wrote to the senate of Rome on behalf of Amalasuintha, now referred to as *regina*, announcing that she had chosen as her *consors regni* Theodahad, described as a man conspicuous from the brightness of his family who had been born into the *stirps* of the Amals and so was of royal dignity in his actions[83)]. Finally, a letter of the senate of Rome to Justinian written during the opening stages of the Gothic war places a speech in the mouth of the *patria*, who is made to say »I love the Amal, nourished at my breasts [...] dear to the Romans for

77) Letter to the Goths: Cassiodorus, Variae (as n. 7), 8.5.2. Letter to Tuluin: Variae, 8.9.7 f. Letter to Hilderic: Variae, 9.1.2. Letter to the senate: Variae, 9.25.4, where Cassiodorus is described as turning the origin of the Goths into Roman history.

78) Ibid., 8.5.2

79) Ennodius, Panegyricus dictus Theoderico, 93, ed. F. Vogel (MGH Auct. Ant. 7), p. 214.

80) Thesaurus Linguae Latinae 10:2706 f.

81) Compare Boethius: *vel studiosi sapientiae regerent vel earum rectores studere sapientiae contigisset*, De Consolatione Philosophiae, 1.4.5 (ed. Claudio Moreschini, Munich and Leipzig 2005).

82) Jordanes notes that a few days before the Roman army entered Rome Vitigis set out for Ravenna where he married Matasuintha (Getica, as n. 6, 311); having dealt with Vitigis' coming to power, the Liber Pontificalis states that *eodem tempore* he went to Ravenna and married (as n. 34, p. 290.7 f). Cassiodorus emphasises one quality of the bride: *quae tantorum regum posteritas potuit inveniri* (as n. 7, 480.14 f). She was unwilling to marry Vitigis (*plus vi copulat quam amore*, Marcellinus comes, Chronicle, as n. 8, s.a. 536), and later turned against him (Procopius Gothic War, as n. 7, 2.10.11).

83) Cassiodorus, Variae (as n. 7), 10.3.3.

his prudence, esteemed by the *gentes* for his manliness.«[84] We may pause briefly here. The collocation of *prudentia* and *virtus* was something of a habit for Cassiodorus, who elsewhere refers to the Goths as having both the *prudentia* of the Romans and the *virtus* of the *gentes*, although exactly the same qualities are attributed to Theoderic by Procopius (ξυνέσεως ... και ἀνδρίας), and Jordanes speaks of Theoderic's son-in-law Eutharic as mighty in both *prudentia* and *virtus*[85]. While Cassiodorus could attribute prudence to Theoderic in a roundabout way[86], he saw it as being chiefly a characteristic of the Romans of old times, and one that he frequently refers to in apposition to the *maiores.* Hence he can write in a letter to Boethius: *O inventa prudentium! o provisa maiorum!*, in a form letter conferring the office of *comes sacrarum largitionum: O magna inventa prudentium! o laudabilia instituta maiorum*, and in another letter bestowing the office of Count of the Port of Rome: *O inventa maiorum! o exquisita prudentium* ![87] Such language prompts one to ask who the *maiores* whose *mos* was followed when Vitigis was lifted on a shield may have been. As we have seen, Tacitus saw the ceremony as being carried out *more gentis*, and in his description of the elevation of Vitigis Cassiodorus describes it as having been carried out *more maiorum.* HODGKIN typically gives the phrase a Germanic twist by translating it »in ancestral fashion«, but *maiores* in Cassiodorus need not be Goths, nor ancestors in a literal sense, and it is possible, although I would not argue the point too strenuously, that he meant the phrase to refer to people of old times in general rather than bygone Goths[88].

Our discussion of the Amals has covered a lot of territory, but let me point out three things. Emphasis on membership of a family such as the Amals could answer to the situation of those who had recently come to power, just as it seemed to become more important when the monarch was weak; as Marc REYDELLET points out, Theoderic had no need to rely on anything other than his own authority, but the situation of Athalaric was different[89]. Secondly, it is surely noteworthy that of these seven letters three were ad-

84) Morality: Variae, 4.39.2; cf mention of the *purpuratum decus* of Theodahad's ancestors, 10.1.2. Theoderic: Variae, 11.13.4.

85) Cassiodorus, Variae (as n. 7), 3.23.3. Procopius, Gothic War (as n. 7), 1.1.27. Jordanes, Getica (as n. 6), 298. Paul KERSHAW is more inclined than I am to see Avitus of Vienne using the word *virtus* in the sense of ›virtue‹ (Peaceful Kings, as n. 3, p. 86).

86) As where he writes of the *magna voluptas* [...] *prudentissimae mentis pulcherrima* of a person living in a palace; the mind in question is presumably that of Theoderic: Cassiodorus, Variae (as n. 7), 7.5.1.

87) To Boethius: Variae, 1.10.6. Form letters: Variae, 6.7.3; 7.9.2. Note as well *ubi prudentium sensa servantur? Periclitabantur ante hoc dicta sapientium, cogitata maiorum* (Variae, 11.38.3).

88) Walter GOFFART has noted that in Variae 10.31 the word is twice used within a few lines, on the first occasion in an implicitly Gothic sense (*maiorum notitia cana*, 10.31,4) and on the second in an implicitly Roman one (10.31.6): Jordanes's Getica and the Disputed Authenticity of Gothic Origins from Scandinavia, in: Speculum 80 (II, 2005), p. 379–98 at p. 389.

89) Marc REYDELLET, La Royauté dans la littérature latine de Sidoine Apollinaire à Isidore de Séville, Paris 1981, p. 242.

dressed to the senate and a fourth written to Justinian in the name of that body; contrary to what one might have anticipated, membership of this family with its alleged roots far back in the Germanic past was emphasised in letters not written to those who may be imagined as having chanted ancient Germanic songs but in those to and indeed from the senate. Finally, the terminology we have been considering, exemplified by the use of *genus* and *stirps*, the notion of *purpuratus*, and the concepts of *prudentia* and *virtus*, seem remarkably ambiguous in their application, being hard to identify with either Goths or Romans. The point made concerning possible ambiguity in the term βασιλεύς is thus reinforced.

Where does *consensus* fit into all this? When I began thinking about Ostrogothic monarchy in this period and the possible application of the notion of *consensus*, I had no idea how little it would obtrude. But it is there in an unexpected way, and it will be worth our while returning to the series of letters Cassiodorus wrote in 526 seeking acceptance of Athalaric as king following the death of Theoderic. The first of these in the order in which he laid them out in the ›Variae‹, that despatched to the emperor Justin seeking from him on behalf of the new king *pax* and *amicitia*, has nothing for our purpose, but the second, addressed to the senate of the city of Rome, does. Athalaric is made to tell the senate that power had passed so swiftly from Theoderic to himself that one would have believed that a change of clothes rather than of government had taken place. The support that had been received from the military is emphasised. (*Tot proceres manu consilioque gloriosi nullum murmur, ut assolet, miscuerunt.*) Towards the end of this letter, Athalaric is made to observe that divine providence had disposed that a general *consensus* of Goths and Romans had given its approval to him (*Gothorum Romanorumque nobis generalis consensus accederet*), and they had confirmed their will, which they had offered with pure hearts, by swearing an oath. Athalaric was therefore sending count Sigismer to administer an oath of loyalty to the senate[90]. The letter immediately following is addressed to the Roman people, and makes a similar point in a different way: with God's approval, and in accordance with what Theoderic had disposed, a most sweet *consensus* of Goths and Romans had been given to Athalaric's coming to power (*Gothorum Romanorumque in regum nostrum suavissimus consensus accederet*; extraordinarily, HODGKIN's typically Germanizing translation omits ›and Romans‹), and swore oaths. The bearers of the letter would in turn receive the oaths of the Roman people[91]. In what sense is the word *consensus* being used? A parallel letter suggests the answer. Writing to all the provincials in Gaul, Cassiodorus makes Athalaric ask that »the Goths give their pledge to the Romans

90) Cassiodorus, Variae (as n. 7), 8.2.

91) Ibid. 8.3; cff. *unum crede promittere, quod generalitas videbatur optare* (ibid. 8.5.1); *cui ordinatione Gothorum Romanorumque desideria convenerunt* (ibid. 8.6.2); *unum loqui crederes quod generalitas insonabat* [...] *Romani Gothis sacramento confirment se unanimiter regno nostro esse devotos* (ibid. 8.7.3). See further S. TEILLET, Des Goths à la nation gothique (Paris, 1984), p. 289 f.

and the Romans confirm by an oath to the Goths that they are unanimously devoted to our reign.«[92] The situation envisaged here is one in which Goths and Romans were in agreement, and this is the sense in which Cassiodorus speaks of *consensus*; it describes agreement between Goths and Romans, rather than agreement to the accession of a new king.

Let me conclude by offering a coda. There is a chronologically exact parallel to the way Cassiodorus uses the word *consensus* in canon law. The principle that if the bishops of a province were unable to attend the ordination of a new bishop they were to display their consent in writing (*per scripta consentientibus*, συντιθεμένων διά γραμμάτων) was as old as the Council of Nicaea[93]. But later practice envisaged another kind of *consensus*, of the kind Ruricius of Limoges had in mind when he observed, *Bene facitis, si hominem quem communis consensus elegit, ordinatis*[94]. We read in Gregory of Tours that in 555 the people of Tours informed king Lothar that they had agreed that the priest Euphronius was to be their next bishop (*facto consensu in Euphronio presbitero*). Shortly afterwards a group of bishops sought to appoint a new bishop of Saintes, Heraclius: *consensum fecerunt in Heraclium* [...] *presbiterum quod regi* [...] *transmiserunt*[95]. Hence, a document of about 475, the *Statuta Ecclesiae Antiqua*, prescribes that episcopal appointment is to be made *consensu clericorum et laicorum*, and such legislation is recurrent across the Merovingian period[96]. A comment made by Venantius Fortunatus on the accession of Gregory as bishop of Tours in 573, *hoc commune bonum praedicet omnis homo* has been interpreted as indicating that the celebration was to be one of ›*consensus*‹[97]. It was a nice idea, although Sidonius Apollinaris elsewhere writes of a bishop being consecrated *dissonas inter partium voces*[98]. But reading these texts carefully, it is clear that, again, the

92) Cassiodorus, Variae (as n. 7), 8.7.3.

93) Can. 4, Conciliorum Oecumenicorum Generaliumque Decreta, edd. Giuseppe ALBERIGO et al., Turnhout 2006, p. 21 f.

94) Ruricius of Limoges, Ep. 2.30, ed. J.-P. MIGNE (PL 58) Turnhout ²1967, p. 107.

95) Euphronius: Gregory of Tours, Libri Historiarum (as n. 14), 4.15, p. 147. Heraclius: ibid. 4.26, p. 158. Gregory uses the word loosely when he describes the future Gregory the Great begging the emperor Maurice not to give his *consensus* to his elevation to papal office, but his plan came to nothing when Germanus informed the emperor of the *consensum quod populus fecerat* (10.1, p. 478).

96) Statuta Ecclesiae Antiqua 1, ed. Charles MUNIER (CC 148), p. 165.37; see further a metropolitan being chosen *cum consensu clerus* [!] *vel civium* (Council of Orléans (538), can. 3, ed. Charles DE CLERCQ, CC 148 A, p. 115.32 f; here and elsewhere I leave the Latin unchanged); *ad consensum faciendum cives aut clirici* (Council of Orléans (549), can. 11, ibid. p. 152.101); *cleri consensu vel civium* (Council of Paris (641), can. 2, ibid. p. 275.19 f) and *consensus ad episcopum instituendum* (Council of 673–675, can. 5, ibid. p. 315.23 f.). Cf. Marculf, Form. 1.7 (ed. Karl ZEUMER, Formulae Merowingici et Karolini Aevi (MGH Legum section V), Hannover 1886 reprint Hannover 1963).

97) Michael ROBERTS, The Humblest Sparrow – The Poetry of Ventanius Fortunatus, Ann Arbor 2009, p. 108, on Venantius carm. 5.3.4.

98) Sidonius Apollinaris, epp. ed. and transl. W. B. ANDERSON, London and Cambridge Mass., 1965, 4.25.4.

consensus envisaged is thought of as being consent between people rather than being consent to the ordination of a particular person. While community *consensus* was doubtless desirable, there is no sense that it was necessary to a new person entering an office.

Javier Arce, in a most interesting discussion of the description of the funeral rites of Attila provided by Jordanes, raises the possibility that they were those of a Romanized barbarian king[99]. If the Huns could behave in a Romanized fashion, how much more would this be likely of Goths, long exposed to Roman ways, who had been living in Italy for over four decades? The elevation of Theodahad to be *consors regni*, the lifting up of Vitigis on a shield, the ambiguous nature of the word βασιλεύς, and the occurrence of the most strident emphasis on the Amal line in letters connected with the senate are among the circumstances that suggest that the political culture of Ostrogoths several decades after their arrival in Italy had come to resemble that of the Romans far more than any ancestral Germanic way of doing things. I therefore agree with Joseph Canning that »[t]he form of kingship which [...] emerged in the post-entry barbarian kingdoms was overwhelmingly Roman and Christian in character and stressed the power and authority of the monarch«[100], although it seems to me that the evidence we have been considering suggests that its Christian element was secondary[101]. And what was true of any putative Germanic past was similarly true of *consensus*, particularly in a time of crisis, which our sources show no sign of seeing as important. Just as Theodahad had become the *consors* of Amalasuintha when she was in a desperate situation, so he in turn was replaced by Vitigis because the army was in a desperate situation. No less than any concept of nationhood, any notion of *consensus* was definitely secondary to Realpolitik.

Summary

When examining the ways in which the successors of Theoderic came to power in times of war and crisis, consensus is found as an argument of legitimacy especially in Cassiodorus‘ letters to and from the senate of Rome. It refers to the unanimity of Goths and Romans so crucial to the coherence of the Ostrogothic kingdom, which should be confirmed by oaths of loyalty. As comparable wordings of the ordinations of bishops in canon law suggest, consensus coined by Cassiodorus meant agreements between people

99) Javier Arce, Imperial Funerals in the Later Roman Empire, in: Rituals of Power from Late Antiquity to the Early Middle Ages, ed. F. Theuws and J. L. Nelson, Leiden 2000, pp. 95–114 at 126 f.

100) Joseph Canning, A History of Medieval Political Thought 300–1450, London 1996, p. 17.

101) D. H. Green feels that two terms used by Cassiodorus, *deo favente* and *iuvante deo*, imply that Theoderic saw himself as having received his royal authority from God, but the usage seems to me formulaic: The Carolingian Lord, Cambridge, 1965, p. 224. Note as well *divina providentia fuisse dispositum* (Variae, 8.2.7, to the senate of the city of Rome).

rather than approval of the accession of a particular person. This leads to the conclusion that the political culture of the Ostrogoths several decades after their arrival in Italy had become essentially romanized (more than Christianized).

König Rothari begründet seine Gesetze. Zum Verhältnis von Konsens und Argumentation in den ›Leges Langobardorum‹*

Heinz Holzhauer zugeeignet

Christoph H. F. Meyer (Frankfurt a. M.)

*) Zur Entlastung des Anmerkungsapparats wird bei der Zitation von Quellen des langobardischen Rechts des 7. und 8. Jahrhunderts auf ausführliche bibliographische Angaben verzichtet. Zugrunde liegt stets die kritische Edition von 1868. Vgl. Edictus Langobardorum, hg. von Friedrich BLUHME (MGH LL 4), Hannover 1868 (ND Stuttgart/Vaduz 1965), S. 1–225. Die Vorschriften der langobardischen Könige und beneventanischen Duces werden mit Ausnahme des Edictum Rothari ausschließlich nach den abgekürzten Herrschernamen zitiert: Ed. Ro. (Edictum Rothari), Grim. (Grimoald), Liutpr. (Liutprand), Ra. (Ratchis), Aist. (Aistulf), Areg. (Aregis), Adel. (Adelgis). Die teils Grimoald, teils Liutprand zugeschriebenen sogenannten Notitiae werden als »Not.« in Verbindung mit einer Ordnungszahl und Seitenangabe (nach BLUHME) zitiert. Aus Platzgründen werden auch bei der Zitation von Quellen des justinianischen Rechts Abkürzungen anstelle vollständiger bibliographischer Angaben verwendet. Sie basieren auf den Editionen von KRÜGER/MOMMSEN. Vgl. Corpus iuris civilis, Bd. 1.1: Iustiniani Institutiones, hg. von Paul KRÜGER, Berlin [17]1963; Bd. 1.2: Digesta, hg. von Theodor MOMMSEN und Paul KRÜGER, Berlin [17]1963; Bd. 2: Codex Iustinianus, hg. von Paul KRÜGER, Dublin/Zürich [14]1968; Bd. 3: Novellae, hg. von Rudolf SCHOELL und Wilhelm KROLL, Dublin/Zürich [9]1968. Die Abkürzungen der einzelnen Werke lauten: Inst. (Institutiones), Dig. (Digesta), Cod. (Codex Iustinianus), Nov. (Novellae).

Als sich im 18. Jahrhundert Gelehrte intensiver mit der Geschichte der Langobarden und ihres Rechts zu beschäftigen begannen, fiel ihr Blick im Zeitalter von Absolutismus und Aufklärung nicht zuletzt auf Vorgänge von Beratung und Zustimmung, als deren Ergebnis sich die ›Leges Langobardorum‹ darstellen. So hebt etwa Lodovico Antonio MURATORI (1672–1750) im Zusammenhang mit den Langobarden hervor, dass ihre Gesetze nicht bloß aufgrund des Willens und der Planung des Herrschers und seines Rates zustande gekommen sind, sondern auch durch Rat und Zustimmung der Stände und Ersten des Reiches[1]. Ähnliche Beobachtungen finden sich bei Pietro GIANNONE (1676–1748)[2]. Beide Autoren hatten dabei vor allem das Kapitel 386 des ›Edictum Rothari‹ von 643 vor Augen.

Wenn man den Inhalt der Vorschrift betrachtet, ist der Eindruck, den die Gelehrten daraus gewannen, durchaus nachvollziehbar. Immerhin ist in Ed. Ro. 386 nicht nur davon die Rede, dass der König das Edikt erlassen hat[3]. Es wird auch ausdrücklich auf den Rat (*consilium*) und die Zustimmung (*consensus*) der *primati iudices* und des langobardischen Heeres Bezug genommen. Außerdem findet sich am Ende des Kapitels der Hinweis, dass das Gesetzbuch durch ein *gairethinx* bekräftigt wurde. Dieses langobardische Ritual wird oft als eine auf dem Zusammenschlagen von Speeren beruhende Konsensbezeugung gedeutet. Berücksichtigt man, dass in dem betreffenden Kapitel auch der *exercitus* eine Rolle spielt, mag ein solcher rechtlicher Ritus nicht weiter überraschen. Die Beteiligung eines weiten Personenkreises könnte zudem eine Entsprechung und vielleicht sogar eine Erklärung im Inhalt des ›Edictum Rothari‹ finden, ist doch in Ed. Ro. 386 von der Aufzeichnung alter ungeschriebener Gesetze der Väter die Rede. Zum Teil ähnliche Beobachtungen wie für das Zustandekommen des Edikts lassen sich auch für die langobardischen Novellen des 8. Jahrhunderts machen[4]. So gesehen scheint schon bei einer oberflächlichen Betrachtung einiges für den Gedanken zu sprechen, dass sich die ›Leges Lan-

1) Lodovico Antonio MURATORI, Antiquitates italicae medii aevi, Bd. 2, Mailand 1739, Diss. XXII, Sp. 235. Vgl. Giovanni TABACCO, Latinità und Germanesimo in der italienischen Mediävistik, in: Geschichte und Geschichtswissenschaft in der Kultur Italiens und Deutschlands. Wissenschaftliches Kolloquium zum hundertjährigen Bestehen des Deutschen Historischen Instituts in Rom (24.–25. Mai 1988), hg. von Arnold ESCH und Jens PETERSEN (Bibliothek des Deutschen Historischen Instituts in Rom 71), Tübingen 1989, S. 108–135, S. 117–122; Manuela BRAGAGNOLO, Pubblica Felicità e limiti del potere in Lodovico Antonio Muratori, in: Challenging Centralism. Decentramento e autonomie nel pensiero politico europeo, hg. von Lea CAMPOS BORALEVI, Florenz 2011, S. 119–130, S. 124 f.

2) Pietro GIANNONE, Istoria civile del regno di Napoli, hg. von Sergio BERTELLI, in: Pietro Giannone. Opere (Illuministi italiani 1), Mailand/Neapel 1971, S. 349–472, Lib. V, cap. V, S. 441 f. Vgl. Giorgio FALCO, La questione longobarda e la moderna storiografia italiana, in: Atti del 1° congresso internazionale di studi longobardi, Spoleto 27–30 settembre 1951, Spoleto 1952, S. 153–166, S. 156 f.; Ian WOOD, The Modern Origins of the Early Middle Ages, Oxford 2013, S. 117 f.

3) Zu Ed. Ro. 386 siehe unten S. 173–185.

4) Dazu siehe S. 185–188.

gobardorum‹ im Allgemeinen und das ›Edictum Rothari‹ im Besonderen durch einen konsensualen Zug auszeichnen.

Wenn man allerdings die Quellen und die Literatur etwas genauer betrachtet, ergibt sich noch eine weitere Beobachtung, die man in ähnlicher Form auch in anderen Bereichen der frühmittelalterlichen Geschichte machen kann. Die gerade referierten Einsichten stehen in einem symbiotischen Verhältnis zu allgemeinen Vorstellungen über Herrschaft und Rechtsentwicklung im Mittelalter, deren Wurzeln im 18. Jahrhundert liegen[5]. Die betreffenden Theorien stützen sich unter anderem auf deutungsoffene Passagen aus Prologen und Epilogen frühmittelalterlicher Rechtsaufzeichnungen, die wiederum im Lichte entsprechender Fragestellungen einen allgemeineren Sinn gewinnen. Sobald man jedoch die theoretische Beleuchtung ausschaltet, liegt das, was eben noch klar und deutlich erkennbar schien, schnell wieder im Dunkeln.

Das zeigt etwa das zuvor erwähnte *gairethinx*[6]. Weder ist bekannt, worin ein solcher Ritus bestand, noch was seine genaue Funktion war[7]. Aus der etymologischen Vermutung, *gairethinx* müsse etwas mit Speeren (*gaire*) und einer Versammlung (*thinx*) zu tun haben, wird ein »Speergedinge«, mit dem nach einer weiter verbreiteten Auffassung ein »›germanischer‹ Modus des Volkskonsenses« (Hannig) zum Ausdruck gebracht worden sein soll[8]. Ein so verstandenes Ritual erscheint dann womöglich als »ein Ausgangspunkt der konsensgebundenen Herrschaft des Mittelalters«[9] (Dilcher) und als ein Indiz für »die Tradition der Dingversammlung als Grundlage des langobardischen Rechts« (Dilcher)[10]. Doch kann das *gairethinx* erst dann als Beleg für all dies und manches andere dienen, wenn man es vor dem Hintergrund entsprechender Theorien etwa über den ger-

5) Christian Cheminade, Charles le Chauve et le débat sur le pouvoir législatif au XVIIIe siècle, in: Le prince et la norme. Ce que légiférer veut dire, hg. von Jacqueline Hoareau-Dodinau, Guillaume Métairie und Pascal Texier (Cahiers de l'Institut d'Anthropologie Juridique 17), Limoges 2007, S. 177–193, S. 181–193; Christoph H. F. Meyer, Konsens in der Rechtsgeschichte des frühen Mittelalters, in diesem Band S. 19–45.

6) Zum Folgenden siehe S. 181–185.

7) Immerhin spielte das *gairethinx* auch bei Verfügungen auf den Todesfall und Freilassungen eine Rolle. Vgl. Ed. Ro. 172, 224. Ferner siehe S. 173 f., 183.

8) Jürgen Hannig, Consensus fidelium. Frühfeudale Interpretationen des Verhältnisses von Königtum und Adel am Beispiel des Frankenreiches (Monographien zur Geschichte des Mittelalters 27), Stuttgart 1982, S. 56 (mit älterer Literatur).

9) Gerhard Dilcher, Konsens, in: HRG 3 (17. Lieferung) (^{2}2013), Sp. 109–117, Sp. 109.

10) Gerhard Dilcher, Dinggenossenschaft und Recht im langobardischen Italien, in: Recht im Wandel – Wandel des Rechts. Festschrift für Jürgen Weitzel zum 70. Geburtstag, hg. von Ignacio Czeguhn, Köln/Weimar/Wien 2014, S. 69–92, S. 72. Dabei ist allerdings zu berücksichtigen, dass es keinen positiven Hinweis auf ein entsprechendes, eigentlich im fränkischen Bereich beheimatetes dinggenossenschaftliches Verfahren in der Zeit des langobardischen Regnum (568–774) gibt. Zur Dinggenossenschaft vgl. Jürgen Weitzel, Dinggenossenschaft und Recht. Untersuchungen zum Rechtsverständnis im fränkisch-deutschen Mittelalter (Quellen und Forschungen zur höchsten Gerichtsbarkeit im Alten Reich 15), 2 Bde, Köln/Wien 1985.

manischen Volkskonsens, die Dinggenossenschaft oder die Natur des Langobardenrechts betrachtet und deutet. Tritt man aus diesem Zirkel heraus, bleibt ein volkssprachiges Wort, dessen rechtlicher Gehalt nur vage zu fassen ist.

Aus der sich hier abzeichnenden Bedeutung erkenntnisleitender Vorverständnisse ergibt sich mittelbar eine Weichenstellung für die vorliegende Untersuchung. Es geht im Folgenden weder um die gerade erwähnten großen Theorien noch um die aus dem Verfassungs- und Rechtsverständnis der Moderne erwachsende Frage, ob ein wie auch immer beschaffener Konsens einzelner Personengruppen »Geltungsgrund« des schriftlich fixierten Langobardenrechts war. Gegenstand dieser Studie ist vielmehr der Niederschlag, den einzelne Konsensstrategien in den ›Leges Langobardorum‹ gefunden haben. Dabei gilt das Hauptaugenmerk dem ›Edictum Rothari‹, das die Grundlage aller späteren langobardischen Rechtsaufzeichnungen des 7.–8. Jahrhunderts bildete. Der Aufsatz gliedert sich in verschiedene Teile. Er beginnt mit einigen Grundinformationen und allgemeinen Überlegungen zu dem Regnum der Langobarden, ihrer rechtlichen Überlieferung und dem Erkenntniswert konsensfähiger Aussagen in frühmittelalterlichen Leges (I.–III.). Danach geht es um den Konsens in den ›Leges Langobardorum‹, soweit er sich als Teilaspekt politischer und rechtlicher Willensbildung im Rahmen von Aufzeichnungsvorgängen und im Spiegel der Normen darstellt (IV.–V.). Dazu gilt es, Prologe und Epiloge und den Regelungsbestand des ›Edictum Rothari‹ genauer zu untersuchen. Im nächsten Teil der Studie (VI.) steht dann die diskursive Seite rechtlichen Konsenses im Mittelpunkt. In diesem Zusammenhang sollen ausgewählte gesetzgeberische Begründungen im ›Edictum Rothari‹ analysiert werden. Den Abschluss (VII.) bildet ein Ausblick auf das 8. Jahrhundert, der seinerseits Anlass zu einem kurzen Rückblick auf das 7. Jahrhundert und einige Ergebnisse dieser Untersuchung gibt.

I. Das Langobardenreich: Herrschaft und Religion

Um den gerade angedeuteten Fragen nachgehen zu können, bedarf es zunächst einer kurzen Vergewisserung in Hinblick auf das Langobardenreich[11], die Rolle, die Konsensvorstellungen in seiner Herrschaftsorganisation spielten, sowie die ›Leges Langobardo-

11) Jörg Jarnut, Geschichte der Langobarden (Urban-Taschenbücher 339), Stuttgart/Berlin/Köln/Mainz 1982; Paolo Delogu, Il regno longobardo, in: Ders./André Guillou/Gherardo Ortalli, Longobardi e bizantini (Storia d'Italia 1), Turin 1980, S. 1–216; Claudio Azzara, L'Italia dei barbari, Bologna 2002; Die Langobarden. Herrschaft und Identität, hg. von Walter Pohl und Peter Erhart (Österreichische Akademie der Wissenschaften. Philosophisch-Historische Klasse, Denkschriften 329/Forschungen zur Geschichte des Mittelalters 9), Wien 2005; Paolo de Vingo, From Tribe to Province to State. An Historical-Ethnographic and Archaeological Perspective for Reinterpreting the Settlement Process of the Germanic Populations in Western Europe between Late Antiquity and the Early Middle Ages, Oxford 2010; Stefano Gasparri, Italia longobarda. Il regno, i Franchi, il papato (Quadrante Laterza 179), Rom/Bari 2012.

rum‹. – Die Langobarden waren 568 unter König Alboin aus Pannonien nach Italien gekommen und hatten in kurzer Zeit große Teile der Halbinsel, die bis dahin Teil des oströmischen Reiches war, erobert. Abgesehen von dem langobardischen Regnum im Norden entstanden im letzten Drittel des 6. Jahrhunderts in Mittel- und Süditalien in Benevent und Spoleto zwei Dukate, die bis zum Untergang des Königreiches weitgehend unabhängig blieben. Im zweiten Drittel des 7. Jahrhunderts entwickelte sich Pavia zur Hauptstadt des Regnum, das unter König Liutprand (712–744) den Höhepunkt seiner Machtentfaltung erlebte. Der Aufstieg der Karolinger und ihr Bündnis mit dem Papsttum brachten die Langobardenkönige Aistulf (749–756) und Desiderius (757–774) schnell in die Defensive. Das Ende kam 774, als Karl der Große das Regnum eroberte und in das Frankenreich eingliederte.

Soweit die Kurzgeschichte eines nachrömischen Reichs, über das wir nur sehr punktuell informiert sind. Die Frage, welche Rolle der Konsens im politischen Leben und der Herrschaftsorganisation der Langobarden spielte, führt zunächst zu der in mancherlei Hinsicht schwierigen Quellenlage. Sieht man von den ersten Jahrzehnten nach 568 und den letzten Jahrzehnten vor 774 ab, muss sich jeder Versuch einer Antwort im Wesentlichen auf die wohl in den 790er Jahren vollendete ›Historia Langobardorum‹ des Paulus Diaconus stützen[12]. Daraus erklären sich zugleich manche Untiefen der Forschung. Denn nicht nur die Frage nach den Vorlagen und der Aussagekraft des Werkes hat im Laufe der Zeit sehr unterschiedliche Antworten erfahren[13]. Auch das Bild der Langobarden und ihres Reiches, das die ›Historia Langobardorum‹ vermittelt, lässt viele Fragen unbeantwortet und gibt Raum für allerlei Mutmaßungen.

Das zeigt sich nicht zuletzt, wenn man nach dem langobardischen Königtum und dem Verhältnis der Könige zu den Duces oder »Herzögen« als ihren wichtigsten Widersachern und Verbündeten fragt[14]. Gerade für das 7. Jahrhundert liegt hier vieles im Dunkeln.

12) Pauli Historia Langobardorum, hg. von Ludwig Bethmann und Georg Waitz (MGH SS rer. Lang.), Hannover 1878, S. 12–187. Zu Paulus Diaconus und seinem Werk vgl. Stefano Gasparri, Paulus Diaconus, in: Lex.MA 6 (1993), Sp. 1825–1826; Hubertus Seibert, Paulus Diaconus, in: NDB 20 (2001), S. 131–133; Walter Pohl, Paulus Diaconus, in: Reallexikon der Germanischen Altertumskunde 22 (^{2}2003), S. 527–532.

13) Gian Piero Bognetti, Processo logico e integrazioni delle fonti nella storiografia di Paolo Diacono, in: Ders., L'età longobarda, Bd. 3, Mailand 1967, S. 157–184; Walter Goffart, The Narrators of Barbarian History: A.D. 550–800. Jordanes, Gregory of Tours, Bede and Paul the Deacon, Princeton 1988, S. 329–437. Ferner vgl. Donald Bullough, Ethnic History and the Carolingians. An Alternative Reading of Paul the Deacon's Historia Langobardorum, in: The Inheritance of Historiography 350–900, hg. von Christopher Holdsworth und Timothy Peter Wiseman (Exeter Studies in History 12), Exeter 1986, S. 85–105, S. 100.

14) Zu den langobardischen Duces vgl. Hermann Pabst, Geschichte des langobardischen Herzogthums, in: Forschungen zur deutschen Geschichte 2 (1862), S. 405–518; Gian Piero Bognetti, L'influsso delle istituzioni militari romane sulle istituzioni longobarde del secolo VI e la natura della fara, in: Ders., L'età longobarda, Bd. 3, Mailand 1967, S. 1–46; Stefano Gasparri, I duchi langobardi (Studi storici 109), Rom

Wenngleich sich auch bei den Langobarden Königsgeschlechter wie die Lethinge finden, kam es doch nicht zur Herausbildung einer den Merowingern vergleichbaren Dynastie[15]. Erfolgreiche und erfolglose Umsturzversuche prägen das Bild bis in das 8. Jahrhundert[16]. Diese Instabilität wurde gerade von der älteren Forschung mit den zentrifugalen Kräften innerhalb des Regnum, als deren wichtigste Exponenten die Duces erschienen, in einen ursächlichen Zusammenhang gebracht[17].

Die neuere Forschung hat diese negative Wahrnehmung, der die aus Sicht des 19. und frühen 20. Jahrhunderts zentrale Frage nach dem Nationalstaat und den Gründen für das Scheitern des »langobardischen Staates« zugrunde lag, überwunden und verstärkt auf die Leistungen der Duces im Sinne einer regionalen Herrschaftsverdichtung hingewiesen[18]. Zudem sind nicht nur unter militärischen Vorzeichen Belege für eine Kooperation mit dem Königtum erkennbar. So hat etwa Jörg JARNUT auf das Bemühen der Könige aufmerksam gemacht, die »führenden Langobarden in Leitungspositionen«, zu denen die

1978 und Paolo DELOGU, Dux, Dukat. II. Vorkarolingische Zeit, [3] Langobarden, in: Lex.MA 3 (1986), Sp. 1490–1491.

15) Auch die Reihe vom Großvater Perctarit (661–662, 671–689) auf den Vater Cunincpert (689–700) zum Enkel Liutpert (700–701) eignet sich nicht für einen Gegenbeweis. Perctarit selbst war von 662 bis 671 im Exil, sein Sohn zeitweise vom Usurpator Alahis aus Pavia vertrieben, und der *infantulus* Liutpert wurde schon bald nach dem Tode seines Vaters ermordet. Vgl. Paulus Diaconus, Historia Langobardorum (wie in Anm. 12), Lib. VI, 19–20, S. 171 sowie Hermann FRÖHLICH, Studien zur langobardischen Thronfolge von den Anfängen bis zur Eroberung des italienischen Reiches durch Karl den Großen (774), Bd. 1, Tübingen 1980, S. 168–170 und Thilo OFFERGELD, Reges pueri. Das Königtum Minderjähriger im frühen Mittelalter (MGH Schriften 50), Hannover 2001, S. 154 f.

16) Emanuele PIAZZA, Successione dinastica e morte violenta dei reges longobardi. La testimonianza di Paolo Diacono, in: Annali della facoltà di Scienze della formazione, Università degli studi di Catania 10 (2011), S. 147–162.

17) Francesco SCHUPFER, Delle istituzioni politiche longobardiche, Florenz 1863, S. 291–293; Heinrich VON SYBEL, Entstehung des deutschen Königthums, Frankfurt am Main 1881, S. 342 f.; Thomas HODGKIN, Italy and her Invaders, Bd. 5: 553–600, Oxford 1895 (ND New York 1967), S. 155; Ludo Moritz HARTMANN, Geschichte Italiens im Mittelalter, Bd. 2,1: Römer und Langobarden bis zur Theilung Italiens (Allgemeine Staatengeschichte 1), Leipzig/Gotha 1900 (ND Hildesheim 1965), S. 210. Ähnlich noch Konrad BUND, Thronsturz und Herrscherabsetzung im Frühmittelalter (Bonner Historische Forschungen 44), Bonn 1979, S. 222 f. Ferner vgl. Alheydis PLASSMANN, Origo gentis. Identitäts- und Legitimitätsstiftung in früh- und hochmittelalterlichen Herkunftserzählungen (Orbis mediaevalis. Vorstellungswelten des Mittelalters 7), Berlin 2006, S. 228.

18) Chris WICKHAM, Early Medieval Italy. Central Power and Local Society 400–1000, Ann Arbor 1989, S. 37 f. und Walter POHL, Staat und Herrschaft im Frühmittelalter. Überlegungen zum Forschungsstand, in: Staat im frühen Mittelalter, hg. von Stuart AIRLIE, Walter POHL und Helmut REIMITZ (Österreichische Akademie der Wissenschaften. Philosophisch-Historische Klasse, Denkschriften 334/Forschungen zur Geschichte des Mittelalters 11), Wien 2006, S. 9–38, S. 34. Ferner vgl. Yves-Mary VERHOEVE, Le royaume lombard et les duchés. Formes et moyens d'une intégration progressive, in: Médiévales 51 (2006), S. 21–26.

Duces zweifellos zu rechnen sind, in die Normgebung einzubinden[19]. Noch viel höher wird man ihre Bedeutung im Rahmen der Königserhebungen einzuschätzen haben[20]. Allerdings sind die Informationen, die die ›Historia Langobardorum‹ hinsichtlich der Mitwirkung der Großen oder des Volkes bei diesen Vorgängen bietet, dürftig.

Wenngleich verschiedentlich in der Langobardengeschichte davon die Rede ist, dass jemand von den Langobarden zum König gemacht oder erhoben wurde, geht Paulus nur ausnahmsweise auf vorausgehende Willensbildungsprozesse ein. Dies ist vor allem an zwei beziehungsweise drei Stellen der ›Historia Langobardorum‹ der Fall, die Ereignisse des späten 6. Jahrhunderts behandeln. In den drei Passagen ist nicht von *consensus*, wohl aber von *consilium* die Rede. So heißt es über die Königserhebungen des Cleph (572) und des Authari (584) jeweils, die Langobarden beziehungsweise alle Langobarden erhoben den Betreffenden *communi consilio* zum König[21]. Hinzu kommt eine Nachricht über die Entscheidung der verwitweten Königin Theodelinde (circa 570/575–627), der die Langobarden rieten (*suadentes*), sich einen neuen Ehemann zu wählen, woraufhin sich die Königin mit klugen Leuten beriet (*consilium cum prudentibus habens*), bevor sie sich für den Dux Agilulf (gestorben 615/616) entschied[22]. Woher Paulus den entsprechenden Hinweis hat, bleibt unsicher. Ein etwas klareres Bild vermitteln die beiden erstgenannten Stellen. Ein Vergleich mit der ›Origo gentis Langobardorum‹ zeigt, dass der Diakon diese Quelle ausschreibt und die Worte *communi consilio* hinzugefügt hat[23], vielleicht weil er die vorgefundene Nachricht erklären wollte.

19) Jörg JARNUT, Der langobardische Staat, in: Der frühmittelalterliche Staat – europäische Perspektiven, hg. von Walter POHL (Forschungen zur Geschichte des Mittelalters 16/Akademie der Wissenschaften in Wien. Philosophisch-Historische Klasse, Denkschriften 386), Wien 2009, S. 23–30, S. 26.

20) Carlo Guido MOR, La successione al trono nel diritto pubblico longobardo, in: Studi in onore di F. Cammeo, Bd. 2, Padua 1933, S. 177–199 (ND DERS., Scritti di storia giuridica altomedievale, Pisa 1977, S. 437–464); Reinhard SCHNEIDER, Königswahl und Königserhebung im Frühmittelalter. Untersuchungen zur Herrschaftsnachfolge bei den Langobarden und Merowingern (Monographien zur Geschichte des Mittelalters 3), Stuttgart 1972; FRÖHLICH, Thronfolge (wie in Anm. 15).

21) Paulus Diaconus, Historia Langobardorum (wie in Anm. 12), Lib. II,31, S. 90 Z. 10–11: *Langobardi vero aput Italiam omnes communi consilio Cleph, nobilissimum de suis virum, in urbe Ticinensium sibi regem statuerunt.* Ebd. III,16, S. 100 Z. 26–S. 101 Z. 1: *At vero Langobardi cum per annos decem sub potestate ducum fuissent, tandem communi consilio Authari, Clephonis filium supra memorati principis, regem sibi statuerunt.* [...] Vgl. SCHNEIDER, Königswahl (wie in Anm. 20), S. 23 f.

22) Paulus Diaconus, Historia Langobardorum (wie in Anm. 12), Lib. III,35, S. 113 Z. 20–24: *Regina vero Theudelinda quia satis placebat Langobardis, permiserunt eam in regia consistere dignitatem, suadentes ei, ut sibi quem ipsa voluisset ex omnibus Langobardis virum eligeret, talem scilicet qui regnum regere utiliter possit. Illa vero consilium cum prudentibus habens, Agilulfum ducem Taurinatium et sibi virum et Langobardorum genti regem elegit.* Vgl. SCHNEIDER, Königswahl (wie in Anm. 20), S. 29 f.

23) Origo gentis Langobardorum, hg. von Georg WAITZ (MGH SS rer. Lang.), Hannover 1878 (ND 1988), S. 1–6, cap. 6, S. 5 Z. 13–16: *Reliqui Langobardi levaverunt sibi regem nomine Cleph de Beleos, et regnavit Cleph annos duos, et mortuus est. Et iudicaverunt duces Langobardorum annos duodecim; posthaec leva-*

Ähnlich wie für die Herrschaftsordnung stellen sich auch hinsichtlich des religiösen Lebens im Langobardenreich des späten 6. und des 7. Jahrhunderts viele Fragen, die sich auf der Grundlage der Quellen nicht oder nur unter Vorbehalt beantworten lassen. Noch vergleichsweise günstig ist die Lage für das letzte Drittel des 6. Jahrhunderts[24]. Es darf als gesichert gelten, dass die Langobarden, die 568 nach Italien eindrangen, mehrheitlich Heiden oder Arianer waren, es aber auch Katholiken unter ihnen gab. Deren Anzahl und Bedeutung nahm nicht zuletzt unter dem Einfluss der aus Bayern stammenden Königin Theodelinde deutlich zu[25]. Dabei ist allerdings zu berücksichtigen, dass innerhalb des Langobardenreichs zwei unterschiedliche Spielarten des Katholizismus existierten, je nachdem ob es sich um Anhänger der Drei Kapitel oder um orthodoxe und damit dem Papst treue Katholiken handelte[26].

Unter den arianischen Königen Arioald (626–636) und Rothari (636–652) scheint der allmähliche Katholisierungsprozess zeitweise ins Stocken geraten zu sein. Wenn man Paulus Diaconus Glauben schenken darf, gab es zu Zeiten von Rotharis Regentschaft fast

verunt sibi regem nomine Autarine, filio Claffoni; et accepit Autari uxorem Theudelenda, filia Garipald et Walderade de Baiuaria.

24) Knut SCHÄFERDIEK, Germanenmission, in: TRE 12 (1984), S. 506–510, Sp. 516–518; Steven C. FANNING, Lombard Arianism Reconsidered, in: Speculum 56 (1981), S. 241–252; Piergiuseppe SCARDIGLI, Die drei Seelen der Langobarden. Eine Skizze, in: Germanische Religionsgeschichte. Quellen und Quellenprobleme, hg. von Heinrich BECK, Detlev ELLMERS und Kurt SCHIER (Ergänzungsbände zum Reallexikon der Germanischen Altertumskunde 5), Berlin/New York 1992, S. 413–433; Georg HAUPTFELD, Völker und Institutionen des Exercitus Langobardorum in Italien (568–680), phil. Diss., Wien 1982, S. 88–97; Jörg JARNUT, Die langobardische Herrschaft über Rugiland und ihre politischen Hintergründe, in: Westillyricum und Nordostitalien in der spätrömischen Zeit. Zahodni Ilirik in severovzhodna Italija v poznorimski dobi, hg. von Rajko BRATOZ (Situla 34), Ljubljana 1996, S. 207–213, S. 209 f.; Walter POHL, Deliberate Ambiguity. The Lombards and Christianity, in: Christianizing Peoples and Converting Individuals, hg. von Guyda ARMSTRONG und Ian N. WOOD (International Medieval Research 7), Turnhout 2000, S. 47–58, S. 48 f.

25) Jörg JARNUT, Theudelinde, in: Lex.MA 8 (1997), Sp. 686–687; Gunther G. WOLF, Königin Theodelinde als Heils- und Legitimitätsträgerin und die langobardisch-bayerisch-fränkischen Beziehungen um 600, in: ZRG Germ. 106 (1989), S. 284–290; Ross BALZARETTI, Theodelinda, Most Glorious Queen. Gender and Power in Lombard Italy, in: The Medieval History Journal 2 (1999), S. 183–207.

26) Rudolf SCHIEFFER, Zur Beurteilung des norditalischen Dreikapitel-Schismas. Eine überlieferungsgeschichtliche Studie, in: ZKG 87 (1976), S. 167–201; Karl-Heinz UTHEMANN, Dreikapitel-Streit, in: Religion in Geschichte und Gegenwart, Bd. 2, Tübingen ^{4}1999, Sp. 977 f. Ferner vgl. Giuseppe CUSCITO, Aquileia e Bisanzio nella controversia dei Tre Capitoli, in: Aquilea e l'Oriente mediterraneo (Antichità altoadriatiche 12), Udine 1977, S. 231–262; DERS., La politica religiosa della corte longobarda di fronte allo Scisma dei Tre Capitoli. L'età teodolindiana, in: Atti del 6° Congresso internazionale di studi sull'alto medioevo, Milano, 21–25 ottobre 1978, Spoleto 1980, S. 373–382; Claudio AZZARA, Il regno longobardo in Italia e i Tre Capitoli, in: The Crisis of the Oikoumene. The Three Chapters and the Failed Quest for Unity in the Sixth-Century Mediterranean, hg. von Celia CHAZELLE und Catherine CUBITT (Studies in the Early Middle Ages 14), Turnhout 2007, S. 209–222.

in jeder *civitas* einen katholischen und einen arianischen Bischof[27]. Insgesamt war unter Rothari das Verhältnis des Königtums zur katholischen Kirche vergleichsweise entspannt[28]. Dementsprechend wird Rothari in der Literatur heute nicht mehr als »eifriger Arianer« (HARTMANN), sondern eher als »toleranter Arianer« (JARNUT) gesehen[29]. Auch nach seinem Tode spielte der Arianismus im Langobardenreich noch eine wichtige Rolle. Als letzter arianischer König gilt gemeinhin Grimoald (662–671). Erst nach dem erfolglosen Umsturzversuch des Dux Alahis (um 690) scheint das monophysitische Christentum seine Bedeutung verloren zu haben. Kurz darauf kam es 698 zu der Beilegung des Dreikapitelstreits auf der Synode von Pavia. Beide Ereignisse markieren zugleich den endgültigen Sieg des orthodoxen Katholizismus im Langobardenreich.

Die gerade angedeuteten religiösen Verhältnisse insbesondere im 7. Jahrhundert sind nicht zuletzt im Zusammenhang mit der Frage nach dem Einfluss des Christentums auf das langobardische Recht von Interesse[30]. Sie wird traditionell dahingehend beantwortet, dass ein, wenn nicht von christlichen, so doch von kirchlichen Einflüssen weitgehend unberührtes ›Edictum Rothari‹ einem großen Bestand an Novellen des 8. Jahrhunderts

27) Paulus Diaconus, Historia Langobardorum (wie in Anm. 12), Lib. IV,42, S. 134 Z. 13–15. Vgl. Erwin HOFF, Pavia und seine Bischöfe im Mittelalter. I. Epoche: Età imperial, Pavia 1943, S. 59 f.

28) Gian Piero BOGNETTI, La continuità delle sedi episcopali e l'azione di Roma nel regno longobardo, in: Le chiese nei regni dell'Europa occidentale e i loro rapporti con Roma fino all'800 (Settimane di studio del Centro italiano di studi sull'alto medioevo 7), Spoleto 1960, S. 415–454; Gian Piero BOGNETTI, Nazionalità e Religione nella storia toscana del sec. VII, in: Atti e memorie della Accademia Petrarca di Lettere, Arti e Scienze Ser. NS 37 (1958/1964), S. 170–214, S. 410, 413; Jeffrey RICHARDS, The Popes and the Papacy in the Early Middle Ages 476–752, London 1979, S. 42.

29) HARTMANN, Geschichte Italiens (wie in Anm. 17), S. 240; JARNUT, Langobarden (wie in Anm. 11), S. 67 (vgl. ebd. S. 57). Vgl. auch Carlo Guido MOR, Lo stato langobardo nel VII secolo, in: DERS., Scritti di storia giuridica altomedievale, Pisa 1977, S. 407–436, S. 429; WICKHAM, Early Medieval Italy (wie in Anm. 18), S. 35; Paolo DELOGU, Rothari, in: Lex.MA 7 (1995), Sp. 1049–1050, Sp. 1049; DERS., IL REGNO (WIE IN ANM. 11), S. 58; Walter POHL, Rothari, in: Reallexikon der Germanischen Altertumskunde 25 (^{2}2003), S. 366–368, S. 367.

30) Carlo CALISSE, Diritto ecclesiastico e diritto longobardo (Per l'ottavo centenario dell' Università di Bologna, omaggio della Facoltà giuridica di Macerata), Rom 1888 (ND Sala Bolognese 1982); DERS., Influsso del diritto romano e canonico nella evoluzione delle leggi barbariche e specialmente longobarde nel regno d'Italia, in: Acta congressus iuridici internationalis VII saeculo a decretalibus Gregorii IX et XIV a Codice Iustiniano promulgatis Romae, 12–17 novembris 1934, Bd. 2, Rom 1935, S. 259–269; Giovanni TAMASSIA, Le fonti dell'Editto di Rotari, in: DERS., Scritti di storia giuridica, Bd. 2, Padua 1967, S. 181–260, S. 235–260; Giovanni TAMASSIA, Römisches und westgothisches Recht in Grimowalds und Liutprands Gesetzgebung, in: DERS., Scritti di storia giuridica, Bd. 2, Padua 1967, S. 261–277 (ND von: ZRG Germ. 17 (1897), S. 148–169); Giulio VISMARA, Cristianesimo e legislazioni germaniche. Leggi longobarde, alamanne, bavare, in: DERS., Scritti di storia giuridica, Bd. 1: Fonti del diritto nei regni germanici, Mailand 1987, S. 451–511 (ND von: La conversione al Cristianesimo nell'Europa dell'alto medioevo (14–19 aprile 1966) (Settimane di studio del Centro italiano di studi sull'alto medioevo 14), Spoleto 1967, S. 395–467); Claudio AZZARA, L'influsso della religione e della chiesa cattoliche sul diritto dei longobardi, in: Filologia Germanica/Germanic Philology 2 (2010), S. 1–20.

gegenübersteht, die starke katholische beziehungsweise kirchliche Einflüsse erkennen lassen. Eine mögliche Ursache für die (scheinbare) Divergenz könnte, wenn man der älteren rechtshistorischen Forschung folgt, in den allgemeinen konfessionellen Rahmenbedingungen liegen. So hat etwa Heinrich BRUNNER auf die segregierende Bedeutung des Arianismus aufmerksam gemacht, die seiner Ansicht nach erklären könnte, weshalb es im 7. Jahrhundert nicht zu einer weitergehenden katholischen Beeinflussung der Langobarden kam und ihr Recht bis zum Beginn des 8. Jahrhunderts seinen (angeblich) besonders germanischen Charakter bewahren konnte[31]. Ob diese Theorie heute noch haltbar ist, erscheint jedoch zweifelhaft[32].

II. Die ›Leges Langobardorum‹

Nach der Herrschaftsordnung und den religiösen Rahmenbedingungen richtet sich der Blick nun auf die ›Leges Langobardorum‹, die das vielleicht wichtigste Erbe des Langobardenreichs darstellen[33]. Am Anfang der langobardischen Rechtsaufzeichnungen stand das 643 unter König Rothari in Pavia erlassene ›Edictum Rothari‹, dem in der Folgezeit die Novellen von vier Königen des 7. beziehungsweise 8. Jahrhunderts, und zwar von

31) Heinrich BRUNNER, Deutsche Rechtsgeschichte, Bd. 1, Leipzig ²1906, S. 532. Vgl. auch Georg SCHUBERT, Der Einfluß des kirchlichen Rechts auf das weltliche Strafrecht der Frankenzeit, Münster 1937, S. 81; Katherine FISCHER DREW, Notes on Lombard Institutions, in: DIES., Law and Society in Early Medieval Europe. Studies in Legal History (Collected Studies Series 271), Aldershot 1988, IV, S. 3–100 (ND von: Rice Institute Pamphlets XLIII, 2, Houston, Texas, 1956, S. 3–100), S. 47; Rudolf BUCHNER, Die römischen und die germanischen Wesenszüge in der neuen politischen Ordnung des Abendlandes, in: Caratteri del secolo VII in occidente (Settimane di studio del Centro italiano di studi sull'alto medioevo 5), Spoleto 1958, S. 223–270, S. 268; Hans Erich FEINE, Kirchliche Rechtsgeschichte. Die katholische Kirche, Köln/Wien ⁵1972, S. 134–140; Gerhard DILCHER, Überlegungen zum langobardischen Strafrecht. Der Bereich öffentlicher Sanktion, in: Festschrift für Klaus Lüderssen. Zum 70. Geburtstag am 2. Mai 2002, hg. von Cornelius PRITTWITZ, Baden-Baden 2002, S. 165–177, S. 167; Gerhard DILCHER, Langobardisches Recht, in: HRG 19. Lieferung (²2014), Sp. 624–637, Sp. 626.

32) Hanns Christof BRENNECKE, Deconstruction of the So-called Germanic Arianism, in: Arianism. Roman Heresy and Barbarian Creed, hg. von Guido M. BERNDT und Roland STEINACHER, Farnham/Burlington (VT) 2014, S. 117–130; Piero MAJOCCHI, Arrianorum abolevit heresem. The Lombards and the Ghost of Arianism, ebd. S. 231–238. Ferner vgl. Thomas S. BROWN, Lombard Religious Policy in the Late Sixth and Seventh Centuries. The Roman Dimension, in: The Langobards before the Frankish Conquest. An Ethnographic Perspective, hg. von Giorgio AUSENDA, Paolo DELOGU und Chris WICKHAM (Studies in Historical Archaeoethnology), Woodbridge 2009, S. 289–299. Schon Stutz hatte gegenüber der betreffenden Konstruktion Vorbehalte. Vgl. Ulrich STUTZ, Arianismus und Germanismus. Eine kritische Studie, in: Internationale Wochenschrift für Wissenschaft, Kunst und Technik 3 (1909), Sp. 1561–1582, 1615–1648, Sp. 1637 f., 1646–1648.

33) Für einen ersten Überblick vgl. Walter POHL, Leges Langobardorum, in: Reallexikon der Germanischen Altertumskunde 18 (²2001), S. 208–213; DILCHER, Langobardisches Recht (wie in Anm. 31).

Grimoald, Liutprand, Ratchis sowie Aistulf, angefügt wurden. Hinzu kommen in der beneventanischen Überlieferung noch die *capitula* der Duces Aregis (758–787) und Adelgis (853–878).

Kern des so umrissenen Normenbestands ist das Edikt, das auch die größten Verständnisprobleme bereitet. Diese betreffen nicht zuletzt die näheren Entstehungsumstände des Gesetzbuches, das am 22. November 643 fertig vorlag[34]. Die Schwierigkeiten ergeben sich unter anderem daraus, dass sich nicht mit Sicherheit feststellen lässt, in welchem Verhältnis die Entstehung des Edictum zu der allgemeinen politischen Ereignisgeschichte steht. Diese Unsicherheit hat Anlass zu diversen Mutmaßungen gegeben. Dabei spielt ein Feldzug König Rotharis gegen die Byzantiner 643/644 eine zentrale Rolle[35]. Dafür, dass dieser Feldzug Hintergrund oder gar Bezugspunkt der langobardischen Rechtsaufzeichnung war, scheint vor allem der Prolog des Edikts zu sprechen. Er enthält abgesehen von einem vorangestellten Publikationspatent und zwei abschließenden Aufstellungen der Langobardenkönige sowie der Vorfahren Rotharis einen längeren Mittelteil, in dem der Gesetzgeber seinen Plan eines Gesetzbuchs entwickelt[36]. Der König, der auf das Wohl seiner Untertanen (*subiecti*) bedacht ist und von bestimmten Missständen (Unterdrückung der Armen, überflüssige Abgaben der Reichen) erfahren hat, hat die *praesens lex* einer Korrektur, Erneuerung und Ergänzung beziehungsweise Kürzung unterzogen und sie in einem Buch (*volumen*) zusammenfassen lassen. Dadurch soll jedermann in Frieden leben können und deshalb auch bereit sein, gegen die Feinde auszuhalten und sich und sein Land zu verteidigen.

34) Ed. Ro. Prol., S. 1 Z. 9–12 (*anno Deo propitiante regni mei octabo, aetatisque tricesimo octabo, indictione secunda, et post adventum in provincia Italiae Langobardorum* [...] *anno septuagesimo sexto*); Ed. Ro. 388: *Et hoc addimus ac decernimus, ut causae, que fenitae sunt, non revolvantur. Quae autem non sunt fenitae et a presente vigesima secunda diae mensis huius Novembris indictione secunda incoatae aut commotae fuerint, per hoc edictum incidantur et finiantur.* [...].

35) Pierandrea Moro, Quam horrida pugna. Elementi per uno studio sulla guerra nell'alto medio evo italiano, Venedig 1995, S. 24–26; Enrico Zanini, Le Italie bizantine. Territorio, insediamenti ed economia nella provincia bizantina d'Italia (VI–VIII secolo), Bari 1998, S. 82–86; Gian Pietro Brogiolo, Ideas of the Town in Italy during the Transition from Antiquity to the Middle Ages, in: The Idea and Ideal of the Town between Late Antiquity and the Early Middle Ages, hg. von John Bryan Ward-Perkins (The Transformation of the Roman World 4) Leiden 1999, S. 99–126, S. 111 f.; Pohl, Rothari (wie in Anm. 29), S. 367. Zu den verschiedenen Datierungen des Feldzugs vgl. Salvatore Cosentino, L'iscrizione ravennate dell'esarco Isacio e le guerre di Rotari, in: Atti e memorie della Deputazione di Storia Patria per le antiche Provincie Modenesi, Ser. XI, 15 (1993), S. 23–43, S. 35 Anm. 54.

36) Ed. Ro. Prol., S. 1 Z. 13–S. 2 Z. 4: *Quanta pro subiectorum nostrorum commodo nostrae fuit sollicitudinis cura, et est, subter adnexa tenor declarat; precipue tam propter adsiduas fatigationes pauperum, quam etiam superfluas exactiones ab his qui maiore virtute habentur; quos vim pati cognovimus. Ob hoc considerantes Dei omnipotentis gratiam, necessarium esse prospeximus presentem corregere legem, quae priores omnes renovet et emendet, et quod deest adiciat, et quod superfluum est abscidat. In unum previdimus volumine conplectendum, quatinus liceat unumquemque salva lege et iustitia quiete vivere, et propter opinionem contra inimicos laborare, seque suosque defendere fines.*

Soweit zur Vorrede, die sich aus verschiedenen Gründen einer zweifelsfreien Deutung verschließt. Einer davon liegt im Wortlaut jener Passage, in der es um die *praesens lex* geht. Wenn man den Ausdruck nicht gegen den Wortgebrauch im Edictum mit »gegenwärtiges« oder gar »geltendes Recht« im Sinne ungeschriebener Gewohnheit, sondern wörtlich mit »vorliegendes Gesetz(buch)« (BEYERLE) übersetzt, dann stellt sich die Frage, wie der Plan einer Arbeit an bereits existierenden Textbeständen mit dem im Epilogkapitel Ed. Ro. 386 enthaltenen Hinweis auf die Aufzeichnung bislang ungeschriebenen Rechts vereinbar ist[37]. Eine Antwort fällt auch deshalb nicht leicht, weil der betreffende Prologpassus ein Zitat aus einer im Authenticum überlieferten Novelle Justinians enthält[38].

Bruno PARADISI und Gerhard DILCHER haben auf unterschiedliche Weise das Problem zu lösen versucht[39]. PARADISI arbeitet mit einem Schichtenmodell, wenn er von zwei Redaktionen des Edikts ausgeht. Eine erste soll der Aufzeichnung überkommener Gewohnheit gedient haben, während die zweite eine Ergänzung durch zusätzliche auf königliche Anordnungen zurückgehende Normen brachte, in deren Gefolge es zu den im Prolog beschriebenen Veränderungen gekommen sein soll. Einen Versuch, seine Hypothese ernsthaft zu belegen, hat PARADISI allerdings nie unternommen. In eine ganz andere Richtung gehen DILCHERS Überlegungen, der in dem Justinianzitat einen Renovationstopos sieht, den der König angeblich dazu benutzt, um sich im Stil eines antiken Gesetzgebers in Szene zu setzen. Dadurch ist der Weg frei, um die Aussage über die *praesens lex* im Sinne einer Neugestaltung des bis dahin ungeschriebenen Rechts zu interpretieren. Diese Deutung ist Teil einer umfassenderen Sicht der Prologaussagen. In DILCHERS Augen liegt ihnen ein königliches Bemühen um Selbstdarstellung zugrunde, das vor dem Hintergrund eines Bündnisses zwischen dem König und den langobardischen Arimannen

37) Die Gesetze der Langobarden, übersetzt von Franz BEYERLE, Bd. 1: Edictus Rothari (Germanenrechte. Texte und Übersetzungen 3,1), Witzenhausen ^{2}1962, S. 5. Vgl. Hermann NEHLSEN, Sklavenrecht zwischen Antike und Mittelalter. Germanisches und römisches Recht in den germanischen Rechtsaufzeichnungen. Bd. 1: Ostgoten, Westgoten, Franken, Langobarden (Göttinger Studien zur Rechtsgeschichte 7), Frankfurt am Main 1972, S. 359. Zum Wortgebrauch vgl. Ed. Ro. 363 (*quando presentis sacrosanta euangelia aut arma sacrata*); Ed. Ro. 364 (*haec nos moverunt presentem corregere legem et ad meliorem statum revocare*); Ed. Ro. 386 (*praesentem vero dispositionis nostrae edictum*).

38) Nov. 7, Praefatio pr., S. 48 Z. 20–25: *Quod etiam in omni legislatione facientes credimus oportere et in alienationibus, quae fiunt super sacris rebus, una complecti lege, quae priores omnes et renovet et emendet, et quod deest adiciat et quod superfluum est abscidat.* Die Quelle des betreffenden Prolog-Passus ist seit dem 19. Jahrhundert bekannt. Vgl. Pasquale DEL GIUDICE, Le tracce di diritto romano, in: DERS., Studi di storia e diritto, Mailand 1889, S. 362–470, S. 370; Nino TAMASSIA, Per la storia dell'Autentico, in: DERS., Scritti di storia giuridica, Bd. 2, Padua 1967, S. 107–158, S. 150; DERS., Fonti dell'Editto (wie in Anm. 30), S. 191.

39) Bruno PARADISI, Il prologo e l'epilogo dell'Editto di Rotari, in: Studia et documenta historiae et iuris 34 (1968), S. 1–31; Gerhard DILCHER, Gesetzgebung als Rechtserneuerung. Eine Studie zum Selbstverständnis der mittelalterlichen Leges, in: Rechtsgeschichte als Kulturgeschichte. Festschrift für Adalbert Erler zum 70. Geburtstag, hg. von Hans-Jürgen BECKER und Gerhard DILCHER, Aalen 1976, S. 13–35.

als Kern des langobardischen Heeres zu sehen ist: Rothari sucht sich mit Blick auf den kommenden Feldzug gegen die Byzantiner der Zustimmung der einfachen Langobarden zu versichern und stellt ihnen zum Schutz gegen Übergriffe des Adels beziehungsweise der Duces sein auf langobardischer Gewohnheit beruhendes Gesetzbuch in Aussicht.

Für einen solchen pragmatisch-politischen Hintergrund des Geschehens lässt sich abgesehen von der Erwähnung des *exercitus* in Ed. Ro. 386 nicht zuletzt die im Mittelteil des Prologs fassbare, aus der Spätantike geläufige Zielvorstellung *armis et legibus*, das heißt durch rechtliche Reformen mittelbar zur Stärkung der äußeren Verteidigungsbereitschaft beizutragen, ins Feld führen[40]. Hier scheint ein unmittelbarer Bezugspunkt zum Byzantinerfeldzug von 643/644 gegeben. Der Gedanke liegt nahe, dass der Feldzug und das Projekt eines Gesetzbuches in einem engen Verhältnis zueinander standen, aus dem sich zugleich der Hintergrund ergeben könnte, vor dem das Edikt zu interpretieren ist.

So verführerisch die Vorstellung ist, dass zwischen Militäraktion und Rechtsaufzeichnung eine Verbindung besteht, so unsicher bleibt allerdings das konkrete chronologische Verhältnis zwischen den beiden Vorgängen. Probleme bereitet abgesehen von methodischen Fragen nicht zuletzt das schmale Zeitfenster zwischen Sommer und Herbst 643: Der Feldzug darf nicht später stattgefunden haben, und die Abfassung des Edikts muss ausgesprochen zügig verlaufen sein. Beides ist denkbar. Genausogut kann es sich jedoch ganz anders verhalten haben. Die Redaktionsarbeiten könnten schon lange vor dem militärischen Unternehmen begonnen haben, das sich vielleicht bis in das Jahre 644 zog. Aufgrund dieser Unwägbarkeiten stehen alle Versuche, Rotharis Gesetzbuch mit der politischen oder militärischen Ereignisgeschichte in einen Kausalzusammenhang zu bringen und dementsprechend zu deuten, auf tönernen Füßen. Das gilt insbesondere für die Überlegungen des in dieser Hinsicht sehr emsigen Gian Piero BOGNETTI (1902–1963), der in seinen Arbeiten mitunter ein »gewaltiges Hochhaus der Hypothesen« (JARNUT) errichtet[41].

40) Zum Gedanken *armis et legibus* vgl. Paolo MASTANDREA, Armis et legibus. Un motto attribuito a Iamblichus nei Romana di Iordanes, in: Incontri triestini di filologia classica 5 (2005–2006), S. 315–328; Marie Theres FÖGEN, Armis et legibus gubernare. Zur Codierung von politischer Macht in Byzanz, in: Bilder der Macht in Mittelalter und Neuzeit. Byzanz, Okzident, Rußland, hg. von Otto Gerhard OEXLE und Michail A. BOJCOV (Veröffentlichungen des Max-Planck-Instituts für Geschichte 226), Göttingen 2007, S. 11–22. Zum *exercitus* in Ed. Ro. 386 siehe S. 176 f.

41) Jörg JARNUT, Zum Stand der Langobardenforschung, in: Die Langobarden. Herrschaft und Identität, hg. von Walter POHL und Peter ERHART (Akademie der Wissenschaften in Wien. Philosophisch-Historische Klasse, Denkschriften 329/Forschungen zur Geschichte des Mittelalters 9), Wien 2005, S. 11–20, S. 14. BOGNETTI zufolge spiegelt der Prolog die Situation vor dem Waffengang, das wichtige Kapitel Ed. Ro. 386 dagegen die Situation danach wieder. Die Vorrede enthält demzufolge ein Versprechen des Königs an den Kern des Langobardenheeres, den Einzelnen gegen die Willkür seiner Duces und *iudices* durch das geschriebene Recht zu schützen, und für diesen Schutz erwartete der Herrscher im Gegenzug Einsatz im Kampf gegen die äußeren Feinde. Vgl. Gian Piero BOGNETTI, Santa Maria Foris Portas di Castelseprio e la

Mindestens genauso wichtig wie das schwer lösbare Problem der konkreten Entstehungsumstände des ›Edictum Rothari‹ ist die Frage, was überhaupt die ›Leges Langobardorum‹, deren Kern das Edikt bildet, auszeichnet und worin sie sich von anderen Volksrechten unterscheiden[42]. Wenngleich eine umfassende Antwort hier nicht möglich ist, fallen doch zumindest einige Besonderheiten des Langobardenrechts schnell ins Auge: seine Lebensdauer, die Überlieferung sowie seine formale und inhaltliche Qualität. Vergleichsweise klar erkennbar ist die ungewöhnliche Kontinuität der langobardischen Rechtskultur und ihrer *lex scripta.* Sie zeigt sich nicht nur in dem Umstand, dass die nach 774 ergangenen sogenannten ›Capitularia italica‹ der Karolinger häufig auf das langobardische Recht Bezug nehmen oder es voraussetzen, sondern auch in der Entwicklung seit dem späten 10. Jahrhundert, als die norditalische Überlieferung der ›Leges Langobardorum‹ mit karolingischen Kapitularien und ottonischen Konstitutionen in einer chronologischen Sammlung, dem sogenannten ›Liber Papiensis‹, zusammengeführt wurde, in der Schule von Pavia eine gelehrte Bearbeitung erfuhr und Ende des 11. Jahrhunderts in Gestalt der ›Lombarda‹ systematisch, das heißt nach Materien geordnet wurde[43]. Das Langobardenrecht mündete so in die Bologneser Renaissance der Rechtswissenschaft im

storia religiosa dei longobardi, in: Ders., L'età longobarda, Bd. 3, Mailand 1966, S. 11–673 (ND von: Ders./Gino Chierici/Alberto de Capitani d'Arzago, Santa Maria di Castelseprio, Mailand 1948, S. 11–511), S. 312–315 und Ders., Frammenti di uno studio sulla composizione dell'Editto di Rotari, in: Ders., L'età longobarda, Bd. 4, Mailand 1968, S. 583–609, S. 588 f. In einer anderen Untersuchung wiederholt Bognetti im Kern seine These, verlegt aber die ersten Kämpfe mit den Byzantinern in das Jahr 642. Vgl. Ders., L'Editto di Rotari come espediente politico di una monarchia barbarica, in: Ders., L'età longobarda, Bd. 4, Mailand 1968, S. 113–135 (ND von: Studi in onore di G. M. De Francesco, Bd. 2, Mailand 1957, S. 235–256), S. 132 f. Zu Bognetti vgl. Paolo Delogu, Giampiero Bognetti, storico della civiltà, in: Ders., Le origini del medioevo. Studi sul settimo secolo (Storia 57), Rom 2010, S. 365–381.

42) Zu den Volksrechten oder Leges barbarorum vgl. Rudolf Buchner, Die Rechtsquellen. Beiheft zu: Wattenbach-Levison. Deutschlands Geschichtsquellen im Mittelalter, Weimar 1953; Claudieter Schott, Leges, in: Lex.MA 5 (1991), Sp. 1802–1803; Ruth Schmidt-Wiegand, Leges, in: Reallexikon der Germanischen Altertumskunde 18 (^{2}2001), S. 195–201; Harald Siems, Die Entwicklung von Rechtsquellen zwischen Spätantike und Mittelalter, in: Von der Spätantike zum frühen Mittelalter. Kontinuitäten und Brüche, Konzeptionen und Befunde, hg. von Theo Kölzer und Rudolf Schieffer (VuF 70), Ostfildern 2009, S. 245–285. Ferner vgl. Leges – Gentes – Regna. Zur Rolle von germanischen Rechtsgewohnheiten und lateinischer Schrifttradition bei der Ausbildung der frühmittelalterlichen Rechtskultur, hg. von Gerhard Dilcher und Eva-Marie Distler, Berlin 2006.

43) Charles M. Radding, The Origins of Medieval Jurisprudence. Pavia and Bologna 850–1150, New Haven/London 1988 (vgl. Ders., Le orgini della giurisprudenza medievale. Una storia culturale, Rom 2013); Christoph H. F. Meyer, Auf der Suche nach dem lombardischen Strafrecht. Beobachtungen zu den Quellen des 11. Jahrhunderts, in: Neue Wege strafrechtsgeschichtlicher Forschung, hg. von Hans Schlosser und Dietmar Willoweit (Konflikt, Verbrechen und Sanktion in der Gesellschaft Alteuropas. Symposien und Synthesen 2), Köln/Weimar/Wien 1999, S. 341–388; Antonio Padoa Schioppa, La scuola di Pavia. Alle fonti della nuova scienza giuridica europea, in: Almum Studium Papiense. Storia dell'Università di Pavia, Bd. 1, hg. von Dario Mantovani, Mailand 2012, S. 143–164.

12. Jahrhundert. Die letzten Spuren der ›Leges Langobardorum‹ verlieren sich erst in der Frühen Neuzeit.

Eine entscheidende Voraussetzung für die beachtliche Kontinuität, die unter den frühmittelalterlichen Volksrechten ansonsten nur noch das angelsächsische Recht aufweist, war eine außergewöhnlich gute Textüberlieferung, die ihrerseits nicht zuletzt das Ergebnis gesetzgeberischer Planung war. Schon Rothari traf in dieser Hinsicht weitreichende und weitsichtige Regelungen[44]. Hier liegt zugleich ein Grund dafür, dass das ›Edictum Rothari‹ und die Novellen aus Sicht der Gesetzgeber des 8. Jahrhunderts eine Einheit, ein *edicti corpus* bilden konnten und sich viele Novellen auf das Edikt beziehen. Wenn die ›Leges Langobardorum‹ sich insofern als Ergebnis einer kontinuierlichen Arbeit am geschriebenen Recht darstellen, dann ist das gerade mit Blick auf ihren Ausgangspunkt, das heißt das ›Edictum Rothari‹, bemerkenswert. Immerhin war es – das zumindest legt Ed. Ro. 386 nahe – die erste langobardische Rechtsaufzeichnung[45]. Umso erstaunlicher erscheinen die Vorkehrungen, die Rothari in Hinblick auf die Überlieferung seines Edictum trifft.

Das Bild wird noch verwirrender, wenn man die Qualität der ›Leges Langobardorum‹ in die Betrachtung einbezieht. Auffällig an diesen Texten sind einerseits ihre vielfältigen Verbindungen zu römischen und gentilen Rechtsaufzeichnungen und andererseits ihre inhaltliche und formale Eigenständigkeit. Vergleicht man schließlich die langobardischen Rechtsaufzeichnungen des 7. und 8. Jahrhunderts miteinander, dann scheinen sie in unterschiedliche Richtungen zu weisen[46]. Das ›Edictum Rothari‹ vermittelt eher das Bild einer überkommenen ländlich-gentilen Lebenswelt[47], während die Novellen aus Sicht der in ihnen behandelten Themen und Probleme zukunftsweisend erscheinen. Dieser Eindruck divergierender Tendenzen verstärkt sich noch, wenn man ihn im Zusammenhang mit einzelnen Deutungen, die die ›Leges Langobardorum‹ durch die Forschung erfahren haben, sieht. So hat etwa Gerhard Dilcher in verschiedenen Arbeiten die Bedeutung oraler langobardischer beziehungsweise germanischer Rechtsgewohnheit als Kern vor allem des Edikts betont, während die ältere italienische Forschung den Einfluss christlichen Gedankenguts und des römischen Rechts in den Novellen hervorgehoben hat[48].

44) Ed. Ro. 386; Ed. Ro. 388.

45) Dazu siehe unten S. 177 f. Vgl. aber auch: Paradisi, Prologo (wie in Anm. 39).

46) Stefano Gasparri, Prima delle nazioni. Popoli, etnie e regni fra Antichità e Medioevo (Studi superiori NIS 323), Rom 1997, S. 151.

47) Christoph H. F. Meyer, Maßstäbe frühmittelalterlicher Gesetzgeber. Raum und Zeit in den Leges Langobardorum, in: Jahrbuch des Historischen Kollegs Jg. 2007, S. 141–187, S. 150–153; Clausdieter Schott, Das Siedlungsbild der germanischen Leges, in: Città e campagna nei secoli altomedievali, Bd. 1 (Settimane di studi della Fondazione Centro italiano di studi sull'alto medioevo 56,1), Spoleto 2009, S. 219–244, S. 236–240. Ferner vgl. Dario Pedrazzini, La vita quotidiana dei Longobardi ai tempi di re Rotari (Italia antica 2), Imola 2007.

48) Für einen ersten Überblick zu Dilchers Arbeiten vgl. Dilcher, Langobardisches Recht (wie in Anm. 31) sowie Daniela Fruscione, Im Spannungsfeld zwischen deutscher Rechtsgeschichte und italie-

III. Konsensfähige Aussagen im Recht: Alles nur Propaganda?

Nach dem Blick auf das Langobardenreich und die ›Leges Langobardorum‹ gilt es nun, noch einmal allgemeiner beim Verhältnis von Konsens und Recht anzusetzen. Die entsprechenden forschungsgeschichtlichen Beobachtungen und Überlegungen, die sich an anderer Stelle des vorliegenden Sammelbandes finden, müssen hier nicht noch einmal ausgebreitet werden[49)]. Stattdessen soll eine Frage, die in dem betreffenden Überblick nur angeschnitten werden konnte, etwas weiter verfolgt werden[50)]. Sie ergibt sich, wenn man sich aus Sicht der beiden Grundbedeutungen des Wortes »Konsens«, nämlich »Zustimmung, Einwilligung« und »Übereinstimmung der Meinungen«, dem Gegenstand nähert[51)]. Die Forschung zu der Verfassungsgeschichte und Rechtsgeschichte des Frühmittelalters hat sich bislang vor allem für Phänomene interessiert, die sich der ersten Wortbedeutung zuordnen lassen. Besondere Aufmerksamkeit fanden und finden bis heute kollektive Willensbildungs- oder Entscheidungsprozesse im weltlichen Rechtsleben. In den Blick rücken so nicht zuletzt (Volks)Versammlungen und ihre Rolle für gentile Rechtsaufzeichnungen wie das ›Edictum Rothari‹, dessen Kapitel Ed. Ro. 386 zu Beginn dieser Untersuchung bereits kurz betrachtet worden ist[52)]. Der Zwischenbefund, dass es entgegen dem ersten Anschein gar nicht so klar ist, inwieweit Rotharis Gesetzbuch durch einen »›germanischen‹ Modus des Volkskonsenses« (Hannig) konfirmiert wurde und insofern Ausdruck eines konsensualen Rechtsverständnisses ist, führt allerdings die Grenzen eines ausschließlich »voluntaristischen« Zugangs vor Augen.

Im Folgenden soll es auch um kollektive Entscheidungsprozesse gehen, vor allem aber um die noch kaum erforschte diskursive Seite rechtlichen Konsenses, die in der zweiten Grundbedeutung des Wortes (»Übereinstimmung der Meinungen«) fassbar wird. Der Grund für diese Schwerpunktsetzung liegt auch in dem Umstand, dass die in Prologen oder Epilogen frühmittelalterlicher Leges anzutreffenden Aussagen über konsensuale Beratungs- oder Entscheidungsprozesse für sich allein genommen nur sehr begrenzt

nischem Frühmittelalter. Gerhard Dilcher und die Leges Langobardorum, in: Recht – Geschichte – Geschichtsschreibung. Rechts- und Verfassungsgeschichte im deutsch-italienischen Diskurs, hg. von Susanne Lepsius, Reiner Schulze und Bernd Kannowski (Abhandlungen zur Rechtswissenschaftlichen Grundlagenforschung 95), Berlin 2014, S. 17–31. Dazu vgl. Meyer, Konsens (wie in Anm. 5), S. 34–39. Ferner vgl. Claudio Azzara, Forme di acculturazione e di integrazione delle stirpi in Occidente. La testimonianza delle leggi dei Longobardi, in: Archeologia e storia delle migrazioni. Europa, Italia, Mediterraneo fra tarda età romana e alto medioevo, hg. von Carlo Ebanista und Marcello Rotili (Giornate sulla tardo-antichità e il medioevo 3), Cimitile 2011, S. 43–53. Zur Literatur über den Einfluss des römischen Rechts und die Novellen siehe Anm. 30 und Anm. 38.

49) Meyer, Konsens (wie in Anm. 5), S. 19–23, 30–39.

50) Meyer, Konsens (wie in Anm. 5), S. 42 f.

51) Duden. Das große Wörterbuch der deutschen Sprache, Bd. 4, Mannheim/Leipzig/Wien/Zürich ^{2}1994, S. 1943 s. v. Konsens.

52) Siehe oben S. 152–154.

Rückschlüsse auf das historische Geschehen erlauben und in der Literatur, wie das Beispiel des *gairethinx* in Ed. Ro. 386 zeigt, oft eine problematische Symbiose mit modernen Deutungen und abstrakten Begriffen eingehen, die ihrerseits als Bausteine noch allgemeinerer Theorien über das »Wesen« etwa des langobardischen Rechts dienen. Von diesem Problem einmal abgesehen stellt sich gerade für die ›Leges Langobardorum‹ im Allgemeinen und das ›Edictum Rothari‹ im Besonderen zudem die Frage, ob nicht auch mit Blick auf den Inhalt ein Bedürfnis nach Konsens existierte. Erinnert sei nur an den gerade angedeuteten Eindruck eines Spannungsverhältnisses zwischen königlicher Neuerung und gentiler Tradition, der sich nicht zuletzt bei der Lektüre des Prologs und des Epilogkapitels Ed. Ro. 386 einstellt. Doch geht es hier nicht darum, die alte Kontroverse um das richtige Verständnis der Vorrede zu entscheiden. Aus Sicht der vorliegenden Untersuchung stellt sich vielmehr die Frage, inwieweit in einem Text wie dem ›Edictum Rothari‹ Spuren gesetzgeberischer Überzeugungsarbeit und argumentativer Vermittelung fassbar werden, die Ausdruck von Konsensbemühungen und -strategien waren.

Der Gedanke, im frühen Mittelalter sei man nicht zuletzt auf dem Wege der Argumentation zu einem Austausch und einer Übereinstimmung der Meinungen gelangt und ein solcher diskursiver Konsens habe auch im Recht seinen Niederschlag gefunden, mag auf den ersten Blick naheliegend erscheinen. Und doch bereitet er aus Sicht der Leges-Forschung einige Schwierigkeiten. Diese beginnen bereits bei dem heute vorherrschenden »Bild eines schriftlosen, rituell handelnden, nicht-diskursiven Mittelalters« (KLEINJUNG)[53]. Ein ähnliches Wahrnehmungsproblem besteht bezüglich der gentilen Rechtsquellen allgemein und insbesondere in Hinblick auf das hier interessierende ›Edictum Rothari‹. Wenn man in Rechtsaufzeichnungen wie dem Edikt gemäß der Lehre vom guten alten Recht im Wesentlichen nur einen Spiegel der mündlich überlieferten Rechtstradition sieht, dann stellt sich die Frage, was daran konsens- und argumentationsbedürftig war, eigentlich nicht, und das Fehlen entsprechender Untersuchungen scheint diese Sichtweise sogar noch zu bestätigen[54].

53) Christine KLEINJUNG, Wie wird politische Ordnung gemacht? Erstellen, Tradieren und Anwenden von Wissensbeständen in Westfranken, in: Historische Kulturwissenschaften. Positionen, Praktiken und Perspektiven, hg. von Jan KUSBER und Mechthild DREYER, Bielefeld 2010, S. 239–259, S. 240 Anm. 5.

54) Fritz KERN, Recht und Verfassung im Mittelalter, hg. von Ernst ANRICH (Libelli 3), Tübingen 1952 (ND von: HZ 120 (1919), S. 1–79). Vgl. Johannes LIEBERECHT, Gutes altes Recht, in: HRG 2 (^{2}2012), Sp. 624–626. Zur Kritik an der Lehre vom guten alten Recht vgl. Karl KROESCHELL, Germanisches Recht als Forschungsproblem, in: DERS., Studien zum frühen und mittelalterlichen deutschen Recht (Freiburger Rechtsgeschichtliche Abhandlungen N.F. 20), Berlin 1995, S. 65–88, S. 80 f.; Gerhard KÖBLER, Das Recht im frühen Mittelalter. Untersuchungen zu Herkunft und Inhalt frühmittelalterlicher Rechtsbegriffe im deutschen Sprachgebiet (Forschungen zur deutschen Rechtsgeschichte 7), Köln/Wien 1971; DERS., Recht, Gesetz und Ordnung im Mittelalter, in: Funktion und Form. Quellen- und Methodenprobleme der mittelalterlichen Rechtsgeschichte, hg. von Karl KROESCHELL und Albrecht CORDES (Schriften zur Europäischen Rechts- und Verfassungsgeschichte 18), Berlin 1996, S. 93–116. Gegen Köbler wiederum vgl. Harald SIEMS, Handel und Wucher im Spiegel frühmittelalterlicher Rechtsquellen (MGH Schriften 35), Hannover

Abgesehen von solchen allgemeinen Schwierigkeiten steht dem gerade umrissenen Untersuchungsansatz aber noch ein anderes Problem entgegen, das einer etwas genaueren Betrachtung bedarf. Es liegt in einem grundsätzlichen Zweifel an der Aussagekraft von Quellenpassagen, in denen von Konsens die Rede ist oder die konsensträchtig erscheinen. Für die vorkarolingische Zeit hat Jürgen HANNIG eine entsprechende Skepsis vielleicht am radikalsten formuliert[55]. Er sieht in Konsensbezügen in Kaiserkonstitutionen und provinzialer Normgebung der Spätantike eine Form der Propaganda, die der Absicherung imperialer Gesetzgebung und Herrschaft diente und die über die Vermittelung der Kirche Eingang in die Rechtsaufzeichnungen gentiler Könige der Merowingerzeit fand[56]. Zugrunde lagen dieser Form der Herrschaftspropaganda, wenn man HANNIG Glauben schenken darf, bestimmte antike Topoi wie zum Beispiel derjenige des *consensus populi*[57].

Dieser Zweifel betrifft auch das ›Edictum Rothari‹, in dessen Kapitel Ed. Ro. 386 genauso wie im Prolog »gängige[n] Versatzstücke[n] spätantiker Rechtsprologe« (HANNIG) enthalten sein sollen, wie etwa der Passus *pari consilio parique consensu*, bei dem es sich angeblich um »offizielle kirchliche Konzilssprache« handelt[58]. Dass es sich im vorliegenden Fall nicht ganz so einfach verhält, wie HANNIG meint, lässt allerdings schon die Tatsache vermuten, dass er einen Beleg für seine Behauptung schuldig bleibt und auch nicht erklärt, wie »offizielle kirchliche Konzilssprache« in das Gesetzbuch des Arianers Rothari gelangen konnte[59]. Sein Umgang mit den Quellen vermittelt bisweilen den Eindruck, als seien solche Einzelheiten für HANNIG nur von begrenztem Interesse gewesen[60].

1992, S. 452–455 und Dietmar WILLOWEIT, Vom alten guten Recht. Normensuche zwischen Erfahrungswissen und Ursprungslegenden, in: Jahrbuch des Historischen Kollegs Jg. 1997, S. 23–52, S. 27 f.

55) HANNIG, Consensus fidelium (wie in Anm. 8), insbesondere S. 50–79. Vgl. auch Maurizio LUPOI, The Origins of the European Legal Order, Cambridge 2000, S. 185 f.

56) HANNIG, Consensus fidelium (wie in Anm. 8), S. 42–93.

57) So zum Beispiel HANNIG, Consensus fidelium (wie in Anm. 8), S. 45 (vgl. ebd. S. 45 Anm. 17). Vgl. auch ebd. S. 59 und S. 300.

58) HANNIG, Consensus fidelium (wie in Anm. 8), S. 56: »Die langobardischen Königsgesetze sind die einzigen Rechtsquellen, in denen die gairethinx genannte rechtssymbolische Handlung vor der Heeresversammlung auf einen nicht auf spätrömische Vorbilder zurückführbaren germanischen Modus des Volkskonsens schließen läßt. So wünschenswert deutlich auch die gairethinx-Zeremonie des Königs vor dem Heer und die Berufung auf den Konsens der Optimaten im Edictum Rothari überliefert sind, man wird sie doch nicht als Zeugnis für die ursprüngliche rechtssetzende Kraft des Volkes/Adels germanischen Ursprungs sehen können. Spürt man den Termini im Prolog und Epilog genauer nach, erkennt man leicht, wie sie aus den gängigen Versatzstücken spätantiker Rechtsprologe stilisiert worden sind: pari consilio parique consensu in der Vorberatung der Primaten ist offizielle kirchliche Konzilssprache, [...]«. Dazu vgl. Giovanni TABACCO, Rez. zu: Jürgen Hannig, Consensus fidelium [...], in: Studi medievali Ser. III 26,2 (1985), S. 808–812, S. 811 f.

59) Eine Volltextsuche in den wichtigsten Datenbanken fördert gerade einmal zwei Belege aus kirchlichen Quellen zu Tage, von denen sich nur einer der »Konzilssprache« zuordnen lässt. Vgl. Concilia Galliae a. 314–a. 506, hg. von Charles MUNIER (CC 148), Turnhout 1963, Concilium Andegavense (a. 453), S. 137

Wichtiger als Schwächen im Detail ist mit Blick auf die hier interessierende Thematik jedoch die allgemeine Vorstellung, bei den betreffenden Hinweisen und Gesichtspunkten handele es sich um Topoi im Sinne von »Versatzstücken«. Der Gedanke findet sich der Sache nach auch bei anderen Autoren. So verwendet etwa Gerhard DILCHER mit Blick auf das ›Edictum Rothari‹ gelegentlich den Ausdruck »Gesetzgebungstopoi«[61]. Im Gegensatz zu HANNIG hat er dabei aber nicht die Konsensformel in Ed. Ro. 386 im Auge. – Offensichtlich hängt es also vom Erkenntnisinteresse des jeweiligen Verfassers ab, was (angeblich) bloßer Topos ist und was nicht. – Davon einmal abgesehen erscheint jedoch die Vorstellung, dass sich gentile Gesetzgeber wie der Langobardenkönig Rothari »Gesetzgebungstopoi« zwecks »Selbstdarstellung und ›Reichspropaganda‹« (DILCHER) bedienten[62], zunächst einmal plausibel. Diese Sichtweise kann sich auf ein weiter verbreitetes Bild formelhafter Elemente spätantiker und mittelalterlicher Arengen stützen, die unter anderem von Heinrich FICHTENAU zusammengestellt und rhetorisch gedeutet worden sind[63]. Wenn man den Ansatz konsequent verfolgt, geraten konsensträchtige Aussagen in der *lex scripta* ganz allgemein unter Propaganda- oder Ideologieverdacht.

Z. 4–5; Gregorius Magnus, Registrum epistularum, Lib. VIII–XIV, hg. von Dag NORBERG (CC 140 A), Turnhout 1982, Lib. XIII ep. IV, S. 996 Z. 10–11.

60) Vgl. HANNIG, Consensus fidelium (wie in Anm. 8), S. 57 Anm. 21: »Auch der Prolog [des Edictum Rothari, C.M.] ... schöpft wesentliche Gedanken aus dem Justinianischen Codex (Just. Nov. 7, Praefatio).« Die Anmerkung zeigt, dass der Verfasser den Unterschied zwischen dem Codex Justinianus und den von ihm zitierten justinianischen Novellen nicht kennt und er weder mit der einen noch mit der anderen Quelle gearbeitet hat.

61) DILCHER, Gesetzgebung als Rechtserneuerung (wie in Anm. 39), S. 17 beziehungsweise S. 22; DERS., Mythischer Ursprung und historische Herkunft als Legitimation mittelalterlicher Rechtsaufzeichnungen zwischen Leges und Sachsenspiegel, in: Herkunft und Ursprung. Historische und mythische Formen der Legitimation, Akten des Gerda Henkel Kolloquiums veranstaltet vom Forschungsinstitut für Mittelalter und Renaissance der Heinrich-Heine-Universität Düsseldorf, 13. bis 15. Oktober 1991, hg. von Peter WUNDERLI, Sigmaringen 1994, S. 141–155, S. 144.

62) DILCHER, Gesetzgebung als Rechtserneuerung (wie in Anm. 39), S. 22 f.: »Prolog und Epilog beschreiben unter Verwendung brauchbar erscheinender römisch-byzantinischer Gesetzgebungstopoi den Vorgang der langobardischen Gesetzgebung in typisierter Form, so wie er sich im Selbstverständnis des Königs und seiner Berater spiegelte. Besonders der Prolog mußte dem König Anlaß zur Selbstdarstellung und Reichspropaganda sein, zumal er ja in feierlicher Form auf der großen Heeres- und Thingversammlung verlesen und in der Form des gairethinx mit dem Gesetz zusammen bestätigt wurde. Der König konnte zu diesem Zweck nicht unverständliche und unglaubwürdige antike Topoi verwenden, sondern nur solche, die bei den langobardischen Kriegern Verständnis und Widerhall fanden«.

63) Heinrich FICHTENAU, Arenga. Spätantike und Mittelalter im Spiegel von Urkundenformeln (MIÖG Ergänzungsband 18), Graz/Köln 1957. Vgl. ebd. S. 8; Herbert HUNGER, Prooimion. Elemente der byzantinischen Kaiseridee in den Arengen der Urkunden (Wiener Byzantinistische Studien 1), Wien 1964 sowie Mario CARINI, Le leggi romano-barbariche tra retorica e politica, in: Rivista di cultura classica e medioevale 47 (2005), S. 97–124. Zur Bedeutung der Rhetorik vgl. Wulf Eckart VOSS, Recht und Rhetorik in den Kaisergesetzen der Spätantike. Eine Untersuchung zum nachklassischen Kauf- und Übereignungsrecht (Forschungen zur byzantinischen Rechtsgeschichte 9), Frankfurt am Main 1982, S. 15–81.

Damit einhergehend stellt sich die Frage, worin die Bedeutung eines mithilfe von Schablonen und Plattitüden hergestellten und dementsprechend manipulierten oder oberflächlichen Konsenses überhaupt noch liegen kann.

Bei genauerer Betrachtung vermag ein solcher »propagandistischer« Zugang mit Blick auf die hier interessierenden Quellen jedoch nicht zu überzeugen[64)]. Um zu verstehen, wo das Problem liegt, muss man sich zunächst darüber klar werden, was mit dem Terminus »Topos« genau gemeint ist. Aus Sicht des klassischen antiken Verständnisses sind Topoi jene Orte, aus denen sich Aussagen gewinnen lassen, »die Allen oder den Meisten oder den Weisen wahr scheinen, und auch von den Weisen wieder entweder Allen oder den Meisten oder den Bekanntesten und Angesehensten« (Aristoteles)[65)]. Dieser antiken Tradition der Lehre von den wahrscheinlichen und insofern konsensträchtigen Meinungen, der auch die Vorstellung eines *consensus omnium* verpflichtet ist[66)], steht ein moderner untechnischer Sprachgebrauch gegenüber. Er ist nicht zuletzt von der aufgeklärten Kritik an bestimmten Formen der Topik geprägt, der vor allem im 18. Jahrhundert ein Zug zum Schematischen und Rhetorischen angelastet wurde[67)]. Aus Sicht des modernen Sprachgebrauchs sind Topoi für gewöhnlich »Gemeinplätze«, das heißt auf rhetorischen Effekt abzielende Binsenweisheiten, Vorurteile oder »Versatzstücke«, mit anderen Worten leere Phrasen, die den Zuhörer oder Leser beeindrucken und beeinflussen sollen. Wer die

64) Zum Folgenden vgl. auch Dieter SIMON, Legislation as both a World Order and a Legal Order, in: Law and Society in Byzantium. Ninth–Twelfth Centuries, hg. von Angeliki E. LAIOU und Dieter SIMON, Washington 1994, S. 1–25, S. 2 f.; Bernd SCHNEIDMÜLLER, Konsensuale Herrschaft. Ein Essay über Formen und Konzepte politischer Ordnung im Mittelalter, in: Reich, Regionen und Europa in Mittelalter und Neuzeit. Festschrift für Peter Moraw, hg. von Paul-Joachim HEINIG und Sigrid JAHNS (Historische Forschungen 67), Berlin 2000, S. 53–87, S. 69.

65) Aristoteles, Topik, übers. von Eugen ROLFES, Leipzig 1919, I,1 (100b18), S. 1. Vgl. Wilhelmus Antonius DE PATER, La fonction du lieu et de l'instrument dans les Topiques, in: Aristotle on Dialectic. The Topics. Proceedings of the Third Symposium Aristotelicum, hg. von Gwilym E. L. OWEN, Oxford 1968, S. 164–188.

66) Klaus OEHLER, Der Consensus omnium als Kriterium der Wahrheit in der antiken Philosophie und der Patristik. Eine Studie zur Geschichte des Begriffs der Allgemeinen Meinung, in: DERS., Antike Philosophie und byzantinisches Mittelalter, München 1969, S. 234–271; Ruth SCHIAN, Untersuchungen über das argumentum e consensu omnium (Spudasmata 28), Hildesheim/New York 1973. Ferner vgl. Peter VON MOOS, Geschichte als Topik. Das rhetorische Exemplum von der Antike zur Neuzeit und die historiae im Policraticus Johanns von Salisbury (Ordo 2), Hildesheim/Zürich/New York 1988, S. 422–426.

67) Manfred KIENPOINTER, Inventio, in: Historisches Wörterbuch der Rhetorik 4 (1998), Sp. 561–587, Sp. 584; Klaus OSTHEEREN, Topos A.I.–C.I., in: Historisches Wörterbuch der Rhetorik 9 (2009), Sp. 630–697, Sp. 682–686; Lothar BORNSCHEUER, Die Aufklärung der Topik und die Topik der Aufklärung, in: Europäische Aufklärung(en). Einheit und nationale Vielfalt, hg. von Siegfried JÜTTNER und Jochen SCHOBACH (Studien zum Achtzehnten Jahrhundert 14), Hamburg 1992, S. 54–65.

vorrangige Funktion von Topoi in einer wie auch immer gearteten »Propaganda« sieht, geht in der Regel von dieser zweiten Bedeutung von »Topos« aus[68].

Doch was berechtigt mit Blick auf antike oder mittelalterliche Rechtsquellen überhaupt zu dieser Annahme? Und wie erklärt sich, wenn die inhaltliche Aussagekraft von Topoi als »Versatzstücken« oder Propagandainstrumenten tatsächlich so gering sein sollte, die Präsenz einer bestimmten Aussage? In der Vorrede zu einer Novelle des Jahres 539 bemerkt Justinian, dass die Natur vielfältige Neuerungen hervorbringt, die ihrerseits neue Gesetze erfordern[69], und fügt in Parenthese hinzu, dies sei zwar schon häufig in den Vorworten von Gesetzen festgestellt worden, doch werde es solange weiterhin gesagt, wie die Natur sich so verhalte[70]. Anders ausgedrückt: Der vielfache Gebrauch einer Einsicht ist per se kein Argument gegen die darin enthaltene Wahrheit. Wenn im Vorwort eines Gesetzes auf allgemeine Fehlentwicklungen Bezug genommen wird, denen durch das Gesetz entgegengewirkt werden soll, dann könnte man das als Gemeinplatz abtun, der die wahren Hintergründe kaschieren soll. Allerdings wird niemand bestreiten, dass solche Probleme tatsächlich Grund für Gesetze sein können und ein Gesetzgeber zur Rechtfertigung seiner Vorschriften darauf verweisen kann. Nur der, der es besser weiß und die wahren, in Wirklichkeit ganz anderen Hintergründe kennt, kann den Hinweis als bloße Propaganda entlarven.

Bezogen auf die Ausgangsfrage erscheint dementsprechend Vorsicht geboten. Will man Aussagen eines antiken oder mittelalterlichen Gesetzgebers als Topoi im Sinne von »Propaganda« behandeln und die Quelle gegen ihren Wortlaut interpretieren, dann bedarf es, wenn man nicht über gesicherte externe Informationen verfügt, einer genaueren Analyse des Normtexts, um jenes bessere textgestützte Wissen zu erwerben, das die Voraussetzung für ein kompetentes Urteil ist. Mit Deduktionen aus allgemeinen Annahmen und der Untersuchung allein von Vor- und Nachreden ist es folglich nicht getan. Das gilt umso mehr, als die in ihnen enthaltenen programmatischen Aussagen, wenn man sie isoliert betrachtet, der modernen Erwartung von »Gesetzgebungstopoi« und »Propaganda« entgegenzukommen scheinen. Im Umkehrschluss bedeutet das: Solange es keine konkreten Hinweise gegen die Glaubhaftigkeit allgemeiner konsensfähiger Aussagen gibt, sollte man ihnen zunächst einmal jene Glaubwürdigkeit zugestehen, die sie auch aus Sicht der antiken Topik haben konnten.

68) Dies gilt umso mehr, als mit dem Terminus »Propaganda« oft die moderne Vorstellung systematischer Manipulation und inhaltlicher Beliebigkeit verbunden ist. Vgl. Wolfgang SCHIEDER/Christof DIPPER, Propaganda, in: Geschichtliche Grundbegriffe 5 (1984), S. 69–112.

69) Dazu vgl. Giuliana LANATA, Legislazione e natura nelle Novelle Giustinianee (Storia del pensiero giuridico 7), Neapel 1984, S. 165–187.

70) Nov. 84, Praefatio pr. Vgl. Franco CASAVOLA, Giuristi adrianei, Neapel 1980, S. 192; LANATA, Legislazione (wie in Anm. 69), S. 181 f.; Helmut KRUMPHOLZ, Über sozialstaatliche Aspekte in der Novellengesetzgebung Justinians (Habelts Dissertationsdrucke, Reihe Alte Geschichte 34), Bonn 1992, S. 209.

Wenn als Ergebnis der gerade angestellten Beobachtungen festzuhalten ist, dass sich konsensfähige Aussagen in frühmittelalterlichen Rechtstexten nicht auf eine propagandistische oder ideologische Funktion reduzieren lassen und man den Gesetzgeber zunächst einmal beim Wort nehmen darf, dann ist damit aber noch nicht die Frage beantwortet, wie sich die diskursive Seite rechtlichen Konsenses jenseits von Prologen und Epilogen konkret untersuchen lässt. Um zu einer Antwort zu gelangen, gilt es, den bereits angedeuteten Gedanken, wonach gesetzgeberische Argumentation und Überzeugungsarbeit Ausdruck eines Bemühens um Konsens sein können, weiter zu verfolgen. Dabei können einige Überlegungen weiterhelfen, die Hugo GROTIUS (1583–1645) in den *Prolegomena* zu einer Ausgabe historisgraphischer Quellen des frühen Mittelalters darlegt[71]. Darin stellt er der Gesetzgebung der Römer die Leges der nördlichen Völker, zu denen er auch die frühmittelalterlichen Gentes rechnet, gegenüber und weist auf die Nachteile der römischen Gesetze und die Vorteile derjenigen des Nordens hin[72]. Zu den Vorzügen der letzteren zählt er unter anderem, dass das, was unter allgemeiner Zustimmung (*communis consensus*) festgelegt worden war, bereitwillig befolgt wurde, während die Gesetze der Römer in seinen Augen auf Willkürakten einzelner Herrscher beruhten. GROTIUS schließt also aus dem Umstand, dass die Leges der nördlichen Völker (angeblich) unter allgemeiner Zustimmung erlassen worden waren, auf eine besondere Motivation der Normadressaten, die betreffenden Gesetze zu befolgen.

Ungleich interessanter als die Frage, ob beziehungsweise inwieweit dieser Rückschluss gerechtfertigt ist, ist GROTIUS' Blick auf den *consensus*. Er sieht den Konsens zunächst im Zusammenhang mit dem Normgebungsvorgang, das heißt vor dem Gesetz, betrachtet dann aber auch die Akzeptanz der Vorschrift. Diese geht für ihn offenbar über bloßen Gehorsam hinaus und besteht in der Bereitwilligkeit, die betreffende Vorschrift zu befolgen. Man wird das wohl so verstehen dürfen, dass in der ursprünglichen Zustimmung ein Moment der Selbstbindung liegt, aus der sich wiederum eine besondere Bereitschaft zur Normbefolgung ergibt. Zu denken wäre etwa an jene weltlichen und geistlichen Großen, die frühmittelalterliche Herrscher in ihre Normgebungsakte einzubinden such-

71) Hugo GROTIUS, Prolegomena, in: Historia Gotthorum, Vandalorum et Langobardorum, hg. von Hugo GROTIUS, Amsterdam 1655, S. 1–70.

72) GROTIUS, Prolegomena (wie in Anm. 71), S. 64: *In publico jure primum est ipsa conformatio legum, quae apud Romanos a voluntate pendebat principis, hominis unius falli mutarique facilis. inde tot repugnantia Imperatorum inter se Edicta solus Iustinianus non tantum vetera novavit pleraque, Triboniani ad omnia vaenalis arbitrio, sed ipse de re eadem ter, quater mutavit sententiam. apud vestros illos populos e principe ordinumque dilectis bene expensae leges tria habebant commoda, quod nihil publice noxium latere poterat inter tot monitores, quod promto animo servabantur quae communis consensus sanxerat, quod eadem nunquam aut non nisi summa causa urgente mutabantur:* […]. Vgl. Edward DUMBAULD, The Life and Legal Writings of Hugo Grotius, Oklahoma 1969, S. 154–158; Dustin MENGELKOCH, A History of the Swedes. Grotius, Procopius, Isidore and Paul the Deacon, in: Acta Conventus neo-latini Upsaliensis. Proceedings of the fourteenth International Congress of Neo-Latin Studies, Bd. 2, hg. von Astrid STEINER-WEBER und Alejandro COROLEU, Leiden/Boston 2012, S. 683–693, S. 690–692.

ten, um den betreffenden Vorschriften einen möglichst großen Erfolg im Sinne von Befolgung zu sichern[73].

Doch könnte man über diesen Sonderfall hinaus auch allgemeiner fragen, aus was für Gründen geschriebene Vorschriften akzeptabel erscheinen mochten. Da Akzeptanz Kenntnis der *lex scripta* voraussetzt, zielt die Frage, wenn man sie für das frühe Mittelalter stellt, weniger auf die Normadressaten insgesamt als auf diejenigen, die das geschriebene Recht anzuwenden hatten. Eine Antwort könnte einerseits auf die formale Seite (zum Beispiel das Zustandekommen) einer Rechtsaufzeichnung oder einzelner Normen abheben. Lässt man diesen auch bei GROTIUS anklingenden Aspekt unberücksichtigt und betrachtet stattdessen den Inhalt, dann richtet sich der Blick vor allem auf Argumente, die der Gesetzgeber dem Leser innerhalb der Einzelvorschriften präsentiert, um ihn davon zu überzeugen, dass die betreffende Bestimmung sachlich gerechtfertigt und dementsprechend zu befolgen (beziehungsweise anzuwenden) ist. Solche gesetzgeberischen Begründungen bilden das Gegenstück zu den Hinweisen und Gesichtspunkten, mit denen in Prologen und Epilogen um eine Übereinstimmung der Meinungen in Hinblick auf die Rechtsaufzeichnung geworben wird. Mit der Frage nach den Begründungen und dem normativen Zusammenhang, in dem sie stehen, ist zugleich ein Ansatzpunkt für eine Analyse des Normtextes gegeben, die nicht nur die Möglichkeit bietet, bestimmte programmatische Aussagen, die sich in Vor- und Nachworten finden, besser einschätzen zu können, sondern auch die in der Literatur daraus abgeleiteten Annahmen zum Beispiel über den Gesamtcharakter der betreffenden Rechtsaufzeichnungen ein wenig überprüfbarer zu machen.

IV. BERATUNGS- UND AUFZEICHNUNGSVORGÄNGE

IV.1 Das ›Edictum Rothari‹, Kapitel 386: Konsens, Gemeinwohl, *gairethinx*

Nachrichten über eine Rechtsaufzeichnung

Wenn nun nach konkreten Konsensbezügen in Rotharis Gesetzbuch zu fragen ist, dann kommt dafür ein Kapitel ganz besonders in Betracht, und zwar die Epilogvorschrift Ed. Ro. 386[74]. Aus Sicht des Gesetzgebungsvorgangs stellt sie sich als Endpunkt jenes

73) Treffend bemerkt Schott in Hinblick auf diese Bemühungen: »Auch dieses Werben um die Adressatenpotenz ist eine Form der Verfassung«. Vgl. Claudieter SCHOTT, Zur Geltung der Lex Alamannorum, in: Die historische Landschaft zwischen Lech und Vogesen. Forschungen und Fragen zur gesamtalemannischen Geschichte, hg. von Pankraz FRIED und Wolf-Dieter SICK (Veröffentlichungen des Alemannischen Instituts Freiburg im Breisgau 59/Studien zur Geschichte des bayerischen Schwabens 17), Augsburg 1988, S. 75–105, S. 84.

74) Ed. Ro. 386: *Praesentem vero dispositionis nostrae edictum, – quem Deo propitio cum summo studio et summis vigiliis a celestem faborem praestitis, inquirentes et rememorantes antiquas legis patrum nostrorum*

Unternehmens der Rechtsaufzeichnung dar, das im Prolog angekündigt worden ist. Ed. Ro. 386 enthält einen königlichen Aufzeichnungsbefehl, der den ersten Teil des Kapitels wie eine Klammer umschließt: *Praesentem vero dispositionis nostrae edictum* [...] *in hoc membranum scribere iussimus*[75]. Dieser Hauptsatz rahmt zwei Relativsätze ein, die den Weg zum *edictum* beschreiben[76]. Im ersten der beiden ist davon die Rede, dass der König das Edikt aufzeichnen ließ (*condedimus*), indem er die alten ungeschriebenen Gesetze der Väter in Erfahrung brachte. Der zweite Nebensatz betrifft zusätzliche Regelungen: Was dem gemeinen Nutzen der langobardischen Gens diente (*quod pro commune omnium gentis nostrae utilitatibus expediunt*) setzte der König mit Rat und Zustimmung (*pari consilio parique consensum*) der *primati iudices* und des ganzen langobardischen Heeres (*cunctosque felicissimum exercitum nostrum*)[77] in Kraft (*constituimus*). Soweit zum ersten Teil von Ed. Ro. 386. Der zweite Teil des Kapitels umfasst zwei Regelungen, die jeweils

quae scriptae non erant, condedimus, et, quod pro commune omnium gentis nostrae utilitatibus expediunt, pari consilio parique consensum cum primatos iudices, cunctosque felicissimum exercitum nostrum augentes constituimus – in hoc membranum scribere iussimus, pertractantes et sub hoc tamen capitulo reservantes, ut quod adhuc, annuentem divinam clementiam, per subtilem inquisitionem de antiquas legis Langobardorum, tam per nosmetipsos quam per antiquos homines memorare potuerimus, in hoc edictum subiungere debeamus; addentes, quin etiam et per gairethinx secundum ritus gentis nostrae confirmantes, ut sit haec lex firma et stabelis: quatinus nostris felicissimis et futuris temporibus firmiter et inviolabiliter ab omnibus nostris subiectis costodiatur.

75) Ed. Ro. 386, S. 89 Z. 14–19.

76) Beyerle, Gesetze der Langobarden (wie in Anm. 37), Bd. 1, S. 82: »Das gegenwärtige von Uns verordnete Edikt – Wir haben, unter Gottes Huld, eifrigst und höchst sorgsam mit Himmels Gunst die alten Rechtssatzungen Unserer Väter, die [noch] ungeschrieben waren, [drin] gesammelt, und haben mit gemeinem Rat und Vollbort Unserer Richterfürsten sowie Unseres ganzen heilgewohnten Heeres sie vermehrt und [neu] verordnet – [dieses Edikt also] haben wir in dies Pergament[buch] schreiben lassen.« Le leggi dei Longobardi. Storia, memoria e diritto di un popolo germanico, hg. von Claudio Azzara und Stefano Gasparri (Altomedioevo 4), Rom [2]2005, S. 111–113: »Il presente editto delle nostre disposizioni, che abbiamo composto con il favore di Dio, con il massimo zelo e con le massime veglie concesseci dalla benevolenza celeste, ricercando e ricordando le antiche leggi dei nostri padri che non erano scritte, e che abbiamo istituito, ampliandolo, con pari consiglio e consenso con i principali giudici e con tutto il nostro felicissimo esercito, quanto giova al comune interesse di tutta la nostra stirpe, abbiamo ordinato che sia scritto su questa pergamena, [...]«.

77) Beyerle übersetzt »sowie Unseres ganzen heilgewohnten Heeres«, ebenso Azzara: »con tutto il nostro felicissimo esercito«. Anders Everett: »and with all those we have established as the strength of our most fortunate army«. Vgl. Nicholas Everett, How Territorial was Lombard Law?, in: Die Langobarden. Herrschaft und Identität, hg. von Walter Pohl und Peter Erhart (Akademie der Wissenschaften in Wien. Philosophisch-Historische Klasse, Denkschriften 329/Forschungen zur Geschichte des Mittelalters 9), Wien 2005, S. 345–360, S. 349 Anm. 21. Beyerles und Azzaras Übersetzung entspricht der Lesart *cunctoque felicissimo exercitu* (vgl. Ed. Ro. 386, S. 89 Z. 59–60 Anm. e–g), doch halten beide in ihren Ausgaben an *cunctosque felicissimum exercitum* fest. Für eine Übersetzung im Sinne von *cunctoque* spricht der Umstand, dass wohl schon Liutprands Redaktoren zu Beginn des 8. Jahrhunderts den Wortlaut von Ed. Ro. 386 so gedeutet haben, wenn man an die Formel *cuncto populo adsistente* im Prolog des Jahres 713 denkt. Vgl. Liutpr. Prol. a. I. (a. 713), S. 108 Z. 3–4.

durch zwei Partizipien mit dem gerade betrachteten Hauptsatz verknüpft sind. Die erste betrifft etwaige Nachträge zum Edikt und muss hier nicht weiter interessieren. Wichtig ist hingegen die sich daran anschließende Nachricht, wonach das Edikt *per gairethinx secundum ritus gentis nostrae* bekräftigt wurde (*confirmantes*), damit es in Gegenwart und Zukunft für alle Untertanen (*subiecti*) fest und unverbrüchlich war.

Die gerade referierten Partien werfen verschiedene Fragen auf. Die wohl naheliegendste gilt den beteiligten Personen. Hier richtet sich das Interesse vor allem auf die *primati iudices*[78]. Es handelt sich offensichtlich nicht um normale Beamte oder Richter. Geht man von dem für das byzantinische Italien des 6.–8. Jahrhunderts etwas näher untersuchten Gebrauch der Wörter *primates* beziehungsweise *primati* aus, wird man an lokale oder regionale Führungs- und Oberschichten zu denken haben[79]. Darauf deutet auch die langobardische Gesetzgebung des 8. Jahrhunderts hin, setzt doch König Liutprand das Wergeld eines *primus* bei dem Höchstbetrag von 300 Solidi an[80]. Nähere Aufschlüsse könnte mittelbar eine außerlangobardische Quelle des 7. Jahrhunderts liefern, und zwar die Vita des Papstes Sergius I. (687–701) im ›Liber Pontificalis‹. Im Zusammenhang mit der Wahl des Papstes bietet sie eine Beschreibung von Beratungsvorgängen, die Parallelen zu Ed. Ro. 386 erkennen lässt[81]. Hier treten die *primati iudicum*, die *primati exercitus Romanae militiae*, der *clerus* sowie die *sacerdotum atque civium multitudo* auf den Plan[82]. Bemerkenswert an dieser Aufzählung ist mit Blick auf Ed. Ro. 386 drei-

78) Kaum zu überzeugen vermag MAYERS Ansicht, wonach der Passus *cum primatos iudices, cunctosque felicissimum exercitum nostrum* im Sinne der Trichotomie *primati, iudices, populus* zu verstehen ist. Vgl. Ernst MAYER, Italienische Verfassungsgeschichte von der Gotenzeit bis zur Zunftherrschaft, Bd. 1, Leipzig 1909 (ND Aalen 1968), S. 442 Anm. 1 sowie POHL, Rothari (wie in Anm. 29), S. 366 (»Konsens der Großen, Richter und des Heeres«).

79) Thomas S. BROWN, Gentlemen and Officers. Imperial Administration and Aristocratic Power in Byzantine Italy A.D. 554–800, Hertford 1984, S. 128–130. Vgl. ebd. S. 130: »Although the term is vague there is a clear tendency for it to be used of big fish in smaller and smaller ponds«.

80) Liutpr. 62.

81) Le Liber Pontificalis. Texte, introduction et commentaire, Bd. 1, hg. von Louis DUCHESNE (Bibliothèque des Écoles Françaises d'Athènes et de Rome), Paris 1955, LXXXVI,2 (Sergius), S. 371 Z. 12–14: *inito consilio primati iudicum et exercitus Romane militiae vel cleri, si dici est, plurima pars et praesertim sacerdotum, atque civium multitudo ad sacrum palatium perrexerunt.* [...] Vgl. Erich CASPAR, Geschichte des Papsttums. Von den Anfängen bis zur Höhe der Weltherrschaft, Bd. 2, Tübingen 1933, S. 622 f.; Florian HARTMANN, Streit an der cathedra Petri oder Streit um die cathedra Petri? Konflikte um den Papstthron in der Deutung päpstlicher Quellen, in: Streit am Hof im frühen Mittelalter, hg. von Matthias BECHER und Alheydis PLASSMANN (Super alta perennis/Studien zur Wirkung der Klassischen Antike 11), Bonn 2011, S. 365–387, S. 369–371. Für eine auf anderer Interpunktion beruhende, leicht abweichende Deutung des Geschehens vgl. Sigmund KELLER, Die sieben römischen Pfalzrichter im byzantinischen Zeitalter (Kirchenrechtliche Abhandlungen 12), Stuttgart 1904, S. 143.

82) Nach KELLER »haben wir uns unter den Primati die Häupter der römischen Aristokratie vorzustellen, die ihre sämtlichen Geschlechtsgenossen hinter sich hatten«. Vgl. KELLER, Pfalzrichter (wie in Anm. 81), S. 143 Anm. 3.

erlei: Die *primati iudicum* erscheinen nicht als Teil des Heeres, sondern als hohe Beamte. Zudem ist das »römische« Schema, das aus drei Funktionseliten (Beamte, Heer, Klerus) und einer Residualkategorie in Gestalt der Priester wie Bürger umfassenden Menge besteht, deutlich komplexer als das Schema in Ed. Ro. 386, das nur eine Funktionselite (*primati iudices*) und eine Residualkategorie umfasst. Drittens schließlich tritt bei den Langobarden an die Stelle der *sacerdotum atque civium multitudo* das Heer. Fragt man vor diesem Hintergrund nach der Identität der *primati iudices*, dann wird man dazu wohl langobardische Duces[83] und hohe Beamte (zum Beispiel Gastalden) zählen können. Dass sie mit dem König über das Gesetzbuch vorher berieten, lässt sich dem Wortlaut von Ed. Ro. 386 nicht entnehmen und dementsprechend nur vermuten.

Schwierigkeiten bereitet auch die genaue Bestimmung der zweiten Gruppe, die mit dem langobardischen *exercitus* zusammenfällt. Die Probleme beginnen bei der Frage, was man sich unter der Anwesenheit des »Heeres« vorzustellen hat. Die Antwort hängt nicht zuletzt davon ab, ob man im Gefolge von BOGNETTI von einer »Realpräsenz« des *exercitus* ausgeht, der zum Feldzug gegen die Byzantiner aufbrach oder davon zurückkehrte, oder eher von einer »Idealpräsenz«, das heißt von einer überschaubareren Formation von Personen, die gleichsam die Gens Langobardorum in Waffen verkörperte.[84] Davon einmal abgesehen wirft aber auch die Zusammensetzung des *exercitus* Fragen auf. Angesichts der Tatsache, dass am Ende von Ed. Ro. 386 ganz allgemein von *subiecti nostri* die Rede ist, ist nicht völlig klar, ob dieser Gruppe nur Langobarden oder auch Nichtlangobarden, das heißt etwa Römer, zuzurechnen sind. Der Ausdruck *subiecti nostri* lässt an einen Personenkreis denken, der über die Langobarden hinausgehen könnte. Dagegen legt die Bezugnahme auf den *exercitus* die Vermutung nahe, dass die Heeresangehörigen mit den in Ed. Ro. 20–25 auftauchenden *exercitales* identisch sind. Da es sich bei dieser Bezeichnung um die lateinische Entsprechung zu dem latinisierten langobardischen Wort *(h)arimann(us)* (»Heermann«) handelt, spricht unter dieser Voraussetzung einiges dafür,

83) Carl HEGEL, Geschichte der Städteverfassung von Italien seit der Zeit der römischen Herrschaft bis zum Ausgang des 12. Jahrhunderts, Bd. 1, Leipzig 1847, S. 453–455; Friedrich BLUHME, In Leges Langobardorum index et glossarium (MGH LL 4), Hannover 1868 (ND Stuttgart/Vaduz 1965), S. 665–680, S. 672 (s. v. iudex); Antonio PERTILE, Storia del diritto italiano dalla caduta dell'impero romano alla codificazione, Bd. 1, Turin 1896, S. 108; Arrigo SOLMI, Elementi del diritto barbarico, in: DERS., Contributi alla storia del diritto comune, Rom 1937, S. 69–143, S. 111; Carlo Guido MOR, Modificazioni strutturali dell'Assemblea nazionale langobarda nel secolo VIII, in: Album Helen Maud Cam, Bd. 2 (Studies presented to the International Commission for the History of Representative and Parliamentary Institutions 24), Löwen/Paris 1961, S. 1–12, S. 3 f.; DILCHER, Gesetzgebung (wie in Anm. 38), S. 481. Ferner vgl. Eduard OSENBRÜGGEN, Das Strafrecht der Langobarden, Schaffhausen 1863 (ND Aalen 1968), S. 56; Jürgen WEITZEL, Iudex, in: Reallexikon der Germanischen Altertumskunde 15 (^{2}2000), S. 605–606.

84) BRUNNER, Rechtsgeschichte (wie in Anm. 31), S. 406 Anm. 2. Vgl. auch POHL, Staat (wie in Anm. 18), S. 29 sowie HAUPTFELD, Völker und Institutionen (wie in Anm. 24). Zu BOGNETTI siehe oben S. 163.

dass der fragliche Personenkreis mit den Angehörigen der Gens Langobardorum zusammenfällt[85].

Fast noch schwerer als der Kreis der Beteiligten lässt sich der Ablauf des Geschehens rekonstruieren. Folgt man dem Wortlaut des Kapitels, dann gliederte er sich in zwei große Phasen, zum einen den Aufzeichnungsvorgang, der im ersten Teil von Ed. Ro. 386 beschrieben wird, und zum anderen den Akt des *gairethinx*, von dem am Schluss des Kapitels die Rede ist. Für beide Vorgänge stellt sich auf unterschiedliche Weise die Frage nach der Rolle des Konsenses. Soweit es den Aufzeichnungsvorgang betrifft, fällt eine Antwort vor allem deshalb nicht leicht, weil sich dem Leser das Verhältnis von *condere* und *constituere* nicht ohne Weiteres erschließt[86]. Klar ist aufgrund des Relativsatzes *quod* [...] *expediunt*, dass sich *consilium* und *consensus* und der Vorgang des *constituere* nicht auf das ganze Edikt beziehen dürften, sondern nur auf solche Vorschriften, die dem gemeinen Nutzen der langobardischen Gens dienen.

Wie lässt sich vor diesem Hintergrund der betreffende Bestand an Regelungen näher eingrenzen? Fest steht, dass sich die *antiquae leges patrum nostrorum quae scriptae non erant* durch ihr Alter, ihren gentilen Ursprung und ihren Status als ungeschriebene Regeln auszeichnen. Darauf basiert auch ihre Autorität, der eine besondere Ermittlungsform entspricht, ist doch in Ed. Ro. 386 von der Erinnerung des Königs und alter Leute die Rede, aus der die Kenntnis der *antiquae leges Langobardorum* geschöpft werden kann. Denkbar wäre nun, dass solche »alten Bestimmungen« per se Autorität hatten und dementsprechend nicht besonderen Konsenses bedurften. Anders könnte es sich mit Vorschriften verhalten, bei denen es sich um Neuerungen handelte, sei es dass überkommene Bestimmungen verändert wurden oder sei es dass einem Bestand an tradierten Regelungen neuartige Vorschriften hinzugefügt wurden. Solche Normen brauchten, so lässt

85) Zur Diskussion über die erst in Quellen des 8. Jahrhunderts auftauchenden *arimanni* vgl. Dick Harrison, The Development of Élites. From Roman Bureaucrats to Medieval Warlords, in: Integration und Herrschaft. Ethnische Identitäten und soziale Organisation im Frühmittelalter, hg. von Walter Pohl und Maximilian Diesenberger (Akademie der Wissenschaften in Wien. Philosophisch-Historische Klasse, Denkschriften 301/Forschungen zur Geschichte des Mittelalters 3), Wien 2002, S. 289–300, S. 295–297; Gerhard Dilcher, Arimannia, in: HRG 1 (^{2}2008), Sp. 296–299. Zu *(h)arimannus* aus philologischer Sicht vgl. Gabriele von Olberg-Haverkate, Die deutsche Rechtssprache – Gegenstand juristischer und sprachwissenschaftlicher Forschung, in: Leges – Gentes – Regna, hg. von Gerhard Dilcher und Eva-Marie Distler, Berlin 2006, S. 123–140, S. 128–130.

86) *Condere* taucht an keiner anderen Stelle in den Leges Langobardorum auf, während sich Formen von *constituere* fast nur in Verweisungen finden. Die einzige nennenswerte Ausnahme ist abgesehen von Ed. Ro. 386 das Kapitel Ed. Ro. 369 (*quas in suum vigorem constituimus permanere*), dessen Wortlaut allerdings kaum zur Klärung beiträgt. Auch der allgemeine semantische Befund ist wenig erhellend. Vgl. MLW 2 (1999), s. v. condo I 2 b β, Sp. 1263 (de legibus i. q. edicere – erlassen, in Kraft setzten) [Pape], s. v. constituo II B 2 c δ, Sp. 1627 (promulgare, pronuntiare – verkünden, erlassen) [Dinter]. Paradisis Lösungsversuch, den Passus *quod pro commune augentes constituimus* zu einer Interpolation zu erklären, die im Rahmen einer Revision des ursprünglichen Edikts vorgenommen wurde, bleibt Spekulation. Vgl. Paradisi, Prologo (wie in Anm. 39), S. 28 f.

sich vermuten, eine doppelte Legitimation, und zwar inhaltlich durch den Begriff des Gemeinwohls und formal durch einen wie auch immer gearteten Konsens der *primati iudices* sowie des langobardischen *exercitus.*

Vorstellungen vom Gemeinwohl

Von Interesse ist hier vor allem der Gedanke des Gemeinwohls, der in Ed. Ro. 386 in der holprigen Wendung *pro commune omnium gentis nostrae utilitatibus* auf die langobardische Gens zugeschnitten wird[87]. Aus Sicht eines heutigen Lesers könnte der Verdacht nahe liegen, dass es sich um einen Gemeinplatz handelt, zumal Rothari in Ed. Ro. 386 keine konkreten Hinweise gibt, was genau unter dem Gemeinwohl seiner Gens zu verstehen ist[88]. Lässt man einmal die zuvor angestellten Überlegungen zum Topos-Problem sowie die im Prolog angesprochenen Missstände und Ziele beiseite, bietet sich als Gegenprobe ein Blick auf den Normtext an, und zwar vor allem auf das Kapitel Ed. Ro. 306[89]. Es besagt: Wenn etwas – zu denken wäre in erster Linie an Haustiere – in einen Brunnen fällt und zu Tode kommt oder fortan gelähmt ist, kann der Eigentümer des Brunnens nicht belangt werden, denn der Brunnen dient dem gemeinen Wohl aller (*communis omnium utilitas*).

Der Zweck dieser Regelung wird klarer, wenn man die vorangehende Bestimmung Ed. Ro. 305 betrachtet. Sie behandelt den Fall, dass jemand um sein Feld einen Graben gezogen hat, in den Tiere oder Menschen hineingefallen sind, und sieht vor, dass der Eigentümer des Grundstücks nicht haftet, es sei denn er hat den Graben getarnt. Zur Be-

87) Zu dem Begriff allgemein vgl. Artur Steinwenter, Utilitas publica – utilitas singulorum, in: Festschrift Paul Koschaker, Bd. 1, Berlin 1939, S. 84–102; Jean Gaudemet, Utilitas publica, in: Revue historique de droit français et étranger, Ser. 4, 29 (1951), S. 465–499; Michael H. Hoeflich, The Concept of Utilitas Populi in Early Ecclesiastical Law and Government, in: ZRG Kan. 67 (1981), S. 36–74; Elio Dovere, Le discours juridique et moral d'utilitas à Rome, in: Studia et documenta historiae et iuris 65 (1999), S. 239–248; Roberto Scevola, Utilitas publica (L'arte del diritto 23,1–2), 2 Bde, Padua 2012. Zur Rolle von Gemeinwohlvorstellungen in frühmittelalterlichen Rechtstexten vgl. Walther Merk, Der Gedanke des gemeinen Besten in der deutschen Staats- und Rechtsentwicklung, in: Festschrift Alfred Schultze zum 70. Geburtstag dargebracht von Schülern, Fachgenossen und Freunden, hg. von dems., Weimar 1934, S. 451–520, S. 464–468; Enrique Álvarez Cora, Qualis erit lex. La naturaleza jurídica de la ley visigótica, in: Anuario de historia de derecho español 66 (1966), S. 11–117, S. 82 f. Für den Bereich der spätantiken Kirche vgl. Hoeflich, Utilitas Populi (wie in Anm. 87).

88) Vgl. auch S. 161.

89) Ed. Ro. 306: *Si aliquid in puteo alterius ceciderit, et mortuum aut debilitatum fuerit, non requiratur cuius puteus est: quia puteus aquae communis omnium utilitatis invenitur esse.* Vgl. Enrico Loncao, Il diritto delle acque dalle invasione germaniche alla dieta di Roncaglia, in: Annali del Seminario Giuridico della R. Università di Palermo 2 (1912), S. 283–370, S. 349–352; Guido Astuti, Acque. I. Introduzione storica generale, in: Enciclopedia del diritto 1 (1958), S. 346–386, S. 372. Zum Brunnen im Recht allgemein vgl. Hermann Hinz, Brunnen. A. Römische, germanische und frühmittelalterliche Brunnen, in: Lex.MA 2 (1983), Sp. 764–767; Hermann Bischofberger, Brunnen, Brunnengemeinschaft, in: HRG 1 (^{2}2008), Sp. 692–694.

gründung heißt es: Der Graben dient dem Schutz des Feldes; wer ihn anlegt, handelt nicht arglistig. Der langobardische Gesetzgeber kommt mit dieser Vorschrift den Interessen des Landeigentümers entgegen. Einiges spricht dafür, dass hier eine Ausnahme von dem Prinzip der strengen Erfolgshaftung des Eigentümers gemacht wird, wie sie noch die ›Lex Ribuaria‹ vorsieht[90]. Ähnlich und doch anders verhält es sich für das folgende Kapitel Ed. Ro. 306. Auch mit Blick auf diesen Tatbestand wäre eine andere Rechtsfolge denkbar gewesen[91]. Wenn in Ed. Ro. 306 eine Klage ausgeschlossen wird, dann hat dies jedoch andere Gründe als in Ed. Ro. 305. Sie liegen nicht im legitimen Interesse des Grundstückseigentümers oder, wie es in Ed. Ro. 300 heißt, in der *utilitas sua*, sondern im Interesse der Allgemeinheit.

Doch was genau bedeutet der Hinweis, dass ein Brunnen von allgemeinem Nutzen ist? Antwort darauf gibt eine Novelle König Liutprands aus dem Jahre 733[92]. Auch in ihr wird eine Haftung des Brunneneigentümers bei Unfällen, zu denen es bei der Benutzung des *puteus* kommen kann, ausgeschlossen. Anderenfalls, so der König, würde niemand mehr fremde Leute, insbesondere Arme und Reisende, die über keinen eigenen Brunnen verfügen, an sein Wasser lassen[93]. Um sicherzustellen, dass möglichst alle Zugang zum lebenswichtigen Element haben, ist der Gesetzgeber bereit, notfalls gegen das Interesse des Geschädigten beziehungsweise seiner Angehörigen, den Eigentümer vor einer Klage zu schützen. Diese rechtspolitische Überlegung ist durchaus nachvollziehbar, wenn man einerseits an die zentrale Bedeutung von Brunnen für die Wasserversorgung in Italien denkt[94] und andererseits die beträchtlichen Kosten berücksichtigt, die mit dem Brunnenbau verbunden waren und die ein *pauper* schwerlich tragen konnte[95]. Vor diesem Hintergrund wird auch die Begründung in Ed. Ro. 306 verständlicher.

90) Lex Ribvaria, hg. von Franz BEYERLE und Rudolf BUCHNER (MGH LL nat. Germ. 3,2), Hannover 1954, 73,2 (70,2), S. 124. Vgl. Max FRANK, Die kasuelle Tötung in den Volksrechten, jur. Diss., Berlin 1890, S. 43 f.

91) So wird der ›Lex Ribuaria‹ zufolge der Eigentümer eines Brunnens, in den Mensch oder Tier fallen und sich verletzen oder zu Tode kommen, bußfällig. Vgl. Lex Ribvaria (wie in Anm. 90), 73,2 (70,2), S. 124.

92) Liutpr. 136. Vgl. Enrico LONCAO, Culpa e casus nella storia del diritto italiano, in: Annali del Seminario Giuridico della R. Università di Palermo 5 (1917), S. 72–277, 6 (1917), S. 3–44, S. 160–162; Harald SIEMS, Adsimilare. Die Analogie als Wegbereiterin zur mittelalterlichen Rechtswissenschaft, in: Europa an der Wende vom 11. zum 12. Jahrhundert. Beiträge zu Ehren von Werner Goez, hg. von Klaus HERBERS, Stuttgart 2001, S. 143–170, S. 163.

93) Für eine nähere Eingrenzung des *pauper* vgl. Anm. 95.

94) Donald A. BULLOUGH, Urban Change in Early Medieval Italy. The Example of Pavia, in: Papers of the British School at Rome 34 (1966), S. 82–130, S. 98; Paolo SQUATRITI, Water and Society in Late Antique and Early Medieval Italy A.D. 400–850, phil. Diss., University of Virginia 1990, S. 222–228, S. 261.

95) Das lässt auch ein Blick in das sogenannte Memoratorium, eine Art Höchstpreisedikt für die Tätigkeit der sogenannten Magistri Commacini vermuten, das in der Zeit zwischen König Grimoald und Liutprand abgefasst sein dürfte. Diese besonders qualifizierten Handwerker hatten sich offenbar auf bestimmte Bauarbeiten, wie auch Ed. Ro. 144–145 vermuten lassen, spezialisiert. Das cap. 8 des Memoratorium nennt Preise für die Anlage eines Brunnens, deren Höhe in den beiden Überlieferungstraditionen des Memora-

Die gerade gemachten Beobachtungen führen zurück zu Ed. Ro. 386, dessen Passus *pro commune omnium gentis nostrae utilitatibus* auffallende Ähnlichkeit mit dem Hinweis auf die *communis omnium utilitas* in Ed. Ro. 306 hat. Die Vermutung liegt nahe, dass die Präsenz des Gemeinwohlkriteriums im Epilogkapitel des Edikts auf allgemeinere theoretische Vorstellungen zurückzuführen ist, die nicht zuletzt die Qualität des geschriebenen Rechts betrafen. Zumindest ist der Gedanke, dass die Aufzeichnung der *communis civium utilitas* dienen soll, auch in anderen Quellen des 7. Jahrhunderts präsent, etwa in den Etymologien des Isidor von Sevilla und in einer Konstitution des Westgotenkönigs Rekkeswinth[96]. Hinzu kommt, dass die Korrelation von Gemeinwohl und Konsens, wie sie in Ed. Ro. 386 fassbar wird, eine Nähe zu Vorstellungen vom Gemeinwesen erkennen lässt, wie sie sich etwa in Ciceros berühmter Definition der *res publica* finden, die auf unterschiedlichen Wegen (zum Beispiel über Augustinus) in das frühe Mittelalter gelangte[97]. Wenn die *res publica* die Sache des *populus* ist, der durch *consensus iuris* und *communio utilitatis* entsteht, dann könnte Rotharis Gemeinwohlkriterium auf nachrömische Vorstellungen von Staatlichkeit hindeuten, deren Wurzeln im antiken Denken lagen.

torium teilweise schwankt. Vgl. Grimoaldi sive Liutprandi memoratorium de mercedibus Commacinorum, hg. von Friedrich Bluhme (MGH LL 4), Hannover 1868 (ND Stuttgart/Vaduz 1965), S. 176–180, Memorat. cap. VIII, S. 180. Identisch ist in beiden der Preis für die Anlage eines 100 Fuß tiefen Brunnens, und zwar 20 Solidi. Die wirtschaftliche Bedeutung dieses Betrags beleuchtet zum einen das Kapitel Ed. Ro. 359, wonach ab einem Streitwert von 20 Solidi für Reinigungseide zwölf Eideshelfer erforderlich sind. Das ist nach langobardischem Recht die Höchstzahl, die, wie ein Kapitel des beneventanischen Dux Aregis (Areg. 1) vermuten lässt, ein *pauper* niemals erreichen konnte. Zum anderen bestimmt eine Novelle König Liutprands (Liutpr. 152) aus dem Jahre 735, dass ein Schuldner, der seine aus einem Delikt fällige Buße nicht zahlen kann, ab einem Betrag von 20 Solidi dem Opfer der Unrechtstat als Sklave ausgeliefert wird, während er bei niedrigeren Beträgen seine Schuld abarbeiten kann. Eine Schuld von 20 Solidi ließ sich aus Sicht des Königs in einem Menschenleben also nicht mehr ablösen.

96) Isidori Hispalensis episcopi Etymologiarum sive originum libri XX, hg. von Wallace M. Lindsay, Bd. 1: Libros I–X, Oxford 1971, Lib. IX,4,5: *Erit autem lex* [...] *nullo privato commodo, sed pro communi civium utilitate conscripta.* Vgl. ebd. V,21,1. Lex Iudiciorum sive Lex Visigothorum, hg. von Karl Zeumer (MGH LL nat. Germ. 1), Hannover/Leipzig 1902, S. 33–456, I,1,3, S. 39 Z. 12–13: *eum, qui legislator existit, nullo privatim commodo, sed omnium civium utilitati communi motum presidiumque oportune legis inducere.*

97) Marcus Tullius Cicero, De re publica, in: Ders., De re publica, De legibus, Cato maior de senectute, Laelius de amicitia, hg. von Jonathan G. F. Powell, Oxford 2006, S. 1–154, Lib. I, 39, S. 28: *Est igitur inquit Africanus res publica res populi; populus autem non omnis hominum coetus quoquo modo congregatus, sed coetus multitudinis iuris consensu et utilitatis communione sociatus.* Zur Rezeption vgl. Aurelius Augustinus, De civitate Dei, Bd. 1: Libri I–X, hg. von Bernhard Dombart und Alfons Kalb (CC 47), Turnhout 1955, Lib. II,21, S. 52–55; Matthew S. Kempshall, De re publica 1.39 in Medieval and Renaissance Political Thought, in: Cicero's Republic, hg. von Jonathan G. F. Powell und John A. North (Bulletin of the Institute of Classical Studies, Supplement 76), London 2001, S. 99–135. – Zur Deutung von De republica I, 39 vgl. Meyer, Konsens (wie in Anm. 5), S. 40 f.

Doch geht es in Ed. Ro. 386 nicht nur mittelbar um allgemeine Vorstellungen von Recht und Gemeinwesen, sondern genauso wie in Ed. Ro. 306 wohl vor allem um ein ganz konkretes Anliegen, dem der Hinweis auf das gemeine Wohl – in diesem Falle der langobardischen Gens – dient, und zwar der gedanklichen Absicherung rechtlicher Neuerungen. In dieser Hinsicht steht das Edikt keineswegs allein. Schon die Römer bedienten sich des Gemeinwohlgedankens nicht nur als Argument gegen Gewohnheitsrecht, sondern auch als Mittel zur Legitimation rechtlichen Wandels[98]. Anklänge solcher Vorstellungen finden sich auch in frühmittelalterlichen Quellen[99].

Gairethinx

Die bisherigen Beobachtungen galten vor allem dem ersten Teil von Ed. Ro. 386. Erklärungsbedürftig ist aber auch sein Verhältnis zu dem am Schluss des Kapitels erwähnten *gairethinx*. Das führt zu der Frage nach der Natur des betreffenden langobardischen Rituals[100]. Über Form und Bedeutung der Handlung ist, wie bereits angedeutet, wenig be-

98) Steinwenter, Utilitas (wie in Anm. 87), S. 97.

99) Lex Romana Visigothorum, Codex Theodosianus, hg. von Gustav Haenel, Berlin 1849 (ND Aalen 1962), Lib. V,12,1 Interpr., S. 150: *Longa consuetudo, quae utilitatibus publicis non impedit, pro lege servetur.* Lex Baiwariorum, hg. von Ernst von Schwind (MGH LL nat. Germ. 5,2), Hannover 1926, S. 2 Z. 6–7; Liber Papiensis, hg. von Alfred Boretius (MGH LL 4), Hannover 1868 (ND Stuttgart/Vaduz 1965), S. 290–606, Capitularia ex Librum Papiensem vagantia 12 (Karol. M. 148), S. 587; Capitularia regum Francorum, Bd. 1, hg. von Alfred Boretius (MGH Capit. 1), Hannover 1883, Nr. 105 (Capitula italica) cap. 22, S. 220. Vgl. Hermann Krause, Königtum und Rechtsordnung in der Zeit sächsischer und salischer Herrscher, in: ZRG Germ. (1965), S. 1–98, S. 53.

100) Zum *gairethinx* vgl. Richard Schröder, Gairethinx, in: ZRG Germ. 7 (1887), S. 53–60; Max Pappenheim, Launegild und Gairethinx. Ein Beitrag zur Geschichte des germanischen Rechts (Untersuchungen zur Deutschen Staats- und Rechtsgeschichte 14), Breslau 1882, S. 28–76; Brunner, Rechtsgeschichte (wie in Anm. 31), S. 418 f.; Bognetti, L'Editto di Rotari (wie in Anm. 41), S. 132; Ennio Cortese, Thinx, garethinx, thingatio, thingare in gaida et gisil. Divagazioni longobardistiche in tema di legislazione, manumissione dei servi, successioni volontarie, in: Rivista di storia del diritto italiano 61 (1988), S. 33–64; Ders., Il processo longobardo tra romanità e germanesimo, in: La giustizia nell'alto medioevo (secoli V–VIII), Bd. 1 (Settimane di studio del Centro italiano di studi sull'alto medioevo 42), Spoleto 1995, S. 621–647, S. 624 Anm. 7 sowie Ders., Nostalgie di romanità. Leggi e legislatori nell'alta medioevo barbarico, in: Ideologie e pratiche del reimpiego nell'alto medioevo, Bd. 1 (Settimane di studio del Centro italiano di studi sull'alto medioevo 46,1), Spoleto 1999, S. 485–510; Stefano Gasparri, Kingship Rituals in Lombard Italy, in: Rituals of Power. From Late Antiquity to the Early Middle Ages, hg. von Frans C. W. J. Theuws und Janet L. Nelson, Leiden/Boston/Köln 2000, S. 95–114, S. 98; Gerhard Dilcher, per gairethinx secundum ritus gentis nostrae confirmantes. Zu Recht und Ritual im Langobardenrecht (mit Exkurs: Die Agilulf-Platte als Zeugnis des langobardischen Gairethinx), in: Leges – Gentes – Regna, hg. von Gerhard Dilcher und Eva-Marie Distler, Berlin 2006, S. 419–458. Zur sprachlichen Seite vgl. Florus van der Rhee, Die germanischen Wörter in den langobardischen Gesetzen, phil. Diss., Rotterdam 1970, S. 67–70; Nicoletta Francovich Onesti, Vestigia longobarde in Italia (568–774). Lessico e antroponimia (Proteo 6), Rom 1999, S. 89 f.; Daniela Fruscione, Zur Frage eines germanischen Rechtswortschatzes, in: ZRG Germ. 122 (2005), S. 1–41, S. 20–22.

kannt[101]. Möglicherweise handelte es sich um einen Ritus, in dem Speere oder Pfeile eine besondere Rolle spielten und der in der Literatur deshalb auch gern mit »Speergedinge« umschrieben wird. Doch lässt sich nicht einmal mit letzter Sicherheit ausschließen, dass *gairethinx* die Volksversammlung ganz allgemein bezeichnet[102]. Diese grundsätzliche Unsicherheit gibt Raum zu allerlei Mutmaßungen und Theorien. So hat etwa Ennio CORTESE gestützt auf die Glosse *(gaire)thinx quod/id est donatio*[103] die Auffassung vertreten, dass hinter dem *gairethinx* letztlich ein Schenkungsakt steht: Rothari schenkte wie ein römischer Kaiser den Langobarden ein Gesetzbuch[104]. DILCHER hat diese Theorie mit guten Gründen widerlegt[105]. Eine ihrer Hauptschwächen besteht darin, dass aus einer Glosse ein Vertrag konstruiert und diese Rechtsfigur dem in Ed. Ro. 386 geschilderten Geschehen zugrunde gelegt wird. Ginge es um römisches Recht, könnte man so vielleicht argumentieren. Für das Langobardenrecht ist das aber zu dogmatisch und insofern anachronistisch gedacht.

Auch die geläufige Vorstellung, wonach das *gairethinx* eine sich im Zusammenschlagen der Waffen manifestierende Konsensartikulation sein soll, bereitet einige Schwierigkeiten. Dass ein Zusammenschlagen von Speeren als Zeichen der Zustimmung bei den Langobarden nicht bezeugt ist und man für einen entsprechenden Beleg bis auf Tacitus zurückgehen muss, ist nicht das einzige Problem[106]. Unklar ist auch, worin die besondere rechtliche Autorität und Verpflichtungskraft des Rituals, das ja über eine allgemeine Beifallsbekundung hinausgehen soll, liegen könnte[107]. Ferner stellt sich die Frage, worauf sich der Konsens mit Blick auf den in Ed. Ro. 386 erwähnten Vorgang überhaupt beziehen soll. Wilhelm SICKEL hat aus dem *gairethinx* einen Vertrag zwischen König und »Bürgerschaft« über »die dauernde Beobachtung des Gesetzes«, das heißt letztlich einen Herrschaftsvertrag abgeleitet[108]. Das erscheint, vorsichtig ausgedrückt, ein wenig unzeitgemäß. Dagegen gesteht bereits Heinrich BRUNNER dem durch *gairethinx* begründeten Vertrag nur symbolischen Charakter zu und kann sich so der Frage nach dem genauen Gegenstand des Konsenses entziehen[109].

101) Siehe oben S. 153 f.

102) Carlo MOROSSI, L'Assemblea Nazionale del Regno Longobardo-Italico, in: Rivista di storia del diritto italiano 9 (1936), S. 248–290, 434–475, S. 259; JARNUT, Langobarden (wie in Anm. 11), S. 50.

103) Ed. Ro. 171, 172, 375.

104) CORTESE, Thinx (wie in Anm. 100), S. 38–40, 64; DERS., Il diritto nella storia medievale, Bd. 1: L'alto medioevo, Rom 1995, S. 137 f.; DERS., Le grandi linee della storia giuridica medievale, Rom 2000, S. 86–88.

105) DILCHER, Gairethinx (wie in Anm. 100).

106) Publius Cornelius Tacitus, Germania, hg. von Joachim HERRMANN (Quellen und Schriften der Alten Welt 37,2), Berlin 1990, Lib. XI,2, S. 90: *si displicuit sententia, fremitu aspernantur; sin placuit, frameas concutiunt: honoratissimum assensus genus est armis laudare.*

107) HANNIG, Consensus fidelium (wie in Anm. 8), S. 56 Anm. 19.

108) Wilhelm SICKEL, Geschichte der Deutschen Staatsverfassung bis zur Begründung des constitutionellen Staates, Bd. 1: Der Deutsche Freistaat, Halle 1879, S. 176 Anm. 4 (S. 179).

109) BRUNNER, Rechtsgeschichte (wie in Anm. 31), S. 418 f. Vgl. ebd. S. 178, 210.

Angesichts dieser Schwierigkeiten spricht einiges dafür, dass das *gairethinx*, soweit es sich überhaupt um eine Konsensbekundung handelte, noch andere, womöglich sogar wichtigere Funktionen hatte. Auf eine davon verweist der Wortlaut des Kapitels Ed. Ro. 386, wenn es heißt, dass das *edictum* durch das betreffende Ritual bekräftigt werden soll (*per gairethinx secundum ritus gentis nostrae confirmantes*). Hier wird eine Parallele zu Ed. Ro. 224 erkennbar[110]. Diesem Kapitel, das verschiedene Arten der Freilassung behandelt, lässt sich unter anderem entnehmen, dass ein Sklave, der der am weitesten gehenden Form der *manumissio* teilhaftig werden soll, dreimal übertragen und dies jeweils mittels *gairethinx* bekräftigt werden muss[111]. Von besonderem Interesse ist der Passus *per gairthinx ipsum confirmit:* Durch das *gairethinx* wird bestätigt, dass der freizulassende Sklave übertragen worden ist und dadurch einen neuen Status hat.

Analog dürfte es sich in Ed. Ro. 386 verhalten: Das *gairethinx* lässt das aufgezeichnete Recht (*lex*) des Edikts *firma et stabelis* werden, das heißt, es verleiht den Vorschriften des neuen Gesetzbuches eine besondere rechtliche Autorität, die über die Lebenszeit des königlichen Gesetzgebers hinausreicht. Doch worin liegt diese Autorität, und worauf beruht sie? Dem ›Edictum Rothari‹ lässt sich entnehmen, dass bestimmte Elemente einem Rechtsakt besondere Beständigkeit verleihen können, die mit Ausdrücken aus dem Wortfeld *firmus* beziehungsweise *stabilis* umschrieben wird. Diese Elemente sind: Übergabe (*traditio*)[112], Worte (*fabula firma(ta)*)[113] beziehungsweise Formeln oder Eide[114], eine königliche Bestätigungsurkunde (*preceptio indulgentiae regis*)[115] oder ein *gaire-*

110) Zu Ed. Ro. 224 vgl. Theodore John Rivers, Symbola, manumission et libertas Langobardorum. An Interpretation of gaida and gisil in Edictus Rothari 224 and its Relationship to the Concept of Freedom, in: ZRG Germ. 95 (1978), S. 57–78; August Nitschke, Die Freilassung. Beobachtungen zum Wandel von Rechtsgebärden, in: ZRG Germ. 99 (1982), S. 220–251, S. 227–230; Carlo Guido Mor, Ad Roth. 224: De manomissionibus, in: Mélanges offerts à Jean Dauvillier, Toulouse 1979, S. 547–554; Cortese, Thinx (wie in Anm. 100).

111) Ed. Ro. 224: [...] *Tradat eum prius in manu alteri homines liberi et per gairthinx ipsum confirmit; et ille secondus tradat in tertium in eodem modo, et tertius tradat in quartum.* [...]. Vgl. Harald Siems, Zum Weiterwirken römischen Rechts in der kulturellen Vielfalt des Frühmittelalters, in: Leges – Gentes – Regna. Zur Rolle von germanischen Rechtsgewohnheiten und lateinischer Schrifttradition bei der Ausbildung der frühmittelalterlichen Rechtskultur, hg. von Gerhard Dilcher und Eva-Marie Distler, Berlin 2006, S. 231–255, S. 250.

112) Ed. Ro. 183.

113) Ed. Ro. 144, 178–179, 191. Vgl. Giovanna Princi Braccini, Restituzione germanica di un tecnicismo giuridico longobardo: zava (Rachis 10), in: AION. Filologia Germanica 26 (1983), S. 185–217, S. 194 f., 215–217; Peter Stotz, Handbuch der lateinischen Sprache des Mittelalters, Bd. 2 (Handbuch der Altertumswissenschaft Abt. 2: Griechische und lateinische Sprachwissenschaft, 5,2), München 2000, S. 80 f.; Carlo Alberto Mastrelli, Magistri commacini. La questione linguistica e un esame del lessico tecnico, in: I Magistri commacini. Mito e realtà del medioevo lombardo. Atti del XIX Congresso internazionale di studio sull'alto medioevo, Varese-Como, 23–25 ottobre 2008, Bd. 1, Spoleto 2009, S. 95–149, S. 129 f.

114) Ed. Ro. 144, 173, 178–179, 191, 227, 361.

115) Ed. Ro. 375.

thinx[116]. All das dient zumeist dem Beweis, und damit beantwortet sich zugleich die Frage nach der Natur und der Grundlage der rechtlichen Beständigkeit. Sie liegt im Beweis vor Gericht. Dies geht mittelbar auch aus dem Kapitel Ed. Ro. 172 hervor[117]. Es schreibt vor, dass ein *(gaire)thinx* nicht heimlich, sondern in Gegenwart freier Männer stattfinden soll, damit es später nicht zum Rechtsstreit (*intentio*) kommt.

Die so gewonnenen Einsichten zur Natur des *gairethinx* lassen sich durch einen Vergleich mit der ›Lex Burgundionum‹ noch vertiefen. Auffällig ist mit Blick auf Ed. Ro. 386 vor allem die Parallele zur ›Constitutio Prima‹ des burgundischen ›Liber constitutionum‹[118]. So wie die Unterschrift bei den Burgunden als Beglaubigungsmittel dient[119] und die Großen des Reiches durch ihre Unterschrift bekräftigen (*firmari*), dass die *constitutiones* zustande gekommen sind und für die Folgezeit Bestand (*firmitas*) haben, so bedient sich Rothari des *gairethinx*, um seinem Gesetzbuch die nötige Beständigkeit in Gegenwart und Zukunft zu sichern. Vor diesem Hintergrund liegt die Vermutung nahe, dass es sich bei dem in Ed. Ro. 386 erwähnten *gairethinx* um einen Formalakt handelt, der vor allem Beweisfunktion hatte, insofern er Publizität generierte[120]. Die Stellung der betreffenden Passage am Ende von Ed. Ro. 386 spricht zudem dafür, dass dieses Ritual nicht in einem Konkurrenzverhältnis zu dem im ersten Teil des Kapitels erwähnten Konsens steht[121]. Dafür ließe sich ex negativo auch der Befund hinsichtlich der Novellenprologe des späten 7. und des 8. Jahrhunderts anführen. In ihnen finden sich zwar noch Hinweise

116) Ed. Ro. 224, 386.

117) Benvenuto Pitzorno, L'adozione privata, Perugia 1914, S. 91; Vittore Colorni, Per la storia della pubblicità immobiliare e mobiliare (Ius nostrum 3), Varese 1954, S. 136.

118) Liber constitutionum sive Lex Gundobada, in: Leges Burgundionum, hg. von Ludwig Rudolf von Salis (MGH LL nat. Germ. 2,1), Hannover 1892, S. 29–122, Prima constitutio cap. 14, S. 34 Z. 1–3: *Constitutiones vero nostras placuit, etiam adiecta comitum subscriptione firmari, ut definitio, quae ex tractatu nostro et communi omnium voluntate conscripta est, etiam per posteros custodita perpetuae pactionis teneat firmitatem.* Vgl. Franz Beyerle, Einleitung, in: Die Gesetze der Langobarden. Übertragen und bearbeitet. Mit einem Glossar von Ingeborg Schröbler, Weimar 1947, S. IX–XVI, S. XIV; Hermann Nehlsen, Lex Burgundionum, in: HRG 2 (1978), Sp. 1901–1915, Sp. 1907 f. und Peter Worm, Alte und neue Strategien der Beglaubigung. Öffentlichkeit und Königsurkunde im frühen Mittelalter, in: FmSt 38 (2004), S. 297–308. Ferner vgl. Alfred Boretius, Beiträge zur Capitularienkritik, Leipzig 1874, S. 13; Marcel Thévenin, Lex et capitula, in: Mélanges publiés par la Section historique et philologique de l'École des hautes études pour le dixième anniversaire de sa fondation (Bibliothèque de l'École des hautes études, Sciences philologiques et historiques 35), Paris 1878, S. 137–155, S. 144.

119) Vgl. auch Lex Romana sive Forma et expositio legum romanarum, in: Leges Burgundionum, hg. von Ludwig Rudolf von Salis (MGH LL nat. Germ. 2,1), Hannover 1892, S. 123–170, XXXVIII,4, S. 158: *Cessionis vero ita firmitatem subsistere, si cuius rei per evidentem professionem voluntaria et evidens cessio teneatur, hoc est: ut cessionis nomine scriptura cuiuslibet rei cedentis voluntaria professione et subscriptione firmetur.*

120) Werner Ogris, Publizität, in: HRG 4 (1990), Sp. 92–95; Albrecht Cordes, Publizität, in: Lex.MA 7 (1995), Sp. 318–319.

121) Schröder, Gairethinx (wie in Anm. 100), S. 53.

auf den Konsens unterschiedlicher Personengruppen, die an der Rechtsaufzeichnung beteiligt waren, aber keinerlei Bezugnahmen auf ein *gairethinx*.

IV.2 Die Novellen

Soweit zum ›Edictum Rothari‹, das bereits die Möglichkeit späterer Novellen erahnen lässt, ja diese vielleicht sogar provozierte, denn im zweiten Teil des Kapitels Ed. Ro. 386 behält sich Rothari ausdrücklich vor, im Nachhinein noch ermittelte *antiquae leges Langobardorum* dem Edikt anzufügen. Spätere Gesetzgeber deuteten diese Bestimmung im Sinne einer grundsätzlichen Veränderbarkeit des geschriebenen Rechts und nutzten sie als Grundlage zahlreicher Novellen. Der erste, der davon Gebrauch machte, war König Grimoald. Er erließ 668 neun *capitula*, denen ein kurzer Prolog vorangeht[122]. Die Vorrede lässt gegenüber dem Edikt bereits Veränderungen erkennen. Grimoalds Redaktoren haben den Konsenspassus des Kapitels Ed. Ro. 386 umgearbeitet. Nun heißt es, auf Vorschlag seiner Richter (*per suggestione(m) iudicum*) und mit Zustimmung aller (*omniumque consensu*) habe der König Regelungen, die ihm im Edikt *dura et impia* erschienen, gebessert und gemildert. Der allgemeine Konsens, der wohl schon in Rotharis Augen bei Eingriffen in die bestehende Rechtsordnung erforderlich war und in Beziehung zum Inhalt der *lex scripta* stand, findet sich auch hier. Allerdings sind an die Stelle des *exercitus* die *omnes* getreten. Verändert hat sich zudem die Rolle der *iudices*. Die Wendung *per suggestione(m) iudicum* erinnert ein wenig an die Diktion römischer Kaiserkonstitutionen, indiziert jedoch vor allem eine aktive Rolle der Experten, die dem König offenbar Gesetzesvorschläge unterbreiteten.

Nähere Auskunft über die Bedeutung der *iudices* geben die 153 Novellen des Königs Liutprand, die dieser in 15 *volumina* zwischen 713 und 735 für gewöhnlich am 1. März eines Jahres auf Reichsversammlungen oder Märzfeldern erlassen hat. Das Bild, das sie vermitteln, ändert sich für die späteren Novellen des Ratchis und des Aistulf kaum[123].

122) Grim. Prol. (a. 668), S. 91 Z. 2–9: *Superiore pagina huius edicti legitur ita, quod adhuc annuente Domino memorare potuerimus de sincolas causas, quae in presente non sunt adficte, in hoc edictum adiungere debeamus, ita ut causae que iudicate et fenitae sunt, non revolvantur. Ideo ego vir excellentissimus Grimowald gentis Langobardorum rex, anno deo propitio sexto regni mei, mense Iulio indictione undecima, per suggestione iudicum omniumque consensu, ea que illis dura et impia in hoc edictum visa sunt, ad meliorem statum et clementiorem remedium corregere et revocare previdemus.* Vgl. Siems, Entwicklung (wie Anm. 42), S. 265.

123) Ra. Prol. I. (a. 745/746), S. 183 Z. 5 (*rectum nobis paruit esse una cum nostris iudicibus*); Ra. Prol. II. (a. 746), S. 186 Z. 6–8, 16–17 (*dum cum gentis nostrae, id est Langobardorum, iudicibus, tam de Austriae, quam et de Neustriae vel Tusciae finibus universa* […] *sollicite considerassem* […] *nobis et nostris iudicibus atque Langobardis adstantibus iustum conparuit*); Aist. Prol. a. I. (a. 750), S. 195 Z. 34–35 (*una cum cunctis iudicibus et Langobardis universarum provinciarum nostrarum*); Aist. Prol. a. V. (a. 755), S. 198 Z. 10–12

Von besonderem Interesse sind für die vorliegende Untersuchung die Vorreden zu den Liutprand-Novellen. Von *consilium* beziehungsweise *consensus* ist in den Prologen nur jeweils einmal ausdrücklich die Rede[124]. Zumeist wird auf ein allgemeines Zusammenwirken des Königs mit zwei beziehungsweise drei Personengruppen verwiesen, und zwar erstens mit den *iudices*, die fast immer vertreten sind, zweitens mit den ebenfalls recht häufig genannten *fideles* und drittens mit dem *populus* beziehungsweise den *ceteri Langobardi*, die allerdings nur selten auftauchen[125].

Diese Dreiteilung bereitet gewisse Verständnisprobleme. Während man sich unter den *iudices* königliche Beamte vorstellen kann, die zum Beispiel als Richter das Recht anwendeten, ist nicht ganz klar, wer genau zu den *fideles* zählte. Man hat vermutet, dass es sich um *gasindii* (von Daniels, Fischer Drew), das heißt dem König besonders eng verbundene Gefolgsleute, oder höhere Amtsinhaber aus dem Umkreis des *palatium* (Gasparri) handelt[126]. Zu berücksichtigen ist dabei allerdings zweierlei. Zum einen, dass

(*ex diversis partibus regni nostri pertinentibus iudicibus, communi consilio in edicti pagina adfigi statuimus, quae praecellentiae nostrae iuxta Deum iusta comparuerunt*).

124) Liutpr. Prol. a. I. (a. 713), S. 108 Z. 2–4 (*una cum omnibus iudicibus tam de Austriae et Neustriae partibus, necnon et de Tusciae finibus, vel cum reliquis fedelibus meis Langobardis et cuncto populo adsistente, haec nobis commune consilio*). Liutpr. a. XV. (a. 727), S. 141 Z. 16–17, 22–23 (*una cum nostris iudicibus et reliquis Langobardis fidelibus nostris* [...] *et qualiter omnium unus fuit una nobiscum consensus, ita amodo et in futuro deveat permanere*).

125) Liutpr. Prol. a. I. (a. 713): *iudices, fideles, populus*; Liutpr. Prol. a. V. (a. 717): *iudices, fideles*; Liutpr. a. VIII. (a. 720), *optimates, nobiles, populus*; Liutpr. Prol. a. IX. (a. 721): *iudices, fideles*; Liutpr. Prol. a. XI. (a. 723): *iudices, ceteri Langobardi*; Liutpr. Prol. a. XII. (a. 724): *iudices, fideles*; Liutpr. Prol. a. XIII. (a. 725): *iudices*; Liutpr. Prol. a. XIV. (a. 726): *iudices, fideles*; Liutpr. Prol.XV. (a. 727): *iudices, fideles*; Liutpr. Prol. a. XVI. (a. 728): *iudices, fideles*; Liutpr. Prol. a. XVII. (a. 729): *iudices, fideles*; Liutpr. Prol. a. XIX. (a. 731): *iudices, reliqui Langobardi*; Liutpr. Prol. a. XXI. (a. 733): (-); Liutpr. Prol. a. XXII. (a. 734): (-); Liutpr. Prol. a. XXIII. (a. 735): *iudices, fideles.* Zur Mitwirkung der einzelnen Gruppen an Liutprands Gesetzgebung vgl. Ekkehard Kaufmann, Aequitatis iudicium. Königsgericht und Billigkeit in der Rechtsordnung des frühen Mittelalters (Frankfurter wissenschaftliche Beiträge. Rechts- und wirtschaftswissenschaftliche Reihe 18), Frankfurt am Main 1959, S. 66 Anm. 75 und Stefano Gasparri, Il regno e la legge. Longobardi, Romani e Franchi nello sviluppo dell'ordinamento pubblico (secoli VI–X), in: La Cultura 28,2 (1990), S. 243–266, S. 253.

126) Liutpr. Prol. a. IX. (a. 721), S. 116 Z. 14–15 (*una cum iudicibus et reliquis Langobardis fidelibus nostris*); Liutpr. Prol. a. XII. (a. 724), S. 128 Z. 21–22 (*una cum iudicibus et reliquis Langobardis fidelibus nostris*); Liutpr. Prol. a. XIV. (a. 726), S. 135 Z. 11–13, 17–18 (*capitula, quae nobis et nostris iudicibus atque fidelibus secundum Deum recta conparuerunt.* [...] *et iudicis atque fedelis nostri de partibus Austriae et Neustriae nobiscum adfuerunt*); Liutpr. Prol. a. XV. (a. 727), S. 141 Z. 16–17 (*una cum nostris iudicibus et reliquis Langobardis fidelibus nostris*); Liutpr. Prol. a. XVI. (a. 728), S. 147 Z. 2–3 (*una cum nostris iudicibus atque fidelibus Langobardis*); Liutpr. Prol. a. XVII. (a. 729), S. 150 Z. 10–12 (*nobis sic constetit cum nostris iudicibus tam de Austria et Neustria et de Tuscie partibus vel cum ceteris Langobardis fidelibus nostris*); Liutpr. Prol. a. XIX. (a. 731), S. 155 Z. 11 (*quicquid nostris iudicibus vel reliquis Langobardis recta conparuerunt*); Liutpr. Prol. a. XXIII. (a. 735), S. 171, Z. 20–21 (*una cum iudicibus et fidelibus nostris*). Vgl. Alexander von Daniels, Handbuch der deutschen Reichs- und Staatenrechtsgeschichte, Bd. 1, Tübingen

in der Regel von *iudices* und *reliqui fideles* die Rede ist, was die Vermutung nahe legt, dass die *iudices* zumindest in einem weiteren Sinne ebenfalls zu dieser Gruppe zählten. Zum anderen bereitet die Abgrenzung zum *populus*, die im ersten Liutprand-Prolog so klar erkennbar ist, Schwierigkeiten, ist doch in zwei späteren Vorreden von *fideles* in einem so allgemeinen Sinne die Rede, dass jeder freie Langobarde dazu gerechnet werden könnte[127)].

Ungeachtet solcher mitunter fließender Übergänge vermitteln die Vorreden insgesamt den Eindruck, dass es gerade in den späteren Jahren in erster Linie die *iudices* waren, die in Verbindung mit dem König die Gesetzgebung vorantrieben. Mitunter agierte Liutprand sogar nur mit ihnen zusammen[128)]. In der Regel kamen jedoch die *fideles* hinzu. Dagegen scheint die Bedeutung der Gens – vom *exercitus* ist bezeichnenderweise keine Rede mehr – zu schwinden[129)]. Das alles deutet auf größere Umbrüche zwischen Grimoald und Liutprand hin, zu denen es wohl im letzten Drittel des 7. Jahrhunderts kam. Dazu gehörten neben kulturellen Veränderungen wie der weitgehenden Katholisierung der Langobarden auch politische Machtverschiebungen. An die Stelle der Gens, die bei Rothari realiter oder idealiter in Gestalt des *exercitus* präsent ist, scheint eine Versammlung der langobardischen Funktions- und Führungseliten getreten zu sein[130)].

Über deren Ablauf gibt das Novellenvolumen des Jahres 726 nähere Auskunft[131)]. Der Vorrede zufolge kamen *iudices* und *fideles* aus den Reichsteilen Austrien und Neustrien zusammen und erörterten Fälle, die von einigen nach Gewohnheit (*per consuetudinem*) und von anderen nach eigenem Ermessen (*per arbitrium*) entschieden wurden, wo also die

1859, S. 386; The Lombard Laws, hg. von Kathrine Fisher Drew (Sources of medieval history), Philadelphia [5]1996, S. 97 Anm. 62 ; Stefano Gasparri, Il ducato longobardo di Spoleto. Istituzioni, poteri, gruppi dominanti, in: Atti del 9° Congresso internazionale di studi sull'alto medioevo, Bd. 1, Spoleto 1983, S. 77–122, S. 106. Ferner vgl. Mayer, Verfassungsgeschichte (wie Anm. 78, S. 442 Anm. 6; Morossi, L'Assemblea Nazionale (wie Anm. 102), S. 277–279 sowie Arrigo Solmi, Pavia e le assemblee del Regno nell'età feudale, in: Studi nelle scienze giuridiche e sociali 2 (1913), S. 211–237 und Mor, Modificazioni strutturali (wie Anm. 83).

127) Liutpr. Prol. a. XV. (a. 727); Liutpr. Prol. a. XVI. (a. 728).

128) Liutpr. Prol. a. XIII. (a. 725), S. 133 Z. 24–S. 134 Z. 1 (*dum usque nostri ad nos coniungere iudecis, et una cum ipsis certum ibi terminum deberemus inponere, unde postea nulla essit intentio*). Vgl. auch Liutpr. Prol. a. XXII. (a. 734), S. 169 Z. 6–7 (*et erat iudicibus nostris dubium ad iudicandum, prospeximus nunc in ipso edicti corpore adnotare et iungere*).

129) Enrico Besta, Fonti. Legislazione e scienza giuridica dalla caduta dell'impero romano al secolo decimoquinto (Storia del diritto italiano 1,1, hg. von Pasquale del Giudice), Mailand 1923 (ND Frankfurt am Main/Florenz 1969), S. 141.

130) Carlo Guido Mor, Gouvernés et gouvernants en Italie du VIe au XIIe siècle, in: Gouvernés et gouvernants, Bd. 2 (Recueils de la Société Jean Bodin 23), Brüssel 1968, S. 395–420, S. 401–403. Vgl. Ders., Modificazioni strutturali (wie in Anm. 83).

131) Liutpr. Prol. a. XIV. (a. 726), S. 135 Z. 9–21.

Gefahr einer Fehlentscheidung aufgrund der unklaren Rechtslage besonders groß war[132]. Nachdem die *iudices* und *fideles* in ihren Beratungen zu einem Ergebnis gelangt waren, trugen sie dieses dem König vor, der dann zusammen mit ihnen auf der Reichsversammlung am 1. März 726 eine Entscheidung fällte. Danach wurden die Kapitel in Gegenwart des Herrschers verlesen[133]. Da sie allen (*omnibus*) gefielen – gemeint ist offensichtlich ein über die *iudices* und *fideles* hinausgehender größerer Personenkreis – gaben alle ihre Zustimmung (*adsensus*) und beschlossen zusammen mit dem König, die Vorschriften der Reihe nach aufzeichnen zu lassen. Ob tatsächlich alle 14 Kapitel des Jahres 726 aufgrund eines solchen Procedere zustande gekommen sind, erscheint allerdings zweifelhaft. Zumindest eine Vorschrift, die sich an *iudices* richtet und dem Vorgehen gegen Diebe gewidmet ist, ist sprachlich abweichend formuliert und erinnert an jenen Typ königlicher Verordnungen (*notitiae*), die ursprünglich außerhalb des Edikts überliefert wurden und nur ausnahmsweise Aufnahme in das Gesetzbuch fanden[134]. Andererseits lassen zwei Kapitel deutlich erkennen, dass sie zu den in der Vorrede erwähnten Bestimmungen zählen[135].

V. Einzelne Stichproben: Konsens und Kontrolle im Edikt

Betrachtet man nach diesem Ausblick auf das 8. Jahrhundert wieder das ›Edictum Rothari‹, dann bietet es sich nach der Untersuchung des Prologs und des Kapitels Ed. Ro. 386 in Hinblick auf Beratungsvorgänge an, diese Frage hinsichtlich einzelner Bestimmungen des Edikts stichprobenweise weiterzuverfolgen: Wie verhält es sich mit den rechtlichen Rahmenbedingungen und Voraussetzungen von kollektiver Willensbildung und Konsens aus Sicht konkreter Vorschriften? Das ›Edictum Rothari‹ gibt darauf nur verhalten Antwort. Eine Bestimmung ganz am Anfang des Gesetzbuchs besagt: Wer ein *scandalum* auf einer Versammlung oder irgendeiner Zusammenkunft vom Zaun bricht,

132) Zur Beratung der *iudices* untereinander vgl. Siems, Adsimilare (wie in Anm. 92), S. 159. Zu den verschiedenen Teilen des Regnum vgl. Paul Kretschmer, Austria und Neustria. Eine Studie über spätlateinische Ländernamen, in: Glotta 26 (1938), S. 207–240, S. 213 f.; Pier Maria Conti, La Tuscia e i suoi ordinamenti territoriali nell'alto medioevo, in: Atti del 5° Congresso internazionale di studi sull' alto medioevo, Lucca, 3–7 ottobre 1971 (Centro Italiano di Studi sull'Alto Medioevo), Spoleto 1973, S. 61–116, S. 96–98 und Stefano Gasparri, Istituzioni e poteri nel territorio friulano in età longobarda e carolingia, in: Paolo Diacono e il Friuli altomedievale (secoli VI–X). Atti del XIV Congresso internazionale di studi sull'Alto Medioevo, Bd. 1, Spoleto 2001, S. 105–128, S. 110.

133) Bengt Löfstedt, Studien über die Sprache der langobardischen Gesetze (Acta Universitatis Upsaliensis. Studia Latina Upsaliensia 1), Stockholm 1961, S. 348 f.

134) Liutpr. 80. Zu den *notitiae* vgl. Alfred Boretius, Die Capitularien im Langobardenreich, Halle an der Saale 1864, S. 6–14; Ders., Capitularienkritik (wie in Anm. 118), S. 27 f.

135) Liutpr. 73, 77.

muss die (Hoch)Buße von 900 Solidi an den König entrichten[136]. *Scandalum* bezeichnet hier zunächst die handgreifliche Auseinandersetzung, die zum Bruch eines besonderen Friedens führt[137], dann aber auch das Aufhetzen, das einen solchen Aufruhr nach sich ziehen kann[138]. Gedacht ist, wie die bessere Lesart *in concilio* nahelegt, zunächst an eine Volksversammlung, nicht an die Zusammenkunft einer besonderen Personengruppe, wie das in jüngeren Handschriften vertretene *in consilio* vermuten lassen könnte[139]. Die Sanktion wird sodann auf kleinere Versammlungen ausgedehnt. Dazu gehört ausweislich des Edikts der sonntägliche *conventus* vor der Kirche, auf dem Bewohner des Umlands zusammenkommen[140]. Vor diesem Hintergrund relativiert sich ein wenig der Hinweis auf *consilium* und *consensus* in Ed. Ro. 386.

Kontrollbemühungen des Gesetzgebers sind aber nicht nur bezüglich der gewöhnlichen *exercitales*, sondern auch in Hinblick auf die *primati iudices* erkennbar. Das zeigt sich in drei Kapiteln, in denen es um Fehlverhalten hoher Amtsträger gegenüber ihren Untergebenen geht[141]. In den drei Bestimmungen besteht die Rechtsfolge in erster Linie in einer bestimmten Verfahrensweise, zu welcher der *dux* beziehungsweise *iudex* verpflichtet wird und die darauf abzielt, dem einfachen langobardischen *exercitalis*, dem vonseiten des Gerichtsherrn Unrecht widerfahren ist, sein Recht zu verschaffen. BOGNETTI hat zwei dieser Kapitel als »magna charta del diritto pubblico longobardo« bezeichnet[142]. Das ist sicher übertrieben. Dennoch sind die Vorschriften in mancherlei Hinsicht bemerkenswert, nicht zuletzt insofern ein Bemühen des Gesetzgebers fassbar wird, die Macht der Duces zu begrenzen.

Diese waren zur Zeit Rotharis wohl noch so stark, dass dem König an Bundesgenossen gelegen war[143]. So dürfte sich eine auch anderweitig erkennbare Tendenz des Edikts erklären, den Interessen der langobardischen Heermänner entgegenzukommen[144]. Sie tritt vor allem in Rotharis Vorschriften zur Unrechtstat zu Tage, von denen besonders die drei großen Wundbußenkataloge hervorstechen[145]. Der Gesetzgeber zeigt sich hier sehr darum bemüht, das Gros der *exercitales* in seine Normgebung einzubinden, indem er verhaltenssteuernde positive Anreize zur Rechtsbefolgung schafft. Einen Beleg dafür bietet

136) Ed. Ro. 8: *Si quis in concilio vel in quolibet conventu scandalum conmiserit, noningentos solidos sit culpabiles regi.*
137) Vgl. Ed. Ro. 35–40, 273, 279, 378 und OSENBRÜGGEN, Strafrecht (wie in Anm. 83), S. 10.
138) Vgl. Ed. Ro. 37–40.
139) TLL 4 (1906–1909), s. v. concilium, Sp. 45 Z. 14–23 (GUDEMAN).
140) Ed. Ro. 343.
141) Ed. Ro. 23–25.
142) BOGNETTI, Frammenti (wie in Anm. 41), S. 601 (zu Ed. Ro. 23–24).
143) FRÖHLICH, Thronfolge (wie in Anm. 15), Bd. 1, S. 132; DELOGU, Il regno (wie in Anm. 11), S. 54 f.
144) Zu den *exercitales* siehe oben S. 176 f.
145) Ed. Ro. 43–128. Vgl. Lisi OLIVER, The Body Legal in Barbarian Law (Toronto Anglo-Saxon series 9), Toronto/Buffalo/London 2011; Przemyslaw TYSZKA, The Human Body in Barbarian Laws, c. 500 – c. 800. Corpus hominis as a cultural category, Frankfurt am Main 2014.

etwa das Kapitel Ed. Ro. 74[146]. Der Gesetzgeber hebt in dieser Vorschrift hervor, er habe im Vergleich zu den Vorfahren höhere Wundbußen bei Freien festgesetzt, damit nach Empfang der Buße die Fehde (*faida*) unterbleibt und es nicht zu weiteren Forderungen oder Feindseligkeiten kommt, sondern zu einer dauerhaften Befriedung. Interessant daran ist nicht zuletzt die Kalkulation des Königs: Er hat nicht die Seite des Täters, sondern die des Opfers im Blick, dessen Verhalten er durch die Bußenerhöhung zu beeinflussen sucht[147]. Betrachtet man die Wundbußenkataloge genauer, dann stößt man zudem auf einige Unstimmigkeiten, die auf Konzessionen an ‚populäre' Auffassungen zurückgehen könnten: So sind etwa bei der Bewertung einzelner Körperteile wie der Finger und Zehen Unregelmäßigkeiten erkennbar, die das Grundschema sprengen und die man sich vielleicht so erklären kann, dass sie nicht auf den Redaktor, sondern auf andere Personen, die ihre Vorstellungen vom Wert einzelner Gliedmaßen einfließen ließen, zurückzuführen sind[148].

VI. Begründungen in der lex scripta

VI.1 Historische und sachliche Hintergründe

Nach den Prologen und einzelnen Vorschriften sollen nun ausgewählte Kapitel des ›Edictum Rothari‹ untersucht werden, die dank der in ihnen enthaltenen Begründungen einen etwas genaueren Einblick in die diskursive Seite rechtlichen Konsenses vermitteln. Dazu bietet sich zunächst eine kurze allgemeine Bestandsaufnahme zu dem betreffenden Phänomen in der *lex scripta* des ersten Jahrtausends an[149]. Wer heute ein Gesetzbuch

146) Ed. Ro. 74: *In omnis istas plagas aut feritas superius scriptas, quae inter hominis liberos evenerint, ideo maiorem conpositionem posuimus quam antiqui nostri, ut faida, quod est inimicitia, post accepta suprascripta conpositione postponatur, et amplius non requiratur, nec dolus teneatur, sed sit sibi causa finita, amicitia manentem.* […].

147) Brunner, Rechtsgeschichte (wie in Anm. 31), S. 229; Hans Schreuer, Die Behandlung der Verbrechenskonkurrenz in den Volksrechten (Untersuchungen zur Deutschen Staats- und Rechtsgeschichte 50), Breslau 1896, S. 187 Anm. 16.

148) Die meisten Wundbußenbestimmungen lassen als Grundbuße für eine *plaga* die Summe von vier Solidi erkennen. Doch kann die Obergrenze von 3 x 4 Solidi = 12 Solidi (vgl. Ed. Ro. 43) aufgrund der Schwere der Verletzungen leicht durchbrochen werden, indem der Gesetzgeber ein Mehrfaches von vier als Grundbuße je nach Art der *plaga* veranschlagt. Andererseits kommt es mitunter auch dazu, dass ein einmal errechneter Grundbetrag bei weniger schweren Verletzungen anteilig (zum Beispiel um die Hälfte) verringert wird (zum Beispiel Ed. Ro. 46 (vgl. Ed. Ro. 47), Ed. Ro. 58 (vgl. Ed. Ro. 57)). Vier Bußen entziehen sich jedoch den gerade angedeuteten Taxierungsmodi, und zwar die Bußen für den Verlust des Mittelfingers (Ed. Ro. 65) sowie des zweiten bis vierten Zehs (Ed. Ro. 70–72).

149) Gerhard Köbler, Die Begründungen der Lex Baiwariorum, in: Studien zu den germanischen Volksrechten. Gedächtnisschrift für Wilhelm Ebel, hg. von Götz Landwehr (Rechtshistorische Reihe 1), Frankfurt am Main/Bern 1982, S. 69–85, S. 69, bietet im Anschluss an Horak folgende Definition von »Begründung«: »[…] wobei unter Begründung eine solche Verknüpfung von Sätzen zu verstehen ist, die

aufschlägt, wird darin nur selten auf explizite Begründungen stoßen[150]. Seit dem 19. Jahrhundert hat sich die Vorstellung, das Gesetz müsse befehlen und nicht begründen, allgemein durchgesetzt[151]. Der Rechtsphilosoph Gustav RADBRUCH (1878–1949) bringt diese Tendenz auf folgenden Punkt: »Ein moderner Gesetzgeber nimmt das Wörtchen ›weil‹ niemals in den Mund. Die moderne Gesetzessprache hat die Barschheit eines militärischen Befehls angenommen, der wie sie auf jegliche Begründung verzichtet.«[152] Diese kurz nach dem Zweiten Weltkrieg formulierte Beobachtung gilt noch heute[153].

Die Gründe, weshalb die Gesetzgeber der Moderne ein vergleichsweise geringes Interesse an Begründungen in ihren Gesetzbüchern haben, werden etwas klarer, wenn man sich die didaktischen, legitimatorischen und praktischen Funktionen des betreffenden Phänomens aus Sicht der Spätantike und des frühen Mittelalters vor Augen hält[154]. Der

den einen ausdrücklich als logische Folge des anderen darstellt«. Vgl. Franz HORAK, Rationes decidendi. Entscheidungsbegründungen bei den älteren römischen Juristen bis Labeo, Bd. 1 (Veröffentlichungen der Universität Innsbruck 40/Studien zur Rechts-, Wirtschafts- und Kulturgeschichte 5), Aalen 1969, S. 5: »Unter Begründung verstehe ich eine solche Verknüpfung von Sätzen, die den (oder die) einen ausdrücklich als logische Folge des (oder der) anderen darstellen. Das kann geschehen, indem entweder aus einem oder mehreren Sätzen (Prämissen) eine Folgerung gezogen wird, oder indem an einen Satz ein Begründungssatz angehängt wird«.

150) Dazu allgemein vgl. Jürgen WEITZEL, Werte und Selbstwertung juristisch-forensischen Begründens heute, in: Juristische Argumentation – Argumente der Juristen, hg. von Albrecht CORDES (Quellen und Forschungen zur Höchsten Gerichtsbarkeit im Alten Reich 49), Köln/Weimar/Wien 2006, S. 11–28. Ferner vgl. Uwe KISCHEL, Die Begründung. Zur Erläuterung staatlicher Entscheidungen gegenüber dem Bürger (Jus publicum 94), Tübingen 2003; Christian WALDHOFF, Der Gesetzgeber schuldet nichts als das Gesetz. Zu alten und neuen Begründungspflichten des parlamentarischen Gesetzgebers, in: Staat im Wort. Festschrift für Josef Isensee, hg. von Otto DEPENHEUER und Markus HEINTZEN, Heidelberg 2007, S. 325–343; Silvio BOCCALATTE, La motivazione della legge (Collana di studi sull'amministrazione pubblica, NS 3), Padua 2008.

151) Bernd MERTENS, Gesetzgebungskunst im Zeitalter der Kodifikation. Theorie und Praxis der Gesetzgebungstechnik aus historisch-vergleichender Sicht (Tübinger Rechtswissenschaftliche Abhandlungen 98), Tübingen 2004, S. 312–325. Vgl. bereits Lucius Annaeus Seneca, Ad Lucilium epistulae morales, Bd. 2, hg. von Leighton Durham REYNOLDS, Oxford 1965, XCIV,38, S. 373 Z. 9–10: *iubeat* [*lex*, C.M.], *non disputet.*

152) Gustav RADBRUCH, Vorschule der Rechtsphilosophie. Nachschrift einer Vorlesung, hg. von Harald SCHUBERT und Joachim STOLTZENBURG, Willsbach/Heidelberg 1947, S. 83. Dazu vgl. WALDHOFF, Gesetzgeber (wie in Anm. 150), S. 341 f.

153) Otto DEPENHEUER, Sprache und Stil der Gesetze, in: Gesetzgebung. Rechtsetzung durch Parlamente und Verwaltungen sowie ihre gerichtliche Kontrolle, hg. von Winfried KLUTH und Günter KRINGS, Heidelberg/München 2014, S. 137–158, S. 148 (mit weiterer Literatur). Ferner vgl. Timo HEBELER, Ist der Gesetzgeber verfassungsrechtlich verpflichtet, Gesetze zu begründen? – Grundsätzliche Überlegungen anlässlich des Bundesverfassungsgerichtsurteils zur Leistungsgestaltung im SGB II, in: Die Öffentliche Verwaltung 63 (2010), S. 754–762.

154) Zum Folgenden vgl. Konrad BEYERLE, Einführung zur Lex Baiuvariorum als Einleitung einer Faksimile-Ausgabe der Ingolstädter Handschrift des bayerischen Volksrechts, Sonderdruck aus der Festgabe der Juristischen Fakultät und der Universitätsbibliothek München zur Jahrhundertfeier der Universität Mün-

Leser der *lex scripta* sollte durch Begründungen zunächst einmal über den Sinn der betreffenden Vorschriften belehrt werden, damit er deren Inhalt besser verstand. Eng damit verbunden ist der Wunsch des Gesetzgebers, durch eine argumentative Absicherung seinen Vorschriften Akzeptanz zu sichern und sich oder sein Regelungsprogramm womöglich in Szene zu setzen. Drittens schließlich dienten Begründungen dazu, die Anwendungschancen der *lex scripta*, das heißt modern gesprochen ihre Effektivität[155], zu erhöhen.

Vor diesem Hintergrund wird das begrenzte Interesse moderner Gesetzgeber gleichsam ex negativo verständlich. Das gilt zunächst für die didaktischen Zwecke. Auch wenn sie vorgeben, allgemein verständlich zu sein, setzen moderne Gesetzbücher doch juristisch geschulte Rechtsanwender voraus, die nicht der Belehrung durch die *lex scripta* bedürfen. Ihre, das heißt der Juristen, Aufgabe – und nicht die des Gesetzgebers – ist es auch, das Recht zu erklären und zu begründen. Anderenfalls würden aus Gesetzbüchern weitschweifige Lehrbücher. Ähnlich gering erscheint der Begründungsbedarf aus Sicht legitimatorischer Bedürfnisse. In einer parlamentarischen Demokratie beruhen Gesetze auf Mehrheitsentscheidungen. Der allgemeine Konsens der Bürger macht die besondere Zustimmung des einzelnen Normadressaten und damit ein Werben des Gesetzgebers überflüssig. Einzig unter den Vorzeichen totaler Herrschaft lässt sich für das 20. Jahrhundert ein vermehrter Gebrauch von begründenden Elementen zum Beispiel in Präambeln beobachten[156]. Auch in praktischer Hinsicht ist schließlich die von RADBRUCH formulierte Einsicht für die Rechtskultur der Moderne leicht nachvollziehbar. Da es einen starken Staat gibt, reicht es, dass das Recht »gilt«. Um angewendet zu werden, muss es nicht überzeugen. Im Zweifelsfalle wird der Staat für die Anwendung und Durchsetzung seines Rechts sorgen.

chen, München 1926, S. LIV; Guido ASTUTI, Legge. II. Storia. b. diritto intermedio, in: Enciclopedia del diritto 23 (1973), S. 850–871, S. 853; François GANSHOF, Was waren die Kapitularien?, Darmstadt 1961, S.130–135; KÖBLER, Lex Baiwariorum (wie in Anm. 149), S. 80; Harald SIEMS, Recht in Rätien zur Zeit Karls des Großen, in: Wandel und Konstanz zwischen Bodensee und Lombardei. Kloster St. Johann in Müstair und Churrätien, hg. von Hans Rudolf SENNHAUSER (Acta Müstair, Kloster St. Johann 3), Zürich 2013, S. 199–238, S. 221. Zur Funktion von gesetzlichen Begründungen aus Sicht der antiken Theorie siehe Anm. 160.

155) Zu der Debatte über die Effektivität der weltlichen *lex scripta* im frühen Mittelalter vgl. Clausdieter SCHOTT, Pactus, Lex und Recht, in: Die Alemannen in der Frühzeit, hg. von Wolfgang HÜBENER (Veröffentlichungen des Alemannischen Instituts Freiburg im Breisgau 34), Bühl/Baden 1974, S. 135–168; Hermann NEHLSEN, Aktualität und Effektivität der ältesten germanischen Rechtsaufzeichnungen, in: Recht und Schrift im Mittelalter, hg. von Peter CLASSEN (VuF 23), Sigmaringen 1977, S. 449–502; Harald SIEMS, Zu Problemen der Bewertung frühmittelalterlicher Rechtstexte. Zugleich eine Besprechung von R. Kottje, Zum Geltungsbereich der Lex Alamannorum, in: ZRG Germ. 106 (1989), S. 291–305, S. 302–305.

156) Hans SCHNEIDER, Gesetzgebung. Ein Lehr- und Handbuch, Heidelberg [3]2003, S. 213 f.; Bernd MERTENS, Rechtsetzung im Nationalsozialismus (Beiträge zur Rechtsgeschichte des 20. Jahrhunderts 62), Tübingen 2009, S. 111–116.

Für die sogenannte Vormoderne ergibt sich demgegenüber ein zum Teil anderes Bild[157]. Geht man einmal von der römischen Rechtskultur aus, dann finden sich Begründungen in den Schriften der römischen Juristen als Teil der Jurisprudenz[158] und in richterlichen Entscheidungen als Form der Rechtsanwendung[159]. Hinzu kommt ein dritter Bereich, der allein hier interessiert, und zwar Begründungen in der *lex scripta*, das heißt im schriftlich fixierten Bestand rechtlicher Normen. Das Erscheinungsbild dieses dritten Komplexes war im Laufe der Zeit erheblichen Veränderungen unterworfen. So sucht man eingehendere Begründungen im republikanischen Gesetzesrecht vergebens. Sie tauchten erst im Laufe der Kaiserzeit auf, und zwar im Rahmen eines neuen argumentativ-belehrenden Normstils. Sein Siegeszug steht in engem Zusammenhang mit außerrechtlichen, philosophischen und rhetorischen Bildungseinflüssen, wenn man daran denkt, dass sich die Forderung nach der Begründung von Gesetzen, die vor allem in den Prologen erfolgen soll, etwa bei Platon und Cicero findet[160].

Im spätrömischen und im byzantinischen Kaiserrecht war es fast schon ein Kennzeichen von Konstitutionen, dass sie darauf abzielten, auf dem Wege der Überzeugung für

157) Zur Frühen Neuzeit vgl. Gerhard Immel, Typologie der Gesetzgebung des Privatrechts und Prozeßrechts, in: Handbuch der Quellen und Literatur der neueren europäischen Privatrechtsgeschichte, Bd. 2,2, hg. von Helmut Coing, München 1976, S. 3–96, S. 26–48.

158) Zur Begründung bei den römischen Juristen vgl. unter anderen Horak, Rationes decidendi (wie in Anm. 149); Franz Wieacker, Römische Rechtsgeschichte, Bd. 2, hg. von Joseph Georg Wolf (Handbuch der Altertumswissenschaft, Abt. 10: Rechtsgeschichte des Altertums, 3,1,2), München 2006, S. 49–51 (mit weiterer Literatur); Jan Dirk Harke, Argumenta Iuventiana – Argumenta Salviana. Entscheidungsbegründungen bei Celsus und Julian (Schriften zur Rechtsgeschichte 33), Berlin 2012.

159) Károly Viski, Urteilsbegründung im römischen Zivilprozess, in: Revue internationale des droits de l'antiquité 18 (1971), S. 735–759; Nevio Scapini, Il problema della motivazione della sentenza nel diritto processuale romano, in: Studi Parmensi 33 (1983), S. 231–257; Matteo Marrone, Contributo allo studio della motivazione della sentenza nel diritto romano, in: Mélanges en l'honneur de Carlo Augusto Cannata, hg. von Roland Ruedin, Basel/Genf/München 1999, S. 53–65; Donato Antonio Centola, Riflessioni sulla problematica della motivazione della sentenza nel processo romano, in: Studia et documenta historiae et iuris 78 (2012), S. 407–428.

160) Platon, ΝΟΜΩΝ Α-Σ/Gesetze Buch I–VI, hg. von Gunther Eigler, bearb. von Klaus Schöpsdau und Dietrich Kurz (Platon. Werke in acht Bänden, griechisch und deutsch 8,1), Darmstadt 1977, IV,2 (718–724), S. 260–279; Marcus Tullius Cicero, De legibus, in: Ders., De re publica, De legibus, Cato maior de senectute, Laelius de amicitia, hg. von Jonathan G. F. Powell, Oxford 2006, S. 155–266, Lib. II,14, S. 200 Z. 15–25. Anderer Auffassung war dagegen Seneca. Vgl. Seneca, Ad Lucilium epistulae morales (wie in Anm. 151), XCIV,38, S. 373 (siehe auch Anm. 151). Ferner vgl. Gerhard Ries, Prolog und Epilog in Gesetzen des Altertums (Münchener Beiträge zur Papyrusforschung und antiken Rechtsgeschichte 76), München 1983, S. 104–111, 119–123; Michael Mass, Roman History and Christian Ideology in the Justinianic Reform Legislation, in: Dumbarton Oaks Papers 40 (1986), S. 17–31; Marie Theres Fögen, The Legislator's Monologue. Notes on the History of Preambles, in: Chicago-Kent Law Review 70 (1995), S. 1593–1620, S. 1593, 1597 f.

Akzeptanz und damit Effektivität der in ihnen enthaltenen Normen zu sorgen[161]. Man hat versucht, diese Entwicklung abgesehen von bildungsgeschichtlichen Faktoren auch mit einem »Zusammenhang zwischen Staatsform und Gesetzesstil« (RIES) zu erklären[162]. Dieser Deutungsversuch setzt bei der Machtfülle spätantiker Kaiser an. Da ihre Gesetze(svorhaben) keiner Zustimmung im Rahmen von Beratungs- und Entscheidungsverfahren bedurften, sollen sich die kaiserlichen Gesetzgeber darauf konzentriert haben, durch Begründungen gleichsam ex post den Konsens der Normadressaten einzuwerben. Ob dieser Erklärungsversuch für die Antike überzeugen kann, mag hier offen bleiben. Mit Blick auf andere Epochen wie das Frühmittelalter scheint jedoch Vorsicht gegenüber einer vorschnellen Annahme, es bestehe ein grundsätzlicher Zusammenhang zwischen Staatsform und Normstil, geboten[163].

Jenseits der gerade angedeuteten Befunde fällt es allerdings schwer, sich ein genaues Bild von der Rolle gesetzlicher Begründungen im römischen Recht zu verschaffen. Da die meisten Kaisergesetze nur bruchstückhaft im ›Codex Theodosianus‹ und im ›Codex Justinianus‹ überliefert sind, sind Rückschlüsse auf den Originalwortlaut nur sehr begrenzt möglich. Auf jeden Fall muss man mit beträchtlichen Textverlusten rechnen. Das gilt auch für die Begründungen. Im Zuge der Redaktionsarbeiten konnte es leicht geschehen, dass motivierende Passagen fortgelassen wurden[164]. Zudem ist aufgrund der redaktionellen Bearbeitung oft unklar, worauf eine Begründung genau abzielt, ob es sich etwa um Angaben zu dem Zweck eines Gesetzes (*ratio legis*) oder dem Motiv des Gesetzgebers (*occasio legis*) handelt, das ihn zum Erlass der Vorschrift bewogen hat[165]. Zu berücksich-

161) Peter PIELER, Die Justinianische Kodifikation in der juristischen Praxis des 6. Jahrhunderts, in: Legislazione, Cultura Giuridica, Prassi dell'imperio d'oriente in età giustinianea tra passato e futuro, hg. von Salvatore PULIATTI, Modena 2000, S. 211–227, S. 214. Allerdings finden sich auch gegenläufige Tendenzen. Vgl. Lucius Caelius Firmianus Lactantius, Divinarum institutionum libri septem, Bd. 2, hg. von Eberhard HECK und Antonie WLOSOK, Berlin/New York 2007, III,1,11, S. 203 f.; Jochen WALTER, Pagane Texte und Wertvorstellungen bei Laktanz (Hypomnemata 175), Göttingen 2006, S. 75 f.

162) RIES, Prolog (wie in Anm. 160), S. 220. Zum Folgenden vgl. Erwin SEIDL, Einführung in die ägyptische Rechtsgeschichte bis zum Ende des Neuen Reiches (Ägyptologische Forschungen 10), Glückstadt/Hamburg/New York ^{2}1951, S. 20; RIES, Prolog (wie in Anm. 160), S. 215–223 (insbesondere S. 219 f., 222 f.).

163) Man muss nur an die eher begründungsarmen Kapitularien Karls des Großen und die vergleichsweise diskursiven Kapitularien Ludwigs des Frommen denken, um die Grenzen des Deutungsschemas – zumindest für die Karolingerzeit – zu erkennen. Vor allem jedoch bedarf es einer größeren Anzahl von Einzeluntersuchungen, um derart allgemeine Annahmen in Hinblick auf die frühmittelalterlichen Rechtsaufzeichnungen wirklich beurteilen zu können.

164) Vgl. auch Bernhard SINOGOWITZ, Studien zum Strafrecht der Ekloge (ΠΡΑΓΜΑΤΕΙΑΙ ΤΗΣ ΑΚΑΔΗΜΙΑΣ ΑΘΗΝΩΝ 21), Athen 1956, S. 7.

165) Biondo BIONDI, Ratio legis, in: Novissimo Digesto Italiano 14 (1967), S. 895–896; Jan SCHRÖDER, Ratio legis, in: Ins Wasser geworfen und Ozeane durchquert. Festschrift für Knut Wolfgang Nörr, hg. von Mario ASCHERI, Friedrich EBEL und Martin HECKEL, Köln/Weimar/Wien 2003, S. 959–966; Marco MELLUSO, Papiniano contestato? Occasio e ratio legis in Novella 108, in: Studi in onore di Remo Martini, Bd. 2

tigen ist ferner, dass Begründungen nicht notwendigerweise die wahren oder einzigen Beweggründe des Gesetzgebers offenbaren. Oft bleiben in den römischen Kaisergesetzen genauso wie in frühmittelalterlichen ›Leges barbarorum‹ die wirklichen Motive, die zu dem geschriebenen Recht geführt haben, ganz bewusst ungenannt[166)].

Schwierigkeiten bereitet schließlich auch die Frage, an wen sich die Begründungen überhaupt richten. Die naheliegendste Antwort besteht im Hinweis auf den Leser. Sieht man einmal davon ab, dass in der Antike ein größerer, im Frühmittelalter dagegen nur ein sehr kleiner Teil der Bevölkerung lesen konnte, ist mit dieser Antwort aber noch nicht viel gewonnen. Wen der Verfasser eines (Rechts)Textes sich genau als Leser vorstellte, wird sich ohnehin kaum ermitteln lassen[167)]. Davon zu unterscheiden ist die Frage nach dem Adressaten eines Gesetzbuches. Seit dem 4. Jahrhundert richteten sich viele römische Konstitutionen an größere Personen- oder Bevölkerungsgruppen (zum Beispiel *ad populum*)[168)]. Daneben ist jedoch fast für die gesamte römische Rechtsgeschichte eine besondere Adressatengruppe in Gestalt der Richter und Magistrate, das heißt der Rechtsanwender, erkennbar[169)]. Vor allem auf diese zweite Gruppe zielten wohl auch die gesetzlichen Begründungen ab[170)].

Ähnlich könnte man es sich für die ›Leges barbarorum‹ vorstellen. Allerdings kalkulierten frühmittelalterliche Gesetzgeber mitunter bereits ein, dass der Rechtsanwender nicht lesen konnte und fremder Hilfe bedurfte[171)]. Diese Einsicht verweist auf grundsätzliche kulturelle Unterschiede zwischen Spätantike und Frühmittelalter, die sich auch in rechtlicher Hinsicht niedergeschlagen haben. In einer Welt, in der Rechtsschulen genauso unbekannt waren wie der Typus des Juristen und eine juristische Literatur, schrumpfte auch die Begründung im Rechtsschrifttum und in richterlichen Entscheidungen auf ein Minimum zusammen oder verschwand völlig. Dagegen findet sich in

(Università di Siena, Facoltà di Giurisprudenza e di scienze politiche, Collana di studi Pietro Rossi, Nuova Serie 31), Mailand 2009, S. 755–787, S. 775–777. Ferner vgl. Paola Maria Arcari, Idee e sentimenti dell'alto medioevo (Università di Cagliari, Pubblicazioni della Facoltà di Giurisprudenza, Serie II, 1), Mailand 1968, S. 612 f.

166) Zum Westgotenrecht vgl. Felix Dahn, Westgothische Studien. Entstehungsgeschichte, Privatrecht, Strafrecht, Civil- und Straf-Process und Gesamtkritik der Lex Visigothorum, Würzburg 1874, S. 303 f.

167) Walter Ong, The Writer's Audience is always a Fiction, in: Ders., Interfaces of the World. Studies in the evolution of consciousness and culture, Ithaca/London 1977, S. 53–81; Klaus Thraede, Inspiration, in: Reallexikon für Antike und Christentum 18 (1998), Sp. 329–365, Sp. 345.

168) Clémence Dupont, Les constitutions ad populum, in: Revue historique de droit français et étranger Ser. IV 49 (1971), S. 586–600.

169) Laurens Winkel, Gesetzesadressat und Begriffsvermögen in der Antike, in: Rechtsgeschichte & Interdisziplinarität. Festschrift für Clausdieter Schott zum 65. Geburtstag, hg. von Marcel Senn und Claudio Soliva, Bern/Berlin/Brüssel 2001, S. 89–98, S. 90–92. Ferner vgl. Laurens Winkel, De codificatie en de toegankelijkheid van de wet voor de burger, in: Liber Memorialis François Laurent, hg. von Johan Erauw und Boudewijn Bouckaert, Brüssel 1989, S. 437–446, S. 438.

170) David Daube, Forms of Roman Legislation, Oxford 1956, S. 78 f.

171) Lex Baiwariorum (wie in Anm. 99), II,14, S. 308 Z. 5–6.

mehreren Volksrechten, und zwar insbesondere in denen der Westgoten, Burgunden, Baiern und Langobarden ebenso wie in einem Teil der Kapitularien eine stattliche Anzahl von Begründungen[172]. Im Gegensatz zu den Prologen und Epilogen frühmittelalterlicher Rechtsaufzeichnungen, denen schon seit Längerem das Interesse der Forschung gilt[173], sind die Begründungen im eigentlichen Normtext mit Ausnahme der ›Lex Baiuvariorum‹ bislang noch nicht näher untersucht worden.

Sie sind aus verschiedenen Gründen von historischem Interesse. Einer davon ist redaktionsgeschichtlicher Natur, insofern Begründungen oft ein Indikator für neues und deshalb legitimationsbedürftiges Recht sind[174]. Allerdings verweisen sie nicht notwendigerweise auf Neuerungen[175]. So kommt KÖBLER in seiner Untersuchung zur ›Lex Baiuvariorum‹ zu dem Ergebnis, dass sich Begründungen vor allem dort finden, wo »nicht

172) DAHN, Westgothische Studien (wie in Anm. 166), S. 302–304, 316–320; BEYERLE, Einführung (wie in Anm. 154), S. LIV; Harald SIEMS, Lex Baiuvariorum, in: Reallexikon der Gemanischen Altertumskunde 18 (^{2}2001), S. 305–315, S. 311; KÖBLER, Lex Baiwariorum (wie in Anm. 149); Eva SCHUMANN, Entstehung und Fortwirkung der Lex Baiuvariorum, in: Leges – Gentes – Regna. Zur Rolle von germanischen Rechtsgewohnheiten und lateinischer Schrifttradition bei der Ausbildung der frühmittelalterlichen Rechtskultur, hg. von Gerhard DILCHER und Eva-Marie DISTLER, Berlin 2006, S. 291–319, S. 298–300, 317–318; Thomas HOLZNER, Die Decreta Tassilonis. Regelungsgehalt, Verhältnis zur Lex Baiuvariorum und politische Implikationen (Schriften zur Rechtsgeschichte 145), Berlin 2010, S. 483–494. Ferner vgl. ASTUTI, Legge (wie in Anm. 154), S. 853; GANSHOF, Kapitularien (wie in Anm. 154), S. 130–135; Gerhard KÖBLER, Die Begründung von Rechtssätzen im Hoch- und Spätmittelalter, in: Archivalische Zeitschrift 75 (1980), S. 86–101; Die Begründung des Rechts als historisches Problem, hg. von Dietmar WILLOWEIT (Schriften des Historischen Kollegs, Kolloquien 45), München 2000; SIEMS, Recht (wie in Anm. 154), S. 218 f., 221 sowie Heinrich GETZENY, Stil und Form der ältesten Papstbriefe bis auf Leo d. Gr. Ein Beitrag zur Geschichte des römischen Primats, phil. Diss., Tübingen 1922, S. 3–7.

173) So zum Beispiel Ruth SCHMIDT-WIEGAND, Gens Francorum inclita. Zu Gestalt und Inhalt des längeren Prologes der Lex Salica, in: Festschrift Adolf Hofmeister zum 70. Geburtstag, Halle an der Saale 1955, S. 233–250; DILCHER, Gesetzgebung als Rechtserneuerung (wie in Anm. 39); Gerhart Burian LADNER, Justinian's Theory of Law and the Renewal Ideology of the Leges Barbarorum, in: Proceedings of the American Philosophical Society 119 (1975), S. 191–200; Adalbert ERLER, Präambel, in: HRG 3 (1984), Sp. 1848–1850; RIES, Prolog (wie in Anm. 160); Michael TRESCHOW, The Prologue to Alfred's Law Code. Instruction in the Spirit of Mercy, in: Florilegium 13 (1994), S. 79–110; FÖGEN, Legislator's Monologue (wie in Anm. 160); Wolfgang HAUBRICHS, Namenbrauch und Mythos-Konstruktion. Die Onomastik der Lex-Salica-Prologe, in: Nomen et Fraternitas. Festschrift für Dieter Geuenich zum 65. Geburtstag, hg. von Uwe LUDWIG und Thomas SCHILP (Ergänzungsbände zum Reallexikon der Germanischen Altertumskunde 62), Berlin/New York 2008, S. 53–79.

174) Enrico BESTA, Le fonti dell'editto di Rotari, in: Atti del 1° Congresso internazionale di studi longobardi (Spoleto, 27–30 settembre 1951), Spoleto 1952, S. 51–69, S. 67; KÖBLER, Lex Baiwariorum (wie in Anm. 149), S. 77 f.; Eva SCHUMANN, Rez. zu: Fastrich-Sutty, Die Rezeption des Westgotischen Rechts in der Lex Baiuvariorum. […], Köln 2001, in: ZRG Rom. 120 (2003), S. 508–514, S. 513; DIES., Lex Baiuvariorum (wie in Anm. 172), S. 298 f.

175) KÖBLER, Lex Baiwariorum (wie in Anm. 149), S. 77. Ferner vgl. Ecloga. Das Gesetzbuch Leons III. und Konstantinos' V., hg. von Ludwig BURGMANN (Forschungen zur byzantinischen Rechtsgeschichte 10), Frankfurt am Main 1983, S. 6.

ohne weiteres einleuchtende Besonderheiten im Verhältnis zu allgemein bekannten oder verbreiteten Umständen [...] vorgelegen haben und der Verfasser hierfür einen ihm einleuchtenden Grund vor Augen sah«[176]. Solche Besonderheiten konnten sich etwa aus Entscheidungen strittiger Einzelfälle ergeben. Der Eindruck, dass eine entsprechende Regelung »nicht ohne weiteres einleuchtend« war, dürfte allerdings oft auf Abweichungen von der überlieferten Gewohnheit zurückzuführen sein.

Ein anderer Grund, weshalb Begründungen von historischem Interesse sind, verdient gerade aus Sicht der vorliegenden Untersuchung hervorgehoben zu werden. Die betreffenden Darlegungen des Gesetzgebers geben nicht nur über den Hintergrund von konsensualen Gesichtspunkten und Formeln, die in Prologen und Epilogen auftauchen, nähere Auskunft[177]. Damit im Normtext enthaltene Begründungen wirksam werden können, müssen ihre Argumente auch konsensfähig sein[178]. Aus historischer Sicht interessant ist daran nicht zuletzt die »Anschlussfähigkeit« der betreffenden Inhalte. Sie verweisen – durchaus im Sinne von Ciceros Definition der *res publica*[179] – oft auf allgemeine »Wertvorstellungen« als Konzentrationskerne eines *consensus iuris* in den nachrömischen Gemeinwesen des frühen Mittelalters[180].

VI.2 Begründungen im ›Edictum Rothari‹

Nach diesen allgemeineren Beobachtungen nun zum ›Edictum Rothari‹. Gerhard KÖBLER, der als erster eine Aufstellung der im Edikt enthaltenen Begründungen gemacht hat, führt abgesehen vom Prolog 48 Kapitel auf, die entsprechende Darlegungen enthalten

176) KÖBLER, Lex Baiwariorum (wie in Anm. 149), S. 78.
177) Zu Ed. Ro. 306 und Ed. Ro. 386 siehe oben S. 178–181.
178) Zur Bedeutung der Konsensfähigkeit für das Recht vgl. Josef ESSER, Vorverständnis und Methodenwahl in der Rechtsfindung. Rationalitätsgarantien der richterlichen Entscheidungspraxis (Studien und Texte zur Theorie und Methodologie des Rechts 7), Frankfurt am Main 1970, S. 9, 14, 24–25, 115, 153–155.
179) Siehe Anm. 97.
180) William E. KLINGSHIRN, Caesarius of Arles. The Making of a Christian Community in Late Antique Gaul (Cambridge Studies in Medieval Life and Thought, Ser. 4, 22), Cambridge 1994, S. 44. Vgl. auch Martin KAUFHOLD, Europas Werte. Wie wir zu unserem Verständnis von richtig und falsch kamen. Ein historischer Essay, Paderborn/München/Wien/Zürich 2013. Zum schwierigen Begriff der Werte vgl. Gerhard LUF, Zur Problematik des Wertbegriffs in der Rechtsphilosophie, in: Ius Humanitatis. Festschrift zum 90. Geburtstag von Alfred Verdross, hg. von Herbert MIEHSLER und Erhard MOCK, Berlin 1980, S. 127–146; Ernst-Wolfgang BÖCKENFÖRDE, Zur Kritik der Wertbegründung des Rechts, in: DERS., Recht, Staat, Freiheit. Studien zur Rechtsphilosophie, Staatstheorie und Verfassungsgeschichte (Suhrkamp Taschenbuch Wissenschaft 914), Frankfurt am Main ^{2}2006, S. 67–91.

sollen[181]. Bei genauerer Betrachtung erweist sich diese Zahlenangabe als korrekturbedürftig. Aus KÖBLERS Liste zu streichen sind 13 Kapitel. Von diesen enthalten elf die Konjunktion *nam*, die an den betreffenden Stellen nicht kausal, sondern adversativ verwendet wird[182]. In den beiden übrigen Vorschriften ist *quia* von vorangehenden Verba dicendi abhängig und leitet, wie zum Teil auch der Modus des Prädikats erkennen lässt, eine indirekte Rede ein[183]. Auf der anderen Seite kommen neun Kapitel hinzu, die in der Köblerschen Aufstellung fehlen[184].

Lässt man den Prolog unberücksichtigt, dann finden sich somit in 43 von insgesamt 388 Kapiteln, das heißt durchschnittlich in jedem neunten Kapitel des ›Edictum Rothari‹, Begründungen[185]. Sie sind zumeist in Nebensätzen enthalten, die mit *quia*, *eo quod* oder

181) Ed. Ro. 2, 29, 32, 41, 74, 144, 151, 162, 164, 165, 166, 176, 180, 182, 184, 185, 188, 193, 215, 217, 223, 224, 225, 256, 257, 261, 273, 280, 300, 305, 306, 309, 316, 330, 339, 340, 342, 343, 346, 351, 353, 358, 360, 362, 364, 366, 378, 387. Vgl. KÖBLER, Lex Baiwariorum (wie in Anm. 149), S. 79 Anm. 96.

182) Ed. Ro. 193, 225, 261, 300, 309, 316, 330, 340, 343, 351, 353. Vgl. Einar LÖFSTEDT, Coniectanea. Untersuchungen auf dem Gebiete der antiken und mittelalterlichen Latinität. Erste Reihe, Uppsala/Stockholm 1950, S. 58 Anm. 1.

183) Ed. Ro. 362, 366. Vgl. auch Ed. Ro. 342 (erstes *quia*), Ed. Ro. 343 (*innotescat, quia*).

184) Ed. Ro. 138, 147, 178, 183, 249, 259, 268, 326, 376.

185) Ed. Ro. 2 (*quia postquam corda regum in manum Dei credimus esse, non est possibile ut homo possit eduniare quem rex occidere iusserit*); Ed. Ro. 29 (*eo quod laborem suum vindicavit*); Ed. Ro. 32 (*quia non convenit rationi, ut homo noctis tempore in curtem alienam silentio aut absconse ingrediatur,*); Ed. Ro. 41 (*eo quod in turpe et in derisiculum ipsius eum male tractavit*); Ed. Ro. 74 (*ideo maiorem conpositionem posuimus quam antiqui nostri, ut faida, quod est inimicitia, post accepta suprascripta conpositione postponatur*); Ed. Ro. 138 (*ideo quia nolendo fecerunt*); Ed. Ro. 144 (*quia postquam in fabula firma de mercedis pro suo lucro suscipit, non inmerito damnum sustinet*); Ed. Ro. 147 (*ideo quia nolens fecit*); Ed. Ro. 151 (*quia omnes scire debent, quod suum non alienum est*); Ed. Ro. 162 (*Ideo ita previdemus propter faida posponenda, id est inimicitia pacificanda.*); Ed. Ro. 164 (*quia grave et impium videtur esse ut talis causa sub uno scuto per pugnam dimittatur*); Ed. Ro. 165 (*Quia iniustum videtur esse, ut tam grandis causa sub uno scuto per pugna dimittatur.*); Ed. Ro. 166 (*Quia absordum et inpossibile videtur esse, ut talis causa sub uno scuto per pugnam dimittatur.*); Ed. Ro. 176 (*Quia in eadem diae, quando a domo expulsus est, tamquam mortuus habetur.*); Ed. Ro. 178 (*eo quod sponsus intra prefenitum tempus uxorem accepere neclexit, aut si volontariae dilatavit*); Ed. Ro. 180 (*quia non suo neclicto dimisit, sed peccatum eminente et egritudine superveniente*); Ed. Ro. 182 (*pro eo quod ei denegaverunt volontatem suam: ideo redeat mundium eius ad proximus parentes, qui prius eam ad maritum dederunt*); Ed. Ro. 183 (*Nam aliter sine traditione nulla rerum dicimus subsistere firmitatem.*); Ed. Ro. 184 (*eo quod maritus, si launigild requisitum fuerit, ipse debet solvere*); Ed. Ro. 185 (*eo quod inlecitas consenserunt celebrare nuptias, hac poena susteneant*); Ed. Ro. 188 (*ideo perdat maritus res mulieris, eo quod mundium facere neglexit*); Ed. Ro. 215 (*eo quod ante traditionem mortua est*); Ed. Ro. 217 (*vitium suum reputit, quia servum consensit*); Ed. Ro. 223 (*quia postquam ad manum regis pervenit, terminum posuit et sine debitum aut aliquam repetitionem cecidit*); Ed. Ro. 249 (*culpa enim dominus fecit, nam non servus, qui dominum suum secutus est.*); Ed. Ro. 256 (*eo quod in fuga fuit*); Ed. Ro. 257 (*pro eo quod iniuria passa est; sed vitium suum reputet qui opera indecentem facere temptavit*); Ed. Ro. 259 (*quia inhonestum esse vedetur et nulli rei convenit rationi, ut homo liber se in furtum debeat miscere aut consensum prebere*); Ed. Ro. 268 (*quia postquam cognovit, quod in fuga erat, si eum tenere non potuit, mox innotescere aut antecurrere debuit*); Ed. Ro. 273 (*pro eo, quod in curte alterius furorem in ser-*

ideo eingeleitet werden. Hinzu kommen noch vier Vorschriften, die zwar keine Begründung, wohl aber Hinweise auf den Zweck der Vorschrift enthalten[186]. Von den sich so ergebenden 47 Kapiteln ist etwas mehr als die Hälfte in der Rechtsfolge negativ formuliert, das heißt eine Buße oder Schuld wird ausgeschlossen, ein Verbot ausgesprochen, oder es wird angeordnet, dass die Fehde beziehungsweise das Fehdegeld (*faida*) entfällt[187]. Bemerkenswert ist weiterhin, dass von den 24 Kapiteln des Edikts, in denen sich der Herrscher persönlich in Form eines Pluralis majestatis zu Worte meldet, mehr als ein Viertel eine Begründung oder Angaben zum Normzweck aufweist[188].

Die ausgesprochen hohe Begründungsdichte des Edikts erscheint bereits an und für sich bemerkenswert[189], und das nicht zuletzt mit Blick auf das allgemeine Bild der ›Leges Langobardorum‹. Während für die Novellen seit dem 19. Jahrhundert ein verstärkter Einfluss römischrechtlichen und christlichen Gedankenguts konstatiert worden ist[190],

vum suum habens rem suam prehindere visus est); Ed. Ro. 278 (*absurdum videtur esse, ut mulier libera, aut ancilla, quasi vir cum armis vim facere possit.*); Ed. Ro. 280 (*quia ille qui eum occisit, se defendendum et res suas vindicandum hoc egit*); Ed. Ro. 305 (*quia pro salvatione campi sui fecit, nam non dolose tractavit*); Ed. Ro. 306 (*quia puteus aquae communis omnium utilitatis invenitur esse*); Ed. Ro. 326 (*quia muta res fecit, nam non hominis studium*); Ed. Ro. 339 (*quia non per illius neglectum mortuos fuet*); Ed. Ro. 342 (*quia postquam cognovit, quod suus non fuit, mox debuit proprio domino innotescere.*); Ed. Ro. 346 (*eo quod novem noctis ipsum peculium tenuit*); Ed. Ro. 358 (*pro eo quod ipsos de arvo campo, quod est fonsaccri, movere presumpsit*); Ed. Ro. 360 (*eo quod inimicus aut extraneus invenitur esse*); Ed. Ro. 364 (*Quia multus cognovimus in regno nostro tales pravas opponentes intentiones, haec nos moverunt presentem corregere legem et ad meliorem statum revocare.*); Ed. Ro. 376 (*quod christianis mentibus nullatenus credendum est, nec possibilem ut mulier hominem vivum intrinsecus possit comedere*); Ed. Ro. 378 (*eo quod ipsa ad litem cocurrit, quod inhonestum est mulieribus facere*); Ed. Ro. 387 (*eo quod nolendo fecit*).

186) Ed. Ro. 172 (*ut nulla in posterum oriatur intentio*); Ed. Ro. 224 (*Tamen necesse est propter futuri temporis memoriam, ut qualiter liberum aut liberam thingaverit, ipsa manumissio in cartolam libertatis commemoretur.*); Ed. Ro. 234 (*quatinus casa proficiat, et non depereat*); Ed. Ro. 388 (*ne aliqua fraus per vicium scriptorum in hoc edictum adibeatur*). Von diesen taucht nur Ed. Ro. 224 in Köblers Liste auf. Vgl. KÖBLER, Lex Baiwariorum (wie in Anm. 149), S. 79 Anm. 96.

187) Ed. Ro. 2, 29, 32, 144, 162, 176, 180, 182, 188, 217, 223, 257, 273, 278, 280, 305–306, 311, 378, 387. Ferner vgl. Ed. Ro. 138 (*cessante faida*), Ed. Ro. 185 (Verbot), Ed. Ro. 326 (*cessante ... faida*), Ed. Ro. 360 (*excepto*), Ed. Ro. 364 (Verbot), Ed. Ro. 376 (Verbot). Von den vier Kapiteln, die Zweckangaben enthalten, fallen zwei in diese Kategorie. Vgl. Ed. Ro. 172, 234. Zum Phänomen der Fehde vgl. Christine REINLE, Fehde, in: HRG 1 (^{2}2008), Sp. 1515–1525 (mit weiterführender Literatur).

188) Ed. Ro. 2, 74, 162, 166, 342, 364, 388. Vgl. Piergiuseppe SCARDIGLI, Le parole longobarde per l'ecdotica dell'Editto di Rotari, in: Medioevo e rinascimento 1 (1987), S. 53–73, S. 56.

189) KÖBLER, Lex Baiwariorum (wie in Anm. 149), S. 79. Anders sah es noch Dahn. Vgl. Felix DAHN, Die Könige der Germanen. Das Wesen des ältesten Königthums der germanischen Stämme und seine Geschichte bis zur Auflösung des Karolingischen Reiches, Bd. 12, Leipzig 1909 (ND Hildesheim/New York 1978), S. 79.

190) Giovanni TAMASSIA, Longobardi, Franchi e chiesa romana fino a' tempi di re Liutprando, Bologna 1888; DERS., Römisches Recht (wie in Anm. 30); CALISSE, Diritto ecclesiastico (wie in Anm. 30); CALISSE, Influsso del diritto (wie in Anm. 30); FISCHER DREW, Notes (wie in Anm. 31), S. 49–51; Stefano GASPARRI, La cultura tradizionale dei longobardi. Struttura tribale e resistenze pagane (Centro Italiano di Studi sul-

stellt sich das Edikt bis heute für einen Großteil der Forschung als Abbild einer durch Mündlichkeit gekennzeichneten traditionellen gentilen Rechtskultur dar. Wenn dem so wäre, dürften Begründungen eigentlich keine nennenswerte Rolle spielen, denn erstens indizieren sie oft Neuerungen, wofür im Falle des Edictum gerade auch die negativ formulierten Rechtsfolgen und der Pluralis majestatis sprechen, und zweitens setzen sie in der Regel einen reflektierenden Umgang mit der *lex scripta* voraus, der in spätantiken Traditionen geschriebenen Rechts steht[191]. Ihre starke Präsenz im Edikt stellt insofern schon auf formaler Ebene das traditionelle Bild des ›Edictum Rothari‹ teilweise in Frage.

Abgesehen von diesen allgemeinen Einsichten ergeben sich aus dem quantitativen Befund für die vorliegende Studie einige praktische Konsequenzen. Da sich die Bedeutung von Begründungen vor allem an Inhalten festmachen lässt, müssen im Folgenden Probleme der Quellenkritik und Redaktionsgeschichte aus Platzgründen ausgespart bleiben[192]. Das betrifft nicht nur die Herkunft oder die Vorlagen einer Begründung, sondern auch ihre Stellung innerhalb des Aufzeichnungsvorgangs. Weiterhin ist klar, dass eine sachgemäße Analyse, die sich auch auf die begründete Norm erstreckt, im Rahmen dieser Untersuchung nicht für alle einschlägigen Kapitel, sondern nur für capita selecta geleistet werden kann. Aus Sicht der Konsensthematik sind in diesem Zusammenhang formale, das heißt logische oder allgemein methodische Aspekte von untergeordnetem Interesse. Das Gleiche gilt für technische Argumente, die auf konkrete Rechte, Pflichten, Normen oder sachliche Gegebenheiten Bezug nehmen. Ungleich wichtiger erscheinen demgegenüber Begründungen, die allgemeinere »Wertvorstellungen« und damit Facetten eines *consensus iuris* erkennen lassen, der in nachrömischen Gemeinwesen wie dem Langobardenreich rechtsbildend wirkte[193]. Im Folgenden sollen in erster Linie Vorschriften betrachtet werden, die der letztgenannten Gruppe zuzuordnen sind.

VI.2.a Ein innerweltlicher Maßstab: Vernunft und Unvernunft

Am Anfang des folgenden Überblicks stehen naheliegenderweise Begründungen, die auf innerweltliche Wertmaßstäbe rekurrieren, und zwar Bezugnahmen auf die Vernunft beziehungsweise *ratio*[194]. Da das ›Edictum Rothari‹ der älteste längere Text ist, der sich

l'Alto Medioevo 6), Spoleto 1983, S. 113–132 und Antonio Padoa Schioppa, Il diritto nella storia d'Europa, Bd. 1: Il medioevo, Padova 1995, S. 86–89.

191) Köbler, Lex Baiwariorum (wie in Anm. 149), S. 79.

192) Dazu mit Blick auf die Lex Baiuvariorum vgl. Köbler, Lex Baiwariorum (wie in Anm. 149), S. 77–79.

193) Siehe oben S. 180, 197.

194) Peter Stein, The Development of the Notion of Naturalis Ratio, in: Daube noster. Essays in Legal History for David Daube, hg. von Alan Watson, Edinburgh/London 1974, S. 305–316; Nevio Scapini, I riferimenti alla ratio nelle Istituzioni di Gaio, in: Il modello di Gaio nella formazione del giurista (Università di Torino, Memorie dell'Istituto giuridico, Serie III 12), Mailand 1981, S. 325–365; Piero Fiorelli, Ragione come diritto tra latino e volgare, in: Nozione formazione e interpretazione del diritto dall'età romana alle esperienze moderne. Ricerche dedicate al professor Filippo Gallo, Bd. 3, Neapel 1997,

zweifelsfrei als Niederschlag langobardischer (Rechts)Kultur darstellt, hat es wenig Sinn, danach zu fragen, was der Gesetzgeber oder die Normadressaten für Bildungsvoraussetzungen hatten oder was sie gar mit einem Ausdruck wie *ratio* hätten verbinden können[195]. Nur die Auswertung der einzelnen Vorschriften kann hier nähere Aufschlüsse bringen.

Non/nulli convenit rationi: Vernunft als Argument für höhere Bußen (Ed. Ro. 32, 259)

Das facettenreiche Wort *ratio* findet sich an vier Stellen des Edikts[196]. In zwei Kapiteln ist es Teil einer sehr ähnlichen Begründung, taucht doch der Nebensatz *quia non convenit rationi* des Kapitels Ed. Ro. 32 in Ed. Ro. 259 in leicht veränderter Form wieder auf: *quia inhonestum esse vedetur et nulli rei convenit rationi*[197]. Da die beiden anderen Kapitel nicht sonderlich aussagekräftig sind, sind die genaue Bedeutung und die Funktion des Terminus innerhalb der Begründungen nicht leicht zu bestimmen[198]. – Ed. Ro. 32 sieht vor[199]: Wenn ein freier Mann nachts in einer fremden *curtis* angetroffen wird, er seine Hände nicht darreicht, um sich binden zu lassen, und getötet wird, können seine Angehörigen keine Buße einfordern. Lässt er sich dagegen binden, muss er 80 Solidi zahlen. Darauf folgt eine Begründung: Es entspricht nicht der Vernunft (*ratio*), nachts eine

S. 105–157, S. 112–123; Giovanni DIURNI, Appunti sul ragionevole giuridico nella storia, in: Per Saturam. Studi per Severino Caprioli, Bd. 1, hg. von DEMS., Paolo MARI und Ferdinando TREGGIARI, Spoleto 2008, S. 353–388. Ferner (mit Blick auf die Gottesurteile) vgl. Rebecca V. COLMAN, Reason and Unreason in Early Medieval Law, in: Journal of Interdisciplinary History 4 (1974), S. 571–591.

195) Für eine Zusammenschau einzelner Befunde zur langobardischen Schriftkultur allgemein vgl. Nicholas EVERETT, Literacy in Lombard Italy, c. 568–774, Cambridge 2003.

196) Ed. Ro. 24 (*contra rationem*), Ed. Ro. 32, Ed. Ro. 173 (*cum ratione*), Ed. Ro. 259.

197) Ed. Ro. 32, Ed. Ro. 259.

198) BEYERLE übersetzt im ersten der beiden Kapitel den Passus *quia non convenit rationi* mit »denn es gehört sich nicht« (Ed. Ro. 32), während er die Worte *quia* […] *nulli rei convenit rationi* im zweiten Kapitel (Ed. Ro. 259) mit »denn […] mit verständiger Denkart keinesfalls vereinbar« wiedergibt. Vgl. Gesetze der Langobarden (wie in Anm. 37), Bd. 1, S. 12 beziehungsweise S. 57. Dagegen übersetzt FISCHER DREW *ratio* mit »reason«. Den gleichen Weg geht AZZARA, der *ratio* mit »ragione« wiedergibt. Vgl. The Lombard Laws (wie Anm. 126), S. 58 beziehungsweise S. 104; Leggi dei Longobardi (wie in Anm. 76), S. 25 beziehungsweise S. 81. Ganz anders sieht es Walter SCHÖNFELD, demzufolge *ratio* in Ed. Ro. 32 und Ed. Ro. 259 soviel bedeutet wie »die Ordnung überhaupt«. Vgl. Walter SCHÖNFELD, Das Rechtsbewußtsein der Langobarden auf Grund ihres Edikts. Entwurf einer deutschen Rechtslehre, in: Festschrift Alfred Schultze zum 70. Geburtstag dargebracht von Schülern, Fachgenossen und Freunden, hg. von Walther MERK, Weimar 1934, S. 282–391, S. 287. Zu Schönfeld vgl. Christoph M. SCHEUREN-BRANDES, Der Weg von Nationalsozialistischen Rechtslehren zur Radbruchschen Formel. Untersuchungen zur Geschichte der Idee vom Unrichtigen Recht (Rechts- und Staatswissenschaftliche Veröffentlichungen der Görres-Gesellschaft, N.F. 113), Paderborn/München/Wien/Zürich 2006, S. 83–128.

199) Ed. Ro. 32: *De homine libero, si nocte in curte alterius inventus fuerit, et non dans manus ad legandum occidatur, et a parentibus non requiratur. Et si manus dederit ad legandum se, et legatus fuerit, dit pro se octuaginta solidos; quia non convenit rationi, ut homo noctis tempore in curtem alienam silentio aut absconse ingrediatur, sed si qualecumque utilitatem habet, ante quam ingrediatur, clamit.*

fremde *curtis* still oder heimlich zu betreten; hat man dort etwas zu schaffen, so soll man rufen, bevor man eintritt.

Ob es sich bei Ed. Ro. 32 um eine alte oder eine neue Bestimmung handelt, ist umstritten. NEHLSEN hält das Kapitel genauso wie Ed. Ro. 33 für eine »Vorschrift, die dem älteren Bestand zugerechnet werden darf«, während BESTA es als Neuerung verbucht[200]. Möglicherweise liegt die Wahrheit in der Mitte. Dass derjenige, der nachts im fremden Hof ertappt wird und sich einer Gefangennahme widersetzt, bußlos getötet werden darf, wird man zu dem überkommenen Regelungsbestand rechnen dürfen[201]. Zumindest finden sich auch in anderen ›Leges barbarorum‹ Vorschriften, wonach man den handhaften, Widerstand leistenden Dieb töten darf[202]. Ähnliche Beobachtungen lassen sich für das römische Recht insbesondere der Spätantike machen, wobei auffällt, dass die sogenannten Sententiae Pauli den nächtlichen und den Widerstand leistenden Dieb in einem Atemzug erwähnen[203]. Insofern ist die erste in Ed. Ro. 32 enthaltene Bestimmung nicht weiter bemerkenswert.

Anders mag es sich mit der Regelung für den Fall verhalten, dass sich der Eindringling gefangen nehmen lässt: Darf auch er getötet werden, und wenn nicht, welche Buße ist dann fällig? Die vom langobardischen Gesetzgeber vorgesehene Rechtsfolge orientiert sich, wie die 80 Solidi-Buße erkennen lässt, am Fall des auf frischer Tat ertappten Diebes, der sich von dem ihm drohenden Tod mit einer Lösungsbuße in Höhe von 80 Solidi freikaufen kann[204]. Dementsprechend liegt Ed. Ro. 32 anscheinend die Vermutung zugrunde, dass derjenige, der sich nachts heimlich in einer fremden *curtis* aufhält, dort etwas stehlen will, also ein Dieb ist[205]. Allerdings ist in dem Kapitel keine Rede davon, dass der Ein-

200) NEHLSEN, Sklavenrecht (wie in Anm. 37), S. 393; BESTA, Fonti dell'editto di Rotari (wie in Anm. 174), S. 67 Anm. 10.

201) Ed. Ro. 253–254, 264. Vgl. auch Ed. Ro. 212; Die Gesetze der Langobarden (wie in Anm. 37), Bd. 3: Sachlich geordnete Inhaltsübersicht, S. 27 beziehungsweise S. 29.

202) Lex Ribvaria (wie in Anm. 90), 80 (77), S. 129; Lex Baiwariorum (wie in Anm. 99), IX,6, S. 372; Concilia aevi Karolini, Bd. 1, hg. von Albert WERMINGHOFF (MGH Conc. 2,1), Hannover/Leipzig 1906, Nr. 16, Concilium Neuchingense (a. 772), cap. 3, S. 100. Vgl. August GEYER, Die Lehre von der Notwehr. Eine strafrechtliche Abhandlung, Jena 1857, S. 78–81; HOLZNER, Decreta Tassilonis (wie in Anm. 172), S. 285–294; Wolfgang SCHILD, Handhafte Tat, in: HRG 2 (^{2}2012), Sp. 742–748. Zur Tötung des nächtlichen Diebs vgl. Liber constitutionum (wie in Anm. 118), XXVII,8, S. 65; CIII,2 beziehungsweise 4, S. 114 f.

203) Sententiarum receptarum libri quinque qui vulgo Iulio Paulo adhuc tribuuntur, in: Fontes iuris romani antejustiniani, Bd. 2, hg. von Giovanni BAVIERA und Giuseppe FULANI, Florenz 1968, S. 317–417, V,23,9, S. 409. Vgl. Luca LOSCHIAVO, Autodifesa, vendetta, repressione poliziesca. La lotta al brigantaggio nel passaggio dalle province tardo-imperiali ai regni romano barbarici, in: Il diritto giustinianeo fra tradizione classica e innovazione, hg. von Fabio BOTTA (Pubblicazioni della Facoltà di Giurisprudenza della Università di Cagliari 65), Turin 2003, S. 105–133, insbesondere S. 133 Anm. 87; Jill HARRIES, Law and Crime in the Roman World, Cambridge 2007, S. 43–58.

204) Ed. Ro. 253. Vgl. Ed. Ro. 254.

205) Herbert FISCHER, Der Diebstahl in den Volksrechten, jur. Diss., Wien 1942, S. 278 f.

dringling etwas gestohlen hat.[206] Das gibt Anlass zu der Frage, ob sich der Tatbestand womöglich auch einem anderen, weniger schwerwiegenden Delikt zuordnen ließe. Überspringt man Ed. Ro. 33, das die in Ed. Ro. 32 formulierte Regelung auf den Sklaven anwendet, dann gelangt man zu dem Kapitel Ed. Ro. 34, das denjenigen, der in eine *curtis* Pfeile schießt, eine Lanze wirft oder jemandem, der sich im Hofbereich aufhält, von außen eine Verletzung zufügt, mit einer Buße von 20 Solidi bedroht. Eine Störung des Hoffriedens, wie sie diesem Vergehen zugrunde liegt, könnte man vielleicht auch mit Blick auf den nächtlichen Eindringling des Kapitels Ed. Ro. 32 annehmen, der in diesem Falle einen deutlich niedrigeren Betrag zahlen müsste[207].

Hier wird eine mögliche Alternative erkennbar, die den Gesetzgeber dazu bewogen haben könnte, seine Entscheidung mithilfe einer besonderen Begründung zu legitimieren. Diese richtet sich gegen einen potentiellen Einwand, dass nämlich derjenige, der sich nachts still oder heimlich in einer fremden *curtis* aufhält, nicht dorthin gekommen ist, um zu stehlen, sondern aus einem anderen Grunde (*utilitas*) und deshalb nichts oder zumindest eine niedrigere Buße (etwa für die Störung des Hoffriedens) zahlen muss. Gegen diese Möglichkeit, so sieht es jedenfalls der Gesetzgeber, spricht die *ratio*. Denn wenn man nachts einen fremden Hof betreten will, muss man zuvor rufen, um seine Gegenwart kundzutun, das heißt sie zu verklaren[208]. Wer das nicht tut, den wird man für einen Dieb halten können. Nicht ganz klar ist, wo genau in diesem Zusammenhang der Hinweis auf die *ratio* ansetzt. Vermutlich handelt es sich hier um einen Standard, der auf das Verhalten eines vernünftigen Mannes etwa im Sinne des römischen *bonus* beziehungsweise *diligens pater familias* abhebt[209].

Ähnlich und doch anders stellt sich Ed. Ro. 259 dar[210]. Nun geht es ohne Zweifel um ein Diebstahlsdelikt[211]. Das Kapitel sieht vor: Wenn ein Freier seinem *puer* oder *servus* zu

206) Anderenfalls wäre eine Buße in Höhe des Neunfachen zu erwarten. Vgl. Ed. Ro. 253–254 sowie Osenbrüggen, Strafrecht (wie in Anm. 83), S. 121.

207) Liber Papiensis (wie in Anm. 99), Expositio zu Lib. Pap. Ed. Ro. 34, S. 303. Nicht ganz klar ist, ob die Unrechtstat des Hofbruchs stets die Anwendung von Waffengewalt voraussetzt. Vgl. Ed. Ro. 277–278, 380 sowie Joachim Trabandt, Der kriminalrechtliche Schutz des Hausfriedens in seiner geschichtlichen Entwicklung, jur. Diss., Hamburg 1970, S. 53 und Karl Kroeschell, Hausfrieden, in: Reallexikon der Germanischen Altertumskunde 14 (^{2}1999), S. 62–64. Zu Ed. Ro. 278 siehe unten S. 206–208.

208) Adalbert Erler, Verklarung, in: HRG 5 (1998), Sp. 741–743; Mathias Schmoeckel, Verklarung, in: Reallexikon der Germanischen Altertumskunde 32 (^{2}2006), S. 213–215. Ferner vgl. Gabriele von Olberg, Gerüfte, in: Reallexikon der Germanischen Altertumskunde 11 (^{2}1998), S. 455–457; Heiner Lück, Gerüfte, in: HRG 2 (^{2}2012), Sp. 259–264.

209) Ernst Sachers, Pater familias, in: Paulys Realencyclopädie der classischen Altertumswissenschaft 13,4 (1949), Sp. 2121–2157, S. 2154–2157; Dieter Nörr, Die Fahrlässigkeit im byzantinischen Vertragsrecht (Münchener Beiträge zur Papyrusforschung und antiken Rechtsgeschichte 42), München 1960, S. 78–81.

210) Ed. Ro. 259: *Si liber homo puerum aut servum suum furtum facere iusserit et ipse furtus inventus fuerit, sibi nonum conponat, et alterum tantum in curtem regis persolvat, quia inhonestum esse vedetur et nulli rei convenit rationi, ut homo liber se in furtum debeat miscere aut consensum prebere.*

stehlen befohlen hat und der Diebstahl entdeckt wird, muss der Herr zusätzlich zum Neunfachen, das heißt der gewöhnlichen Diebstahlsbuße[212], noch einmal dieselbe Buße an den Königshof zahlen, insgesamt also den achtzehnfachen Wert des Diebesguts erlegen. Dies wird folgendermaßen begründet: Es ist unehrenhaft (*inhonestum*) und wider alle Vernunft (*nulli rei convenit rationi*), dass ein Freier sich an einem Diebstahl beteiligt oder dazu seine Zustimmung gibt (*consensum prebere*).

Die Regelung ist insofern bemerkenswert, als der Freie, der seinem Sklaven zu stehlen befiehlt, eine doppelt so hohe Buße zahlen muss, als wenn er selbst gestohlen hätte. Nehlsen hat die Auffassung vertreten, Ed. Ro. 259 sei »eine Neuerung Rotharis, wohl mit dem Ziel, im Interesse der öffentlichen Sicherheit die Diebstähle einzudämmen«[213]. Der Gedanke liegt nahe, dass an dieser Neuerung vor allem die Verdoppelung der Diebstahlsbuße begründungsbedürftig war. Sie steht in enger Verbindung mit der Frage, wie das Verhalten des Herrn zu bewerten ist. In diesem Zusammenhang sind zwei Kapitel über verschiedene Formen des Grenzfrevels von Interesse[214]. Sie lassen erkennen, dass sich im Falle des delinquenten Sklaven die Verantwortlichkeit durch den Befehl des Herrn verschiebt. Dieser muss die gleiche Buße zahlen, als wenn er selbst die betreffende Unrechtstat begangen hätte. Um nun zu verstehen, weshalb es in Ed. Ro. 259 zu einer Verdoppelung der Buße kommt, ist zunächst zu berücksichtigen, dass der Eigentümer für Unrechtstaten seines Sklaven ohnehin haftet und er im vorliegenden Fall dementsprechend die Diebstahlsbuße in Höhe des sogenannten *actogild*, das heißt des Neunfachen zahlen muss, weil der *servus* einen Diebstahl begangen hat[215]. Angesichts der Tatsache, dass der Sklave auf Anweisung seines Herrn aktiv geworden ist, erscheint jedoch (auch aus Sicht der beiden Grenzfrevelkapitel) eine schärfere Sanktion geboten. Da die Diebstahlsbuße in der Regel beim Neunfachen liegt, könnte der Gesetzgeber für den Befehl des Herrn noch einmal das Neunfache angesetzt haben und so zu der Verdoppelung gelangt sein. Dass diese auf ein besonderes Strafinteresse des Königs zurückgeht, zeigt sich darin, dass das zweite Neunfache an die *curtis regis* fällt.

Vor diesem Hintergrund ist die Begründung von Ed. Ro. 259 zu sehen. Sie entspricht vielleicht nur zum Teil dem eigentlichen Gedankengang des Gesetzgebers. Entscheidend

211) Zum Folgenden vgl. OSENBRÜGGEN, Strafrecht (wie in Anm. 83), S. 44; Hans-Rudolf HAGEMANN, Vom Verbrechenskatalog des altdeutschen Strafrechts, in: ZRG Germ. 91 (1974), S. 1–72, S. 253 Anm. 338.

212) Ed. Ro. 253–254.

213) NEHLSEN, Sklavenrecht (wie in Anm. 37), S. 404.

214) Ed. Ro. 238, 241. Ferner vgl. Ed. Ro. 249; Liutpr. 21 sowie OSENBRÜGGEN, Strafrecht (wie in Anm. 83), S. 44 und FISCHER, Diebstahl (wie in Anm. 205), S. 301.

215) Ed. Ro. 254. Vgl. Ed. Ro. 253 und Ed. Ro. 341 (*furti poena sit culpabilis, id est in actogild, sibi nonum*) sowie Richard TEMME, Ueber den Betrag des Diebstahls. Eine strafrechtliche Abhandlung, jur. Diss., Erlangen 1867, S. 15–17. Allerdings sieht Ed. Ro. 254 als Alternative zur Bußzahlung auch die Möglichkeit vor, dass der *servus* getötet wird. Vgl. Liutpr. 64, Liutpr. 147; OSENBRÜGGEN, Strafrecht (wie in Anm. 83), S. 118–124; FISCHER, Diebstahl (wie in Anm. 205), S. 175 f. sowie NEHLSEN, Sklavenrecht (wie in Anm. 37), S. 395 f. Zum *actogild* vgl. VAN DER RHEE, Germanische Wörter (wie in Anm. 100), S. 18–20.

scheint für diesen die am Ende des Kapitels fassbare Überlegung gewesen zu sein, wonach es keinen Unterschied macht, ob sich ein Freier am Diebstahl beteiligt oder seine Zustimmung gibt[216]. Der Eigentümer haftet also auch für das *consensum pr(a)ebere.* Das ist die Basis für das zweite *actogild.* Zugrunde liegt diesem Gedanken wohl ein weiter Begriff des *consensus*, der aus der spätantiken Institutionenliteratur, das heißt aus dem römischen Recht, stammen könnte[217]. Womöglich war sich der Gesetzgeber nicht ganz sicher, wie überzeugend diese Überlegung war. Den Kern der Begründung bilden jedenfalls zwei Argumente, die zu diesem Gedanken scheinbar hinführen, ihn in Wirklichkeit aber schon voraussetzen[218]. Die beiden Gesichtspunkte sind ganz unterschiedlicher Natur[219]. Das erste Argument besteht im Hinweis auf die Unehrenhaftigkeit: Das betreffende Verhalten erscheint eines Freien unwürdig[220]. Es geht dabei wohl weniger um die Tat selbst[221] als um den Status des Sklaveneigentümers. Dass ein solches standesspezifisches Fehlverhalten schwer wiegt, zeigt sich in Ed. Ro. 256 im Zusammenhang mit der freien Frau als Diebin[222]. Andererseits spielt der Gesichtspunkt im Falle von Freien, die sich mit Sklaven zu einer Diebesbande zusammentun, keine Rolle[223].

216) Zum Folgenden vgl. Harald SIEMS, Die Lehre von der Heimlichkeit des Diebstahls. Zugleich eine Untersuchung zu Raub und Diebstahl im gelehrten Recht, in: Hoheitliches Strafen in der Spätantike und im frühen Mittelalter, hg. von Jürgen WEITZEL (Konflikt, Verbrechen und Sanktion in der Gesellschaft Alteuropas. Symposien und Synthesen 7), Köln/Weimar/Wien 2002, S. 85–152, S. 148 f.
217) Inst. 4,1,11: *Interdum furti tenetur, qui ipse furtum non fecerit: qualis est, cuius ope et consilio furtum factum est.* […]. Vgl. La Glossa Torinese e le altre glosse del ms. D. III. 13 della Biblioteca nazionale di Torino, hg. von Alberto ALBERTI (Istituto giuridico della R. Università di Torino, Testi inediti e rari 2), Turin 1933, Nr. 956, v. Consilio, S. 205: *Consiliari videtur qui suadet qui compellit et exponit ei qualiter agat.* […]. In der sogenannten Expositio, die älteres Material der lombardistischen Schule von Pavia aus dem späten 10. und dem 11. Jahrhundert enthält, wird in der Erläuterung zu dieser Stelle dagegen auf den Unterschied zum römischen Recht abgehoben. Vgl. Liber Papiensis (wie in Anm. 99), Expositio zu Lib. Pap. Ed. Ro. 259, § 2, S. 366 f.
218) Auch in Ed. Ro. 376 wartet der Gesetzgeber mit zwei Argumenten auf. Siehe unten S. 222–227.
219) Wenn MOSCHETTI meint, diese seien letztlich tautologisch und die *ratio* sei im Sinne christlicher Prinzipien zu verstehen, so ist das nicht ohne Weiteres einsichtig. Vgl. Guiscardo MOSCHETTI, Primordi esegetici sulla legislazione longobarda nel sec. IX a Verona (Centro italiano di studi sull'alto medioevo 1), Spoleto 1954, S. 131 f.
220) HAGEMANN, Verbrechenskatalog (wie in Anm. 211), S. 53 f. Vgl. auch Gerhard KÖBLER, Ehre, § Rechtshistorisches, in: Reallexikon der Germanischen Altertumskunde 6 (²1986), S. 502–504; Andreas DEUTSCH, Ehre, in: HRG 1 (²2008), Sp. 1224–1231; Heinz HOLZHAUER, Recht und Ehre als frühe und heutige Ordnungskräfte, in: Ünnepi kötet Dr. Blazovich László egyetemi tanár 70. születésnapjára, hg. von Elemér BALOGH und Mária HOMOKI-NAGY (Acta Universitatis Szegediensis, Acta juridica et politica 75), Szegedin 2013, S. 289–296.
221) NIEDERLÄNDER hatte die Unehrenhaftigkeit noch in der Heimlichkeit des Diebstahls gesehen. Vgl. Hubert NIEDERLÄNDER, Die Entwicklung des furtum und seine etymologische Ableitung, in: ZRG Rom. 67 (1950), S. 185–260, S. 226 f. Dagegen vgl. SIEMS, Heimlichkeit (wie in Anm. 215).
222) Ed. Ro. 256 (*sed vitium suum reputet qui opera indecentem facere temptavit*). Ferner vgl. Ed. Ro. 378 (*quod inhonestum est mulieribus facere*) sowie Claudio AZZARA, Pene infamanti nelle leggi dei Longobardi,

Die kaum zu beantwortende Frage, was genau unehrenhaft ist, ließ es womöglich geraten erscheinen, abgesehen von dem ersten eher wertorientierten Argument noch ein zweites zu bemühen. Es besteht im Hinweis auf die *ratio*. Anders als in Ed. Ro. 32 geht es nicht um eine Deutung des Tatbestandes, sondern um die Bewertung einer besonderen Form des Diebstahls. Die betreffende Verhaltensweise eines Freien ist nicht nur ehrlos, sie lässt sich auch nicht mit Vernunftgründen – wie etwa: der Freie hat ja nicht selbst den Diebstahl begangen und ist daher auch kein Dieb – rechtfertigen. Möglicherweise dient der Verweis auf die *ratio* außerdem dazu, die Vorstellung, es sei mit dem Status eines Freien durchaus vereinbar, von den Unrechtstaten des eigenen Sklaven zu profitieren, als unsinnig zu denunzieren und damit eine ältere Entscheidungspraxis, wonach der Eigentümer nur in Höhe des neunfachen Werts des Diebesgutes büßen musste, zu delegitimieren[224].

Absurdum videtur esse: Rechtskritik durch den Hinweis auf das (scheinbar) Unsinnige (Ed. Ro. 278, 164–166)

In den gerade untersuchten Kapiteln Ed. Ro. 32 und Ed. Ro. 259 dient der Verweis auf die *ratio* nicht zuletzt dazu, mögliche Einwände oder Gegenargumente auszuschließen. Das setzt unausgesprochen einen höheren Stellenwert der Vernunft als Bewertungsmaßstab für das Recht voraus. Eine Argumentation mit dieser Größe findet sich auch an anderen Stellen des Edikts. Während jedoch der Hinweis auf die *ratio* in Ed. Ro. 32 und Ed. Ro. 259 eine eher affirmative Funktion hat, dient er in anderen Kapiteln der Kritik bestimmter rechtlicher Entwicklungen oder des überkommenen Rechts[225]. Als erste Vorschrift dieser kleinen Gruppe von Bestimmungen gilt es nun, Ed. Ro. 278 etwas näher zu betrachten[226]. Das Kapitel ist insofern ungewöhnlich, als es keine Bußnorm enthält, sondern nur eine Feststellung: Eine Frau kann nicht das Delikt des Hofbruchs (*curtis ruptura*) begehen. Es folgt zunächst als glossierender Nachtrag die volkssprachliche Be-

in: Historiae. Scritti per Gherardo Ortalli, hg. von Claudio AZZARA und Ermanno ORLANDO (Studi di Storia 1), Venedig 2013, S. 11–22.

223) Ed. Ro. 263.

224) Georg MEYER, Die Gerichtsbarkeit über Unfreie und Hintersassen nach ältestem Recht, in: ZRG Germ. 2 (1881), S. 83–114, 3 (1882), S. 102–126, S. 97 (1881); HAGEMANN, Verbrechenskatalog (wie in Anm. 211), S. 53 f.

225) Zum Phänomen der Rechtskritik vgl. Dieter NÖRR, Rechtskritik in der römischen Antike (Bayerische Akademie der Wissenschaften. Philosophisch-Historische Klasse, Abhandlungen N.F. 77), München 1974.

226) Ed. Ro. 278: *Mulier curtis rupturam facere non potest, quod est hoberos; absurdum videtur esse, ut mulier libera, aut ancilla, quasi vir cum armis vim facere possit.* Vgl. Eva SCHUMANN, Kriegerinnen in den Leges, in: Recht im Wandel – Wandel des Rechts. Festschrift für Jürgen Weitzel zum 70. Geburtstag, hg. von Ignacio CZEGUHN, Köln/Weimar/Wien 2014, S. 27–68, S. 48 f., 52.

zeichnung des Vergehens: *quod est hoberos*[227]. Daran schließt sich eine Begründung an: Es erscheint widersinnig (*absurdum*), dass eine Frau, ob nun eine Freie oder eine Sklavin, wie ein Mann mit Waffen Gewalt anwenden kann (*quasi vir cum armis vim facere possit*).

Die Unrechtstat des *hoberos*, das heißt des Einbruchs in einen Hof und des damit verbundenen Bruchs des Hoffriedens, ist, wie Ed. Ro. 278 zu entnehmen ist, durch die Anwendung von Waffengewalt gekennzeichnet. In diesem größeren Zusammenhang behandelt das vorliegende Kapitel eine Spezialfrage, und zwar nach einer etwaigen Täterschaft von Frauen[228]. Wenn in Ed. Ro. 278 festgestellt wird, dass eine Frau das Delikt des *hoberos* nicht begehen kann, dann dürfte diese Auffassung aus zeitgenössischer Sicht zunächst einmal plausibel gewesen sein. Immerhin findet sich auch in der ›Lex Baiuvariorum‹ die Vorstellung, eine Frau könne nicht wie ein Mann mit Waffen Gewalt ausüben[229]. Außerdem hebt der Langobardenkönig Liutprand in einer Novelle des Jahres 717 hervor, dass Töchter keinen Anspruch auf die Totschlagsbuße ihres Vaters haben, weil sie als Frauen keine Fehde führen können[230]. Wenn man das Edikt und die Novellen genauer betrachtet, erscheint die Antwort jedoch nicht mehr ganz so überzeugend. Jedenfalls wird in Ed. Ro. 378 die Teilnahme von Frauen an Schlägereien behandelt[231]. Zudem erwähnt König Liutprand in einer Novelle gewalttätige Frauen, die sich grausamer verhalten hät-

227) Zu dem Wort *(h)oberos* (»Hof(ein)bruch«) vgl. VAN DER RHEE, Germanische Wörter (wie in Anm. 100), S. 86–88; Horst Haider MUNSKE, Der germanische Rechtswortschatz im Bereich der Missetaten. Philologische und sprachgeographische Untersuchungen, Bd. 1: Die Terminologie der älteren westgermanischen Rechtsquellen (Studia linguistica Germanica 8,1), Berlin 1973, S. 253 f.; Giovanna PRINCI BRACCINI, Precoci competenze linguistiche nell'erudizione storico-antiquaria. Le presenze longobarde nel Glossarium Archailogicum di Henry Spelman, in: Quaderni del Dipartimento di Linguistica dell'Università degli Studi di Firenze 15 (2005), S. 55–122, S. 105.

228) Ed. Ro. 278 setzt eine allgemeinere geschriebene oder ungeschriebene Regelung über den *hoberos* voraus. Einiges spricht dafür, dass das vorangehende Kapitel Ed. Ro. 277 den entsprechenden Referenzpunkt bildet. Ed. Ro. 277: *De aistandi, id est furorem. Si quis in curtem alienam haistan, id est irato animo, ingressus fuerit, vigenti sol. illi conponat cuius curtis fuerit.* So hat schon Lupus Ed. Ro. 277–278 in seiner Concordia dem Abschnitt *Cap. Rotharii de curtis ruptura* zugeordnet. Vgl. Liber legis regum Langobardorum, Concordia dictus, hg. von Friedrich BLUHME (MGH LL 4), Hannover 1868 (ND Stuttgart/Vaduz 1965), S. 235–289, Tit. XII cap. 1–4, S. 246. Zu dem Werk vgl. Harald SIEMS, Textbearbeitung und Umgang mit Rechtstexten im Frühmittelalter. Zur Umgestaltung der Leges im Liber legum des Lupus, in: Recht im frühmittelalterlichen Gallien. Spätantike Tradition und germanische Wertvorstellung, hg. von DEMS., Karin NEHLSEN-VON STRYCK und Dieter STRAUCH (Rechtsgeschichtliche Schriften 7), Köln/Weimar/Wien 1995, S. 29–72, S. 62–70; MEYER, Strafrecht (wie in Anm. 43), S. 375–377; Oliver MÜNSCH, Der Liber legum des Lupus von Ferrières (Freiburger Beiträge zur mittelalterlichen Geschichte 14), Frankfurt am Main/Berlin 2001, S. 157–182.

229) Lex Baiwariorum (wie in Anm. 99), IV,30, S. 335. Vgl. SCHUMANN, Kriegerinnen (wie in Anm. 226), S. 47 f.

230) Liutpr. 13.

231) Dazu vgl. SCHUMANN, Kriegerinnen (wie in Anm. 226), S. 40–47. Ferner vgl. Liutpr. 123.

ten als Männer[232]. Vor diesem Hintergrund liegt die Vermutung nahe, dass es dem langobardischen Gesetzgeber im Kapitel Ed. Ro. 278 nicht um ein physisches oder objektives Unvermögen geht, sondern um eine soziale Eigenschaft, das heißt um die Rolle der Frau und ihren Status, aus denen er rechtliche Konsequenzen ableitet[233]. Selbst wenn demnach eine Frau einen Hofbruch begeht, wird sie (beziehungsweise ihr Muntwalt) nicht bußfällig.

Die anschließende Begründung soll im vorliegenden Kapitel keine Neuerung legitimieren, sondern zielt wohl eher auf die Festschreibung eines tradierten Geschlechts- und Rechtsverständnisses[234]. Dazu bedient sich der Gesetzgeber eines besonderen Arguments, dessen formaler Kern in den Worten *absurdum videtur esse* besteht. Es wird auf eine Alternative zu der vorangehenden (normativen) Aussage verwiesen – eine Frau kann wie ein Mann mit Waffen Gewalt ausüben und dadurch eine Unrechtstat begehen – doch wird diese Möglichkeit als abseitig (*absurdum*) verworfen und so die Vorstellung, die der vorangehenden Bußnorm zugrunde liegt, mittelbar erhärtet. Von Interesse ist hier besonders das Adjektiv *absurdum*. Es deutet auf eine Form der Argumentation hin, die bei manchen römischen Juristen recht beliebt war[235]. Ob man mit Blick auf Ed. Ro. 278 von einer deductio ad absurdum in einem technischen Sinne sprechen kann, ist allerdings zweifelhaft. Eher scheint *absurdum* für einen allgemeinen Wertungsgesichtspunkt zu stehen, und zwar den Hinweis auf die Unvernünftigkeit der Alternative.

232) Liutpr. 141. Vgl. Ross Balzaretti, These are Things that Men do, not Women. The Social Regulation of Female Violence in Langobard Italy, in: Violence and Society in the Early Medieval West, hg. von Guy Halsall, Woodbridge 1998, S. 175–192, S. 186–188. Selbst in der gerade erwähnten Bestimmung der Lex Baiuvariorum wird eine Regelung für den Fall getroffen, dass sich eine Frau doch wie ein Mann mit Waffen verteidigt. Vgl. Lex Baiwariorum (wie in Anm. 99), IV,30, S. 335.

233) Ross Balzaretti, Masculine Authority and State Identity in Liutprandic Italy, in: Die Langobarden. Herrschaft und Identität, hg. von Walter Pohl und Peter Erhart (Österreichische Akademie der Wissenschaften. Philosophisch-Historische Klasse, Denkschriften 329/Forschungen zur Geschichte des Mittelalters 9), Wien 2005, S. 361–382, S. 367; Chris Wickham, The Inheritance of Rome. A History of Europe from 400 to 1000, London 2009, S. 199.

234) Ähnlich: Ed. Ro. 204.

235) Roberto Reggi, L'argomentazione per assurdo e Celso figlio, in: Studi in onore di Giuseppe Grosso, Bd. 6, Turin 1974, S. 145–172; Piera Capone, Valore ed uso giurisprudenziale di absurdus/e, in: Studia et documenta historiae et iuris 63 (1997), S. 197–257; Andreas Wacke, Zur Folgen-Berücksichtigung bei der Entscheidungsfindung besonders mittels deductio ad absurdum, in: Mélanges Fritz Sturm, offerts par ses collègues et ses amis à l'occasion de son soixante-dixième anniversaire, Bd. 1, hg. von Jean-François Gerkens und Hansjörg Peter, Lüttich 1999, S. 547–568; Ders., Ne occasio sit maioris tumultus faciendi. Absurditätsargument und Folgenberücksichtigung in römischen Rechtsquellen, in: Een rijk gerecht. Opstellen aangeboden aan prof. mr. P. L. Nève, hg. von Beatrix Christina Maria Jacobs und E. Christian Coppens (Rechtshistorische reeks van het Gerard Noodt Instituut 41), Nimwegen 1998, S. 585–602; Tomasz Giaro, Absurditätsargumente in der römischen Jurisprudenz. Ein Überblick, in: Orbis iuris romani 11 (2006), S. 31–61.

In diesem Sinne taucht das Wort auch in der Begründung zu einer anderen Bestimmung des Edikts auf, und zwar im Kapitel Ed. Ro. 166. Es enthält eine Entscheidung des Gesetzgebers (*ita decernimus*), der für den Fall, dass der Ehemann angeklagt wird, seine Frau getötet zu haben, den gerichtlichen Zweikampf mit der Begründung ausschließt, es erscheine *absordum et inpossibile*, eine solche Sache durch Kampf (*sub uno scuto per pugnam*) zu entscheiden. Ed. Ro. 166 gehört zu einer Gruppe von drei sehr ähnlichen Kapiteln (Ed. Ro. 164–166), in denen als Beweismittel stets der Reinigungseid bestimmt und der gerichtliche Zweikampf ausgeschlossen wird, gefolgt von einer kurzen Begründung, in der die Alternative, das heißt eine Entscheidung *per pugnam*, durch eine Bewertung als *grave et impium* (Ed. Ro. 164), *iniustum* (Ed. Ro. 165) oder *absordum et inpossibile* (Ed. Ro. 166) diskreditiert wird[236]. Es ist sehr wahrscheinlich, dass es sich hier um Neuerungen Rotharis handelt, die, wenn auch etwas schematisch, legitimiert werden sollen. Das sah wohl auch der Redaktor von König Grimoalds Novellenvolumen des Jahres 668 so, denn er benutzte die in Ed. Ro. 164 gelieferte Begründung als Vorlage sowohl für eine Passage des Prologs, in der Verbesserungen des Edikts in Aussicht gestellt werden, als auch für eine Novelle, durch die das Eintrittsrecht der Enkel eingeführt wird[237].

Die gerade betrachteten Kapitel Ed. Ro. 278 und Ed. Ro. 166 markieren eine bemerkenswerte Richtung, in die der begründende Hinweis auf die Vernunft im Edikt mitunter tendiert. Während sich der Verweis auf die *ratio* in Ed. Ro. 32 und Ed. Ro. 259 auf das im Tatbestand geschilderte Verhalten bezieht, verbirgt sich hinter dem Argument des *absurdum* in Ed. Ro. 278 und Ed. Ro. 166 die Frage nach der Vernünftigkeit bestimmter

236) Federico PATETTA, Le ordalie. Studio di storia del diritto e scienza del diritto comparato, Turin/Rom/Florenz 1890, S. 294; Guido ASTUTI, Spirito del diritto longobardo. Il processo ordalico, in: DERS., Tradizione romanistica e civiltà giuridica europea. Raccolta di scritti, hg. von Giovanni DIURNI (Ius nostrum. Studi e testi 1,1), Neapel 1984, S. 83–104, S. 97 f.; Giovanni DIURNI, Le situazioni possessorie nel medioevo (Quaderni di Studi Senesi 64), Mailand 1988, S. 98 f., S. 101–103, S. 108 Anm. 161. Ferner vgl. Heinz HOLZHAUER, Der gerichtliche Zweikampf, in: Sprache und Recht. Beiträge zur Kulturgeschichte des Mittelalters. Festschrift für Ruth Schmidt-Wiegand zum 60. Geburtstag, hg. von Karl HAUCK und Karl KROESCHELL, Berlin/New York 1986, S. 263–283 (ND DERS., Beiträge zur Rechtsgeschichte, hg. von Stefan Chr. SAAR und Andreas ROTH, Berlin 2000, S. 94–111).

237) Grim. Prol. (a. 668), S. 91 Z. 4–9: *Ideo ego vir excellentissimus Grimowald gentis Langobardorum rex [...] per suggestione iudicum omniumque consensu, ea que illis dura et impia in hoc edictum visa sunt, ad meliorem statum et clementiorem remedium corregere et revocare previdemus.* Grim. 5 (*Quia inhumanum et impium nobis videtur*). Vgl. Guido ASTUTI, Influssi romanistici nelle fonti del diritto longobardo, in: La cultura antica nell'occidente latino del VII all' XI secolo (Settimane di studio del Centro italiano di studi sull'alto medioevo 22), Spoleto 1975, S. 653–695, S. 691. Zum Eintrittsrecht der Enkel vgl. Richard SCHRÖDER/Eberhard Frh. VON KÜNSSBERG, Lehrbuch der deutschen Rechtsgeschichte, Berlin/Leipzig, [7]1932, S. 361; Gunter WESENER, Zum Weiterleben römischen Rechts im Frühmittelalter, in: Tradizione romanistica e Costituzione, hg. von Luigi LABRUNA, Bd. 2 (Cinquanta anni della Corte Costituzionale della Repubblica italiana 2), Neapel 2006, S. 1751–1773, S. 1768 f. sowie Christoph BECKER, Eintrittsrecht, in: HRG 1 ([2]2008), Sp. 1305–1306.

rechtlicher Normen oder Praktiken, seien sie nun neuartiger (Ed. Ro. 278) oder überkommener Natur (Ed. Ro. 166). Vor welchem ideengeschichtlichen Hintergrund das Kriterium der Vernünftigkeit in diesen Vorschriften zu sehen ist, bleibt letztlich offen. Wie im Falle der *communis omnium utilitas* (Ed. Ro. 306, 386) wird man nicht ausschließen können, dass auch hier spätantike Vorstellungen und Anforderungen an ungeschriebene Gewohnheit und *lex scripta* im Hintergrund stehen[238)]. Ähnlich verhält es sich im Übrigen mit Blick auf das Verfahren vor Gericht für den Ausdruck *veritas*, der sich an mehreren Stellen des Edikts findet[239)].

VI.2.b Religiöse Begründungen: Herzen der Könige, Krankheit als Sündenstrafe und Argumente gegen angeblichen Hexenzauber

Corda regum in manum Dei (Ed. Ro. 2): Eine »Hof- und Mordtheologie« im Dienste des Gesetzgebers?

Nach dem Blick auf die Vernunft als profane Kategorie bietet es sich an, die entgegengesetzte Perspektive zu verfolgen und nach transzendenten Begründungen zu fragen[240)]. Eine solche Untersuchung erscheint auch deshalb lohnend, weil über Glauben und Religiosität der Langobarden im 7. Jahrhundert nicht viel bekannt ist und die wenigen einschlägigen Quellen sehr unterschiedliche Deutungen zulassen. An der Spitze der in dieser Hinsicht relevanten Vorschriften steht nicht nur aus Sicht der Legalordnung, sondern auch aus sachlichen Gründen das Kapitel Ed. Ro. 2[241)]. Es sieht vor, dass derjenige, der im

238) Jean GAUDEMET, Coutume et raison en droit romain. À propos de C. J. 8, 52, 2, in: Revue historique de droit français et étranger, Ser. 4, 17 (1938), S. 141–171; Joseph BALON, La ratio fondement et justification du droit avant Gratien, in: Studia Gratiana 9 (1966), S. 11–25; Peter LEISCHING, Consuetudo und ratio im Werk des Isidor von Sevilla, in: Recht im Dienste des Menschen. Eine Festgabe Hugo Schwendenwein zum 60. Geburtstag, hg. von Klaus LÜDICKE, Hans PAARHAMMER und Dieter A. BINDER, Graz/Wien/Köln 1986, S. 191–199; Peter LEISCHING, Veritas und ratio als Geltungsgrund des Rechts. Die Consuetudo-Lehre des Apologeten Tertullian, in: Studia in honorem eminentissimi cardinalis Alphonsi M. Stickler, hg. von Rosalio CASTILLO LARA (Studia et textus historiae iuris canonici 7), Rom 1992, S. 241–268, insbesondere S. 253–255.

239) Ed. Ro. 23–25, 176. Vgl. Karl KROESCHELL, Wahrheit und Recht im frühen Mittelalter, in: DERS., Studien zum frühen und mittelalterlichen deutschen Recht (Freiburger Rechtsgeschichtliche Abhandlungen, N.F. 20), Berlin 1995, S. 399–416, S. 408 f.; Cosimo CASCIONE, Linee per una storia della veritas nell'esperienza giuridica romana. II. Diritto tardoantico, in: Quid est veritas? Un seminario su verità e forme giuridiche, hg. von Cosimo CASCIONE und Carla MASI DORIA (Pubblicazioni del Dipartimento di diritto romano, storia e teoria del diritto F. de Martino dell'Università degli studi di Napoli Federico II 36), Neapel 2013, S. 65–167, S. 159–161.

240) Dazu allgemein vgl. Michael STOLLEIS, Die Legitimation von Recht und Gesetz durch Gott, Tradition, Wille, Natur, Vernunft und Verfassung, in: Ars iuris. Festschrift für Okko Behrends zum 70. Geburtstag, hg. von Martin AVENARIUS, Rudolf MEYER-PRITZL und Cosima MÖLLER, Göttingen 2009, S. 533–546.

241) Ed. Ro. 2: *Si quis cum rege de morte alterius consiliaverit aut hominem per ipsius iussionem occiderit, in nullo sit culpavelis, nec ille, nec heredes eius quoquo tempore ab illo aut heredes ipsius requisitionem aut*

Einvernehmen mit dem König einen anderen zu töten versucht oder ihn auf königlichen Befehl getötet hat, nicht bußfällig wird und weder er noch seine Erben von dem Opfer oder dessen Erben vor Gericht gezogen werden können. Zur Begründung heißt es dann unter Verarbeitung eines Schriftwortes (Prv 21,1)[242]: Da wir glauben, dass die Herzen der Könige in Gottes Hand sind (*corda regum in manum Dei credimus esse*), ist es nicht möglich, dass jemand, den der König zu töten befohlen hat, sich (vor Gericht als unschuldig) rechtfertigen (*idoneare*)[243] kann.

Kein anderes Kapitel des Edikts hat in der Literatur der letzten hundert Jahre ähnlich heftige Reaktionen hervorgerufen wie Ed. Ro. 2. So hielt etwa Felix DAHN zu Beginn des 20. Jahrhunderts die Vorschrift für den Ausbund einer »Hof- und Mordtheologie« und machte sie für den Sittenverfall der langobardischen Herrscher verantwortlich, die durch solche Theorien gleichsam einen moralischen Freibrief für »Wortbrüche und Mordbefehle« bekommen haben sollen[244]. In der Begründung sah er nur eine »frivole[r] Berufung auf Bibelsprüche«[245]. Mitte des 20. Jahrhunderts vertrat Floyd SEYWARD LEAR die Auffassung, bei der betreffenden Vorschrift handele es sich um ein »enactment which offended the entire spirit of Germanic law«, deshalb sei es von einem frommen Juristen mit einer sentenzhaften religiösen Begründung versehen worden[246]. Anfang des 21. Jahrhunderts schließlich fühlte sich Gerhard DILCHER angesichts von Ed. Ro. 2 an »Carl Schmitts Aufsatz ›Der Führer schützt das Recht‹ erinnert, nur daß diese Rechtfertigung der Röhm-Morde eine säkularisierte Begründung hatte«[247].

Bevor auf die Begründung einzugehen ist, bietet sich ein kurzer Blick auf den als so provozierend empfundenen Regelungsgehalt der Vorschrift an. Schon der Tatbestand ist

molestia patiatur: quia postquam corda regum in manum Dei credimus esse, non est possibile ut homo possit eduniare quem rex occidere iusserit.

242) Prv 21,1 (Vulgata): *sicut divisiones aquarum ita cor regis in manu Domini quocumque voluerit inclinabit illud.* Der Wortlaut des Bibelzitats in Ed. Ro. 2 weicht im Übrigen auch von Liutprands Zitat desselben Schriftwortes ab. Vgl. Liutpr. Prol. a. I. (a. 713), S. 107 Z. 4–5: [...] *quia cor regis in mano Dei est, atestante sapientissimo Salomonem, qui ait: Sicut impitus aquae, ita cor regis in mano Dei* [...].

243) Zur Bedeutung von *idoneare* vgl. LÖFSTEDT, Studien (wie in Anm. 133), S. 72 Anm. 2 (mit weiterer Literatur); Franca SINATTI D'AMICO, Le prove giudiziarie nel diritto longobardo. Legislazione e prassi da Rotari ad Astolfo (Fondazione Guglielmo Castelli 40), Mailand 1968, S. 26 Anm. 3.

244) DAHN, Könige der Germanen, Bd. 12 (wie in Anm. 189), S. 82 f. DAHNS Diktion erinnert hier an die antijesuitische Literatur des 18. und 19. Jahrhunderts.

245) DAHN, Könige der Germanen, Bd. 12 (wie in Anm. 189), S. 178.

246) Floyd SEYWARD LEAR, Notes on Public Law. Ostrogothic, Burgundian, Lombard, North German, in: DERS., Treason in Roman and Germanic Law. Collected Papers, Austin 1965, S. 227–251, S. 238. Noch knapp ein halbes Jahrhundert später meinte Weitzel das langobardische Recht gegenüber »diesem despotischen Geist« in Schutz nehmen zu müssen. Vgl. Jürgen WEITZEL, Das Majestätsverbrechen zwischen römischer Spätantike und fränkischem Mittelalter, in: Hoheitliches Strafen in der Spätantike und im frühen Mittelalter, hg. von DEMS. (Konflikt, Verbrechen und Sanktion in der Gesellschaft Alteuropas. Symposien und Synthesen 7), Köln/Weimar/Wien 2002, S. 47–83, S. 55.

247) DILCHER, Strafrecht (wie in Anm. 31), S. 169.

nicht einfach zu fassen. In der Literatur wird angenommen, dass ihm der Fall des Auftragsmordes zugrunde liegt[248]. Dabei ist allerdings zu berücksichtigen, dass es hier wohl nicht um einen vom König gedungenen Mörder geht, sondern eher um jemanden, der in Absprache mit dem Herrscher oder auf dessen Befehl handelt[249]. Dafür spricht auch die Stellung von Ed. Ro. 2 innerhalb des Edikts. Das Kapitel ist nicht unter die ab Ed. Ro. 10 behandelten Tötungsdelikte eingeordnet, sondern folgt unmittelbar auf Ed. Ro. 1, das den Anschlag auf das Leben des Königs mit Todesstrafe und Vermögensverlust bedroht. Die Vermutung liegt nahe, dass Ed. Ro. 2 nicht zuletzt diejenigen (zum Beispiel Beamte) schützen soll, welche die in Ed. Ro. 1 vorgesehene Strafe gegen einen doch wohl mächtigen Täter vollstreckt haben.

Vor diesem Hintergrund könnte sich auch die ungewöhnliche Rechtsfolge erklären. Sie ist negativ formuliert und erscheint einerseits als Ausnahme zu den in Ed. Ro. 11–12 enthaltenen Bestimmungen über das *consilium mortis*, das heißt versuchte Lebensnachstellung, andererseits steht Ed. Ro. 2 zwei ungeschriebenen Regelungsmechanismen des überkommenen Langobardenrechts entgegen, wonach derjenige, der einen freien Menschen tötet, das Wergeld des Opfers zahlen muss – vorausgesetzt die Angehörigen des Getöteten nehmen dieses »Manngeld« an – oder die Rache beziehungsweise Fehde der Gegenseite zu erdulden hat[250]. Wenn der Täter nach Ed. Ro. 2 weder die Zahlung einer Buße oder des Wergelds noch die Rache des Opfers oder seiner Erben fürchten muss, so liegt das daran, dass er im Auftrag des Königs gehandelt hat. Diese Regelung erschien

248) DAHN, Könige der Germanen, Bd. 12 (wie in Anm. 189), S. 178; Hans HATTENHAUER, Das Herz des Königs in der Hand Gottes. Zum Herrscherbild in Spätantike und Mittelalter, in: ZRG Kan. 67 (1981), S. 1–35, S. 27 f.; Gerhard DILCHER, Fehde, Unrechtsausgleich und Strafe im älteren langobardischen Recht: Eine Skizze, in: Hoheitliches Strafen in der Spätantike und im frühen Mittelalter, hg. von Jürgen WEITZEL (Konflikt, Verbrechen und Sanktion in der Gesellschaft Alteuropas. Symposien und Synthesen 7), Köln/Weimar/Wien 2002, S. 27–45, S. 40.

249) Ähnliche Bestimmungen, die jemanden von Bußvorschriften ausnehmen, weil er auf Befehl des Königs (*iussio regis*) gehandelt hat, finden sich noch an einigen anderen Stellen des Edikts. Vgl. zum Beispiel Ed. Ro. 11, 41–42. Außerdem gibt es Kapitel, in denen eine *iussio regis* als Voraussetzungen für ein rechtmäßiges Handeln erscheint. Vgl. zum Beispiel Ed. Ro. 249–250, 367, 388. Zu diesem Problem im Allgemeinen (unter Berücksichtigung von Ed. Ro. 2) vgl. OSENBRÜGGEN, Strafrecht (wie in Anm. 83), S. 44; Fritz VAN CALKER, Die strafrechtliche Verantwortlichkeit für auf Befehl begangene Handlungen insbesondere nach Militärstrafrecht, München/Leipzig 1891, S. 63–73, insbesondere S. 70; BEN VERMEULEN, Grotius on Conscience and Military Orders, in: Grotiana 6 (1985), S. 3–19, S. 3–5.

250) OSENBRÜGGEN, Strafrecht (wie in Anm. 83), S. 36–38, 40 f.; Adriano CAVANNA, Il problema delle origini del tentativo nella storia del diritto italiano, in: Annali della Facoltà di giurisprudenza dell'Università di Genova 9 (1970), S. 4–146, S. 112–120, 122–124; Andreas ROTH, Versuch, in: Reallexikon der Germanischen Altertumskunde 32 (^{2}2006), S. 255–257, S. 256. Vgl. Ed. Ro. 11 (*et si ex ipso consilio mortuus fuerit, tunc ille qui homicida est, conponat ipsum mortuum sicut adpraetiatus fuerit, id est wergild.*). Für eine neue, in mancherlei Hinsicht allerdings problematische Darstellung unter anderem zum Wergeld bei den Langobarden vgl. Christophe CAMBY, Wergeld ou uueregildus. Le rachat pécuniaire de l'offense entre continuités romaines et innovation germanique, Genf 2013, S. 221–260.

dem Redaktor offenbar begründungsbedürftig. Damit stand er nicht allein. Die ›Lex Baiuvariorum‹ wartet mit einer sehr ähnlichen Vorschrift auf, die jemanden, der auf Befehl des Königs oder Dux einen anderen tötet, vor etwaigen Wergeldforderungen der Angehörigen genauso schützt wie vor deren Nachstellungen im Rahmen der Fehde[251)]. Darauf folgt der begründende Hinweis, es sei doch ein Befehl seines Herrn ergangen und dem habe der Täter nicht widersprechen können. Das Kapitel schließt damit, dass dem Dux wie auch seinem Nachfolger die Pflicht auferlegt wird, den Mann zu schützen.

Wie stellt sich nun die in Ed. Ro. 2 gebotene Begründung konkret dar? Seit dem 19. Jahrhundert interpretieren Autoren den Schlusssatz des Kapitels in etwa so: Wen der König töten lässt, kann nicht unschuldig sein, das heißt im königlichen Tötungsgebot ist der Schuldspruch enthalten. Demnach wäre nicht der König an das Recht, sondern das Recht an die Person des Königs gebunden[252)]. Geht man von dieser Deutung aus, dann wäre der Gebrauch des Schriftzitats in Ed. Ro. 2 in der Tat bemerkenswert und würde sich von seiner spätantiken Wirkungsgeschichte deutlich unterscheiden[253)]. Zumindest erscheint eine derart radikale Legitimation königlicher Herrschaftsansprüche mit der Auslegung der Bibelstelle durch die Kirchenväter schwer vereinbar[254)].

251) Lex Baiwariorum (wie in Anm. 99), II, 8, S. 301 Z. 5–8: *Si quis hominem per iussionem regis vel ducis sui qui illam provintiam in potestate habet, occiderit, non requiratur ei nec feidosus sit, quia iussio domini sui fuit et non potuit contradicere iussionem; sed dux defendat eum et filios eius pro eo. Et si dux ille mortuus fuerit, alius dux qui in loco eius accedit, defendat eum.* Auf das Verhältnis von Ed. Ro. 2 und ›Lex Baiuvariorum‹ II,8 kann hier nicht näher eingegangen werden. Es führt zu dem Problem des sogenannten verlorenen merowingischen Königsgesetzes. Vgl. Heinrich BRUNNER, Über ein verschollenes merowingisches Königsgesetz des 7. Jahrhunderts, in: Sitzungsberichte der königlich Preussischen Akademie der Wissenschaften zu Berlin 39 (1901), S. 932–955 (ND DERS., Abhandlungen zur Rechtsgeschichte. Gesammelte Aufsätze, hg. von Karl RAUCH, Bd. 1, Weimar 1931, S. 598–628), S. 936 f. und Harald SIEMS, Herrschaft und Konsens in der ›Lex Baiuvariorum‹ und den Decreta Tassilonis, in diesem Band.

252) DILCHER, Fehde (wie in Anm. 248), S. 40: »Mit dieser Vorschrift wird also dem König eine Stellung über dem Volksrecht und auch über dem, ja rechtlich-verfahrensmäßig geregelten, *crimen laesae maiestatis* eingeräumt. Diese Regelung legitimiert jedoch Willkür, nicht öffentliches Strafrecht«.

253) Johannes STRAUB, Vom Herrscherideal in der Spätantike (Forschungen zur Kirchen- und Geistesgeschichte 18), Stuttgart 1939, S. 167; Wilhelm ENSSLIN, Gottkaiser und Kaiser von Gottes Gnaden (Sitzungsberichte der Bayerischen Akademie der Wissenschaften. Philosophisch-Historische Abteilung 1943,6), München 1943, S. 57 f. (vgl. auch ebd. S. 102 f.); HATTENHAUER, Herz des Königs (wie in Anm. 248). Ferner vgl. Hans HATTENHAUER, Per me reges regnant (Prov. 8,15). Biblische Spruchweisheit als politisches Argument, in: The Biblical Models of Power and Law/Les modèles bibliques du pouvoir et du droit, hg. von Ivan BILIARSKY und Radu G. PĂUN (Rechtshistorische Reihe 366), Frankfurt am Main 2008, S. 163–181.

254) HATTENHAUER, Herz des Königs (wie in Anm. 248), S. 20–26. HATTENHAUER sieht denn auch den Verfasser von Ed. Ro. 2 eher als Arianer denn als Katholiken. Vgl. ebd. S. 28.

Allerdings stellt sich die Frage, inwieweit eine solche Interpretation des Kapitels tatsächlich Ed. Ro. 2 gerecht wird. Die traditionellen Deutungsansätze beruhen nicht zuletzt auf den Worten *non est possibile*, die scheinbar eine Unmöglichkeit ausdrücken. Wenn man die Begründung etwas genauer untersucht, dann stellt man zunächst fest, dass es sich um einen verkürzten Wahrscheinlichkeitsschluss handeln dürfte[255]. Aus einer als Prämisse fungierenden Glaubenswahrheit wird eine mit den Worten *non est possibile* eingeführte rechtliche Folgerung abgeleitet. Am Ende des Edikts findet sich in Gestalt von Ed. Ro. 376 ein Kapitel über die Tötung von Hexen, das in der Begründung zum Teil Parallelen erkennen lässt und auf dessen Inhalt weiter unten näher einzugehen ist[256]. Der betreffende Teil des Kapitels enthält nicht wie Ed. Ro. 2 ein Enthymem, sondern zwei miteinander verbundene Argumente. Hier interessiert vor allem die sprachliche Parallele zu Ed. Ro. 2. Die Begründung beginnt in beiden Kapiteln mit einer auf den christlichen Glauben gegründeten Wahrheit oder Norm, die durch ein *credimus* (Ed. Ro. 2) beziehungsweise ein *credendum* (Ed. Ro. 376) gekennzeichnet ist, gefolgt von einer Schlussfolgerung oder einem zweiten Argument. Beide bestehen in einer Negation oder einer Unmöglichkeit, auf die ein vorangehendes *non est possibile* (Ed. Ro. 2) beziehungsweise *nec possibile* (Ed. Ro. 376) hinführt.

Wenn bereits die Form der Folgerung in Ed. Ro. 2 die Vermutung nahelegt, dass das *non est possibile* eher auf eine Wahrscheinlichkeit als auf eine apodiktische Gewissheit verweist, dann lässt sich diese Annahme aufgrund der sprachlichen Parallele durch einen Vergleich mit Ed. Ro. 376 erhärten. Betrachtet man das *nec possibile* in Ed. Ro. 376, dann zeigt sich: Es geht nicht um eine absolute, religiöse oder normative Unmöglichkeit, denn auf die Unvereinbarkeit von Hexenglauben und Christentum hatte bereits das erste Argument abgehoben, sondern um eine aus der allgemeinen Lebenserfahrung zu gewinnende Einsicht oder Meinung: Eine Frau kann einfach keinen Mann von innen verzehren. Setzt man eine solche Bedeutung des *possibile* für Ed. Ro. 2 voraus, stellt sich die Begründung etwas anders dar als in der gängigen Auslegung: Weil das Herz des Königs in Gottes Hand ist, trifft er die richtigen Entscheidungen, und wenn jemand, den der König zu töten befohlen hat, einen Helfer des Herrschers wegen dieser Sache vor Gericht zieht, wird es ihm schwerlich gelingen, sich mit Blick auf die Vergehen, die ihm zur Last gelegt wurden und die zu dem Tötungsbefehl führten, zu reinigen, was wiederum die Voraussetzung wäre, um den Helfer des Königs belangen zu können. So gesehen geht es in dem Kapitel weniger um eine Gewissheit, dass der König einfach nicht irren kann, als vielmehr um eine Prognose: Der Beweis, dass der Befehlsempfänger grundlos getötet oder zu töten

255) Manfred KRAUS, Enthymem, in: Historisches Wörterbuch der Rhetorik 2 (1994), Sp. 1197–1222; Das Enthymem. Zur Rhetorik des juristischen Begründens, hg. von Katharina Gräfin VON SCHLIEFFEN, in: Rechtstheorie 42 (2011), S. 377–619.

256) Siehe unten S. 222–224.

versucht hat und dementsprechend Buße zahlen oder Rache erdulden muss, wird nicht gelingen.

Geht man von diesem Grundtenor der in Ed. Ro. 2 gelieferten Begründung aus, dann stellt sich die Frage, auf was für konkreten Argumenten sie beruht. Dies führt zu dem Schriftwort (Prv 21,1), das nicht als solches gekennzeichnet ist. Wie es zumindest im frühen 8. Jahrhundert unter dem katholischen König Liutprand verstanden wurde, zeigt der Prolog zu dessen Novellen des Jahres 713[257]. Liutprand greift das in Ed. Ro. 2 verarbeitete Zitat auf und verwendet es als Ausgangspunkt für eine »Theorie« über die göttliche Inspiration christlich-katholischer Gesetzgeber[258]. Dazu konkretisiert er einerseits das betreffende Schriftwort im Sinne einer genaueren Beschreibung des Inspirationsvorgangs und setzt es andererseits in einen durch andere Bibelzitate erweiterten Kontext, um so die ursprüngliche Wassermetaphorik für die Darstellung und Veranschaulichung des gesetzgeberischen Wirkens nutzen zu können.

Wenngleich deutliche Unterschiede zwischen der Liutprandvorrede und Ed. Ro. 2 existieren, zeigt sich doch in beiden Texten ein gemeinsamer Bedeutungskern des Wortes von den Herzen der Könige beziehungsweise vom Herzen des Königs in Gottes Hand: Das Bibelwort ist, wie Jörg Jarnut hervorgehoben hat, die kraftvollste Metapher für eine langobardische Königsherrschaft von Gottes Gnaden[259]. Den frühesten Beleg für die Präsenz dieser Vorstellung im Langobardenreich liefert die Inschrift der um 600 entstandenen sogenannten Agilulfkrone (*GRAT(ia) D(e)I VIR GLOR(iosus) REX TOTIUS ITAL(iae)*)[260]. Betrachtet man den Prolog und das Epilogkapitel des Edikts, dann zeigen

257) Liutpr. Prol. a. I. (a. 713), S. 107 Z. 2–9: *Legis quas christianus hac catholicus princeps instituere et prudenter cinsire disponit, non sua providentia, sed Dei notu et inspiratione eas animo concepit, mente pertractat et salubriter opere conplit, quia cor regis in mano Dei est, atestante sapientissimo Salomonem, qui ait: Sicut impitus aquae, ita cor regis in mano Dei [Prv 21,1]; si tenuerit eas, omnia siccabuntur [Iob 12, 15], si autem clementer eas demiserit, universa inrigantur et replentur suavitatem [Iob 5, 10]. Quidem et apostulus Domini Iacobus in epistola sua [Iac 1,17] ededit dicens: Omnem donum optimum et omnem datum perfectum desursum est, discendens a patre luminum.* Vgl. Francesco Calasso, Medio evo del diritto, Bd. 1: Le fonti, Mailand 1954, S. 219 f.; Dilcher, Fehde (wie in Anm. 248), S. 40 f.; Siems, ›Adsimilare‹ (wie in Anm. 92), S. 158. Zu Liutprand vgl. Luigi Andrea Berto, Liutprando, in: Dizionnario biografico degli italiani 65 (2005), S. 292–296.

258) Brunner, Rechtsgeschichte (wie in Anm. 31), S. 534; Gasparri, Kingship Rituals (wie in Anm. 100), S. 110. Vgl. auch Thraede, Inspiration (wie in Anm. 167).

259) Jarnut, Staat (wie in Anm. 19), S. 26. Ferner vgl. Valentino Rivalta, L'efficacia della religione cristiana sulle leggi antiche, in: Rivista internazionale di scienze sociali e discipline ausiliarie 4 (1894), S. 190–218, S. 205 f.; Arcari, Idee (wie in Anm. 165), S. 560.

260) Zu Krone und Inschrift vgl. Reinhard Elze, Die Agilulfkrone des Schatzes von Monza, in: Historische Forschungen für Walter Schlesinger, hg. von Helmut Beumann, Köln 1974, S. 348–357, insbesondere S. 354; Claus Richter, Der Sinn der Dei-gratia Formel in den französischen und deutschen Dynastenurkunden bis zum Jahre 1000 untersucht mit besonderer Berücksichtigung der Geschichte dieser Formel von der paulinischen Zeit an, phil. Diss., Frankfurt am Main 1974, S. 109 Anm. 2; Wilhelm Kurze, La lamina di Agilulfo. Usurpazione o diritto?, in: Atti del 6° Congresso internazionale di studi sull'alto medioevo, Mi-

sich sowohl in der Vorrede als auch in Ed. Ro. 386 verschiedene Bezüge zur Vorstellung einer Herrschaft von Gottes Gnaden, sei es in Hinblick auf die Regierung früherer Langobardenkönige oder sei es mit Blick auf Rotharis Regentschaft im Allgemeinen und seine Rechtsaufzeichnung im Besonderen[261]. Vor diesem gedanklichen Hintergrund des Gottesgnadentums erklärt sich wohl auch die Entscheidung, die in Ed. Ro. 2 getroffene Regelung unter Rückgriff auf ein Bibelwort zu begründen. Eine Vorgehensweise, die sich insofern nicht gerade aufdrängte, als die Tötung eines Menschen auf herrscherlichen Befehl ein theologisch delikates Problem war[262]. Vielleicht suchte der Redaktor der ›Lex Baiuvariorum‹ die entsprechende Bestimmung deshalb auch eher profan aus der Unmöglichkeit, die Ausführung eines herrscherlichen Tötungsbefehls zu verweigern, zu legitimieren.

Doch ist mit der Vorstellung einer Königsherrschaft von Gottes Gnaden, für die sich im Übrigen schon im ostgotischen Italien Belege finden[263], nur ein Teil des Legitimationspotentials von *corda regum in manum Dei* erfasst, und zwar derjenige, der durch das Bild der Hand Gottes abgedeckt wird[264]. Mindestens ebenso wichtig ist die zweite Metapher, das heißt das Herz des Königs[265]. Sie ist in zweierlei Hinsicht von besonderem

lano, 21–25 ottobre 1978, Spoleto 1980, S. 447–456, S. 452–455; DILCHER, Gairethinx (wie in Anm. 100). Zum Gottesgnadentum allgemein vgl. ENSSLIN, Gottkaiser (wie in Anm. 253); J. Rufus FEARS, Gottesgnadentum, in: Reallexikon für Antike und Christentum 11 (1981), Sp. 1103–1159, Sp. 1150–1155. Ferner vgl. Fritz KERN, Gottesgnadentum und Widerstandsrecht im früheren Mittelalter. Zur Entwicklungsgeschichte der Monarchie, hg. von Rudolf BUCHNER, Münster/Köln ^{2}1954.

261) Ed. Ro. Prol., S. 1 Z. 10–11 (*post adventum in provincia Italiae Langobardorum, ex quo, Alboin tunc temporis regem precedentem divina potentia, adducti sunt*); ebd. S. 1 Z. 9, 16 (*annno Deo propitiante regni mei octabo* […] *considerantes Dei omnipotentis gratiam*); Ed. Ro. 386: *Praesentem vero dispositionis nostrae edictum, – quem Deo propitio* […] *condedimus, pertractantes et sub hoc tamen capitulo reservantes, ut quod adhuc, annuentem divinam clementiam, per subtilem inquisitionem de antiquas legis Langobardorum, tam per nosmetipsos quam per antiquos homines memorare potuerimus, in hoc edictum subiungere debeamus;* […].

262) František GRAUS, Über die sogenannte germanische Treue, in: DERS., Ausgewählte Aufsätze (1959–1989), hg. von Hans-Jörg GILOMEN, Peter MORAW und Rainer C. SCHWINGES (VuF 55), Stuttgart 2002, S. 133–179, S. 173.

263) Cassiodorus Senator, Variae, hg. von Theodor MOMMSEN (MGH Auct. ant. 12), Berlin 1894, S. 1–385, V,16,2, S. 152 Z. 23: *deo nobis inspirante decrevimus*; ebd. V,43,1, S. 170 Z. 7: *deo nobis inspirante coniunximus.* Vgl. Odo John ZIMMERMANN, The Late Latin Vocabulary of the Variae of Cassiodorus with Special Advertence to the Technical Terminology of Administration (Studies in Medieval and Renaissance Latin Language and Literature 15), Washington 1944 (ND Hildesheim 1967), S. 145.

264) Zur symbolischen Bedeutung der Hand in Theologie und Recht vgl. HATTENHAUER, Herz des Königs (wie in Anm. 248), S. 7; La main de Dieu = Die Hand Gottes, hg. von René KIEFFER und Jan BERGMAN (Wissenschaftliche Untersuchungen zum Neuen Testament 94), Tübingen 1997 sowie Johann Jakob LANG, Beiträge zur Hermeneutik des Römischen Rechts, Stuttgart 1857, S. 248–250.

265) Zur Metaphorik vgl. Hans FLASCHE, El concepto de ›cor‹ en la Vulgata, in: Estudios bíblicos 10 (1951), S. 5–49; Johannes B. BAUER/Annelies FELBER, Herz, in: Reallexikon für Antike und Christentum 14 (^{2}1988), Sp. 1093–1131; Das Herz. Organ und Metapher, hg. von Wilhelm GEERLINGS und Andreas

Interesse, zum einen soweit das Herz beziehungsweise die Brust seit der Antike als Sitz der Erinnerung galten[266] und zum anderen insofern in Herz beziehungsweise Brust der Sitz des Rechtswissens eines Herrschers und damit die Quelle gerechter Entscheidungen gesehen wurde[267]. Beides zusammen könnte erklären, worin die besondere rechtliche Erklärungsleistung des Schriftworts in Ed. Ro. 2 liegt: Wenn Gott die Herzen der Könige in seiner Hand hat, dann gilt das auch für die rechtliche Erinnerung beziehungsweise das Rechtswissen des *rex gentis Langobardorum.* Insofern ist es auch durchaus konsequent, wenn in Ed. Ro. 386 die Erinnerung des Königs als eine zentrale Quelle für die Aufzeichnung des Langobardenrechts erscheint und gleichzeitig hervorgehoben wird, dass das *inquirere et rememorare* der ungeschriebenen Gesetze der Väter nur dank der Gnade Gottes möglich war.

Überblickt man die gerade skizzierten Beobachtungen, dann ist festzuhalten, dass die in Ed. Ro. 2 gelieferte Begründung doppelter Natur ist, insofern sich Bezüge zum Gedanken einerseits der Vorsehung beziehungsweise eines Gottesgnadentums und andererseits einer göttlich inspirierten rechtlichen Erinnerung des Königs herstellen lassen. Das eine wie das andere beinhaltet die Vorstellung einer übernatürlichen Gerechtigkeit, auf die auch das irdische Rechtsleben gegründet ist. Das gilt nicht zuletzt für die Entscheidung des Königs, jemanden töten zu lassen. So wird zugleich eine Norm legitimiert, die sich nicht ohne Weiteres mit den überkommenen Rechtsvorstellungen der Gens Langobardorum vereinbaren ließ. Einiges spricht dafür, dass die Wurzeln der in Ed. Ro. 2 getroffenen Regelung außerhalb der langobardischen Rechtskultur liegen[268]. Das legt mit-

MÜGGE, Paderborn/München/Wien/Zürich 2006. Zu den geistesgeschichtlichen antiken Hintergründen vgl. Walther KRANZ, Das Gesetz des Herzens, in: Rheinisches Museum 94 (1951), S. 222–241.

266) BAUER/FELBER, Herz (wie in Anm. 265), Sp. 1103; Dictionary of Biblical Imagery, hg. von Leland RYKEN, James C. WILHOIT und Tremper LONGMAN III, Downers Grove (Ill.) 1998, S. 369. Zur etymologischen Erklärung von *recordari* beziehungsweise *recordare* im Sinne von *in/ad cor revocare* vgl. Robert MALTBY, A Lexc ion of Ancient Latin Etymologies (ARCA Classical and Medieval Texts, Papers and Monographs 25), Cambridge 1991, S. 521, s. v. recordor, -ari et -o, -are.

267) Venantius Honorius Clementianus Fortunatus, Carminum epistularum expositionum libri undecim, hg. von Friedrich LEO (MGH Auct. ant. 4,1), Berlin 1881, Lib. VII, 5 (De Bodegisilo duce) v. 35–36, S. 157: *Qui patrias leges intra tua pectora condens/inplicitae causae solvere fila potes.* Vgl. Heike GRAHN-HOEK, Gundulfus subregulus – eine genealogische Brücke zwischen Merowingern und Karolingern?, in: DA 59 (2003), S. 1–47, S. 27 f. Ferner vgl. HATTENHAUER, Herz des Königs (wie in Anm. 248), S. 5 f.; Franz GILLMANN, ›Romanus pontifex iura omnia in scrinio pectoris sui censetur habere‹, in: Archiv für katholisches Kirchenrecht 92 (1912), S. 3–17 und 106 (1926), S. 156–174; Ennio CORTESE, An papa qui habet totum ius in scrinio pectoris efficiatur doctor in utroque, in: Studi in onore di Piero Bellini, Bd. 1, Soveria Mannelli (Catanzaro) 1999, S. 277–290.

268) In Frage kämen zum einen römischrechtliche Ursprünge. Vgl. Alfred VON HALBAN, Das römische Recht in den germanischen Volksstaaten. Ein Beitrag zur deutschen Rechtsgeschichte, Bd. 2 (Untersuchungen zur Deutschen Staats- und Rechtsgeschichte 64), Breslau 1901, S. 110 sowie Detlef LIEBS, Konflikte zwischen römischen und germanischen Rechtsvorstellungen in der Spätantike, in: Von den Leges barbarorum bis zum ius barbarum des Nationalsozialismus. Festschrift für Hermann Nehlsen zum

telbar auch die *ratio legis*, die in der Wahrung königlicher Interessen besteht, nahe. Umso bemerkenswerter ist die Stellung der Vorschrift an der Spitze des Normtexts.

Peccatum eminens (Ed. Ro. 180, 323): Krankheit als Sündenstrafe

Wer im ›Edictum Rothari‹ ein Zeugnis germanischer Rechtszustände sieht, wird Ed. Ro. 2 und dessen Begründung womöglich keine allzu große Bedeutung beimessen, fällt doch das Kapitel schon aufgrund des Schriftwortes aus dem Rahmen. Außerdem hat kein geringerer als Francesco CALASSO hervorgehoben, wie deutlich sich Rotharis Gebrauch des Bibelzitats von Liutprands Prolog des Jahres 713 unterscheidet[269]. Allerdings lässt schon der Umstand, dass Ed. Ro. 2 enge gedankliche Verbindungen mit dem Prolog und Ed. Ro. 386 aufweist, vermuten, dass die im Edikt gegebene Erläuterung kein Zufallsprodukt ist, sondern sich hier das große Potential einer christlich-religiösen Legitimation neuen Rechts andeutet, das König Liutprand im 8. Jahrhundert weitergehend ausschöpfen sollte. Dafür sprechen indirekt auch zwei beziehungsweise drei andere Kapitel des Edikts, in denen es um ganz andere Fragen als in Ed. Ro. 2 geht. Betrachtet man sie etwas näher, dann zeigen sich Begründungsstrategien, die Parallelen zu der gerade untersuchten Vorschrift aufweisen. Als Ausgangspunkt für entsprechende Beobachtungen mag der Ausdruck *peccatum eminens* dienen, der sich mit »deutlich hervortretende Sünde« übersetzen lässt[270]. Die betreffende Wendung findet sich in zwei Kapiteln des Edikts[271].

Von diesen ist Ed. Ro. 323 nicht sonderlich aussagekräftig. Die Vorschrift besagt: Wenn ein Mensch *peccatis eminentibus* wahnsinnig (*rabiosus*) oder von einem Dämon besessen (*daemoniacus*) wird und Mensch oder Tier schädigt, kann von seinen Erben nichts eingefordert werden[272]. Wird er selbst getötet, können seine Angehörigen glei-

70. Geburtstag, hg. von Hans-Georg HERMANN und Thomas GUTMANN, Köln/Weimar/Wien 2008, S. 99–117, S. 110 f. Zum anderen könnte man auch an eine westgotische Vermittlung denken. Vgl. DAHN, Könige der Germanen, Bd. 12 (wie in Anm. 189), S. 82; Dietrich CLAUDE, Freedmen in the Visigothic Kingdom, in: Visigothic Spain. New Approaches, hg. von Edward JAMES, Oxford 1980, S. 159–188, S. 175; HATTENHAUER, Herz des Königs (wie in Anm. 248), S. 27.

269) CALASSO, Medio evo (wie in Anm. 257), S. 219 f.

270) Wenn BEYERLE *peccatum eminente* in dem sogleich zu betrachtenden Kapitel Ed. Ro. 180 mit »Fehlbarkeit« übersetzt, dann ist dies sicher falsch. Vgl. Gesetze der Langobarden (wie in Anm. 37), Bd. 1, S. 36. Wie in Ed. Ro. 323 so steht auch hier der Gedanke der Sünde und göttlichen Strafe im Hintergrund. Vgl. Leggi dei Longobardi (wie in Anm. 76), S. 57 A. 85; Wolf VON SIEBENTHAL, Krankheit als Folge der Sünde. Eine medizinhistorische Untersuchung (Heilkunde und Geisteswelt 2), Hannover 1950, S. 47–52; Jacob J. RABINOWITZ, Jewish and Lombard Law, in: Jewish Social Studies 12 (1950), S. 299–328, S. 306.

271) Ed. Ro. 180, 323. Vgl. auch Not. 2, S. 180 (*peccatis inminentibus*) sowie CALISSE, Diritto ecclesiastico (wie in Anm. 30), S. 7; MEYER, Maßstäbe (wie in Anm. 47), S. 179.

272) Ed. Ro. 323: *Si peccatis eminentibus homo rabiosus aut demoniacus factus fuerit, et damnum fecerit in hominem aut in peculium, non requiratur ab heredibus; et si ipse occisus fuerit, simili modo non requiratur; tantum est, ut sine culpa non occidatur.* Vgl. Wilhelm Eduard WILDA, Geschichte des deutschen Strafrechts, Halle an der Saale 1842 (ND Aalen 1960), S. 647 f.; Carlo CALISSE, Svolgimento storico del diritto penale in Italia dalle invasione barbariche alla riforme del secolo XVIII, Mailand 1906, S. 261; Anette NIEDERHELL-

chermaßen keine Wergeldforderungen geltend machen. Doch, so schränkt der Gesetzgeber ein, darf man ohne Grund den Wahnsinnigen oder Besessenen nicht töten. Das Kapitel steht in einem größeren Regelungszusammenhang: So wie der Eigentümer eines Hundes, der von einem anderen aufgehetzt worden ist (Ed. Ro. 322), oder eines tollwütigen Haustiers (Ed. Ro. 324) nicht auf Schadensersatz verklagt werden kann, so müssen auch die Erben des *homo rabiosus aut demoniacus* nicht für die von ihm verursachten Schäden aufkommen[273)].

Ungleich interessanter als Ed. Ro. 323 ist das Kapitel Ed. Ro. 180[274)]. Es behandelt genauso wie Ed. Ro. 179 Gründe für die Auflösung des Verlöbnisses, die sich als Ausnahmen zu der in Ed. Ro. 178 formulierten Bestimmung darstellen, wonach der Verlobte seine *sponsa* innerhalb von zwei Jahren ehelichen muss. Anderenfalls kann sein Bürge von demjenigen, der die Munt über die Verlobte hat, das heißt etwa dem Vater oder dem Bruder, zur Zahlung der versprochenen Brautgabe (*meta*) gezwungen werden. In einem solchen Fall darf der Muntwalt das Mädchen einem anderen Mann zur Frau geben. Doch sieht Ed. Ro. 178 eine Ausnahme von dieser Bestimmung vor, wenn nämlich eine *inevitabilis causa* vorliegt[275)]. Diese ist dann gegeben, wenn die *sponsa* zwischenzeitlich mit einem anderen Mann Unzucht getrieben hat (Ed. Ro. 179) oder einer der in Ed. Ro. 180 aufgeführten Tatbestände gegeben ist, das heißt wenn die Braut nach der Verlobung an Aussatz (*lebrosa*) erkrankt, von Bessenheit (*daemoniaca*) befallen wird oder auf beiden Augen erblindet. Der Bräutigam erhält dann sein Gut zurück und kann weder zur Heirat gezwungen noch verklagt werden. Denn, so die in Ed. Ro. 180 nachgeschobene Begründung, der *sponsus* hat sich von seiner Verlobten nicht *suo neclicto*, das heißt nicht aus mangelnder Achtung (oder Vernachlässigung[276)]), getrennt, sondern wegen der offen zu Tage tretenden Sünde (*peccatum eminente*) und der unerwarteten Krankheit (*egritudine superveniente*).

MANN, Arzt und Heilkunde in den frühmittelalterlichen Leges. Eine wort- und sachkundliche Untersuchung (Arbeiten zur Frühmittelalterforschung 12), Berlin 1983, S. 47–49.

273) Eva SCHUMANN, ›Tiere sind keine Sachen‹. Zur Personifizierung von Tieren im mittelalterlichen Recht, in: Natur als Grenzerfahrung. Europäische Perspektiven der Mensch-Natur-Beziehung in Mittelalter und Neuzeit. Ressourcennutzung, Entdeckungen, Naturkatastrophen, hg. von Lars KREYE, Carsten STÜHRING und Tanja ZWINGELBERG, Göttingen 2009, S. 23–49, S. 47 f.

274) Ed. Ro. 180: *Si contigerit, postquam puella aut mulier sponsata fuerit, lebrosa aut demoniaca aut de ambos oculos excecata apparuerit, tunc sponsus recepiat res suas, et non conpellatur ipsam invitus tollere ad uxorem, nec pro hac causa calomnietur: quia non suo neclicto dimisit, sed peccatum eminente et egritudine superveniente.*

275) Friedrich RIVE, Geschichte der deutschen Vormundschaft, Bd. 1, Braunschweig 1862, S. 241 f.; Andreas HEUSLER, Institutionen des Deutschen Privatrechts, Bd. 2 (Systematisches Handbuch der Deutschen Rechtswissenschaft 2,2,2), Leipzig 1886, S. 265; Walther v. HÖRMANN, Quasiaffinität. Rechtshistorische Untersuchungen über Affinitätswirkungen des Verlöbnisses nach weltlichem und kirchlichem Rechte, Bd. 2,1, Innsbruck 1906, S. 572 Anm. 1 (S. 573).

276) Vgl. Ed. Ro. 178 (*sponsus neclexerit eam tollere*).

In dem Kapitel Ed. Ro. 180 haben sich genauso wie in Ed. Ro. 178–179 Bemühungen des langobardischen Gesetzgebers niedergeschlagen, Instrumente zur Entschärfung einer konfliktträchtigen Situation bereitzustellen: Ein *sponsus* will seine Verlobte nicht heiraten oder zögert ganz bewusst eine Hochzeit hinaus. Das bedeutet zugleich Kränkung und drohenden Ehrverlust für die Frauenseite, die leicht zu Rache und kollektiver Gewalt führen können. Dazu soll es nicht kommen. Dementsprechend schützt die in Ed. Ro. 178 formulierte Regel die *sponsa*, während die Kapitel Ed. Ro. 179–180 den Interessen des *sponsus* Rechnung tragen.

Geht man einmal davon aus, dass die kleine Dreiergruppe Ed. Ro. 178–180 Rechtsvorstellungen widerspiegelt, die sich nicht ohne Weiteres dem antiken römischen Recht oder der langobardischen Tradition zuweisen lassen[277)], dann muss die Vorschrift über die untreue Verlobte (Ed. Ro. 179) nicht weiter erstaunen. Dass ein unsittlicher beziehungsweise unkeuscher Lebenswandel der *sponsa* Grund sein kann, das Verlobungsverhältnis zu lösen, ist naheliegend, und das wohl schon aus Sicht des spätantiken Rechts[278)]. Anders verhält es sich für die drei in Ed. Ro. 180 genannten Tatbestände[279)]. Vermutlich handelt es

277) Um die Bestimmungen richtig einschätzen zu können, ist ihre Stellung innerhalb des Edikts zu berücksichtigen. Die drei Kapitel Ed. Ro. 178–180 bilden eine Einheit. Ed. Ro. 178 vorangestellt ist die Rubrik *De sponsalibus und nuptiis*, während die Rubrik zu Ed. Ro. 181 *De nuptiis* lautet. Die Rubrik zu Ed. Ro. 178 setzt eine Unterscheidung von Eheversprechen beziehungsweise Verlobung und Trauung beziehungsweise *traditio* voraus, was sicherlich eher in einen spätantiken als in einen gentilen Kontext passt. Vgl. SCHRÖDER/VON KÜNSSBERG, Lehrbuch (wie in Anm. 237), S. 331 f.; Stefan Chr. SAAR, Ehe, Scheidung, Wiederheirat. Zur Geschichte des Ehe- und des Ehescheidungsrechts im Frühmittelalter (6.–10. Jahrhundert) (Ius vivens. Abteilung B, Rechtsgeschichtliche Abhandlungen 6), Münster 2002, S. 101 f. sowie Ed. Ro. 183. Allerdings, und das deutet auf Neuansätze gegenüber der Spätantike hin, zeichnen sich die langobardischen *sponsalia* im Vergleich zu ihrem römischen Gegenstück durch größere Verbindlichkeit aus, was sich nicht zuletzt an den entsprechenden Sanktionen ablesen lässt. Vgl. Ed. Ro. 179, 190–192, Liutpr. 30 sowie Pier Silverio LEICHT, Storia del diritto italiano. Il diritto privato, Bd. 1: Diritto delle persone e di famiglia, Mailand 1960, S. 153 f.

278) Cod. 5,1,5,3 (a. 472). Eine Kenntnis dieser Konstitution im Westen kann allerdings nicht ohne Weiteres vorausgesetzt werden. Vgl. Pasquale VOCI, La patria potestas da Costantino a Giustiniano, in: DERS., Studi di diritto romano, Bd. 2, Padua 1985, S. 465–543, S. 479. Zur *arrha sponsalicia* allgemein vgl. Riccardo ASTOLFI, Il fidanzamento nel diritto romano, Padua 1989, S. 146–173.

279) Im römischen Recht findet sich, was die Verlobung angeht, keine direkte Entsprechung. Im Gegenteil, nach dem Eheversprechen auftretender Wahnsinn war gerade kein Grund, eine Verlobung zu lösen. Vgl. Dig. 23,1,8. Allerdings gesteht eine möglicherweise interpolierte Stelle in den Digesten die Ehescheidung im Falle von Wahnsinn der Frau zu. Vgl. Dig. 24,3,22,7–8 sowie Max KASER, Das römische Privatrecht, Bd. 2: Die nachklassischen Entwicklungen (Handbuch der Altertumswissenschaft, Abt.10: Rechtsgeschichte des Altertums, 3,3,2), München ²1975, S. 177. Zum Folgenden vgl. auch Antje SCHELBERG, Leprosen in der mittelalterlichen Gesellschaft. Physische Idoneität und sozialer Status von Kranken im Spannungsfeld säkularer und christlicher Wirklichkeitsdeutungen, phil. Diss., Göttingen 2000, S. 206–210 [https://ediss.uni-goettingen.de/bitstream/handle/11858/00–1735–0000–0006-B4CC-F/schelberg.pdf?sequence=1].

sich bei dem betreffenden Kapitel um eine Neuerung[280]. In sachlicher Hinsicht, das heißt mit Blick auf die drei in Ed. Ro. 180 aufgeführten Krankheiten, erscheint die Regelung allerdings durchaus nachvollziehbar. Der Leprose wird aus der Gemeinschaft vertrieben und gilt als tot[281]. Wie könnte, so ließe sich auch angesichts hagiographischer Befunde fragen, der *sponsus* gezwungen werden, eine *leprosa* zu ehelichen[282]? Nicht weniger schwerwiegend erscheinen aus Sicht des Edikts die beiden anderen Leiden. Der *daemoniacus* kann Mensch und Tier anfallen und womöglich töten[283], und der einäugige Freie, den man seines Augenlichts beraubt hat, ist, wenn man die dafür fällige Buße zugrunde legt, gewissermaßen zu zwei Dritteln bereits verstorben[284].

Wenngleich die drei Tatbestände insofern gerechtfertigt erscheinen mögen, sah sich der Gesetzgeber, wie der Schluss von Ed. Ro. 180 zeigt, doch veranlasst, seine Regelung zu begründen. Das geschieht durch die beiden Begriffe *peccatum eminens* und *aegritudo superveniens*. Sie lassen eine doppelgleisige Argumentation erkennen, wie sie auch in Ed. Ro. 376 zu beobachten ist[285]. Auf einen christlich-religiösen Gesichtspunkt (*peccatum eminens*) folgt ein profanes Argument (*aegritudo superveniens*)[286]. Die beiden Gründe

280) Rudolph SOHM, Trauung und Verlobung. Eine Entgegnung auf Friedberg, Verlobung und Trauung, Weimar 1876, S. 7 f.

281) Ed. Ro. 176. Vgl. Christoph H. F. MEYER, Maskierte Wahrheit als Legitimationsstrategie. Zur Rolle von Fiktionen im Übergang von der Antike zum Mittelalter, in: Paradoxien der Legitimation. Ergebnisse einer deutsch-italienisch-französischen Villa Vigoni-Konferenz zur Macht im Mittelalter, hg. von Annette KEHNEL und Cristina ANDENNA (Micrologus' Library 35), Florenz 2009, S. 307–356, S. 318–324. Dass, wie Weyl meint, die Vorstellung einer Vererblichkeit des Aussatzes der in Ed. Ro. 180 getroffenen Regelung zugrunde liegen soll, ist Spekulation und wenig wahrscheinlich. Vgl. Theodor WEYL, Zur Geschichte der Sozialen Hygiene, in: Soziale Hygiene, hg. von DEMS. (Handbuch der Hygiene, Supplementband 4), Jena 1904, S. 791–1046, S. 861.

282) Aufschlussreich sind in diesem Zusammenhang die Viten dreier Heiliger des 6.–7. Jahrhunderts, des Licinius, der Enymia und der Angadrisma. Sie waren verlobt, wollten aber ein gottgeweihtes Leben führen. In allen drei Fällen kam es nicht zur Eheschließung, weil die Verlobte zuvor vom Aussatz befallen wurde. Das lässt vermuten, dass man aufgrund von Aussatz eine Verlobung auflösen konnte. Vgl. Mary Beth ROSE, Women in the Middle Ages and the Renaissance. Literary and Historical Perspectives, Syracuse 1986, S. 51–53; Jane TIBBETTS SCHULENBURG, Forgetful of Their Sex. Female Sanctity and Society ca. 500–1100, Chicago/London 1998, S. 150 f.; Peter Paul GLÄSER, Die Lepra nach den Texten der altchristlichen Literatur, Kiel 1986, S. 5; SCHELBERG, Leprosen (wie in Anm. 279), S. 210–215.

283) Ed. Ro. 323.

284) Ed. Ro. 377. Ausweislich der frühmittelalterlichen hagiographischen Tradition (Heilige Gibitrudis, Heilige Brigida von Kildare) konnte Erblindung genauso wie Aussatz eine (geplante) Eheschließung verhindern. Vgl. SCHELBERG, Leprosen (wie in Anm. 279), S. 215–218.

285) Siehe unten S. 222 f., 226.

286) Möglicherweise spielten hier kirchliche Einflüsse eine Rolle. Von besonderem Interesse sind in diesem Zusammenhang die Briefe Gregors d. Gr. In ihnen erscheinen *peccata imminentia* als Ursache dafür, dass eine Stadt mit einer Seuche gestraft wird. Vgl. Gregorius Magnus, Registrum epistularum, Lib. I–VII, hg. von Dag NORBERG (CC 140), Turnhout 1982, Lib. II ep. II, S. 90 Z. 2–3. Vgl. ebd. Lib. III ep. LIV, S. 80 Z. 202 sowie David F. JOHNSON, Divine Justice in Gregory the Great's Dialogues, in: Early Medieval

tauchen jeweils in einem anderen Kapitel des Edikts noch einmal auf: Das *peccatum eminens* in der bereits behandelten Vorschrift über den Wahnsinnigen (Ed. Ro. 323) und die *aegritudo superveniens* in leicht veränderter Form in Ed. Ro. 361[287)]. Von diesen beiden Kapiteln ist Ed. Ro. 323 insofern aufschlussreich, als aus ihm klar hervorgeht, dass die Ursache der Besessenheit beziehungsweise des Wahnsinns in den Sünden des Betroffenen liegt. Den Gedanken einer solchen Kausalität kann man auch für Ed. Ro. 180 voraussetzen[288)].

Doch was sollten das für Sünden der *sponsa* gewesen sein? Einen Hinweis gibt womöglich der Aussatz, der oft für die Folge eines früheren sexuellen Fehlverhaltens gehalten wurde[289)]. Legt man die Vorstellung, das *peccatum eminens* habe im unkeuschen Verhalten der Verlobten bestanden, zugrunde, gelangt man gedanklich zunächst zum Tatbestand des Kapitels Ed. Ro. 179, dann aber auch zum Schluss von Ed. Ro. 178: Hatte womöglich die *sponsa* vor oder nach der Verlobung Unzucht getrieben und war deshalb später von Gott mit Bessessenheit, vielleicht aber auch mit Aussatz oder Blindheit gestraft worden? Doch spielt es letztlich keine Rolle, wo die Ursachen der Leiden liegen und ob sie sich dem Verlobten religiös als Sündenstrafen oder profan als schwerwiegende *aegritudo superveniens* darstellen. Aufgrund der *inevitabilis causa* (Ed. Ro. 178) kann er in den drei betreffenden Fällen nicht zur Heirat gezwungen werden.

Quod christianis mentibus nullatenus credendum est (Ed. Ro. 376): Argumente gegen angeblichen Hexenzauber

Eine ganz andere Form gesetzgeberischer Begründungsbemühungen lässt das bereits erwähnte Kapitel Ed. Ro. 376 erkennen[290)]. Es enthält ein generelles Verbot, fremde nicht

Studies in Memory of Patrick Wormald, hg. von Stephen BAXTER und Catherine E. KARKOV, Farnham/Burlington 2009, S. 115–128. Zudem wird eine *superveniens aegritudo* von Gregor als Grund anerkannt, weshalb ein Bischof seinen Pflichten nicht nachkommen kann. Vgl. Gregorius Magnus, Registrum epistularum (wie in Anm. 59), Lib. XIV ep. II, S. 1066 Z. 5–6.

287) Ed. Ro. 361 (*propter aegritudinem aut alia causa supervenientem*).

288) Garabed Artin DAVOUD-OGHLOU, Histoire de la législation des anciens germains, Bd. 2, Berlin 1845, S. 47 Anm. 1.

289) Patricia SKINNER, Health and Medicine in Early Medieval Southern Italy (The Medieval Mediterranean 11), Leiden/New York/Köln 1997, S. 60.

290) Ed. Ro. 376: *Nullus presumat haldiam alienam aut ancillam quasi strigam, quem dicunt mascam, occidere; quod christianis mentibus nullatenus credendum est, nec possibilem ut mulier hominem vivum intrinsecus possit comedere. Si quis de cetero talem inlecitam et nefandam rem penetrare presumpserit, si haldiam occiderit, conponat pro statum eius solidos 60, et insuper addat pro culpa solidos centum, medietatem regi et medietatem cuius haldia fuerit. Si autem ancilla fuerit, conponat pro statum eius, ut supra constitutum est, si ministiriales aut rusticana fuerit; et insuper pro culpa solidos 60, medietatem regi et medietatem cuius ancilla fuerit. Si vero iudex huic opus malum penetrare iusserit, ipse de suo proprio pena suprascripta conponat.* Siehe oben S. 214.

freie Frauen, ob nun halbfreie Aldinnen[291] oder Sklavinnen, als Hexen (*quasi strigam quem dicunt mascam*)[292] zu töten. Denn, so die Begründung, *christianae mentes* dürften nicht glauben, und es sei auch nicht möglich (*nec possibilem*), dass eine Frau einen lebenden Mann von innen verschlingen könne[293]. Fortan (*de cetero*) soll man für eine solche unerlaubte und schändliche Tötung im Falle einer *aldia* 60 Solidi in Ansehung ihres Standes (*pro statum*)[294] und 100 Solidi *pro culpa* zahlen, die letztgenannte Summe jeweils zur Hälfte an den König und den Herrn. Handelt es sich bei der Getöteten dagegen um eine Sklavin, dann soll eine ihrem Stand (*pro statum*) entsprechende Summe[295] gezahlt werden zuzüglich 60 Solidi *pro culpa*, die ebenfalls jeweils zur Hälfte an König und Eigentümer gehen. Das Kapitel schließt mit einer Spezialvorschrift: Der *iudex*, der eine solche Tötung anordnet, muss aus eigenem Vermögen die betreffenden Bußen erlegen[296].

Wie Ed. Ro. 2 in der Literatur vor allem mit der Machtvollkommenheit des Königs in Verbindung gebracht wird und deshalb im Verdacht steht, Ausbund einer »Hof- und Mordtheologie« oder gar Vorläufer der Theorien Carl SCHMITTS zu sein, so wird auch Ed. Ro. 376 von der Forschung recht schematisch eingeordnet, und zwar zumeist als Quelle zu dem heidnischen Hexenglauben der Langobarden und seiner Unterdrückung[297]. Tat-

291) Zu den *aldii* vgl. NEHLSEN, Sklavenrecht (wie in Anm. 37), S. 373–376; Herbert ZIELINSKI, Alde(n), in: Lex.MA 1 (1980), Sp. 344–345; Florus VAN DER RHEE, Zur Etymologie von langobardisch (h)aldius, in: Amsterdamer Beiträge zur älteren Germanistik 29 (1989), S. 171–175; DERS., Abermals zur Etymologie von langobardisch (h)aldius, in: Amsterdamer Beiträge zur älteren Germanistik 41 (1995), S. 23–27; Lessico Etimologico Italiano (LEI) 1,1 (2000), Sp. 19–21 (s. v. aldio).

292) Zu den Ausdrücken *striga* und *masca* vgl. Alessandro ZIRONI, Masca e talamasca nelle fonti germaniche antiche, in: Masca, maschera, masque, mask. Testi e iconografia nelle culture medievali, hg. von Rosanna BRUSEGAN, Margherita LECCO und Alessandro ZIRONI (L'immagine riflessa N. S. 9 (2000) Nr. 1–2), Alessandria 2000, S. 109–140; Rita CAPRINI, Sur quelques noms italiens de la sorcière, in: Parole romanze. Scritti per Michel Contini, hg. von DERS., Alessandria 2003, S. 57–67, S. 60–63; Mauro BRACCINI/Giovanna PRINCI BRACCINI, Maschera e masca: ›macchia‹. Parole e cosa dall'antico folclore germanico e oltre, in: Studi medievali, Ser. III 49 (2008), S. 589–655, S. 592–599.

293) Die Begründung endet mit einer kurzen Schilderung dessen, was über das Wirken der Hexen geglaubt wird, dass nämlich solche Frauen einen lebenden Mann *intrinsecus*, das heißt doch wohl »von innen heraus«, verzehren können. Zu dieser Vorstellung vgl. VISMARA, Cristianesimo (wie in Anm. 30), S. 475; Dieter HARMENING, Superstitio. Überlieferungs- und theoriegeschichtliche Untersuchungen zur kirchlich-theologischen Aberglaubensliteratur des Mittelalters, Berlin 1979, S. 252; NIEDERHELLMANN, Arzt (wie in Anm. 272), S. 110; Lidia CAPO, L'Editto di Rotari e sucessori e la cultura politica longobarda, in: La cultura. Rivista di filosofia, letteratura e storia 35 (1997), S. 235–255, S. 252.

294) Vgl. Ed. Ro. 129.

295) Vgl. Ed. Ro. 130–136. Die für männliche Sklaven in diesen Kapiteln festgesetzten Bußen bewegen sich zwischen 16 und 50 Solidi.

296) Adolf SCHMITT-WEIGAND, Rechtspflegedelikte in der fränkischen Zeit (Münsterische Beiträge zur Rechts- und Staatswissenschaft 7), Berlin 1962, S. 43 f.

297) Zu Ed. Ro. 376 vgl. Hans VORDEMFELDE, Die germanische Religion in den deutschen Volksrechten. Erster Halbband: Der religiöse Glaube (Religionsgeschichtliche Versuche und Vorarbeiten 18,1), Gießen 1923, S. 135–140; Edith KIESSLING, Zauberei in den germanischen Volksrechten, jur. Diss., Zeulenroda

sächlich hat schon Eduard Osenbrüggen das Kapitel so zu erklären versucht, dass Rothari aus aufgeklärter Ablehnung des Hexenglaubens gegen die Tötung unfreier oder halbfreier Frauen einschreiten wollte[298]. Ob damit der Zweck der Vorschrift wirklich erfasst ist, erscheint allerdings zweifelhaft. Schon die Beschreibung des Schadens, den die *striga* verursachen soll, erinnert teilweise eher an römische Vorstellungen als an gentilen Volksglauben[299].

Betrachtet man das Kapitel unter formalen Gesichtspunkten, dann wird schnell klar, dass es sich um eine ungewöhnliche Norm handelt. Ed. Ro. 376 beginnt mit einem allgemeinen Verbot, gefolgt von einem religiösen und einem profanen Argument, die beide gegen die Vorstellung gerichtet sind, eine Frau könne einen Mann von innen verzehren. Erst dann werden zwei konkrete Bußvorschriften formuliert. Das Kapitel schließt mit einer Bestimmung über den *iudex*, die sich als Ergänzung zu den beiden Bußnormen darstellt. Aus den Worten *si quis de cetero*, welche diese einleiten, geht zudem klar hervor, dass es sich bei dem vorliegenden Kapitel nicht um überkommenes Recht, sondern um eine Neuerung des Königs handelt.

Worum geht es nun dem Gesetzgeber, und was an seiner Vorschrift war so legitimationsbedürftig, dass er zwischen das Verbot und die Sanktion eine doppelte Begründung eingeschoben hat? Ein Vergleich mit dem ›Capitulare de partibus Saxoniae‹, das eine ähnliche Bestimmung enthält[300], lässt die besondere Stoßrichtung der langobardischen

1941, S. 20–22; Gasparri, Cultura tradizionale (wie in Anm. 190), S. 95–99; Nicole Zeddies, Religio et sacrilegium. Studien zur Inkriminierung von Magie, Häresie und Heidentum (4.–7. Jahrhundert) (Europäische Hochschulschriften. Reihe III: Geschichte und ihre Hilfswissenschaften 964), Frankfurt am Main/Berlin/Bern 2003, S. 284–288; Francesco Mores, Streghe. Appunti per una storia del ›paganesimo‹ longobardo, in: Rivista di Storia della Chiesa in Italia 64 (2010), S. 329–346.

298) Eduard Osenbrüggen, Die Aufgabe einer Geschichte des deutschen Strafrechts, in: Kritische Vierteljahrsschrift für Gesetzgebung und Rechtswissenschaft 4 (1862), S. 200–231, S. 206.

299) Titus Maccius Plautus, Pseudolus, in: Ders., Comoediae, Bd. 2, hg. von Wallace M. Lindsay, Oxford 1963, III,2, v. 819–821: *ei homines cenas ubi coquont, quom condiunt, non condimentis condiunt, sed strigibus/uiuis conuiuis intestina quae exedint.* Vgl. Giannone, Istoria civile (wie in Anm. 2), Lib. V,5, S. 452; Wilhelm Gottlieb Soldan, Geschichte der Hexenprocesse. Aus den Quellen dargestellt, Stuttgart/Tübingen 1843, S. 72; Ad ›Leges Langobardorum‹ corrigenda et supplenda: I. Ad ›Edictum Rothari‹ (MGH LL 4), Hannover 1868 (ND Stuttgart/Vaduz 1965), S. 680–682, S. 681 sowie Emily Gowers, The Loaded Table. Representations of Food in Roman literature, Oxford 1996, S. 96–100 (zu der Plautus-Stelle). Das gerade im Vergleich zu anderen frühmittelalterlichen Rechtstexten Besondere an Rotharis Kapitel liegt in dem auch bei Plautus anklingenden Gedanken, dass die *striga* den Menschen von innen verzehrt. Das könnte insofern auf römische Einflüsse hindeuten, als die *striga* des römischen Volksglaubens vampirhafte Züge hatte. Vgl. Anm. 293; Kiessling, Zauberei (wie in Anm. 297), S. 20 f.; Zeddies, Religio (wie in Anm. 297), S. 287.

300) Capitulatio de partibus Saxoniae, in: Leges Saxonum und Lex Thuringorum, hg. von Claudius von Schwerin (MGH Fontes iuris 4), Hannover/Leipzig 1918, S. 37–44, c. 6, S. 38: *Si quis a diabulo deceptus crediderit secundum morem paganorm virum aliquem aut feminam strigam esse et homines commedere et propter hoc ipsam incenderit vel carnem eius ad commedendum dederit vel ipsam commederit, capitis sen-*

Norm erkennen. Es geht Rothari nicht allein oder auch nur in erster Linie um die Unterdrückung eines heidnischen Hexenglaubens. Im Mittelpunkt steht für ihn zunächst einmal die Tötung einer nichtfreien Frau, die eine Buße an ihren Herrn nach sich zieht[301]. Doch wäre es dem Gesetzgeber nur um die Tötung einer *aldia* oder *ancilla* gegangen, hätte es dafür wohl nicht eines eigenen Kapitels bedurft, denn das regeln schon die Kapitel Ed. Ro. 129–136, auf die in Ed. Ro. 376 verwiesen wird. Entscheidend sind vielmehr die Präsumptionsbußen *pro culpa*, welche die Totschlagsbußen knapp um das Doppelte bis Dreifache übertreffen. Sie ergeben sich aus dem königlichen Verbot in Ed. Ro. 376 Satz 1 und scheinen auf das Regelungsanliegen eines christlichen Gesetzgebers, der die betreffenden heidnischen Praktiken unterbinden will, zu verweisen.

Der Gedanke liegt nahe, dass die Vorschrift vor diesem religiösen Hintergrund zu sehen ist. Ganz so einfach ist es jedoch nicht. Das zeigt ein Blick auf das Kapitel Ed. Ro. 198, demzufolge derjenige, der eine freie Frau eines todeswürdigen Vergehens wie der Hexerei bezichtigt, seine Anschuldigung nicht widerrufen will und im gerichtlichen Zweikampf unterliegt, eine der Lebensgefährdung entsprechend hohe Buße zu zahlen hat. Der Vergleich lässt ein Spannungsverhältnis zwischen Ed. Ro. 198 und Ed. Ro. 376 erkennen[302]. Während in Ed. Ro. 376 die Existenz von Hexen in Abrede gestellt wird, wird in Ed. Ro. 198 die Möglichkeit, dass *strigae* existieren, durchaus einkalkuliert und für den Fall, dass jemand durch gerichtlichen Zweikampf eine *puella aut mulier libera* als Hexe erweist, eine Bestrafung der Frau angeordnet. Das in Ed. Ro. 376 ausgesprochene Verbot lässt zudem vermuten, dass es bis dahin rechtens war, unfreie und halbfreie Frauen, die als Hexen verdächtigt wurden, zu töten.

Doch warum sollte man sie überhaupt töten? Weil sie eine mit christlichen Vorstellungen unvereinbare Magie praktizierten? So hätte vielleicht ein Gesetzgeber des 8. Jahrhunderts argumentiert[303]. Rotharis Ermahnung in Richtung der *christianae mentes* zeigt jedoch, dass entsprechende religiöse Gewissheiten im 7. Jahrhundert noch keine so große Rolle spielten. Man wird die Gründe wohl eher auf praktischer Ebene zu suchen haben. Das führt zu dem zweiten in Ed. Ro. 376 aufgebotenen Argument, demzufolge eine Frau nicht einen Mann von innen verzehren kann. Wenn das die Negation dessen ist, was die

tentiae punietur. Vgl. Lutz E. von Padberg, Capitulatio de partibus Saxoniae, in: HRG 1 (^{2}2008), Sp. 813–815 sowie Hermann Nehlsen, Reaktionsformen der Gesellschaft auf Verletzung und Gefährdung von Gemeinschaftsinteressen in Spätantike und frühem Mittelalter bei den germanischen Stämmen. Ein Beitrag zur Strafrechtsgeschichte, in: Das Recht und seine historischen Grundlagen. Festschrift für Elmar Wadle zum 70. Geburtstag, hg. von Tiziana J. Chiusi, Thomas Gergen und Heike Jung (Schriften zur Rechtsgeschichte 139), Berlin 2008, S. 759–781, S. 774 f.

301) Vgl. Ed. Ro. 127 in Verbindung mit Ed. Ro. 129–136.

302) Gian Piero Bognetti, Un contributo alla storia del diritto penale longobardo in una comunicazione di Achille Ratti (Pio XI) all'Istituto Lombardo, in: Ders., L'età longobarda, Bd. 1, Mailand 1966, S. 275–339, S. 307–309; Vismara, Cristianesimo (wie in Anm. 30), S. 476 Anm. 59.

303) Vgl. Liutpr. 84–85.

Leute, die vermeintliche Hexen töteten, glaubten, dann spricht einiges dafür, dass es sich bei der Tötung der Frau um die Reaktion auf eine vorangehende Schadenstat handelte: Ein Angehöriger ist zu Tode gekommen, eine fremde Aldin oder Sklavin soll als Hexe den Tod verursacht haben und wird deshalb getötet. Dass sich der Herr der getöteten Frau rächen wird, ist nicht unwahrscheinlich. Von dort zur Fehde ist es dann nur noch ein kleiner Schritt[304]. Vielleicht erklärt sich so auch das am Schluss von Ed. Ro. 376 erwähnte Eingreifen des *iudex*[305]. Zumindest ergibt sich aus der gerade angedeuteten Konfliktsituation abgesehen von den religiösen Hintergründen noch ein zweites Motiv für die ungewöhnlichen Präsumptionsbußen, und zwar das Bemühen, Selbsthilfe, Rache und Fehde einzuschränken beziehungsweise zu bekämpfen.

Vor diesem Hintergrund ist wohl auch die Begründung zu sehen. Sie ist zweigleisig. Zuerst genannt und aus Sicht des Gesetzgebers entscheidend ist das religiöse Argument (*credendum est*): *Christianae mentes* dürfen nicht dem Hexenglauben anhängen. Hinzu kommt ein zweiter eher empirischer Gesichtspunkt: Das, was über Hexen geglaubt wird, ist auch gar nicht möglich (*possibile*). Der Hexenglaube ist also weder mit dem christlichen noch mit dem »gesunden« Menschenverstand vereinbar. Wer das begriffen hat, so die Kalkulation des Gesetzgebers, wird in Zukunft keine halb- beziehungsweise unfreie Frau als Hexe töten. Doch vertraute Rothari nicht ausschließlich auf die Kraft seiner Argumente und setzte dementsprechend Bußen fest, die zusammengenommen im Falle der *aldia* das Wergeld eines einfachen (freien) Langobarden, das Liutprand mit 150 Solidi veranschlagt, leicht übersteigen[306].

Wie in Ed. Ro. 164–166 so enthält auch die im vorliegenden Kapitel enthaltene Begründung zumindest mittelbar eine Kritik am überkommenen Recht, das sich am Maßstab religiöser und profaner Rationalität messen lassen muss. Die Doppelstruktur der Begründung lässt vermuten, dass in Rotharis Augen vielleicht nicht jeder Leser geneigt war, schon das erste, das heißt das religiöse Argument, zu akzeptieren[307]. Darüber hinaus deuten die in Ed. Ro. 376 erkennbaren Bemühungen, die Vorstellungen, die dem vorchristlichen Hexenglauben zugrunde liegen, zu entkräften, auf Versuche des Gesetzgebers hin, nach den Ursachen eines Missstandes zu fragen und ihnen gegebenenfalls nicht nur mit schriftlich fixierten Normen, sondern auch mit Argumenten entgegenzuwirken.

304) Franz Beyerle, Das Entwicklungsproblem im germanischen Rechtsgang. 1: Sühne, Rache und Preisgabe in ihrer Beziehung zum Strafprozeß der Volksrechte (Deutschrechtliche Beiträge. Forschungen und Quellen zur Geschichte des Deutschen Rechts 10,2), Heidelberg 1915, S. 63 f. (S. 257 f.).

305) Anders Schmitt-Weigand, der die Erwähnung des *iudex* im Zusammenhang mit möglichen Klagen gegen seine Untergebenen (vgl. Ed. Ro. 2) sieht. Vgl. Schmitt-Weigand, Rechtspflegedelikte (wie in Anm. 296), S. 44. – Unter den gerade angedeuteten Vorzeichen erscheint es nicht ganz so sicher, ob man Ed. Ro. 376 tatsächlich entnehmen kann, dass auch unter den Entscheidungsträgern des Regnum der Hexenglaube noch weiter verbreitet war. Vgl. Gasparri, Cultura tradizionale (wie in Anm. 190), S. 96.

306) Liutpr. 62.

307) Vgl. auch Ed. Ro. 180.

Im Gewande einer gentilen Rechtsaufzeichnung werden so Ansätze einer frühmittelalterlichen »Rechtspolitik« erkennbar.

VII. Schluss: Konsensuale Wege zum geschriebenen Recht

Im Jahre 731 musste König Liutprand, der große langobardische Gesetzgeber des 8. Jahrhunderts, sich und seinen Untertanen eine Niederlage eingestehen[308]. Zehn Jahre zuvor hatte er in einer Novelle die traditionelle Form des Unrechtsausgleichs in einem zentralen Punkt einer grundlegenden Reform unterworfen[309]. Bis 721 war es so gewesen, dass derjenige, der einen anderen Freien getötet hatte, ein Wergeld in Höhe von 150–300 Solidi zahlen musste[310]. Fortan sollte diese Regel nur noch dann Anwendung finden, wenn der Täter zuvor vom Opfer angegriffen worden war, das heißt er in Notwehr gehandelt hatte. War dagegen der Täter der Angreifer, dann sollte er mit seinem ganzen Vermögen büßen. Das, was nach Zahlung des Wergelds noch übrig blieb, war zwischen der Opferseite und dem Königshof aufzuteilen.

Ein Jahrzehnt später stand fest, dass die Reform, in der man einen wichtigen Schritt in Richtung auf ein öffentliches Strafrecht sehen könnte, gescheitert war. In der Novelle Liutpr. 118 des Jahres 731 weiß der König von Leuten zu berichten, die nach dem natürlichen Tod eines ihrer Angehörigen andere anklagten, diesen vergiftet zu haben, und den Beweis *sicut antiqua fuerat consuitudo* durch einen gerichtlichen Zweikampf erbrachten. Die unterlegene Partei verlor daraufhin entsprechend der Regelung des Jahres 721 ihr gesamtes Vermögen. Das, so Liutprand, sollte in Zukunft nicht mehr geschehen: Will jemand einen anderen anklagen, einen seiner Angehörigen vergiftet zu haben, dann soll der Kläger zunächst einen Voreid leisten, dass er nicht böswillig klagt, sondern weil er einen sicheren Verdacht hat[311]. Kommt es dann tatsächlich zum Kampf und der Kläger obsiegt, dann soll der Angeklagte nicht mehr seines ganzen Vermögens verlustig gehen, sondern nur noch – wie bis 721 – das Wergeld des Toten zahlen. Die Novelle schließt mit einer Begründung: »Wir sind nämlich unsicher in Hinblick auf das *iudicium Dei*, und wir haben

308) Liutpr. 118. Vgl. Lupoi, Origins (wie in Anm. 55), S. 184 Anm. 72; Mathias Schmoeckel, Die Überzeugungskraft der Ordale in merowingischer Zeit, in: Von den Leges Barbarorum bis zum ius barbarum des Nationalsozialismus. Festschrift für Hermann Nehlsen zum 70. Geburtstag, hg. von Hans-Georg Hermann, Thomas Gutmann, u. a., Köln/Weimar/Wien 2008, S. 198–223, S. 216 f.; Nehlsen, Reaktionsformen (wie in Anm. 300), S. 774 f.

309) Liutpr. 20. Vgl. Geyer, Lehre von der Notwehr (wie in Anm. 202), S. 91 f.; Osenbrüggen, Strafrecht (wie in Anm. 83), S. 65; Brunner, Rechtsgeschichte (wie in Anm. 31), S. 335 Anm. 14; Pasquale del Giudice, Diritto penale germanico rispetto all'Italia, in: Enciclopedia del diritto penale italiano, Bd. 1, hg. von Enrico Pessina, Mailand 1905, S. 429–609, S. 555 f.

310) Vgl. Liutpr. 62.

311) Vgl. Liutpr. 71.

gehört, dass viele im Zweikampf (vor Gericht) gegen die Gerechtigkeit (*sine iustitia*) ihre Sache verloren haben. Doch wegen der Gewohnheit unseres Langobardenvolkes (*propter consuitutinem gentis nostrae Langobardorum*) können wir dieses Recht (des gerichtlichen Zweikampfs) nicht verbieten«.

Diese Begründung hat seit dem 19. Jahrhundert in der Literatur einige Prominenz erlangt und darf in keinem Aufsatz über die Geschichte der Gottesurteile fehlen: Ein frühmittelalterlicher Gesetzgeber, der am Gottesurteil des gerichtlichen Zweikampfs zweifelt. So gesehen könnte man den Eindruck gewinnen, Liutprand habe zur Unzeit die historische Bühne betreten. Carlo Guido Mor hat denn auch in seiner Regentschaft eine Proto-Renaissance vor der karolingischen Renaissance gesehen[312]. Ob diese Einordnung dem Gesetzgeber gerecht wird, erscheint jedoch fraglich. Das gilt zunächst für die Entwicklung nach 774, wenn man etwa an ein Kapitular Karls des Großen aus dem Jahre 809 denkt, das gebietet: *Ut omnes iuditium Dei credant absque dubitatione*[313]. Grund zur Skepsis gibt aber auch der Wortlaut der gerade zitierten Novelle Liutpr. 118. Das gilt etwa für den Ausdruck *iudicium Dei*, der zumeist mit »Gottesurteil« im Sinne von »Beweismittel« übersetzt wird, vielleicht aber nur den Willen Gottes bezeichnet[314]. In diesem Falle würde sich die Bemerkung auf die Vorsehung oder das Eingreifen Gottes in das irdische (Rechts)Leben beziehen[315].

312) Carlo Guido Mor, Epilogo, in: I problemi della civiltà carolingia (Settimane di studio del Centro italiano di studi sull'alto medioevo 1), Spoleto 1954, S. 379–387, S. 381.

313) Capitularia, Bd. 1 (wie in Anm. 98), Nr. 62 cap. 20, S. 150. Vgl. Schröder/von Künssberg, Lehrbuch (wie in Anm. 237), S. 397; Peter Landau, Die Lex Thuringorum – Karls des Großen Gesetz für die Thüringer, in: ZRG Germ. 110 (2001), S. 23–57, S. 38. Bemerkenswert ist auch ein Capitulare italicum (a. 800/810?), das Karls Sohn Pippin zugeschrieben wird. Vgl. Capitularia, Bd. 1 (wie in Anm. 99), Nr. 100 cap. 4, S. 208 Z. 10–13: [...] *iubemus atque precipimus, ut si suspitio fuerit quod periurassent, ut postea ad campum vel ad crucem iudicetur, ut ipsa veritas vel periurium fiant declarata. Et si Domini fuerit voluntas, quod per ipsa iudicia veritas aut periurium declaretur,* [...] Vgl. Giuseppe Albertoni, ›Si nobis succurrit domnus Carolus imperator‹. Legge ed esercizio della giustizia nell'età di Carlo Magno. Alcuni casi a confronto a partire dal Placito di Risano, in: Acta historiae 13 (2005), S. 21–44, S. 29.

314) In einer Urkunde des 8. Jahrhunderts wird die betreffende Passage aus Liutpr. 118 in diesem Sinne verwendet. Codice diplomatico longobardo, Bd. 2, hg. von Luigi Schiaparelli (Fonti per la storia d'Italia 63), Rom 1933, Nr. 230 (a. 769, Pisa), S. 285 Z. 6–8: *Q(uonia)m incerti sumus omnis de D(e)i iudicio, non iscimus qualiter nouis finis mortis occhurra, et ideo dispositum sum iter in exercito,* [...]. Vgl. Chris Wickham, Aristocratic Power in Eighth-Century Lombard Italy, in: After Rome's Fall. Narrators and Sources of Early Medieval History. Essays presented to Walter Goffart, hg. von Alexander Callander Murray, Toronto/Buffalo/London 1998, S. 153–170, S. 164. Zu dem betreffenden Ausdruck im ›Edictum Rothari‹ (Ed. Ro. 198: *tunc per camphionem causa ipsa, id est per pugnam ad Dei iudicium decernatur*) vgl. Gerhard Köbler, Welchen Gottes Urteil ist das Gottesurteil des Mittelalters?, in: Vom mittelalterlichen Recht zur neuzeitlichen Rechtswissenschaft. Bedingungen, Wege und Probleme der europäischen Rechtsgeschichte, hg. von Norbert Brieskorn und Paul Mikat (Rechts- und Staatswissenschaftliche Veröffentlichungen der Görres-Gesellschaft, N. F. 72), Paderborn/München/Wien/Zürich 1994, S. 89–108, S. 95.

315) Arcari, Idee (wie in Anm. 165), S. 317–357, S. 869–883; Irmgard Blume, Das Menschenbild Gregors von Tours in den Historiarum libri decem, phil. Diss., Erlangen 1970, S. 57–88; Hans-Werner Goetz,

Nicht ganz ins Bild passt zudem eine andere Passage der betreffenden Novelle, und zwar der Passus *gravis causa esse nobis conparuit, ut sub uno scuto per pugnam omnem substantiam suam homo amitterit.* Er entpuppt sich bei näherer Betrachtung teilweise als Anleihe aus dem ›Edictum Rothari‹. In den Kapiteln Ed. Ro. 164–166 wird der Ausschluss des gerichtlichen Zweikampfs in bestimmten Fällen mit dem folgenden, jeweils leicht abgewandelten Hinweis begründet: *quia videtur esse, ut talis/tam grandis causa sub uno scuto per pugna(m) dimittatur*[316]. Schon in Rotharis Gesetzbuch deutet sich also eine kritische Haltung gegenüber dem gerichtlichen Zweikampf an, die sich auch in den Novellen König Grimoalds zeigt[317].Ihr zugrunde liegen Zweifel an einem gentilen Beweismittel, die womöglich weiter verbreitet waren und die Liutprand, wenn man an der herkömmlichen Übersetzung von *iudicium Dei* festhält, (nur) explizit formuliert[318].

Die Gemeinsamkeiten zwischen Ed. Ro. 164–166 und Liutpr. 118, die nicht ohne Weiteres zu der Vorstellung eines konservativen Rothari und eines fortschrittlichen Liutprand passen, verweisen auf eine Kontinuität langobardischer Rechtskritik und »Rechtspolitik«, die sich in den Begründungen der betreffenden Bestimmungen niedergeschlagen hat. Ähnlich verhält es sich für das zuvor betrachtete »Hexenkapitel« des ›Edictum Rothari‹[319]. Gerade die beiden Vorschriften Ed. Ro. 376 und Liutpr. 118 hatte schon Edward GIBBON (1737–1794) vor Augen, wenn er bemerkt: »Whatever merit may be discovered in the laws of the Lombards, they are the genuine fruit of the reason of the barbarians who never admitted the bishops of Italy to a seat in their legislative councils.«[320] GIBBON hat, wenn er die Vernunft der Langobarden hervorhebt, nicht zuletzt die Nähe ihres geschriebenen Rechts zum realen Leben vor Augen[321]. In Liutprands Zweikampfnovelle wird dieser Praxisbezug unter anderem im Hinweis auf die *consuetudo gentis* fassbar, die sich als so stark erwiesen hat, dass der Gesetzgeber seine Reform zu-

Gott und die Welt. Religiöse Vorstellungen des frühen und hohen Mittelalters, Teil I, Bd. 1: Das Gottesbild (Orbis mediaevalis/Vorstellungswelten des Mittelalters 13,1), Berlin 2011, S. 142–152.

316) Siehe oben S. 209 f.

317) Grim. 2; Grim. 4.

318) Moritz August VON BETHMANN-HOLLWEG, Der germanisch-romanische Civilprozeß im Mittelalter, Bd. 1: Vom fünften bis zum achten Jahrhundert (Der Civilprozeß des gemeinen Rechts in geschichtlicher Entwicklung 4), Bonn 1868, S. 380.

319) Siehe oben S. 222–227.

320) Edward GIBBON, The History of the Decline and Fall of the Roman Empire, Bd. 5, hg. von John Bagnell BURY, London 1898, chap. XLV, S. 30. Bei dem Hinweis auf den fehlenden Einfluss der Bischöfe dürfte es sich um einen antiklerikalen Seitenhieb handeln, der wohl auf den Einfluss von GIANNONE zurückgeht. Vgl. Thomas S. BROWN, Gibbon, Hodgkin and the Invaders of Italy, in: Edward Gibbon and Empire, hg. von Rosamond MCKITTERICK und Roland QUINAULT, Cambridge 1997, S. 137–161, S. 147. Zu Giannone vgl. Anm. 2.

321) Peter BROWN, Gibbon's Views on Culture and Society in the Fifth and Sixth Centuries, in: DERS., Society and the Holy in Late Antiquity, London 1982, S. 22–48, S. 45 f. Zu Gibbon vgl. auch WOOD, Modern Origins (wie in Anm. 2), S. 48–50, 52 f., 68–73.

rücknehmen muss[322]. Um eine solche gentile Gewohnheit geht es auch in Ed. Ro. 376, wenn die Tötung von Hexen verboten wird[323].

In beiden Fällen war das zeitgenössische Rechtsleben Gegenstand einer königlichen Normgebung, deren Erfolg oder Misserfolg, wie die Novellen des 8. Jahrhunderts zeigen, zu Reaktionen und neuen Aktivitäten des Gesetzgebers führen konnte. Dieses enge Verhältnis von Normgebung und gelebter Gewohnheit, das sich schon bei Rothari andeutet[324], vermittelt in der Tat den Eindruck einer »Bodenhaftung« der langobardischen *lex scripta*, für deren Anwendung sich schon früh Hinweise finden[325]. GIBBON sah hier eine Vernunft am Werke, die nicht zuletzt im Normgebungsvorgang waltete. Dieser zeichnete sich aus seiner Sicht vor allem dadurch aus, dass der langobardische König nicht der alleinige oder absolute Gesetzgeber war, sondern in Verbindung und Abstimmung mit den Großen und dem Volk legislativ tätig wurde[326].

Der Gedanke führt zurück zum Anfang dieser Untersuchung und zu einigen ihrer Ergebnisse. Ausgangspunkt der Studie war die Frage, als was sich eine frühmittelalterliche Rechtsaufzeichnung darstellt, wenn man sie mit Blick auf das Verhältnis von Konsens und Recht untersucht, ohne überkommene Gewissheiten über den Ursprung der ›Leges barbarorum‹ aus dem Zusammenwirken von König, Großen und Volk und darauf gegründete verfassungsgeschichtliche Lehrgebäude oder rechtshistorische Theorien vorauszusetzen. Die Überlegung lässt sich in Hinblick auf den Untersuchungsgegenstand, das heißt das langobardische Recht im Allgemeinen und das ›Edictum Rothari‹ im Besonderen, vertiefen. Die ›Leges Langobardorum‹ zeichnen sich einerseits durch ihr technisches Niveau und zukunftsweisende Regelungen aus, andererseits erscheint gerade Rotharis Edikt (643) als Niederschlag überkommener gentiler Rechtsüberlieferung. Die Frage liegt nahe, wie und wodurch Tradition und Neuerung vereinbar waren, und zwar besonders in den Augen der Langobarden, die an Normgebung oder Rechtsanwendung beteiligt waren. Das Problem des Konsenses stellt sich hier nicht nur im Sinne politischer und rechtlicher Willensbildung, sondern auch in Bezug auf den Inhalt der *lex scripta.* Von Interesse

322) Karol MODZELEWSKI, Legem ipsam vetare non possumus. Il re codificatore dinanzi alla forza della consuetudine, in: Bullettino dell'Istituto storico italiano per il medio evo 101 (1997/1998), S. 1–12.

323) Vgl. auch OSENBRÜGGEN, Aufgabe (wie in Anm. 298), S. 208.

324) So zum Beispiel Ed. Ro. 364: [...] *Quia multos cognovimus in regno nostro tales pravas opponentes intentiones, haec nos moverunt presentem corregere legem et ad meliorem statum revocare.*

325) Daniela FRUSCIONE, Documenti longobardi e questione dell'effettività delle leggi, in: Filologia germanica/Germanic Philology 2 (2010), S. 103–132. Vgl. schon BRUNNER, Rechtsgeschichte (wie in Anm. 31), S. 426. Zur sogenannten Effektivitätsdebatte siehe Anm. 155.

326) GIBBON, History (wie in Anm. 320), chap. XLV, S. 29: »In peace a judge, a leader in war, he [der langobardische König, C.M.] never usurped the powers of a sole and absolute legislator. The king of Italy convened the national assemblies in the palace, or more probably in the fields, of Pavia; his great council was composed of the persons most eminent by their birth and dignities; but the validity, as well as the execution, of their decrees depended on the approbation of the faithful people, the fortunate army of the Lombards«.

sind in diesem Zusammenhang vor allem solche Vorschriften, die sich als etwas Besonderes oder Neuartiges darstellten und daher aus Sicht des Gesetzgebers womöglich einer besonderen Vermittlung bedurften, um akzeptabel zu erscheinen. Vor diesem Hintergrund rücken Begründungen zu einzelnen Bestimmungen als Ausdruck diskursiver Konsensstrategien in den Blick.

Nach einer kurzen Bestandsaufnahme in Hinblick auf das Regnum der Langobarden und die ›Leges Langobardorum‹ sowie einigen grundsätzlichen Überlegungen zum Erkenntniswert konsensfähiger Aussagen in weltlichen Rechtsaufzeichnungen des Frühmittelalters wurde zunächst der legislative Konsens als Form und Ergebnis politischer und rechtlicher Willensbildungsprozesse untersucht. Dabei galt das besondere Augenmerk dem Epilogkapitel Ed. Ro. 386 und den Novellenprologen des 8. Jahrhunderts. Eine Analyse des Kapitels Ed. Ro. 386 zeigt, dass *consensus* und *consilium* der *primati iudices* und des langobardischen *exercitus* wohl vor allem die Teile des ›Edictum Rothari‹ betrafen, die dem gemeinen Wohl der Gens (*communes omnium gentis nostrae utilitates*) dienten. Gegenüber den *antiquae leges patrum nostrorum quae scriptae non erant* grenzt dieses Kriterium nicht nur den betreffenden Normenbestand im Sinne königlicher Neuerungen ein, sondern beleuchtet auch die Bedeutung des Gemeinwohlgedankens als einer Kategorie, die gleichermaßen gesetzgeberischer Legitimation und Planung (Ed. Ro. 306) diente. Das am Schluss von Ed. Ro. 386 erwähnte *gairethinx*, das traditionell oft als »›germanischer‹ Modus des Volkskonsenses« (Hannig) gedeutet wird, hatte dagegen wohl in erster Linie Publizitäts- und damit Beweisfunktion.

Die Analyse von Ed. Ro. 386 führt die Möglichkeiten, aber auch die Grenzen konsensualer Willensbildung in Hinblick auf den Aufzeichnungsvorgang etwas klarer vor Augen und trägt so dazu bei, die in der Vergangenheit mitunter zu einseitig betonte Bedeutung von *consensus* und *consilium* für das Zustandekommen des Edikts ein wenig zu relativieren. Dieses Ergebnis findet eine Bestätigung in einzelnen Vorschriften des ›Edictum Rothari‹, die auf Kontrollbemühungen des Königs in Hinblick auf die Gens und die Duces hindeuten. Im Vergleich zu Rotharis Gesetzbuch lassen die Novellen des 8. Jahrhunderts nicht zuletzt die zunehmende Bedeutung der langobardischen *iudices* erkennen. Sie trieben zusammen mit dem König die Normgebung voran, die letztlich auf dem Zusammenwirken des Herrschers mit dieser hervorragenden Gruppe von Rechtsanwendern beruhte. Demgegenüber trat die Bedeutung der Gens wohl auch im Zuge allgemeiner politischer Veränderungen im letzten Drittel des 7. Jahrhunderts zurück.

Nach dem Konsens als Form und Ergebnis von Willensbildungsprozessen galt es, die diskursive Seite des Phänomens in Gestalt ausgewählter gesetzgeberischer Begründungen im ›Edictum Rothari‹ genauer zu untersuchen. Dabei standen solche Begründungen im Mittelpunkt, die auf allgemeineren Begriffen oder Kategorien beruhen. Die Argumentation etwa mit Vorstellungen von Vernunft beziehungsweise Unvernunft, Gottesgnadentum, Sünde oder auch empirischer Erfahrung dient in der Regel der Legitimation rechtlicher Neuerungen und setzt bestimmte übergeordnete »Werte« als allgemein anerkannt und dementsprechend konsensfähig voraus. Solche Wertvorstellungen, für die sich in einzelnen Vorschriften ganz unterschiedliche Anknüpfungspunkte finden, lassen Konzentrationspunkte des *consensus iuris* in einem nachrömischen frühmittelalterlichen Gemeinwesen erkennen.

Dass es sich hier nicht bloß um propagandistische Gemeinplätze handelt, zeigen die argumentativen Parallelen zwischen Einzelvorschriften (Ed. Ro. 2, 306) und dem Prolog beziehungsweise dem Epilogkapitel Ed. Ro. 386, wenn man etwa an den Gedanken des Gottesgnadentums oder des Gemeinwohls denkt. Bemerkenswert ist zudem die in verschiedenen Kapiteln wiederkehrende, mitunter sogar in ein und derselben Vorschrift (Ed. Ro. 180, 256, 376) alternativ gebotene Argumentation auf unterschiedlichen inhaltlichen Ebenen, insbesondere einer religiös-normativen und einer verstandesmäßig-empirischen. Offensichtlich rechnete der langobardische Gesetzgeber mit der Möglichkeit, dass der Leser von einer der beiden Argumentationsformen allein noch nicht überzeugt war oder dass verschiedene Gruppen von Lesern auf unterschiedliche Weise überzeugt werden mussten. Die betreffenden Darlegungen liefern zugleich wertvolle Hinweise, wie sich der Gesetzgeber die Anwender seines Gesetzbuchs vorstellt. Als Hauptadressaten der Begründungen kommen in erster Linie die langobardischen *iudices* in Betracht. Vor diesem Hintergrund wird die zentrale Rolle, die sie nicht nur für das Zustandekommen der Novellen, sondern auch aus Sicht der ›Leges Langobardorum‹ im Rechtsleben spielten, besser verständlich.

Die historische Bedeutung der hier untersuchten Begründungen zeigt sich nicht zuletzt in der Zweikampfnovelle Liutpr. 118. Was sich auf den ersten Blick als Versagen oder Schwäche des Gesetzgebers darstellt, erweist sich bei genauerem Hinsehen als Teil insgesamt durchaus erfolgreicher Bemühungen, das Rechtsleben der Gens Langobardorum mit Hilfe der *lex scripta* zu gestalten und zu verändern. Diese Einsicht klingt bereits in Gibbons Bemerkung über die Gesetze als Frucht wahrer Vernunft an. Ein Lob, zu dem sich der Gelehrte gerade mit Blick auf die begründungsgesättigten Vorschriften Ed. Ro. 376 und Liutpr. 118 veranlasst sah. Der Erfolg lebensnaher und doch reflektierter ›Leges Langobardorum‹ hatte vielfältige Ursachen. Dazu gehört nicht nur die Tätigkeit von Fachleuten und die (zumindest mitgedachte) Beteiligung weiterer Kreise an der Normgebung, sondern auch die Form des geschriebenen Rechts, die sich unter anderem durch ihre diskursiven Elemente als Ausdruck gesetzgeberischer Konsensstrategie zu erkennen gibt. Schon im ›Edictum Rothari‹ zeigt sich jene Bereitschaft zur Argumentation, die für die Novellen des 8. Jahrhunderts seit Längerem hervorgehoben wird und die auf die Arbeit der *iudices* an der und mit der *lex scripta* hindeutet.

Angesichts des Erfolgs kann leicht der Blick für die Voraussetzungen und Besonderheiten gerade auch im Vergleich zu anderen gentilen Rechtsaufzeichnungen verloren gehen. Das zeigt ein Blick auf das westgotische Recht des 7. Jahrhunderts. In der ›Lex Visigothorum‹ wachsen sich die Begründungen mitunter zu kleinen Traktaten aus und lassen oft einen theologisierenden oder moralisierenden Grundzug erkennen[327]. Demgegenüber fallen hinsichtlich der ›Leges Langobardorum‹ die Prägnanz der Argumente und die unterschiedlichen Rationalitätsebenen, auf denen die Begründung einzelner Normen erfolgt, ins Auge. Dies trug nicht unwesentlich dazu bei, dass der von den langobardischen Gesetzgebern beschrittene diskursive Weg auch zum Ziel, das heißt zum Konsens über das Recht, führte.

Richtet man abschließend noch einmal den Blick auf die eingangs erwähnten Beobachtungen eines MURATORI oder GIANNONE, dann scheint sich bei ihnen bereits ein besonderes Interesse an Recht und Konsens im frühen Mittelalter anzudeuten, das die Forschung seit dem 19. Jahrhundert dann in Richtung möglicher Vorläufer demokratischer Entscheidungsfindungsprozesse und moderne Legitimitätsvorstellungen kanalisiert hat. Darüber geriet die Einsicht, dass sich Konsens nicht auf Zustimmung und Einwilligung beschränkte, sondern auch die Übereinstimmung der Meinungen umfasste, in Vergessenheit. Die Ursachen dafür liegen wohl nicht nur in den legitimatorischen Interessen der Moderne, sondern auch in ihrem Bild der frühmittelalterlichen Barbaren beziehungsweise Germanen, in dem für die Rationalität eines »mitdenkenden« Konsenses wenig Platz ist. Insofern kann der in den ›Leges Langobardorum‹ fassbare »reason of the barbarians« auch als eine Anfrage an ein verbreitetes Bild des Frühmittelalters und seines Rechts verstanden werden[328].

SUMMARY

The object of this investigation is the role that consensus played in the Lombard laws in general and in Rothari's Edict of 643 in particular. The focus is not only on questions of decision and consent as regards the Lombard codifications of the 7th and 8th centuries, but also on consensus in the sense of a »concordance of opinions« which was brought about by argument and which has found expression in explanations given by the legislators in

327) So zum Beispiel Lex Visigothorum (wie in Anm. 96), IV,2,17 (Recceswinth), S. 184 f. Vgl. Christoph H. F. MEYER, Taufe und Person im ersten Jahrtausend. Beobachtungen zu den christlichen Wurzeln einer Grundkategorie europäischen Rechtsdenkens, in: Rechtsgeschichte 21 (2013), S. 89–117, S. 105 f. sowie (allgemein) DAHN, Westgothische Studien (wie in Anm. 166), S. 302–305.

328) Vgl. Anm. 53. Zum Bild der Germanen und des germanischen Rechts aus Sicht der Rechtshistorie des 19. und 20. Jahrhunderts vgl. Wolfgang FLIESS, Die Begriffe Germanisches Recht und Deutsches Recht bei den Rechtshistorikern des 19. und 20. Jahrhunderts, jur. Diss., Freiburg im Breisgau 1968; Andrea NUNWEILER, Das Bild der deutschen Rechtsvergangenheit und seine Aktualisierung im ›Dritten Reich‹ (Fundamenta juridica 31), Baden-Baden 1996; Peter LANDAU, Prinzipien germanischen Rechts als Grundlage nationalistischer und völkischer Ideologien, in: Zur Geschichte und Problematik der Nationalphilologien in Europa. 150 Jahre Erste Germanistenversammlung in Frankfurt am Main (1846–1996), hg. von Frank FÜRBETH, Pierre KRÜGEL, Ernst E. METZNER und Olaf MÜLLER, Tübingen 1999, S. 327–341 sowie Jürgen BUSCH, Das Germanenbild der deutschen Rechtsgeschichte. Zwischen Wissenschaft und Ideologie (Rechtshistorische Reihe 299), Frankfurt am Main/Berlin/Bern 2004.

their law books. The article starts with some basic information and general reflections on the realm of the Lombards, their laws and the historical significance of consensual statements in early medieval Leges. After that the author looks at consensus in Lombard law insofar as it presents itself in prologues, epilogues and single norms as an aspect of political as well as legal decision-making processes as regards codification. Thereafter the discursive side of consensus will be the center of attention. In this part of the paper selected explanations given by the legislator in the ›Edictum Rothari‹ are analysed. The study concludes with a glance at the 8th century combined with a review of some results of this inquiry.

»Leudes, fara, faramanni und farones«: Zur Semantik der Bezeichnungen für einige am Konsenshandeln beteiligte Gruppen

Wolfgang Haubrichs (Saarbrücken)

I.

Der als Pseudo-Fredegar bekannte, um 660 schreibende merowingische Geschichtsschreiber berichtet an einer für das Ende des Regimes der Königin-Großmutter Brunichild († 613) entscheidenden Schlüsselstelle (IV, 41)[1]:

Burgundaefaronis vero tam episcopi quam citeri leudis timentis Brunechildem et odium in eam habentes, Warnachario consilium inientes, tractabant, ut neque unus ex filiis Theuderici evaderet, sed, eos totus oppressus, Brunechilde delirent et regnum Chlothariae expetirent; quod probavit eventus.

Nach diesem Bericht haben wir es offensichtlich bei den Burgundaefarones mit einer leitenden Gruppe rund um den burgundischen Hausmeier Warnachar zu tun[2], die eine eigene Gruppenbezeichnung besitzt[3] und auch (zusammen mit dem Hausmeier) Verhandlungsmacht besitzt, die sie in einer *coniuratio*-ähnlichen Aktion gegen die Anhänger des Brunichild-Regimes einsetzt. Zur Struktur dieser burgundischen Gruppe erfahren wir, dass sie sich anscheinend aus geistlichen und weltlichen »Großen«, aus Bischöfen und *ceteri leudes* zusammensetzt, wobei diese Attribuierung von *ceteri*, den »übrigen«, voraussetzt, dass der Begriff der leudes die Burgundaefarones (wohl einschließlich der Bischöfe?) inkludiert. Ob damit die Struktur der Burgundaefarones vollständig beschrieben ist, kann vorläufig nicht gesagt werden.

Wenden wir uns zunächst dem Begriff der leudes zu, der sowohl in zahlreichen Volksrechten wie auch in erzählenden Quellen vorkommt und zudem aufschlussreiche volkssprachliche und onomastische Verwandte hat.

1) Chronicarum quae dicuntur Fredegari Scholastici libri IV, hg. v. Bruno KRUSCH (MGH SS rer. Mer. II), Hannover 1888, S. 141. Vgl. zu Brunichild Heike GRAHN-HOEK, Brunichild, in: Lex.MA 1 (1983), Sp. 761–762; Bruno DUMÉZIL, Brunehaut, Paris 2008.

2) Vgl. Horst EBLING, Prosopographie der Amtsträger des Merowingerreiches von Chlothar II. (613) bis Karl Martell (741), München 1974, S. 235–238; Ulrich NONN, Warnachar, in: Lex.MA 8 (1997), Sp. 2051.

3) Vgl. zu Etymologie und Bedeutung der Bezeichnung u. S. 260 f. mit Anm. 118 f.

II.

Beginnen wir mit der Etymologie, die den Anfang, wenn auch nicht das Ziel jeder semantischen Analyse eines historisch gegebenen Wortes markieren muss:

frankolat. *leudes* (Plur.) < germ. **leudi-* m. ›Mann, Mitglied des Volksverbandes (?)‹ – so E. SEEBOLD; im kollektiven Plur. an. *ljódr* m. ›Volk‹, an. *lydr* ›Leute‹, ahd. *liut*(*i*) m.f., as. *liud*(*i*) m.f., ae. *lēod* f. ›Leute, Volk‹, afries. *liōde* m. ›Volk‹. Daraus mit der Bedeutung ›Mann, freier Mann‹ burg. *leudis* und ae. *leód* ›a man‹; ebenso in den Komposita ae. *burgleód* ›municeps, indigena‹, *land-leód* ›native of a county‹; ahd. *purc-liut* ›civis‹, *eli-liut* ›Ausländer‹, *wester-liut* ›West-Mann, Gallus‹.

Der Stamm germ. **leud-* kommt in zahlreichen germanischen Sprachen kollektivierend in pluralischer Wortbildung vor, die durchweg – wie bis heute im Deutschen – die Bedeutung ›Leute, Volk‹ transportieren[4)]. Ihnen entsprechen etymologisch auch außergermanisch Wörter für ›Volk, Leute‹ und ›freier Mann‹.

In der Tat scheint auch die nur historisch fassbare Singularform des Wortes im Germanischen die einfache Bedeutung ›Mann, freier Mann‹, vielleicht ›erwachsenes Mitglied des Volksverbandes‹ (so Gabriele von OLBERG) gehabt zu haben[5)]. Erhalten ist diese Be-

4) Friedrich KLUGE/Elmar SEEBOLD, Etymologisches Wörterbuch der deutschen Sprache, Berlin/Boston [25]2011, S. 574. Vgl. auch Elmar SEEBOLD, Vergleichendes und etymologisches Wörterbuch der germ. starken Verben, Den Haag 1970, S. 335 f. zur Anbindung an die Sippe von germ. **leud-a-* ›wachsen‹.

5) Gabriele von OLBERG, *Leod* ›Mann‹. Soziale Schichtung im Spiegel volkssprachiger Wörter der Leges, in: Wörter und Sachen im Lichte der Bezeichnungsforschung, hg. von Ruth SCHMIDT-WIEGAND, Berlin/New York 1981, S. 91–106; DIES., Freie, Nachbarn und Gefolgsleute. Volkssprachige Bezeichnungen aus dem sozialen Bereich in den frühmittelalterlichen Leges, Frankfurt a. M. et al. 1983, S. 135–153; DIES., Die Bezeichnungen für soziale Stände, Schichten und Gruppen in den Leges Barbarorum, Berlin/New York 1991, S. 60–73. Vgl. ferner Heinrich TIEFENBACH, Studien zu Wörtern volkssprachiger Herkunft in karolingischen Königsurkunden. Ein Beitrag zum Wortschatz der Diplome Lothars I. und Lothars II., München 1973, S. 68–71; Ruth SCHMIDT-WIEGAND, Leod, leodis, leudes, leodi, leodardi, leudesamio, in: HRG II (1978), Sp. 1845–1848; DIES., Fränkische und frankolateinische Bezeichnungen für soziale Schichten und Gruppen in der Lex Salica, in: DIES., Stammesrecht und Volkssprache. Ausgewählte Aufsätze zu den Leges Barbarorum, Weinheim 1991, S. 376 f.; Dieter HÄGERMANN, Leudes, in: Lex.MA 5 (1991), Sp. 1919; Annette de SOUSA COSTA, Studien zu volkssprachigen Wörtern in karolingischen Kapitularien, Göttingen 1993, S. 210–216; Norbert WAGNER, *Liut-*, *Alt-*, *gastaldius* und ähnliches, in: Münchner Studien zur Sprachwissenschaft 57 (1997), S. 169–177; Hermann REICHERT / Gabriele von OLBERG, Leudes, in: RGA 18 (2001), S. 292–298; Gideon MAIER, Amtsträger und Herrscher in der Romania Gothica. Vergleichende Untersuchungen zu den Institutionen der ostgerm. Völkerwanderungsreiche, Stuttgart 2005, S. 206; Norbert WAGNER, *Leodium*, *Leudicum** > ›Lüttich‹, in: Beiträge zur Namenforschung NF 47 (2012), S. 77–80, zeigt, dass der Name Lüttich germ. **leudi-* enthält, freilich wohl weniger im Sinne von ›dem Dienstmann zugehöriges Gut‹, schon weil latinisiertes *leudis* nicht ›Dienstmann‹ oder ›Gefolgsmann‹ bedeutet, sondern eher im Sinne von *vicus publicus* zu **leudi-* ›Volk, gens› Leute‹ wie etwa bei den Ortsnamen *Leutkirch*, a. 843 *Liut-chirichun* (D. Sg.) 'Volkskirche', parallel zu gleichbedeutendem *Dietkirch(en)* < **Theod-kirihha* und lat. *plebs* ›Kirchenvolk‹. – Ich danke Stefan ESDERS (Berlin) für die freundliche Gewährung der Einsicht in eine noch unpublizierte Arbeit zu »*Leudes*-Treueiden vom 6. bis zum 8. Jahrhundert«.

deutung in ae. *leód* ›a man‹, auch ganz klar in den ae. Komposita wie *burg-léod* ›municeps, indigena‹ (wörtlich ›Stadt-Mann‹), *land-leód* ›native of a county‹ (wörtlich ›Land-Mann‹)[6] mit deutlichen Entsprechungen im Althochdeutschen mit *purc-liut* ›civis‹ in Glossen, *eli-liut* ›Ausländer‹, *wester-liut* ›West-Mann‹, in Glossen ›Gallus‹ (d. h. Einwohner der Gallia)[7]. In den Volksrechten – vom altenglischen Königsrecht abgesehen – ist nur im burgundischen ›Liber constitutionum‹ (*Lex Burgundionum*, tit. 101, §2) diese einfache Bedeutung erhalten geblieben, natürlich in latinisierter Form[8]: *Leudes vero si hoc praesumpserit facere, similiter in tripla solutione, hoc est solidos XLV, et multae nomine solidos XII.* Damit stehen die *leudes* im Wergeld unterhalb der *optimates* mit 150 Solidi und auch der *mediocres* mit 100 Solidi.

Burgundo-lat. *leudis* bedeutet dort in einer Erörterung verschiedener Wergeld-Höhen für unterschiedliche soziale Schichten die unterste Kategorie, wohl in der Tat ›einfacher, freier Mann‹ gegenüber den *mediocres*, den ›Mittleren‹ und den *optimates*, den ›Großen‹.

Diese Bedeutung liegt wohl auch ursprünglich vor, wenn das reichlich als Erstelement verwendete Lexem *leud-* in Personennamen als Simplex oder als Zweitelement (also ursprüngliches Grundwort, Determinatum) vorkommt, letzteres eher selten und spät in spezifischen, quasi-appellativen, also Bezeichnungen der Gemeinsprache darstellenden Bildungen[9]:

6) WAGNER, *Liut* (wie Anm. 5), S. 169; DERS., *Leodium* (wie Anm. 5), S. 78.

7) Rudolf SCHÜTZEICHEL (Hg.), Althochdeutscher und Altsächsischer Glossenwortschatz, Bd. 6, Tübingen 2004, S. 134 f.: *liut, liuti* glossiert in der Einzahl den Angehörigen eines Volkes, einer *plebs* usw.; i.d. Mehrzahl ein Volk, eine Volksmenge (Leute), *gens, populus, vulgus, plebes, cives.* Vgl. Heinrich TIEFENBACH, Altsächsisches Handwörterbuch, Berlin/New York 2010, S. 246 f. Interessant auch die Komposita *liud-folk* ›Volk‹, *liud-werod* ›Volksschar‹, welche die alte semantische Breite vom einzelnen Mann, Mensch hin zu *gens* ›Volk‹ (Plural) belegen. Von den ›*Annales regni Francorum*‹ werden zu a. 775 Männer aus Ost-Sachsen, die Karl dem Großen einen Treueid schworen, als *Austreleudi Saxones* ›sächsische Ost-Männer‹ bezeichnet, später variierend als *Austrasii* (MGH SS rer. Germ. in usu schol. VI, S. 40, 42). Im ahd. ›Hildebrandslied‹ (um 830 nach Vorlage des späten 8. Jahrhunderts) werden die östlich der Adria wohnenden Goten *ostarliuti* ›Ost-Leute‹ genannt. Vgl. Wolfgang HAUBRICHS, Die Anfänge: Versuche volkssprachiger Schriftlichkeit im frühen Mittelalter (= Geschichte der dt. Literatur von den Anfängen bis zum Beginn der Neuzeit I, 1), Tübingen ²1995, S. 117 (mit Hinweis auf Widukind, Res gestae Saxonicae, hg. v. Paul HIRSCH/Hans-Eberhard LOHMANN (MGH SS rer. Germ. 60), Hannover ⁵1935, I, c. 14: *orientales populi* ›Ostleute, Ostfalen‹.

8) Lex Burgundionum, hg. v. F. BLUHME (MGH LL III), Tit. 101 §2. Vgl. dazu OLBERG, *Leod* (wie Anm. 5), S. 100, 103; DIES., Freie (wie Anm. 5), S. 135; DIES., Bezeichnungen (wie Anm. 5), S. 61; REICHERT/OLBERG, Leudes (wie Anm. 5), S. 295; Marusca FRANCINI, Il nome del re in Longobardo, in: Atti del XXII Congresso Internazionale di Scienze Onomastiche Pisa 2005, Bd. I, Pisa 2007, S. 519–531, S. 523.

9) Vgl. zum Namenelement **leudi-* Ernst FÖRSTEMANN, Altdeutsches Namenbuch, Bd. I: Personennamen, Bonn ²1900, Sp. 1030–1051 (als Erstelement äußerst häufig); Henning KAUFMANN, Ergänzungsband zu Ernst Förstemann, Personennamen, München/Hildesheim 1968, S. 232 f.; Marie-Thérèse MORLET, Les noms de personne sur le territoire de l'ancienne Gaule du VIᵉ au XIIᵉ siècle, Bd. 1, Paris 1968, S. 158–161; Hermann REICHERT, Lexikon der altgermanischen Namen, Bd. I, Wien 1987; Bd. II, Wien 1990, S. 561 f.

- *Liut* ›Mensch, Mann‹ und die feminine Movierung *Liutin* (als Appellativ schon in der ›*Lex Salica*‹)[10], vorwiegend alemannisch und bairisch;
- *Wulfo-leudus* ›Wolf-Mann‹ seit dem 7. Jahrhundert, westfränkisch[11];
- *Ragin-liodis* ›Rat-Mann‹, a. 737 in Weißenburg (Grundwort in frankolat. Form)[12];
- *Adal-leod* ›Adels-Mann‹ fränkisch, alemannisch und bairisch[13];
- *Heri-leutus* ›Heer-Mann‹ a. 856/57, Italien (sprachlich aber althochdeutsch)[14]

Areal ist die Verwendung auf westfränkische und hochdeutsche Gebiete innerhalb der germanischen Sprachen begrenzt. Außer dem archaischen Kriegernamen *Wulfo-leud-*, der wohl seine Entstehung der Inversion der Kriegerkenning *Leud-wulfa-*›Mann-Wolf, Werwolf‹ verdankt, sind es jüngere Bildungen, die aber immerhin wie die appellativen Komposita *burg-liut* usw. belegen, dass das Wort **leud-* in seiner alten Bedeutung, vielleicht aber auch schon mit neuer Konnotation, auch im fränkisch-alemannisch-bairischen Kerngebiet im 8. und 9. Jahrhundert noch lebendig und bildungsfähig war.

Das frankolateinische Lehnwort, das in den beiden Formen *leudis* (Plural *leudes*) und *leudus* (Plural *leudi*) vorkommt, hat jedoch im Laufe der Merowingerzeit eine semanti-

(ohne Beleg für **leud-* als Zweitglied). Vgl. weiter FRANCINI, Il nome (wie Anm. 8), S. 523–529 (mit fälschlicher Einengung der Semantik auf »uomo del seguito«).

10) Dieses und die folgenden Beispiele aus WAGNER, *Liut* (wie Anm. 5), S. 170 f. Zum latinisierten aus *leod* movierten Femininum *leodinia* mit der Bedeutung ›freie Frau‹, aber auch ›Frauengeld‹ vgl. SCHMIDT-WIEGAND, Leod (wie Anm. 5), Sp. 1845.

11) FÖRSTEMANN, Personennamen (wie Anm. 9), Sp. 1656: mit Hinweisen auf einen Bischof *Vulfoledus* von Bourges a. 647 – n. 660 (vgl. Léopold DUCHESNE, Fastes épiscopaux de l'ancienne Gaule, Paris ²1907–1915, Bd. 2, S. 29); *Vulfoleudus* a. 644 (Jean Marie PARDESSUS, Diplomata, chartae, epistolae, leges aliaque instrumenta ad res gallofrancicas spectantia, 2 Bde., Paris 1843–1849, Nr. 308), a. 653 (ebd. Nr. 322); c. 644 auch in MGH Epp. Merow. I, S. 212, Nr. II, 17; a. 653 auch in Robert DE LASTEYRIE, Cartulaire générale de Paris, Paris 1878, Nr. 11; Die Urkunden der Merowinger, hg. v. Theo KÖLZER, Teil 1 (MGH DD Mer.), Hannover 2001, Nr. 85 (zu a. 654).

12) Karl GLÖCKNER/Anton DOLL, Traditiones Wizenburgenses. Die Urkunden des Klosters Weißenburg 661–864, Darmstadt 1979, Nr. 37, mit nach lat. *leudis* romanisierter Endung. Der Schenker *Radolfus*, Sohn der *Amallind* und des *Raginliodus* verschenkt Besitz in Buchsweiler im Nordelsass und in der *villa Diluquifiaga* a. d. Eichel im Saargau (mit einem *mancipium* mit dem rom. Namen *Vigilianus*). Als Neffe des *Weroaldus* gehört er zur Weißenburger Gründersippe der Gundoine-Audoine. Die Urkunde ist in deren *villa Monti*, d. i. Berg bei Drulingen, im Saargau ausgestellt. Vgl. Wolfgang HAUBRICHS, Siedlungsnamen und frühe Raumorganisation im oberen Saargau, in: Zwischen den Sprachen. Siedlungs- und Flurnamen in germanisch-romanischen Grenzgebieten, hgg. von DEMS./Hans RAMGE, Saarbrücken 1983, S. 221–287, hier S. 251–256.

13) FÖRSTEMANN, Personennamen (wie Anm. 9), Sp. 175: kein Beleg vor dem 9. Jh.

14) Wilhelm BRUCKNER, Die Sprache der Langobarden, Straßburg 1895, S. 266, 279. Nach WAGNER, *Liut* (wie Anm. 5), S. 171 wird der PN von BRUCKNER »für vielleicht fränkisch, gewiss zu Recht also für nicht langobardisch gehalten«, wofür auch der Umlaut in *-harja-* > *-heri*, der im Langobardischen nicht vorkommt, spricht.

sche Entwicklung durchgemacht, die sich vor allem an fränkischen Rechtsquellen und Chroniken des 6./7. Jahrhunderts ablesen lässt.

In den ältesten Texten, Edikten König Chilperichs I. (561–584) wird diese Entwicklung noch kaum sichtbar:

– ›Pactus Legis Salicae‹, tit. 107: Der König gewährt *leodibus nostris* die Befreiung von der Abgabe des *reipus*[15].
– ›Pactus Legis Salicae‹, tit. 109: die Rede ist von *leodis qui patri nostro fuerunt*, die also zu Chilperichs Vater Chlothar I. (511–561) gehörten[16].

In beiden Fällen wird nicht deutlich, ob es sich noch um die einfache Bedeutung ›freier Mann‹ handelt, oder schon eine herausgehobene Gruppe von ›Freien‹ gemeint ist. Immerhin ist den Adressaten eine gewisse Königsnähe zu unterstellen, vor allem beim Titulus 109, wo die ausdrückliche Nennung von *leudes* des verstorbenen königlichen Vaters nur einen Sinn ergibt, wenn sie in einer besonderen Beziehung zu diesem standen.

Deutlicher wird die Entwicklung in einem Dekret Childeberts II. (575–596)[17], das sich zwar mit einem Inzestverbot an alle Untertanen richtet, aber speziell die *leudes* in die königliche Entscheidungsfindung miteinbezieht: [...] *convenit una cum l e u d i s nostris.* Hier sind die leudes wohl identisch oder teilidentisch mit den als Beratern im Prolog genannten optimates. Mit den Worten Gabriele von OLBERGS sind die leudes hier zumindest »eine herausgehobene, dem König nahestehende Gruppe«[18]. Diese ist offensichtlich am Konsenshandeln beteiligt.

III.

Narrative, in den Chroniken der Merowingerzeit enthaltene Texte sind selbstverständlich anderer sprachlicher Natur. Sie erzählen (mit geringen Ausnahmen) nicht direkt von rechtlichen Akten, sondern von Entscheidungst r ä g e r n , von Personen und Gruppen und vom politischen, ethischen, religiösen und sonstigem menschlichen Handeln – in der

15) Pactus legis Salicae, hg. von Karl August ECKHART (MGH LL nat. Germ. IV, 1), Hannover 1962, S. 262. Auf die ausgedehnte Diskussion um den Begriff des *reipus* wird hier nicht eingegangen. Vgl. OLBERG, *Leod* (wie Anm. 5), S. 98 f. mit Anm. 48; DIES., Freie (wie Anm. 5), S. 136 f.; DIES., Bezeichnungen (wie Anm. 5), S. 62; REICHERT/OLBERG, Leudes (wie Anm. 5), S. 295 f.

16) Pactus legis Salicae (wie Anm. 15), S. 262. Vgl. OLBERG, *Leod* (wie Anm. 5), S. 99; DIES., Freie (wie Anm. 5), S. 137; DIES., Bezeichnungen (wie Anm. 5), S. 62 f.; SCHMIDT-WIEGAND, Leod (wie Anm. 5), Sp. 1846 f.; REICHERT/OLBERG, Leudes (wie Anm. 5), S. 295 f.

17) Pactus legis Salicae (wie Anm. 15), S. 267. Vgl. OLBERG, *Leod* (wie Anm. 5), S. 99 f.; DIES., Freie (wie Anm. 5), S. 139 f.; DIES., Bezeichnungen (wie Anm. 5), S. 63; REICHERT/OLBERG, Leudes (wie Anm. 5), S. 296.

18) OLBERG, Bezeichnungen (wie Anm. 5), S. 63.

Form von Vorzeitgeschichten, teils sagenhaften Erzählungen, aber auch in kommentierender Beobachtung des Zeitgenossen.

Eine solche Vorzeitgeschichte erzählt um 590 Gregor von Tours (II, 42) über den fränkischen Reichsgründer Chlodwig[19]:

Erat autem tunc Ragnacharius rex apud Camaracum tam effrenis in luxoria, ut vix vel propinquis quidem parentibus indulgeret. His habebat Farronem consiliarium simili spurcitia lutolentum, de quo fertur, cum aliquid aut cibi aut muneris vel cuiuslibet rei regi adlatum fuisset, dicere solitum, hoc sibi suoque Farroni sufficere. Pro qua re Franci maxima indignatione tumibant. Unde factum est, ut, datis aureis sive armellis vel baltheis, Chlodovechus, sed totum adsimilatum auro – erat enim aereum deauratum sub dolo factum – haec dedit l e u d i b u s eius, ut super eum invitaretur. Porro cum exercitum contra eum commovisset, et ille speculatores plerumque ad cognuscendum transmitteret, reversis nuntiis, interrogat, quam valida haec manus foret. Qui responderunt: ›Tibi tuoque Farroni est maximum supplimentum‹. Veniens autem Chlodovechus, bellum contra eum instruit. At ille devictum cernens exercitum suum, fuga labi parat, sed ab exercitum conpraehensus ac ligatis postergum manibus in conspectu Chlodovechi una cum Richario fratre suo perducetur. Cui ille ›Cur‹, inquid, ›humiliasti genus nostrum, ut te vincere permitteris? Melius enim tibi fuerat mori‹. Et elevatam securem capite eius defixit, conversusque ad fratrem eius, ait: ›Si tu solatium fratri tribuissis, allegatus utique non fuisset‹; similiter et hunc secure percussum interfecit. Post quorum mortem cognuscent proditores eorum, aurum, quod a regi acceperant, esse adulterum. Quod cum rege dixissent, ille respondisse fertur: ›Merito‹, inquid, ›tale aurum accepit, qui domino suo ad mortem propria voluntate deducit‹; hoc illis quod viverent debere sufficere, ne male proditionem dominorum suorum luituri inter tormenta deficerent. Quod ille audientes, optabant gratiam adipisci, illud sibi adserentes sufficere, si vivere mererentur.

Chlodwig vernichtet seinen Verwandten König Ragnachar von Cambrai (und dessen *consiliarius* Farro) durch Bestechung von dessen leudes mit (gefälschten) goldenen Armspangen und Wehrgehängen, auf »dass sie ihn [Chlodwig] gegen ihren König ins Land riefen«: *haec dedit l e u d i b u s eius, ut super eum invitaretur.* Den leudes wird hier – am Ende des 6. Jahrhunderts – konstituierende Macht zugesprochen. Sie können einen angestammten König verlassen und einen neuen ins Land rufen.

Sozusagen das Gegenstück erzählt Gregor, hier (III, 23) wohl Zeitzeuge, vom austrasischen König Theudebert und seinem Kampf gegen seine Onkel Childebert und Chlothar, die ihm nach dem Tode seines Vaters Theuderich (a. 534) sein Reich nehmen wollen[20]:

At ille haec audiens, cuncta postposita, illuc dirigit, [...] *Cumque abissit, Theudoricus non post multos dies obiit vicinsimo tertio regni sui anno. Consurgentes autem Childeberthus et Chlothacharius contra Theudobertum, regnum eius auferre voluerunt, sed ille muneribus placatis a l e o d i b u s suis defensatus est et in regnum stabilitus.*

19) Gregor von Tours, Historia Francorum, II, 42, hg. von Bruno Krusch/Wilhelm Levison (MGH SS rer. Mer. I, 1), Hannover 1951, S. 92 f. Vgl. Olberg, *Leod* (wie Anm. 5), S. 101; Dies., Freie (wie Anm. 5), S. 139; Dies., Bezeichnungen (wie Anm. 5), S. 64; Schmidt-Wiegand, Leod (wie Anm. 5), Sp. 1847 (die freilich mit ihrer Interpretation der Institution der *leudes* im Sinne der ›Gefolgschaft‹ wohl zu weit geht).

20) Gregor von Tours (wie Anm. 19), S. 122 f. Vgl. Schmidt-Wiegand, Leod (wie Anm. 5), Sp. 1847.

Es sind erneut Gaben, welche die leudes gewinnen, und sie besitzen die (wohl auch militärisch gestützte) Macht, den bedrohten König zu verteidigen und im Reich endgültig einzusetzen.

Für das Jahr 585 berichtet Gregor (VIII, 9) von einem Konflikt um die Anerkennung eines Chilperich-Sohnes (der spätere Chlothar II.) zwischen König Gunthram (561–592) und der Königinwitwe Fredegunde, die ihn bat, als Taufpate zu amtieren, aber dreimal den angesetzten Tauftermin (Weihnachten, Ostern, St. Johannes) verstreichen ließ. Der König interpretiert diese Weigerung, das Kind zu präsentieren, als einen Grund zum Zweifel an dessen legitimer Abstammung und kommt nach Paris im Juli, wo man ihm erneut das Kind verbirgt. Erst der von Fredegunde veranlasste Eid von drei Bischöfen und 300 *viri optimi* zerstreut den Zweifel[21]:

> *Post haec rex Parisius venit et coram omnibus loqui coepit, dicens: ›Germanus meus Chilpericus moriens dicitur filium reliquisse, cuius nutritores, matre depraecante, petierunt, ut eum de sancto lavacro in dominici natalis solemnitate deberem excipere, et non venerunt. Rogaverunt deinceps, ut ad sanctum pascha baptizaretur, sed nec tunc adlatus est infans. Depraecati sunt autem tertio, ut ad festivitatem sancti Iohannis exhiberetur, sed nec tunc venit. Moverunt itaque me per tempus sterile de loco ubi abitabam. Veni igitur, et ecce! absconditur nec ostenditur mihi puer. Unde, quantum intellego, nihil est quod promittitur, sed, ut credo, alicuius ex l e u d i b u s nostris sit filius. Nam si de stirpe nostra fuisset, ad me utique fuerat deportatus. Ideoque noveritis, quia a me non suscipitur, nisi certa de eo cognuscam indicia‹. Haec audiens Fredegundis regina, coniunctis prioribus regni sui, id est cum tribus episcopis et tricentis viris optimis, sacramenta dederunt, hunc ab Chilperico rege generatum fuisse; et sic suspicio ab animis regis ablata est.*

König Gunthram argwöhnt auf Grund der Verbergung des Knaben: »Es scheint mir daher klar, dass die Sache sich nicht so verhält, wie man vorgibt, sondern ich glaube, dass [das Kind] der Sohn eines unserer leudes ist. Denn wenn er aus unserem Geschlechte (*de stirpe nostra*) stammte, wäre er mir gewiss gebracht worden. Es sei euch daher kundgetan, dass er von mir nicht anerkannt wird, bis ich über ihn sichere Beweise habe.« Über die Qualität der hier angesprochenen leudes lässt sich nicht viel mehr sagen, als dass sie in Hof- und Königsnähe gedacht werden. Dies ist die Präsupposition des ja eigentlich unerhörten Vorwurfs des Ehebruchs gegenüber Fredegunde, der gleichwohl diplomatisch gemildert ist, indem der eigentliche Vater des Fredegunde-Sohnes immerhin als ein leudis vermutet wird. Nur wenn der Begriff hier einen ›Mann von Rang‹ bezeichnet, funktioniert die böse Pointe von Gunthrams Insinuation.

Mit dem Vertrag von Andelot vom Jahre 587 zwischen König Gunthram und König Childebert und Brunichild, der Witwe König Sigiberts, den Gregor als Text seinem Geschichtsbuch inserierte (IX, 20), liegt ein juristischer Text vor, der unter anderem die

21) Gregor von TOURS (wie Anm. 19), S. 376.

Verhältnisse der zwischen den Fronten der Könige lavierenden leudes regelt und dabei willkommene Einzelheiten über ihren Status preisgibt[22]:

> *Similiter convenit, ut secundum pactionis inter domnum Gunthchramnum et bonae memoriae domnum Sigyberthum initas l e u d e s illi, qui domnum Gunthchramnum post transitum domni Chlothari sacramenta primitus praebuerunt, et, si postea convincuntur se in parte alia tradisse, de locis ubi conmanere videntur convenit ut debeant removeri. Similiter et qui post transitum domni Chlothari convincuntur domnum Sigyberthum sacramenta primitus praebuisse et se in alia parte transtulerunt, modo simile removantur.* […]
>
> *Similiter convenit, ut nullus alterius l e u d i s nec sollicitet nec venientes excipiat. Quod si forsitan pro aliqua admissione partem alteram crediderit expetenda, iuxta qualitate culpae excusati reddantur.*

In zwei Paragraphen sollen zunächst jene leudes, die ihre Eidesleistung gegenüber den jeweiligen Königen gebrochen und sich auf die Gegenseite gewandt haben, aus ihren jetzigen Residenzorten entfernt werden; dann aber wird auch für die Zukunft vereinbart, »dass keiner die leudes des anderen zu sich locken oder, wenn sie zu ihm kommen, aufnehmen darf«.

Aus diesen Bestimmungen geht allgemein die Bedeutsamkeit der leudes für die Königsherrschaft hervor, aber auch speziell, dass sie wohl mit Gütern versorgt wurden, dass sie einen Treueeid leisteten und dass es durchaus vorkam, dass sie sich in Konfliktfällen zur Verlassung des Königs entschlossen.

Dies entspricht durchaus dem Edikt Chlothars II. auf der Pariser Reichsversammlung vom 18. Oktober 614 (cap. 17)[23]:

> *Et quae unus de f i d e l i b u s ac l e o d e b u s, sua fide servandum domino legitimo, interrigna faciente visus est perdedisse, generaliter absque alico incommodo de rebus sibi iuste debetis praecepimus revestire.*

Mit der bezeichnenden Adressierung *unus de f i d e l i b u s ac l e o d i b u s* wird hier bestimmt, dass derjenige, der unter Bewahrung seiner Treue (*fides*) gegenüber dem rechtmäßigen Herrn seine Güter verloren hat, damit ohne Umschweife wieder zu investieren ist.

Dass die leudes in Königsnähe standen, und auf der Seite der Laien die entscheidende Kraft waren, denen der König als geschickter, fähiger und willkommener Herr gegenüberzutreten hatte, zeigt sich auch in dem Lob, das die Fredegar-Chronik zum Jahr 583 dem Frankenkönig Gunthram spendet (IV, 1)[24]:

22) Gregor von Tours (wie Anm. 19), S. 438 f. Vgl. Olberg, *Leod* (wie Anm. 5), S. 101; Dies., Freie (wie Anm. 5), S. 139; Dies., Bezeichnungen (wie Anm. 5), S. 64; Schmidt-Wiegand, Leod (wie Anm. 5), Sp. 1846; Reichert/Olberg, Leudes (wie Anm. 5), S. 294.

23) MGH Capit. I, S. 23. Vgl. Schmidt-Wiegand, Leod (wie Anm. 5), Sp. 1846.

24) Chronicarum quae dicuntur Fredegarii: libri quattuor (wie Anm. 1), S. 124.

Gunthramnus rex Francorum [...] *regnum bonitate plenus feliciter regebat, cum* s a c e r d o t i b u s *utique sacerdus ad instar se ostendebat et cum* l e u d i s *erat aptissimus, aelymosinam* p a u p e r i b u s *large tribuens, tante prosperetatis regnum tenuit, ut omnes etiam vicinas gentes ad plinitudinem de ipso laudis canerent.*

Die leudes stehen hier unter den Gruppen, denen gegenüber ein König seine Pflichten zu erfüllen hat, neben dem Klerus (*sacerdotes*) und den Armen (*pauperes*).

Die leudes sind so handlungsmächtig, dass sie a. 604/05 König Theuderich auffordern können, mit seinem Bruder Theudebert Frieden zu schließen und dies auch durch die Tötung eines Ratgebers, ja des Hausmeiers Protadius, der zum Kriege rät, zu erzwingen vermögen[25]:

Cum Brunechildis nepotem suum Teudericum integra adsiduetate monerit, ut contra Teudebertum moverit exercitum, dicens, quasi Theudebertus non esset filius Childeberti, nisi cuiusdam ortolanum, et Protadius ipsoque consilio adsistens, tandem iusso Teuderici movetur exercitus. Quod cum loco nomen Caratiaco Teudericus cum exercito castra metasset, ortabatur a l e u d i b u s *suis, ut cum Theudeberto pacem iniret. Protadius singulos ortabatur, ut prilium committeretur. Teudebertus nec procul exinde cum exercito resedebat. Tunc omnes exercitus Teuderici, inventa occasione, supra Protagio inruunt, dicentes, melius esse uno hominem moriturum, quam totum exercitum in periculum missum. Protadius in tenturio Teuderici regis cum Petro archyatro tabulam ludens sedebat. Cum eum undique iam exercitus circumdasset, et Teudericum* l e u d i s *suae tenebant, ne illuc adgrederit, misit Uncelenum, ut suae iussionis verbum nunciaret exercitum, ut se de insidias Protadiae removerint. Uncilenus protinus ad exercitum nuncians dixit: ›Sic iobet domnus Theudericus, ut interficiatur Protadius‹. Inruentes super eum, tenturium regis gladio undique incidentis, Protadium interficiunt. Teudericus confusus et coactus cum fratri Teudeberto pacem inivit, et inlesus uterque exercitus revertit ad propriis sedibus.*

Sie sind also eine Kraft, deren Konsens im Kriegsfalle entscheidend sein konnte.

Die militärische Funktion der leudes wird von einem weiteren Passus bei Fredegar unterstrichen (IV, 56)[26]:

Anno 46 regni sui Chlotharius moritur et suburbano Parisius in ecclesia sancti Vincenti sepellitur. Dagobertus cernens genitorem suum fuisse defunctum, universis l e u d i b u s *, quos regebat in Auster, iobet in exercito promovere. Missus in Burgundia et Neuster direxit, ut suum deberint regimen eligere. Cumque Remus venisset, Soissionas peraccedens, omnes* p o n t e f e c i s *et* l e u d i s *de regnum Burgundiae inibi se tradedisse nuscuntur; sed et Neustrasiae* p o n t e f e c i s *et* p r o c e r e s *plurima pars regnum Dagoberti visi sunt expetisse.*

Nach dem Tode seines Vaters Chlothar a. 629/30 befahl König Dagobert also »allen seinen leudes in Austrasien, sich zu einem Heer zu formieren«. Wichtig ist, dass für das Verhältnis zwischen König und leudes der Ausdruck *regere* ›gebieten, herrschen‹ gebraucht wird. Wenig später unterwerfen sich Dagobert in Reims und Soissons auch »alle

25) Ebd. (wie Anm. 1), S. 131 f.

26) Ebd. (wie Anm. 1), S. 148. Vgl. Olberg, *Leod* (wie Anm. 5), S. 101 f.; Dies., Freie (wie Anm. 5), S. 139 f.; Dies., Bezeichnungen (wie Anm. 5), S. 64. Der militärische Charakter der *leudes* wird von Esders (wie Anm. 5) in seinem Kapitel zu »*Leudes*-Treueiden vom 6. bis zum 8. Jahrhundert« stark betont.

Bischöfe und leudes aus dem Reich Burgund; anscheinend strebten aber auch die Bischöfe und Großen aus Neustrien überwiegend die Herrschaft Dagoberts an«. Auch hier repräsentieren Bischöfe und leudes gewissermaßen das jeweilige *regnum*, wobei *proceres* im Falle Neustriens eine aufschlussreiche, nicht zu vernachlässigende Variation von leudes darzustellen scheint.

Diese Variation steht nicht alleine. Für das Jahr 633/34 kam nach Fredegar (IV, 75) Dagobert nach Metz und erhob *cum consilio pontevecum seo et procerum, omnesque primatis regni sui consencientebus*, also auf »Rat der Bischöfe und vornehmen Leute und unter Zustimmung aller Großen seines Reichs seinen Sohn Sigibert zum König in Austrasien und gab ihm die Stadt Metz als Herrschaftssitz«[27]. Deutlich wird hier also zwischen einer wohl austrasischen, zum »Rat« zugelassenen Gruppe und den primati, den Großen des Gesamtreichs, die ihren Konsens geben, unterschieden.

Nur ein Jahr später, bei dem Vertrag zwischen Dagobert und seinem Sohn Sigibert über die spätere Ausstattung des neugeborenen zweiten Sohnes Chlodwig (IV, 76) mit Neustrien und Burgund[28], sind es in einer ähnlichen Formel *Austrasiorum omnes primati, pontevecis citirique leudes Sigyberti*, die in heiligem Ritual, durch Handauflegung und Schwur den Vertrag bekräftigen. *Primati* sind hier wohl der Oberbegriff, für die *proceres* treten diesmal die leudes ein[29].

Dem entspricht schon vorher, zum Jahr 629/30, dass Dagobert bei seinem Herrschaftsantritt in Burgund (IV, 58) die *pontefices* und *proceres* des Teilreichs und die übrigen leudes so in Schrecken versetzte, dass sich alle Welt wunderte[30]: In Langres nämlich richtete Dagobert mit großer, gottgefälliger Gerechtigkeit über alle seine leudes, über die höheren wie auch über die niederen Standes (*universis leudibus suis tam sublimis quam pauperibus iudecabat iusticiam*).

Andererseits sorgt der König für seine leudes. Dagobert zwingt 636/37 den König der Bretonen, alles das, was seine Krieger den leudes Francorum angetan hatten, wiedergutzumachen (IV, 78)[31]:

> *Dagobertus ad Clippiaco resedens, mittit nuncius in Brittania, que Brittanes male admiserant, veluciter emendarint et dicione suae se traderint; alioquin exercitus Burgundiae, qui in Vasconiam fuerat, de presenti Brittanias debuissint inruere. Quod audiens Iudacaile rex Brittanorum, corso veluci Clippiaco cum multis munerebus ad Dagobertum perrexit, ibique veniam petens, cumta, que sui regnum Brittaniae pertenentes leudebus Francorum inlecete perpetraverant, emendandum spondedit et semper se et regnum quem regibat Brittaniae subiectum dicione Dagoberti et Francorum regibus esse promisit.*

27) Chronicarum quae dicuntur Fredegarii: libri quattuor (wie Anm. 1), S. 158 f.

28) Chronicarum quae dicuntur Fredegarii: libri quattuor (wie Anm. 1), S. 159. Vgl. die Arbeiten Olberg wie oben in Anm. 26 genannt.

29) Es ist übrigens anzumerken, dass hier – abweichend von analogen Formeln – nicht die Bischöfe, sondern die *primati* an erster Stelle genannt werden. Auch das spricht dafür, sie als Oberbegriff aufzufassen.

30) Chronicarum quae dicuntur Fredegarii: libri quattuor (wie Anm. 1), S. 149.

31) Ebd. (wie Anm. 1), S. 160 f.

Als Dagobert im Jahre 639 (19. Januar) stirbt, erweist sich wiederum – wie schon oben mehrfach zu zeigen war – die politische Gestaltungskraft dieser Gruppe (IV, 79/80). Es sind »alle leudis aus Neustrien und Burgund«, die seinen noch sehr jungen Sohn Chlodowech in Malay-le-Grand bei Sens (Dép. Yonne) in sein Reich einsetzen (*sublimant*)[32]. Übrigens werden von jetzt an Bischöfe als gestaltende Kräfte weniger erwähnt:

> [...] *omnes leudis de Neuster et Burgundia eumque Masolaco villa sublimant in regno. Aega vero cum rigina Nantilde, quem Dagobertus reliquerat, anno primo regni Chlodoviae, secundo et inmenente tercio eiusdem regni anno condigne palacium gobernat et regnum. Aega vero inter citiris primatebus Neustreci prudencius agens et plenitudenem pacienciae inbutus, cumtis erat precellentior. Eratquae genere nobele, opes habundans, iusticiam sectans, aeruditus in verbis, paratus in rispunsis; tantummodo a plurimis blasphemabatur, eo quod esset avariciae deditus. Facultatis pluremorum, que iusso Dagoberti in regnum Burgundiae et Neptreco inlecete fuerant usurpate et fisci dicionebus contra modum iusticiae redacte, consilio Aegane omnibus restaurantur.*

Auch als der Hausmeier Pippin und Bischof Kunibert von Köln, die mächtigsten Männer Austrasiens, a. 641› unter König Sigibert ihr »ewiges« Freundschaftsbündnis erneuern (IV, 85), müssen sie sich der Unterstützung der leudes durch das Versprechen von *dulcedo* und guter Regierung versichern[33]:

> [...] *omnesque leudis Austrasiorum secum uterque prudenter et cum dulcedene adtragentes, eos benigne gobernantes, eorum amiciciam constringent semperque servandum.*

Sie sind zugleich die Kerngruppe des fränkischen Heers, die auf Befehl des Königs aufgeboten wird (IV, 87)[34]:

> *Cumque anno octavo Sigybertus regnavit, Radulfus dux Toringiae vehementer contra Sigybertum revellandum disposuissit, iusso Sigyberti omnes leudis Austrasiorum in exercitum gradiendum banniti sunt. Sigybertus Renum cum exercito transiens, gentes undique de universis regni sui pagus ultra Renum cum ipsum adunati sunt.*

Bei der Rebellion des thüringischen *dux* Radolf werden »auf Befehl Sigiberts alle leudes Austrasiens« ins Heer befohlen (d. h. *banniti*).

Die ›Continuationes‹ Fredegars enthalten noch einige Hinweise darauf, dass die Pippiniden, hier besonders Karl Martell, etwa bei der Eroberung Burgunds, ihren *leudes probatissimi*, die als Männer bezeichnet werden, die fähig waren, die Rebellen niederzuringen, das Reich übergab – suis fidelibus, »seinen Getreuen« aber Lyon, wie es heißt,

32) Ebd. (wie Anm. 1), S. 161 f. Auf Anraten des Hausmeiers Aega werden viele Güter – wohl an Angehörige dieser Schicht – zurückerstattet, die von Dagobert eingezogen und dem Fiskus überwiesen waren.
33) Chronicarum quae dicuntur Fredegarii: libri quattuor (wie Anm. 1), S. 164.
34) Ebd. (wie Anm. 1), S. 164. Sicherlich ist es problematisch, *leudes* hier einfach mit »Große« zu übersetzen, wie es Andreas Kusternig tut, der sonst (auch problematisch) »Gefolgsleute«, »Gefolgschaft«, »Leute«, »Getreue« benutzt. Vgl. Quellen zur Geschichte des 7. und 8. Jahrhunderts, Darmstadt 1982, darin »Die vier Bücher der Chroniken des sogenannten Fredegar«, übertragen von Andreas Kusternig, hier S. 263.

eben auf Grund ihrer militärischen Leistungen[35]. Dementsprechend schickt der *rex* Pippin 768 bei der Eroberung Aquitaniens gegen den princeps Waifar seine *comites, scaritos* »Scharleute«[36] und leudes aus[37]. Aber vielleicht deutet sich hier schon die Überlagerung der leudes-Gruppe durch andere Einheiten an.

Was bleibt nun aus dieser kontextsensitiven semantischen Analyse des Begriffs des leudis für dessen nähere Bestimmung?

Dazu muss man sich klar machen, wie Bedeutung überhaupt funktioniert. Begriffe haben nicht – wie es Logiker und andere vielleicht wünschen möchten – eine eindeutige Bedeutung. Sie umfassen vielmehr Bandbreiten von sozial, kulturell und historisch verorteten Bedeutungen. Sie funktionieren in Feldern ähnlicher Zeichen, sie kennen Ober- und Unterbegriffe, sie kennen Überschneidungen, Konnotationen, sie haben einen Swing an Bedeutungen, entwickeln sich: nur so kann Sprache ihre kommunikative Funktion aufrechterhalten. Klar ist also, dass ein eindeutiger Inhalt solcher Sprachzeichen per functionem nicht festgelegt werden kann.

Klar wird danach aber auch aus der Interpretation unserer Texte, dass der alte Inhalt des ›freien Mannes‹ im Bereich des *regnum Francorum* bedeutsam aufgewertet wurde, was bei Übersetzern und Interpreten häufig zur Wiedergabe mit ›Gefolgsleuten‹ oder gar ›Großen‹ führte.

Die besondere fränkische Entwicklung des Begriffs (der auch einmal, im Jahre 654, ins wisigotische Recht entlehnt wird)[38] lässt sich in 5 Merkmalen fassen:

1. Die leudes sind eine hervorgehobene Gruppe von freien Männern, gelegentlich gleichzusetzen mit lat. *proceres*, *primati*, die zumindest am Anfang – wenn hier nicht der Text (Fredegar IV, 56) missverständlich formuliert – auch die Bischöfe inkludieren können.

35) Chronicarum quae dicuntur Fredegarii: libri quattuor (wie Anm. 1), S. 175 [cont. 14].

36) Der Begriff *scaritus* ist eine mittellat. Ableitung zu germ. **skarō* fem., ahd. *scara* ‹ Abteilung, Schar', mit militärischem Sinn, so wie etwa beim Königsgut *Scharhof* bei Mannheim. Vgl. KLUGE/SEEBOLD, Etym. Wörterbuch (wie Anm. 4), S. 795: J. F. NIERMEYER/C. VAN DE KIEFT, Mediae Latinitatis Lexicon Minus Leiden ^{2}2002, Bd. 2, S. 1230 f.; Codex Laureshamensis, hg. von Karl GLÖCKNER, Bd. 1, Darmstadt 1929, Nr. 55 (Diplom Ludwigs des Kindes a. 900); MGH D. LdK Nr. 4; Christa JOCHUM-GODGLÜCK, Die orientierten Siedlungsnamen auf *-heim*, *-hausen*, *-hofen* und *-dorf* im frühdeutschen Sprachraum und ihr Verhältnis zur fränkischen Fiskalorganisation, Frankfurt a. M. u. a. 1995, S. 293 f., Nr. 356 (*Sandhofen*, a. 888 *Sunthoven*), S. 18–25.

37) Chronicarum quae dicuntur Fredegarii: libri quattuor (wie Anm. 1), S. 192 [cont. 52].

38) Leges Visigothorum, hg. von Karl ZEUMER, IV, 5, 5 (MGH LL nat. Germ. I), Hannover/Leipzig 1902, S. 201 f. Wie in den fränkischen Belegen des 7. Jhs. zeichnen sich im Gesetz König Rekkeswinds (ca. 654) die *leudes* durch besondere Königsnähe aus. Vgl. OLSBERG, *Leod* (wie Anm. 5), S. 100; DIES., Freie (wie Anm. 5), S. 138 f.; DIES., Bezeichnungen (wie Anm. 5), S. 63; MAIER, Amtsträger (wie Anm. 5), S. 206.

2. Sie besitzen Beratungsmacht, politische Entscheidungsmacht, die sich bei der Etablierung und der Verteidigung oder Verlassung von Königen besonders ausdrückt[39].
3. Sie werden zunehmend in ihrer kriegerischen, militärischen Funktion markiert, etwa als Kerngruppe beim Heeresaufgebot[40].
4. Sie sind mit Gütern ausgestattet, werden darin vom König geschützt, unterstehen aber auch seinem Befehl (*bannus*).
5. Sie erscheinen an mehreren Stellen durch eine Eidesleistung an den König gebunden, beeiden Verträge, wobei der Inhalt des bindenden *sacramentum* in den ›Formulae Marculfi‹ (I, 40) am Ende des 7. Jahrhunderts mit einem etymologisch germanischen Wort als *leude-sam-io* bezeichnet wird, das nicht mehr als ›Leud-schaft‹, die ›Eigenschaft eines *leudis*‹ bedeutet[41].

39) Vgl. in diesem Band die Ausführungen von Steffen PATZOLD, der das Verhältnis von Beratung und Konsens als eine Hauptfrage markiert.

40) Dies ist meines Erachtens eine relativ späte, in die frühe Karolingerzeit hineinführende Entwicklung. Stefan ESDERS (wie Anm. 5) weist auf einige unechte spätmerowingische Urkunden und zwei echte Königsurkunden des 8. Jhs. hin, in denen innerhalb der Gebetsverpflichtungsklausel für das Kloster St. Denis die Formel *pro cunctis leodis nostris* bzw. *pro cunctis leodis* die Stelle des späteren *pro exercitu nostro* einnimmt. Es handelt sich um ein Diplom Chilperichs II. von 716 (MGH DD Merov., hg. von Theo KÖLZER, I, Nr. 166) und eine Urkunde Pippins von 753 (MGH DD Karolinorum, I, Nr. 6). Wenn *leodes*, *leodi* von Anfang an semantisch identisch mit lat. *exercitus* gewesen wäre, müsste man sich fragen, warum nicht in den entsprechenden Passagen auch *exercitus* steht.

41) Formulae Marculfi I, 40, hg. von Karl ZEUMER, Formulae Merowingici et Karolini Aevi (MGH Legum sectio V), Hannover 1886, S. 68: *Ut leudesamio promittantur rege: Ille rex ille comis. Dum et nos una cum consensu procerum nostrorum in regno nostro illo glorioso filio nostro illo regnare precipemus, adeo iubemus, ut omnes paginsis vestros, tam Francos, Romanos vel reliqua natione degentibus, bannire et locis congruis per civitates, vicos et castella congregare faciatis, quatenus presente misso nostro, inlustris vero illo, quem ex nostro latere illuc pro hoc direximus, fidelitatem precelso filio nostro vel nobis et leudesamio per loca sanctorum vel pignora, quas illus per eodem direximus, dibeant promittere et coniurare.* Dieses an alle *pagenses*, also quasi an alle Einwohner ohne Rücksicht auf ihre ethnische Zugehörigkeit gerichtete Treueid-Gebot (vgl. o. für die narrativen Quellen Anm. 28) wird von Stefan ESDERS (wie Anm. 5) und anderen in die schwierige Situation eingeordnet, als König Dagobert 634 seinem erst dreijährigen Sohn Sigibert zu Metz die austrasische Königsherrschaft übertrug. Unter sprachlichen und semantischen Gesichtspunkten müssen hier die beiden Begriffe *fidelitas* und *leudesamio* (Obliquus zu *-samium*) im Vordergrund stehen, welche die *pagenses* dem König und seinem Sohn *promittere* et *coniurare* sollen. Während *fidelitas* als »Treue« aufgefasst werden kann, bedarf *leudesamio* näherer sprachlicher Untersuchung: Es handelt sich um eine spätlateinische substantivische Ableitung mit dem Suffix *-ium* zu einem westgermanisch-fränkischen Adjektiv **leudi-sama-*, das wiederum mittels des ursprünglichen Adjektivs *-sama-* 'zu einer Sache passend, einer Sache gemäß', das später zu einem beliebten Ableitungssuffix wird, desubstantivisch gebildet wurde – wie etwa ahd. *wunni-sam* ›erfreulich,< zu ahd. *wunna* 'Freude, Wonne'. Vgl. Walter HENZEN, Deutsche Wortbildung, Tübingen ²1957, § 134; Ulrich MÖLLMANN, Die althochdeutschen Adjektive auf *-sam*, Göttingen 1994, vor allem S. 278 f.; Frank HEIDERMANNS, Etymologisches Wörterbuch der germanischen Primäradjektive, Berlin/New York 1993, S. 467 f. Das Adjektiv **leudi-sama-* kann also mit ›einem *leudis* gemäß‹, die lat. Substantivierung etwa als ›*Leud*-schaft‹ bzw. ›Eigenschaft eines *leudis*‹ wiedergege-

IV.

Bevor wir uns abschließend den mit den leudes bei Fredegar textlich benachbarten *Burgundae-farones* zuwenden, ist die Bedeutung des Elements *-faro* und verwandter Begriffe zu klären. Wir beginnen mit der Etymologie des bei den Langobarden explizit und bei den Burgunden zumindest in Zusammensetzungen belegten Wortes *fara*[42], d. h. kompakt zusammengefasst:

germ. *fara* f., belegt in lgb.-lat. *fara* ›generatio, linea, genealogia, parentela‹ (vgl. MGH DD Konrad II Nr. 72a. 1027: *cum ipso concambio, quod factum est cum Attone comite de ipsa phara filiorum Guarnerii cum suis pertinentiis*); in italienischen Glossaren *fara* auch *genealogia*, *generatio*, *parentela*, schließlich auch *res*, Fahrhabe (›Edictus Rothari‹ § 177; ›Glossarium Matritense‹ 10. Jh.: *Fara. Id est rebus*); an. *for* ›Fahrt, Reise‹, ae. *faru* ›Fahrt, Reise, substantia, res (auch Personen umfassend), mobilia, possessiones‹ (vgl.

ben werden. Es sind jedenfalls zwei verschiedene Dinge, welche die *pagenses* versprechen und beschwören sollen.

42) Zum Begriff *fara* vgl. Rudolf HENNING, Die germanische Fara und die Faramanni, in: Zeitschrift für Deutsches Altertum 36 (1892), S. 316–326; DERS., Zur Überlieferung von *Fara* und *-Faro*, ebd. 37 (1893), S. 304–317; Wilhelm BRUCKNER, Die Sprache der Langobarden, Straßburg 1895, S. 87, 246 f. [mit falschem Ansatz eines langen Stammsilbenvokals â]; Walter GOFFART, Barbarians and Romans: The Techniques of Accomodation, Princeton 1980, S. 252–258 [vergleicht *fara* mit lat. *expeditio* bei Vegetius]; weiter ausgebaut bei Alexander Callander MURRAY, Germanic Kinship Structure. Studies in Law and Society in Antiquity and the Early Middle Ages, Toronto 1983, S. 89–97; Gabriele von OLSBERG, Freie (wie Anm. 5), S. 234–243; DIES., Bezeichnungen (wie Anm. 5), S. 134–140; Jörg JARNUT, Geschichte der Langobarden, Stuttgart 1982, S. 47–49; DERS., Fara, in: Lex.MA 4 (1989) Sp. 283 f.; DERS., Die Landnahme der Langobarden in Italien aus historischer Sicht, in: Ausgewählte Probleme europäischer Landnahmen des Früh- und Hochmittelalters, hg. von Michael MÜLLER-WILLE/Reinhard SCHNEIDER, Bd. 1, Sigmaringen 1993, S. 173–194; Heinrich BECK/Max PFISTER/Rainer WENSKUS, Fara, in: RGA VIII (1994), S. 193–205 Giorgio AUSENDA, The segmentary lineage in contemporary anthropology and among the Longobards, in: After Empire: Towards an Ethnology of Europe's Barbarians, hg. von Giorgio AUSENDA, Woodbridge 1995, S. 15–50, hier S. 15 ff., 30 ff. [mit inakzeptabler Etymologie]; Nicoletta FRANCOVICH ONESTI, Vestigia longobarde in Italia (568–774). Lessico e antroponimia, Rom 1999, S. 76; Wolfgang HAUBRICHS, Die Erfindung der Enkel. Germanische und deutsche Terminologie der Verwandtschaft und der Generationen, in: LiLi. Zeitschrift für Literaturwissenschaft und Linguistik 30, H. 120 (2000), S. 41–80, hier S. 66; DERS., Germanic and Gothic Kinship Terminology, in: The Ostrogoths: From the Migration Period to the Sixth Century. An Ethnographic Perspective, hg. von Sam J. BARNISH/Federico MARAZZI, Woodbridge 2007, S. 143–173; DERS., Sprache und Schriftlichkeit im langobardischen Italien – Das Zeugnis von Namen, Wörtern und Entlehnungen, in: Filologia Germanica 2 (2010), S. 133–201, hier S. 167–169; Gerhard DILCHER, Zur Entstehungs- und Wirkungsgeschichte der mittelalterlichen Rechtskultur, in: Leges – Gentes – Regna, hg. von Gerhard DILCHER/Eva-Maria DISTLER, Berlin 2006, S. 603–638, hier S. 618 f.; Robert NEDOMA, Verwandtschaft, in: RGA 32 (2006), S. 278–282, hier S. 278; Eva SCHUMANN, Fara, in: HRG I (^{2}2008), Sp. 1506–1507; Marios COSTAMBEYS, Kinship, Gender and Property in Lombard Italy, in: The Langobards before the Frankish Conquest. An Ethnographic Perspective, hg. von Giorgio AUSENDA/Paolo DELOGU/Chris WICKHAM, Woodbridge 2009, S. 69–84, hier S. 73.

ae. *feran mit fare* ›mit all seinem Haushalt fahren‹; dazu Ed. Rothari *migrare cum fara*); germ.-lat. *fara* ›Fahrgemeinschaft, Migrationsverband‹ (Paulus Diac.; burg. Liber Const. § 107, 11 ?); dialektal Friaul etc. *fara* ›eingewanderte Familie, kleiner Besitz, Dorf‹; ital.-mlat. *fara* ›Siedlung‹ (11./12. Jh. Leo von Ostia, Chron. Montecassino; Chron. Farfa); dazu zahlreiche italienische, wahrscheinlich auch westfränkische Ortsnamen; alle Verbalabstrakta (wie etwa auch germ. **fara* ›Fahrzeug, Schiff‹) zu germ. **faran* ›fahren, reisen, auf einen Zug gehen‹. Vgl. auch burg.-lat. *fara-mannus* (Liber Const. 54, 2) ›Fahrtmann, Teilnehmer einer Fahrtgemeinschaft‹, vielleicht im expliziten Gegensatz zu *Romani*, aber inklusiv zu *Burgundiones* ›Abkömmling der ursprünglichen Siedler‹; lgb. **fara-man* in ital. Toponymen des Typs *fara-mannia*, z. B. in Pavia); ferner frk. und ae. PN *Fara-man*.

Dies ist noch näher auszuführen: Sicher ist, dass es sich bei *fara* um ein in vielen, vor allem westgermanischen Sprachen (Altenglisch, Fränkisch, Langobardisch, vielleicht aber auch im ostgermanischen Burgundisch) und auch im Altnordischen überliefertes Verbalabstraktum zu germ. **faran* mit verschieden ausgefalteten Bedeutungen, die von ›Fahrtgemeinschaft‹ bis zu ›Haushalt, Fahrhabe‹ reichen. Ursprünglich dürfte die Bedeutung gewesen sein: ›etwas, was zu einer Reise, Ausfahrt, Expedition, Migration gehört‹ – so ist es vor allem im Altenglischen und Altnordischen bewahrt. Die Bedeutung ›Verwandtschaftsverband, Familie‹ dürfte sich einer Extension verdanken, entstanden aus dem temporären Zusammenfall von Verwandtschaftsverband und Fahrtgemeinschaft; die spätere Bedeutung ›Siedlung‹ ergibt sich aus einer weiteren Extension unter den Bedingungen des Sesshaftwerdens (nur italienisch).

Sehr früh kommt das Wort in Personennamen vor, zunächst als Simplex bzw. als Zweitelement (Grundwort) eines Kompositionsnamen, besonders in deutlich ostgermanischen Namen[43]:

- *Fara*, m., *dux Herulorum* in Belisars Heer (a. ± 552 bei Jordanes)[44]; ein Heruler-Anführer *Fáras* a. 530 bei Prokop[45]; schließlich ebenfalls mit ostgerm. Sprachform (Männernamen der n-Deklination auf *-a:* westgerm. Form wäre *Faro*) im 7. Jh. der Agilolfinger *Fara* († um 640), wohl mit quasi-appellativem Sinn ›Fahrer bzw. Kriegsfahrer‹[46].

43) Vgl. FÖRSTEMANN, Personennamen (wie Anm. 9), Sp. 496–499; KAUFMANN, Ergänzungsband (wie Anm. 9), S. 113 f.; REICHERT, Lexikon (wie Anm. 9), S. 266 f.

44) Jordanes, Historia Romana, hg. von Theodor MOMMSEN (MGH Auct. Ant. V, 1), S. 48, c. 369.

45) Maurits SCHÖNFELD, Wörterbuch der altgermanischen Personen- und Völkernamen, Heidelberg ²1965, S. 85 f.; REICHERT, Lexikon (wie Anm. 9), S. 266. Beide Personen sind aller Wahrscheinlichkeit nach identisch.

46) Chronicarum quae dicuntur Fredegarii: libri quattuor (wie Anm. 1), S. 260; W. STÖRMER, Fara, in: Lex.MA 4 (1989) Sp. 284. Fernzuhalten ist vom Namenelement **fara-* der Name eines Vertrauten des fränkischen Teilkönigs Ragnachar (vgl. o. Anm. 19), genannt *Farro* (mit Doppelkonsonanz!), von dem der König, »der so den Lüsten ergeben war, dass er kaum seine nächsten Verwandten unberührt ließ«, zu sagen pflegte, wenn man ihm ein Geschenk überbrachte, »es sei genug für ihn selbst und seinen Farro.« Dieser Farro wird von Gregor von Tours (wie Anm. 19, S. 92 f.) als »ein vom gleichen Unrat beschmutzter

Germ. **faran* dürfte als Simplex oder Zweitelement in PN eine Art Euphemismus gewesen sein für ›auf Kriegsfahrt gehen‹, wie das für *gangan* ›gehen‹ (z. B. *Wolf-gang* ›der als Wolf geht‹), *wadan* ›waten, wandern‹, *wandal(ôn)* ›wandern, sich bewegen‹ etc. ebenfalls belegt ist[47]. Eine frühneuhochdeutsche Parallele wäre die Entwicklung des Begriffs *Reisiger* ›Soldat‹ aus der Bedeutung ›Reise, Kriegsfahrt‹ bei mhd. *rîse*[48].

- *Sendefara* m. a. 541 inscr. Tortona (Gallia cisalp.)[49]< ostgerm. *Sinþa-fara* ›Heer-Fahrer‹ (mit rom. Senkung [i] > [e]) zu germ. **sinþa-* ›Weg, Reise (Kriegs-)gang[50], Heereszug‹ + *faran* ›fahren, reisen, zum Krieg ausziehen‹. Vgl. lgb. *Sin-farus* a. 951[51].
- *Wilifara* f. a. 557 inscr. Civitavecchia [*Centumcellae*][52]< ostgerm. *Wilja-fara* ›Wunsch-Fahrerin‹ zu got. *wilja* ›Wunsch, Wille‹[53] + *faran.*
- *Theudifarae* (Gen.) f., ± a. 600 Papyrus, Ravenna, *patrona* einer Freigelassenen[54]< germ. *Theudi-fara* ›zum Volk gehörige Fahrerin‹ zu germ. **þeudō* f.; got. *þiuda*, **þiudi* ›Volk, Schar, *gens*‹[55] + *faran.*
- *Sicfarus* m. (fem. *Sicfara*) Anf. 9. Jh. Pol. S. Germain-des-Prés[56]< westgerm. **Sigi-faro* ›Sieg-Fahrer‹ zu germ. **segu*, westgerm. *sigi* ›Sieg‹[57] + *faran.*

Mensch« bezeichnet. Goffart, Barbarians (wie Anm. 42), S. 256 und Murray, Germanic Kinship (wie Anm. 42), S. 93 f., vermuten hier ein Wortspiel mit dem Begriff *fara*, was sich mir nicht recht erschließt. Vielmehr ist dieser Name des *consiliarius* des Königs ein Beiname, der zu ahd. *far(ro)*, mnd. *varre*, mndl. *varre* ›junger Stier‹ zu stellen ist. Der König nannte also in dieser Anekdote seinen *favori* einen Bullen, und man kann sich imaginieren, welche *luxuria* und *spurcitia* sich dahinter verbargen. Vgl. Kluge/Seebold, Etymol. Wörterbuch (wie Anm. 4), S. 277; ferner zur Geschichte Gregors Georg Scheibelreiter, Der König und sein Ratgeber, in: La noblesse romaine et les chefs barbares du IIIe au VIIe siècle, hg. von Françoise Vallet/Michel Kazanski, Paris 1995, S. 35–47, hier S. 42 f.

47) Vgl. Kaufmann, Ergänzungsband (wie Anm. 9), S. 138; 374 (z. B. *Wade-goz* ›Schreit-Gote‹); 384–386 (mit dem Ethnonym der Wandalen). Vgl. dazu die anregenden Bemerkungen von Otto Szemerenyi, Studies in the kinship terminology of the Indo-European languages, in: Acta Iranica 16 (1977), S. 1–240, hier S. 96 ff., zu idg. **wik-*, lat. *tribus*, germ. *Þ*urba-* (dt. Dorf), engl. *gang*, dt. *Zug*, alle abgeleitet von Wörtern mit der Bedeutung ›gehen, wandern, reisen‹ und jeweils »a group of people, marching in a body« bezeichnend, später auch in einigen Fällen ›Kampfeinheit, (Verwandtschafts-) Verband, Clan‹.

48) Kluge/Seebold, Etymol. Wörterbuch (wie Anm. 4), S. 756.

49) CIL, V, Nr. 7414; Reichert, Lexikon I (wie Anm. 9), S. 596.

50) Vgl. Kaufmann, Ergänzungsband (wie Anm. 9), S. 315 f.

51) Bruckner, Sprache (wie Anm. 42), S. 247.

52) CIL, XI, Nr. 3567; Reichert, Lexikon I (wie Anm. 9), S. 779; Danilo Mazzoleni, Testimonianze epigrafiche cristiane dal territorio di Centumcellae, in: Secondo Convegno »Il Paleocristiano nella Tuscia«, Roma 1984, S. 65 f.

53) Vgl. Kaufmann, Ergänzungsband (wie Anm. 9), S. 403 f.

54) Die nichtliterarischen lateinischen Papyri Italiens aus der Zeit 445–700, hg. von Jan-Olof Tjaeder, Lund 1955, Nr. 20, Reichert, Lexikon I (wie Anm. 9), S. 692.

55) Vgl. Kaufmann, Ergänzungsband (wie Anm. 9), S. 348 ff.

56) Das Polyptychon von Saint-Germain-des-Prés, hg. von Dieter Hägermann, Köln/Weimar/Wien 1993, XII, 2, S. 98 (*Sicfarus* ist hier der Bruder von *Sicfara* und *Sichildis*); XIII, 5, S. 105 (dieser *Sicfarus colonus* ist Vater von u. a. *Sicharius*).

- *Adalfarus*, Italien (mehrfach)[58], Rheinland a. 804[59]< **Adal-faro* ›adliger (Kriegs)-Fahrer‹ zu westgerm. **adal(a)-* ›Adel, *nobilis*‹[60] + *faran*.
- *Frot-farus* m., Reims, 9. Jh.[61]< westfrk. (romanisiert mit Lautersatz für germ. [hr]) **Frōd-faro*< westgerm. **Hrōd-faro* ›Ruhm-(Kriegs)-Fahrer‹ zu germ. **hrōth-*, **hrōd-* ›Ruhm, *clamor*‹[62] + *faran*.

Bei den ebenfalls nicht sehr häufigen Personennamen mit *fara* als Erstelement, quasi als Bestimmungswort, könnte bei 6. Jh. *Faraulfus*, **Fara-wulfa-* ›(Kriegs)-Fahrt-Wolf‹, auch lgb./alem. verbreitet, noch die militärische Bedeutung präsent sein, bei den andern eher die allgemeine Bedeutung ›Fahrtverband‹[63]:

- *Faraulfus*, *cubicularius* Chilperichs I. (561–584)[64]< **Fara-wulfa-* ›(Kriegs-)-Fahrt-Wolf‹; auch bei Langobarden und Alamannen[65]; *Farnulfus* (Pol. S. Rémi, Reims, 9. Jh.)[66].
- *Faroaldus* m., inscr. 6. Jh. Ravenna[67]; *Faroald*, byz. Kommandant des Hafens von Classe, den er an die Langobarden übergibt[68]; auch sonst bei Langobarden, Baiern und Alamannen[69]< **Fara-walda-* ›Beherrscher, Führer der Fara‹ zu *fara-* + **waldan* ›walten, herrschen‹[70].

57) Vgl. KAUFMANN, Ergänzungsband (wie Anm. 9), S. 311 f.
58) FÖRSTEMANN, Personennamen (wie Anm. 9), Sp. 165.
59) Urkundenbuch zur Geschichte der mittelrheinischen Territorien, Bd. 1, hg. v. Heinrich BEYER, Koblenz 1860, Nr. 41 (auch hier ist *Adalfarus* ein *colonus*).
60) Vgl. KAUFMANN, Ergänzungsband (wie Anm. 9), S. 42 f.
61) FÖRSTEMANN, Personennamen (wie Anm. 9), Sp. 542 (Polyptychon von Saint-Rémi, Reims).
62) Vgl. KAUFMANN, Ergänzungsband (wie Anm. 9), S. 202 f. Das Erstelement könnte auch zu germ. **frōda-* (as. *frōd*, ahd. *fruot*) ›klug, erfahren‹ gestellt werden (ebd. S. 126), doch scheut die germ. PN-Bildung Kompositionen, in denen Erst- und Zweitelement miteinander staben.
63) Die folgenden Beispiele bieten natürlich nur eine kleine Auswahl.
64) Gregor v. Tours, Hist. Franc. (wie Anm. 19), 1, S 338; REICHERT, Lexikon I (wie Anm. 9), S. 267; Karin SELLE-HOSBACH, Prosopographie der merowingischen Amtsträger in der Zeit von 511 bis 613, Bonn 1974, Nr. 92, S. 91.
65) FÖRSTEMANN, Personennamen (wie Anm. 9), Sp. 499; FRANCOVICH ONESTI, Vestigia (wie Anm. 42), S. 191 (a. 759 Lucca).
66) FÖRSTEMANN, Personennamen (wie Anm. 9), Sp. 499.
67) CIL, XI, Nr. 319; REICHERT, Lexikon I (wie Anm. 9), S. 267.
68) Truesdell S. BROWN, Gentlemen and Officers, Rome 1984, S. 71; Walter POHL, L'armée romaine et les Lombards: stratégies militaires et politiques, in: L'armée romaine et les barbares du IIIe au VIIe siècles, hg. von Françoise VALLET/Michel KAZANSKI, Paris 1993, S. 291–295, hier S. 293 mit Anm. 26.
69) FÖRSTEMANN, Personennamen (wie Anm. 9), Sp. 498; Zu einem aus *Fara-wald-* entwickelten lgb. Kurznamen a. 746/47 *Farao* (Chiusi), a. 761 *Pharao* (Brescia), bei Paulus Diaconus (Ende 9. Jh.) zu a. 701 *Farao*< **Farawo* FRANCOVICH ONESTI, Vestigia (wie Anm. 42), S. 191 (bei Paulus Diaconus zu a. 570 und a. 705 zwei Herzöge von Spoleto; a. 774 in Bergamo, a. 768/74 in Pisa); vgl. Norbert WAGNER, Vier Personennamen bei den Langobarden, in: Beiträge zur Namenforschung NF 47 (2012), S. 59–69, hier S. 64 f.
70) Vgl. KAUFMANN, Ergänzungsband (wie Anm. 9), S. 379.

- *Faramundo* (Nom.), Vater des Chlodio, mythischer Vorzeitkönig der Franken (Liber hist. Francorum)[71]< **Fara-munda-* ›Schützer der Fara‹ (königliches Epitheton?) zu *fara* und *-munda* ›Schützer, Muntwalter‹[72]. So heißen auch Bischöfe des 7./8. Jhs. von Maastricht und Köln[73]; auch sonst bei Franken, Langobarden und Baiern[74].
- *Faroardus* (Pol. S. Germain-des-Prés)[75]< **Fara-warda-* ›Schützer, Wart der Fara‹[76].
- *Faruinus* (Pol. S. Germain-des-Prés)[77]< **Fara-wini-* ›Freund (Fürst) der Fara‹ zu *fara* + germ. *wini-* ›Freund‹[78]; mit Stammerweiterung *Farnoinus* (Pol. S. Germain-des-Prés)[79].
- *Faramodus*, Priester und Bruder des Bischofs *Ragnimodus* von Paris (6. Jh., Gregor v. Tours)[80]; *Faramodum* (Akk.), *referendarius* (6. Jh., Venantius Fortunatus)[81]; auch westfrk., aber nicht häufig[82]< **Fara-mōda-* m. ›die Gesinnung der Fara habend‹ zu *fara* + germ. *mōda-* ›Sinn, Gesinnung‹[83].

71) Chronicarum quae dicuntur Fredegarii: libri quattuor (wie Anm. 1), S. 244. Vgl. Henning, Überlieferung (wie Anm. 42), S. 306 f.; Beck/Pfister/Wenskus, Fara (wie Anm. 42), S. 203 f. *Faramund* wird zum legendären ersten König, dem im Prolog der ›Lex Salica‹ auch die erste fränkische Gesetzgebung zugeschrieben wird. Vgl. Karl August Eckhardt, Pactus Legis Salicae, Göttingen 1954, Bd. 1, S. 165–175.

72) Vgl. Kaufmann, Ergänzungsband (wie Anm. 9), S. 262. Schon R. Wenskus (in: Beck/Pfister/Wenskus, Fara, wie Anm. 42, S. 204) formulierte die Vermutung, dass F. keine »historische« Person war: »Es ist auch denkbar, dass hier ursprünglich kein Name vorliegt, sondern eine Bezeichnung für den (sakral legitimierten) ›Schützer der Fara‹ als den die Heerschaar begleitenden Rechtsprecher [...]«.

73) Faramund, B. von Köln (ca. 715–723): Duchesne, Fastes (wie Anm. 11), Bd. 3, S. 180.

74) Förstemann, Personennamen (wie Anm. 9) Sp. 498; im langobardischen Bereich erscheint der Name nicht früh, erst a. 896 mit *Farimundus iudex domni imperatoris* (I diplomi di Lamberto, hg. von Luigi Schiaparelli, Roma 1906, Nr. 6), was sich durchaus fränkischem Einfluss verdanken kann. R. Wenskus (in Beck/Pfister/Wenskus, Fara, wie Anm. 42, S. 204) weist mit R. Henning auf die »Beliebtheit des Namens F. unter den Bauern der Umgebung von Paris« hin und erklärt dies durch die volkstümliche Qualität des Vorzeitkönigs.

75) Polyptychon von Saint-Germain-des-Prés (wie Anm. 56) IX, 266, S. 83; XI, 11, S. 96; XIII, 5, 6, 70, 91, S. 105–115 (hier Nr. 91: *Fare-gaudus colonus* mit Kindern u. a. *Faramundus* und *Faroardus*; Nr. 70 *Farohildis* mit Kindern u. a. *Faregaudus, Faroinus, Faroardus*; Nr. 6 ist *Faroardus* Sohn des *Fara-mundus*).

76) Vgl. Kaufmann, Ergänzungsband (wie Anm. 9), S. 388.

77) Polyptychon von Saint-Germain-des-Prés (wie Anm. 56) XI, 6, S. 95; XI, 11, S. 96; XIII, 2, S. 105 (*Faroinus colonus* mit Kindern *Feregaus, Faregildis*); 27, S. 108; 58, S. 112; 70, S. 113; 85, S. 115; 108, S. 117; mit Namenvariante *Faruinus* IX, 20, S. 59; XIII, 37, S. 109. Vgl. Förstemann, Personennamen (wie Anm. 9) Sp. 499.

78) Vgl. Kaufmann, Ergänzungsband (wie Anm. 9), S. 404–406.

79) Polyptychon Saint-Germain-des-Prés (wie Anm. 56) XII, 10, S. 147.

80) Gregor von Tours, Hist. Franc. X, 26, 1 (wie Anm. 19), S. 519; Reichert, Lexikon I (wie Anm. 9), S. 267.

81) Venantius Fortunatus, Carmen IX, 12, hg. von Friedrich Leo (MGH Auct. Ant. IV), S. 217. Vgl. Selle-Hosbach, Prosopographie (wie Anm. 64), Nr. 91, S. 91. Wahrscheinlich sind Referendar und Priester, der spätere Bischof, identisch.

82) Vgl. Förstemann, Personennamen (wie Anm. 9) Sp. 498.

83) Vgl. Kaufmann, Ergänzungsband (wie Anm. 9), S. 259.

Natürlich mag es sich bei den späten Vertretern dieser Personennamen um eine nicht mehr der ursprünglichen Semantik bewusste Variation von PN-Elementen handeln[84].

Bemerkenswert ist aber die Begrenzung der Bildung auf die Areale der Langobarden, Alamannen, Baiern und Franken (dort besonders des Pariser Raumes), was der Verbreitung der Appellative *fara* und *fara-mannus* gut entspricht[85].

In den frühen Texten, zunächst der Langobarden, dominiert die wohl ursprüngliche Bedeutung des Wortes:

›Edictus Rothari‹ § 177: De homine libero ut liceat eum migrare: Si quis liber homo potestatem habeat intra dominium regni nostri cum f a r a sua megrare ubi voluerit [...] *sic tamen si ei a rege data fuerit licentia* [...] *et si aliquas res ei dux aut quicumque liber homo donavit et cum eo noluerit permanere, vel cum heredes ipsius: res ad donatorem vel heredes eius revertantur.*

Im Titulus 177 des ›Edictus Rothari‹ (von 643)[86] geht es um die Wanderung von »freien Männern« innerhalb des Langobardenreiches: [...] *cum fara sua megrare ubi voluerit* [...]. Er kann mit Erlaubnis des Königs wandern, *faran* gewissermaßen, muss aber die ihm vom *dux* oder anderen Freien übergebenen Güter zurückgeben. Hier dürfte unter *fara* sowohl die mit einem *liber homo* verbundene Gruppe, wie vor allem auch Hausstand und Fahrhabe, zu verstehen sein.

Dagegen ist der bei Marius von Avenches (um 581) wohl aus langobardischer Quelle übernommene Begriff *fara* deutlich im Sinne einer Organisationseinheit, also von ›Fahrtverband‹ zu verstehen: Alboin, der die Langobarden aus Pannonien nach Italien führte, *cum mulieribus vel omni populo suo in f a r a Italiam occupavit* (»er besetzte Italien, [wandernd] im Fahrtverband, mit den Frauen und seinem gesamten Volk«)[87]. Der Ausdruck *in fara* wirkt wie versteinert, quasi als Phrase übernommen.

Schwieriger zu verstehen ist die Passage, in der der Geschichtsschreiber der Langobarden, Paulus Diaconus (II, 9), gegen Ende des 8. Jahrhunderts, mit Bezug auf zwei Jahrhunderte zurückliegende Ereignisse von *farae* spricht und diesen langobardischen Begriff auch lateinisch kommentiert. Als König Alboin um 568 seinen Neffen und Mar-

84) Zu weiteren mit dem Erstelement *Fara-* zusammengesetzte PN vgl. FÖRSTEMANN, Personennamen (wie Anm. 9) Sp. 496–499: z. B. *Fara-burc* f. ›Schutz der Fara‹; *Fara-hildis* f. (mehrfach westfrk.) ›Fara-Kampf‹; *Fara-bert* (westfrk.) ›berühmt in der Fara‹; *Fara-gar* (Pol. S. Germain-des-Prés) ›Speer der Fara‹; *Fare-gis* (alem.) ›Pfeil der Fara‹; *Fare-gaudus*, *-gaus* (westfrk., lgb.) ›Fara-Gote‹.

85) Vgl. das Vorkommen des Appellativs *fara* in Ortsnamen: u. Anm. 93 ff.

86) Edictus Rothari, hg. von Friedrich BLUHME (MGH LL IV) Hannover 1868, S. 1–90. In der rechtshistorischen Forschung wird diskutiert, wo beim mit *si quis* beginnenden Konditionalsatz der syntaktische Einschnitt zu setzen ist: ob hinter *liber homo* (»Wenn jemand ein freier Mann [ist], dann [...]«) oder erst hinter *habeat* (»Wenn ein freier Mann die Befugnis hat, dann [...]«). Für die Diskussion des Begriffsinhaltes von *fara* an dieser Stelle besitzt dieses Problem freilich wenig Relevanz. – Ich danke Christoph MEYER (Frankfurt a. M.) für briefliche Erläuterungen zu dieser Stelle.

87) Marius von Avenches, Chronicon, hg. von Theodor MOMMSEN (MGH Auct. Ant. XI), Berlin 1892 (zum Jahr 569) S. 238.

schall Gisulf mit dem für die Übergänge nach Dalmatien und Pannonien wichtigen Dukat von Friaul betrauen will, stellt dieser eine präzise Bedingung[88]:

> [...] *eligere voluisset Langobardorum f a r a s, hoc est g e n e r a t i o n e s vel l i n e a s* [...] *Factumque est, et annuente sibi rege quas optaverat Langobardorum praecipuas p r o s a p i a s, ut cum eo habitarent, accepit.*

Gisulf will und kann sich (mit Zustimmung des Königs) *farae* aussuchen, die mit dem *dux* im Friaul siedeln sollen.

Paulus Diaconus stammte selbst aus dem Friaul, aus vornehmer Familie, so dass seine Informationen grundsätzlich Vertrauen verdienen[89]. Doch hat Paulus Diaconus mit seiner Interpretation der *farae* als *generationes vel lineas* (»Verwandtschaftsverbände oder Geschlechter, frz. *lignée*«) und später als *prosapiae* (»Sippen, Familien«) Recht oder handelt es sich nicht viel mehr um die auch in frühmittelalterlichen Glossaren und in den Ortsnamen (und friulanischen Dialekten bis heute) bemerkbare Extension des Begriffs[90], die sich leicht durch eine allmählich sich ausbildende, verwandtschaftliche, durch Heirat verstärkte innere Struktur dieser Einheiten erklärt? Rudolf HENNING und nach ihm Alexander C. MURRAY haben – für die ursprüngliche Bedeutung von *fara-* – die Auffassung des Paulus meines Erachtens zutreffend bezweifelt[91], da sie der Etymologie und den Nachrichten des Marius von Avenches entschieden widerspreche. Noch wichtiger scheint mir, dass nur die Auffassung von *fara* als eines in militärischer Funktion tauglichen Per-

88) Paulus Diaconus, Historia Langobardorum, hg. von Georg WAITZ (MGH SS rer. Germ. 48), Hannover 1878, S. 91.

89) Vgl. dazu Stefano GASPARRI, Paulus Diaconus, in: Lex.MA 6 (1993), Sp. 1825 f.; Franz Josef WORSTBROCK, Paulus Diaconus, in: Die deutsche Literatur des Mittelalters, VL^2 11 (2003), Sp. 1172–1186; ferner Paulus Diaconus, Geschichte der Langobarden – Historia Langobardorum, hg. u. übersetzt von Wolfgang F. SCHWARZ, Darmstadt 2009, S. 10–22; 244–249; 388 f.

90) Vgl. hierzu PFISTER, in: BECK/PFISTER/WENSKUS, Fara (wie Anm. 42), S. 194 f.; Max PFISTER, Gli elementi longobardi nell'italiano, in: Incontri Linguistici 7 (1981/82), S. 115–141, hier S. 119–122; HAUBRICHS, Sprache und Schriftlichkeit (wie Anm. 42), S. 167 ff. Bemerkenswert ist, dass die von Paulus Diaconus für das 8. Jh. festgehaltene Bedeutung auch im slowenischen Lehnwort *fara* ›Familie, Sippe‹ begegnet. Im ahd. ›Abrogans‹, einem Wörterbuch des späten 8. Jahrhunderts aus dem bairischen Raum, übersetzt *fara* : *oppido*, möglicherweise unter langobardischem Einfluss, bezeugt jedenfalls die späteste Stufe, in der *fara* bereits ›Besitz, Erbe, Siedlung‹ bedeutet: Stefan SONDEREGGER, in: Bernhard BISCHOFF/Johannes DUFT/Stefan SONDEREGGER, Das älteste deutsche Buch. Die ‚Abrogans'-Handschrift der Stiftsbibliothek St. Gallen, Bd. 2, St. Gallen 1977, S. 262. Vgl. den Kommentar bei Jochen SPLETT, Abrogans-Studien. Kommentar zum ältesten deutschen Wörterbuch, Wiesbaden 1976, S. 313 f., der jedoch problematisch ist, erstens weil er *fara* fälschlich mit langem [ā] ansetzt, dabei die italienischen Formen mit <e> falsch beurteilt und die italienischen Ortsnamenbelege, auch frühe Appellativbelege (s. o.) nicht berücksichtigt. Für die Ortschaft Barcis im Friaul hat man für das Appellativ *fara* noch heute die Bedeutung ›famiglia immigrata, piccolo podere, villaggio‹. Vgl. auch oben den etymologischen Abriss bei Anm. 42.

91) HENNING, Überlieferung (wie Anm. 42), S. 315–317; MURRAY, Germanic Kinship (wie Anm. 42), S. 95 f.

sonenverbandes, also in dieser Situation von 568 eines ›Fahrt- und Kampfverbandes‹, der Logik der Forderung des *dux* Gisulf entspricht: er hatte das Einfallstor nach Italien zu verteidigen, und deswegen konnte er sich die besten Verbände auswählen.

Paulus hat die ihm vorliegende Information im Sinne seiner Zeit interpretiert, in der *fara* bereits einen Verwandtschaftsverband und dessen Besitz und Siedlung – so auch ein Glossar des 10. Jahrhunderts: *Fara* [...] *id est rebus* – bezeichnen konnten[92]. Diesen Zustand fossilieren die von SABATINI und anderen so zahlreich für das langobardische und nachlangobardische Italien eruierten (kaum auf die Einwanderungszeit zurückgehenden) *fara*-Toponyme[93], wie etwa:

- 762 [...] *casas in Fara iuxta turionem*, d. h. Farra sull'Isonzo (Friuli)[94].
- 883 *basilicam, que dicitur Fara et nominatur ecclesia Autareni ab Autari rege* (584–590); a. 895 *Fara Authareni*[95], d. i. Fara d'Adda (nw. Treviglio, Lombardia).
- 896 [...] *in vico et fundo Fara*[96].

Im leider nur sehr spät überlieferten Testament des Bischofs Berthramnus von Le Mans vom 27.3.616, Verfügung Nr. 67[97], wird über Freigelassene des Bischofs bestimmt, darunter auch ehemalige Hausdiener (*famuli*) und zwar *tam natione romana quam et bar-*

92) Es handelt sich um das ›*Glossarium Matritense*‹ aus einem langobardischen Rechtscodex; im Glossarium der Handschrift aus Cava dei Tirreni wird dagegen mit *parentela*, im ›*Glossarium Vaticanum*‹ mit *genealogia, generatio* – ganz im Sinne des Paulus Diaconus – glossiert (MGH Codex, die sich natürlich auf den schwierigen *fara*-Begriff im ›Edictus Rothari‹ tit. 177 (vgl. o. Anm. 86) bezieht wie die anderen Rechtsglossen auch, kann mit SCHUMANN, Fara (wie Anm. 42), Sp. 1506 f. als »gesamte Fahrhabe« verstanden werden, aber auch breiter als ›Besitz, *possessio*‹.

93) Vgl. zu den italienischen *fara*-Toponymen Francesco SABATINI, Riflessi linguistici della dominazione longobarda nell'Italia mediana e meridionale, Firenze 1963; BECK/PFISTER/WENSKUS, Fara (wie Anm. 42), S. 195 f.; Pietro GRIBAUDI, Sull'influenza del diritto germanica nella toponomastica italiana, in: Atti del Congresso internazionale di Scienze storiche Roma 1903, Roma 1904, S. 275–289, hier S. 277–280; HAUBRICHS, Sprache und Schriftlichkeit (wie Anm. 42), 167 ff.; Maria Giovanna ARCAMONE, Die Verteilung der Ortsnamen langobardischen Ursprungs in den Regionen Italiens, in: Interferenz-Onomastik. Namen in Grenz- und Begegnungsräumen in Geschichte und Gegenwart, hg. von Wolfgang HAUBRICHS/Heinrich TIEFENBACH, Saarbrücken 2011, S. 65–77, hier S. 67 und S. 75 mit Abb. 3; Andrea STAFFA, Una terra di frontiera: Abruzze e Molise fra VI e VII secolo, in: Città, castelli, campagne nei territori di frontiera (secoli VI-VII), hg. von Gian Petro BROGIOLO, Mantova 1995, S. 208–237.

94) Codice diplomatico longobardo, Bd. 2, hg. von Luigi Schiaparelli, Roma 1933, Nr. 162.

95) BRUCKNER, Sprache (wie Anm. 42), S. 334; MGH DD Karl III. Nr. 87; MGH DD Arnulf Nr. 131. Die Urkunde berichtet (wohl aus Bergamasker Überlieferung), dass die Kirche von König Grimoald (662–671) geschenkt wurde und nach Entfremdung vom König Kunipert (688–700) restituiert wurde. Sie sei ursprünglich die Kirche einer arianischen Gemeinde gewesen, die aber von Bischof Johannes von Bergamo zum katholischen Glauben bekehrt worden sei.

96) BRUCKNER, Sprache (wie Anm. 42), S. 334.

97) Margarete WEIDEMANN, Das Testament des Bischofs Berthramn von Le Mans vom 27. März 616. Untersuchungen zu Besitz und Geschichte einer fränkischen Familie im 6. und 7. Jahrhundert, Mainz 1986, S. 44 f.

bara, die dem Toten- und Memorialdienst in der Apostelbasilika, seiner Grabstätte, gewidmet werden. Eine dritte Gruppe bilden[98]:

> [...] *quos postea de gente barbara comparavi aut adhuc comparare potuero, tam pueri quam puellae, qui a me empti noscuntur; et epistolas eis feci et ipsi in integra ingenuitate perdurent. Et hoc observent quid et pharis eorum* [ms. *phariseorum*], *et toti sub tuitione et defensione sancti Petri perseverent et de gastaldu suo* [ms. *das gustaldus*]. *Qui voluerent ex ipsis cum ipso abbate consistere vel basilicae deservire, de rebus sanctae basilicae ditentur, ut eis melius delectet sepulturolae meae impendere honorem et sanctae basilicae deservire.*

Übersetzung dieser nicht leicht zu verstehenden Verfügungen[99]: »diejenigen, die ich später aus ›barbarischer‹ *gens* (oder: »von barbarischer Herkunft«) gekauft habe beziehungsweise bis heute loskaufen konnte, sowohl Knaben als auch Mädchen, von denen man weiß, dass ich sie freikaufte. Und ich habe für sie (Freilassungs-)Briefe geschrieben, und diese sollen in vollständiger Freiheit verbleiben. Und sie sollen dies (die obigen Bestimmungen zum Grabdienst) beachten, und das zusammen mit ihrer Verwandtschaft (Familien, Sippen), und sie sollen alle unter Schutz und Schirm (Verteidigung) des heiligen Petrus und ihres Gastalden (Verwalters? Vogts?) verbleiben. Diejenigen von ihnen, die beim oben genannten Abt bleiben und der Kirche dienen wollen, sollen aus dem Vermögen der heiligen (Apostel-) Kirche ausgestattet werden, auf dass es ihnen um so mehr gefalle, sich um die Würde meines Grabes zu kümmern und der heiligen (Apostel-) Kirche zu dienen.«

Der Begriff *fara* kommt ansonsten anscheinend im westfränkischen Bereich nicht vor[100]; die Amtsbezeichnung *gastaldus* (mit kopialer Verlesung cc-a zu u) begegnet nur

98) Der verderbte Text ist von mir an wenigen Stellen gebessert worden. Die Besserung von handschriftlichem *dasgustaldus*> **de gastaldu suo* scheint dabei in Einzelheiten problematisch, doch muss auf jeden Fall *gastald-* (hier wohl im Obliquus) hergestellt werden. Das <u> der Kopie erklärt sich zwanglos aus einer Zwischenstufe des Textes mit karolingischem cc-a.

99) Für die Überlassung einer Übersetzung der auch sachlich schwierigen Passage habe ich Sebastian SCHOLZ (Zürich) zu danken. Mein Text weicht allerdings in einigen Punkten etwas ab.

100) Die galloromanische Toponymie kennt freilich einige Namen, die auf einen Ansatz *fara* zurückgehen, von denen freilich etymologisch nur die vier nordfranzösischen, in der Champagne konzentrierten vom Typus (*La*) *Fère* (mit gallorom. Palatalisierung < *Fara*) berücksichtigt werden dürfen: 1) † a. 898 *Fera* westl. Laon; 2) La Fère (Aisne), a. 958 *Fara*; 3) Fèrebrianges (Marne), a. 1147/51 *Fera Brie*, a. 1162 *Fera-Briange* < **Fara Brianica* ›Fara i.d. Brie‹; 4) Fère-en-Tardenois (Aisne), 11. Jh., großes Remigiustestament (Fälschung: MGH SS XIII, S. 429) *Fara*, a. 1147 *Fera*; 5) Fère-Champenoise (Marne), a. 1131 *altare Feriae Campaniensis*, a. 1252 *Fara Champenoisse.* Vgl. Reinhold KAISER, Untersuchungen zur Geschichte der Civitas und Diözese Soissons in römischer und merowingischer Zeit, Bonn 1973, S. 185; Auguste VINCENT, Toponymie de la France, Bruxelles 1937, § 362; A. SOUTOU, Signification archéologique du toponyme *La Fare* dans le Sud de la France, in: Revue Internationale d'Onomastique 1963, S. 25–42. BECK/PFISTER/WENSKUS, Fara (wie Anm. 42), S. 196, 201 f. Es ist durchaus möglich, dass sich die kleine isolierte Gruppe von *Fara*-SN der Champagne merowingischer Ansiedlung von Langobarden verdankt.

im *regnum* der Langobarden[101], erst im 9. Jahrhundert – sicher unter langobardischem Einfluss – okkasionell als »Verwalter eines Sonderguts« auch bei den Baiern[102]. Der Passus des Testaments von 616 ist in westfränkisch-neustrischem Kontext ganz ungewöhnlich. Es ließe sich also daran denken, dass es sich hier um Kriegsgefangene aus der *gens barbara* der Langobarden (zumindest überwiegend) handelte, die unter einem Gastalden zusammengefasst waren, und deren einheimische Begriffswelt womöglich schon in den erwähnten vorausgegangenen Freilassungsurkunden erwähnt worden waren. Jedenfalls ist die Stelle deshalb besonders wertvoll, weil sie zeigt, dass man schon zu Beginn des 7. Jahrhunderts mit der später von Paulus Diaconus bekannten Bedeutung, ›Verwandtschaft, Familie, Sippe‹ für *fara* zusätzlich zu rechnen hat.

Primär im burgundischen *regnum* sind die *fara-manni* belegt, etwa im ›Liber Constitutionum‹, dem burgundischen Volksrecht von 517 (tit. 54, §2):[103]

> *De exartis quoque novam nunc et superfluam* f a r a m a n n o r u m *conpetitionem et calumniam possessorum gravimine et inquietudine hac lege praecipimus submoveri, ut sicut de silvis, ita et de exartis, sive ante acto sive praesenti tempore factis, habeant cum Burgundionibus rationem; quoniam, sicut iam dudum statutum est, medietatem silvarum ad* R o m a n o s *generaliter praecipimus pertinere; simili de curte et pomariis circa* f a r a m a n n o s *conditione servata, id est: ut medietatem* R o m a n i *existiment praesumendam.*

Die schwierige Bestimmung, die Wiederauflage einer schon älteren *constitutio*, behandelt zu weitgehende Forderungen und unrechtmäßige Ansprüche der *faramanni* (*novam nunc et superfluam* f a r a m a n n o r u m *conpetitionem et calumniam*) auf Rodungen und Wald, die durch Gesetz auf das seit alters her geltende Maß der Burgunden zurückgeführt werden sollen: die Hälfte der Wälder gehört den *Romani*[104]. Gleichermaßen ist hinsichtlich angelegter Höfe und Obstgärten der *faramanni* zu verfahren. Die *faramanni* sind deutlich den *Romani* gegenübergestellt und mit den Burgunden verbunden. Ob sie damit als Angehörige bzw. Nachkommen der ehemaligen Migrationsverbände gekennzeichnet sind, wie gerne vermutet wird, ist nicht wirklich auszumachen. Es könnten auch Angehörige noch existierender (auf die Migrationszeit zurückgehender) burgundischer Einheiten namens *fara* gemeint sein, die als Personen aber nicht unbedingt auf die Migrationszeit zurückzuführen wären[105]. Jedenfalls handelt es sich bei den *faramanni* um »burgundische Volksangehörige«.

101) Paolo DELOGU, Gastalden, in: Lex.MA 4 (1989), Sp. 1131 f.; Heinrich TIEFENBACH/Jörg Jarnut, Gastald, in: RGA 10 (1998), S. 466–468; WAGNER, *Liut* (wie Anm. 5), S. 173 f. Belegauswahl in: NIERMEYER, Mediae Latinitatis Lexicon (wie Anm. 36), I, S. 600 f.

102) Vgl. die Belege bei NIERMEYER, Mediae Latinitatis Lexikon (wie Anm. 36), I, S. 606.

103) Liber constitutionum (wie Anm. 8), tit. 54, S. 85.

104) Vgl. u. Anm. 109.

105) HENNING, Die germanische Fara (wie Anm. 42), S. 317; MURRAY, Germanic kinship (wie Anm. 42), S. 92; von OLBERG, Freie (wie Anm. 5), S. 234 f.; DIES., Bezeichnungen (wie Anm. 5), S. 134 f.; BECK/PFISTER/WENSKUS, Fara (wie Anm. 42), S. 196; Wolfgang HAUBRICHS, Ein namhaftes Volk – Burgundische

Das Wort *fara-man* bedeutet ab origine nicht mehr als ›Mann, Angehöriger‹ der *fara.* Es kommt in der burgundischen Toponymie vor[106]. Es scheint – wenn man abgeleiteten Ortsnamen wie *fara-mann-ia* trauen darf – auch bei den Langobarden existiert zu haben (z. B. in Pavia)[107]. Als quasi-appellativer Personenname – durchaus einem PN wie *Hari-man*, *Heri-man* ›Heer-Mann‹ vergleichbar – kommt *Fara-man* im 8./9. Jh. auch im fränkischen Rheinland, in Lorsch (a. 826), Hornbach und Weißenburg (a. 812) und in Alemannien, z. B. Konstanz vor[108].

An sich ist es äußerst wahrscheinlich, dass auch der Begriff *fara* bei den Burgunden bekannt war. In der Tat haben ihn die Edition von BLUHME und neuerdings Gabriele von OLBERG, im Titulus 107, 11 des ›Liber constitutionum‹ gefunden[109]:

> *De R o m a n i s vero hoc ordinavimus, ut non amplius a B o r g u n d i o n i b u s, qui in f a r a venerunt, requiratur, quam ad praesens necessitas fuerit: medietas terrae. Alia vero medietas cum integritate mancipiorum a R o m a n i s teneatur, nec exinde ullam violentiam paciantur.*

Namen und Sprache des 5. und 6. Jahrhunderts, in: Die Burgunder – Ethnogenese und Assimilation eines Volkes, hg. von Volker GALLÉ, Worms 2008, S. 135–184, hier S. 162; DERS., Sprachliche Integration, Sprachinseln und Sprachgrenzbildung im Bereich der östlichen Gallia. Das Beispiel der Burgunden und Franken, in: Von der Spätantike zum frühen Mittelalter: Kontinuitäten und Brüche, Konzeptionen und Befunde, hg. von Theo KÖLZER/Rudolf SCHIEFFER, Ostfildern 2009, S. 61–100, hier S. 75.

106) So etwa die SN *Faramand*, faubourg von Arbois (Jura), *Faramans* (Ain), *Faramans* (Isère) < **(ad) Faramannos.* Vgl. Edouard PHILIPON, Dictionnaire topographique du département de l'Ain, Paris 1911, S. 170; Théophile PERRENOT, La toponymie burgonde, Paris 1942, S. 256; VINCENT, Toponymie (wie Anm. 100), § 262; BECK/PFISTER/WENSKUS, Fara (wie Anm. 42), S. 196.

107) Aus **Fara-mannia* abzuleitende SN finden sich z. B. in Pavia, a. 915 *Faramania*, und bei Mailand Foramagno, 12. Jh. *Foramania.* Vgl. I Diplomi di Berengario I., hg. von Luigi SCHIAPARELLI, Roma 1903, Nr. 100, S. 263; Carlo Alberto MASTRELLI, La toponomastica lombarda di origine longobarda, in: I Longobardi e la Lombardia, Bd. 1, Milano 1978, S. 35–46, hier S. 37; Flavio FAGNANI, La faramanna longobarda di Pavia e il problema storico della basilica di S. Michele Maggiore, in: Bollettino della Società Pavese di Storia Patria 61 (1961), S. 3–36, hier S. 4–8; D.A. BULLOUGH, Urban change in Early Medieval Italy: the Example of Pavia, in: Papers of the British School at Rome 34 (1966), S. 82–130, hier S. 95–97; PFISTER, in: BECK/PFISTER/WENSKUS, Fara (wie Anm. 42), S. 196. Kritisch zur Authentizität der *faramannia:* Ottorino BERTOLINI, Ordinamenti militari e strutture sociali dei Longobardi in Italia, in: Ordinamenti militari in Occidente nell'alto medioevo, Bd. 1 (Settimane de Studio CISAM 15), Spoleto 1968, S. 508–513; Cristina LA ROCCA, Lo spazio urbano tra VI e VIII secolo, in: Uomo e spazio nell'alto medioevo, Bd. 1 (Settimane di Studio CISAM 50), Spoleto 2003, S. 397–436, hier S. 432 f.

108) FÖRSTEMANN, Personennamen (wie Anm. 9), Sp. 498 (mit den Quellenhinweisen); dazu kommt ein Beleg im SN † Warmshausen bei Röddenau (Kr. Waldeck-Frankenberg), a. 1107 *Faremannes-husun* ›bei den Häusern des Faramann‹: Ernst FÖRSTEMANN, Altdeutsches Namenbuch, Bd. 2: Ortsnamen, Bonn ³1913, Sp. 852. Vgl. HENNING, Die germanische Fara (wie Anm. 42), S. 318. Die Anzahl der Namen ist freilich so gering und auf das 8./9. Jh. beschränkt, dass mit Kontaktphänomenen zur Langobardia und Burgundia gerechnet werden kann.

109) Liber constitutionum (wie Anm. 8), S. 234 f.; VON OLBERG, Bezeichnungen (wie Anm. 5), S. 134 f.; WENSKUS, in: BECK/PFISTER/WENSKUS, Fara (wie Anm. 42), S. 200 f.

Von den Burgunden, die *in fara* kamen, soll nicht mehr gegenüber den *Romani* beansprucht werden, als was bisher schon Pflicht war: die Hälfte des Landes. Die andere Hälfte und alle *mancipia* sollen von den *Romani* gehalten werden. Hier wäre also nun wirklich von Burgunden die Rede, die in einer *fara* organisiert sind und so ins Land kamen.

Doch hat die Sache einen philologischen Haken: Der Ausdruck *in fara* beruht auf Konjektur, einer Konjektur freilich, die auch mir nicht unwahrscheinlich ist, aber sicher ist sie nicht. Die Handschriften haben *infra*. Die Burgunden, *qui infra venerunt*, ließe sich auch zur Not mit »die später kamen« wiedergeben, was immer das im Kontext heißen mag.

Wir müssen die Sache hier auf sich beruhen lassen.

VI.

Aus den bisherigen Darlegungen ergibt sich: Unbezweifelbar gab es bei Langobarden und Burgunden eine Institution *fara* und eine *fara-manni* benannte Gruppe; als Appellativ war das Wort, ein Verbalabstraktum von *faran*, wohl noch über diese *gentes* hinaus gebräuchlich[110]. Die Anthroponymie macht darüber hinaus die Existenz eines von *faran* abgeleiteten Nomen agentis ostgerm. *fara-*, westgerm.-fränkisch *faro-* ›Reisender, Fahrtgenosse, Kriegs-Fahrer‹ sehr wahrscheinlich[111].

Hier sind nun die bereits anfänglich in einem ersten Fredegar-Zitat erwähnten *Burgundae-farones* einzubringen[112]. Diese waren dort als eine leitende, politisch handlungsmächtige Gruppe fassbar, die den fränkischen leudes vergleichbar war. Sie schien dort – zumindest in einem Beleg – die Bischöfe Burgunds mit zu umfassen.

In einer weiteren Passage Fredegars (IV, 44) sieht dies etwas anders aus[113]:

> *Anno 33. regni Chlothariae Warnacharium maioris domus cum universis p o n t i f i c i b u s Burgundiae seo et B u r g u n d a e f a r o n i s Bonogillo villa ad se venire precepit; ibique cunctis illorum iustis peticionibus annuens, preceptionebus roboravit.*

110) Vgl. o. bei Anm. 42 die Belege in der etymologischen Aufstellung; ferner HENNING, Die germanische Fara (wie Anm. 42), S. 320 ff.; WENSKUS, in: BECK/PFISTER/WENSKUS, Fara (wie Anm. 42), S. 200.

111) Vgl. die Belege für ostgerm. *Fara*, westgerm. *Faro* (o. Anm. 44–62).

112) Vgl. o. Anm. 1. Für die Fredegar-Belege vertritt schon HENNING, Die germanische Fara (wie Anm. 42), S. 319, die Auffassung, dass es sich bei den *Burgundefarones* um »die großen einflussreichen Männer von Burgund« handele.

113) Chronicarum quae dicuntur Fredegarii: libri quattuor (wie Anm. 1), S. 142. Vgl. auch Stefan ESDERS, Römische Rechtstradition und merowingisches Königtum. Zum Rechtscharakter politischer Herrschaft in Burgund im 6. und 7. Jahrhundert, Göttingen 1997, Sp. 105 ff., der hier die *Burgundaefarones* als einen Teil der »Großen Burgunds« interpretiert und übersetzt (mit KUSTERNIG) IV, 41 mit »burgundische Adelsschicht«, die Bischöfe und weltliche Große inkludiert. Vgl. Anm. 112.

Im Jahre 616/17 lädt Chlothar II. den Hausmeier Warnachar »mit allen Bischöfen Burgunds und den Burgundaefaronen« in die *villa* Bonneuil-sur-Marne bei Paris und »kam all ihren gerechten Bitten nach und bestätigte sie durch Urkunden«. Hier stehen die *Burgundaefarones* neben den Bischöfen. Es bestätigt sich jedoch auch hier, dass die im Einvernehmen mit dem Hausmeier auftretenden weltlichen Großen Burgund repräsentieren können.

Bei einem bewaffneten Konflikt anlässlich einer Reichsversammlung in Clichy (627/28), bei der alle Bischöfe *et universi proceres regni sui tam de Neuster quam de Burgundia* anwesend sind, einem Konflikt zwischen dem *dux Aighyna* und dem Königssohn Charibert, werden von Chlothar zur militärischen Schlichtung speziell die *Burgundefarones* eingesetzt, die mit den in Clichy anwesenden burgundischen *proceres* identisch sein müssen (IV, 55)[114]:

> *Produlfus, avunculus Airiberti, exercitum undique colliens, super ipsum cum Chairiberto volebat inruere. Chlotharius ad B u r g u n d e f a r o n i s specialius iobet, ut, cuius pars suum volebat devertere iudicium, eorum instantia et utilitate oppremiretur. Ea pavore uterque iussione regio pacantur.*

Schon im nachfolgenden Kapitel Fredegars wird gezeigt (vgl. o. S. 243), dass sich nach Chlothars Tod wiederum eine Gruppe geistlicher und weltlicher burgundischer Großer dem Nachfolger Dagobert unterwirft, nur werden die weltlichen Vertreter diesmal mit dem fränkischen Wort *leudes* benannt.

Es kann danach kaum bestritten werden, dass FUSTEL DE COULANGES mit seiner Meinung, dass die *Burgundae-farones* sachlich in Burgund das waren, was fränkisch *leudes* hieß[115], Recht hatte, nur dass sich der Gebrauch des Terminus *Burgundae-farones* auf die Jahre 612–628, praktisch also – mit kurzem Vorlauf – auf die Regierungszeit Chlothars beschränkt.

Das wird nicht zufällig sein, sondern lässt darüber nachdenken, was dieser Terminus, der danach nur noch einmal in der späten ›Passio S. Sigismundi regis‹ (8. Jh.) in belangloser Weise (in einer Art burgundischer ›Origo‹) vorkommt[116], eigentlich *ab origine* bedeutet[117].

114) Chronicarum quae dicuntur Fredegarii: libri quattuor (wie Anm. 1), S. 148.

115) Vgl. dazu MURRAY, Germanic Kinship (wie Anm. 42), S. 93. Unabhängig davon vertrat auch HENNING, Die germanische Fara (wie Anm. 42), S. 319 »die Gleichstellung der *Burgundefarones* mit den *leudes Burgundiae*«.

116) Passio S. Sigismundi regis, hg. von Bruno KRUSCH (MGH SS rer. Mer. II), S. 333. Vgl. Ian WOOD, Misremembering the Burgundians, in: Die Suche nach den Ursprüngen. Von der Bedeutung des frühen Mittelalters, hg. von Walter POHL, Wien 2004, S. 139–148; DERS., Origo gentis § 5: Burgunden, in: RGA 22 (2003), S. 195–199.

117) In einigen späteren Fredegar-Handschriften erscheint die volksetymologische Variante *Burgundiae barones*, worauf zuletzt VON OLBERG, Freie (wie Anm. 5), S. 238; DIES., Bezeichnungen (wie Anm. 5), S. 137 f. und noch einmal WENSKUS, in: BECK/PFISTER/WENSKUS, Fara (wie Anm. 42), S. 201 hingewiesen haben. Es ist jedoch methodisch bedenklich, gestützt auf diese Varianten und die Legende der Sigismund-

Die in diesem Fall recht einfache Etymologie bringt uns dem Ziel näher. *Burgundae-farones* Plural, *Burgundae-faro* Sing. ist grammatisch als ein latinisiertes germ. Kompositum mit einem Ethnonym im Determinandum, d. h. im Bestimmungswort, und mit *faro* als Grundwort, also als ›(Kriegs)-Fahrer oder Fahrtgenosse der Burgunden‹ zu interpretieren, ganz analog etwa den rheinischen *Lancparto-haim* ›Siedlung der Langobarden‹, *Thuringo-haim* ›Siedlung der Thüringer‹[118]:

Burgundaefaronis (Nom./Akk. Plur.) zu a. 613, 616/17, 629/30 (Fredegar) <*Burgundo-faro* zu *Burgunda-*, Ethnonym (hier im Gen. Plur. mit ostgerm. -e) + westgerm. **faro* ›(Kriegs)-Fahrer‹ oder ›Fahrtgenosse der Burgunden‹, d. h. zugehörig zur *gens* der Burgunden, so wie in der an. ›AtlakviÞa‹ der Burgunderkönig mit einer Litotes ›Freund der Burgunden‹ genannt werden kann. Die Prägung ist grammatisch mit der Endung *-o* bei *faro* westgerm.-fränkisch überformt. Dem entsprechen die das Appellativ aufnehmenden singulären Namen *Burgundo-faro* m. und *Burgundo-fara* f., in denen auch der Gen. Plur. des Bestimmungsworts mit der Kasusendung *-o* westgerm. umgeformt ist.

Der Genetiv des Bestimmungsworts zeigt die ostgerm. Kasusendung *-e*, das Grundwort ist bereits frankisiert (Nom. auf *-o*, während der ostgerm. Nom. auf *-a* enden würde)[119].

Der analysierte Terminus findet sich noch einmal im gleichen Zeitraum, bei einer in Meaux, im Auxerrois und überhaupt im Pariser Becken begüterten, mit dem irischen Mönchsreformer Columbanus und König Theudebert in Verbindung stehenden bedeu-

passio, dass die *Burgundiones* ursprünglich *Burgundofarones* geheißen hätten, zu postulieren, dass B. »in allen Fällen mit ›burgundische Männer, Burgunder‹ zu übersetzen« sei. Der Kontext der früheren Fredegar-Passagen spricht eine andere Sprache.

118) Abzulehnen ist die Deutung von Murray, Germanic Kinship (wie Anm. 42), S. 93, als ›*farones* in Burgund‹, wobei wohl die nicht gestattete Auffassung von *Burgundae-* als Gen. des Landesnamens *Burgundia* mitgeschwungen haben mag. Vgl. Wolfgang Haubrichs, Ethnogene Siedlungsnamen auf *-heim* und andere im theodisken Sprachraum – Zeugnisse merowingischer Siedlung, in: Der Südwesten im Spiegel der Namen. Gedenkschrift für Lutz Reichardt, hg. von Albrecht Greule/Stefan Hackl, Stuttgart 2011, S. 129–152, hier S. 137, 142 f.

119) Eine ähnliche, freilich im Erstglied mit einem Adjektiv gestaltete Bildung zeigt sich in dem aus Ortsnamen erschlossenen ahd. **niuwi-faro* ›advena, Neu-Siedler‹: z. B. Niefern bei St. Goarshausen, a. 886 *Niuferen*; Nufringen (Kr. Böblingen), a. 1150/1243 *Niufaron*; Neufahrn (Gde. Marchtrenk, Oberösterreich), a. 985/91 ad *Niuuarun*; Niefernheim bei Zellertal (Kr. Kirchheimbolanden), a. 770 *in Niuuora marca*< **niuwi-fara* (Nom. Plur.), a. 1207 Or. *Nieveren*. Vgl. Förstemann, Ortsnamen (wie Anm. 108), Sp. 396 f.; Martin Dolch/Albrecht Greule, Historisches Siedlungsnamenbuch der Pfalz, Speyer 1991, S.342 f.; Altdeutsches Namenbuch, hg. von der Kommission für Mundartkunde und Namenforschung. Bearbeitet von Isolde Hausner und Elisabeth Schuster, Lfg. 11 (1999), S. 784; Lutz Reichardt, Ortsnamenbuch des Kreises Böblingen, Stuttgart 2001, S. 171–174. Der Siedlungsnamentypus verteilt sich auf den Mittelrhein, Elsass, Alemannien mit Ostschweiz und das bairische Sprachgebiet.

tenden Adelsfamilie um den Magnaten (*vir nobilis*) *Chagne-ric(us)*, ahd. **Hagan-rich*[120]. Dieser hat einen Sohn mit Namen *Burgundo-faro* (kurz auch *Faro*), später Bischof von Meaux[121], und eine Tochter mit Namen *Burgundo-fara* ›Fahrtgenossin der Burgunden‹ (kurz auch *Fara*)[122]. In diesen Namen ist die Kasusendung des Bestimmungswortes mit *-o* frankisiert[123]. Die Namen sind völlig singulär, ebenso die Vergabe der maskulinen und femininen Variante ein und desselben Namens an ein Geschwisterpaar, während die übrigen Brüder (*Chagnulf*, *Chagnoald*) und Schwestern (*Chagnetrada*) das väterliche Namenelement *Hagan-* variieren, und sie sind schon deshalb in ihrer Motivation erklärungsbedürftig.

Sie sind ethnozentrisch und damit semantisch ähnlich relativ seltenen, aber doch wieder etwas anders geformten Namen[124] wie

Ostro-goto	›Ost-Gotin‹
Ulthro-gota	›Glanz-Gotin‹
Thiudi-goto	›Volks-Gotin‹

oder auch

Adal-swab	›adliger Suebe‹
Adal-Thuring	›adliger Thüring‹

etc.

120) Vgl. zur Familie des *Chagnerich*, dessen Namen in romanisierter Form erscheint, Eugen Ewig, Die merowingischen Teilreiche und die Nationes des Regnum Francorum, in: Spätantikes und fränkisches Gallien. Gesammelte Schriften (1952–1973), hg. von Hartmut Atsma, Bd. 1, München 1976, S. 246–273, hier S. 256; Régine Le Jan, Famille et pouvoir, Paris 1995, S. 194 f.; Horst Ebling, Amtsträger (wie Anm. 2), Nr. 99: Ders., Burgundofarones, in: Lex.MA 2 (1983), Sp. 1098 f.; Nicht angängig scheint es mir, die *Burgundaefaronis* von Fredegar IV, 44 (o. Anm. 113) a. 616 auf die Familie des Chagnerich zu beziehen.
121) Nach der (freilich erst dem 9. Jahrhundert angehörigen) Vita, die einen romanischen Faro-Rithmus zitiert, stammte *Burgundofaro* († n. 668/69) *de gente Burgundionum:* MGH SS rer. Mer. 5, hg. von Bruno Krusch/Wilhelm Levison, S. 139. Vgl. Karl Heisig, Über das Farolied, in: Romanische Forschungen 60 (1947/48), S. 459–499.
122) Burgundofara († n. 641) war um a. 620 die Gründerin des Klosters Faremoutiers bei Meaux. Vgl. J. Guerout, Faremoutiers, in: Lex.MA 4 (1989), Sp. 294 f. Ders., Le Testament de Ste. Fare. Matériaux pour l'étude et l'édition critique de ce document, in: Revue d'Histoire Ecclésiastique 60 (1965), S. 761–821.
123) Es gibt in der Ile-de-France und im Orléanais merowingische Siedlungsnamen, die auf die Burgundaefaronen zurückgehen könnten: z. B. Faronville (Loiret), a. 1002 *Faronis villa*; Faronville (Seine-et-Marne, Gde. Boissise-le-Roi), a. ± 1350 *Faron villa.* Vgl. Jacques Soyer, Recherches sur l'origine et la formation des noms de lieux du département du Loiret, in: Bulletin de la Société archéologique et historique de l'Orléanais 23 (1936), S. 43–100, hier S. 62 f.; Vincent, Toponymie (wie Anm. 100) § 317 f.; Ernest Nègre, Toponymie générale de la France, Bd. 2, Genève 1991, no. 16677.
124) Vgl. Wolfgang Haubrichs, Ethnisch signifikante und sprechende Namen im wisigotischen Spanien und im gotischen Italien, in: Sprache – Rhetorik – Translation. Festschrift Alberto Gil, hg. von Vahram Atayan/Ursula Wienen, Frankfurt a. M. 2012, S. 41–54.

Die Namen der Burgundofaronen knüpfen aber zugleich an die Bezeichnung für jene zuvor analysierte, politisch in Burgund dominierende Gruppe von Großen an. Es ist undenkbar, dass die Familie, die diese beiden Namen so plakativ vergab, nicht intensive Beziehungen – etwa der Verwandtschaft, der Abkunft – zu den Burgunden besaß[125].

Wie aber ist jener Terminus, jene Gruppenbezeichnung der _Burgundae-farones_, die ihre ostgermanischen Spuren noch in sich trägt, zu beurteilen? In der Zeit, in der wir ihn in Belegen fassen, ist er synonym mit fränkisch _leudis_, Großer, _procer_ vielleicht, jedenfalls aus fränkischer Perspektive. Doch zugleich ist er etymologisch auch für die Zeitgenossen noch durchsichtig, nämlich als ›Fahrtgenosse der Burgunden‹ auf einen auf die Migrationszeit verweisenden Begriff[126]. Darf man daraus schließen, dass man in der Oberschicht Burgunds bewusst, um die eigene Identität in der Tradition zu bewahren, auf einen solchen sprechenden archaischen Begriff zurückgriff?

Summary

In the sources of the 7th century, especially in the chronicle of Pseudo-Fredegar (around 660), two etymologically Germanic terms are used for groups which played a leading role on the political stage of the Burgundian _regnum: leudes_ and _burgundae-farones._ The first is a law term which is used across the _leges_ of different _gentes_ and stems from *_leudi-_ m. ›man, member of a people (or a _gens_)‹. In the 6th century the _leudes_ appear as a subcategory of the free (_liberi_) as opposed to the _optimates_ and the _mediocres._ The 7th century brings about a semantic change to _fideles,_ powerful ›men of status‹ (often with military function). In the Burgundian _regnum_ between 612 and 618 they are joined by the superior group of the _burgundae-farones._ This term can be compared with similar ones in the languages of the Langobards, the Baiuvarii and the Franks, which have their etymological origin in Germ. _fara_ ›alliance of voyage and war‹, which demonstrates that the original meaning of the word can be identified as ›war comrades of the Burgundians‹, who maintained a politically dominant position until into the seventh century.

125) Denkbar wäre, dass die Bezeichnung an eine burgundische Beziehung des von Régine Le Jan (Anm. 120) rekonstruierten Großvaters _Gund-oald_< *_Gundo-walda-_ anknüpft, dessen Erstelement *_gund-_ das bevorzugte Namenelement der burgundischen Königsfamilie war, so wie man das in der Familie des _Chagne-rich_ und seines Bruders _Chagne-oald_< *_Hagan-walda-_ bevorzugte Element *_Hagan-_ mit dem (freilich nur in der Sage belegten) Halbbruder und _consiliarius_ des Burgundenkönigs *_Gundaharja_ in Beziehung setzen könnte. Vgl. Wolfgang Haubrichs, La légende des Nibelungen, in: Les Burgondes (Archéothéma. Revue d'histoire et d'archéologie 25 (nov./déc. 2012), S. 15.

126) Vgl. dazu Haubrichs, Ein namhaftes Volk (wie Anm. 105), S. 162 f.; ders., Sprachliche Integration (wie Anm. 105), S. 75.

»Konsens« und »consensus« im Merowingerreich

Steffen Patzold (Tübingen)

Konsens ist an deutschen Universitäten Tagesgeschäft. In geisteswissenschaftlichen Fakultäten gilt er zur Zeit noch als hohes Gut: Professoren legen Wert darauf, Entscheidungen im Kollegenkreis möglichst einvernehmlich zu treffen. Wenn deutsche Mediävisten über Konsens und über Konsensualität als Prinzip diskutieren, dann handeln sie deshalb auch über ihre eigenen Erfahrungen; und die stammen aus der behaglichen Welt einer intellektuellen Elite, die im Allgemeinen wenig gewaltbereit ist.

In den ›Historien‹ Gregors von Tours oder der ›Chronik‹ Fredegars tritt dem Leser eine andere Welt entgegen. Die Angehörigen der politischen Führungsgruppen, von denen diese Autoren berichten, hatten gute Chancen, vorzeitig und unangenehm aus dem Leben zu scheiden: sei es noch als Kind (wie die Söhne Chlodomers 524[1], oder die Söhne Theuderichs II. 613[2]); sei es als Urgroßmutter (wie Brunichilde, die 613 an ein wildes Pferd gebunden und zu Tode geschleift wurde[3]). Auch sonst geht es in Gregors und Fredegars Geschichten häufig nicht konsensual, sondern agonal zu. Da wird ein Krieger, der bei Soissons seinen Anteil an der Beute einfordert, im Jahr darauf vom guten König Chlodwig erschlagen[4]. Da werden Bischöfe von dem bewaffneten Anhang aufrührerischer Nonnen in Poitiers blutig geprügelt[5]. Da spaltet Waddo seinem *actor* den Schädel, nur weil der das Haus nicht gefegt und die Bänke nicht mit Teppichen belegt hat. Im

1) Gregor von Tours, Libri Historiarum X, hg. von Bruno KRUSCH und Wilhelm LEVISON (MGH SS rer. Merov. 1,1), Hannover 1951, lib. III, c. 18, S. 118 f.

2) Pseudo-Fredegar, Chronica, hg. von Bruno KRUSCH (MGH SS rer. Merov. 2), Hannover 1888, lib. IV, c. 42, S. 141.

3) Ebd., lib. IV, c. 42, S. 142.

4) Gregor von Tours, Libri Historiarum X (wie Anm. 1), lib. II, c. 27, S. 72 f.; zu der berühmten Episode zuletzt Matthias BECHER, Chlodwig I. Der Aufstieg der Merowinger und das Ende der antiken Welt, München 2011, S. 158–161.

5) Gregor von Tours, Libri Historiarum X (wie Anm. 1), lib. IX, c. 41, S. 467; zum Kontext, dem sogenannten Nonnenaufstand von Poitiers: Martina HARTMANN, *Reginae sumus.* Merowingische Königstöchter und die Frauenklöster im 6. Jahrhundert, in: MIÖG 113 (2005), S. 1–19.

Gegenzug bekommt Waddo vom Sohn des Verwalters einen Speer »mitten in den Leib und zum Rücken wieder heraus gerammt; und als er zu Boden sank, lief die Menge, die sich gesammelt hatte, herbei und begann ihn zu steinigen[6]«.

Über die Königin Fredegunde und ihre Tochter Rigunthe weiß Gregor von Tours folgende Geschichte zu erzählen: »Rigunthe aber [...] überhäufte ihre Mutter oft mit Schmähungen und sagte, sie selbst sei die Herrin, und sie werde ihre Mutter wieder zur Sklavin machen. Und sie reizte sie häufig durch ihr Gekeife und manchmal prügelten sie sich mit Fäusten und Ohrfeigen.« Schließlich, so Gregor weiter, habe die Mutter ihrer Tochter angeboten, sich doch selbst an dem Schatz ihres Vaters zu bedienen. Darauf heißt es in den ›Historien‹ wörtlich: »Und als die Tochter den Arm hinein streckte und die Sachen aus der Truhe holte, ergriff die Mutter den Deckel der Truhe und warf ihn ihr auf das Genick. Und als sie ihn mit Gewalt niederpresste und das untere Brett der Tochter so sehr die Kehle quetschte, dass ihr die Augen aus dem Kopf springen wollten, rief Rigunthe eine von den Mägden, die drinnen war, mit lauter Stimme herbei [...].«[7] Zwar rettete die Magd der Rigunthe Leben; aber die Geschichte erinnert den Leser daran, dass es laut Gregor schon zu Chlodwigs Zeiten riskant gewesen war, neben einem Gesandten des Merowingers den Kopf in eine Schatztruhe zu stecken[8].

Man muss aus derlei Geschichten vielleicht nicht zwangsläufig auf eine »barbarische Gesellschaft«[9] schließen; doch wird man bei der Suche nach Konsensualität im Merowingerreich die hohe Zahl und Dichte solcher Nachrichten auch nicht einfach ausblenden dürfen. Nur allzu oft ist in unserer Überlieferung von Formen der Entscheidungsfindung zu hören, die in deutschen Universitäten heute kaum mehr praktiziert werden. Einen blutigen Streit zwischen Franken in Tournai beendete die Königin Fredegunde, indem sie die drei letzten Überlebenden, Chariwald, Leodowald und Valdenus, gemeinsam zum Gastmahl lud – und, als sie betrunken waren, mit Beilen hinmeucheln ließ. »Danach ging man vom Mahl heim«, fuhr Gregor trocken fort[10]. Ein Rektor einer Universität muss heute etwas andere Wege finden, um hartnäckige Auseinandersetzungen zu beenden.

Heute Konsens, damals Agon: angesichts dieses Kontrasts nähere ich mich meinem Thema in drei Schritten an. Ein erster Abschnitt handelt vom Konsens als gegenwärtigem Thema der Forschung. Er rekapituliert, wie die Frage nach Konsens in unsere deutsche Forschungsliteratur in jüngerer Zeit Eingang gefunden hat, und fragt, was diese rezente Forschungsentwicklung für Konsequenzen hat, wenn wir den Blick auf die Zeit vor den

6) Gregor von Tours, Libri Historiarum X (wie Anm. 1), lib. IX, c. 35, S. 455 f.; die Übersetzung folgt hier (wie auch im Weiteren) Rudolf Buchner, Gregor von Tours, Zehn Bücher Geschichten (Freiherr vom Stein-Gedächtnisausgabe 2–3), Darmstadt 1956, hier Bd. 2: Buch 6–10, S. 293.

7) Gregor von Tours, Libri Historiarum X (wie Anm. 1), lib. IX, c. 34, S. 455.

8) Ebd., lib. II, c. 40, S. 90, zur Ermordung des Sohns des Königs Sigibert.

9) Vgl. Georg Scheibelreiter, Die barbarische Gesellschaft. Mentalitätsgeschichte der europäischen Achsenzeit. 5.–8. Jahrhundert, Darmstadt 1999.

10) Ebd., lib. X, c. 27, S. 520: [...] *hominibus perculsis, ab epulo est discessum.*

Karolingern werfen. Der zweite Abschnitt untersucht – vorerst in glücklichem Positivismus – den Gebrauch des Wortes »*consensus*« in den Quellen: Als Materialbasis dafür dienen sowohl narrative und normative als auch dokumentarische Texte. Von diesen Befunden zum Wort »*consensus*« ausgehend, weitet der dritte Abschnitt dann den Blick noch etwas auf die Praxis gemeinschaftlichen Entscheidens aus und zieht schließlich ein knappes Fazit.

I. »Konsens« in der jüngeren deutschen Forschung

Die steile Karriere des Wortes »Konsens« in deutscher Forschungsliteratur über das Mittelalter nimmt ihren Anfang nicht etwa schon bei den einschlägigen Arbeiten zur Karolingerzeit aus den frühen 1980er Jahren: nicht bei Jürgen Hannigs Dissertation zum *consensus fidelium* von 1982, auch nicht bei Janet Nelsons Aufsatz über »Legislation and Consensus in the Reign of Charles the Bald«, erstmals gedruckt 1983[11]. Das neue deutsche Forschungsinteresse an Konsens hat seinen Anfang vielmehr in jener Revision der Verfassungsgeschichte der Ottonen-, Salier- und Stauferzeit, die seit den späten 1980er Jahren Fahrt aufgenommen hat. Bernd Schneidmüller hat im Jahr 2000 diese jüngeren Forschungsentwicklungen in einem grundlegenden Aufsatz gebündelt und auf die griffige Formel der »konsensualen Herrschaft« gebracht[12]. Die Formel findet man dann schon bald immer wieder, vor allem in Literatur zur Geschichte des Reichs im 10. bis 12. Jahrhundert: bei Gerd Althoff[13] und Jutta Schlick[14] beispielsweise, bei Ludger Körntgen[15] und Thomas Zotz[16], bei Verena Epp[17], Hagen Keller[18] und anderen mehr[19].

11) Jürgen Hannig, Consensus fidelium. Frühfeudale Interpretationen des Verhältnisses von Königtum und Adel am Beispiel des Frankenreiches (Monographien zur Geschichte des Mittelalters 27), Stuttgart 1982; Janet L. Nelson, Legislation and Consensus in the Reign of Charles the Bald, in: dies., Politics and Ritual in Early Medieval Europe (History Series 42), London u. a. 1986, S. 90–116 [zuerst 1983].

12) Bernd Schneidmüller, Konsensuale Herrschaft. Ein Essay über Formen und Konzepte politischer Ordnung im Mittelalter, in: Reich, Regionen und Europa in Mittelalter und Neuzeit. Festschrift für Peter Moraw, hg. von Paul-Joachim Heinig/Sigrid Jahns/Hans-Joachim Schmidt/Rainer Christoph Schwinges/Sabine Wefers (Historische Forschungen 67), Berlin 2000, S. 53–87. – Vgl. im Übrigen noch ders., Zwischen Gott und den Getreuen. Vier Skizzen zu den Fundamenten der mittelalterlichen Monarchie, in: FmSt 36 (2002), S. 193–209; ders., Konsens – Territorialisierung – Eigennutz. Vom Umgang mit spätmittelalterlicher Geschichte, in: FmSt 39 (2005), S. 225–246; sowie die Überlegungen bei dems., Deutscher Königshof, Hoftag und Reichstag im späteren Mittelalter. Zusammenfassung II, in: Deutscher Königshof, Hoftag und Reichstag im späteren Mittelalter, hg. von Peter Moraw (VuF 48), Stuttgart 2002, S. 595–613, hier S. 609–611.

13) Gerd Althoff, Die Kultur der Zeichen und Symbole, in: FmSt 36 (2002), S. 1–17, hier S. 4.

14) Jutta Schlick, König, Fürsten und Reich (1056–1159). Herrschaftsverständnis im Wandel (Mittelalter-Forschungen 7), Stuttgart 2001, S. 3.

15) Ludger Körntgen, *In primis Herimanni ducis assensu.* Zur Funktion von D H II. 34 im Konflikt zwischen Heinrich II. und Hermann von Schwaben, in: FmSt 34 (2000), S. 159–185, besonders S. 181 f.

Bernd SCHNEIDMÜLLERS Essay über »konsensuale Herrschaft« wird man aber kaum als einen Versuch lesen dürfen, möglichst präzise einen neuen, analytischen Begriff zu definieren. Der Essay bietet vielmehr eine kritische Auseinandersetzung mit einer deutschen Meistererzählung vom Mittelalter – geführt von jemandem, der in seiner eigenen Forschung vom Frühmittelalter bis ins Spätmittelalter geschritten ist und nun von dort aus wieder zurückblickt in die Zeit Karls des Großen und Pippins des Jüngeren[20]. Die Meistererzählung, die bei diesem Blick aus dem Spätmittelalter zurück in die Kritik gerät, ist eine nationale Erzählung des 19. Jahrhunderts: Es ist die Geschichte deutscher Kaiserherrlichkeit unter den Ottonen, Saliern und Staufern, die nach Friedrich Barbarossa, spätestens aber nach dessen Enkel in die glanzlose Zeit des Spätmittelalters mündet – eine Zeit, in der allzu schwache Kaiser mit mächtigen, selbstsüchtigen Fürsten ringen und statt in kraftvollen Entscheidungen das Reich zu führen, in endlosen Verfahren und mit hohen Reibungsverlusten das komplexe Mit- und Gegeneinander der Fürsten moderieren.

(kritisch zu KÖRNTGENS Kernthese allerdings: Stefan WEINFURTER, Konfliktverhalten und Individualität des Herrschers am Beispiel Kaiser Heinrichs II. (1002–1024), in: Rechtsverständnis und Konfliktbewältigung. Gerichtliche und außergerichtliche Strategien im Mittelalter, hg. von Stefan ESDERS, Köln-Weimar-Wien 2007, S. 291–311, hier S. 298 f. und S. 311; vgl. auch S. 291 zum »konsensualen Ordnungsprinzip«).

16) Thomas ZOTZ, Ludwig der Deutsche und seine Pfalzen. Königliche Herrschaftspraxis in der Formierungsphase des Ostfränkischen Reiches, in: Ludwig der Deutsche und seine Zeit, hg. von Wilfried HARTMANN, Darmstadt 2004, S. 27–46, hier S. 41.

17) Verena POSTEL, *Communiter inito consilio.* Herrschaft als Beratung, in: Politische Reflexion in der Welt des späten Mittelalters. Essays in Honour of Jürgen Miethke, hg. von Martin KAUFHOLD (Studies in medieval and reformation traditions 103), Leiden 2004, S. 1–25, hier S. 2 f.

18) Hagen KELLER, Ritual, Symbolik und Visualisierung in der Kultur des ottonischen Reiches, in: FmSt 35 (2001), S. 23–59, hier S. 31, 36, 57 und öfter.

19) Für die späte Karolingerzeit vgl. auch Roman DEUTINGER, Königsherrschaft im Ostfränkischen Reich. Eine pragmatische Verfassungsgeschichte der späten Karolingerzeit (Beiträge zur Geschichte und Quellenkunde des Mittelalters 20), Ostfildern 2006, S. 225–272; in der Sache ähnlich zum Hochmittelalter: Monika SUCHAN, Fürstliche Opposition gegen das Königtum im 11. und 12. Jahrhundert als Gestalterin mittelalterlicher Staatlichkeit, in: FmSt 37 (2003), S. 141–165, zusammenfassend S. 163 f.; zum 12. Jahrhundert: Theo KÖLZER, Der Hof Friedrich Barbarossas und die Reichsfürsten, in: Stauferreich im Wandel. Ordnungsvorstellungen und Politik in der Zeit Friedrich Barbarossas, hg. von Stefan WEINFURTER (Mittelalter-Forschungen 9), Stuttgart 2002, S. 220–236, hier S. 221 (entspricht DEMS., Der Hof Kaiser Barbarossas, in: Deutscher Königshof [wie Anm. 12], S. 3–47, hier S. 5); zur Bedeutung des Konsenses in den Bügerversammlungen der Stadtkommunen in Oberitalien: Christoph DARTMANN, Zwischen demonstrativem Konsens und kanalisiertem Konflikt. Ein Essay über öffentliche Kommunikation in der italienischen Stadtkommune, in: Cum verbis ut Italici solent ornatissimis. Funktionen der Beredsamkeit im kommunalen Italien / Funzioni dell'eloquenza nell'Italia comunale, hg. von Florian HARTMANN (Super alta perennis 9), Göttingen 2011, S. 27–40, der S. 33, Anm. 11, auch auf Schneidmüllers Essay verweist. – Nicht rezipiert ist SCHNEIDMÜLLERS Beitrag interessanterweise bei Burkhard APSNER, Vertrag und Konsens im früheren Mittelalter. Studien zu Gesellschaftsprogrammatik und Staatlichkeit im westfränkischen Reich (Trierer Historische Forschungen 58), Trier 2006.

20) SCHNEIDMÜLLER, Konsensuale Herrschaft (wie Anm. 12), S. 64.

In dieser Plakativität wird wohl kein deutscher Mediävist heute noch die Geschichte des Mittelalters erzählen. Aber gleichsam subkutan, unreflektiert beeinflusst die Meistererzählung vielleicht doch noch die Perspektiven. Gegen diese Versuchung ist die Formel der »konsensualen Herrschaft« ein glückliches Heilmittel. Sie bringt griffig auf den Punkt, was die Forschung seit den späten 1980er Jahren immer deutlicher herausgearbeitet hat: Auch die Ottonen, Salier und Staufer konnten nicht politische Pläne schmieden und ihren Willen qua Befehl durchsetzen. Auch sie waren darauf angewiesen, eine substantielle Zahl von »Großen« immer wieder neu zu überzeugen, dass es sich zu folgen lohne. Auch sie mussten – bisweilen mühselig und manchmal auch erfolglos – auf Versammlungen und in Beratungen um Zustimmung für einzelne Entscheidungen werben. Auch sie konnten viele Konflikte in den politischen Eliten nicht durch ein Urteil zugunsten einer der Streitparteien entscheiden. Vielmehr mussten auch sie oft moderierend und vermittelnd nach Kompromissen suchen, mit denen möglichst viele Beteiligte leben konnten[21)]. Und damit nicht genug: Diese Phänomene sind nicht nur im Umgang zwischen den Königen und den Großen zu beobachten; sie begegnen uns auch auf etlichen anderen Entscheidungsebenen wieder[22)].

Kurzum: Die politische Ordnung auch im Reich des 10. bis 12. Jahrhunderts war gekennzeichnet von dem, was Timothy REUTER »assembly politics« genannt hat[23)]. Sie beruhte in hohem Maße auf Versammlungen und Beratungen, und sie war angewiesen auf die immer neue Mobilisierung von möglichst viel Zustimmung zu den jeweils anstehenden Entscheidungen. In einer solchen politischen Ordnung war selbst der Kaiser nicht so sehr *imperator*, sondern *moderator*, nicht ein »Befehlsgeber«, sondern ein »Regler«, ein »Vermittler«[24)]. Von hier liefen Kontinuitäten kräftig ins Spätmittelalter fort. Und Bernd SCHNEIDMÜLLER hat argumentiert: Von unserer heutigen Warte aus, nach den historischen Erfahrungen, die wir im 20. Jahrhundert mit allzu machtvollen Regimen gemacht haben, dürften uns diese Kontinuitäten gar nicht mehr so beklagenswert erscheinen wie unseren Vorgängern im 19. Jahrhundert[25)].

Bernd SCHNEIDMÜLLER ist in seinem Essay zurückgegangen bis in das Jahr 751, bis zum Beginn der Regierung der Karolinger. Wenn es um die Auseinandersetzung mit der

21) Grundlegende Arbeiten dazu sind: Gerd ALTHOFF, Spielregeln der Politik im Mittelalter. Kommunikation in Frieden und Fehde, Darmstadt 1997; DERS., Inszenierte Herrschaft. Geschichtsschreibung und politisches Handeln im Mittelalter, Darmstadt 2003; DERS., Die Macht der Rituale. Symbolik und Herrschaft im Mittelalter, Darmstadt 2003; Hagen KELLER, Ottonische Königsherrschaft. Organisation und Legitimation königlicher Macht, Darmstadt 2002.

22) Vgl. SCHNEIDMÜLLER, Konsensuale Herrschaft (wie Anm. 12), S. 55–61.

23) Timothy REUTER, Assembly Politics in Western Europe from the Eighth Century to the Twelfth, in: The Medieval World, hg. von Peter LINEHAM und Janet L. NELSON, New York ²2003, S. 432–450.

24) Zu den Mediatoren grundlegend: Hermann KAMP, Friedensstifter und Vermittler im Mittelalter (Symbolische Kommunikation in der Vormoderne), Darmstadt 2001.

25) SCHNEIDMÜLLER, Konsensuale Herrschaft (wie Anm. 12), S. 86 f.

skizzierten Meistererzählung geht, dann drängt sich dieses Jahr 751 als Anfangspunkt in der Tat geradezu auf. Die frühen Karolinger, zumal Karl der Große, gelten als starke, durchsetzungsfähige Könige. »Vordergründig«, so hat es Bernd SCHNEIDMÜLLER formuliert, »scheint die kraftvolle Entfaltung des König- und Kaisertums der Dynastiegründer Pippin I. und Karl I. oder Heinrich I. und Otto I. so gar nichts mit den Realitäten spätmittelalterlicher Reichsherrschaft gemein zu haben«[26]. Der Satz leitet den Abschnitt über den Dynastiewechsel 751 ein. Er impliziert bereits Widerspruch. Und tatsächlich: Laut der Fortsetzung der ›Fredegar-Chronik‹, so SCHNEIDMÜLLER, die zeitlich dem Geschehen näher steht als die Reichsannalen, wird die neue Dynastie der Karolinger gegründet auf kollektive Beratung und Zustimmung aller Franken[27]; *una cum consilio et consensu omnium Francorum,* heißt es in der Quelle[28], sei Pippins berühmte Gesandtschaft an Papst Zacharias auf den Weg gebracht worden.

Die Merowingerzeit hätte sich als Ausgangspunkt für SCHNEIDMÜLLERS Kritik der Meistererzählung viel schlechter geeignet – und die späte Merowingerzeit wohl gar nicht. Wer wollte hier von einer »kraftvollen Entfaltung des Königtums« sprechen? Die merowingischen Könige, zumal ihre späten Vertreter nach Chlothar II. und Dagobert I., galten dem 19. Jahrhundert nicht als kraftvolle Herrscher. Kaum jemand hätte einen Sigibert I. oder einen Chilperich I. auf eine Stufe mit Karl dem Großen, Otto dem Großen oder Friedrich Barbarossa gestellt. Und ein Theuderich IV. gar oder ein Childerich III. wären dafür zweifellos ganz und gar unbrauchbar gewesen: Die späten Merowinger galten als schwache Könige – schon bei Einhard[29] und noch bei Historikern des 19. bis 21. Jahrhunderts. Wilhelm von GIESEBRECHT nannte sie »unfähige Könige«, »ein entartetes und in Lüfte versunkenes Geschlecht«[30]. Für Theo KÖLZER sind sie »Marionetten in den Händen rivalisierender Adelsfaktionen«[31], und Martina HARTMANN bezeichnet sie ganz

26) Ebd., S. 65.

27) Ebd., S. 66–68.

28) Pseudo-Fredegar, Chronica, Continuationes (wie Anm. 2), c. 33, S. 182: *Quo tempore una cum consilio et consensu omnium Francorum missa relatione ad sede apostolica, auctoritate praecepta, praecelsus Pippinus electione totius Francorum in sedem regni cum consecratione episcoporum et subiectione principum una cum regina Bertradane, ut antiquitus ordo deposcit, sublimatur in regno.*

29) Einhard, Vita Karoli, hg. von Oswald HOLDER-EGGER (MGH SS rer. Germ. [25]), Hannover/Leipzig 1911, c. 1, S. 3 f.

30) Wilhelm VON GIESEBRECHT, Geschichte des deutschen Kaisertums, Bd. 1: Gründung des Kaisertums, ND o.O. 2000, S. 93.

31) Theo KÖLZER, Die letzten Merowingerkönige: Rois fainéants?, in: Der Dynastiewechsel von 751. Vorgeschichte, Legitimationsstrategien und Erinnerung, hg. von Matthias BECHER und Jörg JARNUT, Münster 2004, S. 33–60, hier S. 60 (in Auseinandersetzung mit Josef SEMMLER, Spätmerowingische Herrscher: Theuderich III. und Dagobert II., in: DA 55 (1999), S. 1–28, und DEMS., Per iussorium Gloriosi Principis Childerici Regis, in: MIÖG 107 (1999), S. 12–49, der den späten Merowingern einen größeren politischen Einfluss hatte zuschreiben wollen).

aktuell wieder als »Schattenkönige«[32] – wie vor mehr als 200 Jahren schon Herder und Schiller[33].

Die Formel der »konsensualen Herrschaft« kann für die Merowinger also von vornherein nicht in derselben Weise wirken, wie sie für die sogenannten »Großen« unter den Herrschern, für Karl und Otto, auch für Friedrich Rotbart wirkt: Sie kann nicht starke, entscheidungsfreudige, befehlsgewohnte Herrscher einer deutschen Meistererzählung auf das Maß von reaktiven Moderatoren, Vermittlern und Konsensproduzenten schrumpfen; und sie kann auch nicht Sand in das Getriebe einer vermeintlich straffen, hegemonialen politischen Ordnung streuen. Denn all das hat ohnehin kaum jemand im Merowingerreich je sehen wollen.

Um es also zuzuspitzen: »Konsensuale Herrschaft« hat für die Reichsgeschichte des 8. bis 12. Jahrhunderts kritisches Potential, sobald wir auf das Verhältnis zwischen Adel und Königtum schauen. Für die Merowingerzeit bleibt von diesem kritischen Potential wenig übrig. Hier wird die Formel bestenfalls ein älteres Bild affirmieren – noch dazu ein Bild, das recht deutsch ist und vielleicht sogar irrig. Alexander MURRAY und andere mehr haben jedenfalls argumentiert: Gerade deutsche Mediävisten hätten seit den 1930er Jahren dazu tendiert, schon die Merowinger um 600 im Widerstreit mit dem Adel zu sehen, der seinerseits ausgestattet gewesen sei mit uralter, autogener Herrschaft. So wirkmächtig dieses Bild aber auch sei – die Quellen zum Merowingerreich im 6. und 7. Jahrhundert verwiesen eher auf andere Konfliktlinien, die nicht von den Germanen in den weiten Wäldern rechts des Rheins ererbt waren, sondern vom späten Imperium Romanum: etwa die Spannung zwischen Zentrum und Peripherie oder auch das komplexe Verhältnis zwischen Zentralgewalt, Aristokraten und lokaler Selbstorganisation[34].

Vielleicht könnte die Formel der »konsensualen Herrschaft«, wenn sie an die Zeit der Merowinger herantragen wird, dennoch kritisches Potential entfalten – allerdings in anderer Hinsicht. Die Phase gilt gemeinhin nicht als Zeit des Friedens, der Gewaltfreiheit und der politischen Stabilität. Wer die Formel »konsensuale Herrschaft« benutzt, der fragt nun aber nach Formen einmütiger Entscheidungsfindung, nach Teilhabe und Integration, nach Verhandlung, Einigung, Kompromiss – und lenkt damit den Blick weg von all jener physischen Gewalt, die uns bei Gregor, Fredegar und ihresgleichen entgegentritt. Zumindest aus weiter Distanz erschien solche Eintracht schon Mitlebenden nicht abwegig. Gregors Zeitgenosse Agathias, der zeitgleich um 580 seine ›Historien‹ schrieb, behauptete über die Franken immerhin: »Wenn ihre Könige wirklich in einen Streit geraten sollten, greifen alle zwar zu den Waffen, als wollten sie sich bekriegen und eine gewaltsa-

32) Martina HARTMANN, Die Merowinger, München 2012, S. 54.
33) Vgl. KÖLZER, Merowingerkönige (wie Anm. 31), S. 33 mit Anm. 2; knapp auch HARTMANN, Merowinger (wie Anm. 32), S. 8.
34) Alexander Callander MURRAY, Immunity, Nobility and the »Edict of Paris«, in: Speculum 69 (1994), S. 18–39.

me Entscheidung herbeiführen, und ziehen dann gegeneinander. Sind nun aber die beiden Heere in Sichtweite, lassen sie sogleich von ihrem Groll, wenden sich zur Eintracht und veranlassen ihre Könige, ihre Streitigkeiten doch lieber in Güte beizulegen.«[35] So könnte »Konsens« auch für die Geschichte der Merowinger einen Verfremdungseffekt haben – nicht weil der Konsens hier starke Herrscher schwächt, sondern weil er gewaltbereite Eliten am Verhandlungstisch Platz nehmen lässt.

Wenn Bernd SCHNEIDMÜLLERS Formulierung ein rhetorisches Seziermesser ist, das helfen kann, Meistererzählungen zu zerlegen, dann werden wir zögern, in »konsensualer Herrschaft« ein Wesensmerkmal der »mittelalterlichen« Verfassung zu sehen – oder gar nach den historischen Wurzeln dieses Merkmals in der Zeit vor dem 8. Jahrhundert zu fragen. Soll »konsensuale Herrschaft« dagegen eine solche neue, schwerere Last tragen, dann müssen wir die glücklich gewählte Floskel zuerst noch mit der Kraft eines analytischen Begriffs ausstatten. Dazu bedürfte es aber einer scharfen, und doch zugleich auch operationalisierbaren Definition: Wir müssten zumindest sagen können, wann eine »konsensuale Herrschaft« denn eigentlich vorliegt – und wann nicht. Eine solche Definition fehlt bisher. Zumindest fünf Problemkreise wären hierbei zu beachten:

(1) Soll der – einigermaßen schillernde – Begriff des »Konsenses« eine freiwillige Zustimmung jedes einzelnen Beteiligten zu einer Entscheidung bezeichnen[36]? Wenn ja, wie können wir dann angesichts unserer kargen Überlieferung zum Frühmittelalter diesen Begriff operationalisieren? Wie also können wir in die Herzen und Köpfe der Akteure hineinschauen, die doch kaum Selbstzeugnisse hinterlassen haben? Wenn aber Freiwilligkeit kein für Mediävisten operationalisierbares Kriterium ist, wie können sie dann Konsens unterscheiden von Akzeptanz, Hinnahme, Duldung – oder auch Gehorsam?

(2) Für welche Entscheidungen genau ist bei einer »konsensualen Herrschaft« jeweils Konsens erforderlich? Wenn es um Krieg und Frieden geht, um die Rechtsfindung, die Fixierung schriftlich formulierter Normen[37], um Fragen der Wirtschaft, der

35) Agathiae Myrinaei Historiarum libri quinque, hg. von Rudolf KEYDELL (Corpus fontium historiae Byzantinae. Series Berolinensis 2), Berlin 1967, lib. I, c. 2, S. 11 f.; die Übersetzung folgt dem Auszug bei Reinhold KAISER / Sebastian SCHOLZ, Quellen zur Geschichte der Franken und der Merowinger. Vom 3. Jahrhundert bis 751, Stuttgart 2012, S. 126.

36) Vgl. die Einleitung zum vorliegenden Band von Verena EPP, oben, S. 9–17.

37) Über diese Frage ist bekanntlich schon früh mit Blick auf die Kapitularien der Karolingerzeit kontrovers diskutiert worden: Vgl. dazu die gegenläufigen Positionen von François-Louis GANSHOF, Was waren die Kapitularien?, Darmstadt 1961, S. 54–61 (und ähnlich zuvor schon Gerhard SEELIGER, Die Kapitularien der Karolinger, München 1893, S. 45–47) einerseits und Dieter HÄGERMANN, Zur Entstehung der Kapitularien, in: Grundwissenschaften und Geschichte. Festschrift für Peter Acht, hg. von Waldemar SCHLÖGL und Peter HERDE (Münchener Historische Studien 15), Kallmünz 1976, S. 12–27, andererseits; außerdem Arnold BÜHLER, Capitularia Relecta. Studien zur Entstehung und Überlieferung der Kapitularien Karls des Großen und Ludwigs des Frommen, in: AfD 32 (1986), S. 305–501, hier S. 426–429 und zusammenfassend S. 439; die Debatte ist knapp resümiert auch bei: Phillip CAMPBELL, Die Kapitularien.

Kultur, des Glaubens, oder bei allen Fragen, mit denen ein König befasst ist, und seien sie noch so unwichtig?

(3) Wer genau sind diejenigen, die Konsens erteilen müssen[38]? Und wie viele sind es? Reicht die Königin und der Königssohn? Genügen zwei wichtige Ratgeber? Gilt das Mehrheitsprinzip? Müssen alle Großen zustimmen? Und wer wäre bei alledem die Bezugsgröße – wer also wären *alle?* Umgekehrt ist zu fragen: Ist Herrschaft noch konsensual, wenn zwei, drei oder zwanzig Große die Zustimmung verweigern? Oder wenn jemand auf einer Versammlung Kritik übt – wie Wala von Corbie im Winter 828/29 in Aachen[39] oder Hinkmar von Reims 876 in Ponthion[40]?

(4) Was unterscheidet angesichts dieses Graduierungsproblems konsensuale Herrschaft exakt von Herrschaft an sich? Kann es Herrschaft ohne irgendeine Art von Konsensualität überhaupt geben? Der Begriff der Herrschaft impliziert im Deutschen – so könnte man jedenfalls mit Max WEBER annehmen – Dauerhaftigkeit und Legitimation[41]. Beides dürfte ohne ein Mindestmaß an Einverständnis und Zustimmung der Beherrschten kaum denkbar sein. Aber auch auf der anderen Seite des Spektrums lauert Aporie: Kann man noch von Herrschaft sprechen, wenn die Umsetzung *jedes* einzelnen Befehls jeweils vom Konsens *aller* davon Betroffenen abhängt?

(5) In welchem Verhältnis stehen Beratung einerseits und Konsens andererseits zueinander? Solange »konsensuale Herrschaft« eine griffige Floskel zur Kritik einer Meistererzählung bleibt, können wir mühelos mit einer gewissen Unschärfe zwischen Beratung und Konsens leben. Wenn wir aber die Floskel zum analytischen

Entstehung und Bedeutung, in: Funktion und Form. Quellen- und Methodenprobleme der mittelalterlichen Rechtsgeschichte, hg. von Karl KROESCHELL und Albrecht CORDES (Schriften zur Europäischen Rechts- und Verfassungsgeschichte 18), Berlin 1996, S. 23–38, hier S. 29 f. – Gerd ALTHOFF, Das ottonische Reich als regnum Francorum?, in: Deutschland und der Westen Europas im Mittelalter, hg. von Joachim EHLERS (VuF 56), Stuttgart 2002, S. 235–261, hier S. 243, hat wieder die ältere Sicht aufgegriffen, dass der *consensus* zur Zeit Karls des Großen kein Mitspracherecht bezeichnet habe, sondern eine »Selbstbindung durch Zustimmung«.

38) Ich habe in einem früheren Beitrag zu zeigen versucht, wie umstritten und konfliktträchtig diese Frage im Früh- und Hochmittelalter war: Steffen PATZOLD, Konsens und Konkurrenz. Überlegungen zu einem aktuellen Forschungskonzept der Mediävistik, in: FmSt 41 (2007), S. 75–103.

39) Dazu Lorenz WEINRICH, Wala – Graf, Mönch und Rebell. Die Biographie eines Karolingers (Historische Studien 386), Lübeck 1963, S. 61–68.

40) Vgl. Hinkmars eigenen, ausführlichen Bericht in den Annales Bertiniani, hg. von Felix GRAT/Jeanne VIELLIARD/Suzanne CLÉMENCET/Léon LEVILLAIN, Paris 1964, a. 869, S. 160–164; zu dem Geschehen auch Wilfried HARTMANN, Die Synoden der Karolingerzeit im Frankenreich und in Italien (Konziliengeschichte Reihe A: Darstellungen), Paderborn u. a. 1989, S. 333–336.

41) Max WEBER, Wirtschaft und Gesellschaft. Grundriß der verstehenden Soziologie, 5., revidierte Aufl., besorgt von Johannes Winckelmann, 1. Halbbd., Tübingen 1972, S. 122–124; zu Webers Herrschaftsbegriff auch Stefan BREUER, Max Webers Herrschaftssoziologie, in: Zeitschrift für Soziologie 17 (1988), S. 315–327; Catherine BRENNAN, Max Weber on Power and Social Stratification. An Interpretation and Critique, Aldershot u. a. 1997, S. 78–83.

Begriff erheben, dann müssen wir unterscheiden: Denn nicht jede Pflicht zur Beratung impliziert auch die Herstellung von Konsens[42].

Wahrscheinlich ließe sich die Liste der Probleme noch verlängern. Da sie bisher noch ungelöst sind, erscheint es momentan riskant, die griffige Floskel ohne Weiteres in den Rang eines analytischen Begriffs zu erheben, den wir dann – ohne ihn definiert zu haben – dazu verwenden, um der politischen Ordnung *des* Mittelalters ein Wesensmerkmal zuzuschreiben und schließlich auch noch nach den historischen Wurzeln dieses Wesensmerkmals im Übergang zwischen Antike und Frühmittelalter zu fahnden. Das Ziel dieses Beitrags ist daher viel bescheidener. Er stellt im folgenden Abschnitt zunächst ein einzelnes Wort – das lateinische Wort »*consensus*« – in den Mittelpunkt und fragt danach, was uns der Gebrauch dieses Wortes in unterschiedlichen Typen von Quellen über politische Überzeugungen und Praktiken zu verraten vermag. In welchen Texten und in welchem Gebrauchszusammenhang finden wir im 6. und 7. Jahrhundert im Merowingerreich das, was Bernd SCHNEIDMÜLLER dann in der Fredegar-Fortsetzung im 8. Jahrhundert so deutlich formuliert gesehen hat: den *consensus omnium Francorum*[43]?

II. DAS WORT »CONSENSUS« IM QUELLENMATERIAL DES MEROWINGERREICHS

Die neuen Möglichkeiten der Informationstechnologie machen es leicht, Belege für »*consensus*« zu sammeln, auch für andere Wörter derselben Familie, wie etwa das Verb »*consentire*« oder das – eher seltene – Substantiv »*consensio*«. Die Ausbeute bleibt für Texte aus dem Frankenreich des 6. und 7. Jahrhunderts jedoch insgesamt überschaubar. Sie kann hier, etwas vorstrukturiert, mühelos in Gänze ausgebreitet werden.

a) Erzählende Texte I: Historiographie

In Gregors ›Historien‹, Fredegars ›Chronica‹ und im ›Liber Historiae Francorum‹ ist »*consensus*« kein zentrales Wort. Bei Gregor finden sich Belege in insgesamt nur 16 Kapiteln[44]; Fredegar hat (ohne die Fortsetzungen des 8. Jahrhunderts) Belege in vier Kapiteln[45]. Für den ›Liber Historiae Francorum‹ meldet die elektronische Suche bei den

42) Vgl. etwa Regula Benedicti, ed. Rudolph HANSLIK (CSEL 75), Wien 1960, c. 3, S. 27–29: Der Abt muss den Rat der *fratres* einholen; aber er ist in seiner Entscheidung in keiner Weise an diesen Rat gebunden. So kann hier zwar von Beratung die Rede sein – kaum aber von Konsens.

43) Vgl. oben Anm. 28.

44) Gregor von Tours, Libri Historiarum X (wie Anm. 1), lib. II, c. 2, S. 39; II, 34, S. 81; IV, 2, S. 136; IV, 7, S. 139; IV, 15, S. 147; IV, 26, S. 158; IV, 35, S. 168; V, 5, S. 200; V, 14, S. 208; V, 18, S. 218 u. 220; VI, 15, S. 285; VI, 30, S. 298; VIII, 22, S. 388; IX, 20, S. 440; IX, 38, S. 459; X, 1, S. 478.

45) Pseudo-Fredegar, Chronica (wie Anm. 2), lib. II, c. 54, S. 75; II, 62, S. 85 u. 88; IV, 29, S. 132; IV, 63, S. 152.

›dMGH‹ gar keinen Treffer, bietet aber immerhin eine Fundstelle für das Wort »*consentire*«[46]. In jedem dieser drei Texte wurden jeweils Entwürfe politischer Ordnung verhandelt. Insofern sagt schon das dürre Gesamtergebnis etwas aus: Das Wort »*consensus*« gehörte in den 580er Jahren, um 660 und um 727 kaum zu den Schlüsselwörtern der Debatten über die rechte Ordnung der Welt.

Gregor gebrauchte die Wörter »*consensus*« und »*consentire*« tatsächlich nur in einem ziemlich engen, oft geradezu technischen Sinn. Es sind für ihn Wörter der Rechtssprache. Er verwendet sie im Kontext der Wahl und Erhebung eines Bischofs[47] (einmal auch eines Kaisers[48]), außerdem für die kollegiale Zustimmung von Bischöfen untereinander[49] oder zu Vorgaben des Königs, zumal im Rahmen einer Synode[50]. Darüber hinaus benutzt Gregor die Wörter, wenn es um das positive Mitwissen, eben das Einverständnis mit einer Untat geht, mit einem Rechtsverstoß, auch mit einem Vergehen gegen moralische Vorgaben im weiteren Sinne[51].

Bezeichnenderweise ist »*consensus*« bei Gregor außerdem ein *terminus technicus* für ein spezifisches Dokument, das im Rahmen der Erhebung eines neuen Bischofs notwendig war: Das Dokument stellte die Wahl des Betreffenden durch die *civitas* fest; es wurde dem König überbracht[52], der dann seinerseits dieser Wahl zustimmte (und auch die Zustimmung des Königs konnte dabei wieder als *consensus* bezeichnet werden[53]). In der Formelsammlung des Marculf ist ein Formular für ein solches Dokument überliefert: Es heißt hier *consensus civium pro episcopatu*[54].

Bei Fredegar ergibt sich im Grunde ein ähnliches Bild, nur dass das Belegmaterial noch dürftiger ist: Zweimal verwendet unser Chronist das Wort »*consensus*« im Zusammenhang mit Kaisererhebungen[55], einmal das Verb »*consentire*« im Zusammenhang mit der Erhebung des noch kleinen Sigibert III. im Jahr 632[56]. In der Formelsammlung des Marculf wird übrigens eine Formel überliefert, die überschrieben ist mit: *Ut leudesamio*

46) Liber Historiae Francorum, hg. von Bruno Krusch (MGH SS rer. Merov. 2), Hannover 1951, c. 45, S. 318.
47) Gregor von Tours, Libri Historiarum X (wie Anm. 1), lib. IV, c. 7, S. 139; IV, 15, S. 147; IV, 26, S. 158; IV, 35, S. 168; VI, 15, S. 285; VIII, 22, S. 388; X, 1, S. 478.
48) Ebd., lib. VI, c. 30, S. 298.
49) Ebd., lib. IV, c. 7, S. 139; VI, 15, S. 285.
50) Ebd., lib. IV, c. 15, S. 147; IV, 26, S. 158; IV, 35, S. 168; VIII, 22, S. 388.
51) Ebd., lib. II, c. 34, S. 81; IV, 2, S. 136; V, 5, S. 200; V, 14, S. 208; V, 18, S. 218; IX, 38, S. 459.
52) Ebd., lib. X, c. 1, S. 478.
53) So z. B. in der Vita Desiderii Cadurcae urbis episcopi, hg. von Bruno Krusch (MGH SS rer. Merov. 4), Hannover 1902, S. 547–602, hier c. 12, S. 571.
54) Formulae Marculfi, hg. von Karl Zeumer, Formulae Merowingici et Karolini Aevi (MGH Legum sectio V), Hannover 1886, lib. I, Nr. 7, S. 47.
55) Pseudo-Fredegar, Chronica (wie Anm. 2), lib. II, c. 62, S. 85; IV, 63, S. 152.
56) Ebd., lib. IV, 75, S. 158.

promittantur rege[57]. Sie könnte konkret auf die Erhebung Sigiberts III. zurückgehen; auch hier wird ausdrücklich der *consensus* der Großen bei der Einsetzung des Königssohnes in die Herrschaft genannt[58]. An den wenigen anderen Stellen bei Fredegar geht es dann wieder um die individuelle Zustimmung zu einer moralisch bedenklichen oder verbotenen Tat – konkret: zu einem Angriffskrieg, einer Demütigung, einem Mord[59].

Schließlich bleibt noch der eine, einsame Beleg für »*consentire*« im ›Liber Historiae Francorum‹: Der Kontext ist die Erhebung des Leudesius, des Sohns des Erchinoald zum Hausmeier Mitte der 670er Jahre. Diesem Ratschluss, so heißt es in der Quelle, hätten von den Leuten aus Burgund auch der Bischof Leodegar von Autun und sein Bruder Gaerinus zugestimmt (*consentientes*)[60]. Einmal mehr geht es also darum, jemanden in ein Führungsamt zu erheben. Mehr als diesen einen dürren Beleg aber bietet die Quelle für unsere Frage nicht.

Die erste Zwischenbilanz kann damit kurz ausfallen: »*Consensus*« war für die vorkarolingischen Historiographen im Kern ein Rechtsterminus, der zum einen bei der individuellen Zustimmung zu einer Untat (im weitesten Sinne) eine Rolle spielt – zum anderen bei Wahlen bzw. Erhebungen in eine Würde, hier zumal bei Bischöfen, Äbten und Herrschern. Die mit *consensus* begonnene Erhebung Pippins zum König, wie sie in der Fortsetzung Fredegars geschildert wird[61], fügt sich zu diesem Befund recht gut.

b) Normative Texte

Aus den sogenannten Kapitularien der Merowingerzeit[62] sind exakt vier Belege in drei Texten zu präsentieren:

(1) König Gunthram hielt in seinem Edikt von 585 fest, Richter dürften sich nicht durch Leute vertreten lassen, die käuflich seien – *malis operibus consentiendo*[63].

57) Formulae Marculfi (wie Anm. 54), lib. I, Nr. 40, S. 68.

58) Ebd.: *Ille rex ille comis. Dum et nos una cum consensu procerum nostrorum in regno nostro illo glorioso filio nostro illo regnare precipemus, adeo iubemus, ut omnes paginsis vestros, tam Francos, Romanos vel reliqua natione degentibus, bannire et locis congruis per civitates, vicos et castella congregare faciatis, quatenus presente misso nostro, inlustris vero illo, quem ex nostro latere illuc pro hoc direximus, fidelitatem precelso filio nostro vel nobis et leudesamio per loca sanctorum vel pignora, quas illuc per eodem direximus, dibeant promittere et coniurare.*

59) Pseudo-Fredegar, Chronica (wie Anm. 2), lib. II, c. 54, S. 75; II, 62, S. 85; IV, 29, S. 132.

60) Liber Historiae Francorum (wie Anm. 46), c. 45, S. 318.

61) Vgl. oben, S. 268, bei Anm. 28.

62) Zu den Texten: Ingrid Woll, Untersuchungen zu Überlieferung und Eigenart der merowingischen Kapitularien (Freiburger Beiträge zur mittelalterlichen Geschichte 6), Freiburg i.Br. 1995.

63) Gunthramni regis edictum (585 Nov. 10), hg. von Alfred Boretius (MGH Capit. 1), Hannover 1883, Nr. 5, S. 12: *Cuncti itaque iudices iusta, sicut Deo placet, studeant dare iudicia; nam non dubium est, quod acrius illos condemnabit sententia nostri iudicii, a quibus non tenetur aequitas iudicandi. Non vicarios aut quoscunque de latere suo per regionem sibi commissam instituere vel destinare praesumant, qui, quod absit, malis operibus consentiendo venalitatem exerceant, aut iniqua quibuscumque spolia inferre praesumant.*

(2) Im Dekret Childeberts II. von 596 erscheint das Wort »*consentire*« in zwei verschiedenen Kapiteln: Im 4. Kapitel wird der Fall geregelt, dass eine geraubte Frau mit ihrem Raub einverstanden ist; dann soll sie, wie ihr Räuber, ins Exil geschickt werden[64]. In Kapitel 6 wird dem Richter, der sein Einverständnis gibt zu einer gewaltsamen Störung der Gerichtsversammlung, der Tod angedroht[65].

(3) Im Edikt Chlothars II. von Oktober 614 wird das, was eben schon anzuführen war, noch einmal spezifiziert: Wenn eine geraubte Nonne, Jungfrau oder Witwe ihr Einverständnis zur Ehe mit dem Räuber gegeben hat, dann soll die Ehe getrennt werden, und beide Partner sollen ins Exil geschickt werden. Ihr Besitz fällt an die nächsten Erben[66].

Die Stellen bieten wenig Neues: Auch hier ist »*consentire*« ein Wort der Rechtssprache, das benutzt wird, um das schuldhafte Einverständnis mit einer Übeltat zu benennen. Darüber hinaus ist zu notieren, dass das Wort im Rahmen eherechtlicher Fragen verwendet wird.

c) Urkunden der Merowinger und Arnulfinger

Wer elektronisch in Theo KÖLZERS Ausgabe der Merowinger-Urkunden nach »*consensus*« und Artverwandtem sucht, findet Treffer in immerhin 21 Stücken. Das Material schmilzt allerdings bei näherem Hinsehen dramatisch zusammen: Tatsächlich ist das Wort »*consensus*« ein ziemlich gutes Indiz für eine Fälschung. Nur drei der 21 Urkunden dürfen laut Theo KÖLZER als echt gelten, eine als interpoliert; bei allen übrigen handelt es sich um Fälschungen, die fast alle in der Zeit des 9. bis 11. Jahrhunderts fabriziert wurden[67].

Aber selbst um die drei bis vier quellenkritisch einschlägigen Stücke ist es gerade in der Frage des »*consensus*« nicht gut bestellt:

(1) Beim ersten Stück handelt es sich um ein Dokument Dagoberts I. aus dem Jahr 630. Mit dem Text ernannte Dagobert seinen bisherigen Thesaurar namens Desiderius

64) Childeberti secundi decretio (596 Febr. 29), ebd., Nr. 7, c. 4, S. 16: *Certe si ipsa mulier raptori consenserit, ambo pariter occidantur, et facultates eorum parentibus legitimis, et quod fisco nostro debetur adquiratur.*

65) Ebd., c. 6, S. 16: *De farfaliis ita convenit, ut quicumque in mallo praesumserit farfalium minare, procul dubio suum weregildum componat, nichilominus farfalius reprimatur. Et forsitan, ut adsolet, iudex consenserit et fortasse adquiescit istum farfalium custodire, vitae periculum per omnia sustineat.*

66) Chlotharii II. edictum (614 Okt. 18), ebd., Nr. 9, c. 18, S. 23: *Et si in ecclesia coniugium fecerint et illa rapta aut rapienda in hoc consentire videbitur, sequestrati ab invicem in exilio deportentur, et facultas ipsorum propinquis heredibus societur.* (Der Text ist übrigens nur in einer einzigen Handschrift vom Ende des 8. Jahrhunderts überliefert: Berlin, Staatsbibliothek – Preußischer Kulturbesitz, Phill. 1743, fol. 296vb–298vb).

67) D Merov. 6, 8, 10, 13, 20, 24, 29, 44, 104, 109, 113, 119, 130, 161, 174, 183, 195, hg. von Theo KÖLZER (MGH DD Merov. 1), Hannover 2001, S. 28, 34, 38, 45, 58, 67, 80 f., 116, 270, 282, 291, 305, 331, 402, 433, 455, 485.

zum Bischof von Cahors. Im Zuge dessen vermerkt das Stück ausdrücklich den *civium abbatumque Cadurcorum consensus*; und es erwähnt auch das Einverständnis Dagoberts selbst (*nostra devotio similiter consensit*)[68]. Das entspricht genau dem Befund in den ›Historien‹ Gregors von Tours[69]: Der *consensus* sowohl der *civitas* als auch des Königs ist bei Bischofserhebungen erforderlich. Vielleicht war mit dem lateinischen Wort hier sogar ganz konkret jenes Schriftstück gemeint, von dem auch Gregor und Marculf zeugen. Allerdings ist dieses Beispiel für Verwaltungsschriftgut Dagoberts nur als Inserat in der ›Vita‹ überliefert – und diese ›Vita‹ stammt in der vorliegenden Fassung wohl erst aus der Karolingerzeit[70]. Carlrichard BRÜHL war sogar der Meinung, der Vitenautor habe die gesamte »*epistola* [...] literarisch frei stilisiert«[71]. Theo KÖLZER hat zwar etwas zurückhaltender geurteilt, aber auch er muss konstatieren: »Zahlreich sind die Begriffe und Wendungen, die nur hier zu belegen sind«[72]. Der »*consensus*«-Beleg bleibt also zweifelhaft: Er könnte auch erst der Karolingerzeit angehören.

(2) Der zweite Beleg stammt aus der Urkunde, mit der Sigibert III. zwischen 643 und 648 die Klöster Stablo und Malmedy gründete und dotierte. Die Ausstattung wird dem Kloster *consensu fidelium nostrorum* zugestanden. Namentlich werden dann neben Kunibert von Köln noch drei weitere Bischöfe aufgeführt, außerdem neun Laien, angeführt von Grimoald[73]. Das Stück ist nur in einer Chartular-Kopie aus dem 10. Jahrhundert überliefert[74]; und es ist in seinem Wortlaut ebenfalls nicht über alle Zweifel erhaben. Das Problem ist nicht einmal, dass Kunibert hier zum *archiepiscopus* von Köln befördert worden ist (zweifellos ein späterer Zusatz ist, da der Titel schlecht in die Mitte des 7. Jahrhunderts passt)[75]. Das Problem heißt mit KÖLZERS Worten: »Der Kontext spiegelt kaum einmal die übliche merowingische Phraseologie«. Die Urkunde hat »ohne Zweifel eher einen Mönch denn einen Kanzleinotar zum Urhe-

68) D Merov. 38 (Dagobert I., 630 April 8) (wie Anm. 67), S. 103: *Et dum civium abbatumque Cadurcorum consensus hoc omnimodis exposcit, ut eum episcopum habeant, et nostra devotio similiter consentit, absque dubio credimus Dei nutu id fieri, ut dum satis nobis est in palatio nostro necessarius, ipsi nobis quodammodo violentiam inferamus et eum ab editibus nostris auferamus, profectui vestro procuremus.*

69) Vgl. oben, S. 273, mit Anm. 52.

70) Zur Datierung der Vita des Bischofs Desiderius von Cahors vgl. die Argumente von Bruno KRUSCH, in dessen Edition des Textes in den MGH SS rer. Merov. 4, Hannover 1902, S. 547–602, hier S. 554–556.

71) Carlrichard BRÜHL, Studien zu den merowingischen Königsurkunden, hg. von Theo KÖLZER, Köln-Weimar-Wien 1998, S. 36, Anm. 69.

72) KÖLZER, Die Urkunden (wie Anm. 67), S. 102.

73) D Merov. 81 (Sigibert III., 643–647/48) (wie Anm.67), S. 207: *Quapropter pro consensu fidelium nostrorum videlicet domni Chuniberti Colonienses <archi>episcopi necnon et Attelani, Theudofridi, Gislochardi, episcoporum vel inlustrium virorum Grimoaldi, Fulcoaldi, Bobonis, Adregisili, item Bobonis necnon et domesticorum Flodulfi, Ansigili, Bettelini, Gariberti concessimus supradicto patre* [...].

74) KÖLZER, Die Urkunden (wie Anm. 67), S. 205.

75) Ebd., S. 206.

ber«, so KÖLZER weiter. Sie dürfe überhaupt nur dann als echt gelten, wenn man annehme, »dass die Urkunde in dem columbanischen Gründerkreis um Grimoald« entstanden sei[76]. Im übrigen bleibt gerade die Wendung *consensus fidelium* in den echten Urkunden der Merowingerzeit ganz isoliert.

(3) Das dritte Stück datiert vom 3. März 698: Mit ihm bestätigte Childebert III. dem Bischof Herlemundus von Le Mans ein Privileg Chlothars III. aus der Zeit zwischen 657 und 665. Es geht konkret um das Recht, den *dux* und den *comes* im *pagus* von Le Mans zu ernennen. Im Zuge dessen wird ausdrücklich die Zustimmung der Großen Chlothars III. genannt (*una cum consensu procerum suorum*)[77]. Das Stück galt PERTZ noch als Fälschung[78], und in der Tat ist es in dubiosem Kontext überliefert: Es handelt sich um eine der vielen Urkunden, die im 9. Jahrhundert in die Actus der Bischöfe von Le Mans inseriert worden sind. Zahlreiche dieser Inserate sind bekanntlich gefälscht – oder doch interpoliert[79]. In diesem Falle hat Theo KÖLZER dennoch die Ansicht vertreten, das Stück sei echt, allerdings rechnet er mit »überlieferungsbedingte[n] Korruptelen«[80]. Trifft das auch den *consensus procerum*?

(4) Aus demselben Kontext der Actus stammt schließlich noch eine Urkunde Theuderichs III. für den Bischof Aiglibertus von Le Mans aus dem Jahr 677. Theo KÖLZER hält sie zwar für interpoliert[81], hat aber den uns interessierenden Passus im Druck nicht in spitze Klammern gesetzt: Hier erklärt der König, *una cum consensu pontifi-*

76) Alle Zitate: ebd.

77) D Merov. 152 (Childebert III., (698) März 3) (wie Anm. 67), S. 382: *Et ipse princeps hoc taliter per suam preceptionem manu sua vel antedicte abave nostre firmatam una cum consensu procerum suorum eidem prestitisse et ipsam preceptionem se p[re] manibus habere adfirmat.*

78) Vgl. KÖLZER, Die Urkunden (wie Anm. 67), S. 380.

79) Der erste Teil der Geschichte der Bischöfe von Le Mans (Actus pontificum Cenomannis in urbe degentium, hg. von Margarete WEIDEMANN, Geschichte des Bistums Le Mans von der Spätantike bis zur Karolingerzeit. Actus Pontificum Cenomannis in urbe degentium und Gesta Aldrici, Teil 1: Die erzählenden Texte (Römisch-Germanisches Zentralmuseum. Monographien 56,1), Mainz 2002, S. 31–114; die in den Text inserierten Urkunden sind in den zweiten Band ausgegliedert) ist wohl zwischen 857 und 863 entstanden und hatte das Ziel, die Verfügung der Bischöfe von Le Mans über das Kloster Saint-Calais zu beweisen. Dazu grundlegend Walter GOFFART, The Le Mans Forgeries. A Chapter from the History of Church Property in the Ninth Century (Harvard Historical Studies 76), Cambridge/Mass. 1966; vgl. aber die Modifizierungen der Goffart'schen Thesen bei Joseph VAN DER STRAETEN, Hagiographie du Mans – Notes critiques, in: Analecta Bollandiana 85 (1967), S. 473–616; sowie Philippe LE MAÎTRE, L'œuvre d'Aldric du Mans et sa signification (832–857), in: Francia 8 (1980), S. 43–64; zuletzt knapp WEIDEMANN, Geschichte (wie oben), S. 1–3. – Florian MAZEL (Rennes) bereitet eine kommentierte Neuedition vor, die auch neue Erkenntnisse zur Datierung und zum komplexen Entstehungsprozess des ersten Teils der Actus erwarten lässt.

80) KÖLZER, Die Urkunden (wie Anm. 67), S. 381.

81) Vgl. dazu ebd., S. 302, mit einem Resümee der weiteren Forschung zu der Urkunde.

cum vel optimatum nostrorum gehandelt zu haben[82]. Es sei zumindest darauf hingewiesen, dass in sechs sicher falschen Merowinger-Urkunden, die im 9. Jahrhundert in Le Mans fabriziert und in die Actus inseriert worden sind, jeweils in ähnlicher Weise vom *consensus* die Rede ist[83]. Auch dieser Beleg aus der interpolierten Urkunde für Aiglibert ist deshalb zumindest nicht über jeden Zweifel erhaben.

So bleibt das Fazit: Vom *consensus* der Großen, der Getreuen oder ähnlichem ist lediglich in vier Merowinger-Urkunden die Rede, die in der jüngsten Edition in den MGH als wenigstens im Kern echt angesehen werden. Allerdings kennen wir drei dieser Stücke nur als Inserate in karolingerzeitlichen Texten, bei denen sicher feststeht, dass der Autor des Rahmentextes jeweils auch in den Wortlaut der betreffenden Urkunde eingegriffen hat. Das vierte Stück ist, sofern es überhaupt echt ist, sicher nicht am Hof konzipiert worden, sondern stammt aus columbanisch-monastischem Milieu; und auch hier hat offenkundig ein späterer Kopist den Wortlaut verändert. Alle übrigen thematisch einschlägigen Erwähnungen eines *consensus* verdanken sich erst Fälschungen ab dem 9. Jahrhundert. Jener Fälscher, der nach 980 mit Hilfe einer echten Urkunde Theuderichs III. ein Stück auf den Namen Childerichs II. fabrizierte, setzte bezeichnenderweise – von seiner Vorlage abweichend – ausgerechnet den dort fehlenden Konsensvermerk hinzu: *consensu episcoporum et optimatum*[84]. Und als man in Saint-Denis im ausgehenden 11. Jahrhundert eine falsche Urkunde Dagoberts I. herstellte, hielt man es auch hier für wichtig den *consensus* der Erzbischöfe, Bischöfe, Äbte und Großen des Reiches zu der Entscheidung des Königs festzuhalten[85].

Ein kurzer Seitenblick sei noch auf die Arnulfinger-Urkunden geworfen. Das Substantiv »*consensus*« sucht man in ihnen vergeblich. Das Verb »*consentire*« kommt in vier Urkunden vor und zwar jeweils dort, wo ein – rechtserhebliches – Einverständnis zu dem betreffenden Geschäft vermerkt wird[86]. Ein typisches Beispiel: Im Jahr 715 schenkten die

82) D Merov. 118 (Theuderich III., 677 Dezember 6) (wie Anm. 67), S. 303 f.: *Sed dum nos una cum consensu pontificum vel optimatum nostrorum, quod hęc causa vel ipsa carta contra Dei decretum vel instituta patrum aut normam regule f[u]erat actum, < dum* [...] >.

83) Es handelt sich um: D Merov. 8, 10, 20, 119, 161, 195 (wie Anm. 67), S. 34, 38, 58, 305, 402 und 485.

84) D Merov. 104 (Childerich II., (665) Juli 4) (wie Anm. 67), S. 270.

85) D Merov. 44 (Dagobert I.) (wie Anm. 67), S. 116: *Sano ergo usi consilio ex consensu archiepiscoporum, episcoporum, abbatum et regni nostri magnatum et optimatum statuimus atque ordinavimus* [...].

86) D Arnulf. 8 (Hugo, Arnulf, Pippin, Godefridus, 715 Juni 24 o. 25), hg. von Ingrid HEIDRICH (MGH DD Arnulf.), Hannover 2011, S. 22; D Arnulf. 14 (Karl Martell, 741 September 17), ebd., S. 34: *Signum inllustro viro Karlo maiorum domus, qui hanc epistolam donationis fieri rogavit. + Signum Ratberti comitis. Signum Raygaubaldi comitis. Signum Salaconis comitis. Signum inlustris matrone Sonechildis consent. Signum Grifonis, filii sui, consent. Signum* [...]; D Arnulf. 15 (Karlmann, 746 o. 747 Juni 6), ebd., S. 36: *Signum illuster vir Karlemannus maiorum domus. Signum illuster vir Drogone filio eius consentiente*; D Arnulf. 16 (Karlmann, 747 August 15), ebd., S. 38: *Illuster Karlemannus maior domus, filius Karoli quon-*

vier Söhne Drogos dem Abt Liutbert der Apostelkirche bei Metz die *villa Iudiacum* mitsamt Zubehör. Dafür erhielten sie eine Grabstelle für ihren Vater, den Sohn Pippins des Mittleren. Die Urkunde vermerkt die Zustimmung des *dux* Arnulf, eines der vier Drogo-Söhne, mit den Worten: *Arnulphus dux hunc testamentum consentiens*[87].

Die einzige Arnulfinger-Urkunde, die etwas mehr bietet, datiert schon von 747. Das Stück dokumentiert die Entscheidung einer Gerichtssitzung in einem Streit zwischen dem Kloster Stablo-Malmedy und Karlmann. In dem Text heißt es gleich zu Beginn: Gott habe Karlmann die *cura regendi* anvertraut. Dann fährt der Text fort: *Es gehört sich, dass die Streitigkeiten aller Leute in sorgfältiger Prüfung erforscht werden, damit für keinen Streit ein anderes gutes Urteil gegeben wird als dasjenige, dem die Gerechtigkeit zugestimmt hat*[88]. Der Satz ist zu einem guten Teil aus einer Formel Marculfs übernommen, die in der Sammlung als *Proloco de regis iuditio* inskribiert ist[89]. Die Übernahme wirft also ein interessantes Licht auf den hohen, königsgleichen Anspruch Karlmanns. Gerade die Schlusspassage aber, in der vom *consentire* die Rede ist, wurde nicht aus der Formel des späten 7. Jahrhunderts übernommen, sondern ist frei neu formuliert. So ist es nicht möglich, von dem Einzelbeleg auf einen weiteren Gebrauch des Wortes »*consensus*« zu folgern.

d) Erzählende Texte II: Heiligenviten

Bei mehreren narrativen Texten, die in den ›Scriptores rerum Merovingicarum‹ ediert sind, ergibt sich ein Problem der Datierung. Die Editoren Bruno Krusch und – wenngleich weniger stark – Wilhelm Levison hatten die Tendenz, in den Autoren von Heiligenviten Fälscher mit niederen Motiven zu sehen. Dieses Urteil wird man heute nicht mehr ohne Weiteres teilen, zumal sich mittlerweile gegen Krusch und Levison für eine ganze Reihe von Texten hat zeigen lassen, dass sie einen alten, guten Kern bewahrt haben[90]. Allerdings wissen wir eben auch von der verbreiteten Praxis der réécriture[91]: Viten

dam, cui Dominus regendi cure committit. Cunctorum iurgia examinatione diligenti rimare oportet, ut non alterutrum salubris donetur sententia, nisi quem iusticia consenserit.

87) D Arnulf. 8 (Hugo, Arnulf, Pippin, Godefridus, 715 Juni 24 o. 25) (wie Anm. 86), S. 22.

88) D Arnulf. 16 (Karlmann, 747 August 15) (wie Anm. 86), S. 38: *Illuster Karlemannus maior domus, filius Karoli quondam, cui Dominus regendi cure committit. Cunctorum iurgia examinatione diligenti rimare oportet, ut non alterutrum salubris donetur sententia, nisi quem iusticia consenserit.*

89) Formulae Marculfi (wie Anm. 54), lib. I, Nr. 25, S. 58.

90) So ist die Vita der heiligen Genovefa gegen Kruschs Meinung doch in das 6. Jahrhundert zu datieren: Martin Heinzelmann / Joseph-Claude Poulin, Les Vies anciennes de sainte Geneviève de Paris. Études critiques (Bibliothèque de l'École des Hautes Études IVe section, Sciences historiques et philologiques. 329), Paris 1986; die Vita des Bischofs Eligius von Noyon ist kein Produkt der Karolingerzeit, sondern stammt tatsächlich in der überlieferten Form von Audoenus von Rouen, datiert also aus dem späten 7. Jahrhundert: Clemens M.M. Bayer, Vita Eligii, in: Reallexikon für Germanische Altertumskunde 35 (2007), S. 461–524; auch die Vita des Bischofs Austregisel von Bourges stammt nicht, wie Krusch meinte, aus der Karolingerzeit, sondern noch aus dem 7. Jahrhundert: Steffen Patzold/Andreas Schorr, Perso-

sind immer wieder sprachlich neu gefasst worden. Das wird man zwar nicht einfach als Fälschung abqualifizieren können – für die in diesem Beitrag untersuchte Frage aber bleibt die sprachliche Aktualisierung ein Problem. Denn hier geht es ja um den Gebrauch eines einzelnen Wortes, das sehr leicht erst im Zuge der sprachlichen Überarbeitung und Aktualisierung in den jeweiligen Text hineingeraten sein könnte. Methodisch scheint es deshalb angebracht, alle diejenigen Viten nicht zu berücksichtigen, von denen sich begründet vermuten lässt, dass die Fassung, die überliefert ist, erst aus der Karolingerzeit stammt. Wenn wir aber dieses Kriterium ernst nehmen, dann bleibt von dem »*consensus*«-Material auch in dieser Gattung nur wenig übrig.

In den Viten der Bischöfe Germanus von Paris, Praeiectus und Bonitus von Clermont und Austregisel von Bourges erscheint das Wort wiederum jeweils im Kontext der Bischofserhebung[92]. In der Germanus-Vita des Venantius Fortunatus[93] ist mit dem Wort »*consensus*« außerdem wieder konkret das entsprechende Dokument gemeint, das wir

nennamen in drei hagiographischen Quellen des Frühmittelalters. Die Viten des Austregisel von Bourges, des Ansbert von Rouen und des Einsiedlers Goar, in: Name und Gesellschaft im Frühmittelalter. Personennamen als Indikatoren für sprachliche, ethnische, soziale und kulturelle Gruppenzugehörigkeiten ihrer Träger, hg. von Dieter GEUENICH und Ingo RUNDE, Hildesheim-Zürich-New York 2006, S. 73–99, hier S. 74–78.

91) Zur Praxis der Über- und Umarbeitung vgl. La réécriture hagiographique dans l'Occident médiéval: transformations formelles et idéologiques, hg. von Monique GOULLET und Martin HEINZELMANN (Beihefte der Francia 58), Ostfildern 2003; Monique GOULLET, Écriture et réécriture hagiographiques: essai sur les réécritures de Vies de saints dans l'Occident latin médiéval (VIIIe – XIIIe s.) (Hagiologia 4), Turnhout 2005; sowie den Band: L'hagiographie mérovingienne à travers ses réécritures, hg. von DERS. / Martin HEINZELMANN / Christiane VEYRARD-COSME, Ostfildern 2010.

92) Vita Austrigisili episcopi Biturigi, hg. von Bruno KRUSCH (MGH SS rer. Merov. 4), Hannover 1902, lib. I, c. 8, S. 196: *Cum Dominus eum ad sublimiorem gradus honorem provehere voluit, decidente Byturicas Apollonare episcopo, sanctus Austrigisilus in loco eius electus ab omnibus ex consensu regis episcopus subrogatur*; Passio Praeiecti episcopi et martyris Arverni, hg. von Bruno KRUSCH / Wilhelm LEVISON (MGH SS rer. Merov. 5), Hannover 1910, c. 14, S. 234: *Cum opinio de adepto sacerdotio catervatim, ut in talibus rebus fieri adsolet, rimaretur et alius alio preferre niteretur atque inter se disceptarent, sed cum pars maxima prefatum Genesium ad pontificali culmine sublimare summo adnisu regalibus edictis disposuissent, ille metu perculsus, ne contra decreta canonum ageret, indignum se sacerdotium fore asserens, concionaretur: at cives in electionem Preiecti verba deprompserunt, qui illis diebus offitium sacerdocii ordinis in prefata urbe gerebat. Quod cum ad aures vulgi hoc pervenisset consensum, vox omnium clericorum et laicorum virorum una efficitur, Preiectum dignum fore sacerdotium*; Vita Boniti episcopi Arverni, hg. von Bruno KRUSCH und Wilhelm LEVISON (MGH SS rer. Merov. 6), Hannover 1913, c. 5, S. 121 f.: *Eodem tempore sub Theoderico principe Pippinus regni primatum tenens atque curam palacii gerens, cunctaque gubernacula suo disponebantur arbitrio. Cumque vir Dei, supradictus germanus eius, relacionem pro adipiscenda auctoritate regia direxisset, et illi ei peticionem sibi commissam perorassent, ita, favente Domino, cuncta prospera meruerunt, ut ex regio iussu eiusque praecepto idem roboraretur consensus.*

93) Zu Venantius Fortunatus vgl. Brian BRENNAN, The Career of Venantius Fortunatus, in: Traditio 41 (1985), S. 49–78.

bereits aus Marculfs Formel I,7 kennen[94]. In den Viten der Äbte von Saint-Maurice d'Agaune und des Abts Johannes von Moutiers-Saint-Jean aus der Feder des Jonas von Bobbio begegnet das Wort »*consensus*« bei der Wahl und Erhebung von Äbten[95]. In der Vita des Abtes Wandregisel, die Ende des 7. Jahrhunderts entstanden ist, steht »*consensus*« dann noch einmal im Kontext der Ehe[96].

Im Übrigen bleiben nur noch zwei Marginalien zu vermerken: In der Vita des Germanus von Paris verwendete Venantius Fortunatus das Wort »*consensus*« offenbar synonym zu »*consessus*«, also im Sinne von »Sitzung«, »Besprechung«, »Beratung« (vielleicht handelt es sich aber auch schlicht um einen Fehler eines Kopisten)[97]. In der Passio des heili-

94) Venantius Fortunatus, Vita Germani, hg. von Bruno KRUSCH und Wilhelm LEVISON (MGH SS rer. Merov. 7), Hannover 1920, lib. I, c. 63, S. 410: *Itaque pergens Augustiduno pro ordinatione Syagri episcopi, huc inter reliquos cives Florentinus inluster pro consensu dilatus est, habens nevum in oculo, speciositate derogans aliquantulum, ne florens haberetur in vultu.*

95) Vita abbatum Acaunensium, hg. von Bruno KRUSCH (MGH SS rer. Merov. 3), Hannover 1896, lib. I, c. 1, S. 175: *Quantumque regis minaces insidiae procedebant, tantum ille in Christi servitio acrius excellebat, adeo ut non post multum temporis, sancto Caelestio abbate de hoc saeculo ad Christum migrante, ipse, Deo favente, ex totius congregationes consensu, fratrum supplicationibus vix coactus, abba loco eius succederet*; Jonas von Bobbio, Vita Iohannis abbatis Reomaensis, ebd., c. 19, S. 516: *Post quem in supradicto cenobio Mumulinus ex iussu venerabilis viri Silvestri curam regiminis suscepit. Qui post Lingonice ecclesie pontifex electus, in loco suo Leubardinum cum consensu fratrum abbatem prefecit, qui sepulcrum, ubi reliquie sancti corporis beati Iohannis condite erant, in loco in quo nunc est mutavit.*

96) Vita Wandregiseli abbatis Fontanellensis, hg. von Bruno KRUSCH und Wilhelm LEVISON (MGH SS rer. Merov. 5), Hannover 1910, c. 4, S. 14 f.: *Non post multis diebus rogatus a parentibus suis, ut sibi aliqua puella disponsarit, qui ipsi iuxta eorum iussione sublimis parentibus et bene nata sibi quidem puella disponsavit; erat enim a saeculo nobilissima. Porro caepit ipsi vir tacite in cogitatione sua dicere, quid exinde facere deberit. Volebat oblectamenta mundi deserere et in Dei subiogare et pavibat, se ei innotisceret, consensum ei minime darit. Cogitavit, ut acciperit eam et postea ei de conversationis habetum fabolarit. Qui accipiens eam et post acceptam suam volens lucrare coniugem, sicut scriptum est: Diligis proximum tuum sicut te ipsum, prudente ortamine, ut erat eruditus, suadebat ei conversacionis graciae virtutem magna habire mercidem, et qui hic in una carne coniuncti fuerant, in gloria sanctorum sine fine copularentur. Illa autem accensa ab Spiritu sancto, talia verba prerupit dicens: ›O domine meus, quid tibi fuit, quod antea mihi hac rem non devulgasti? Scias certissime, quia et ego mihi absque omne dubitacione volo tradere ad Dei servicio adque vanitatis huius mundi deserere et regnare in Christi gloria. Quod tibi in tantum suppleco, domine meus, ut quo ore proferis, explere opere contendas, et temet ipsum liberis et me ancilla tua ad iugum Dei cum summa festinatione tradas‹. Ad illi haec audiens versus in gaudio et glorificavit Deo et admiratus est de tam excellente desiderio eius. Fit ex utraque parte consensus; ipsi autem sibi comam capitis deposuit et ei velamenti gracia circumdedit*; ebd. c. 8, S. 17: *Videns eum diabulus semper ad emenenciorem viam conscindere, nimiam crudilitatem aperiente in eo exardiscebat adque multas inquietudinis tam apertas quam et per sopore ei faciebat. Qui ipsi sanctus Dei cognoscens fallaces insidias eius, quam ei per dulcidinis consensum suggerebat, per vixillum crucis seu per abstinencia suas inlecebris suasionibus superabat.*

97) Venantius Fortunatus, Vita Germani episcopi Parisiaci (wie Anm. 94), lib. I, c. 40, S. 396 f.: *Altera quoque die cum praedicto occurreret ex inproviso, sanguinem manantem de lumine, largo fonte salutem suam oculi lacrimabant. Quae inter reliquos adstante sancto viro conspicitur. Qui tollens se de consensu, mulierem vir Dei trahet in diversorio, quo sibi erat cubiculum. Cuius lumina aqua tepida suis manibus ab-*

gen Praeiectus von Clermont schließlich heißt es über die *senatores viri* Bodo und Placidus: *consensum prebuerant de ipsum martyrii locum.* Eine Anmerkung Bruno KRUSCHS erläutert dies wie folgt: Mit *consensus* sei hier wohl *occasio, facultas* gemeint[98].

Mehr ist aus den Bänden 2–7 der ›Scriptores rerum Merovingicarum‹ für den Gebrauch des Wortes »*consensus*« und seiner Verwandten nicht zu gewinnen! Zweifellos wird man bei einigen Viten noch darüber streiten können, ob KRUSCHS Spätdatierung haltbar ist. Allerdings werden die wenigen Belege, die dabei konkret für die Frage nach »*consensus*« zur Diskussion stehen, den Gesamtbefund nicht mehr grundsätzlich verschieben. Dasselbe lässt sich übrigens auch über jene Briefsammlung sagen, die wohl am Hof Childeberts II. Ende des 6. Jahrhunderts zusammengestellt worden ist und heute als ›Epistolae Austrasicae‹ zitiert wird[99]: Die Wörter »*consensus*«, »*consentire*«, »*consensio*« sucht man dort vergeblich.

Der etwas ernüchternde Befund lässt sich demnach zu drei Punkten bündeln:

1. Das Wort »*consensus*« wird im Merowingerreich nicht intensiv genutzt – weder in narrativen, noch in den weltlichen normativen, noch auch in dokumentarischen Quellen. Das Wort erscheint insgesamt selten und nur in wenigen, eng umrissenen Kontexten.
2. Der wichtigste Zusammenhang ist dabei zweifellos die Erhebung in ein Amt oder eine Würde, auch in die Herrscherwürde, vor allem aber die Wahl zum Bischof oder Abt: Eine Erhebung zum Abt erfolgt idealiter mit dem *consensus* der *fratres.* Für eine Erhebung zum Bischof ist der *consensus* von Klerus und Volk der betreffenden *civitas* nötig, wie auch der des Königs. In diesem Kontext wird das Wort »*consensus*« zum *terminus technicus:* Es bezeichnet jenes Dokument, in dem die Zustimmung der *civitas* zum Kandidaten vermerkt wird – ein Dokument, das dem König übermittelt wird.
3. Daneben kommt das Wort »*consensus*« vor allem in der Rechtssprache vor, hier insbesondere dann, wenn es um das individuelle, schuldhafte Einverständnis einer Person mit einer Untat einer anderen Person geht. In diesem Sinne erscheint *consensus* in den sogenannten merowingischen Kapitularien, aber auch in narrativen Texten.

luens, diem reddidit in oculis [...]. – Zur orthographischen Varianz zwischen *consensus* und *consessus*, die wohl nicht zuletzt auch aus der Praxis des Zusammensitzens beim Konsensfinden resultierte, vgl. Heinz LÖWE, Consensus – consessus. Ein Nachtrag zum Streit um Methodius, in: DA 46 (1990), S. 507–515, hier S. 510 f. (der freilich den Beleg aus der Germanus-Vita nicht aufführt). – Ich danke Klaus HERBERS für den freundlichen Hinweis auf diesen Beitrag.

98) Passio Praeiecti (wie Anm. 92), c. 31, S. 243: *Bodo vero et Placidus e sinatoribus viri, qui consensum prebuerant de ipsum martyrii locum, cum non longe adstarent, viderunt tres stellas procedentes celitus super ipsam domum, in qua sancti Dei interfecti iacebant; e quibus una ex ipsis maiorem dedit fulgorem.*

99) Epistolae Austrasicae, hg. von Wilhelm GUNDLACH (MGH Epp. 1), Berlin 1892, S. 110–153.

e) Konzilstexte

Selbst wenn ein Wort in den heute noch erhaltenen Texten nicht häufig ist, kann das Phänomen trotzdem wichtig gewesen sein. Zumal für das 7. Jahrhundert hat auch schon die ältere Forschung auf die erstarkende Rolle der Magnaten hingewiesen, gegen deren geballten Willen schon ein Dagobert I. sich nicht durchzusetzen vermochte. Und erst vor Kurzem hat Matthias Becher die Formel der »konsensualen Herrschaft« auch schon auf die Merowingerzeit angewendet, nämlich als Kriterium für die Existenz eines fränkischen Adels: Der *populus*, so Becher, habe durchaus die Macht gehabt, »die ›königliche‹ Gewalt einzuschränken« und »an wichtigen Entscheidungen […] mitzuwirken«[100].

Die Wortklauberei zu *consensus* gewinnt tatsächlich erst in einer diachronen Perspektive an Aussagekraft: Von den dürren Belegen für den Wortgebrauch von *consensus*, die bisher vorzustellen waren, führt nämlich kein einfacher Weg zur politischen Sprache des *consensus fidelium* in den Texten der Karolingerzeit. Im Material des ausgehenden 8. und des 9. Jahrhunderts geht es keineswegs mehr nur um das Einverständnis mit einer Untat; und es geht auch nicht mehr nur um Herrscher-, Bischofs- oder Abtserhebungen. Hier verweist *consensus* vielmehr auf die regelmäßig eingeholte Zustimmung der Getreuen des Königs zu politischen und rechtlichen Entscheidungen.

Aber damit nicht genug, das Wort steht hier noch für weit mehr: *Consensus* ist nun in hohem Maße religiös aufgeladen[101]. Der *consensus* gilt in der Karolingerzeit als Folge wie auch als Ausdruck von *concordia* und *unitas* – und das heißt: als Folge und Ausdruck jener allgemeinen Eintracht, Einmütigkeit und Harmonie in der Christenheit, die Gott einforderte. Im Streben nach *consensus* waren politische Theorie und religiöse Vorstellungen vom gottgefälligen Miteinander in der *ecclesia*, also der Gemeinschaft aller Christen, unlöslich miteinander verschmolzen. Man könnte auch sagen: Der *consensus* bildete eine Art Scharnier zwischen *regnum* und *ecclesia*. Denn *consensus* war einerseits Voraussetzung und sichtbares Anzeichen dafür, dass *unitas*, *concordia*, *pax* existierten – also all das, ohne das die Gemeinschaft der *ecclesia* nicht sein konnte. Und *consensus* war andererseits auch das, was die Könige und die Franken immer wieder auf ihren Versammlungen in gemeinsamer Beratung herstellten – also Grundlage und Ziel von *placita* und *consilia* unter der Leitung des Königs. »Konsensuale Herrschaft« – das hieß demnach

100) Matthias Becher, ›Herrschaft‹ im Übergang von der Spätantike zum Frühmittelalter. Von Rom zu den Franken, in: Von der Spätantike zum frühen Mittelalter: Kontinuitäten und Brüche, Konzeptionen und Befunde, hg. von Theo Kölzer und Rudolf Schieffer (VuF 70), Ostfildern 2009, S. 163–188, hier S. 178.
101) Zum Folgenden Steffen Patzold, *Consensus – Concordia – Unitas.* Überlegungen zu einem politisch-religiösen Ideal der Karolingerzeit, in: *Exemplaris Imago.* Ideale in Mittelalter und Früher Neuzeit, hg. von Nikolaus Staubach (Tradition – Reform – Innovation 15), Frankfurt/Main u. a. 2012, S. 31–56; ders., »Einheit« versus »Fraktionierung«. Zur symbolischen und institutionellen Integration des Frankenreichs im 8./9. Jahrhundert, in: Visions of community in the post-Roman world: the West, Byzantium and the Islamic world 300–1100, hg. von Walter Pohl/Clemens Gantner/Richard Payne, Farnham u. a. 2012, S. 375–390.

für die Zeitgenossen: die von Gott gestellte Aufgabe, die Eintracht und Einmütigkeit in der Gemeinschaft der Christen immer wieder neu zu wahren, die Eintracht, ohne die kein König Erfolg haben konnte, weil er ohne sie vor Gott keine Gnade zu finden vermochte. Erst vor diesem religiösen Hintergrund, so meine ich, erklärt es sich auch, *warum* Konsens nicht nur ein politisches Mittel zu einem anderen, höheren Zweck war, sondern selbst geradezu eines der Kernziele königlicher Herrschaft darstellte – wie es Roman DEUTINGER zu Recht betont hat[102].

Von den mageren Belegen in den erzählenden Texten, den Kapitularien, den Urkunden aus dem Merowingerreich aber führt kein gerader Weg zu dieser religiös aufgeladenen Konsenssprache der Eintracht und Einmütigkeit in der Karolingerzeit. Und doch gibt es einen Vorläufer dieser Sprache: Nur müssen wir ihn nicht bei den Merowingerkönigen und ihren weltlichen Großen suchen, sondern in derjenigen Quellengattung, die hier bisher noch nicht näher vorgestellt worden ist – in den Konzilstexten. Dort nämlich werden die Wörter »*consensus*« und »*consentire*« nicht nur regelmäßig gebraucht; in den Konzilstexten stehen sie zugleich auch immer wieder in einem Zusammenhang, der auf Eintracht, Einmütigkeit und auf kollektive Entscheidungsfindung in Gegenwart Gottes verweist – also in eben dem Zusammenhang, den wir in der Karolingerzeit dann auch bei politischen Versammlungen sehen.

Einige Beispiele mögen das genauer veranschaulichen: Die Bischöfe, die sich 541 in Orléans versammelten, beschrieben sich im Prolog selbst als eine *sancta congregatio sacerdotum*, die *unanimiter in Christo* zusammengekommen sei, um *Deo medio* das zu verhandeln (*tractare*), was zur Religion gehöre. Die Übereinstimmung aller aber, den *consensus omnium*, zeige die *unita suscriptio*[103]. In dieser knappen Passage ist fast alles vereint, was ein karolingisches Herz begehrt: Das *Einverständnis aller*, der *consensus omnium*, die Versammlung, bei der Gott selbst als gegenwärtig gedacht wird, das gemeinschaftliche Verhandeln, die Einmütigkeit in Christus. Später, in c. 38 der Akten, heißt es dann ausdrücklich: Es sei gerecht, dass die kirchliche *disciplina* durch die *unitas* der Bischöfe zum Glänzen gebracht werde[104]. Damit ist nun auch noch das letzte Schlüsselwort eingeführt, das man aus karolingischer Perspektive noch vermissen könnte:

102) DEUTINGER, Königsherrschaft (wie Anm. 19), S. 268.

103) Concilium Avrelianense a. 541, hg. von Charles DE CLERCQ (Corpus Christianorum Ser. Lat. 148 A), Turnhout 1963, S. 132: *Cum in Aurilianensi urbe unianimiter in Christo sancta adfuissit congregatio sacerdotum et de his, quae ad sacrum propositum pertinent vel quae secundum ecclesiasticam moderationem regulariter conveniunt disciplinae, Deo medio tractata decernirent, placuit, ut, quae sunt difinita, secundum antiquam consuitudinem scripta monstrentur, quo firmius statuta serventur, cum consensum omnium docit unita suscriptio.*

104) Ebd., c. 38, S. 141 f.: *Quapropter, quia auxiliante Domino, quae ad ecclesiasticam regulam pertinent, synodus sancta constituit, id decernimus, ut a cunctis fratribus haec difinitio sancta servetur. Quod si quis, que salubriter perspicit instituta, indicenter transgredi quacumque occasione temtaverit, noverit se Deo et cuncte fraternitati culpabilem esse futurum, quia iustum est, ut per unitatem antestitum et ecclesiastica fulgeat disciplina et inconvulsa maneat constitutio sacerdotum.*

unitas steht hier ganz offenkundig, wie in vielen karolingerzeitlichen Texten auch, für die Eintracht, die Einmütigkeit der Versammelten[105].

Als zweites Beispiel sei die Synode von Paris 556 angeführt. Hier wird am Ende der Akten eigens festgehalten, dass nicht alle Brüder bei der *definitio* hätten mitwirken können; deshalb habe die *gesamte Versammlung* (*omnis congregatio*) mit Christi Beistand festgelegt, die Beschlüsse auch noch von den jetzt abwesenden Bischöfen unterzeichnen zu lassen: »weil dem, was von allen bewahrt werden muss, die Gesamtheit zustimmen soll« (*universitas debeat consentire*)[106]. Der Konzilstext selbst ist durchzogen von Formulierungen der Einmütigkeit und der Gesamtheit, auch hier übrigens wieder verschränkt mit dem Gedanken der Versammlung in Christus und des gemeinschaftlichen Verhandelns (*tractare*)[107].

Viele Konzilstexte aus dem Frankenreich des 6. und 7. Jahrhunderts werden von solchen Formulierungen beherrscht. Unterschriftenlisten zum Beispiel wiederholen gebetsmühlenartig hinter den Namen der Unterfertigten die Formel *consensi et subscripsi*[108]. Die Texte selbst betonen wieder und wieder: Diese Bestimmung habe »allen gemeinsam gefallen«; jener Beschluss sei »einmütig« oder »in Eintracht« oder auch »in Liebe« gefasst[109]. Und in eben dieses sprachliche Umfeld ordnen sich hier häufig genug auch die

105) Dazu PATZOLD, *Consensus* (wie Anm. 101), S. 46–48.

106) Concilium Parisiense 556–573, hg. von Charles DE CLERCQ (CC 148 A), Turnhout 1963, c. 9, S. 209: *Et quia huic definitioni cuncti fratrum interesse minime potuerunt, hoc etiam omnis congregatio sacerdotum Christo propitiante decrevit, ut constitutio praesens, quantis oblata fuerit, subscriptionibus eorum debeat roborare, quatenus in hoc, quod ab universis observandum est, universitas debeat consentire.*

107) So z. B. ebd., Prolog, S. 205, Z. 3; c. 4, S. 207, Z. 79; c. 6, S. 208, Z. 98 f., c. 7, S. 208, Z. 105 usw. – Zur Bedeutung von *tractare* in der Karolingerzeit vgl. Reinhard SCHNEIDER, *Tractare de statu regni.* Bloßer Gedankenaustausch oder formalisierte Verfassungsdiskussion?, in: Mediaevalia Augiensia. Forschungen zur Geschichte des Mittelalters, hg. von Jürgen PETERSOHN (VuF 54), Stuttgart 2001, S. 59–78, hier S. 63–65.

108) Vgl. etwa Concilium Parisiense 556–573 (wie Anm. 106), S. 209: *Probianus in Christi nomine episcopus ecclesie Betorige consensi et subscripsi.* [...]. Die Beispiele ließen sich leicht vermehren.

109) Vgl. statt anderer nur: Concilium Aurelianense 549 (wie Anm. 103), c. 7, S. 150: *adeo pietatis causa communi consilio placuit observandum, ut* [...]; ebd., c. 24, S. 157: *Haec ergo Deo propitio constanter et unanimiter definita servantes, etiam praeteritorum statuta canonum decernimus, ut Christo auctore deinceps inconuulsa uniuersa serventur, ut manente concordia, quae divina inspiratione salubriter in praesenti tempore definita sunt, amodo et habeant vigorem et custodiant caritatem*; Concilium Parisiense 552, ebd., Prolog, S. 167, Z. 2: *in unum positi;* Z. 9: *ob hoc in domo ecclesie unanimiter resedentes*; Z. 24–27: *tantae eorum discussione unianimiter prebentes adsensum placere nobis, quod eum in monasterio ducxerunt, presentibus etiam decretis unianimiter profitemur*; Concilium Arelatense 554, ebd., Prolog, S. 171, Z. 7 f.: *unanimiter observanda decernant*; Z. 12–14: *Quibus hoc roboris maius esse credidimus, quod a plurimis caritate interveniente consentientibus pruna voluntate firmatum est*; Concilium Turonense 567, ebd., c. 26, S. 193: *Placet itaque ac omnibus nobis convenit observare, ut* [...]; Concilium Parisiense 614, ebd., c. 4, S. 276: *Salubriter consilio unianimi instituemus observandum, ut* [...]; c. 14, S. 279: *Illud etiam unianimi consensu conuenit, ut* [...]; Concilium Cabilonense 647–653, ebd., Prolog, S. 303: *sed nunc tam ex commune omnium voluntatem* [...] *pariter conglobati*; c. 1, S. 303: *Ita omnes una conspiratione et connibente animo*

Wörter »*consensus*« und »*consentire*« ein: *idcirco praesenti constitutione unanimi consensu Deo medio synodus sancta decreuit*, so formulierten typischerweise die Bischöfe in Valence 583/585[110]. In Tours 567 – und ähnlich in Paris 614 – konnte man sogar die schriftlich fixierten Konzilsbeschlüsse selbst geradezu als *hunc consensum nostrum* bezeichnen[111].

Und immer wieder wird dabei der Gedanke formuliert, dass bei (und aufgrund) der Versammlung Christus selbst präsent sei. Die Synode, die zwischen 673 und 675 in Saint-Jean-de-Losne in Burgund zusammentrat, zitierte sogar eigens Mt 18, 20: »Denn wo zwei oder drei versammelt sind in meinem Namen, da bin ich mitten unter ihnen.«[112] Den Satz unmittelbar zuvor, Matthäus 18,19, wird jeder der Versammelten gekannt haben: »Wenn zwei von Euch auf Erden übereinstimmen (*consenserint*), dann werden sie alles, was sie erbitten, von meinem himmlischen Vater erhalten.«

Von solchem Gebrauch der Wörter *consensus*, *consentire*, *consensio* ist der Weg nicht mehr weit zu dem, was dann in Texten der Karolingerzeit üblich wird. Paschasius Radbertus interpretierte die fragliche Matthäus-Passage in seinem Kommentar in bezeichnender Weise: Christus, so schrieb er, habe sich so sehr um Eintracht (*concordia*) bemüht, dass er hier als Lohn für die Eintracht (*unitas*) verheißen habe, alle gemeinsam geäußerten Bitten würden auch erhört. Denn Christus selbst, so Radbert, sei ja jene *pax* und jene *caritas*, »die aus den Herzen vieler Menschen ein einziges mache und die unzähligen Seelen der Heiligen untereinander verbindet und vereint, so dass sie eine einzige Seele bilden.«[113] Eine derartige *unitas* aber habe auch Paulus in seinem Brief an die Korinther angemahnt (1 Cor 1,10): Sie sollten *in eodem sensu et in eadem scientia* sein. Und so konstatierte Radbert: »wie die Misshelligkeit (*dissensus*) von der Eintracht der Liebe

sententiens definivimus, ut [...]; c. 8, S. 304: *et ut poenitentibus a sacerdotibus data confessione indicatur poenitentia, universitas sacerdotum nuscetur consentire.* – Die Liste der Beispiele für solche Formulierungen ließe sich leicht verlängern.

110) Concilium Valentinum 583–585, ebd., S. 235, Z. 15 f.

111) Das Zitat im Text: Concilium Turonense 567 (wie Anm. 103), S. 194, Z. 556; vgl. Concilium Parisiense (wie Anm. 103), c. 11, S. 278: *Id etiam nostrum placuit adiungi consensum fixo in eterno permansurum atque a quocumque presole observandum* [...].

112) Concilium Latunense 673–675, hg. von Charles DE CLERCQ (wie Anm. 103), S. 315: *Dum auspice Domino, qui suis dixit discipulis: Ubi fuerint duo vel tres congregati in nomine meo, ego sum in medio eorum, et ortodoxorum trecentorum decem et octo episcoporum replevit corda, ut sanctae aecclesie stabilitate firmarent atque mandatis divinis instituerent, nos Latina in praesentia gloriosisimi principis nostri domni Childerici regis congregati eramus, praecepit, ut, quod sanctisimi patres quinque principalibus synodis congregati pro statui sanctae aecclesie seu fidei firmitate roborandam ipsi definierunt atque sanxerunt vel nostre memoriae ad erudiendam cunctam fidelium multitudinem reliquerunt, nobis quoque stabilire atque conservare in omnibus firma stabilitate per succidua tempora conveniat.*

113) Paschasius Radbertus, Expositio in Matheo libri XII, hg. von Beda PAULUS (CC Cont. Med. 56–56 B), Turnhout 1984, Bd. 2, lib. 8, S. 895, Z. 3147–3149: *Quia ipse est pax atque caritas quae facit corda multorum unum et innumeras sanctorum animas sibi ad inuicem ut una sit anima connectit ac conuenit.* (Die Formulierung ist nicht aus einer Vorlage übernommen, sondern stammt von Radbert selbst.)

(*concordia caritatis*) trennt, so vereint die Einhelligkeit (*consensus*) und verbindet das Gefüge zu dem Einen der Liebe (*in unum charitatis*), so dass Gott durch diese Einheit (*unitas*) unter den Menschen sein kann.«[114] Wohlgemerkt, hier sprach kein weltfremder Mönch! Hier sprach jener Gelehrte, der in Corbie unter Wala gelebt hatte und in den 830er Jahren wohl auch selbst an jenem großen Entwurf einer Idealordnung der *ecclesia* mitarbeitete, den wir die ›pseudo-isidorischen Fälschungen‹ nennen[115]. In der Gedankenwelt dieses führenden Intellektuellen verwies der *consensus* auf die gottgefällige Eintracht in der Christenheit. Diese Figur bildete einen Eckstein im politischen Bau des *consensus* in der Karolingerzeit.

Ihre Vorläufer hatte die Denkfigur in den Konzilien der Kirche – freilich nicht nur in jenen des merowingischen Frankenreichs. Mangels einer Zentralgewalt (und wohl auch aus jahrhundertealten Vorstellungen guter kollektiver Entscheidungsfindung heraus) war gerade hier in der Tat der Konsens schon früh ein zentrales Mittel der Normenschöpfung und der Beschlussfassung gewesen. Im 8. Jahrhundert, unter den Karolingern, wurde dieses längst etablierte Modell dann der politischen Ordnung des Frankenreichs insgesamt zugrunde gelegt.

III. Vom Konsens zum Kollektiv: Entscheiden und Handeln in Gemeinschaft

Wörter sind wichtig. Aber selbstverständlich reicht es nicht aus, nur zu beobachten, wie ein einzelnes Wort über die Jahrhunderte in jenen schriftlich fixierten Texten gebraucht wurde, die mehr oder minder zufällig bis heute überdauert haben. Der Befund müsste in einem weiteren Schritt ergänzt werden durch eine Untersuchung anderer, semantisch benachbarter Wörter: »*Assensus*« etwa käme in Frage, auch »*unanimitas*«, »*unitas*« oder »*concordia*« böten sich an.

114) Ebd., S. 896, Z. 3176–3179: *Quia sicut segregat dissensus a concordia caritatis ita congregat consensus et conpaginem connectit in unum caritatis ita ut Deus per hanc unitatem in medio eorum esse possit.* Darauf folgt hier der Verweis auf die Menschheit als das eine *corpus Christi*, in dem alle Glieder übereinstimmen sollten (*id ipsum sapiant id ipsum dicant id ipsumque consentiant*).

115) Klaus Zechiel-Eckes, Auf Pseudoisidors Spur. Oder: Versuch, einen dichten Schleier zu lüften, in: Fortschritt durch Fälschungen? Ursprung, Gestalt und Wirkungen der pseudoisidorischen Fälschungen. Beiträge zum gleichnamigen Symposium an der Universität Tübingen vom 27. und 28. Juli 2001, hg. von Wilfried Hartmann und Gerhard Schmitz (MGH Studien und Texte 31), Hannover 2002, S. 1–28, dem Johannes Fried, Der lange Schatten eines schwachen Herrschers. Ludwig der Fromme, die Kaiserin Judith, Pseudoisidor und andere Personen in der Perspektive neuer Fragen, Methoden und Erkenntnisse, in: HZ 284 (2007), S. 103–136, hier S. 104 f., insofern zugestimmt hat, als auch er eine Beteiligung von Mönchen aus Corbie an dem Fälschungsprojekt für nachgewiesen hält. – Skeptischer blieb Horst Fuhrmann, Stand, Aufgaben und Perspektiven der Pseudoisidorforschung, in: Fortschritt durch Fälschungen (wie oben), S. 227–262, hier S. 254 f.

Darüber hinaus aber bleibt zu analysieren, wie die Zeitgenossen kollektives Entscheiden und Handeln von Akteuren in einer Gruppe beschrieben – und welchen Stellenwert sie in ihren Texten den entsprechenden Praktiken zuwiesen. Dabei kann es freilich nicht Ziel sein, zu klären, ob der einzelne Akteur einer kollektiv getroffenen Entscheidung von ganzem Herzen zugestimmt oder sein Einverständnis nur geheuchelt hat, ob er an einer kollektiven Unternehmung freiwillig, ob opportunistisch, ob unter sanftem Druck oder hartem Zwang mitgewirkt hat. Mit anderen Worten: Die Kategorie des Konsenses dürfte für eine solche weiterführende Untersuchung kollektiven Entscheidens und Handelns tatsächlich kaum mehr hilfreich sein. Im Rahmen dieses Beitrags seien deshalb nur noch exemplarisch einige Grundlinien einer solchen Studie angedeutet, die die Frage des Konsenses hinter sich lässt. Als Beispiel mag hier jener Text dienen, der für die Untersuchung des Wortfeldes *consensus* im vorherigen Abschnitt nur einen einzigen, mageren Beleg für *consentire* ergeben hat: der ›Liber Historiae Francorum‹.

Das Werk ist bekanntlich eine Schlüsselquelle für die Geschichte des Frankenreichs im 7. und frühen 8. Jahrhundert[116)]. Es wurde sicher im Jahr 727 verfasst[117)]; vielleicht war es das Jahr, in dem der König Theuderich IV. volljährig wurde, ein Jahr der Hoffnung also auf eine Erneuerung kraftvollerer merowingischer Regierung[118)]. Abgefasst wurde der Text wahrscheinlich in Soissons[119)], und zwar eher im dortigen Frauenkloster Notre Dame als im Männerkloster Saint-Médard[120)]. Martina HARTMANN hat überdies nachgezeichnet, wie intensiv der ›*Liber*‹ über Königinnen berichtet – und zwar immer wieder auch über seine wichtigste Vorlage, die ›Historien‹ Gregors von Tours, hinaus. Wie zuvor schon Janet NELSON hat daher auch Martina HARTMANN vermutet, der Text könnte von einer Frau, eben einer der Nonnen in Notre Dame, verfasst worden sein[121)].

Neben den Königinnen und Königen aber beherrscht ein weiterer Akteur den Text: Das sind die *Franci.* Der dürre Befund zum Gebrauch des Wortes *consentire* bedeutet

116) Die Edition von Bruno KRUSCH ist unzureichend. Zur Kritik daran und zu einer weiteren, frühen Handschrift vgl. Richard A. GERBERDING, Paris, Bibliothèque Nationale Latin 7906: An unnoticed very early fragment of the ›Liber Historiae Francorum‹, in: Traditio 43 (1987), S. 381–386; Helmut REIMITZ, Ein karolingisches Geschichtsbuch aus Saint-Amand. Der Codex Vindobonensis palat. 473, in: Text – Schrift – Codex. Quellenkundliche Arbeiten aus dem Institut für Österreichische Geschichtsforschung, hg. von Christoph EGGER und Herwig WEIGL (MIÖG Erg.-Bd. 35), Wien-München 2000, S. 34–90; Martina HARTMANN, Die Darstellung der Frauen im Liber Historiae Francorum und die Verfasserfrage, in: Concilium medii aevi 7 (2004), S. 209–237, hier S. 210.

117) So die Angabe am Ende des Textes selbst: Liber Historiae Francorum (wie Anm. 46), c. 53, S. 328.

118) So die plausible Vermutung von HARTMANN, Darstellung (wie Anm. 116), S. 234.

119) Richard GERBERDING, The Rise of the Carolingians and the *Liber Historiae Francorum*, Oxford 1987, S. 146–159.

120) So HARTMANN, Darstellung (wie Anm. 116), S. 213–219, gegen GERBERDING, Rise (wie Anm. 119), S. 152.

121) HARTMANN, Darstellung (wie Anm. 116), S. 219 (dort, Anm. 64, auch der Verweis auf die Arbeit von Janet Nelson und ihre umstrittene Rezeption in der weiteren Forschung).

deshalb keineswegs, dass der Text frei wäre von Berichten über kollektives Entscheiden und Handeln. Ganz im Gegenteil: Die *Franci*, in zweiter Linie auch andere ethnische denominierte Gruppen, werden in dem Text wieder und wieder gemeinschaftlich beschließend und handelnd präsentiert.

Dementsprechend schilderte die Autorin in den beiden ersten Kapiteln zunächst die Herkunft der Franken, in denen sie die Überlebenden des Heeres der Trojaner sah[122]: Im Kampf gegen die Alanen im Dienste Valentinians hätten sie sich so sehr verdient gemacht, dass der Kaiser persönlich ihnen aufgrund ihrer Verwegenheit den Namen »Franken« verliehen habe – was so viel wie »die Wilden« heiße. Schon in diesem zweiten Kapitel sind es die Trojaner – also gleichsam die Protofranken – selbst, die gemeinschaftlich entscheiden und handeln: *Tunc congregati Troiani, fecerunt insidias* [...][123].

Im dritten Kapitel dann stellt der Text die *Franci* wiederum kollektiv beratend und entscheidend dar: Sie beschließen gemeinsam, gegen den Steuereintreiber des Kaisers, den römischen Senator Primarius, aufzubegehren. Die Autorin in Notre Dame hielt diesen Aufstand freilich für ein *consilium inutile:* Der schlechte Ratschluss mündet in ihrer Erzählung in einen Krieg mit den Römern, in dem die Franken schwere Verluste erlitten und ihr stärkster Mann, Priamus, fällt[124]. Die Niederlage zwingt die Franken, an den Niederrhein zu ziehen und sich dort, in der Germania, niederzulassen. Auch hier aber entscheiden und handeln sie weiterhin gemeinschaftlich: Als ihr Anführer Sunno stirbt, fassen sie »den Entschluss (*consilium*), dem Beispiel der übrigen Völker folgend einen König einzusetzen«[125]. Sie wählen und erheben Faramund zu ihrem König. Ihn stellt die Autorin als Vater Chlodios vor, aus dessen Geschlecht (*genus*) dann schließlich Merowech stammt, der erste der Merowinger.

Für die folgenden Kapitel schöpfte die Verfasserin ihre Informationen fast durchweg aus den ›Historien‹ Gregors von Tours[126]; allerdings schrieb sie ihre Vorlage keineswegs unreflektiert ab. Sie ergänzte, kürzte und besserte den älteren Text in ihrem Sinne. Bezeichnenderweise schrieb sie im Zuge dessen immer wieder auch die *Franci* als handelnde Gemeinschaft in ihren Text hinein – und zwar gegen ihre Vorlage. Drei Beispiele für sol-

122) Liber Historiae Francorum (wie Anm. 46), c. 1–2, S. 241–243; zur Vorstellung einer trojanischen Herkunft der Franken vgl. Jonathan Barlow, Gregory of Tours and the Myth of the Trojan Origins of the Franks, in: FmSt 29 (1995), S. 86–95, der zu zeigen versucht hat, dass auch schon Gregor die Origo der Franken aus Troja gekannt haben dürfte; Hans Hubert Anton, Troja-Herkunft, origo gentis und frühe Verfasstheit der Franken in der gallisch-fränkischen Tradition des 5. bis 8. Jahrhunderts, in: MIÖG 108 (2000), S. 1–30; Eugen Ewig, Troiamythos und fränkische Frühgeschichte, Die Franken und die Alemannen bis zur »Schlacht bei Zülpich« (496–497), hg. von Dieter Geuenich (Ergänzungsbände zum RGA 19), Berlin 1998, S. 1–30.

123) Liber Historiae Francorum (wie Anm. 46), c. 2, S. 242.

124) Ebd. , c. 3–4, S. 243 f.

125) Ebd., c. 4, S. 244: *Sunnone autem defuncto, acciperunt consilium, ut regem sibi unum constituerent, sicut ceterae gentes.*

126) Vgl. dazu Gerberding, Rise (wie Anm. 119), S. 31–46.

che Umarbeitungen müssen hier genügen: der Bericht über Childerichs Vertreibung (1), die Episode der Beuteteilung von Soissons (2) und die Darstellung der Taufe Chlodwigs (3).

1. Gregor von Tours hatte im zweiten Buch seiner ›Historien‹ berichtet, wie die Franken Childerich verstoßen und stattdessen den Römer Aegidius als ihren König angenommen hatten[127]. Gregor nutzte auch diese Episode – wie viele andere – dazu, die ethnische Tradition der Franken als gebrochen zu präsentieren: Ihr Königsgeschlecht war in Gregors Darstellung nicht nur jung und traditionsarm[128]; zeitweilig hatte sogar ein Römer die Königsherrschaft über die Franken ausgeübt! Die Autorin des ›Liber Historiae Francorum‹ übernahm zwar den Plot, lud die Geschichte aber moralisch auf und verkehrte ihren Sinn damit ins Gegenteil: Die Vertreibung Childerichs und die Annahme des Aegidius als König waren laut dem ›Liber Historiae Francorum‹ nämlich ein *malum consilium*[129]. In der Erzählung der Autorin aus Soissons bringt Childerichs Vertrauter den Römer Aegidius listenreich dazu, die Franken zu unterdrücken – nur um selbst dann die Franken an die frühere Unterdrückung durch die Römer zu erinnern und gegen Aegidius aufzuwiegeln. Die Franken erkennen voller Reue, wie schlecht ihr Beschluss gewesen ist, ihren König Childerich zu vertreiben. Sie rufen Childerich deshalb in das *regnum Francorum* zurück[130] – eine Formulierung, die bezeichnenderweise in Gregors Text ganz fehlt. Kurzum: Was Gregor berichtet hatte, um die ethnische Tradition der Franken als gebrochen darzustellen, das nutzte die Autorin des ›Liber Historiae Francorum‹ nun für ein Lehrstück in ethnischer Gemeinschaft, indem sie die Vertreibung eines Königs durch die Franken als einen schlechten Ratschluss präsentierte und die schlimmen Folgen herausstrich (eine Wertung, die 727 übrigens einen gewissen Gegenwartsbezug gehabt haben dürfte). Zugleich aber präsentierte die Autorin die Franken auch hier wieder als eine erfolgreich gemeinsam entscheidende und handelnde Gemeinschaft. Dazu fügt es sich nahtlos, dass sie Childerichs Sohn Chlodwig am Ende des Abschnitts nicht nur – wie vordem Gregor von Tours – als *magnus et pugnator egregrius* präsentiert, sondern ihn rühmt als *rex magnus super omnes reges Francorum et pugnator fortissimus*[131]: Auch Chlod-

127) Gregor von Tours, Libri Historiarum X (wie Anm. 1), lib. II, c. 12, S. 61 f.; zur möglichen Historizität der Episode: Jörg JARNUT, Gregor von Tours, Frankengeschichte II, 12: Franci Egidium sibi regem adsciscunt. Faktum oder Sage?, in: Ethnogenese und Überlieferung. Angewandte Methoden der Frühmittelalterforschung, hg. von Karl BRUNNER und Brigitte MERTA (Veröffentlichungen des Instituts für Österreichische Geschichtsforschung 31), Wien 1994, S. 129–134.

128) Vgl. Gregor von Tours, Libri Historiarum X (wie Anm. 1), lib. II, c. 9, S. 58.

129) Liber Historiae Francorum (wie Anm. 46), c. 7, S. 248.

130) Ebd., c. 7, S. 248 f., das Zitat auf S. 249.

131) Gregor von Tours, Libri Historiarum X (wie Anm. 1), lib. II, c. 12, S. 62, und Liber Historiae Francorum (wie Anm. 46), c. 7, S. 250.

wig also bleibt in diesem Text in seiner Herrschaft als König an die Gemeinschaft der *Franci* gebunden.

2. Auch die Episode der Beuteteilung von Soissons berichtete die Autorin eng an Gregors Vorlage angelehnt. Und doch griff sie abermals in den Text ein: In ihrer Erzählung nämlich sind es *die Franken*, die Chlodwig zugestehen, die Vase des Bischofs als seinen Anteil zu reklamieren[132]; dagegen hatte Gregor die Gruppe nur als einen Teil aller Anwesenden konturiert – als *illi quorum erat mens sanior*[133]. Derjenige, der gegen Chlodwigs Anspruch Widerspruch erhebt, hieß bei Gregor unscharf: *unus levis, invidus ac facilis*[134]. Die Autorin des ›*Liber*‹ machte auch aus ihm einen Franken (*unus Francus*)[135]. Insgesamt wird auch diese Szene damit zu einem Lehrstück gemeinschaftlicher Entscheidungsfindung der *Franci* im Verein mit ihrem König. Dazu passt es, dass die Autorin Wert darauf legte, über ihre Vorlage hinaus die Waffe des betreffenden fränkischen Kriegers nicht nur als *bipennis*, sondern als *francisca* zu bezeichnen[136]. Nachdem Chlodwig bei der nächsten Heeresversammlung den widerborstigen Krieger eigenhändig erschlagen hat, formuliert Gregor die Konsequenzen dieser Tat wie folgt: *magnum sibi per hanc causam timorem statuens*[137]. Der Autorin des ›Liber Historiae Francorum‹ lag dagegen abermals daran, die Franken als Gemeinschaft in den Text hineinzuschreiben: *Grandis pavor ac tremor pro hac causa in Francorum populo deinceps consurrexit*, heißt es in ihrem Text[138].
3. Schließlich die Taufe Chlodwigs[139]: Gregor von Tours hatte auch diese Szene dazu verwendet, die Ethnizität der Franken narrativ zu brechen und die Franken als handelnde Größe geradezu aus der Geschichte hinauszuschreiben. Er schob seinem Chlodwig – auf dem Wendepunkt der Schlacht gegen die Alamannen, in verzweifeltem Flehen zu Jesus Christus – die bezeichnende Formulierung in den Mund: Er wünsche nun diejenige *virtus* zu erfahren, *quam de te populus tuo nomine dicatus probasse se*

132) Liber Historiae Francorum (wie Anm. 46), c. 10, S. 252.
133) Gregor von Tours, Libri Historiarum X (wie Anm. 1), lib. II, c. 27, S. 72.
134) Ebd.
135) Liber Historiae Francorum (wie Anm. 46), c. 10, S. 252.
136) Ebd.
137) Gregor von Tours, Libri Historiarum X (wie Anm. 1), lib. II, c. 27, S. 73.
138) Liber Historiae Francorum (wie Anm. 46), c. 10, S. 253.
139) Aus der reichen Literatur zu dem – in der Datierung nach wie vor umstrittenen – Ereignis sei hier nur genannt: Danuta SHANZER, Dating the baptism of Clovis: the bishop of Vienne vs. the bishop of Tours, in: Early Medieval Europe 7 (1998), S. 29–57; Dieter GEUENICH, Chlodwigs Alemannenschlacht(en) und Taufe, in: Die Franken und die Alemannen (wie Anm. 122), S. 423–437; Knut SCHÄFERDIEK, Chlodwigs Religionswechsel. Bedingungen, Ablauf und Bewegkräfte, in: Patristica und oecumenica. Festschrift für Wolfgang A. Bienert, hg. von Peter GEMEINHARDT, Marburg 2004, S. 105–121; Georg SCHEIBELREITER, Die Bekehrung des Merowingerkönigs Chlodwig 496, in: Höhepunkte des Mittelalters, hg. von DEMS., Darmstadt 2004, S. 13–32; BECHER, Chodwig (wie Anm. 4), S. 174–203.

praedicat[140]. Die Christen werden hier mithin als ein eigener *populus* eingeordnet, der dem Namen Christi geweiht sei. Als *populus* beschreibt Gregor aber in der Taufepisode kaum zufällig auch die Alamannen und diejenigen, über die Chlodwig selbst herrscht (Gregor nennt diese Leute auffälligerweise in der gesamten Passage niemals *die Franken*)[141]. Man wird aus diesem Begriffsgebrauch folgern dürfen: Die Taufe macht Chlodwig in Gregors Darstellung in letzter Konsequenz zu einem Angehörigen eines anderen *populus* – nämlich jenes Volkes, das dem Namen Christi geweiht ist. Die Verfasserin des ›Liber Historiae Francorum‹ griff auch hier wieder in ihre Vorlage ein. Gleich mehrfach schrieb sie den Frankennamen dort in die Geschichte hinein, wo Gregor wohl bewusst nur unspezifisch von *exercitus* oder *populus* gesprochen hatte[142]. Und die entscheidende Passage in Chlodwigs eigener Rede zu Jesus Christus entschärfte die Autorin, indem sie nicht mehr von einem einzelnen *populus* der Christen sprach (der mithin auf einer Ebene neben dem *populus* der Alamannen oder Franken gestanden hätte), sondern von christlichen *populi* in der Mehrzahl[143]. Auf dieser Basis war es ihr am Ende des Berichts auch möglich, eigens noch einmal zu betonen, dass mit Chlodwig auch der *cunctus populus Francorum* getauft worden sei[144].

Was die Verfasserin des ›Liber Historiae Francorum‹ in diesem ersten knappen Drittel ihres Werks angelegt hatte, das führte sie in den übrigen Teilen konsequent weiter: Auch im weiteren Verlauf sind es immer wieder die *Franci*, die gemeinsam handeln und entscheiden. Sie werden im Verlaufe der Erzählung zum späteren 6. und 7. Jahrhundert dann zunehmend enger als die Einwohner Neustriens begriffen (in Abgrenzung zu den Austrasiern und Burgundern)[145]. Als solche aber bleiben die *Franci* gemeinschaftlich handlungsfähig: Sie setzen Könige über sich, sie wählen Anführer, sie beraten miteinander und treffen Entscheidungen. Und noch der letzte Satz des Werkes stellt die *Franci* in ebendieser Weise vor: *Franci vero Theudericum, Cala monasterio enutritum, filium Dagoberto iunioris, regem super se statuunt, qui nunc anno sexto in regno subsistit*[146].

So unbedeutend also für die Verfasserin des ›Liber Historiae Francorum‹ das Wort *consensus* war, so wichtig waren ihr die Franken als historische Größe: Gemeinsam beratend, entscheidend, handelnd, hatten die *Franci* unter der Führung der Merowinger und ihrer Königinnen Geschichte gemacht. Etwas zugespitzt könnte man formulieren:

140) Gregor von Tours, Libri Historiarum X (wie Anm. 1), lib. II, c. 30, S. 75.

141) Vgl. z. B. ebd., lib. II, c. 30, S. 76 (auf die Alamannen bezogen): *»Ne amplius, quaesumus, pereat populus* [...]«; ebd. (über die Leute Chlodwigs): *cohortato populo*; c. 31, S. 76: *populus, qui me sequitur*; c. 31, S. 76 f.: *omnes populus pariter adclamavit.*

142) Liber Historiae Francorum (wie Anm. 46), c. 15, S. 261, Z. 22; c. 15, S. 263, Z. 5.

143) Ebd., c. 15, S. 262, Z. 4.

144) Ebd., c. 15, S. 264, Z. 5 f.

145) Hartmann, Darstellung (wie Anm. 116), S. 210 f.

146) Liber Historiae Francorum (wie Anm. 46), c. 53, S. 328.

Wichtiger als Konsens war der Nonne aus Notre Dame die Existenz und Handlungsmacht einer – ethnisch denominierten – Gemeinschaft mit einer langen, bis in die graue Vorzeit zurückreichenden Tradition.

Der Unterschied zwischen Konsens und Gemeinschaft aber ist keineswegs unerheblich. Wer auf Konsens Wert legt, denkt vom einzelnen Menschen her, von der Zustimmung eines jeden einzelnen zu einer anstehenden Entscheidung. Konsens ist fragil. Er endet dort, wo Meinungsverschiedenheit, Streit und Konflikt beginnen. Gemeinschaft dagegen kann all dies erdulden, einhegen, immer wieder neu überwinden: Die Angehörigen einer Gemeinschaft können untereinander streiten – und doch auf Dauer eine Gemeinschaft bleiben. Für jene Generation, die im letzten Viertel des 7. Jahrhunderts geboren worden war und die blutigen Konflikte der Jahrzehnte um 700 miterlebt hatte, dürfte »Gemeinschaft« die hilfreichere Kategorie gewesen sein, um ihre politische Welt zu ordnen, als ein ohnehin nicht zu erreichender »Konsens«. Die Karolinger würden dann seit dem ausgehenden 8. Jahrhundert den religiös aufgeladenen *consensus* zum Ziel erheben. An dem ehrgeizigen Versuch, jeden einzelnen Christen auf diese Weise einzubinden, sollten Ludwig der Fromme und die Eliten seines Reiches dann in den 830er dramatisch scheitern.

* * *

Die Beobachtungen lassen sich zu fünf Thesen zuspitzen:

1. »Konsensuale Herrschaft« war in der deutschen Forschung zunächst eine griffige Formel, um eine deutsche Meistererzählung vom Mittelalter zu kritisieren. Sie macht vermeintlich kraftvolle Herrscher des 8. bis 12. Jahrhunderts schwächer, weil sie – impressionistisch – darauf verweist, wie sehr auch diese Könige und Kaiser darauf angewiesen waren, immer wieder neu auf Versammlungen die Zustimmung möglichst vieler Großer zu mobilisieren. Für die Merowinger muss die Formel historiographisch von vornherein anders wirken: Denn die meisten von ihnen galten nie wirklich als kraftvolle Herrscher. Auch hier aber wird ein wohletabliertes Bild herausgefordert: Denn wer nach Konsens fragt, lässt blutrünstige Kriegsherren nach einvernehmlichen Lösungen suchen.
2. Gewichtige Probleme entstehen, sobald wir »konsensuale Herrschaft« zu einem analytischen Begriff erheben und nach den historischen Wurzeln des damit bezeichneten Phänomens im Frühmittelalter suchen wollen. Als analytischer Begriff ist »konsensuale Herrschaft« zurzeit noch unterdefiniert.
3. Die Beobachtung der Quellensprache ergibt: Das Wort *consensus* ist in Texten der Merowingerzeit selten. Das Wort (wie auch seine Verwandten) erscheint hier in aller Regel in wenigen, spezifischen Kontexten – namentlich dort, wo es um die Erhebung von Bischöfen, Äbten, auch Herrschern geht, und dort, wo ein (meist rechtserhebliches) Einverständnis eines Einzelnen zu einer Untat eines anderen bezeichnet werden soll. Angesichts dieses Befundes wird man vorerst noch skeptisch sein dürfen, ob die

Frage nach Konsens für die Merowingerzeit das einzuhalten vermag, was sie zu versprechen scheint: Die *consensus*-Belege sind nicht so dicht, dass die Politik der Merowingerzeit fortan erheblich konsensual-friedlicher zu denken ist als bisher. Allerdings bleiben erst noch weitere Schlüsselwörter der »assembly politics« für die Merowingerzeit genauer untersuchen: Wörter wie *assensus*, *unanimitas*, *unitas*, *concordia* und dergleichen mehr, aber auch andere Formulierungen, die auf gemeinschaftliches Handeln und Entscheiden verweisen. Solche Formulierungen sind bei Gregor selten, in der Chronik Fredegars werden sie häufiger, im ›Liber Historiae Francorum‹ sind sie geradezu üblich, ebenso in den Fortsetzungen Fredegars und in den sogenannten Reichsannalen[147]. Das deutet darauf hin, dass sich in den Jahrzehnten um 700 eine wichtige Entwicklung vollzog, die ihrerseits den karolingischen *consensus fidelium* mit vorbereitet hat.

4. Der in Gemeinschaft etablierte und gottgewollte Eintracht anzeigende *consensus* lässt sich für das Merowingerreich wirklich deutlich nur in den Konzilstexten des 6./7. Jahrhunderts fassen: In ihnen findet sich eben jene Sprache der Allgemeinheit, Eintracht, Einmütigkeit und des Konsenses, der wir dann in der Karolingerzeit wieder und wieder auch in denjenigen Texten begegnen, die als Überreste der »assembly politics« gelten dürfen. Das passt gut zu einer Denkfigur der Zeit: *Ecclesia* konnte nun die politische Ordnung der Gesamtheit aller Christen bezeichnen, für die wiederum die Könige und Bischöfe, aber auch deren *ministri* kollektiv Verantwortung trugen. Man könnte also auch sagen: Der *consensus fidelium* war ein zentraler Faktor der Ausweitung einer ursprünglich kirchlich-sektoralen Institution zum politischen Ganzen des Frankenreichs.
5. Zu fragen bleibt noch, wer eigentlich die Akteure dieser folgenreichen Transformation des späteren 8. Jahrhunderts waren. Die Angelsachsen auf dem Kontinent haben zumindest ihr Scherflein dazu beigetragen. Jedenfalls können wir einigermaßen sicher sein, dass gerade Alkuin 789 bei der Abfassung der ›Admonitio generalis‹ beteiligt war[148], einem Schlüsseltext der karolingischen Sprache der Einmütigkeit. Hier bleibt der Forschung noch ein weites Feld.

147) Vgl. dazu Patzold, Einheit (wie Anm. 101), S. 383 f.

148) Zu Alkuins Beteiligung jetzt ausführlich Michael Glatthaar in seiner Edition der Admonitio generalis (MGH Fontes iuris 16), Hannover 2012, S. 47–63; vgl. zuvor schon Friedrich-Carl Scheibe, Alcuin und die Admonitio generalis, in: DA 14 (1958), S. 221–229.

Summary: Consent and consensus in the Merovingian Kingdom

This paper analyzes the discourse on »consensual rule« (among German scholars), investigates the evidence of Lat. *consensus* in sources from the Merovingian period and presents five assumptions:

1. Initially the term »consensual rule« was used to counter the dominant narrative of the Middle Ages: its use makes allegedly powerful rulers, reigning between the 8th and 12th century, seem weaker in view of their dependency on the support of the nobility. Most of the Merovingian rulers were not regarded as being powerful, so the term »consensual rule« evokes bloodthirsty warlords trying to come to a mutual agreement.
2. It is problematic to use the »consensual rule« as an analytical category for searching for the roots of this phenomenon since it has not been satisfactorily defined for analysis yet.
3. In most Merovingian sources »consensus« rarely appears and is only used in a few specific contexts. The evidence is not firm enough to reconstruct a mutual rule during the Merovingian period. But there are still several keywords regarding »assembly politics« left to analyze (such as *consilium*, *placitum*, *tractare* etc.). There are hardly any references in the writings by Gregory of Tours and only a few in Fredegar's chronicle, but plenty in the ›Liber Historiae Francorum‹. Probably in the decades around 700 an important development occurred which prepared for the Carolingian *consensus fidelium.*
4. In the Merovingian period only sources concerning councils mention consent, indicating divinely ordained concord. There we already find the words for community/ universality, concord, unanimity and consent, which reappear in texts relating to the assembly politics in the Carolingian period. This fits well with the contemporary mindset: *Ecclesia* could be used for the political order controlled by the kings and bishops. The *consensus fidelium* was vital for the expansion of an originally ecclesiastical institution to the political order of Francia.
5. The Anglo-Saxons such as Boniface and Alcuin might have been important protagonists in this process.

Herrschaft und Konsens in der ›Lex Baiuvariorum‹ und den ›Decreta Tassilonis‹*

Harald Siems (München)

Mein Thema enthält eine Eingrenzung gegenüber dem Tagungsprogramm »Recht und Konsens im Frühmittelalter«, die zu begründen ist. Rechtsquellen wie die ›Lex Baiuvariorum‹ als Untersuchungsgegenstand legen es nahe, nach der Rolle von Konsens in diesen Texten zu fragen. Sehr umfassend wäre dann jede Form von Vereinbarung und abgestimmten Verhaltens zu behandeln, unter anderem große Teile des Privatrechts wie das gesamte Vertragsrecht[1]. Damit würde das Tagungsanliegen verlassen. Die Konzentration auf »Herrschaft und Konsens« soll ein verfassungsrechtliches Beobachtungsfeld öffnen. Es geht um Über- und Unterordnungsverhältnisse, die durch Anordnung und Befehl, aber auch durch das Bemühen um Zustimmung und um einmütiges Handeln bestimmt sein können. Durch die ›Lex Baiuvariorum‹ und die ›Decreta Tassilonis‹ als Quellen wird die politische und administrative Spitze Bayerns der Agilolfingerzeit in Personal und funktionalem Zusammenspiel zum Untersuchungsgegenstand.

*) Die Vortragsform des Beitrages wurde beibehalten und durch Anmerkungen ergänzt.

1) Zum Themenkomplex: Theo MAYER-MALY, Pactum. Tausch und laesio enormis in den sog. leges Barbarorum, in: ZRG Rom. 108 (1991), S. 213–233. Speziell zur ›Lex Baiuvariorum‹: Harald SIEMS, Handel und Wucher im Spiegel frühmittelalterlicher Rechtsquellen (MGH Schriften 35), Hannover 1992, S. 85–108. Zur *convenientia:* Francesco CALASSO, La »convenientia«. Contributo alla storia del contratto in Italia durante l'alto medio evo, Bologna 1932; DERS., Il negozio giuridico, Mailand ²1967, S. 136 ff., 169 ff.; Guido ASTUTI, I contratti obbligatori nella storia del diritto italiano, 1. Bd., Mailand 1952, S. 395–423; Paul OURLIAC, La »convenientia«, in: Études d'histoire du droit privé offertes à Pierre Petot, Paris 1959, S. 413–422; Elisabeth NORTIER, Art. Convenientia, in: Lex.MA 3 (1986), Sp. 206 f.; Giovanna NICOLAJ, Cultura e prassi di notai preirneriani, Mailand 1991, S. 40–57; Ennio CORTESE, Il diritto nella storia medievale, I. L'alto medioevo, Rom 1995, S. 345–350; Hans-Rudolf HAGEMANN, Vertrag II., in: Lex.MA 8 (1997), Sp. 1588–1590; Adam J. KOSTO, The *convenientia* in the Early Middle Ages, in: Mediaeval Studies 60 (1998), S. 1–54. Reiche Quellennachweise im Mittellateinischen Wörterbuch und bei NIERMEYER unter: convenientia.

Neuere Forschungen von Historikern zum Problem von Herrschaft und Konsens[2] im Mittelalter mit ihren wechselseitigen Durchdringungen fußen oft auf erzählenden Quellen mit deren Herausstellung zentraler, häufig spektakulärer Vorgänge politischer Dimension. Trotz der Gefahr von Verzeichnungen in den Berichten besteht die Aussicht, den Einzelfällen Realitätsgehalt abzugewinnen, mag deren Regelhaftigkeit, das Strukturrelevante auch unsicher bleiben. Das Interesse des Rechtshistorikers an normativen Texten[3], konkret an der ›Lex Baiuvariorum‹ und den ›Decreta Tassilonis‹, führt zu anderen

2) Aus der Literatur: Fritz KERN, Gottesgnadentum und Widerstandsrecht im frühen Mittelalter, hg. von Rudolf BUCHNER, Münster ²1954, S. 269 ff., 278 ff.; François Louis GANSHOF, Was waren die Kapitularien?, Weimar 1961, S. 53 ff.; Werner AFFELDT, Das Problem der Mitwirkung des Adels an politischen Entscheidungsprozessen im Frankenreich vornehmlich des 8. Jahrhunderts, in: Aus Theorie und Praxis der Geschichtswissenschaft. Festschrift für Hans Herzfeld zum 80. Geburtstag, hg. von Dietrich KURZE, Berlin/New York 1972, S. 404–423; Jürgen HANNIG, Consensus fidelium, Stuttgart 1982; Janet NELSON, Legislation and Consensus in the Reign of Charles the Bald, in: DIES., Politics and Ritual in Early Medieval Europe, London 1986, S. 91–116; Gerd ALTHOFF, Colloquium familiare – colloquium secretum – colloquium publicum. Beratung im politischen Leben des früheren Mittelalters, in: DERS., Spielregeln der Politik im Mittelalter, Darmstadt 1997, S. 157–184; Bernd SCHNEIDMÜLLER, Konsensuale Herrschaft. Ein Essay über Formen und Konzepte politischer Ordnung im Mittelalter, in: Reich, Regionen und Europa in Mittelalter und Neuzeit. Festschrift für Peter Moraw, Berlin 2000, S. 53–87; Verena POSTEL, *Communiter inito consilio:* Herrschaft als Beratung, in: Politische Reflexion der Welt des späten Mittelalters/Political Thought in the Age of Scholasticism. Essays in Honour of Jürgen Miethke, hg. von Martin KAUFHOLD, Leiden 2004, S. 1–25; Burkhard APSNER, Vertrag und Konsens im früheren Mittelalter. Studien zu Gesellschaftsprogrammatik und Staatlichkeit im westfränkischen Reich, Ostfildern 2006; Roman DEUTINGER, Königsherrschaft im Ostfränkischen Reich, Trier 2006, dort besonders: Teil II, 1 Herrschaft durch Konsens: Ratgeber und Rat, S. 225–272; Steffen PATZOLD, Konsens und Konkurrenz. Überlegungen zu einem aktuellen Forschungskonzept der Mediävistik, in: FmSt 41 (2007), S. 75–103; Streit am Hof im frühen Mittelalter, hg. von Matthias BECHER und Alheydis PLASSMANN, Göttingen 2011, mit Beiträgen unter anderem von: Daniel EICHLER, Karolingische Höfe und Versammlungen – Grundvoraussetzungen, S. 121–148; Andrea STIELDORF, Adel an der Peripherie im Streit mit dem höfischen Zentrum, S. 223–245; Linda DOHMEN, [...] *evertit palatium, destruxit consilium* [...] – Konflikte in und um den Rat des Herrschers am Beispiel der Auseinandersetzungen am Hof Ludwigs des Frommen (830/31), S. 285–316; Steffen PATZOLD, *Consensus – Concordia – Unitas.* Überlegungen zu einem politisch-religiösen Ideal der Karolingerzeit, in: Exemplaris Imago, hg. von Nikolaus STAUBACH, Frankfurt 2012, S. 31–56; Gerhard DILCHER, Konsens, in: HRG 3 (²2013), Sp. 108–117.

3) Zu den Leges siehe die entsprechenden Artikel der 2. Auflage des HRG 3 (im Erscheinen). Weiterhin: Gerhard SCHMITZ, Kapitularien, in: HRG ²2, Sp. 1604–1612; DERS., Formel, Formular, Formelsammlung, in: HRG ²1, Sp. 1616–1626. Hans-Jürgen BECKER, Kanonisches Recht, in: HRG ²2, Sp. 1569–1576; Lotte KÉRY, Canonical Collections of the Early Middle Ages (ca. 400–1140). A Bibliographical Guide to the Manuscripts and Literatur (History of Medieval Canon Law 1), Washington 1999; Linda FOWLER-MAGERL, Clavis Canonum. Selected Canon Law Collections before 1140 (MGH Hilfsmittel 21), Hannover 2005. – Zum Römischen Recht des frühen Mittelalters: Max CONRAT (Cohn), Geschichte der Quellen und Literatur des römischen Rechts im früheren Mittelalter, Leipzig 1891 (ND Aalen 1963); Detlef LIEBS, Die Jurisprudenz im spätantiken Italien (260–640 n. Chr.), Berlin 1987; DERS., Römische Jurisprudenz in Gallien (2. bis 8. Jahrhundert), Berlin 2002.

Wahrnehmungsgrundlagen. Das Bemühen der *leges* um die innere Friedensordnung bildet allerdings die Verfassungsverhältnisse frühmittelalterlicher Reiche nicht immer mit ab. Die *leges* sind kein Spiegel historischer Realität. Vielmehr gibt deren Regelungsprogramm eine reflektierte Sicht der Normgeber von einer angestrebten »Sollensordnung« wieder. Die generellen Zielvorstellungen können durch Erfahrung realer Mängel, erwartete Konflikte wie auch Wunschdenken beeinflusst sein. Erkenntnisgegenstand sind zunächst die Normen und Arbeitstechniken der Redaktoren. Das Aufdecken ihrer Motive und Intentionen bleibt unsicher. Die tatsächlichen Verfassungszustände, konkrete Machtverhältnisse müssen nicht aufscheinen, sie gehören möglicherweise nicht einmal zum Aufzeichnungsanliegen der Redaktoren. In der ›Lex Salica‹ spielen der fränkische König, der Adel, die Kirche in ihren Funktionen für das Frankenreich und die Gesellschaft keine Rolle, sogar die ökonomischen Grundlagen ihrer Position, die Bewirtschaftung großer Latifundien, werden nicht sichtbar[4)].

Eine Untersuchung der ›Lex Baiuvariorum‹ und der ›Decreta Tassilonis‹ zu Herrschaft und Konsens als Elemente der Steuerung politischer Macht und gesellschaftlicher Ordnung bedarf der Entwicklung eines Sensoriums. Zur Offenlegung eigener Wahrnehmungsgrenzen seien einige allgemeine Aspekte zu Inhalt und Abgrenzung von Konsens vorausgeschickt:

1.) Bedeutungsschwankungen des Wortes Konsens von »Mitgestalten« bis zu »nicht verweigerbarer Zustimmung« sind vorstellbar. Die Qualität des Konsenses kann sich aus dem betroffenen Lebensbereich, aus der Art der Regierungstätigkeit ergeben. Politische Fundamentalentscheidungen wie über Kriege oder Friedensschlüsse mögen den dazu herangezogenen Personen inhaltlichen Einfluss geben. Anders dürfte sich im administrativen Bereich die erforderliche Mitwirkung örtlicher Machthaber darstellen. Mangels institutionellen Unterbaus war ihr williger Einsatz bei der allgemeinen Friedenssicherung – etwa bei der Bekämpfung von Räuberbanden – unverzichtbar, konnte aber nicht in ihr freies Belieben gestellt werden. Wieder anders verhält es sich beim Konsens zwischen grundsätzlich Gleichrangigen, zum Beispiel in dörflichen Gemeinschaften. Die erforderliche Einmütigkeit aller Beteiligten zur Erledigung von Gemeinschaftsaufgaben, wie die Erhaltung von Brunnen und Wegen, wird vom Bewusstsein des Aufeinanderangewiesenseins erzwungen.

2.) Der betroffene Lebensbereich wirkt sich nicht nur hinsichtlich der Qualität des Konsenses aus, sondern auch bezüglich der Einzubeziehenden. Große politische Entscheidungen wollen von König, Funktionsträgern am Hof und Adel getragen sein, um den Erfolg zu sichern. Vor der Entscheidung über Krieg wird man sich der erforderlichen Unterstützung versichern. Für die Erledigung von Aufgaben im Inneren dagegen ist die Mitwirkung vor Ort unverzichtbar. Geht es um den Bau einer Brücke

4) Harald SIEMS, La vie économique des Francs d'après la *lex salica*, in: Clovis, histoire et mémoire, hg. von Michel ROUCHE, 1. Bd., Paris 1997, S. 607–629.

oder die Beseitigung unrechtmäßiger Zollstellen, muss die Zustimmung der Betroffenen derart gewonnen werden, dass sie die Anliegen zu ihrer eigenen Sache machen. Eingesetzte oder originäre Potentaten mussten die Sorge um Gesamtbelange ihrem Selbstverständnis integrieren.

3.) Trotz fließender Übergänge lassen sich grundsätzliche Abgrenzungen nennen: Beratungen werden oft genug der Konsensbildung vorausgehen, doch haben selbst wichtige Ratgeber nicht alle das Gewicht, dass ihre Zustimmung gewonnen werden müsste, sei es auch nur in bemäntelnder Form. – Ein Befehl kann auch ohne Konsens ergehen, dennoch wird – zumal bei geringer Kontrolldichte und unentwickeltem Apparat – selbst eine strafbewehrte Anweisung größere Erfolgsaussichten haben, wenn sie auf Einverständnis stößt.

4.) Herstellung von oder Verzicht auf Konsens berühren das Problem des Prestigeverlustes. Kein Herrscher kann es sich leisten, ohne Unterstützung der Mächtigen zu bleiben. Sich vor aller Augen nicht durchsetzen zu können, kann jede Sachfrage zu einem Politikum machen. Ansehensverlust kann aber auch diese Mächtigen treffen. Sollte die Zustimmung eines von ihnen nicht mehr gefragt sein, so kann er in seinen Kreisen an Bedeutung verlieren und wird sich dessen erinnern. Ostentatives Übergangenwerden mag sogar geringeren Machthabern schaden, wenn sich etwa der Herrscher an örtliche Konkurrenten wendet. Doch ist selbst dieser Schaden beidseitig, da einem derart Demontierten künftig das Durchsetzungsvermögen in allgemeinen Belangen des Herrschers reduziert wird. Grundsätzlich haben offene Machtfragen das Potential, in anstehenden Sachentscheidungen konsenserschwerend zu wirken.

Die Dynamik der skizzierten komplexen Situationen erfasst auch Inhaltliches der Konsensfindung. Der *consensus omnium* gilt schon in der Antike als Merkmal der Wahrheit und hat noch später die Richtigkeit konsensgetragener Entscheidungen nahegelegt[5)]. Richtigkeit nötigt zu einem Befolgungszwang und schafft damit eine Voraussetzung leichterer Durchsetzbarkeit. Vorausschauend mag das Konsensbehauptungen anregen. Immerhin löst ein Abweichen vom allgemeinen Konsens einen Begründungszwang aus, warum das allgemein als richtig Erkannte für den Unwilligen nicht gelten soll. Das hat Vorwirkungen, die einen rationalen Diskurs zur Schaffung von Akzeptanz eröffnen können. Da ein Konsens wirklich aller nicht real ist, vollzieht sich eine Zustimmung zu

5) Martin SUHR, Consensus omnium, consensus gentium, in: Historisches Wörterbuch der Philosophie, hg. von Joachim RITTER, 1. Bd., Darmstadt 1971, Sp. 1031 f.; Peter von MOOS, »Was allen oder den meisten oder den Sachkundigen richtig scheint«, in: Historia philosophiae medii aevi. Studien zur Geschichte der Philosophie des Mittelalters, 2. Bd., Amsterdam/Philadelphia 1991, S. 711–744. M. Fabii Quintiliani institutionis oratoriae libri XII, hg. von Helmut RAHN, Darmstadt [5]2011, V, 10, 12, 1. Bd. S. 552: [...] *pro certis autem habemus* [...] *deinde ea quae communi opinione consensum est ›deos esse, praestandum pietatem parentibus‹* [...]; Heinrich LAUSBERG, Handbuch der literarischen Rhetorik, Stuttgart [3]1990, § 637, S. 197.

Anweisungen oder Normen in einem fortschreitenden Prozess der Durchsetzung. Die Legitimität ganzer Gesetze, etwa der *leges*, kann durch rechtmäßige, eventuell konsensgetragene Entstehung vermittelt werden. Prologe sind ein Ort für entsprechende Darlegungen. Ob eine Einzelregelung das Ergebnis eines Konsenses ist, kann ihrem Text zumeist nicht entnommen werden. Soweit Normen begründet werden, können sie Neues, aber auch der Verstärkung Bedürftiges vermitteln. Sie sind auf die Adressaten hin angelegt, deren Zustimmung gewonnen werden soll, um Befolgung zu erreichen. Konsensfindung durch Argumentation trägt ein dynamisches Element in die Rechtsentwicklung.

Aus diesen Vorüberlegungen ergeben sich die folgenden Gliederungspunkte:
I.) Zur Quellenlage – Anmerkungen zum Forschungsstand; II.) Die ›Lex Baiuvariorum‹ und die ›Decreta Tassilonis‹ als Konsensgesetzgebung; III.) Die Verfassungsverhältnisse nach dem sogenannten merowingischen Königsgesetz (Lex Baiuvariorum I–III); IV.) Die Verfassungsverhältnisse nach den ›Decreta Tassilonis‹; V.) Gesellschaftlicher Konsens in Lex Baiuvariorum IV–XXII; VI.) Vermittlung und Durchsetzung von Normen: Begründungen und Werteappell; VII.) Zusammenfassung.

I. Zur Quellenlage – Anmerkungen zum Forschungsstand

Als ›Decreta Tassilonis‹ werden die Beschlüsse der bayerischen Konzilien aus der Regierungszeit Tassilos III. (748–788) zu Aschheim (756?), Dingolfing (770?) und Neuching (771?) zusammengefasst[6]. Die Synoden setzen die ›Lex Baiuvariorum‹, von der ein Text in Aschheim bereits vorlag[7], voraus und erscheinen als Ergänzung und Novellierung. Die

6) Concilium Ascheimense, hg. von Albertus Werminghoff (MGH Conc. II) 1906, S. 56–58; Concilium Dingolfingense, ebd., S. 93–97; Concilium Neuchingense, ebd., S. 98–105. – Albert Werminghoff, Zu den bayrischen Synoden am Ausgang des achten Jahrhunderts, in: Festschrift Heinrich Brunner zum siebzigsten Geburtstag, Weimar 1910, S. 39–55; Hans Barion, Die Verfasser der bayrischen Synoden des 8. Jahrhunderts, in: Römische Quartalschrift für christliche Altertumskunde und für Kirchengeschichte 38 (1930), S. 90–94; Wilfried Hartmann, Die Synoden der Karolingerzeit im Frankenreich und in Italien, Paderborn/München/Wien/Zürich 1989, S. 90–96; Wilhelm Störmer, Zum Prozeß sozialer Differenzierung bei den Bayern von der Lex Baiuvariorum bis zur Synode von Dingolfing, in: Typen der Ethnogenese unter besonderer Berücksichtigung der Bayern, 1. Teil, hg. von Herwig Wolfram und Walter Pohl (Abh. Wien, Denkschriften 201), Wien 1990, S. 155–170; Heinrich Berg, Zur Organisation der bayerischen Kirche und zu den bayerischen Synoden des 8. Jahrhunderts, ebd. S. 181–197; Kurt Reindel, Bayerische Synoden im 8. Jahrhundert, in: Bayern vom Stamm zum Staat, Festschrift für Andreas Kraus zum 80. Geburtstag, hg. von Konrad Ackmann, Alois Schmid und Wilhelm Volkert, 1. Bd., München 2002, S. 1–18; Stephan Freund, Von den Agilolfingern zu den Karolingern. Bayerns Bischöfe zwischen Kirchenorganisation, Reichsintegration und Karolingischer Reform (700–847), München 2004, S. 93–107; Hans-Georg Hermann, Decreta Tassilonis, in: HRG ^{2}1 (2008), Sp. 935 f.; Thomas Holzner, Die Decreta Tassilonis. Regelungsgehalt, Verhältnis zur Lex Baiuvariorum und politische Implikationen, Berlin 2010.
7) Concilium Ascheimense c. 4 und 12 (wie Anm. 6), S. 57 f.

Bestimmungen von Dingolfing und Neuching sind entsprechend nur mit der ›Lex Baiuvariorum‹ zusammen überliefert, und drei Regelungen von Neuching sind schon in der ältesten Handschrift der Lex eingefügt[8].

Der in Aschheim genannte [...] *precessorum vestrorum depicta pactus* [...] wird allgemein auf die ›Lex Baiuvariorum‹[9] bezogen, die damit um die Mitte des 8. Jahrhunderts als *lex scripta* existierte. Dies ist der einzige konsentierte Anhaltspunkt zum Entstehungsproblem der Lex. Sie ist in 22 Titel gegliedert, die in Kapitel unterteilt sind. Thematisch werden nacheinander behandelt: Kirchensachen, Herzogsangelegenheiten und Volkssachen mit Bußenkatalogen, Privatrecht und zunehmend Alltagskonflikten aus der Landwirtschaft. Die ›Lex Baiuvariorum‹ wie auch die ›Decreta Tassilonis‹ geben Einblick in

8) L. Bai. XI, 5–7, Lex Baiuvariorum. Lichtdruckwiedergabe der Ingolstädter Handschrift, hg. von Konrad BEYERLE, München 1926, S. 124–127. Ergänzend zu HARTMANN, Synoden der Karolingerzeit (wie Anm. 6), S. 93 Anm. 20 ist bezüglich dieser frühen Einzelüberlieferung auch noch auf clm 19415, 1. Teil, 9. Jh. 1. Drittel, S. 81 hinzuweisen; MORDEK, Bibliotheca (wie Anm. 59), S. 353 f.

9) Alle Quellenzitate aus der ›Lex Baiuvariorum‹ entstammen, soweit nicht anders angegeben, der Edition: Lex Baiwariorum, hg. von Ernst v. SCHWIND (MGH LL nat. Germ. 5, 2), Hannover 1926: im Folgenden als L. Bai. (wie Anm. 9) zitiert. Lex Baiuwariorum, hg. Johannes MERKEL (MGH LL 3), Hannover 1863, S. 183–496; Karl August ECKHARDT und Hans Kurt CLAUSSEN, Germanenrechte 2, Die Gesetze des Karolingerreiches II, 1934, S. 73–187; Lex Baiuvariorum, hg. von Konrad BEYERLE (wie Anm. 8). Aus der älteren Literatur noch immer beachtlich: Heinrich BRUNNER, Deutsche Rechtsgeschichte, 1. Bd., Berlin ^{2}1906, S. 454–464; Bruno KRUSCH, Die Lex Bajuvariorum. Textgeschichte, Handschriftenkritik und Entstehung, Berlin 1924; DERS., Neue Forschungen über die drei oberdeutschen Leges, Berlin 1927; Karl August ECKHARDT, Die Lex Baiuvariorum. Eine textkritische Studie, Breslau 1927; Franz BEYERLE, Die süddeutschen Leges und die merowingische Gesetzgebung, in: ZRG Germ. 49 (1929), S. 264–432; DERS., Die beiden süddeutschen Stammesrechte, in: ZRG Germ. 73 (1956), S. 84–140. Weitere ältere Literatur in: HRG ^{2}2, Sp. 1887–1901 und Reallexikon der Germanischen Altertumskunde 18 (^{2}2001), S. 305–315. Wichtige Hinweise bei Rudolf BUCHNER, Die Rechtsquellen (Beiheft zu: Wattenbach-Levison, Deutschlands Geschichtsquellen im Mittelalter), Weimar 1953, S. 26–29. Neuere Beiträge: Raymund KOTTJE, Die Lex Baiuvariorum. Das Recht der Bayern, in: Überlieferung und Geltung normativer Texte des frühen und hohen Mittelalters, hg. von Hubert MORDEK, Sigmaringen 1986, S. 9–23; Wilfried HARTMANN, Das Recht, in: Die Bajuwaren. Von Severin bis Tassilo 488–788, hg. von Hermann DANNHEIMER und Heinz DOPSCH, München 1988, S. 266–272; SIEMS, Handel und Wucher (wie Anm. 1), S. 85–108; Isabella FASTRICH-SUTTY, Die Rezeption des westgotischen Rechts in der Lex Baiuvariorum, Erlangen 2001; Peter LANDAU, Die Lex Baiuvariorum. Entstehungszeit, Entstehungsort und Charakter von Bayerns ältester Rechts- und Geschichtsquelle (Abh. München, Sitzungsberichte 2004, Heft 3), München 2004; Hermann NEHLSEN, Italien, Bayern und Langobarden, in: Bayern mitten in Europa, hg. von Alois SCHMID und Katharina WEIGAND, München 2005, S. 26–44, 431 f.; Eva SCHUMANN, Entstehung und Fortwirkung der Lex Baiuvariorum, in: Leges – Gentes – Regna, hg. von Gerhard DILCHER und Eva-Marie DISTLER, Berlin 2006, S. 291–319; Harald SIEMS, Das Lebensbild der Lex Baiuvariorum, in: Rechtssetzung und Rechtswirklichkeit in der bayerischen Geschichte, hg. von Hans-Joachim HECKER, Reinhard HEYDENREUTHER und Hans SCHLOSSER, München 2006, S. 29–73; Gerhard SCHMITZ, Benedictus Levita und die Lex Baiuvariorum. Eine quellenkritische Studie, in: ZRG Kan. 97 (2011), S. 20–58; Roman DEUTINGER, Recht und Verfassung, in: Max SPINDLER, Handbuch der bayerischen Geschichte, 1. Bd., ^{2}1981, 3. Aufl. demnächst. Nachträglich ist zu nennen: Tamas NOTARI, Law and Society in Lex Baiuvariorum, Passau 2014.

die Verhältnisse Bayerns vor der karolingischen Umgestaltung[10]. Da aus diesen Texten zentrale Aussagen zu gewinnen sind, kommen Entstehungszeit und -umständen der jeweiligen Regelungen besondere Bedeutung zu.

Die rege wissenschaftliche Beschäftigung mit der ›Lex Baiuvariorum‹ hat in den letzten Jahren eine Reihe grundsätzlicher Hypothesen hervorgebracht, die miteinander völlig unvereinbar sind. Zur Verdeutlichung sei das Meinungsspektrum umrissen. Entgegen früheren Forschungen wurde die bayerische Lex kürzlich als Fälschung eingestuft, da sie die ›Lex Alamannorum‹ als Vorlage benutze, die ihrerseits eine Fälschung sei. Gänzlich abweichend davon hat man eine Entstehung der ›Lex Baiuvariorum‹ vor dem ›Edictum Rothari‹ von 643 angenommen, da die Redaktoren der Lex, trotz umfangreicher Auswertung von Textvorlagen, das ›Edictum Rothari‹ nicht benutzt hätten, obwohl enge Beziehungen zu Italien bestanden. Die Lex soll folglich entstanden sein, als das ›Edictum Rothari‹ noch nicht vorlag. Unvereinbar mit den genannten Positionen wurde schließlich die ›Lex Baiuvariorum‹ auf die Jahre 737 bis 743, die königslose Ära im Frankenreich, datiert bei einer Hervorhebung der Stellung des bayerischen Herzogs. Als Entstehungsort wurde Regensburg ausgemacht, da dort Texte, die bei Abfassung der Lex benutzt wurden, vorgelegen hätten. Die nur angedeuteten Entstehungshypothesen sind näher zu würdigen, handelt es sich doch um Vorfragen jeder inhaltlichen Beschäftigung mit dem frühen bayerischen Recht, insbesondere wenn es um eine Untersuchung der Herrschaftsverhältnisse geht. Für die genannten, wie auch frühere Theorien ist die Frage der Vorlagen und Vorlagenverwertung durch die Redaktoren von zentraler Bedeutung. Sie wird deshalb im Folgenden wiederholt aufgegriffen.

Bis in jüngste Zeit führt die Annahme einheitlicher oder stufenweiser Entstehung der ›Lex Baiuvariorum‹ zu unterschiedlichen Datierungen, Entstehungsumständen wie auch der Bewertung von Einzelstellen und hat sich in abweichenden Editionen niedergeschlagen[11]. Die Vertreter der Einheitstheorie verweisen auf das Fehlen von Textstufen wie die

10) Zur bayerischen Frühgeschichte: Spindler, Handbuch der bayerischen Geschichte (wie Anm. 9); Dopsch/Dannheimer, Die Bajuwaren (wie Anm. 9); Wolfram/Pohl, Typen der Ethnogenese (wie Anm. 6); Die Bayern und ihre Nachbarn, hg. von Herwig Wolfram und Andreas Schwarcz (Abh. Wien, Denkschriften 179), Wien 1989; Die Anfänge Bayerns. Von Raetien und Noricum zur frühmittelalterlichen Baiovaria, hg. von Hubert Fehr und Irmtraut Heitmeier, St. Ottilien 2012; Carl J. Hammer, From *ducatus* to *regnum*. Ruling Bavaria under the Merovingians and Early Carolingians, Turnhout 2007; ders., Early Merovingian Bavaria. A late Antique Italian Perspective, in: Journal of Late Antiquity 4 (2011), S. 217–244; Thomas Kohl, Lokale Gesellschaften. Formen der Gemeinschaft in Bayern vom 8. bis zum 10. Jahrhundert, Ostfildern 2010.

11) J. Merkel (wie Anm. 9) druckt in seiner Edition drei Textfassungen, während E. v. Schwind (wie Anm. 9) nach der Einheitstheorie nur eine Textfassung bietet. – Der Streit um die Entstehung der ›Lex Baiuvariorum‹ reicht bis in die Mitte des 19. Jahrhunderts zurück. Bis heute maßgeblich für die Einheitstheorie waren die Autorität von H. Brunner (wie Anm. 9) und die Annahmen von Konrad Beyerle (wie Anm. 8). Dessen Bruder Franz Beyerle (wie Anm. 9) hat Argumente für die stufenweise Entstehung zusammengestellt. – Gegenwärtig hat H. Nehlsen (wie Anm. 9) aus der breiten Auswertung von Textvor-

der ›Lex Salica‹ und den planvollen Aufbau der bayerischen Lex[12]. Datiert wird die Lex in die Zeit zwischen 728–748 mit Schwankungen je nach den behaupteten politischen Verhältnissen zwischen den bayerischen Herzögen und dem Frankenreich. Auf Basis der Einheitstheorie lassen sich Einzelbeobachtungen fraglos auf die gesamte Lex erstrecken. Widersprüche, Ungereimtheiten und unterschiedliche Textvorlagen bleiben für das Entstehungsproblem irrelevant. – Die Stufentheorie geht dagegen vom langen Prolog[13] aus, der von mehreren Redaktionsstufen vom 6. Jahrhundert an berichtet. Unabgestimmtes und vielfältige Vorlagenauswertung erklären sich dann aus Entwicklungsstufen.

Beide Theorien haben gravierende Schwächen. Die Einheitstheorie hat den Nachweis der Einheitlichkeit nicht einmal versucht. Zugleich wurden insbesondere bei Unstimmigkeiten in so erheblichem Umfange Nachträge[14] angenommen, dass es hätte erklärt werden müssen, wie eine einheitliche Entstehung dann noch vorzustellen sei. Die Stufentheorie hat eine präzise Beschreibung von Redaktionsstufen nicht erreicht. Sprachliche und methodische Gemeinsamkeiten sowie übergreifende Vorlagenverwertung wurden unzureichend wahrgenommen. – Beide Theorien stellen zu einseitig auf ein undifferenziertes Entstehungsmodell ab. Die Verwertung der westgotischen Textvorlagen[15] zeigt, dass mit mehreren Zugriffen, wiederholter redaktioneller Bearbeitung in einem sich ent-

lagen durch die Redaktoren der ›Lex Baiuvariorum‹ und einer vermissten Benutzung des an sich brauchbaren langobardischen Rechts geschlossen, dass die ›Lex Baiuvariorum‹ schon vor dem ›Edictum Rothari‹ von 643 entstanden sein müsse. Das wäre mit dem langen Prolog der ›Lex Baiuvariorum‹ vereinbar und führt zur Schichtentheorie. P. Landau (wie Anm. 9) kommt bezüglich Titel I–III der ›Lex Baiuvariorum‹ zu einer Bewertung des bayerischen Herzogs und der politisch-verfassungsrechtlichen Verhältnisse im Frankenreich, die er den Jahren 737–743 zuordnet. Diese Datierung wird ohne Weiteres auf die ›Lex Baiuvariorum‹ insgesamt bezogen, obwohl Titel I–III sich durch Eigentümlichkeiten abheben (vgl. Brunner, wie Anm. 9). Ein solches Vorgehen setzt die Einheitstheorie voraus, die allerdings nicht begründet wird.

12) Konrad Beyerle, Lex Baiuvariorum (wie Anm. 8), S. XLVIf. begründet die Einheitstheorie als Grundlage für die Forschung: »Die Einheitlichkeit der Lb. muß der feste Ausgangspunkt sein. Sie drängt sich jedem um so stärker auf, je länger er sich mit dem Rechtsdenkmal befasst. Sie spricht zu uns aus dem wohlüberdachten Aufbau der Lb., aus ihrer einheitlichen Grundtendenz, aus der das ganze Gesetz durchziehenden gleichen kulturellen Höhe, endlich aus der nämlichen Sprachstufe und Phraseologie.« Eine Substanziierung erfolgt nicht. Weitere Probleme werden in Abhängigkeit der Prämisse behandelt, zum Beispiel S. XLIX: »So drängt die Einheitlichkeit des Rechtsdenkmals dazu, mit dem Zeitansatz nicht zu sehr hinaufzudrücken.«

13) Prolog der L. Bai. (wie Anm. 9), S. 197–203, siehe unten Anm. 132.

14) Brunner, Deutsche Rechtsgeschichte (wie Anm. 9), S. 457 f. findet in Titel I und II Reste eines merowingischen Königsgesetzes aus der Zeit Dagoberts I. Konrad Beyerle, Lex Baiuvariorum (wie Anm. 8), S. XLVIIf. kritisiert das als inkonsequent, da Brunner letztlich zu einer Datierung der ›Lex Baiuvariorum‹ in die Jahre 744–748 kommt: Konrad Beyerle selbst datiert auf 737–744 (S. LII), listet dann aber seitenweise (S. LXXVIII–LXXXII) spätere Nachträge auf.

15) Fastrich-Sutty, Rezeption (wie Anm. 9).

wickelnden Aufzeichnungsprogramm, das eine Zielsetzung innerer Stimmigkeit noch nicht zur Konsequenz geführt hatte, zu rechnen ist. Die Suche nach einem griffigen Gesamtmodell hat einer Detailerforschung von Bearbeitungsschritten und der Bewertung von Disparatem entgegengestanden.

Zu den zentralen Themen der Legesforschung und speziell bezüglich der ›Lex Baiuvariorum‹ gehören Beeinflussung und Verwertung von antiken und vorausgegangenen mittelalterlichen Texten[16]. Von großer Bedeutung ist die bekannte Übernahme frühen westgotischen Rechts in der Fassung des ›Codex Euricianus‹ aus dem 5. Jahrhundert, dessen Einarbeitung eine eigenständige Fortbildung des Regelungsprogrammes anstößt[17]. In jüngster Zeit haben Erwägungen zur Vorlagenbenutzung grundsätzliche Hypothesen zur ›Lex Baiuvariorum‹ hervorgebracht.

Textübereinstimmungen und die Voranstellung von Kirchen- und Herzogssachen haben ein Näheverhältnis von ›Lex Alamannorum‹[18] und ›Lex Baiuvariorum‹ schon lange sichtbar gemacht[19]. Gewöhnlich wird das Verhältnis dieser Rechte als lineare Abhängigkeit gesehen, und nach der Vorliebe von Handbüchern und Lexika für eine frühere Datierung der ›Lex Alamannorum‹ etwa in die Zeit zwischen 712 und 725 wird von dort her eine Beeinflussung der bayerischen Lex angenommen[20]. Dieses Vorgehen legt die Datie-

16) Vgl. dazu die reichen Nachweise der Edition von Merkel (wie Anm. 9), der über mögliche Vorlagen hinaus auf vergleichbare Phänomene hinweist.

17) Fastrich-Sutty, Rezeption (wie Anm. 9).

18) Lex Alamannorum, hg. von Johannes Merkel (MGH LL 3), Hannover 1863, S. 1–182; Leges Alamannorum, hg. von Karl Lehmann (MGH LL nat. Germ. 5,1), Hannover 1888, dort S. 21–32 Pactus Alamannorum (danach zitiert) in 2. Aufl. hg. von Karl August Eckhardt, Hannover 1966 (mit völlig umgestalteter Edition des Pactus Alamannorum, S. 21–34); Leges Alamannorum, hg. von Karl August Eckhardt (Germanenrechte N. F.), 1. Bd.: Göttingen 1958, 2. Bd.: Witzenhausen 1962; Lex Alamannorum. Das Gesetz der Alemannen. Text – Übersetzung – Kommentar zum Faksimile aus der Wandalgarius-Handschrift Codex Sangallensis 731, hg. von Clausdieter Schott, Augsburg 1993 (dort S. 41–67 Faksimile des Pactus Alamannorum, Paris BN Lat. 10753). Clausdieter Schott, Lex Alamannorum, in: HRG 1, Sp. 1879–1886; ders., Beiträge zum frühalemannischen Recht, Bühl 1978; ders., Pactus, Lex und Recht, in: Die Alemannen in der Frühzeit, hg. von Wolfgang Hübener, Bühl 1974, S. 135–168; ders., Zur Geltung der Lex Alamannorum, in: Die historische Landschaft zwischen Lech und Vogesen, hg. von Pankraz Fried und Wolf-Dieter Sick, Augsburg 1988, S. 75–105; ders., Der Codex Sangallensis 731, in: Überlieferung, Bewahrung und Gestaltung in der rechtsgeschichtlichen Forschung, hg. von Stephan Buchholz, Paul Mikat und Dieter Werkmüller, Paderborn/München/Wien/Zürich 1993, S. 297–319; Raymund Kottje, Zum Geltungsbereich der Lex Alamannorum, in: Die transalpinen Verbindungen der Bayern, Alemannen und Franken bis zum 10. Jahrhundert, hg. von Helmut Baumann und Werner Schröder, Sigmaringen 1987, S. 359–377; Wilfried Hartmann, Einige Fragen zur Lex Alamannorum, in: Der Südwesten im 8. Jahrhundert aus historischer und archäologischer Sicht, hg. von Hans Ulrich Nuber, Heiko Steuer und Thomas Zotz, Ostfildern 2004, S. 313–333; Clausdieter Schott, Lex und Skriptorium – Eine Studie zu den süddeutschen Stammesrechten, in: Dilcher/Distler, Leges (wie Anm. 9), S. 257–290.

19) Neuere Sichtung von Gemeinsamkeiten bei Hartmann, Fragen (wie Anm. 18), S. 324–327.

20) Richard Schröder und Eberhard v. Künssberg, Lehrbuch der deutschen Rechtsgeschichte, Berlin/Leipzig [7]1932, S. 271; Karl v. Amira und Karl August Eckhardt, Germanisches Recht, Bd. 1, Berlin

rung und Entstehung der ›Lex Baiuvariorum‹ nach der Einheitstheorie zugrunde und wird selbst dann befolgt, wenn das Verhältnis der beiden *leges* als ungeklärt gesehen wird[21]. Die langjährigen wichtigen Forschungen von C. SCHOTT[22] zum alemannischen Recht mündeten zuletzt darin, dass er wegen einer Besonderheit in der ältesten Handschrift der ›Lex Alamannorum‹ diese Lex für eine Fälschung hält[23]. Zu den damit aufgeworfenen Problemen seien hier nur erste Verständnisfragen angemerkt[24].

[4]1960, S. 58; Hermann CONRAD, Deutsche Rechtsgeschichte, Bd. 1, Karlsruhe [2]1962, S. 133; Friedrich EBEL und Georg THIELMANN, Rechtgeschichte, [3]2003, S. 122, Rn. 151; Ruth SCHMIDT-WIEGAND, Lex Baiuvariorum, in: Lex.MA 5, Sp. 1928.

21) BRUNNER, Deutsche Rechtsgeschichte (wie Anm. 9), hält S. 459 das Verhältnis der Rechte für zweifelhaft und erwägt eine gemeinsame Vorlage, während er auf S. 461 eine Benutzung der ›Lex Alamannorum‹ in der ›Lex Baiuvariorum‹ annimmt. – An eine gemeinsame Vorlage denken auch BUCHNER, Rechtsquellen (wie Anm. 9), S. 27 f. und HARTMANN, Recht (wie Anm. 9), S. 268.

22) Siehe oben Anm. 18.

23) SCHOTT, Lex und Skriptorium (wie Anm. 18).

24) SCHOTT, Lex und Skriptorium (wie Anm. 18) hebt auf eine Besonderheit des Wandalgar-Codex (St. Gallen 731 von 793) ab. Dort folgt auf den Introitus der ›Lex Alamannorum‹ direkt und unnummeriert Titel I, beginnend: *Convenit enim* [...] Danach kommt das Kapitelverzeichnis ab dem zweiten Titel, der aber als 1. Titel gezählt wird, und so ist es im Text der Lex. Aus dieser Sonderstellung und der im 1. Titel festgeschriebenen uneingeschränkten Vergabefreiheit schließt SCHOTT auf eine beabsichtigte Begünstigung der Kirche (S. 267). Zwar sei nicht auszuschließen, dass Herzog, *maiores* und Volksversammlung ein solches Gesetz erlassen hätten (S. 275), doch hält er dafür, dass in Übereinstimmung mit der Urkundenpraxis eine Generalisierung solcher Vergabeurkunden zur Bildung des fraglichen 1. Titels geführt habe (S. 275 f.). Titel 1 sei eine Gesamtregelung, die Lex ein Kirchenrecht mit zwei Anhängen, Herzogs- und Volkssachen (S. 277). Die Verbindung der Teile sei ein redaktioneller Kunstgriff (S. 278) der Fälscher im Kloster Reichenau.

Zu diesem hier verkürzten Vorstellungsbild ergeben sich Verständnisfragen. Die anstößige Textfolge im Wandalgar-Codex suggeriert, man könne die Entstehung der Fälschung beobachten. Tatsächlich sollen aber Wandalgar und die Münchner Handschrift (clm 4115) auf eine gemeinsame Vorlage zurückgehen (S. 264). In der Münchner Handschrift waren nach dem Zeugnis von Johann Georg v. ECKHART, Commentarii de rebus Franciae orientalis, Würzburg 1729, S. 493 Introitus und *Convenit*-Text voneinander abgehoben. Die in der Wiedergabe von SCHOTT (S. 260) dazwischen entfallenen Worte ECKHARTS: *Lex vero prima hisce verbis concepta est: Convenit* [...] machen erst Sinn, wenn Introitus und *Convenit*-Text nicht direkt aufeinander folgten. Es ist davon auszugehen, dass die problematische Textabfolge sich nur im Wandalgar-Codex findet. Da diesem Schreiber zutreffend Eile und auch Auslassungen bescheinigt werden (S. 265), hätte die Behauptung, er habe keine Veränderungen vorgenommen (S. 268), eine Begründung verdient. – Könnte es sein, dass Wandalgar wegen des Berichtsstiles im Introitus, der sich im *Convenit enim* [...]-Text fortsetzt (S. 276), den 1. Titel der ›Lex Alamannorum‹ in der kurzen Bearbeitungszeit von drei Tagen nicht als solchen erkannte? Das würde allerdings voraussetzen, dass in seiner Vorlage der Introitus vor dem Gesetzestext stand, was nicht abwegig ist, wie der kurze Prolog der ›Lex Baiuvariorum‹ zeigt. – Inhaltlich ist der 1. Titel der ›Lex Alamannorum‹ wegen der uneingeschränkten Vergabefreiheit verdächtig. Trotzdem wird der Diskussion, ob der Titel entsprechend L. Bai. I, 1, die eine vorherige Abschichtung vorsieht, zu verstehen sei, bewusst nicht nachgegangen (S. 267)!? Einen Hinweis dazu enthält vielleicht die in Titel I nachwirkende Urkundenpraxis (S. 275). Die Pönformel [...] *incurrat in dei iudicio* [...] findet sich nicht nur im Urkundenbuch der Abtei Sanct Gallen, hg. von Hermann WARTMANN, Zürich 1863 (SCHOTT,

Einzugehen ist jedoch auf die von SCHOTT gezogene Konsequenz, dass die ›Lex Baiuvariorum‹, da sie die ›Lex Alamannorum‹ als Vorlage hatte, auch eine Fälschung sei[25]. Für die alemannische Lex wird der Fälschungsverdacht inhaltlich damit begründet, dass in der ›Lex Alamannorum‹ eine uneingeschränkte Vergabefreiheit zugunsten der Kirche ausgesprochen wird. Allerdings verlangt die Parallelstelle der Lex Baiuvariorum I, 1 für Vergabungen an die Kirche eine vorherige Abschichtung der *filii*, kennt also die fälschungsverdächtige uneingeschränkte Vergabung nicht. Die Erstreckung der Fälschungsbehauptung trotz Abweichung im entscheidenden Punkt hätte eine detaillierte Begründung verlangt. Zur Überprüfung des vorausgesetzten direkten Abhängigkeitsverhältnisses der ›Lex Baiuvariorum‹ von der ›Lex Alamannorum‹ bieten sich Textentwicklungen an, die von gemeinsamen Vorlagen – etwa aus dem westgotischen Recht – zu den jeweiligen Ausformungen im alemannischen und bayerischen Recht geführt haben:

Das westgotische Abtreibungsverbot hat Niederschlag gefunden im ›Pactus Alamannorum‹, zweimal in der ›Lex Alamannorum‹ und einmal in der ›Lex Baiuvariorum‹[26]. Je-

S. 276), sondern gilt als die häufigste, Fritz BOYE, Über die Poenformeln in den Urkunden des frühen Mittelalters, AUF 6 (1918), S. 131. Sie begegnet von Lucca (Codice diplomatico Longobardo, hg. von Luigi SCHIAPARELLI, 1. Bd., Rom 1929, Nr. 30, a. 722, S. 111) bis Fulda (Urkundenbuch des Klosters Fulda, hg. von Edmund STENGEL, Marburg 1958, Nr. 11, a. 751, S. 17), von Weißenburg (Traditiones Wizenburgenses, hg. von Karl GLÖCKNER und Anton DOLL, Darmstadt 1979, Nr. 39, um 700, S. 222) bis Freising (Die Traditionen des Hochstifts Freising, hg. von Theodor BITTERAUF, 1. Bd., München 1905, Nr. 6, a. 752, S. 32) und Mondsee (Das älteste Traditionsbuch des Klosters Mondsee, hg. von Gerhard RATH und Erich REITER, Linz 1989, Nr. 1, a. 777, S. 100). Sie findet sich bereits modellbildend [...] *inprimetus* [...]! in den Formulae Andecavenses (hg. von Karl ZEUMER, Formulae Merowingici et Karolini Aevi (MGH Legum sectio V), Hannover 1886, S. 24, Nr. 58) mit dem hier bemerkenswerten Einleitungssatz: *Lex Romana etdocet, consuetudo pacem consentit, et regalis potestis non prohibit, ut unusquis de rem suam, quem in presente diae possedit, faciat quod voluerit.* Nach überkommenem römischen Recht (Codex Theodosianus 16, 2, 4; Codex Iustinianus I, 2, 1; Summa Perusina (wie Anm. 144), Appendix I, c. 2) war das Vergaberecht uneingeschränkt. Wie sich dieses Vergaberecht entwickelte, wenn es auf die Rechtsvorstellung einer erforderlichen vorausgehenden Abschichtung traf, die dann vielleicht sogar problemlos als Vergabevoraussetzung bei überkommenen Texten mitgedacht wurde, müsste an der jeweiligen Urkundenpraxis überprüft werden. Immerhin besteht die Möglichkeit, dass im 1. Titel lediglich die tatsächliche Rechtspraxis aufgeschrieben wurde. Titel 1 wäre dann eine Rechtsaufzeichnung von der auch SCHOTT nicht ausschließen kann (S. 275), dass sie von Herzog, *maiores*, und Volk als Gesetz erlassen wurde. – Bezüglich der Reichenauer Fälschungen ist auf Rudolf POKORNY, Augiensia. Ein neuaufgefundenes Konvolut von Urkundenabschriften aus dem Handarchiv der Reichenauer Fälscher des 12. Jahrhunderts (MGH Studien und Texte 48), Hannover 2010 und auf Ingrid HEIDRICH, MGH DD Arnulfinger, Hannover 2011, Nr. 33, 34, S. 72–79 hinzuweisen.

25) Bezeichnenderweise hält SCHOTT, Lex und Skriptorium (wie Anm. 18), S. 286 die ›Lex Baiuvariorum‹ uneingeschränkt für eine Fälschung, fragt sich aber zugleich, »Woher der oder die Verfasser ihre Kenntnisse bairischer Rechtsgewohnheiten hätten«. Welches Verständnis von »Fälschung« und Rechtsaufzeichnung wird zugrunde gelegt?

26) Lex Visigothorum VI, 3, 2: Leges Visigothorum, hg. von Karl ZEUMER (MGH LL nat. Germ. 1), Hannover/Leipzig 1902, S. 261; Pactus Alamannorum II, 30 (wie Anm. 18), S. 22; Lex Alamannorum 70

des dieser Textderivate hat westgotische Besonderheiten, die es nicht von den anderen übernehmen konnte[27]. Das heißt, alle müssen unabhängig voneinander auf Vorlagetexte zugegriffen haben. Gemeinsamkeiten von ›Lex Baiuvariorum‹ und ›Pactus Alamannorum‹, die im westgotischen Recht noch fehlen, deuten auf einen verlorenen Zwischentext, der um diese Gemeinsamkeiten ergänzt war[28].

Die alemannische und die bayerische Regelung zum Grenzstreit zeigen in Abstufungen Spuren westgotischen Rechts, haben aber ebenfalls dort fehlende Übereinstimmungen, die auf eine längere Entwicklung der Konfliktterfassung und Lösung hindeuten[29]. Wenn das alemannische Recht dann auf einen Grenzstreit *inter duas genealogias* abstellt, so lässt das seltene Wort an ein bayerisches Umfeld denken, doch bleibt auch das unsicher[30].

Ein letztes Beispiel zeigt, dass die Textentwicklungen noch undurchschaubarer sein können. Die Behandlung von Hoch- und Landesverrat im langobardischen, alemanni-

(77), S. 137, weitgehend übereinstimmend mit dem Pactus; Lex Alamannorum 88 (91), S. 150 f.; L. Bai. VIII, 18 (wie Anm. 9), S. 361.

27) L. Bai. VIII, 18 (wie Anm. 9) hat die größte Gemeinsamkeit mit dem westgotischen Text. Nur sie bilden zwei Tatbestände aus: Tötung der Mutter und Abort, haben *ictus* und die Wendung: *Si autem tantum partus* [...] gemein. Pactus Alamannorum II, 30 ≈ Lex Alamannorum 70 (78) (wie Anm. 18) teilen allein mit der Vorlage: *Si quis mulier gravida.* Nur Lex Alamannorum 88 (91) hat das signifikante Wort *formatus* der Vorlage übernommen.

28) Die Bußhöhe bezüglich des Abortes unterscheidet nach dem Entwicklungsstand des Fetus. Lex Visigothorum VI, 3, 2 grenzt ab nach *formatum* und *informen.* Dem entspricht *formatus* in Lex Alamannorum 88 (91). Davon unterscheiden sich Pactus Alamannorum II, 30 = Lex Alamannorum 70 (78) mit der Alternative *mortuus – vivus* und L. Bai. VIII, 18 *non vivus – vivens.*

29) Lex Visigothorum X, 3, 3 Antiqua (wie Anm. 26), S. 397 stimmt wörtlich mit L. Bai. XII, 4 (wie Anm. 9), S. 400 überein. Ein Grenzstreit soll dadurch gelöst werden, dass nach Grenzzeichen gesucht wird. Die gemeinsamen Eingangsworte *Quotienscumque de terminis fuerit orta contentio* [...] haben die Fortbildung des Streitgegenstandes begleitet. L. Bai. XII, 8, S. 402 beginnt: *Quotiens de conmarcanis contentio nascitur* und die entsprechende Stelle der Lex Alamannorum 81 (84) (wie Anm. 18), S. 145 f. lautet: *Si quis contentio orta fuerit inter duas genealogias de termino* [...]. Die bayerische Lex verlangt bei Fehlen künstlicher Grenzzeichen (*signa*) eine Orientierung an natürlichen Grenzen: *in arboribus* [...], *in montibus* [...] *in fluminibus*, was nördlich der Alpen realistischer erscheint. Letztlich soll der Grenzstreit durch Zweikampf entschieden werden. Das alemannische Recht übergeht eine Suche nach künstlichen und natürlichen Grenzen und sucht die Lösung ebenfalls im Zweikampf. In diesem Textabschnitt finden alemannische und bayerische Lex zu übereinstimmenden Wendungen: *Tunc spondeat* und *cui Deus victoriam.* Insgesamt treten die Entwicklungsschritte deutlicher in der ›Lex Baiuvariorum‹ hervor, während die ›Lex Alamannorum‹ sich mehr auf die zum Zweikampf führende Prozesssituation konzentriert.

30) Das Wort *genealogia* begegnet im fraglichen Text der ›Lex Alamannorum‹ (wie Anm. 29) zweimal und sonst in den Leges nicht, ausgenommen die relativ häufige Verwendung in der ›Lex Baiuvariorum‹. Entsprechend kennen die Freisinger Traditionen (wie Anm. 24), Nr. 5, S. 31 die Wendung [...] *fines utrorumque genealogiarum.* Doch bleiben Einzelfunde, wie im Urbar des Reichsgutes in Churrätien: [...] *Wanzaningam genealogiam*, Bündner Urkundenbuch, hg. von Elisabeth Meyer-Marthaler und Franz Perret, 1. Bd., Chur 1958, S. 381, sodass regionale Zuweisungen unsicher bleiben.

schen und bayerischen Recht zeigt Gemeinsamkeiten[31], die an einen verlorenen römischen Rechtstext haben denken lassen[32]. Die markante Beschreibung des Landesverrates: *inimicus intra provincia invitaverit* im ›Edictum Rothari‹ kennt auch die Lex Baiuvariorum II, 1 und setzt sie ein zweites Mal bei jenen Delikten ein, die zur Verurteilung eines Bischofs führen. Die ›Lex Alamannorum‹ bietet statt dessen mit *gentem extraneam infra provinciam invitaverit* eine vereinzelte Wendung, die vergleichbar in der ›Vita S. Aunemundi‹ als *extraneam gentem occulte invitare* erscheint zur Konkretisierung des Vorwurfs der *infidelitas* und des *crimen maiestatis*[33]. Zu den *crimina maiestatis* zählt die ›Lex Romana Burgundionum‹[34] Vergehen gegen *salus principis* und *traditio regionis*, also in der Sache jene Tatbestände, die auch das ›Edictum Rothari‹ und die ›Lex Baiuvariorum‹ nennen. Die Definition des *reus maiestatis* als *quicumque hostibus consensisset* bei Isidor von Sevilla kehrt in der ›Lex Baiuvariorum‹ als *consensus hostili* wieder und wird erklärt durch *si infra provintiam inimicos invitaverit*[35]. Die systemdurchbrechende Wirkung des *crimen maiestatis* im bayerischen Recht zeigt sich darin, dass die wiederholt für alle Delikte

31) Edictum Rothari, hg. von Fridericus BLUHME (MGH LL 4), Hannover 1868, c. 1 und c. 4, S. 13 hat die kompaktesten Regelungen: c. 1: *Si quis hominum contra animam regis cogitaverit aut consiliaverit, animae suae incurrat periculum et res eius infiscentur.* c. 4: *Si quis inimicus intra provincia invitaverit aut introduxerit, animae suae incurrat periculum, et res eius infiscentur.* L. Bai. II, 1 (wie Anm. 9), S. 291 f. kommt dem nahe mit: *Si quis contra ducem suum consiliatus fuerit* [...] *et res eius infiscentur in publico* [...] und etwas später bei Aufzählung der todeswürdigen Verbrechen, bei denen die Garantie von *alodis/hereditas* und *vita* entfällt: [...] *si in necem ducis consiliatus fuerit aut inimicos in provinciam invitaverit, aut civitatem capere ab extraneis machinaverit* [...] L. Bai. I, 10, S. 281 f. nennt unter den Vergehen, die zur Verurteilung eines Bischofs führen: [...] *de consensu hostili, si infra provintiam inimicos invitaverit* [...] Lex Alamannorum c. 24 (wie Anm. 18), S. 84 f. erfasst nur: *Si quis* [...] *gentem extraneam infra provinciam invitaverit* [...] *et res eius infiscentur in publico.* – Das Verbrechen erscheint dann in den Kapitularien als *infidelitas* Capitulare missorum generale a. 802, in: Capitularia regum Francorum, hg. v. Alfred BORETIUS (MGH Cap. I), Hannover 1884, 33 c. 2, S. 92: [...] *ne aliquem inimicum in suum regnum causa inimicitiae inducat* [...].

32) Karl ZEUMER, Geschichte der westgotischen Gesetzgebung II, in: NA 24 (1899), S. 39–122, hier S. 59 denkt für die oben in Anm. 31 genannten Texte an römischen Ursprung über eine Entlehnung aus dem Westgotenrecht. Ansatzpunkt ist in L. Bai. II, 1 (vgl. Anm. 31) die Nennung von *provincia* und *civitas* nebeneinander, im Hinblick auf Digesten XLVIII, 4, 10. ZEUMER schließt deshalb eine direkte Beeinflussung der ›Lex Baiuvariorum‹ durch das ›Edictum Rothari‹ aus.

33) Vita S. Aunemundi, hg. von Petrus Franciscus CHIFFLETIUS (AA SS Sept. VII), Paris/Rom 1869, c. 8, siehe auch c. 3, S. 695. Dem Bericht wird eine anscheinend »genuinely seventh-century base« nachgesagt, Janet L. NELSON, Queens as Jezebels: Brunhild and Balthild in Merovingian History, in: DIES., Politics and Ritual (wie Anm. 2), S. 1–48, hier S. 34 f.; Eugen EWIG, Die Klosterprivilegien des Metropoliten Emmo von Sens, das Reichskonzil von Mâlay-le-Roi (660) und der Sturz des Metropoliten Aunemund von Lyon (661/62), in: DERS., Spätantikes und fränkisches Gallien, 3. Bd., Ostfildern 2009, S. 575–594, hier S. 591–594.

34) Lex Romana Burgundionum VII, 6, hg. von Ludovicus Rudolfus von SALIS (MGH LL nat. Germ. 2,1), Hannover 1896, S. 130.

35) Isidor, Etymologiarum sive originum libri XX, hg. von Wallace M. LINDSAY, Oxford 1911, V, 26, 25: *Maiestatis reatu tenentur hi qui regiam maiestatem laeserunt vel violaverunt, vel qui rem publicam prodiderunt vel cum hostibus consenserunt.* Siehe auch ebd. X, 238. L. Bai. I, 10, siehe oben Anm. 31.

ausgesprochene Garantie von *alodis/hereditas* und *vita* nur beim *crimen maiestatis* nicht gilt[36]. Es zeichnet sich ein Geflecht von Regelungen zu *infidelitas* und *crimen maiestatis* ab, das in die Antike zurückreicht[37]. Dazu gehört auch das seit langem aufgefallene mutmaßliche Digestenzitat in der Hochverratsnorm Lex Baiuvariorum II, 1[38]. Die gemeinsamen Worte zum Beweisverfahren in einem solchen Fall: *non* [...] *occasione* [...] *sed* [...] *veritatem* sind weniger signifikant als die jeweilige sachliche Einordnung beim *crimen maiestatis.* Die schon von Mommsen[39] vermutete Textvermittlung über einen Brief Gregors des Großen[40] ist gut vorstellbar, lässt sich aber an den erhaltenen Briefhandschriften nicht verifizieren[41]. Denkbar wäre auch eine Sammlung mit Texten zum *crimen maiestatis*, aus der wiederholt geschöpft wurde, doch fehlt davon jede Spur. Bemerkenswert ist, dass in der ›Lex Baiuvariorum‹ über ein Zusammenziehen von Texten zum *cri-*

36) L. Bai. II, 1 (siehe unten Anm. 170 im Zusammenhang): [...] *Ut nullus Baiuuarius alodem aut vitam sine capitale crimine perdat. Id est, si in necem ducis consiliatus fuerit aut inimicos in provinciam invitaverit, aut civitatem capere ab extraneis machinaverit et exinde probatus inventus fuerit: tunc in ducis sit potestate vita ipsius et omnes res eius in patrimonium* [...] L. Bai. VII, 5 (wie Anm. 9), S. 351: *Ut nullum liberum sine mortali crimine liceat inservire nec de hereditate sua expellere* [...].

37) Theodor Mommsen, Römisches Strafrecht, Leipzig 1899, S. 537 f.; Adriano Cavanna, Majestätsverbrechen, in: Lex.MA 6, S. 148–150; Othmar Hageneder, Das *crimen maiestatis*, der Prozeß gegen die Attentäter Papst Leos III. und die Kaiserkrönung Karls des Großen, in: Aus Kirche und Reich, Festschrift für Friedrich Kempf, hg. von Hubert Mordek, Sigmaringen 1983, S. 55–79; Lothar Kolmer, Christus als beleidigte Majestät. Von der Lex »Quisquis« (397) bis zur Dekretale »Vergentis« (1199), in: Papsttum, Kirche und Recht im Mittelalter, Festschrift für Horst Fuhrmann zum 65. Geburtstag, hg. von Hubert Mordek, Tübingen 1991, S. 1–13; Jürgen Weitzel, Das Majestätsverbrechen zwischen römischer Spätantike und fränkischem Mittelalter, in: Hoheitliches Strafen in der Spätantike und im frühen Mittelalter, hg. von dems., Köln/Weimar/Wien 2002, S. 47–83.

38) Digesten 48, 4, 7, 3 Modestinus libro duodecimo pandectarum. *Hoc tamen crimen iudicibus non in occasione ob principalis maiestatis venerationem habendum est, sed in veritate:*[...] – L. Bai. II, 1 (wie Anm. 9), S. 292 bestimmt im Anschluss an Tatbestand und Rechtsfolgen des Hochverrats: *Et hoc non sit per occasionem factum, sed probata res pateat veritatem.* Es folgen Vorgaben für den Zeugenbeweis.

39) Theodor Mommsen, Digesta Iustiniani Augusta (Editio maior), 2. Bd., Berlin 1870, S. 803 Anm. zu Z. 25.

40) Gregorii I papae registrum epistolarum, liber XIII, 50 Gregorius Johanni defensori eunti Spania, hg. von Ludovicus M. Hartmann (MGH Epp. 2), Berlin 1899, S. 414–418, hier S. 417 Z. 11–15; hg. von Dag Norberg (CC 140 A), Turnholti 1982, S. 1058–1064 (gezählt als Brief XIII, 49) Z. 100–105.

41) Die bei Hartmann, Gregorii I (wie Anm. 40), S. 414, S. VIII–XIV genannten Handschriften stammen aus dem 9.–11. Jahrhundert. So auch Norberg (wie Anm. 40), S. 1058 in Verbindung mit CC 140, S. Xf. Wolfgang Kaiser, Die Epitome Juliani, Frankfurt 2004, S. 498, 520, 545, 598 zur Wirkungsgeschichte des Briefes über das Registrum Hadrianum, das Papst Hadrian (772–795) anfertigen ließ. Entgegen einer Andeutung bei Landau, Lex Baiuvariorum (wie Anm. 9), S. 18 Anm. 67 zur frühen Verbreitung von Briefen außerhalb des Registers Papst Gregors bieten Detlev Jasper und Horst Fuhrmann, Papal Letters in the Early Middle Ages (History of Medieval Canon Law, hg. von Wilfried Hartmann und Kenneth Pennington), Washington D. C. 2001, S. 70–74 keinen Nachweis einer Verbreitung des fraglichen Briefes in der ersten Hälfte des 8. Jahrhunderts.

men maiestatis eine inhaltliche Konzentration und Verschaltung mit eigenen Rechtsprinzipien vorliegt, die sich sonst nicht findet.

Die in den zitierten Stellen enthaltenen Aussagen führen in der jeweiligen Entwicklung weit zurück. Diese lässt sich nicht auf eine lineare Abfolge entlang der überlieferten Textzeugen – etwa: von der ›Lex Alamannorum‹ zur ›Lex Baiuvariorum‹ oder umgekehrt – reduzieren. Die komplizierten, über verlorene Vorlagen laufenden Textverhältnisse zwischen ›Lex Alamannorum‹ und ›Lex Baiuvariorum‹ werden sichtbar, wo solche Vorlagen, wie beim westgotischen Recht, erhalten sind, dürften aber darüber hinaus gegeben sein. Eine Begrenzung der Fragestellung darauf, welche Lex eine andere direkt beeinflusst habe, greift zu kurz und damit auch Schlussfolgerungen, die bei einer solchen diffusen Quellenlage auf vermeintlichen oder unterbliebenen Rezeptionsvorgängen aufbauen[42]. Anzumerken ist noch, dass die genannten alemannischen, bayerischen und sogar langobardischen Normen im Textabschnitt des verlorenen, sogenannten merowingischen Königsgesetzes (Lex Baiuvariorum I und II) stehen.

Mögen auch die konkreten Textabhängigkeiten schwer aufzuzeigen sein, so ist doch zweifelsfrei, dass die Redaktoren der ›Lex Baiuvariorum‹ sich umfangreich aus Textvorlagen bedienten und anregen ließen. Auffällig sind die vielfältigen Übernahmen aus dem westgotischen Bereich, namentlich aus dem ›Codex Euricianus‹[43], dem ›Breviar‹[44], aus den ›Etymologiae‹[45] und ›Synonyma‹[46] Isidors von Sevilla. Benutzt wurden auch die ›Lex Salica‹[47], der ›Pactus pro tenore pacis‹[48] und kirchenrechtliche Texte[49]. Übereinstimmungen mit alemannischem und langobardischem Recht deuten teilweise auf die Auswertung gemeinsamer Vorlagen. Dass weitere Einflüsse aufzudecken sind, legt die singuläre Sachmängelhaftung[50] nahe, und die angedeutete undurchsichtige Textentwicklung

42) Die angedeuteten Unsicherheiten gebieten Zurückhaltung gegenüber der Erwägung von H. Nehlsen, dass eine nicht sicher nachweisbare Benutzung des ›Edictum Rothari‹ (a. 643) in der ›Lex Baiuvariorum‹ auf eine davor liegende Entstehung der bayerischen Lex schließen lässt (vgl. oben Anm. 11).

43) Fastrich-Sutty, Rezeption (wie Anm. 9).

44) Breviarium Alarici = Lex Romana Visigothorum, Codex Theodosianus XVI, 1, 6, hg. von Gustavus Haenel, Berlin 1849, S. 248 wurde übernommen in L. Bai. I, 12 (wie Anm. 9), S. 258 f.; im Einzelnen siehe untern Anm. 57, 58.

45) Isidor, Etymologiae (wie Anm. 35), V, 1 ist verwandt in Prolog der L. Bai. (wie Anm. 9), S. 198–200.

46) Isidori Hispalensis Epsicopi synonyma de lamentatione animae peccatricis, Migne PL 83, 825–868; Synonyma I, 54 wurde verwertet in L. Bai. I, 7 (wie Anm. 9), S. 277; Synonyma I, 8 in L. Bai. II, 16, S. 310.

47) Schumann, Entstehung (wie Anm. 9), S. 300 f.

48) L. Bai. IX, 17 (wie Anm. 9), S. 380 könnte wegen der singulären Verwendung von *latro* auf Pactus pro tenore pacis c. 3, hg. von Karl August Eckhardt, Pactus legis Salicae (MGH LL nat. Germ. 4,1), Hannover 1962 (Capitulare II, LXXX), S. 250 zurückgehen.

49) Kirchlicher Einfluss in L. Bai. VIII, 1–4; VIII, 20 und 21 (wie Anm. 9), S. 348–351, 363 f.

50) L. Bai. XVI, 9 (wie Anm. 9), S. 437 f.

eines Digestenfragments[51] bis zur ›Lex Baiuvariorum‹ lässt die Schwierigkeiten solcher Recherche erahnen.

Vielfalt und Umfang des für die ›Lex Baiuvariorum‹ ausgewerteten Materials führen wieder zum Entstehungsproblem. Für die Stufentheorie oder bei Annahme mehrerer Arbeitsgänge lässt sich eine nacheinander erfolgte Texterlangung und Ausschreibung denken, zumal es Bereiche der Lex gibt, die sich intensiv einer Vorlage bedienen, und solche, in denen diese fehlt[52]. Für die Einheitstheorie liegt das Vorstellungsbild einer reichhaltigen Bibliothek, in der sich kundige Redaktoren an die Arbeit machten, näher. Das regt die Suche nach entsprechenden Bibliotheksbeständen an, lässt sich doch hoffen, den Entstehungsort der Lex zu finden. So geschehen wurde kürzlich erneut[53] »St. Emmeram in Regensburg als Redaktionszentrum der Lex« entdeckt[54]. Ohne Begründung wurde die Suche von vornherein auf Bayern beschränkt, obwohl der Prolog eine Entstehung der Lex außerhalb Bayerns schildert und auch die Rechtsaufzeichnungen von 802/3 nicht vor Ort geschahen. Dem lässt sich die Fälschungshypothese bezüglich des Prologs kaum entgegenhalten, da ein angenommener Fälscher sein Produkt durch eine glaubhafte, zumindest wahrscheinliche Schilderung – und diese hätte er in einer Entstehung außerhalb Bayerns gesehen – hätte vermitteln müssen. Als mögliche Entstehungsorte wurden Niederaltaich, Salzburg und Freising ausgeschieden. Für Regensburg soll sprechen, dass die Ingolstädter Handschrift der Lex um 800 in der Umgebung von Regensburg geschrieben wurde[55]. Doch besagt das für die mindestens 50 Jahre frühere Entstehung der ›Lex Baiuvariorum‹ nichts. – Da die Lex wörtlich eine längere Passage des Breviars übernimmt, hat der Hinweis, dass die Breviar-Handschrift Fulda D 1 »vielleicht schon in der Karolingerzeit« in St. Emmeram war, grundsätzlich Gewicht[56]. Allerdings enthält

51) Siehe oben Anm. 38.

52) Zum Beispiel sind die wörtlichen Übernahmen aus dem ›Codex Euricianus‹ im Wesentlichen auf den Bereich von L. Bai. XII bis XVII, 10 beschränkt.

53) Romuald Bauerreiss OSB, Benediktinerregel und Lex Baiuvariorum, in: Studien und Mitteilungen zur Geschichte des Benediktinerordens und seiner Zweige 61 (1947), S. 73–76 hat wegen Gemeinsamkeiten der Lex Baiuvariorum und der Regula S. Benedicti und wegen Annahme engster Verbindung zur herzoglichen Gewalt Regensburg als Entstehungsort vorgeschlagen, von wo ja auch die Ingolstädter Handschrift stamme. – Von einer Verwendung der Benediktinerregel geht auch Benedikt Paringer OSB, Zur Textgeschichte der Lex Baiuvariorum, in: Der Zwiebelturm 8 (1953), S. 23–25 aus, favorisiert aber eine Entstehung in Weltenburg.

54) Landau, Lex Baiuvariorum (wie Anm. 9), besonders S. 43–50, wiederholt in: Ders., Regensburg und die Entstehung der *Lex Baiuvariorum*, in: Das mittelalterliche Regensburg im Zentrum Europas, hg. von Edith Feistner, Regensburg 2006, S. 9–24.

55) Landau, Lex Baiuvariorum (wie Anm. 9), S. 47; zuvor bereits Bauerreiss, Benediktinerregel (wie Anm. 53).

56) Landau, Lex Baiuvariorum (wie Anm. 9), S. 49. Die Handschrift Fulda, Landesbibliothek D 1 wird von Bernhard Bischoff, Die südostdeutschen Schreibschulen und Bibliotheken in der Karolingerzeit, Teil I: Die Bayrischen Diözesen, Wiesbaden ^{2}1960, S. 258 f. auf spätes 8. Jahrhundert datiert und Angers (oder Tours) zugewiesen. Dem entspricht Elias Avery Lowe, CLA 8, Oxford 1959, No. 1199 »saec. VIII^{2}«,

diese Handschrift den fraglichen Text nicht[57], scheidet damit als Argument für Regensburg aus, zumal eine Anwesenheit dort in der Karolingerzeit unbewiesen bleibt. Die frühe Breviar-Handschrift München clm 22501, in der eine Federprobe in Freisinger Schrift des 8. Jahrhunderts bemerkt wurde, bietet zwar den fraglichen Text, doch hat die ›Lex Baiuvariorum‹ eine Textabweichung aus anderer Breviartradition[58], folgt also einer anderen Vorlage. – Zur Präsenz der sogenannten Spanischen Epitome in Regensburg wird auf einen Codex des Bischofs Baturich von 821 verwiesen, der zwar einen knappen Auszug aus dieser Kirchenrechtssammlung enthält, jedoch 70 Jahre später als die ›Lex Baiuvariorum‹ entstanden ist[59]. Nicht weiterführend ist auch der Verweis auf die Kopenha-

»probably in the Loire region«. Siehe auch Werner BERGMANN, Die Formulae Andecavenses, eine Formelsammlung auf der Grenze zwischen Antike und Mittelalter, in: AfD 24 (1978), S. 1–53, hier S. 5–9. Nach den Zeitangaben: spätes oder zweite Hälfte 8. Jahrhundert wäre die Handschrift zu spät für eine Benutzung bei der ›Lex Baiuvariorum‹ – Darüber hinaus wird für die Anwesenheit der Handschrift in St. Emmeram stets das späte 15. Jahrhundert genannt, so dass es eine Begründung erwarten lässt, warum der Codex schon so viel früher dort gewesen sein soll.

57) L. Bai. I, 12, Satz 2 und 4 (wie Anm. 9), S. 285 ist aus der Konstitution der Kaiser Honorius und Theodosius vom 8. Mai 420 geschöpft, die vollständig in den Constitutiones Sirmondianae 10, hg. von Theodor MOMMSEN, Theodosiani libri XVI cum Constitutionibus Sirmondianis, Bd. 1, 2, 1904, S. 914 f. enthalten ist und verkürzt in den Codex Theodosianus XVI, 2, 44, hg. von Th. MOMMSEN, ebd., S. 851 f., die Lex Romana Visigothorum, C. Th. XVI, 1, 6 mit Interpretatio, hg. von Gustav HAENEL, Berlin 1849, S. 248 und den Codex Iustinianus I, 3, 19, hg. von Paul KRÜGER, Berlin 1884 übernommen wurde. Davon scheiden die Constitutio Sirmondiana 10 und die Interpretatio wegen Textabweichungen als Vorlage der L. Bai. I, 12 aus, während die anderen Texte dafür in Betracht kommen. – Die fragliche Handschrift Fulda D 1 enthält nur einen sehr schlecht bewerteten Auszug aus dem Breviar. Fol. 71v beginnt C. Th. XVI, 1, 1 Interpretatio, fortgesetzt fol. 72r; es folgt XVI, 1, 2 Interpretatio (nur die ersten Worte); es folgt C. Th. XVI, 2. Dazwischen fehlen C. Th. XVI, 1, 2 Rest – C. Th. XVI, 1, 6 einschließlich. Zur Quelle: Gustav HAENEL, a.a.O., S. LXXIIIf.; CONRAT, Geschichte (wie Anm. 3), S. 222; BERGMANN, Formulae (wie Anm. 56), S. 6 f.; LIEBS, Gallien (wie Anm. 3), S. 113.

58) Zur Handschrift: HAENEL (wie Anm. 57), S. XLIf.; MOMMSEN, Theodosiani libri (wie Anm. 57), I, 1, S. LXXV; BISCHOFF, Schreibschulen I (wie Anm. 57), S. 59 Anm. 2. Bereits FASTRICH-SUTTY, Rezeption (wie Anm. 9), S. 110–114 hat auf die besondere Lesart *sorores germanas* in L. Bai. I, 12 statt *germanas* in Breviar. C. Th. XVI, 1, 6 aufmerksam gemacht. Dieses Wort wird in der Interpretatio, der Epitome Aegidii, der Epitome Monachi durch das anscheinend verständlichere *sores* ersetzt. Unter Rückgriff auf den Text der Konstitution wurde in der Art einer eingeschobenen Glosse die Wendung *germanas sorores* gebildet, die in der Lex Romana Curiensis XVI, 1, 5, hg. von Elisabeth MEYER-MARTHALER (Sammlung Schweizerischer Rechtsquellen XV, 1, 1), Aarau ^{2}1966, S. 359 als *germanam sororis* aufscheint. Dieser Text kann wegen erheblicher Abweichungen nicht Vorlage der ›Lex Baiuvariorum‹ gewesen sein.

59) München clm 14468. BISCHOFF, Schreibschulen I (wie Anm. 57), S. 200; DERS., Katalog der festländischen Handschriften des neunten Jahrhunderts, Teil II, Wiesbaden 2004, S. 258 Nr. 3208; Hubert MORDEK, Bibliotheca capitularium regum Francorum manuscripta, München 1995, S. 335–339, 912. – Zur Spanischen Epitome: Friedrich MAASSEN, Geschichte der Quellen und der Literatur des canonischen Rechts im Abendlande, Graz 1870, S. 646–666; Gonzalo MARTÍNEZ DÍEZ S. J., El Epitome Hispánico. Una colección canónica española del siglo VII, in: Miscelánea Comillas 36 (1961), S. 7–90 und in: Miscelánea Comillas 37 (1962), S. 320–446; KÉRY, Canonical Collections (wie Anm. 3), S. 57–60. Zur Verbreitung in Bayern: Peter

gener Handschrift mit einem sehr kurzen Auszug aus der Spanischen Epitome. Der Codex soll kurz nach 731 in Südfrankreich geschrieben worden sein und gehörte um 1500 zur Bibliothek von St. Emmeram. Warum er »vielleicht bereits um 740« (!) dorthin gelangt sei, wird allerdings offen gelassen[60]. Schließlich bleibt unsicher, ob die Spanische Epitome tatsächlich der ›Lex Baiuvariorum‹ als Vorlage diente[61], wie auch die behauptete »Zitierung dieser Kanonessammlung auf dem Konzil von Aschheim«[62] sich an den Handschriften nicht nachvollziehen lässt[63]. Selbst bei einem Nachweis wäre allenfalls für

Landau, Kanonessammlungen in Bayern in der Zeit Tassilos III. und Karls des Großen, in: Regensburg, Bayern und Europa, Festschrift für Kurt Reindel zum 70. Geburtstag, hg. von Lothar Kolmer und Peter Segl, Regensburg 1995, S. 137–160, besonders S. 143–148.

60) Landau, Lex Baiuvariorum (wie Anm. 9), S. 48. Zur Handschrift Kopenhagen, Kong. Bibl. Ny Kgl. Saml. 58 8° siehe Hubert Mordek, Kanonistische Aktivität in Gallien in der ersten Hälfte des 8. Jahrhunderts, in: Francia 2 (1974), S. 19–25, hier S. 21 f. mit Anm. 16; Franz Bernd Asbach, Das Poenitale Remense und der sogen. Excarpsus Cummeani, Regensburg 1975, S. 23 f.; Peter Landau, Kanonistische Aktivität in Regensburg im frühen Mittelalter, in: Ders., Kanones und Dekretalen, Goldbach 1997, S. 347*ff. (=S. 57 ff.); Bernhard Bischoff, Die südostdeutschen Schreibschulen und Bibliotheken in der Karolingerzeit, Teil II: Die vorwiegend österreichischen Diözesen, Wiesbaden 1980, S. 248. – Nach der Edition Martínez Díez, El Epitome (wie Anm. 59) enthält die Handschrift den von Landau benannten Vorlagetext (siehe unten Anm. 61) nicht.

61) Übereinstimmungen zwischen L. Bai. (wie Anm. 9) I, 12, 1. Satz: *Ut nullo presbitero vel diacono liceat habere secum in domo extraneam feminam* […] mit Epitome Hispana XXVI, Ex Concilio Gerundense 7, hg. von Martínez Díez (wie Anm. 59), S. 394: *Extraneam mulierem clericus in domum non habeat* hat Landau, Kanonessammlungen (wie Anm. 59), S. 148 angeführt. Demgegenüber bezweifelt Fastrich-Sutty, Rezeption (wie Anm. 9), S. 96–99 zu Recht die Signifikanz der gemeinsamen Worte. Ergänzend sei auf die darauf folgende Textpassage L. Bai. I, 12, Satz 2 und 3 hingewiesen, die aus der Breviarliteratur zu Lex Romana Visigothorum C. Th. XVI, 1, 6 übernommen wurde (siehe oben Anm. 57). Der fragliche, vorausgehende Text L. Bai. I, 12, Satz 1 zeigt größere Gemeinsamkeit mit der Epitome Monachi zu dieser Breviarstelle, Haenel, Lex Romana Visigothorum (wie Anm. 57), S. 249: *Clerici extranearum feminarum familiaritatem non habeant, neque in domos suas habitent* […].

62) Landau, Lex Baiuvariorum (wie Anm. 9), S. 48 Anm. 189; ausführlich ders., Kanonessammlungen (wie Anm. 59), S. 146 f.

63) Konzil von Aschheim c. 3 (wie Anm. 6), S. 57 handelt *De potestate episcoporum* und endet: *Unde synodus Nicenensis ait, ut omnes res ecclesiasticas in potestate episcoporum sint.* Landau, Kanonessammlungen (wie Anm. 59) sieht die Vorlage in Epitome Hispana, XII, Ex Concilio Antioceno, c. XXIII: *Episcopus potestatem habeat de rebus ecclesiae ordinandi cum conscientia presbitorum et diaconorum.* Nennen lässt sich dazu der folgende Kanon XXIIII: *Episcopus potestatem habeat res ecclesiae dispensandi egentibus*, hg. von Martínez Díez (wie Anm. 59), S. 363 f., der dem vorausgehenden Text von Aschheim c. 3 (*spensando*) nahe kommt. Den Sätzen der Spanischen Epitome fehlen allerdings Spezifika, die sie als Vorlage erweisen könnten. Auf der Grundlage von Antiochia c. 24, 25 und Canones Apostolorum c. 40, hg. von Cuthbert Hamilton Turner, Ecclesiae Occidentalis Monumenta Juris Antiquissima, Oxford 1899 ff., I, S. 28, S. 32; II, S. 306 f. sind wiederholt entsprechende Sätze gebildet worden, zum Beispiel: Ferrandi breviatio canonum, c. 36, in: Concilia Africae, hg. von Charles Munier (CC 149), Turnhout 1974, S. 290; Cresconius, Concordia canonum XLII, hg. von Klaus Zechiel-Eckes, Frankfurt am Main 1992, 2. Bd., S. 546; Collectio vetus Gallica XXXII, hg. von Hubert Mordek, Kirchenrecht und Reform im Frankenreich, Sigmaringen 1975, S. 461; Martin von Braga, Capitula, c. 16, hg. von Claude W. Barlow, New Ha-

einen verschwindend kleinen Teil der von den Redaktoren der ›Lex Baiuvariorum‹ ausgeschriebenen Texte eine Handschrift aus Regensburg, aber auch aus Augsburg, Freising und Niederaltaich[64] benennbar, wenn man die Suche auf Bayern beschränkt.

So vielversprechend für das Auffinden des Entstehungsortes der ›Lex Baiuvariorum‹ die Suche nach frühen Bibliotheken mit Textbeständen, die in der Lex ausgewertet wurden, auch sein mag, die dürftige Quellenlage, Bibliothekskataloge und erhaltene frühe Handschriften, steht einem raschen Erfolg entgegen, wenn er überhaupt erreichbar sein sollte. Grundsätzlich ist der Versuch, aus der geographischen Verbreitung von Handschriften auf zwei Generationen davor liegende Bibliotheksbestände zu schließen, mit erheblichen Unsicherheiten belastet, insbesondere wenn es Zeiten und Gebiete betrifft, in denen die kanonistische Ausstattung erst beginnt. Der Nachweis einer Entstehung der ›Lex Baiuvariorum‹ in Regensburg ist bislang nicht gelungen.

Als Vorlagenproblem wird schließlich ein grundsätzlicher Befund eingeordnet. Anknüpfungspunkt sind die gemeinsame Gliederung in Kirchen-, Herzogs- und Volkssachen wie auch Textübereinstimmungen zwischen alemannischer und bayerischer Lex. Besonders ausgeprägt im bayerischen Recht finden sich zu Beginn beider *leges* Regelungen für die *provinciae* eines Großreiches. An ihrer Spitze stehen jeweils ein Bischof und ein *dux*, die einem König untergeordnet sind. Der eindeutige, gleichmäßige Befund und

ven 1950, S. 128; Collectio Dacheriana II, 88, hg. von Luc D'ACHERY. – Louis-François-Joseph DE LA BARRE, Spicilegium I, Paris 1723, S. 543. Ungewöhnlich hingegen ist im Zitat von Aschheim der Plural *episcoporum* und deren uneingeschränkte *potestas*. – Beweiskräftiger für die Vorlagensuche dürfte der Bezug auf *synodus Nicenensis* sein. Zutreffend hat LANDAU darauf hingewiesen, dass im Codex München clm 3853 der Spanischen Epitome zwar die Bestimmungen von Antiochia mit *Ex concilio niceno* überschrieben sind, dort der fragliche Kanon aber nicht enthalten ist (vgl. clm 3853, fol. 131r; ebenso Heiligenkreuz, Stiftsbibliothek 217, fol. 156v). Entgegen der Annahme von LANDAU, Kanonessammlungen (wie Anm. 59), S. 147 ist aber der fälschliche Bezug auf Nikäa nicht durch einen Text der Spanischen Epitome wie in München clm 14468 (a. 821) oder Wien, Österreichische Nationalbibliothek 2232 (Anfang 9. Jahrhundert) zu belegen. Die Eingangsworte der Spanischen Epitome sind in clm 14468 nicht wie LANDAU angibt: *De Sancto Martiano et Niceno*, so dass ein Bezug der folgenden Texte auf die Capitula Martini und Nikäa denkbar wäre. Vollständig lautet der Text: *De Sancto Martiano et Niceno cum Arlatense vel Cancrense Sancto Valentino seu Cartaginense et iterum Arlatense Sancto Helario papae Zenoni papae Antioceno* (clm 14468, fol 3v). In der Art eines verkürzten Inhaltsüberblicks wird zutreffend auch Antiochia genannt. Entscheidend ist, dass der fragliche Kanon Antiochia c. 23 im Text richtig unter der Inskription *ex concilio Antioceno* (fol. 6r–6v) steht, so dass eine Verwechslung wie in Aschheim c. 3 ausgeschlossen ist. – Im Ergebnis wird man Vorlagen für Aschheim c. 3 auch außerhalb der Spanischen Epitome suchen müssen. Erinnert sei an die von MAASSEN, Geschichte (wie Anm. 59), S. 100–103, 939–943, siehe auch S. 126–130 sogenannte »gallische Version der Canonen von Ancyra, Neocäsarea, Gangra und Antiochia«; TURNER, Ecclesiae Occidentalis Monumenta, II, S. 216 f. (Interpretatio Gallica); MARTÍNEZ DÍEZ (wie Anm. 59), S. 87 f.; Michael STADELMAIER, Die Collectio Sangermanensis XXI titulorum, Frankfurt am Main 2004, S. 64 f.

64) LANDAU, Kanonessammlungen (wie Anm. 59), S. 146 will die Spanische Epitome an diesen Orten »teilweise schon um 800« nachweisen.

der naheliegenden Gedanke an den fränkischen König und die *duces* in Alemannien und Bayern hat Heinrich BRUNNER ein verschollenes merowingisches Königsgesetz von Dagobert I. aus den Jahren 629–634 vermuten lassen, das die Verhältnisse in den Herzogtümern und zum fränkischen König geregelt habe[65]. Reste dieses Königsgesetzes sollen in den ersten beiden Titeln der ›Lex Baiuvariorum‹ vorliegen, doch lasse sich im Einzelnen nicht bestimmen, welche Stellen es sind, die überdies bei Redaktion der Lex Abänderungen und Zusätze erhielten. BRUNNERS Vorsicht erklärt sich aus den verwickelten Textproblemen, die sich ergeben, wenn man versucht, Ursprung und Entwicklung einzelner Stellen aus Titel I und II zu ergründen. So hat sich die Kritik[66] besonders an der Reduzierung dieses Komplexes auf ein fränkisches Gesetz gestört und – nicht ohne Grund – westgotische[67], langobardische[68] und fränkische Einflüsse angesprochen[69]. Grundsätzlich musste BRUNNERS Theorie auf die Kritik all jener stoßen, die eine Datierung des Abschlusses der ›Lex Baiuvariorum‹ über die im sogenannten Königsgesetz hervortretenden Verfassungsverhältnisse im Vergleich mit der historischen Entwicklung der bayerisch-fränkischen Beziehung suchen. Da sich Anhaltspunkte dafür aber nur in den Titeln I–III finden lassen, kommt einer Sonderstellung dieses Bereiches Bedeutung zu.

Tatsächlich werden in Titel I und II die politische und Verfassungsordnung einer von mehreren Provinzen eines Königreiches gestaltet. Die kirchliche Hierarchie gipfelt im Bischof[70]. An der Spitze weltlicher Macht steht der *dux*, der das Heer dieser *provincia* führt[71]. Nicht auf eine beliebige *provincia* bezogen ist Titel III mit der bayernspezifischen Privilegierung der *genealogiae* und der Agilolfinger durch den auch hier dominierenden König. Im Rest der ›Lex Baiuvariorum‹, also ab Titel IV, ist von alledem nicht mehr die Rede. Kirche, Klerus und Bischof fehlen[72] ebenso wie der zuvor allen überge-

65) Heinrich BRUNNER, Über ein verschollenes merowingisches Königsgesetz des 7. Jahrhunderts, in: Abh. Berlin 49 (1901), S. 932–955 (ND in: DERS., Abhandlungen zur Rechtsgeschichte, Bd. 1, Weimar 1931, S. 598–628); DERS., Deutsche Rechtsgeschichte (wie Anm. 9), S. 457 f.

66) Einen Überblick zur Kritik an BRUNNERS Theorie des verschollenen merowingischen Königsgesetzes gibt Konrad BEYERLE, Lex Baiuvariorum (wie Anm. 8), S. XXXII–XXXV.

67) Siehe oben Anm. 15, 46 und 57.

68) Siehe oben Anm. 31 f.

69) Auf dieser Argumentationsschiene hat LANDAU, Lex Baiuvariorum (wie Anm. 9), S. 39 f. für den Ausdruck *illa provincia* in der ›Lex Baiuvariorum‹ einen Bezug zum Brief Gregors III. von 739, der die Wendung *in Baiariorum provincia* enthält, hergestellt und geschlossen: »Der Sprachgebrauch der Gesetzesredaktoren ist etwa derjenige Papst Gregors III. (731–741), nicht der fränkischer Rechtskenner des 7. Jahrhunderts«. Übersehen wurde der gut überlieferte Sprachgebrauch fränkischer Rechtskundiger des 7. Jahrhunderts in der Lex Ribuaria. Dort erscheint wiederholt der Ausdruck *in provintia Ribvaria*, Lex Ribvaria 35,5 und 91,1, hg. von Franz BEYERLE und Rudolf BUCHNER (MGH LL nat. Germ. 3,2) Hannover 1954, S. 87, 133.

70) L. Bai. I, 9 und 10 (wie Anm. 9), S. 279–283.

71) L. Bai. II, 4 (wie Anm. 9), S. 295. – Siehe unten bei Anm. 189.

72) L. Bai. IX, 2 (wie Anm. 9), S. 367 nennt *ecclesia* als Ort eines Diebstahls neben anderen *casae publicae*. Das betrifft nur das Gebäude, nicht die Religionsgemeinschaft.

ordnete König. Provinzen als Teil eines Großreiches bestimmen nicht mehr die Optik[73]. Der Herzog ist jetzt für innere Ordnung zuständig und erscheint in Gerichtsfunktionen[74]. – Die ›Lex Baiuvariorum‹ weist eine Zäsur im Regelungsprogramm auf. In Titel I–III geht es um Bayern im fränkischen Großreich, anschließend um Bayern unter seinem Herzog. Gegenstand des ersten Teils der ›Lex Baiuvariorum‹ ist die Regelung der Verfassungs- und Machtverhältnisse einer *provincia* des fränkischen Reiches unter Berücksichtigung bayerischer Besonderheiten. Dies ist die Grundlage für eine Beschreibung als Königsgesetz.

Trotz zahlreicher Untersuchungen zur ›Lex Baiuvariorum‹ wurden die überkommenen Streitfragen kaum überwunden. Das hat seinen Grund einerseits in der schwierigen Quellenlage, andererseits in einer intensiven Forschung seit 150 Jahren, die das Erklärungspotential der Deutungsmodelle ausgeschöpft hat. Neuere Arbeiten haben Vorlagen, deren Verwertung und Bearbeitungstechniken deutlicher werden lassen. In möglicherweise mehreren Arbeitsgängen konnten die Redaktoren aus einer weit gefächerten Palette von Vorlagen schöpfen. Ein hoher Bildungsstand, Erfahrung mit Rechtstexten und rechtlichen Problemen verbanden sich zu beachtlicher Rezeptionsbefähigung. Dadurch wurden Vorlagentexte, die auch anderen *leges* zugänglich waren, intensiver ausgeschrieben und fortgebildet. Der darauf gerichtete Forschungsansatz verdient weiter verfolgt zu werden.

Vorlagenverwertung und sprachliche Gestaltung betreffen primär die in den Texten zugängliche Ebene der Redaktion. Den Handschriften nicht direkt entnehmbar sind davor liegende Entscheidungen, nämlich ob überhaupt eine *lex scripta* geschaffen werden soll, weiterhin über die zu erfassenden Regelungsbereiche bis hin zur Art und Weise der rechtlichen Steuerung. Derartige Vorgaben müssen einer Dynamik in der Ausarbeitung, falls etwa ein Vorlagentext eigene Zielsetzung erweitert, nicht entgegenstehen. Trotzdem dürften grundsätzliche Vorgaben zunächst bestimmend gewesen sein. Auf solche Entscheidungen wird es zurückgehen, wenn im alemannischen, bayerischen und langobardischen Recht Regelungen zu den Verfassungsverhältnissen vorangestellt sind, während entsprechende Normen im burgundischen, salischen, ribuarischen und in den 802/3 aufgezeichneten Rechten fehlen. Die hier in Rechnung zu stellenden Vorgaben dürften für die ›Lex Baiuvariorum‹ konkreten Einschlag gehabt haben. Das Verhältnis des bayerischen *dux* zum fränkischen König und die *genealogiae*, mithin Titel I–III der Lex, sind als

73) *Infra provincia* bedeutet soviel wie: im Lande, L. Bai. IX, 14 (wie Anm. 9), S. 378; *unus de infra provincia* L. Bai. IV, 31 meint einen Landesangehörigen (S. 336) und *foris provinciae vendere*, L. Bai. XVI, 5, S. 435 den Verkauf außer Landes. Die Herrschaftsverhältnisse im Königreich und der *provincia* betrifft das nicht.

74) Siehe L. Bai. IV, 5. 23. 29. 32; VIII, 7. 18; IX, 5; X, 4 *ducalis disciplina*; XIII, 2. 3. – In L. Bai. XVI, 11 (wie Anm. 9), S. 439 hat die Aussage: *Istum mancipium ego comprehendi extra terminum ubi dux exercitum duxit* nicht die bayerische Heeresverfassung zum Gegenstand, sondern begründet einen Erwerbstitel.

Schreibtischphantasien kaum vorstellbar. Und wer sollte sich getraut haben, solche heiklen Themen aus eigenem Antrieb in so einzigartiger Weise festzuschreiben und damit zum Politikum zu machen? Wenn die Hintergründe auch im Dunklen bleiben, so muss es doch eine Entscheidung von maßgeblicher Seite gegeben haben für die Gestaltung der ›Lex Baiuvariorum‹, die ihr dann auch Autorität verlieh. Daraus erklärt sich auch, dass die ›Decreta Tassilonis‹ ganz selbstverständlich auf der Lex aufbauen.

Eine Trennung zwischen inhaltlichen Vorgaben zur Normgebung und redaktioneller Umsetzung ist nicht ohne Beispiel. Bezüglich des quellenmäßig etwas besser fassbaren Ablaufs von karolingerzeitlichen Synoden wurden erhebliche Unterschiede zwischen Beschlussfassung und Redaktion der Kanones festgestellt: Zum Teil haben einzelne Bischöfe die Ausformulierung übernommen, ein anderes Mal ein Redaktionskomitee, oder es wurden sogar bereits vorformulierte Kanones mitgebracht[75]. Ein dynamisches Ineinandergreifen von Entscheidungsprozessen, Formulierungsfindung und stilistischer Aufwertung über Textvorlagen könnte auch unentwirrbar den Regelungen der ›Lex Baiuvariorum‹ zugrunde liegen.

II. Die ›Lex Baiuvariorum‹ und die ›Decreta Tassilonis‹ als Konsensgesetzgebung

Ciceros Fundamentalsatz vom *consensus iuris*, der einen *populus* ausmache, [...] *populus autem non omnis hominum coetus quoque modo congregatus, sed coetus multitudinis iuris consensu et utilitatis communione sociatus*[76], ist dem Mittelalter durch Augustinus[77] und Isidors ›Etymologiae‹[78] bekannt, wird in einer Glosse dem Breviar angefügt[79], findet sich bei Hrabanus Maurus[80] wie auch in den Wörterbüchern Papias'[81] und Huguccios[82].

75) Wilfried Hartmann, Eliten auf Synoden, besonders in der Karolingerzeit, in: Théorie et pratiques des élites au Haut Moyen Âge, hg. von François Bougard, Hans-Werner Goetz und Régine Le Jan (Haut Moyen Âge 13), Turnhout 2011, S. 351–372; ders., Unterschriftenlisten karolingischer Synoden, in: Annuarium Historiae Conciliorum 14 (1982), S. 124–139; ders., Gespräche in der »Kaffeepause« – am Rande des Konzils von Attigny 870, in: Annuarium Historiae Conciliorum 27/28, 1. Bd. (1995/96), S. 137–143.

76) Cicero, De re publica I 25 (30), hg. von Karl Büchner, Stuttgart 1997, S. 130.

77) Augustinus, De civitate dei XIX, 21, hg. von Bernhardus Dombart und Alphonsus Kalb (CC 48), Turnholti 1955, S. 687 f. *Populum enim esse definivit coetum multidinis iuris consensu et utilitatis communione sociatum.*

78) Isidor, Etymologiae (wie Anm. 35), IX, 4, 5: *Populus est humanae multitudinis, iuris consensu et concordi communione sociatus.*

79) Glosse *Res publicae*] zu Lex Romana Visigothorum, Nov. Valent. Tit. VIII *de triginta annorum praescriptione*, hg. von Gustav Haenel (wie Anm. 44), S. 461 der Handschrift Vat. lat. 1048, übernimmt den Augustinus-Text.

80) Hrabanus Maurus, De universo XVI, 4, in: Migne PL 111, Sp. 452 hat hier Isidor, Etymologiae IX, 4 (wie Anm. 78) ausgeschrieben.

81) Papias, Elementarium doctrinae erudimentum, hg. von Boninus Mombritius, Papias Vocabulista, Venedig 1496 (ND Turin 1966), S. 257 übernimmt den Text Isidors (zitiert in Anm. 78).

Vielleicht geht darauf auch der bekannte Satz des ›Edictum Pistense‹ von 864 zurück: *Et quoniam lex consensu populi et constitutione regis fit, Franci iurare debent* [...][83]. Der Text war ein Anknüpfungspunkt für die Konträrstellung von Volksrecht und Königsrecht in der früheren rechtshistorischen Forschung wegen vermeintlich unterschiedlicher Fundierung des Geltungsanspruchs: aus der Zustimmung des Volkes oder durch den herrscherlichen Befehl[84]. Für die Kapitularien ergibt sich, dass ein wiederholt eingefordertes *consentire* nicht erst die Rechtsgeltung begründete, sondern erwartete Zustimmung und Gehorsam bedeutete, wie die Verbindung zu *oboedire* und die Verpflichtung auf verlesene *capitula* zeigen[85]. Dieses *consentire* betrifft die Ebene der Durchsetzung, die von einer Mitwirkung bei der Schaffung von Kapitularien im Umfeld des Herrschers zu unterscheiden ist.

Eine Suche nach konkreten Anhaltspunkten für eine Konsensgesetzgebung in der ›Lex Baiuvariorum‹ hat unterschiedliche Vorgänge zu berücksichtigen: zunächst die Entschließung über die Regelung, dann eine redaktionelle Bearbeitung eventuell in mehreren Arbeitsgängen und abschließend einen Akt der Ingeltungsetzung mit oder ohne legitimierende Abstützung. Das Ganze ist ohne Überlappungen kaum denkbar.

Soweit Normgebung als Aufzeichnung von Gewohnheiten gedacht wird, verbindet sie sich mit dem Problem der Oralität[86]. Eine orale Rechtskultur, die durch die Aufzeich-

82) Uguccione da Pisa, Derivationes, 2. Bd., hg. von Enzo Cecchini, Florenz 2004, S. 950, P 102, 6 nach Isidor (siehe Anm. 78).

83) Edictum Pistense c. 6, hg. von Alfredus Boretius und Victor Krause (MGH Capit. 2), Nr. 273, S. 313.

84) Alfred Boretius, Beiträge zur Capitularienkritik, Leipzig 1874, S. 3–67; Brunner, Deutsche Rechtsgeschichte (wie Anm. 9), § 37; Gerhard Seeliger, Volksrecht und Königsrecht?, in: HV 1 (1898), S. 1–40, 343–369; Ekkehard Kaufmann, Aequitatis iudicium, Frankfurt 1959, S. 60–92; Eva Schumann, Königsrecht, in: HRG 3 (^{2}2013), Sp. 72 f.; Dilcher, Konsens (wie Anm. 2), besonders Sp. 113 f.

85) Karoli ad Pippinum filium epistola a. 806–810, in: MGH Capit. 1 (wie Anm. 31), Nr. 103, S. 212. Wegen unterbliebener Bekanntmachung von Ergänzungscapitula zu den Leges wird von einigen gesagt: [...] *nolunt ea oboedire nec consentire neque pro lege tenere.* Der Kaiser verlangt von seinem Sohn Durchsetzung [...] *ea nota facias et oboedire atque inplere praecipias.* – Siehe auch den Bericht über die Bekanntmachung von *capitula legis* durch den *comes Stephanus* in Paris, MGH Capit. 1, Nr. 39, S. 112. Nach Verlesung heißt es: *Et omnes in uno consenserunt, quod ipsi voluissent omni tempore observare usque in posterum.* – Siems, Handel und Wucher (wie Anm. 1), S. 437–439; Patzold, Consensus (wie Anm. 2), S. 42 f.

86) Hanna Vollrath, Das Mittelalter in der Typik oraler Gesellschaften, in: HZ 233 (1981), S. 571–594; dies., Rechtstexte in der oralen Rechtskultur des frühen Mittelalters, in: Mittelalterforschung nach der Wende 1989, hg. von Michael Borgolte (HZ Beiheft 20), München 1995, S. 319–348; Gerhard Dilcher, Normen zwischen Oralität und Schriftkultur. Studien zum mittelalterlichen Rechtsbegriff und zum langobardischen Recht, Köln/Weimar/Wien 2008; dazu kritische Auseinandersetzung bei Martin Pilch, Der Rahmen der Rechtsgewohnheiten, Wien/Köln/Weimar 2009, besonders S. 291–312 und die Rezension von Gerhard Dilcher, Zu Rechtsgewohnheiten und Oralität, Normen und Ritual, Ordnungen und Gewalt, in: ZHF 38 (2011), S. 65–79. Ein Überblick zur Forschungslage bei Hans-Werner Goetz, Moderne Mediäv-

nung erst eingefangen wurde, ist gerade auch für das langobardische Recht angenommen worden[87]. Unterstellt man das für die bayerischen Verhältnisse, so hätten die frühen Bajuvaren auffälligerweise wie gedruckt gesprochen. Zur Bezeichnung singender Waldvögel an den Höfen des Adels fanden sie die Worte: *De his avibus quae de silvaticis per documenta humana domesticentur industria et per curtes nobilium mansuescunt volitare atque cantare* [...][88]. Sollte man so oder entsprechend auf Bayerisch vor einer Übersetzung gesprochen haben? Wie sollen darüber hinaus die sehr umfangreichen Vorlagen so textgenau in einer oralen Rechtskultur bewahrt worden sein? Die Langobarden müssten unter anderem das ›Authenticum‹ der justinianischen Novellen brav im Kopf gehabt haben[89], wie die Bayern den ›Codex Euricianus‹ und vieles mehr[90]. Es bleibt bei der Einsicht, dass die erhaltenen Legestexte durch unterschiedlich intensive Redaktionsvorgänge, die einer Schriftkultur verpflichtet sind, geformt wurden. Die Entstehungsumstände einer Norm, ein eventuell vorausgegangener konsensualer Akt der Willensbildung oder eines Kompromisses, sind dahinter kaum wahrnehmbar. Das schließt selbstverständlich nicht aus, dass in Rechtstexten geübte Praxis durchscheinen kann. So erfahren wir von der sonst nicht mehr belegten römischen *stipulatio* aus einem Protokollformular, dass ein langobardischer Verkäufer sich mit dem Frage-Antwort-Schema *spondes ita? – spondeo* verpflichtete[91]. Und das bekannte Rottachgau-Fragment lässt ahnen, wie sich in langer Praxis Teile des spätantiken Kaufformulars zu unverstandenen mittelalterlichen Formeln entwickelten[92].

Trotz der angedeuteten Schwierigkeiten wäre zu erwarten, dass die Ebene des bayerischen Rechtslebens über die ›Lex Baiuvariorum‹ erreicht werden könnte dank der zahl-

istik, Darmstadt 1999, 2. Teil, V, 2 Schriftlichkeit, Mündlichkeit, Zeichenhaftigkeit: Kommunikation im Mittelalter (unter Mitwirkung von Markus SPÄTH und Elke PETTER), S. 339–365.

87) DILCHER, Normen (wie Anm. 86).

88) L. Bai. XXI, 6 (wie Anm. 9), S. 466 f.

89) Edictus Rothari (wie Anm. 31), Prolog, S. 1 f. Vgl. dazu: Authenticum 1, Nov. VII, praefatio, hg. von Gustav Ernst HEIMBACH, Leipzig 1846, S. 67.

90) Siehe oben Anm. 43–49.

91) Cartularium, No. 17, hg. von Alfred BORETIUS, Liber legis Langobardorum Papiensis, Additio tertia (MGH LL 4), Hannover 1868, S. 600. Harald SIEMS, Zum Weiterwirken römischen Rechts in der kulturellen Vielfalt des Frühmittelalters, in: DILCHER/DISTLER, Leges (wie Anm. 9), S. 231–255.

92) Die Traditionen des Hochstifts Passau, Nr. 1, hg. von Max HEUWIESER, München 1930 (ND 1988), S. 1 f. Heinrich FICHTENAU, Das Urkundenwesen in Österreich vom 8. bis zum 13. Jahrhundert, Wien/Köln/Graz 1971, S. 12–14; Peter ERHART und Julia KLEINDINST, Urkundenlandschaft Rätien (Abh. Wien, Denkschriften 319), Wien 2004, S. 36–48; Franz-Reiner ERKENS, *Actum in vico fonaluae die consule.* Das Rottachgau-Fragment und die romanische Kontinuität am Unterlauf des Inns, in: Nomen et Fraternitas. Festschrift für Dieter Geuenich zum 65. Geburtstag, hg. von Uwe LUDWIG und Thomas SCHILP, Berlin 2008, S. 491–509; Herwig WOLFRAM, Die bayerische Carta als diplomatisch-historische Quelle, in: Die Privaturkunden der Karolingerzeit, hg. von Peter ERHART, Karl HEIDECKER und Bernhard ZELLER, Dietikon/Zürich 2009, S. 145–160.

reichen volkssprachlichen Glossen[93]. In allen Teilen der Lex, sogar in den ersten Titeln, dem sogenannten merowingischen Königsgesetz, wie auch in den Beschlüssen von Neuching gibt es Erläuterungen in der Art: *quod Baiuvari* [...] *dicunt* oder *vocant*[94]. Daneben stehen Fassungen mit *dicimus* und *vocamus*[95]. Der Wechsel in der Aussageform, sogar innerhalb einer Regelung[96], verbietet Rückschlüsse auf Standort oder Herkunft des Normgebers[97]. Auch macht es die Annahme, orale bayerische Rechtkultur greifen zu können, schwierig, wenn die erklärenden Wörter fränkisch[98] sind oder aus westgotischer Vorlage übernommen wurden[99].

Zu den Entstehungsumständen der Normen und der Frage nach einem erforderlichen Konsens bietet die Diktion der Lex kaum Aussagekräftiges. Als Selbstbezeichnung findet sich häufig *lex*, bis hin zum *liber legis*[100]. Nur vereinzelt erscheinen *edictum*[101], *decretum*[102] und sogar *pactum*[103]. Kategoriales wird sich der jeweiligen Wortwahl nicht so leicht entnehmen lassen. Wenn der *iudex* einmal nach dem *liber legis* urteilen soll und ein

93) Dietrich von KRALIK, Die deutschen Bestandteile der Lex Baiuvariorum I–III, in: NA 38 (1913), S. 13–55, 401–449, 580–624; Georg BAESECKE, Die deutschen Worte der germanischen Gesetze, in: Beiträge zur Geschichte der deutschen Sprache und Literatur 59 (1935), S. 1–101, besonders S. 6–25; Heinrich TIEFENBACH, *Quod Paiuuarii dicunt* – Das altbairische Wortmaterial der Lex Baiuuariorum, in: Die bairische Sprache. Studien zu ihrer Geographie, Grammatik, Lexik und Pragmatik. Festschrift für Ludwig Zehetner, hg. von Albrecht GREULE, Rupert HOCHHOLZER und Alfred WILDFEUER, Regensburg 2004, S. 263–290; Wolfgang HAUBRICHS, Baiern, Romanen und andere. Sprachen, Namen, Gruppen südlich der Donau und in den östlichen Alpen während des frühen Mittelalters, in: Zs. für bayerische Landesgeschichte 69 (2006), S. 395–465, besonders S. 401 ff.

94) L. Bai. IV, 6 (wie Anm. 9), S. 319: [...] *quod hrevavunt dicunt* [...]; L. Bai. VI, 5, S. 343 f.: *quod hrevavunt vocant* [...]; L. Bai. II, 3, S. 194: [...] *quod Baiuuarii carmulum dicunt* [...].

95) L. Bai. XIV, 4 (wie Anm. 9), S. 414: *quod nos auursam vocamus*; L. Bai. XIV, 11, S. 417: [...] *quod marach dicimus.*

96) L. Bai. XIV, 12 (wie Anm. 9), S. 417 f.: *Si mediocris fuerit, quod wilz vocant, cum medio solido conponat. Et si deterior fuerit quod angargnago dicimus, qui in hoste utilis non est, cum tremisse conponat,* – Concilium Neuchingense c. 5 (wie Anm. 6), S. 100: *Qui supra predicte pugne, quod chamfwich diximus, peracto iudicio se simile vindictae erigere contra querentem presumpserit, sacramentum, quod ahtheid dicunt, iuret in ecclesia cum tribus nominatis sacramentalibus.*

97) Von »*uuehadinc*« heißt es in L. Bai. XII, 8 (wie Anm. 9), S. 403: [...] *tunc spondeat invicem uuehadinc, quod dicimus* [...] und in Concilium Neuchingense c. 4 (wie Anm. 6), S. 100: *De pugna duorum, quo wehadinc vocatur* [...].

98) Concilium Neuchingense c. 8 (wie Anm. 6), S. 101: [...] *iudicia, quae Baiwarii urteila dicunt.* TIEFENBACH, Quod Paiuuarii dicunt (wie Anm. 93), S. 271 erkennt in »Urteil einen sicheren Einwanderer der fränkischen Rechtssprache.«

99) L. Bai. XII, 4 (wie Anm. 9), S. 400: [...] *in arboribus notas quas decoreas vocant convenit observare* [...].

100) L. Bai. II, 14 (wie Anm. 9), S. 308.

101) L. Bai. I, 10 (wie Anm. 9), S. 281; II, 16, S. 309; III, 1, S. 314.

102) L. Bai. Kurzer Prolog (wie Anm. 9), S. 267; II, 8a, S. 302.

103) L. Bai. XVII, 5 (wie Anm. 9), S. 451: *Sed hic discordant nostri iudices de pacto*[...].

anderes Mal *secundum hoc edictum*, so war anscheinend beide Male dasselbe gemeint[104]. Entsprechend lag im Falle eines [...] *ferre sententiam contra legum nostrarum statuta* [...] ein Fehlurteil vor, das den *iudex* ersatz- und bußpflichtig machte. – *Hoc decretum est* im kurzen Prolog klingt nach einer Rechtsetzung von König, Fürsten und Volk für das Frankenreich[105] und zu dieser Ebene passt das *decretum regis*, dem der Herzog zu folgen hat[106]. Dem stehen innerbayerische Wirkungszusammenhänge gegenüber bei jenen Beschlüssen der von Tassilo dominierten Neuchinger Synode, die dann der ›Lex Baiuvariorum‹ eingefügt wurden mit den Worten *Hoc est decretum*[107]. Zu den Spezifika unterschiedlicher Entstehungsbedingungen führen die Ausdrucksvarianten nicht.

Die einzelnen Regelungen in der Lex sprechen zumeist in feststellender Art den Rechtszustand aus, ohne anzudeuten, wann, durch wen und mit welcher Zielsetzung sie entstanden. Eine Ausnahme bildet die über sieben Generationen zu zahlende Abtreibungsbuße, für die auf eine Entschließung der *antecessores nostri* [...] *et iudices*[108] verwiesen wird. Doch geht es nach dem Kontext nicht um die Protokollierung eines Gesetzesbeschlusses, sondern um die Vermittlung einer aus christlicher Lehre entwickelten Norm. Grundsätzlich einschlägige Worte wie *iubere*[109], *consentire*[110], *consensus*[111], *concedere*[112] und *constituere*[113] werden einige Male verwandt, doch fehlt jeweils ein Bezug zur Normgebung. *Placuit*[114] und *convenit*[115] erscheinen nur einmal und ohne Aussage-

104) L. Bai. III, 14 (wie Anm. 9), S. 308: *Comes vero secum habeat iudicem qui sibi constitutus est iudicare, et librum legis, ut semper rectum iudicium iudicent.* L. Bai. II, 16 (wie Anm. 9), S. 309: *Iudex autem talis ordinetur qui veritatem secundum hoc edictum iudicet.* Siehe auch L. Bai. II, 17, S. 310 f.

105) L. Bai. Kurzer Prolog (wie Anm. 9), S. 267: *Hoc decretum est apud regem et principes eius et apud cunctum populum christianum, qui infra regnum meruuungorum consistunt.*

106) L. Bai. II, 8a (wie Anm. 9), S. 302: *decretum regis* dürfte *iussio regis* in L. Bai. II, 9, S. 303 entsprechen.

107) L. Bai. XI, 5–7 in der Ingolstädter Handschrift, hg. von Konrad BEYERLE (wie Anm. 9), S. 124. Die Formulierung: *Hoc est decretum* könnte durch die Eingangsworte der Beschlüsse von Neuching: *Haec sunt decreta, quae constituit sancta synodus in loco* [...], die ebenfalls schon in Dingolfing verwandt wurden, angeregt sein. Concilium Neuchingense (wie Anm. 6), S. 99, Concilium Dingolfingense (wie Anm. 6), S. 93.

108) L. Bai. VIII, 20. 21 (wie Anm. 9), S. 363 f.: c. 20: *De compositione avorsi perpetrati. Si avorsum fecerit, inprimis XII sold̄ cogatur exsolvere. Deinde ipse et posteri sui per singulos annos, id est autumnus, singulum solidum solvant usque in septimam propinquitatem de parte in filios. Et si neglectum unius anni fecerint, tunc iterum XII sold̄ solvere cogantur et deinceps ordine prefato, donec series rationabilis impleatur.*

c. 21: *[De diuturna dolore parentum.] Propterea diuturnam iudicaverunt antecessores nostri conpositionem et iudices, postquam religio christianitatis inolevit in mundo, quia diuturnam, postquam incarnationem suscepit anima, quamvis ad nativitatis lucem minime pervenisset, patitur poenam, quia sine sacramento regenerationis avortivo modo tradita est ad inferos.*

109) L. Bai. I, 6; VIII, 18; IX, 5; XIII, 2 (wie Anm. 9), S. 276, 362, 372, 407.

110) L. Bai. IX, 5. 16; XVIII, 3 (wie Anm. 9), S. 372, 379, 450.

111) L. Bai. I, 10; VIII, 8; XII, 5; XVIII, 2 (wie Anm. 9), S. 283, 357, 401, 453.

112) L. Bai. I, 7.12; II, 4; III, 1; IV, 32 (wie Anm. 9), S. 277, 285, 296, 313, 337.

113) L. Bai. I, 10; II, 14.16; III (wie Anm. 9), S. 281, 308, 310, 313.

114) L. Bai. XVI, 10 (wie Anm. 9), S. 438.

kraft. Vereinzelt gibt es Befehle wie zum Beispiel zur Höhe von Wundbußen: *Sic enim debes iudicare et sic componere*[116]. Diese Anordnung lässt sich kaum mit der Vorstellung verbinden, die Bußenkataloge der *leges* seien Kompromissangebote, auf die sich streitende Parteien ohne Prestigeverlust einlassen konnten. Zwischen übernommenen Prozessmaximen aus dem westgotischen Recht wird der Geltungswille für alle Zeiten eindeutig gemacht: *Hoc autem volumus inter Baiuvarios in perpetuum custodire* [...][117]. Demgegenüber wirken Wendungen mit [...] *censemus* [...][118] oder [...] *ut favi* [...][119] erzählerisch. Mitunter gefällt sich der Redaktor darin zu dozieren: *Scimus illum crimine esse obnoxium, qui alienam sponsam rapit; quanto magis, ille obnoxius est crimine qui Christi usurpavit sponsam*[120]. Die Redeweise mag durch die häufigen Begründungen in den Normen der ›Lex Baiuvariorum‹ angestoßen sein. Selbstversunken widerfährt die Gedankenlosigkeit, dass ein Themenwechsel wie in einem akademischen Traktat umständlich begründet und sogar als eigene Norm aufgezeichnet wird: *Modo quia de domorum incensione sermo perfinitur, censemus incongruum non esse, ut de dissipatione domus aedificiorum conpositione edisseremus*[121]. Die schwankenden Ausdruckweisen lassen sich kaum generalisieren als gezielte Festlegung unterschiedlicher Normtypen mit wechselndem Durchsetzungsanspruch. Dazu bleiben die Aussagen schon viel zu vereinzelt. Näher liegt die Annahme, es handele sich um stilistische Varianten, die sich bei mehreren Redaktoren und Arbeitsgängen leicht ergeben. Eine abschließende auch sprachliche Vereinheitlichung hat nicht stattgefunden und ist anscheinend nicht als Aufgabe verstanden worden.

Zum Selbstverständnis der Redaktoren führen kritische Äußerungen zur Rechtslage. In der Frage, ob jemand, der Zeugen beibringt, schwören muss, dass diese Zeugen keine Lügner sind, gab es unterschiedliche Ansichten. Die Lex stellt lediglich fest: *Sed hic discordant nostri iudices de pacto* [...][122]. Das Problem dürfte schon damals akut entschei-

115) L. Bai. XII, 4 (wie Anm. 9), S. 400.

116) L. Bai. IV, 11 (wie Anm. 9), S. 324. Am Ende eines Umrechungsschlüssels für Bußerhöhungen kommt der Anordnung allgemeine Bedeutung zu.

117) L. Bai. IX, 19 (wie Anm. 9), S. 380 f.: *Ut sacramenta non cito fiant; iudex causam suam bene cognoscat et prius veraciter inquirat, ut eum veritas latere non possit nec facile ad sacramenta veniatur.*

Hoc autem volumus inter Baiuuarios in perpetuum custodire, ut causa investigata et veraciter inventa apud iudicem sit iudicata; nulli liceat iurare, sed sicut iudicatum est, cogatur exsolvi.

In his vero causis sacramenta prestentur in quibus nullam probationem discussio iudicantis invenerit.

118) L. Bai. XII, 4 (wie Anm. 9), S. 469: *De favis vero tremisse et simile restituendi censemus* [...].

119) L. Bai. XXII, 5 (wie Anm. 9), S. 470: *Si malum vel pirum vel cetera huiusmodi, pari sententia ut favi perseveret.*

120) L. Bai. I, 11 (wie Anm. 9), S. 284: *De sanctimonialibus vel Deo dicatis.*

121) L. Bai. X, 5 (wie Anm. 9), S. 388.

122) L. Bai. XVIII, 5 (wie Anm. 9), S. 451: *Ubi discordant iudices. Sed hic discordant nostri iudices de pacto, quod ipse testem adducit iurare debeat quod mendacem testem non praeferet nec de illius testificatione sacramenti se abstinere debeat.*

dungsbedürftig gewesen sein, da die Glaubwürdigkeit von Zeugen in nahezu jedem Verfahren relevant werden kann. Umso mehr überrascht, dass keine Lösung geboten wird, obwohl das Problem eigens thematisiert wurde. Eine Entscheidung für oder gegen Eidespflicht hätte sich finden lassen. Fehlte es am Konsens der *iudices* oder hielt man sich zu einer Lückenfüllung nicht berechtigt?

Ähnliches ergibt sich für den undurchschaubaren Brauch der Totenbretter[123]. Bei der Bestattung wurde ein Brett auf den Leichnam gelegt, auf das der *dominus cadaveris* als Erster Erde warf, damit die anderen bei der Bestattung nicht schuldig würden. Die Lex lehnt das ab: *omnia a falsis iudicibus fuerat aestimatum, non in verae legis veritate repertum*[124]. Die Bezugnahme auf die Bibel[125] legt nahe, dass man meinte, es läge ein heidnisch-abergläubisches Ritual vor. Trotzdem erfolgt weiter nichts. Der Brauch wird nicht einmal untersagt, lediglich eine Missbilligung wird ausgedrückt. Der erstaunliche Befund relativiert sich angesichts des Verhaltens der Synode von Neuching gegenüber angeblich heidnisch-teuflischen Praktiken. Beim Diebstahl mithilfe von *machinis diabolicis*[126], beim Zweikampf mit *carminibus vel machinis diabolicis vel magicis artibus*[127] oder beim *stapsaken: in quibus verbis ex vetusta consuetudine paganorum idolatria reperimus*[128] werden die heidnisch-abergläubischen Verhaltensweisen zwar gerügt, aber nicht zusätzlich bestraft.

Eine weitere Kritik an der Lex erscheint im Falle, dass jemand aus dem Wald eines anderen Vögel wegnimmt. Es war ein Eid über die Wiedergutmachung vorgesehen. Das wurde zwar abgelehnt, aber als unabänderlich hingenommen: […] *restitutionis sacra-*

123) Wilfried HARTMANN, Bestattungen und Bestattungsrituale nach dem kirchlichen und weltlichen Recht des frühen Mittelalters, in: Erinnerungskultur im Bestattungsritual, hg. von Jörg JARNUT und Matthias WEMHOFF (MittelalterStudien 3), München 2003, S. 127–143, hier S. 142.

124) L. Bai. XIX, 8 (wie Anm. 9), S. 458: *Quia aliquotiens conspicimus, cum cadaver humo inmissus fuerit et lignum insuper positum cunctis adstantibus ut requiratur dominus cadaveris, ut primus terram, super eiciat, et si liber similiter filium aut fratrem, ne rei sint ceteri humatores: quod omnia a falsis iudicibus fuerat aestimatum, non in verae legis veritate repertum.*

125) L. Bai. XV, 9 (wie Anm. 9), S. 428 wird aus der Bibel (Gal. 4,30) zitiert mit den Worten *in vetere lege scriptum est.*

126) Concilium Neuchingense c. 2 (wie Anm. 6), S. 100: *Ut nullus furtivam rem, tam in equis et quadrupedibus quam in reliqua subpellectilia, extra finem Baiuvariorum venundare vel machinis diabolicis exterminandi insidiis tegi; ut si quis hoc presumpserit, XL solidos conponat in publicum.*

127) Concilium Neuchingense c. 4 (wie Anm. 6), S. 100: *De pugna duorum, quod wehadinc vocatur, ut prius non sortiantur, quam parati sint, ne forte carminibus vel machinis diabolicis vel magicis artibus insidiantur.*

128) Concilium Neuchingense c. 6 (wie Anm. 6), S. 100 f.: *Deo eo, quod Bawarii stapsaken dicunt, in quibus verbis ex vetusta consuetudine paganorum idolatria reperimus, ut deinceps non aliter nisi, ut dicat qui querit debitum: ›Hec mihi iniuste abstulisti, quae reddere debes et cum tot solidis componere‹. Reus vero contra dicat: ›Nec hoc abstuli nec componere debeo‹. Iterata voce requisito debito dicat: ›Extendamus dexteras nostras ad iustum iudicium Dei‹. Et tunc manus dexteras utrique ad caelum extendant.*

mentum iniustum putamus, quamvis minima est querella, cum VI sacramentalibus iurare lex conpellit[129].

Die drei kritischen Äußerungen sind Teil der ›Lex Baiuvariorum‹ und werden von deren Geltungsanspruch erfasst. Dem zur Anwendung des *liber legum* verpflichteten *iudex*[130] teilt man die Probleme zwar mit, lässt ihn dann aber damit allein. Die Kritik findet einen ergänzungsbedürftigen *pactus*, einen unchristlichen Bestattungsbrauch und eine ungerechte *lex* vor. Erwägungen, hier Spuren einer früheren Textstufe, eines »*Pactus Baiuvariorum*«, zu finden, haben sich nicht bekräftigen lassen[131]. Dennoch bleibt eine Bindung der Redaktoren an dieses vorgefundene Recht. Selbst wenn sie sich einig sind in der Ungerechtigkeit einer Norm, *iniustum putamus*, fühlen sie sich gebunden. Der Konsens reicht ihnen nicht, um sich über ungerechtes Recht durch Änderung hinwegzusetzen.

Die insgesamt sehr wenigen Hinweise der ›Lex Baiuvariorum‹, die auf Entstehungsumstände hinzudeuten scheinen, erlauben es nicht, aus zufälliger Wortwahl wie *pactus*, *convenit*, *volumus* oder *quod dicunt/vocamus* Grundsätzliches über Entstehung und Ingeltungsetzung zu schließen. Für diese Fragen erlangen die beiden Prologe der Lex Bedeutung.

Der längere Prolog[132] beginnt mit einer Aufzählung früherer Gesetzgeber von Moses bis Theodosius II., darauf folgen abstrakte Erläuterungen zu den Kategorien: *lex*, *con-*

129) L. Bai. XXII, 11 (wie Anm. 9), S. 473: *Pari modo de avibus sententia subiacetur, ut nullus de alterius silva, quamvis prius inveniat, aves tollere praesumat, nisi eius commarcans fuerit quem calasneo dicimus. Et si aliter praesumpserit, semper restitutionis sacramentum iniustum putamus, quamvis minima est querella, cum VI sacramentalibus iurare lex conpellit.*

130) Siehe oben Anm. 104.

131) Brunner, Deutsche Rechtsgeschichte (wie Anm. 9), S. 459.

132) L. Bai. Prologus (wie Anm. 9), S. 198–203. Zur leichteren Orientierung wird der ungegliederte Prolog hier in drei Abschnitte unterteilt: (a) Aufzählung früherer Gesetzgeber; (b) Definitionen und Prinzipien zur Rechtsaufzeichnung; (c) Bericht über die Gesetzgebung der fränkischen Könige.

De legibus. (a) *Moyses gentis Hebraea primus omnium divinas leges sacris litteris explicavit. Foroneus rex Grecis primus leges iudiciaque constituit. Mercurius Trimegistus primus leges Aegyptiis tradidit. Solon primus leges Atheniensibus dedit. Ligurgus primus Lacedemoniis iura ex Apollinis auctoritate confinxit. Numa Pompilius qui Romulo successit in regno, primus leges Romanis edidit. Deinde cum populus seditiosos magistratus ferre non possit, decimviros legibus scribendis creavit qui leges ex libris Solonis in latinum sermonem translatas duodecum tabulis exposuerunt. Fuerunt autem hii: Appius Claudius, Genutius, Veterius, Iulius, Manilius, Sulpicius, Sectius, Curatius, Romelius, Postumius. Hi decum viri legum conscribendarum electi sunt. Leges autem redigere in libris primus consul Pompeius instituere voluit, sed non perseveravit obtrectatorum metu. Deinde Caesar coepit id facere, sed ante interfectus est. Paulatim autem antiquiae leges vetustate atque incuria exoluerunt, quarum etsi nullus iam usus est, noticia tamen necessaria videtur. Novae a Constantino coeperunt caesare et reliquis succedentibus erantque permixtae et inordinatae. Postea Theudosius minor augustus ad similitudinem Gregoriani et Hermogeniani codicem factum constitutionem a Constantini temporibus, sub proprio cuiusque imperatoris titulo disposuit, quem a suo nomine Theodosianum vocavit.*

suetudo, mos. Diese Teile sind wörtliche Übernahmen aus Isidors ›Etymologiae‹[133]. Daran schließt sich der umstrittene Bericht über die Gesetzgebung der fränkischen Könige für die Stämme der Franken, Alemannen und Bayern an. Theuderichus (Theuderich I., 511–533?) habe in den alten Rechten erfahrene *sapientes* unter seiner Anleitung (*ipso dictante*) die *leges* dieser Stämme aufzeichnen lassen. Childebert und Chlothar hätten danach verbliebene heidnische Relikte ausgeschieden. Schließlich hätte Dagobert (Dagobert I., 623–638?) durch eine Gesetzeskommission gebessert und jedem Stamm seine *lex scripta* übergeben. Dieser Bericht entspricht bezüglich der Entstehung der Stufentheorie und wurde deshalb von der Einheitstheorie als »Lügengespinst« abgetan[134]. Konrad BEYERLE sieht den Prolog als eine Legende mit gesetzespolitischer Zweckrichtung. Für ihn ist die ›Lex Baiuvariorum‹ ein »von kirchlichen Kräften in Bayern« und in kirchlichem Interesse »geschaffenes Rechtsbuch, das sich selbst durch Prolog und Textgestalt mit der Autorität eines fränkischen Königsgesetzes umgibt«[135].

Zum Nachweis der Wertlosigkeit des Prologs als Geschichtsquelle für das 7. Jahrhundert wurde kürzlich das Mitglied der Gesetzeskommission Dagoberts namens Magnus mit Magnus von Narbonne aus der Mitte des 5. Jahrhunderts (!) identifiziert[136]. Magnus von Narbonne soll angeblich »hervorragende Rechtskenntnisse« besessen haben und »juristischer Assessor am Hofe des westgotischen Königs Theuderich II. um 460« gewesen sein. Sodann wird vorausgesetzt (was es zu beweisen galt), dass man in Bayern davon Kenntnis erlangte und deshalb den Namen Magnus mit einem rechtskundigen Berater

(b) *Deinde unaquaque gens propriam sibi ex consuetudine elegit legem. Longa enim consuetudo pro lege habetur. Lex est constitutio scripta. Mos est vetustate probata consuetudo, sive lex non scripta. Nam lex a legendo vocata, quia scripta est. Mos est autem longa consuetudo de moribus tracta tantundem. Consuetudo autem est ius quoddam moribus institutum, quod pro lege suscipitur. Lex erit omne quod iam ratione constiterit, quod disciplinae conveniet, quod saluti proficiat. Vocata autem consuetudo, quia in communi est usu.*

(c) *Theuderichus rex Francorum, cum esset Catalaunis, elegit viros sapientes qui in regno suo legibus antiquis eruditi erant. Ipso autem dictante iussit conscribere legem Francorum et Alamannorum et Baioariorum unicuique genti quae in eius potestate erat, secundum consuetudinem suam, addidit quae addenda erant et inprovisa et inconposita resecavit. Et quae erant secundum consuetudinem paganorum mutavit secundum legem christianorum. Et quicquid Theuderichus rex propter vetustissimam paganorum consuetudinem emendare non potuit, post haec Hildibertus rex inchoavit, sed Chlotarius rex perfecit. Haec omnia Dagobertus rex gloriosissimus per viros inlustros Claudio, Chadoindo, Magno et Agilulfo renovavit et omnia vetera legum in melius transtulit et unicuique genti scriptam tradidit, quae usque hodie perseverant.*

Factae sunt autem leges, ut earum metu humana coerceretur audacia, tutaque sit inter inprobos innocentia et in ipsis inprobis formidato supplicio refrenetur nocendi facultas. [*Explicit prologus*].

133) Isidor, Etymologiae (wie Anm. 35), V, 1, 1–7; V, 3, 2–4; V, 22. Siehe auch II, 10, 2–5. – Ph. STELLA MARANCA, Iurisprudentiae romanae reliquas quae Isidori Hispalensis episcopi etymologiarum libris continetur, 1927, S. 5, 7–10, 13, 18.

134) KRUSCH, Lex Bajuvariorum (wie Anm. 9), S. 260.

135) Konrad BEYERLE, Lex Baiuvariorum (wie Anm. 9), S. LXIVf.

136) LANDAU, Lex Baiuvariorum (wie Anm. 9), S. 41 f. – ohne Quellen nur auf G. VISMARA gestützt (s. Anm. 137).

germanischer Könige assoziierte. Da zwischen König Dagobert I. und Magnus von Narbonne 200 Jahre liegen, wird die historische Existenz der Gesetzeskommission ausgeschlossen. – Die Erwägungen greifen die Theorie auf, nach der das ›Edictum Theoderici‹ nicht vom Ostgotenkönig Theoderich dem Großen, sondern vom westgotischen König Theuderich II. geschaffen wurde, dem man Magnus von Narbonne als Gehilfen und »juristischen Assessor« andichtete[137]. Magnus von Narbonne war unter Maiorian *praefectus praetorio Galliarum* 458–459 und Konsul 460. Er ist aber weder durch »hervorragende

137) Ursprünglich hat Franz Beyerle, Zur Frühgeschichte der westgotischen Gesetzgebung. Volksrechtliche Studien IV, in: ZRG Germ. 67 (1950), S. 1–33, hier S. 4 ff., 13 f. Magnus von Narbonne mit der Entstehung der ungewissen ›Leges Theudericianae‹ in Verbindung gebracht und ihn – ohne Quellenbeleg – »am westgotischen Hofe« tätig werden lassen. Gestützt darauf macht Alvaro d'Ors, Estudios Visigoticos 2, El Codigo de Eurico, Roma/Madrid 1960, S. 8, 202 Anm. 652 Magnus zum »asesor iurídico« und Urheber des ›Edictum Theoderici‹ und stellt fest: »Magnus va a la corte visigótica como asesor iurídico (entre 457 y 460, en que Magnus aciende al consulado) y *dictat iura Getis* (Sidonio Apollinar, carm. 5, 562 s.; [...])«. Giulio Vismara, Edictum Theoderici, in: Ders., Scritti di storia giuridicha 1, Mailand 1987, S. 1–338, hier S. 44 f. weist das ›Edictum Theoderici‹ dem Westgotenkönig Theuderich II. zu unter Mitwirkung von Magnus, wofür er sich auf A. d'Ors beruft, ebd. Anm. 146: »Magno di Narbona era in stretti raporti con Teoderico II; fu assessore giuridico alla corte visigota tra il 457 e il 460«. – Die in Bezug genommene Stelle, der Panegyrikus auf Maiorian vom Ende des Jahres 458, Sidonius Apollinaris, Carmen V, Z. 562 f.: *Qui dictat modo iura Getis, sub iudice vestro / pellitus rauum praeconem suspicit hospes*, hg. von André Loyen, Sidoine Appolinaire, 1. Bd. poèmes, Paris 1960, S. 49 hat, wie bei Sidonius häufig, unterschiedliche Deutung erfahren. Vgl. Franz Beyerle, a.a.O. S. 4; Vismara, a.a.O., S. 45; Loyen, a.a.O., S. 48; Sidonius, Poems and Letters, hg. von W. B. Anderson, 1. Bd., London 1936, S. 109 ff.; Amira/Eckhardt, Germanisches Recht (wie Anm. 21), S. 20 f.; Alfonso Garcia-Gallo, Consideracion critica de los estudios sobre la legislacion y la costumbre visigodas, in: Anuario de historia del derecho español 44 (1974), S. 343–464, hier S. 360 f.; Frank-Michael Kaufmann, Studien zu Sidonius Apollinaris, Frankfurt am Main 1995, S. 122 Anm. 312, S. 218 Anm. 331; Luisa Pellicari, Sulla natura giuridica dei rapporti tra visigoti e impero romano al tempo delle invasione del v° secolo, Mailand 1982, S. 23 mit Anm. 7; Marie-Bernadette Bruguière, Littérature et droit dans la Gaule du ve siècle, Paris 1974, S. 215 f.; Ralph W. Mathisen, Resistance and Reconciliation: Majorian and the Gallic Aristocracy after the Fall of Avitus, in: Francia 7 (1979), S. 597–627; Jill Harries, Sidonius Apollinaris and the Fall of Rome AD 407–485, Oxford 1994, S. 88 f.; Sean D. W. Lafferty, The Edictum Theoderici: A Study of a Roman Legal Document from Ostrogothic Italy, Diss. phil. Toronto 2012, S. 25. – Abgewogene Zurückhaltung bei: Peter Classen, Kaiserrecht und Königsurkunde, 1977, S. 110 f. mit Anm. 2, der, wie frühere Meinungen, [...] *dictat modo iura Getis* [...] auf Friedensverhandlungen für Maiorian mit den Westgoten bezieht und auf das Missverhältnis von weitreichenden Hypothesen und fehlenden Belegen einer Tätigkeit des Magnus für die Westgoten nach Maiorians Tod 461 aufmerksam macht. – Zur Darstellung von Juristen bei Sidonius: Detlef Liebs, Die Juristenwelt bei Sidonius Apollinaris. Römische Juristen 420 bis 500 n. Chr. im südlichen Gallien, in: Mélanges de droit romain et d'histoire ancienne: hommage à la mémoire de André Magdelain, hg. von Michel Humbert, Paris 1998, S. 259–273. Nachträglich ist hinzuweisen auf: Detlef Liebs, Magnus von Narbonne, in: Liber amicorum, Ch. Krampe zum 70. Geburtstag, hg. von Matthias Armgardt u.a., Berlin 2013, S. 239–249.

Rechtskenntnisse« noch als »juristischer Assessor« in den Quellen nachweisbar[138] und die These vom gallischen Ursprung des ›Edictum Theoderici‹ hat sich gegen fundierte Kritik nicht durchgesetzt[139]. Angesichts der weitreichenden Schlussfolgerungen für die Bewertung der ›Lex Baiuvariorum‹ wäre eine Erklärung erforderlich gewesen, warum ein als Zeitgenosse König Dagoberts I. belegter, wenn auch nicht näher fassbarer *Magnus episcopus ecclesiae*[140] als Mitglied der Gesetzeskommission auszuschließen ist, bevor ein 200 Jahre vor der fraglichen Zeit lebender *praefectus praetorio* und Konsul als angeblicher juristischer Assessor am westgotischen Hofe ernstlich zur Diskussion gestellt wird, nur um aufgrund dieses selbstgeschaffenen Widersinns die Wertlosigkeit des langen Prologs zu behaupten.

Letztlich bedarf die Historizität des Prologs hier keiner Entscheidung, da auch die Fälschungsverdächtigungen davon ausgehen, es werde präsentiert, was man als Entstehung des eigenen Rechtes suggerieren wollte. Der Prolog gibt also entweder einen historischen Bericht oder aus damaliger Sicht eine glaubhafte Darstellung, nahezu einen Idealtypus von Entstehung und Fortentwicklung der *leges* wieder. Danach gehen alle Anstöße zur Rechtsaufzeichnung und Besserung von fränkischen Königen aus, doch übertragen sie die Aufgabe an Fachleute. Theuderich sucht *sapientes*[141] aus, Dagobert setzt

138) Sidonius Apollonaris, Epistularum liber I, 11, 10 f., hg. von André LOYEN, Sidoine Apollinaire, 2. Bd. lettres, Paris 1970, S. 38. Carmen V, Z. 558–563; Carmen XIV, 2, Z. 15; Carmen XV, Z. 150–157; Carmen XXIII, Z. 455–463; XXIV, Z. 90–95, hg. von André LOYEN, Sidoine Apollinaire, 1. Bd. poèmes, Paris 1960, S. 49, 107, 117, 161, 167. – Johannes SUNDWALL, Weströmische Studien, Berlin 1915, S. 98 f. Nr. 288; Karl Friedrich STROHEKER, Der senatorische Adel im spätantiken Gallien, Tübingen 1948 (ND 1970), S. 190 Nr. 232; John R. MARTINDALE, The Prosopography of the Later Roman Empire, 2. Bd., A.D. 395–527, Cambridge 1980, S. 700, Magnus 2; Martin HEINZELMANN, Gallische Prosopographie 260–527, in: Francia 10 (1982), S. 643, Magnus 1; siehe auch Literatur oben Anm. 137.

139) Hermann NEHLSEN, Rezension zu Giulio Vismara, Edictum Theoderici, 1967, in: ZRG Germ. 86 (1969), S. 246–260; Detlef LIEBS, Edictum Theoderici, in: HRG 1 (^{2}2008), Sp. 1184 f. (Lit.); CORTESE, Il diritto (wie Anm. 1), S. 80–86 ; Victor CRESCENZI, Per una semantica del lavoro giuridicamente rilevante in Isidoro da Siviglia, nella *Lex Romana Visigothorum*, nell'*Edictum Theoderici*, e nella Lex Visigothorum, in: Ravenna Capitale. Uno sguardo ad occidente. Romani e Goti – Isidoro di Siviglia, 2012, S. 217–277, besonders S. 219–226; LAFFERTY, The Edictum Theoderici (wie Anm. 137), S. 18–45.

140) Concilium Cabilonense a. 647–653, Unterschriftenliste, hg. von Caroli DE CLERCQ, Concilia Galliae a. 511–a. 695 (CC 148 A), Turnholti 1963, S. 309 Z. 156. – Franz BEYERLE, Die süddeutschen Leges (wie Anm. 9), S. 382 mit Anm. 3 denkt an einen Bischof von Straßburg. Dagegen Karl August ECKHARDT, Lex Ribvaria I, Göttingen 1959, S. 135 mit Anm. 31. – Einen Bischof Magnus von Avignon, a. 646–660 nennt Pius Bonifacius GAMS, Series episcoporum ecclesiae catholicae, Regensburg 1873, S. 503; siehe auch J. SAUTEL, Agricol (Saint), in: DHGE 1 (1912), Sp. 1018. Mit ihm wird der in Chalon s. S. genannte *Magnus episcopus* vorsichtig identifiziert: Odette PONTAL, Die Synoden im Merowingerreich, Paderborn 1986, S. 194 Anm. 51; LIEBS, Gallien (wie Anm. 3), S. 79; Jean GAUDEMET und Brigitte BASDEVANT, Les canons des conciles mérovingiens (VIe–VIIe siècle), tome II, Paris 1989, S. 607.

141) *Theuderichus* […] *elegit viros sapientes qui in regno suo legibus antiquis eruditi erant* […] (wie Anm. 132 (c)). Ausgewählte *electi* wirken auch bei der Aufzeichnung der Lex Salica mit, doch werden sie nicht als *sapientes* hervorgehoben. Pactus legis Salicae, Prolog (wie Anm. 48), S. 3. Nach dem Bericht Bedas

eine Kommission ein. Die Könige machen Vorgaben[142], aber sie stimmen sich mit diesen Leuten nicht ab. Adel und Volk tauchen bei der Gesetzesarbeit nicht auf. Eine inhaltliche Tätigkeit der *sapientes* oder der späteren Kommission, etwa die Bereinigung von Meinungsverschiedenheiten, wird nicht sichtbar. Trotz der Dominanz der fränkischen Könige geht es immer nur um die Aufzeichnung und Besserung der *leges* für die Stämme (*gentes*) der Franken, Alemannen und Bayern. Von der Schaffung eines fränkischen Reichsrechts ist nirgends die Rede.

Eine Legitimation für die Aufzeichnung und Besserung der *leges* mögen sich die Redaktoren des Prologs von dem mit Moses beginnenden Verzeichnis früherer Gesetzgeber versprochen haben, das sie aus Isidors ›Etymologiae‹ entnommen hatten[143]. Es ist der historische Rahmen, in den man sich selbst einordnet. Die Aufzählung gesetzgeberischer Großleistungen der Menschheitsgeschichte endet mit dem ›Codex Theodosianus‹, also in der Mitte des 5. Jahrhunderts. Damit endet auch die erste Textentnahme aus Isidor. Für die anschließende Zeit wird eine Entstehung von *leges* aus der *consuetudo* entwickelt und dabei der wesensmäßige Verbund von *gens – consuetudo – lex* angesprochen: *Denique unaquaque gens proprium sibi ex consuetudine elegit legem. Longa enim consuetudo pro lege habetur*[144]. Aus Isidors ›*Etymologiae*‹ stammen wieder die darauf folgenden klarstellenden Definitionen von *lex*, die als *lex scripta* verstanden wird, von *mos* und *cons-*

hat König Aethelberht seine *decreta* […] *cum consilio sapientium* erstellt. Bede's Ecclesiastical History of the English People II,5, hg. von Bertram Colgrave und Roger A. B. Mynors, Oxford 1969, S. 150. Die Könige Ine und Aelfred beschließen die Gesetze mit ihren Witan, was im Quadripartitus mit *consilium sapientum* übersetzt wird. Ine, Prolog und Aelfred, Einleitung 49, 9 und 10, hg. von Felix Liebermann, Die Gesetze der Angelsachsen 1, Halle 1903 (ND 1960), S. 46 f., 88 f. – Die Ergänzungen zur Lex Frisionum durch Wlemar und Saxmund wurden als *additio sapientum* bezeichnet, hg. von Basilius Johannes Herold, Originum ac Germanicarum Antiquitatum libri, Basel 1557, S. 143. Die unterschiedlichen Aussagen sind in der Admonitio generalis c. 62 auf einen Grundsatz gebracht: […] *iudici diligenter discenda est lex a sapientibus populo conposita* […], hg. von Hubert Mordek, Klaus Zechiel-Eckes und Michael Glatthaar, Die Admonitio generalis Karls des Großen (MGH Fontes iuris 16), Hannover 2012, S. 212. Ein Verständnis, dass *sapientes* die Gesetze schaffen, könnte auf die Bibel zurückgehen. In den Proverbia 8,12 ff. heißt es über die *sapientia: Ego sapientia, habito in consilio, et eruditis intersum cogitationibus.* (8,15) *Per me reges regnant et legum conditores iusta decernunt.* (8,16) *Per me principes imperant, et potentes decernunt iustitiam.*

142) L. Bai. Prolog (wie Anm. 132 (c)). Bezüglich Theuderichus heißt es: *ipso dictante iussit conscribere legum* […] Hildibertus und Chlotarius besserten alle heidnischen Gewohnheiten. Dagobert […] *per viros inlustros Claudio, Chadoindo, Magno et Agilulfo renovavit et omnia vetera legum in melius transtulit* […].

143) L. Bai. Prolog (wie Anm. 132 (a)), entnommen aus Isidor, Etymologiae (wie Anm. 35), V, 1, 1–7.

144) L. Bai. Prolog (wie Anm. 132 (b)). Beide Sentenzen haben nur hier ihre griffige Form gefunden. Die Entwicklung und Verbreitung des *longa consuetudo*-Satzes über die Breviar-Literatur wurde schon angedeutet: Siems, Handel und Wucher (wie Anm. 1), S. 453, Anm. 116. Zur frühmittelalterlichen Aufgeschlossenheit für die Thematik ist ergänzend zu nennen: Summa Perusina VIII, 5, 3: *Iusta consuetudo pro lege servetur*, hg. von Fridrico Patetta, Adnotationes Codicum Domini Iustiniani, in: Bullettino dell'istituto di diritto romano 12 (1900), S. 289; Isidor, Synonyma (wie Anm. 46), I, 45, Sp. 837: *Longa consuetudo in me jus sibi et legem fecit* […].

uetudo[145]. Dazu werden inhaltliche Maßstäbe übernommen: *Lex erit omne quod iam ratione constiterit, quod disciplinae conveniet quod saluti proficiat.* Definierende Qualitäten des Rechts sind *ratio*, *disciplina* und *salus*. Bemerkenswert ist, dass die Vorlage – also Isidor – eine weitere Voraussetzung nennt: [...] *quod religioni congruat* [...][146], doch ging dieses christliche Elementarbekenntnis bis zum Prolog der ›Lex Baiuvariorum‹ verloren.

Die Darstellung des Prologs in diesem Abschnitt zielt darauf, die Entstehung der *lex scripta* durch Aufzeichnung von *consuetudo* zu erklären. Offen bleibt zunächst, wie die *gens* durch Auswahl aus der *consuetudo* die eigene *lex* kreiert: *gens propriam sibi ex consuetudine elegit legem.* An eine Mitwirkung von jedermann wird man wohl kaum gedacht haben. Die Antwort gibt der Prolog mit dem fränkischen Gesetzgebungsbericht: *Theuderichus rex Francorum* [...] *elegit viros sapientes qui* [...] *legibus antiquis eruditi erant. Ipso autem dictante iussit conscribere legem Francorum et Alamannorum et Baiovariorum unicuique genti* [...] *secundum consuetudinem suam* [...][147]. Inhaltliche Rechtfertigung für Änderungen gibt die Beseitigung der *consuetudo paganorum* durch die *lex christianorum.* Dieses Anliegen dient dann auch zur Legitimierung der Rechtsbesserung durch die späteren Könige.

Insgesamt gelingt im langen Prolog, wenn auch mit antiken Versatzstücken, eine stimmige Darstellung der Entstehung der *leges* als Prozess der Verschriftlichung auf der Grundlage von *consuetudines.* Bestimmend war ein Zusammenwirken von wiederholten Anstößen der Könige und der Tätigkeit von Fachleuten.

Völlig abweichend gibt sich der kurze Prolog, der in den älteren Handschriften nach dem Kapitelverzeichnis vor dem 1. Titel der ›Lex Baiuvariorum‹ steht. Er lautet: *Hoc decretum est apud regem et principes eius et apud cunctum populum christianum, qui infra regnum meruuungorum consistunt*[148].

Die Nennung von König, Fürsten und eigenartigerweise des Reiches der Merowinger macht die Spitzen des fränkischen Reiches zu Urhebern. Das behauptete Zusammenwirken von König Chlothar, 33 Bischöfen, 34 Herzögen und 72 Grafen im Prolog der ›Lex Alamannorum‹ deutet in die gleiche Richtung, wenn auch keine Textparallelen bestehen[149]. Im kurzen Prolog der ›Lex Baiuvariorum‹ ist als Legitimation Konsens, breiteste Zustimmung sogar des gesamten christlichen Volkes ausgesprochen, und man wird dies

145) L. Bai. Prolog (wie Anm. 132 (b)) aus Isidor, Etymologiae (wie Anm. 35), V, 3, 2–4 entnommen.

146) Isidor, Etymologiae (wie Anm. 35), V, 3, 4: *Porro si ratione lex constat, lex erit omne iam quod ratione constiterit, dumtaxat quod religioni congruat, quod disciplinae conveniat, quod saluti proficiat. Vocata autem consuetudo, quia in communi est usu.*

147) L. Bai. Prolog (wie Anm. 132 (c)).

148) Edition v. Schwind (wie Anm. 9), S. 267; Ingolstädter Handschrift, siehe Konrad Beyerle, Lex Baiuvariorum (wie Anm. 8), S. 27; Edition Merkel (wie Anm. 9), S. 269.

149) Lex Alamannorum, Prolog, hg. von Lehmann (wie Anm. 18), S. 62: *Incipit lex Alamannorum quae temporibus Hlodharii regis una cum principibus suis, id sunt 33 episcopis et 34 ducibus et 72 comitibus vel cetero populo constituta est.* Siehe dort auch die unterschiedlichen Textfassungen.

eher auf die Ingeltungsetzung und weniger auf vorausgehende Willensbildung und Texterstellung beziehen. Dann müsste sich kein Gegensatz zum Gesetzgebungsbericht des langen Prologes ergeben, der von der Entstehung spricht. Ein erheblicher Unterschied besteht aber darin, dass der lange Prolog die *lex-gens*-Beziehung hervorhebt[150], während der kurze Prolog auf die Ebene des Reiches abstellt und damit an ein übergreifendes Recht denken lässt. H. BRUNNER hat daraus die Konsequenz gezogen und den kurzen Prolog allein für das sogenannte merowingische Königsgesetz gelten lassen[151]. – Wie auch immer, in Präsentation und Legitimation neuen Rechts beschreiten langer und kurzer Prolog unterschiedliche Wege.

Die ›Decreta Tassilonis‹ erweitern das Spektrum. Die Beschlüsse von Aschheim sind als Brief der *congregatio* an den jungen Herzog Tassilo gestaltet. Dass eine gemeinsame Beschlussfassung stattgefunden hat, ergibt sich aus der Qualität der Versammlung und das sagen Worte wie *praecipimus* (c. 1) und *convenit* (c. 11, 13). Darüber hinaus hält man es für geraten, die Beschlüsse in kirchlichen Sachen und in Ergänzung der ›Lex Baiuvariorum‹ zu rechtfertigen[152]. Früher, so sagt man, habe es genügt, die Regeln der Väter zu beachten. Aber die *diversitas temporum* schaffe eine *diversa necessitas* und fordere *diversa iura.* Es ist der bekannte Topos vom Wandel der Zeiten, der neue Konflikte bringt, die eine neue rechtliche Ordnung fordern[153]. Die Synode findet noch freundliche und ermahnende Worte für Tassilo. Man sucht seine Zustimmung für das Vorgehen und die Beschlüsse. Der Konsens unter den Teilnehmern der Synode soll darüberhinaus erstreckt werden und Tassilo einbeziehen.

150) Siehe oben im Text bei Anm. 144.

151) BRUNNER, Über ein verschollenes merowingisches Königsgesetz (wie Anm. 65), S. 941; DERS., Deutsche Rechtsgeschichte (wie Anm. 9), S. 457 mit Anm. 17.

152) Concilium Ascheimense, Praefatio (wie Anm. 6), S. 56 f.: *Sufficit enim Christianis cum normam priscorum patrum vitam deducere et eorum auctoritate passim gradibus polum scandere, tamen propter diversitate temporum diversa necessitate conponendi conpellitur; propterea sanctumque est congregatio sacerdotum indictis temporibus Deo opitulante, ut diversa iure considerentur. Nam qui hos precessores pastores et patres nostros docuit, ipse et nos docebit, sicut veritas ait: 'Sicut misit me pater, et ego mitto vos.' Misit nos qui missus erat. Ideo indesinentes Deo deferimus grates, qui te nostris temporibus constituit principem, quia si in aetate tenerulus, in sensu sanctae scripturae precessoribus tuis maturior appareris. Propterea time Deum et custodi vias eius; nam qui illum non habet placatum numquam evadit iratum.*

153) Hans-Henning KORTÜM, Necessitas temporis: Zur historischen Bedingtheit des Rechtes im frühen Mittelalter, in: ZRG Kan. 78 (1996), S. 34–55; Franck ROUMY, L'origine et la diffusion de l'adage canonique *Necessitas non habet legem* (VIIIe–XIIIe s.), in: Medieval Church Law and the Origins of the Western Legal Tradition. A Tribute to Kenneth Pennington, hg. von Wolfgang P. MÜLLER und Mary E. SOMMAR, Washington 2006, S. 301–319; Harald SIEMS, Die Entwicklung von Rechtsquellen zwischen Spätantike und Mittelalter, in: Von der Spätantike zum frühen Mittelalter. Kontinuitäten und Brüche, Konzeptionen und Befunde, hg. von Theo KÖLZER und Rudolf SCHIEFFER (VuF 70), Ostfildern 2009, S. 245–286, hier S. 267 f.

In Dingolfing, wo unter anderem das Verhältnis zum Adel behandelt wird, war der Herzog selbst anwesend. *Tassilone principe mediante* wird seine Rolle beschrieben[154]. Die *decreta* der *sancta synodus* werden durchgängig mit *constituit* festgesetzt. – Die Beschlüsse von Neuching greifen Gegenstände auf, die schon in der ›Lex Baiuvariorum‹ behandelt waren, aber veraltet erscheinen. Der Herzog wird jetzt noch deutlicher hervorgehoben. Er ist der Bestimmende: *Prenotatus princeps universo concordante collegio constituit*[155]. Trotz Dominanz will Tassilo auf die Zustimmung der Fürsten nicht verzichten. In der ›Notitia de concilio Neuchingense‹ wird berichtet, dass er ein *collegium procerum* versammelt habe[156]. *Per primatos inperitos, universa consentiente multitudine* habe er Veraltetes aus dem Gesetz entfernt. Ähnlich wie im kurzen Prolog der ›Lex Baiuvariorum‹ bezüglich eines fränkischen *decretum* wird jetzt ein Zusammenwirken von Herzog, Adel und einer unbestimmten Allgemeinheit behauptet. Ein vorgeblicher allgemeiner Konsens soll Legitimation schaffen und damit auf die Neuerungen quasi durch Selbstunterwerfung verpflichten.

Zur Frage, ob die ›Lex Baiuvariorum‹ und die ›Decreta Tassilonis‹ als Konsensgesetzgebung anzusprechen sind, fällt die Antwort folglich unterschiedlich aus. Die Diktion der Lex ist zu wenig signifikant und zu variantenreich für eine eindeutige Aussage. Der lange Prolog nutzt trotz breiter Ausführungen nirgends die Gelegenheit, Zustimmung oder Konsens auch nur anzudeuten. Ein Werben um Anerkennung, um Akzeptanz für Einzelregelungen zu schaffen, ließe sich den zahlreichen Begründungen im Text der Lex entnehmen. Dies soll gesondert angesprochen werden.

Der schwer einzuordnende kurze Prolog beschränkt sich darauf, die allgemeine Zustimmung mitzuteilen, doch bleibt der Bezugspunkt, der Inhalt des dort genannten *decretum* offen.

Die ›Decreta Tassilonis‹ sind als Synoden von deren Willensbildung getragen. Auffällig ist die Gewichtsverschiebung bezüglich des Herzogs. Ist Tassilo zunächst nur Empfänger der schriftlich mitgeteilten Beschlüsse von Aschheim, so beschließt man in Dingolfing *Tassilone* [...] *mediante.* In Neuching tritt er als *princeps* Tassilo auf, der das Ereignis nach seiner Regierungszeit datiert: [...] *in anno XXIIII. regni religiosissimi ducis*

154) Concilium Dingolfingense, Praefatio (wie Anm. 6), S. 93: *Haec sunt decreta, quae constituit sancta sinodus in loco, qui dicitur Dingolwinna, domino Tassilone principe mediante.*

155) Concilium Neuchingense c. 1 (wie Anm. 6), S. 99.

156) Notitia de concilio Neuchingensi (wie Anm. 6), S. 104: *Regnante in perpetuum domino nostro Iesu Christo in anno XXIIII. regni religiosissimi ducis Tassilonis gentis Baiuvariorum sub die consule, quod erat II. Idus Octob., indictione XIIII., divino praeflatus inspiramine, ut omne regni sui praenotatus princeps collegium procerum coadhunaret in villam publicam Niuihhingas nuncupatam, ut ibidem tam regularem moderaret in sancto habito cenobio virorum et puellarum quam episcopales moderaretur obsequias, insuper gentis suae institutiones legum per primatos inperitos, universa consentiente multitudine, quae repperit diuturna vitiata et videbantur abstrahenda evelleret, et quae decretis placuit conponenda instituerentur.* Zur Überlieferung, Edition und Quellenbewertung Reindel, Bayerische Synoden (wie Anm. 6), S. 12.

Tassilonis gentis Baiuvariorum sub die consule. Er ordnet an mit Zustimmung der Versammlung. Der gesuchte und wohl auch erwartete Konsens bedeutete nicht Gleichgewichtigkeit im Sinne von Abzählbarkeit der Meinungen und weit wird man davon entfernt gewesen sein, die *universa consentiens multitudo* zu befragen. Auf die Demonstration von Geschlossenheit kam es an.

III. Die Verfassungsverhältnisse nach Titel I–III der ›Lex Baiuvariorum‹

Unabhängig von den Entstehungsumständen der ›Lex Baiuvariorum‹ sind die von ihr beschriebenen Verfassungsverhältnisse. Diese sind nicht als Abbild der historischen Realität zu sehen, das die tatsächliche Regierungsform und die Beziehungen zu den Franken sichtbar macht. Schon die Normqualität der Aussagen bedingt, dass eine Sollensordnung dargestellt wird, deren Realisierbarkeit sich kaum bestimmen lässt. Erfahrbar ist am ehesten, welches Bild von den Machtpositionen und ihrem Zusammenwirken den Redaktoren vor Augen stand, als bereits bestehend oder doch anzustrebend. Dabei ergeben sich unterschiedliche Perspektiven, je nachdem, ob sich die Bearbeiter der Lex der Spitze des Herzogtums oder Formen der Selbstorganisation der Bewohner zuwenden. Das legt eine getrennte Untersuchung der Bereiche nahe. Zunächst sollen Kirchen- und Herzogssachen, das heißt Titel I–III, mithin jener Abschnitt, der als Königsgesetz beschrieben wurde, untersucht werden, danach die allgemeinen Volkssachen, also der Rest der ›Lex Baiuvariorum‹.

Der erste Titel der ›Lex Baiuvariorum‹ betrifft die Angelegenheiten der Kirche[157]. Detailliert werden Vergabungen zu ihren Gunsten durch genaue Vorgaben zu Form und Verfahren gesichert[158]. Sodann wird das Kirchenvermögen gegen Entzug, Diebstahl und Zerstörung geschützt[159]. Besonders weitreichend ist die Sicherung des Kirchenasyls[160], von Leib und Leben der Kleriker[161] und des Zölibates[162]. Abschließend regelt das »Kolonenstatut« bis ins Einzelne die Abgaben und Dienstleistungen in einer kirchlichen Grundherrschaft[163]. Insgesamt befassen sich die Regelungen mit kirchlichen Interessen

157) Konstantin Hohenlohe OSB, Das Kirchenrecht der Lex Bajuvariorum, Wien 1932; Siems, Das Lebensbild der Lex Baiuvariorum (wie Anm. 9), S. 41–46.

158) L. Bai. I, 1 (wie Anm. 9), S. 268 f.

159) L. Bai. I, 2–6 (wie Anm. 9), S. 270–276.

160) L. Bai. I, 7 (wie Anm. 9), S. 276 f.

161) L. Bai. I, 8–11(wie Anm. 9), S. 278–284.

162) L. Bai. I, 12 (wie Anm. 9), S. 284–286.

163) L. Bai. I, 13 (wie Anm. 9), S. 286–290. Wolfgang Metz, Die hofrechtlichen Bestimmungen der Lex Baiuvariorum I, 13 und die fränkische Reichsgutverwaltung, in: DA 12 (1956), S. 187–196; Theodore John Rivers, Seigneurial Obligations and 'Lex Baiuvariorum' I, 13, in: Traditio 31 (1975), S. 336–343; ders., The Manorial System in the Light of 'Lex Baiuvariorum' I, 13, in: FmSt 25 (1991), S. 89–95; Dieter Hägermann, Einige Aspekte der Grundherrschaft in den fränkischen formulae und in den leges des Frühmittel-

und Selbstorganisation, aber nicht mit der Wahrnehmung weltlicher Angelegenheiten durch den Klerus.

Die kirchliche Hierarchie ist in den Inhabern niederer und höherer Weihen[164)] greifbar und gipfelt in der Person eines einzigen Bischofs, der als *summus pontifex* herausgestellt wird[165)]. Fragen, die einen innerkirchlichen Abstimmungsbedarf hervorbringen konnten, wie etwa die Verwaltung und Verfügung über Kirchenvermögen, werden nicht aufgeworfen. In kirchlichen Belangen erscheint der Bischof uneingeschränkt. Über Angelegenheiten des Klerus entscheidet er nach den Canones[166)].

Die Einbeziehung der bayerischen Kirche in das Frankenreich und damit die Verzahnung mit der weltlichen Macht geschieht über die Person des Bischofs durch Inbeziehungsetzung zum König und zum parallel stilisierten *dux*. Entsprechend dem Bischof als *summus pontifex* wird der Herzog als *summus princeps*[167)] tituliert. Von beiden wird gesagt: [...] *in illa provincia sunt ordinati*[168)]. Die Redaktoren sind bemüht, beide Positionen im Verhältnis zum König äquivalent darzustellen durch Verwendung gleicher Worte: dem Bischof, *quem constituit rex vel populus elegit sibi pontificem*[169)] steht der Herzog, *quem rex ordinavit in provincia illa aut populus sibi elegerit ducem*[170)], gegenüber. Den Kir-

alters, in: Die Grundherrschaft im frühen Mittelalter, hg. von Adriaan VERHULST, Gent 1985, S. 51–77, besonders S. 72–74.

164) L. Bai. I, 8 und 9 (wie Anm. 9), S. 278 f.

165) L. Bai. I, 10 (wie Anm. 9), S. 282.

166) L. Bai. I, 12 (wie Anm. 9), S. 286. Nach dem Textauszug aus dem Breviar (siehe oben Anm. 57–59) zum Zölibat folgt eine Art Generalverweis: *De ceteris causis praesbiteri diaconi vel clerici ab episcopis secundum illorum canones iudicentur.* Form und Inhalt klingen wie eine abschließende Regelung der Kirchensachen durch den pauschalen Verweis auf das Kirchenrecht. Denkbar wird, dass Titel I der ›Lex Baiuvariorum‹ bereits mit I, 12 endete. Das folgende Kolonenstatut mit seinen Besonderheiten, wie den fränkischen Wörtern, könnte einem eigenen Bearbeitungsgang entspringen.

167) L. Bai. III (wie Anm. 9), S. 313; Franz-Reiner ERKENS, *Summus princeps* und *dux quem rex ordinavit.* Tassilo III. im Spannungsfeld von fürstlichem Selbstverständnis und königlichem Auftrag, in: Tassilo III. von Bayern, hg. von Lothar KOLMER und Christian ROHR, Regensburg 2005, S. 21–38.

168) L. Bai. I, 9 (wie Anm. 9), S. 281. Zur Durchsetzung der Totschlagsbuße für einen Diakon heißt es [...] *episcopo requirente et iudice coegente qui in illa provintia sunt ordinati.* Entgegen den A/B-Handschriften, die *duce* lesen, hat hier E. v. SCHWIND *iudice* in den Titel gesetzt. Vgl. Edition MERKEL (wie Anm. 9), S. 274, 341, 382. Ingolstädter Handschrift: Konrad BEYERLE, Lex Baiuvariorum (wie Anm. 8), S. 39.

169) L. Bai. I, 10 (wie Anm. 9), S. 281.

170) L. Bai. II, 1 (wie Anm. 9), S. 291–293: *Si quia contra ducem suum quem rex ordinavit in provincia illa aut populus sibi elegerit ducem, de morte eius consiliatus fuerit et exinde probatus negare non potest, in ducis sit potestate homo ille et vita illius et res eius infiscentur in publico.*

Et hoc non sit per occasionem factum, sed probata res pateat veritatem. Nec sub uno teste, sed sub tribus testibus personis coaequalibus sit probatum. Si autem unus fuerit testis, et ille alter negaverit, tunc Dei accipiant iudicium: exeant in campo et cui Deus dederit victoriam, illi credatur. Et hoc in presenti populo fiat, ut per invidiam nullus pereat.

chenschutz übernehmen König und Herzog, der bei dieser Gelegenheit schon als *princeps qui in illa regione iudex est*[171] bezeichnet wird.

In mehrfacher Hinsicht rätselhaft ist die Behandlung von Rechtsproblemen, die die Person des Bischofs betreffen[172]. Singulär sind die Folgen der Bischofstötung. Es soll nach dessen Gestalt eine Bleitunika gefertigt werden, deren Gewicht in Gold als Buße an seine Kirche zu zahlen ist[173]. Noch erstaunlicher ist das Verfahren, wenn dem Bischof selbst Verbrechen vorzuwerfen sind. Er soll vor König, Herzog oder Volk geladen und nach den *canones* verurteilt werden. Beispielhaft als Delikte, die einem Bischof zuzutrauen sind, werden Totschlag, *fornicatio* und Landesverrat (*consensus hostili, si infra provintiam inimicos invitaverit*) genannt[174]. Die Realitätsnähe solcher Vorwürfe gegen

Ut nullus Baiuuarius alodem aut vitam sine capitale crimine perdat. Id est, si in necem ducis consiliatus fuerit aut inimicos in provinciam invitaverit, aut civitatem capere ab extraneis machinaverit et exinde probatus inventus fuerit: tunc in ducis sit potestate vita ipsius et omnes res eius in patrimonium.

Cetera vero, quaecumque commiserit peccata, quousque habet, substantiam conponat secundum legem. Si vero non habet, ipse se in servitio deprimat et per singulos menses vel annos quantum lucrare quiverit, persolvat cui deliquid, donec debitum universum restituat.

171) L. Bai. I, 2 (wie Anm. 9), S. 270 betrifft den Entzug von Kirchengütern, deren Rückgabe König und *princeps qui in illa regione iudex est* sichern. Dass mit Letzterem der Herzog gemeint ist, ergibt sich aus der Positionierung neben dem König. Der nur hier gegebene Zuständigkeitsbereich *regio* dürfte der sonst in Titel I und II genannten *provincia* entsprechen (vgl. Anm. 70, 71). Der in L. Bai. II, 14–18 angesprochene *iudex* dürfte einen kleinräumigeren Aufgabenbereich im Gebiet eines *comes* gehabt haben. *Comes vero secum habeat iudicem qui ibi constitutus est iudicare* [...], L. Bai. II, 14, S. 308. – Ab Titel IV der L. Bai. wird der *dux* in Gerichtsfunktionen erwähnt (siehe oben Anm. 74).

172) L. Bai. I, 10 (wie Anm. 9), S. 281–283: *[De solis episcopis et illorum interfectione]. Si quis episcopum quem constituit rex vel populus elegit sibi pontificem, occiderit, solvat eum regi vel plebi aut parentibus secundum hoc edictum: Fiat tunica plumbea secundum statum eius, et quod ipsa pensaverit, auro tantum donet qui eum occidit. Et si aurum non habet, donet aliam pecuniam mancipia terram villas vel quicquid habet, usque dum impleat debitum. Et si non habet tantum pecuniam, se ipsum et uxorem et filios tradat ad ecclesiam illam in servitium, usque dum se redimere possit.*

Hoc per inperium regis vel iudicis fiat, et illa pecunia in usu ecclesiae ipsius ubi pontifex fuit, ibi sit firmata usque in perpetuum.

Et si episcopus contra aliquem culpabilis apparet, non praesumat eum occidere, quia summus pontifex est, sed mallet eum ante regem vel ducem aut ante plebem suam. Et si convictus crimine negare non possit, tunc secundum canones ei iudicetur. Si talis culpa est, ut deponatur, deponatur aut exilietur. De homidicio, de fornicatione, de consensu hostili, si infra provintiam inimicos invitaverit et eos perdere voluerit quos salvare debuit, pro istis culpis damnetur.

173) Zur Sanktion der Bischofstötung, möglichen Beziehungen zum Martyrium des Heiligen Emmeram und Beeinflussungen durch c. 5 des 11. Konzils von Toledo oder irisch-angelsächsische Bußbestimmungen eingehend: Fastrich-Sutty, Rezeption (wie Anm. 9), S. 103–110.

174) Fastrich-Sutty, Rezeption (wie Anm. 173); Siems, Das Lebensbild der Lex Baiuvariorum (wie Anm. 9), S. 43–46. Zum Vorwurf des Landesverrates und *crimen maiestatis* siehe oben im Text bei Anm. 32–40. Von einer Bischofsanklage wegen *adulterium*, *homicidium* und Landesverrat berichtet Gregor von Tours, Historiarum lib. V, 27, hg. von Bruno Krusch und Wilhelm Levison (MGH Script. rer. Merov. 1,1), Hannover 1951, S. 233.

einen Bischof mag dahinstehen, die Unterwerfung eines Bischofs unter die weltliche Gewalt ist absonderlich genug.

Der Titel über die Kirchensachen erhält durch formelhafte Diktion wie *provincia illa* etwas Modellhaftes. Bestimmende Elemente sind innerkirchliche Hierarchie und Eingliederung in das Frankenreich.

Den weltlichen Machtverhältnissen wenden sich Titel II und III der ›Lex Baiuvariorum‹ zu. In der Diskussion um Datierung und Entstehung der Lex standen die sich hier abzeichnende Beziehung zwischen *rex* und *dux* und zugleich das Verhältnis Bayerns zum Frankenreich im Vordergrund. Einmal erkannte man »ein Verhältnis strenger Abhängigkeit«, »strammer Unterordnung unter die fränkische Staatsgewalt«[175]. Folglich wurde »das gesetz [die Lex Baiuvariorum] als siegel der unterwerfung« gesehen[176]. Anderen war die Lex »das Produkt einer politischen Gleichgewichtslage«[177]. Nach neuerer Meinung soll die Lex in »einer königlosen Ära« entstanden und »betont herzogsfreundlich«, allerdings mit einer »vom König abgeleiteten« Rechtsstellung des Herzogs gestaltet sein[178]. Diese Bewertungen waren jeweils Grundlage für die Einordnung der Lex als Ganzes und die Interpretation von Einzelstellen.

Aussagen zum *rex* enthalten die Prologe, die eine Identifizierung mit dem fränkischen König nahelegen. Dazu passt, dass die in Titel I und II vorausgesetzte Herrschaft über mehrere Provinzen im langen Prolog durch Nennung von Franken, Alemannen und Bayern konkretisiert wird. Der Herrschaftsanspruch des Königs schlägt sich nieder in der Gliederung des Reiches in Provinzen, an deren Spitze von ihm eingesetzt ein Bischof und ein Herzog stehen[179]. Diesem reißbrettartigen Entwurf gibt das Agilolfingerprivileg in Titel III eine anscheinend geschichtsnähere Facette[180]. Immer, so heißt es dort, sollen die

175) Brunner, Deutsche Rechtsgeschichte (wie Anm. 9), S. 461; Schröder/Künssberg, Lehrbuch der Deutschen Rechtsgeschichte (wie Anm. 20), S. 271.

176) Baesecke, Die deutschen Worte (wie Anm. 93), S. 16.

177) Konrad Beyerle, Lex Baiuvariorum (wie Anm. 8), S. LII.

178) Landau, Lex Baiuvariorum (wie Anm. 9), S. 35, 45, 20.

179) L. Bai. I, 9. 10, II, 1 (wie Anm. 9), S. 279–283, 291 ff.

180) L. Bai. III (wie Anm. 9), S. 312–315: De genealogiis et eorum conpositione. *De genealogia qui vocantur Hosi Drazza Fagana Hahilinga Anniona: isti sunt quasi primi post Agilolfingos qui sunt de genere ducali. Illis enim duplum honorem concedamus et sic duplam conpositionem accipiant.*

Agilolfingi vero usque ad ducem in quadruplum conponantur, quia summi principes sunt inter vos.

Dux vero qui preest in populo, ille semper de genere Agilolfingarum fuit et debet esse, quia sic reges antecessores nostri concesserunt eis ut qui de genere illorum fidelis regi erat et prudens, ipsum constituerent ducem ad regendum populum illum.

Et pro eo quia dux est, addatur ei maior honor quam ceteris parentibus eius sic ut tertia pars addatur super hoc quod parentes eius conponuntur.

Si vita parentum eius aufertur, cum DCXL sold̄ conponitur, dux vero cum DCCCCLX sold̄ conponitur parentibus aut regi, si parentes non habuerit. Et secundum hoc edictum alia conpositio sequatur, qualiter parentes eius conponi solent:

Herzöge aus dem *genus* der Agilolfinger kommen, so hätten es die *reges antecessores nostri* ihnen zugestanden. Wer von ihnen *fidelis regi* und *prudens* sei, den setzten sie als Herzog ein, *ad regendum populum.* Das gern hervorgehobene Privileg für die Agilolfinger darf nicht verdecken, dass es noch einer Einsetzung als Herzog bedurfte, die von erwiesener Treue zum König abhing. Die ambivalente Festsetzung lässt offen, ob der *dux* nach Ernennung weiterhin ein *fidelis regis* sein musste, und was widrigenfalls geschehen konnte. Die ›Lex Baiuvariorum‹ trifft hierzu weit eindeutigere Aussagen als die weiche Kategorie *fidelis* erwarten lässt. Als *dux rebellis*, das heißt als Herzog, der sich gegen den König erhebt, wird bezeichnet, wer das *decretum regis* missachtet. Er soll deshalb das Herzogtum verlieren: *donatum dignitatis ipsius ducati careat*[181]. Da der Text ganz überwiegend in den Emendata-Handschriften überliefert ist, wurde er als späterer Nachtrag im Zusammenhang mit dem Verfahren gegen Tassilo bewertet[182]. Abgesehen vom schwierigen Verhältnis der A-Handschriften zu den E-Handschriften, die nach K. A. Eckhardt auf eine Vorlage von A mit besserer Textbewahrung zurückgehen[183], ist festzuhalten, dass von den beiden ältesten Handschriften der ›Lex Baiuvariorum‹ eine den fraglichen Text enthält, während er der anderen fehlt[184]. Vor allem wurde zu wenig berücksichtigt, dass die Lex grundsätzlich die Befolgung königlicher Befehle vom Herzog erwartet. Schon in den frühesten Handschriften wird der Herzog gegen umstürzlerische Begehrlichkeiten seines Sohnes, dem im Erfolgsfalle das Agilolfinger-Privileg nützen könnte, geschützt, solange er in der Lage ist, den Befehl des Königs zu erfüllen: [...] *in*

Ita si duci aliquid accesserit a coaequalibus suis, sic eum conponere debet. Ubi conpositio parentum eius est in IIII[or] *solidis, ducis vero VI sold; ubi illorum in VI sold, ducis vero VIIII; ubi vero illis dantur XII sold, duci autem XVIII. Sic semper addatur tertia pars supra in ducis causa usque in novissimam questionem quae solet inter homines contingere.*

181) L. Bai. II, 8a (wie Anm. 9), S. 302: *Si quis autem dux de provincia illa quem rex ordinaverit, tam audax aut contumax aut levitate stimulatus seu protervus et elatus vel superbus atque rebellis fuerit, qui decretum regis contempserit: donatum dignitatis ipsius ducati careat, etiam et insuper spem supernae contemplationis sciat se esse condemnatum et vim salutis amittat.*

182) Bericht des Diskussionsstandes bei Eckhardt, Lex Baiuvariorum (wie Anm. 9), S. 47–50, der abwägend zu einer Entstehung des Textes im Jahre 787 kommt.

183) Zur Bewertung der Handschriften: Krusch, Lex Bajuvariorum (wie Anm. 9), S. 80–87, 125–163; Eckhardt, Lex Baiuvariorum (wie Anm. 9), S. 8–29; Rudolf Buchner, Textkritische Untersuchungen zur Lex Ribvaria (MGH Schriften 5), Leipzig 1940, S. 74–78.

184) Der in Anm. 181 nach der Edition v. Schwind wiedergegebene Text fehlt in der Ingolstädter Handschrift (B1), Konrad Beyerle (wie Anm. 8), S. 60 f. Er wird überliefert durch die Handschrift St. Paul im Lavanttal 4/1 (E1) 9. Jahrhundert, 1. Drittel (Mordek, Bibliotheca, wie Anm. 59, S. 685–695; Mathias Geiselhart, Die Kapitulariengesetzgebung Lothars I. in Italien, 2002, S. 32); siehe auch Edition Merkel (wie Anm. 9), Textus legis tertius, II 9, S. 390; weitere Überlieferung durch die Handschrift A1 (Paris lat. 4633, Mordek, Bibliotheca, S. 230; Anfang 10. Jahrhundert), Merkel, a.a.O., Textus legis primus, Appendix II, S. 336. – Die Angabe von Landau, Lex Baiuvariorum (wie Anm. 9), S. 19, dass der Text »in allen frühen« Handschriften fehle, ist nach seiner Anm. 71 zu berichtigen.

omnibus iussionem regis potest implere[185]. Die Wendung spricht erfolgsorientiert. Der alemannische Paralleltext verlangt vom Herzog [...] *utilitatem regis potest facere* [...] und [...] *utilitatem regis implere* [...][186]. Auch ohne die causa Tassilo im Hintergrund hat der fränkische König anscheinend auf Unterordnung der Herzöge bestanden. Die Einsetzung des Herzogs [...] *ad regendum populum* [...][187] lässt sich verstehen als Übertragung der Sorge für die inneren Angelegenheiten seiner *provincia.* Doch endete seine Macht an einzelnen und allgemeinen Vorgaben des Königs. Wo die Grenze der Wirkungsbereiche konkret gezogen wird, unterliegt auch den Wechselfällen politischer Macht.

Wiederholt werden König und Herzog nebeneinander genannt in der Verknüpfung *rex vel dux*[188]. Das betrifft Sachverhalte wie die Führung des Heeres, Schutz von Kirchengut oder richterliche Aufgaben, die entweder der König oder der Herzog wahrnehmen konnten. Ein tragfähiger Hinweis, dass der Herzog, wie behauptet, »selbständiger Militärbefehlshaber« und dem König im Heer gleichgestellt wäre, lässt sich der ›Lex Baiuvariorum‹ nicht entnehmen. Vielmehr hat der Herzog [...] *in omnibus* [...] dessen Befehl zu folgen. Weniger gewichtige Angelegenheiten kann der Herzog entscheiden[189]. Eine genauere Festlegung von Zuständigkeitsbereichen hat die ›Lex Baiuvariorum‹ nicht angestrebt. Offen bleibt auch der Einfluss des Königs durch *vassi regis*, die dem Grafen gerichtspflichtig sind und dadurch integriert erscheinen[190].

185) L. Bai. II, 9 (wie Anm. 9), S. 302–304: *Si quis filius ducis tam superbus vel stultus fuerit, ut patrem suum dehonestare voluerit per consilium malignorum vel per fortiam et regnum eius auferre ab eo, dum adhuc pater eius potest iudicio contendere, in exercitu ambulare, populum iudicare, equum viriliter ascendere, arma sua vivaciter baiulare; non est surdus nec cecus, in omnibus iussionem regis potest implere: sciat se ille filius contra legum fecisse et de hereditate patris sui esse deiectum et nihil amplius ad eum pertinere de facultatibus patris sui, et hoc in potestate regis vel patris sui erit, ut exiliet eum si vult. Nihil aliud habeat in potestatem nisi quod per misericordia rex vel pater eius dare ei voluerint.*

Et si supervixerit patrem suum et alios fratres habuerit, non dent ei portionem, quia contra legem peccavit in patrem suum; et si ille solus de heredibus eius supervixerit patrem suum, in regis erit potestate cui vult, donet aut illi aut alteri.

Brigitte Kasten, Königssöhne und Königsherrschaft. Untersuchungen zur Teilhabe am Reich in der Merowinger- und Karolingerzeit (MGH Schriften 44), Hannover 1997, S. 89–95, 199 f.

186) Lex Alamannorum 35 (wie Anm. 18), S. 92.

187) L. Bai. III (wie Anm. 9), S. 312–315, Text oben Anm. 180.

188) L. Bai. I, 2; I, 19; II, 4; II, 8; II, 9; II, 14 (wie Anm. 9), S. 270, 282, 295 f., 301, 303, 308.

189) Ein Beispiel ist L. Bai. II, 4 (siehe Anm. 207). Wird bei einem Kriegszug ein Streit erregt, drohen grundsätzlich hohe Bußen und *rex vel dux suus* können dem Täter gnädig das Leben lassen. *De minoribus autem hominibus, si in hoste scandalum commiserint, in ducis sit potestate, qualem poenam susteneant.* – Die Annahme, dass »der Herzog als Heerführer dem König gleichgestellt« sei, »als selbständiger Militätbefehlshaber« erscheine und »eine Kontrolle durch den König [...] nirgendwo vorgesehen« sei, so Landau, Lex Baiuvariorum (wie Anm. 9), S. 15, beruht letztlich auf einem Schluss e silentio im lückenhaften Material und verkennt, dass die Regierungsberechtigung des Herzogs davon abhängt, dass er [...] *in omnibus* [!] *iussionem regis potest implere* [...], L. Bai. II, 9, S. 303. Siehe auch oben Anm. 179–187.

190) L. Bai. II, 14 (wie Anm. 9), S. 308.

Die Verfassungsverhältnisse an der Spitze verkomplizieren sich durch unterschiedliche Aussagen zum Herzog. Das Bild von einer Mehrheit von Herzögen im fränkischen Reich, für die allgemeine Regelungen geschaffen werden, erwecken Formulierungen, die von *dux suus*[191] oder von *dux de provincia illa*[192] sprechen. Zur Einsetzung durch den König[193] passt eine Art frühen Amtsverständnisses. Im Hinblick auf einen künftigen Herzog, der in die Pflichten des gegenwärtigen eintritt, sagt man: [...] *alius dux qui in loco eius accedit* [...][194]. Der Gedanke einer Unterscheidbarkeit eines Macht- und Aufgabenbereiches von der Person des jeweiligen Inhabers liegt auch der Absetzung des Herzogs zugrunde: [...] *donatum dignitatis ipsius ducati careat* [...][195]. An solche Aussagen kann die Theorie eines Amtsherzogtums anknüpfen[196]. Nicht dazu passen will der Ausschluss des aufständischen Herzogssohnes von der *hereditas* seines Vaters: [...] *de hereditate patris sui esse deiectum*[197] – was im Falle, dass er alleiniger Erbe ist, dem König die Macht gibt, nach Belieben das Erbe zu übertragen. Die aufscheinenden erbrechtlichen Vorstellungen passen nur begrenzt zum Agilolfinger-Privileg, das lediglich das *genus ducale* berechtigte, aber keinen Erbgang vorsah, der die Einsetzung durch den König verdrängt hätte. – Wieder eine andere Fundierung des Herzogtums erscheint in der Wendung [...] *dux* [...] *quem rex ordinavit in provincia illa aut populus sibi elegerit ducem* [...][198]. Eine Wahl durch das Volk gäbe eine eigene Legitimation, wäre aber streng genommen mit dem Agilolfinger-Privileg, einem Erbrecht oder königlicher Einsetzung nicht ohne Weiteres vereinbar. Man könnte hier Anknüpfungspunkte suchen für die Theorie eines Stammes-

191) Zum Beispiel: L. Bai. II, 1 (wie Anm. 9), S. 291–293, Text oben Anm. 170.

192) Zum Beispiel: L. Bai. II, 4 (wie Anm. 9), S. 295–297, Text oben Anm. 207.

193) L. Bai. I, 9; II, 1; III (wie Anm. 9), S. 281, 291, 313.

194) L. Bai. II, 8 (wie Anm. 9), S. 301, Text oben Anm. 205.

195) L. Bai. II, 8a (wie Anm. 9), S. 302, Text oben Anm. 181.

196) Zur früheren Diskussion um Amts- oder Stammesherzogtum: Hans Ludwig Günter GASTROPH, Herrschaft und Gesellschaft in der Lex Baiuvariorum. Ein Beitrag zur Strukturanalyse des Agilolfingischen Stammesherzogtums vom 6. zum 8. Jahrhundert, München 1974, S. 79–88; Kurt REINDEL, Grundlegung: Das Zeitalter der Agilolfinger (bis 788), in: SPINDLER, Handbuch der bayerischen Geschichte (wie Anm. 9), S. 139 f. – Zur Herleitung des bayerischen Dukats aus spätantiken Wurzeln: Stefan ESDERS, Spätantike und frühmittelalterliche Dukate. Überlegungen zum Problem historischer Kontinuität und Diskontinuität, in: FEHR/HEITMEIER, Die Anfänge Bayerns (wie Anm. 10), S. 425–462, besonders S. 438–450; allgemein zu einer solchen Entwicklung Franz-Reiner ERKENS, Herzog, Herzogtum, in: HRG 2 (^{2}2009), Sp. 993–1004. – Eine eigene Sicht der Entstehung des bayerischen Herzogtums bei Irmtraut HEITMEIER, Die spätantiken Wurzeln der bairischen Noricum-Tradition. Überlegungen zur Genese des Herzogtums, in: FEHR/HEITMEIER, Die Anfänge Bayerns (wie Anm. 10), S. 463–550. Jetzt auch HAMMER, Early Merovingian Bavaria (wie Anm. 10).

197) L. Bai. II, 9 (wie Anm. 9), S. 302–304, Text oben Anm. 185.

198) L. Bai. II, 1 (wie Anm. 9), S. 291–293, Text oben Anm. 170. – Es ist nicht völlig auszuschließen, dass die angedeutete Herzogswahl auf einem Redaktionsversehen beruht, einer gedankenlosen, wortgleichen Wiederholung von Einsetzung und Wahl des Bischofs (L. Bai. I, 10, siehe oben Anm. 172), die als kanonische Wahl Sinn macht.

herzogtums[199]. Hält man Erbgang oder Wahl für Relikte früherer Verfassungszustände, so ergeben sich eigenständige Rechtspositionen gegenüber dem fränkischen König.

Die angedeuteten Einordnungen des bayerischen Herzogtums verstehen die Kategorien: Amt, Wahl, Erbe aus der Sicht moderner Begrifflichkeit wohl zu prinzipiell und sich gegenseitig ausschließend. Ein Beispiel der Zeit, wie zwanglos man Wahl und herrscherliche Einsetzung verbinden konnte, gibt eine Urkunde Karls des Großen von 772–774. Darin bestätigt der König dem von ihm als Rektor Rätiens eingesetzten Bischof Constantius von Chur und dessen Nachfolgern Schutz und überkommenes Recht, *dum nobis* [...] *fidelis apparuerint* [...] Nachfolger (*successores*) sollen sein, [...] *qui ex nostro permisso et voluntate cum electione plebis ibidem recturi erunt* [...][200]. Vorgesehen war die gestattete Wahl eines bereits vom König als Bischof Ausgesuchten. Welches Gewicht die Elemente Einsetzung und Wahl jeweils erlangten, dürfte von den politischen Macht- und Gestaltungsmöglichkeiten abgehangen haben.

Für das bayerische Herzogtum zeichnet die Lex das Bild abgeleiteter Macht durch Einsetzung, Unterordnung des Herzogs unter Befehl und Dekret des Königs, der sich letztlich mittels Absetzung durchsetzen kann. Allerdings sind dem König Grenzen gesetzt, da er schon wegen der schwierigen Verständigungsmöglichkeiten der Zeit dem Herzog in der Regierung seiner *provincia* große Spielräume lassen muss. Eine erforderliche Grundvereinbarung zur Abstimmung allgemeiner Ziele dürfte erreichbar gewesen sein, solange das Über- und Unterordnungsverhältnis nicht in Frage gestellt wurde. Die Selbstbindung an einen solchen Konsens könnte nach den Worten der ›Lex Baiuvariorum‹ für die Wertschätzung der Agilolfinger den *fidelis regis* ausgemacht haben. Doch sind das nur Gedankenspiele aus heutigem Verständnis. Das tatsächliche politische Zusammenwirken von *rex* und *dux* ist nicht Gegenstand der ›Lex Baiuvariorum‹, schon weil sich solche weichen Formen des Regierens auf der Basis eines Grundkonsenses einer Normierung entziehen.

199) Siehe oben Anm. 196.

200) Die Urkunden der Karolinger, 1. Bd.: Die Urkunden Pippins, Karlmanns und Karls des Großen, hg. von Engelbert MÜHLBACHER (MGH DD Kar. 1), Hannover 1906 (ND 1979), Nr. 78, S. 111 f.: *Statuentes ergo iubemus, ut tam ipse vir venerabilis praefatus Constantius quam et successores sui, qui ex nostro permisso et volontate cum electione plebis ibidem recturi erunt, dum nobis in omnibus palatiique nostri, sicut rectum est, cum omni populo Retiarum fideles apparuerint, sub mundoburdo vel defensione nostra absque aliorum hominum laesione aut inquietudine resid*[*eant*] *et legem ac consuetudinem, quae* [*p*]*arentes eorum iuste et racionabiliter habuerunt, se a nobis concessam esse cognoscant, ita tamen, sicut supra meminimus, ut et fidem illorum erga nos salvam cust*[*odiant*] *ibidem* [....... *contr*]*arium elegeri*[*nt* ....] *non esse praesumant.* [...] Siehe auch Bündner Urkundenbuch (wie Anm. 30), Nr. 19, S. 23 f. Die Urkunde bietet insgesamt für den Vergleich mit Bayern interessantes Anschauungsmaterial. Zum Ausfüllen der Lücken am Ende machen die Editionen beachtliche Vorschläge.

Zu den Aufgaben des Herzogs in seiner *provincia* gehören Schutz der Kirche, Tätigkeiten im Rechts- und Gerichtswesen und Führung des Heeres auch im Inneren[201]. Im Heer stehen unter ihm *comes*, *centurio* und *decanus* als verantwortliche Führer eigener Kontingente[202]. Die deutliche Überordnung des Herzogs zeigt sich in seiner Befehlsgewalt[203]. Er kann Anweisungen direkt oder durch Übersendung von Ring oder Siegel treffen und diese sind zu befolgen bei Androhung einer Buße von 15 s. Das System von Befehl und Gehorsam erscheint, der Zeit vorauseilend, zu Fragen der Verantwortlichkeit und Fürsorge fortentwickelt. Ist jemand *in utilitate domini* im Heer oder auch sonst tätig in der Hoffnung auf Anerkennung und ein Geschenk, kommt aber dabei zu Tode, so hat der Herzog dessen Kindern das Erbe zu erhalten und sie zu verteidigen[204]. Das Ziel wird wiederholt in sentenzenartigen Obersätzen ausgesprochen: Niemand soll zögern, dem Willen seines Herrn nachzukommen, [...] *fides et prumptus impleat iussionem.* Ging etwa der Befehl vom König oder Herzog dahin, jemanden zu töten, kann der Handelnde nicht belangt werden und ist auch nicht *faidosus*, denn es geschah auf Befehl des *dominus*, einem Befehl, dem er nicht widersprechen konnte: *quia iussio de domino suo fuit et non potuit contradicere iussionem*[205]. Der Herzog hat ihn vielmehr zu verteidigen. Befehl und

201) Zum Beispiel: L. Bai. I, 2; I, 9; I, 10; II, 4; II, 5 (wie Anm. 9), S. 270, 281, 282, 295–299. Siehe auch oben Anm. 179–190.

202) L. Bai. II, 5 (wie Anm. 9), S. 297 f.: *Si quis in exercitu infra provincia sine iussione ducis sui per fortiam hostilem aliquid praedare voluerit aut fenum tollere aut granum vel casas incendere, hoc omnino testamur, ne fiat. Et exinde curam habeat comis in suo comitatu; ponat enim ordinationem suam super centuriones et decanos et unusquisque provideat suos quos regit, ut contra legem non faciant.*

Et si aliquis praesumptiosus hoc fecerit, a comite illo sit requirendum cuius homo hoc fecit. Et si ille comis neglexerit inquirere quis hoc fecit, ille omnia de suis rebus restituat; tamen tempus requirendi habeat. Et si talis homo potens hoc fecerit, quem ille comis destringere non potest, tunc dicat duci suo et dux illum distringat secundum legem.

Si liber est, XL solđ sit culpabilis et omnia similia restituat. Si servus hoc fecerit, capitali subiaceat sententiae; dominus vero eius omnia similia restituat, quia servo suo non contestavit, ut talia non faceret. Quia si vosmet ipsos comeditis, cito deficitis.

Comes tamen non neglegat custodire exercitum suum, ut non faciant contra legem in provincia sua.

203) L. Bai. II, 13 (wie Anm. 9), S. 307: *Si quis autem iussionem ducis sui contempserit vel signum quale usus fuerit dux transmittere, aut anulum aut sigillum, si neglexerit venire aut facere quod iussum est, XV solđ pro neglecto donet in publico et sic impleat iussionem.*

204) L. Bai. II, 7 (wie Anm. 9), S. 300 f.: *Si quis homo in utilitate domini sui in exercitu vel ubicumque dominus eius eum miserit, perrexerit et ibi mortuus fuerit et quaerit opinionem facere domino suo vel populo suo: heredes eius numquam sint deiecti de hereditate eius quamvis qualiscumque sint; sed dux eos defendat usque dum ipsi possunt.*

Tunc enim unusquisque non tardat voluntatem domini sui facere, quando sperat se exinde munus accipere, si inde vivens evaserit et, si propter hoc mortuus fuerit, credat, quod filii eius aut filiae possedant hereditatem eius nullo inquietante. Tunc fidus et prumptus implet iussionem.

205) L. Bai. II, 8 (wie Anm. 9), S. 301: *Si quis hominem per iussionem regis vel ducis sui qui illam provintiam in potestate habet, occiderit, non requiratur ei nec feidosus sit, quia iussio domini sui fuit et non potuit*

Gehorsam sind – wie auch im ›Edictum Rothari‹[206] – ins Extrem getrieben. Für Konsens ist dabei kein Raum. Dieser hätte im Übrigen Mitwirkung und folglich auch Mitverantwortung bedeutet.

Das hierarchische System von Befehl und Verantwortung setzt sich in der Befehlskette fort. Im Heer ist man dem *dux suus* oder *comes suus* untergeordnet[207]. Bei Vergehen droht *disciplina hostilis* von 50 Hieben. In schweren Fällen soll man König oder Herzog danken, wenn sie einem das Leben lassen. Der *comes* hat Übeltaten im Heer zu unterbinden und deshalb darauf zu achten, dass *centuriones* und *decani* ihre Leute überwachen[208]. Bei Schadensfällen hat der *comes* den Täter ausfindig zu machen, will er eine Eigenhaftung vermeiden. Die ›Lex Baiuvariorum‹ entwickelt daraus ein von ihr auch sonst beachtetes Prinzip: *unusquisque provideat suos quos regit, ut contra legem non faciant.* Eine Verletzung dieser Pflicht führt zur Haftung[209]. – Die skizzierte Hierarchie ist für das Heer ausgesprochen. Die Befehlsgewalt im Heer muss allerdings kein Abbild der tatsächlichen Einfluss- und Machtpotentiale in Bayern geben. Immerhin findet sich im Heeresaufgebot auch ein *homo potens*, den selbst der *comes* nicht zwingen kann, sodass er die Hilfe des Herzogs benötigt[210]. Das lenkt den Blick auf den bayerischen Adel.

Aus verfassungsgeschichtlicher Sicht wurden bisher König, Herzog, *comes* und weitere Anführer im Heer angesprochen. Das bedeutet eine Konzentration auf Funktions-

contradicere iussionem; sed dux defendat eum et filios eius pro eo. Et si dux ille mortuus fuerit, alius dux qui in loco eius accedit, defendat eum.

206) Edictum Rothari c. 2 (wie Anm. 31), S. 13.

207) L. Bai. II, 4 (wie Anm. 9), S. 295–297: *Si quis in exercitu quem rex ordinavit vel dux de provincia illa scandalum excitaverit infra proprium hostem, et ibi homines mortui fuerint, conponat in publico DC sold. Et quisquis ibi aut percussiones aut plagas aut homicidium fecerit, conponat sicut in lege habet, unicuique secundam suam genealogiam. Et ille homo qui haec commisit, benignum inputet regem vel ducem suum, si ei vitam concesserint.*

De minoribus autem hominibus, si in hoste scandalum commiserint, in ducis sit potestate, qualem poenam susteneat.

Et ille usus eradicandus est, ut non fiat: Solet enim propter pabula equorum vel propter ligna fieri scandalum, quando aliqui defendere volunt casas vel scurias ubi fenum vel granum inveniunt. Hoc vetandum est, ne fiat. Ut si quis invenerit pabulam vel ligna, tollat quantum vult, et nemine vetet tollenti, ut per hoc scandalum non nascatur. Si quis hoc ausus fuerit facere aut contradicere aliquid quod facere lex vetat, illi tunc, si inventus fuerit, coram duce disciplinae hostili subiaceat vel ante comitem suum, id est L percussiones accipiat.

208) L. Bai. II, 5 (wie Anm. 9), S. 297 f., Text oben Anm. 202.

209) Zur Haftung des *dominus* für Taten seines *servus:* L. Bai. II, 5 (wie Anm. 202): […] *quia servo suo non contestavit, ut talia non faceret.* Siehe auch L. Bai. VIII, 2 (wie Anm. 9), S. 354: […] *pro eo quod servo suo disciplinam minime inposuit.* Hermann NEHLSEN, Die servi, ancillae und mancipia der Lex Baiuvariorum. Ein Beitrag zur Geschichte der Sklaverei in Bayern, in: DERS., Bayerische Rechtsgeschichte vom frühen Mittelalter bis zum 20. Jahrhundert (Rechtshistorische Reihe 411), Frankfurt am Main 2011, S. 29–48, besonders S. 42 ff.

210) L. Bai. II, 5 (wie Anm. 9), S. 297 f., Text oben Anm. 202.

träger. Natürlich ist es denkbar, dass sie Angehörige mächtiger Familien waren, doch wird das nicht gesagt. Hervorgehoben sind nur die *genealogiae* der Huosi, Trozza, Fagana, Hahilinga und Anniona[211]. Sie sind die *primi* nach den Agilolfingern, dem Herzogsgeschlecht, und haben doppeltes Wergeld. Als *primi* nach dem *genus ducale* sind sie von diesem zwar getrennt, aber doch vergleichend in Beziehung gesetzt. Damit könnte nach üblicher Sicht der Bericht zum bayerischen Adel schließen. Doch gibt es weitere Anhaltspunkte, zum Beispiel den erwähnten *homo potens*[212]. Aufmerksamkeit verdient auch, dass dem Herzog etwas von seinen *coaequales* widerfährt[213]. Eine weitere Erwähnung von *coaequales* führt zu einer Deliktsgruppe mit Handlungen gegen den Herzog[214]. Zunächst plant jemand den Tod des Herzogs: *de morte eius consiliatus fuerit*[215]. Es handelt sich um einen Fall des erwähnten *crimen maiestatis*[216]. *Consiliari* betrifft eine schwierige Beweislage, einerseits ist man im Vorfeld der Tat, andererseits im Bereich von Verdächtigungen. Die Lex verlangt ein öffentliches Verfahren zur Wahrheitsfindung mit drei *coaequales* als Zeugen. Die Parallelregelung der ›Lex Alamannorum‹ spricht von einer Entscheidung durch *principes*[217]. Das Leben des Täters steht in der Macht des Herzogs. – Der nächste Text bestimmte dem Herzogsmörder den Tod[218]. Darauf folgt der Aufstand gegen den Herzog mit interessanten Beteiligten[219]: Dem Initiator sind andere gefolgt, haben mit ihm beraten. Es sind *illi similes.* Daneben gibt es noch den *minor populus*, immerhin *liberi*, die gefolgt sind. – Dem Aufstand ähnlich ist die Erhebung des Herzogssohnes gegen seinen Vater[220]. Auch hier geht die Lex nicht von einem Einzeltäter, nämlich dem Sohn, aus, sondern sieht ein *consilium malignorum.* – Im hinteren Teil bei den Wundbußen kennt die ›Lex Baiuvariorum‹ einen feindlichen Überfall auf eine

211) L. Bai. III (wie Anm. 9), S. 312–315, Text oben Anm. 180.
212) L. Bai. II, 5 (wie Anm. 9), S. 297 f., Text oben Anm. 202.
213) L. Bai. III (wie Anm. 9), S. 312–315, Text oben Anm. 180.
214) L. Bai. II, 1–3 (wie Anm. 9), S. 291–294.
215) L. Bai. II, 1 (wie Anm. 9), S. 291–293, Text oben Anm. 170.
216) Siehe oben im Text ab Anm. 31.
217) Lex Alamannorum c. 23 (24) (wie Anm. 31), S. 84: *Si quis aliquis homo in mortem duci consiliatus fuerit et exinde probatus, aut vitam det aut se redimat, sicut dux aut principes populi iudicaverint* [...] .
218) L. Bai. II, 2 (wie Anm. 9), S. 293.
219) L. Bai. II, 3 (wie Anm. 9), S. 294: *Si quis seditionem excitaverit contra ducem suum, quod Baiuuarii carmulum dicunt, per quem inprimis fuerit levatum, conponat duci DC sold.*

Alii homines qui eum sequuti sunt illi similes et consilium cum ipso habuerunt, unusquisque cum CC[tis] *sold conponat.*

Minores populi qui eum secuti sunt et liberi sunt, cum XL sold conponat, ut tale scandalum non nascatur provincia.

220) L. Bai. II, 9 (wie Anm. 9), S. 302–304, Text oben Anm. 185.

curtis mit 42 Schilden, *heriraita* genannt[221]. Das ist mit 40 s. und dem Herzog extra zu büßen.

Man muss sich die Vorgänge lebensvoll vor Augen führen. Wer sind die Beteiligten, an welche Kreise ist zu denken? Wie ist eine *curtis* beschaffen, für deren Überfall man 42 Schilde benötigt, und wer kann so viele Männer aufbieten? Wer den Aufstand des Herzogssohnes unterstützt, dürfte vom erhofften Erfolg, also vom künftigen Herzog, etwas erwartet haben, das dem Risiko entspricht. Jener, der den Aufstand ohne Herzogssohn versucht, ist immerhin von einer Gruppe von *similes* mit einem Gefolge von *minores populi* umgeben. Gehören diese *similes* jenen Kreisen an, die als *coaequales* im Prozess gegen den, der einen Herzogsmord plante, auftraten?

Es liegt nahe, hier gewaltbereite Adelskreise zu vermuten, die den Herzog herausfordern, sich als Konkurrenten um die Macht gerieren. Die Delikte betreffen die politische Ebene und erfordern eine politische Bewältigung, die auch gesucht wird. In öffentlichen Verfahren zieht der Herzog *coaequales* hinzu. Beweis und Entscheidung werden damit auf die Unterstützung adeliger Kreise gestellt. Bei ihnen sucht der Herzog politischen Rückhalt. Dieser Rückhalt muss gewonnen und erhalten werden. Zumal in umstürzlerischen Zeiten führt das zu Kompromissen, Gunsterweisen und Loyalitätsandienung. Ein unsteter, volatiler Bereich des Regierens tut sich auf, jenseits der Starre von Normen.

Immerhin wird in den genannten Texten ein bayerischer Adel außerhalb der bekannten *genealogiae*[222] sichtbar, der bisher in der Lex als herausgehobene Gruppe nicht wahrnehmbar war[223]. Tatsächlich haben die *nobiles* kein eigenes Wergeld, so dass man sie rechtlich zu den *liberi* rechnete[224]. Auch lässt die ›Lex Baiuvariorum‹ die ökonomischen und politischen Machtgrundlagen nicht erkennen, wenn auch der Bandenüberfall mit 42 Schilden[225] an deren Existenz nicht zweifeln lässt. Disparate Einzelaussagen zu den *nobiles* formen sich zu keinem Gesamtbild. Einerseits liest man vom gehobenen Lebensstil an den *curtes nobilium*[226], andererseits gibt es die *nobiles persona* als Zweikämpfer, deren Tötung mit 12 s. nicht höher zu büßen ist als die eines *servus*[227]. Das Fehlen einer recht-

221) L. Bai. IV, 23 (wie Anm. 9), S. 331: *Si quis liberum hostili manu cincxerit, quod heriraita dicunt, id est cum XLII clyppeis, et sagittam in curtem proiecerit aut quodcumque telarum genus, cum XL sold̄ conponat, duci vero nihilominus.*

222) L. Bai. III (wie Anm. 9), S. 312–315, Text oben Anm. 180.

223) REINDEL, Grundlegung (wie Anm. 196), S. 241 f.: »Sie [die Lex Baiuvariorum] nennt allerdings den Adel als eine juristisch herausgehobene Gruppe überhaupt nicht«. Wilhelm STÖRMER und Gottfried MAYR, Herzog und Adel, in: DANNHEIMER/DOPSCH, Die Bajuwaren (wie Anm. 9), S. 153–159, hier S. 154 stellen fest, »daß die Lex von keinem Adel spricht.«

224) Hermann KRAUSE, Die liberi der Lex Baiuvariorum, in: Festschrift für Max Spindler zum 75. Geburtstag, hg. von Dieter ALBRECHT, Andreas KRAUS und Kurt REINDEL, München 1969, S. 41–73.

225) L. Bai. IV, 23 (wie Anm. 9), S. 331, Text oben Anm. 221.

226) L. Bai. XXI, 6 (wie Anm. 9), S. 466 f.

227) L. Bai. XVIII (wie Anm. 9), S. 453.

lichen Positionierung des bayerischen Adels steht in den *leges* nicht allein[228]. Dergleichen gehörte anscheinend nicht zum Aufzeichnungsprogramm. Anders steht es mit dem Schutz des Herzogs gegen Umsturz und Tötung. Hier werden politische Konkurrenten, wie dargestellt, wahrnehmbar.

Bemerkenswert ist weiterhin, dass weder eine *curtis regis* noch eine *curtis ducis* in der ›Lex Baiuvariorum‹ als politischer Raum erscheinen. Zwar wird eine *curtis ducale* als Ort förmlich ausgetragener Zweikämpfe genannt[229], und sie gehört mit *ecclesia*, *fabrica* und *molinum* zu den vier *domus casae publicae* [...] *et semper patentes*, die durch Verdreifachung der Diebstahlsbuße geschützt sind[230]. Es fehlt aber ein herzoglicher Hof als Ort von Versammlungen und Beratungen, von Selbstinszenierung und Huldigung, zur Integration und Koordination peripherer Gewalten. Einen solchen Ort für die Ausübung von Herrschaft und Konsensbildung wie auch das Geschehen selbst will die Lex nicht abbilden.

Folgt man der Interpretation, dass die genannten Taten gegen den Herzog politische Machtkämpfe betreffen, so bleibt Zentrales unerklärt. Der König wird bei diesen Delikten – außer bei Bestrafung des aufrührerischen Herzogssohnes[231] – nicht erwähnt. Man muss sich vorstellen: Bei politischen Machtkämpfen, die zur Tötung oder Verdrängung des von ihm eingesetzten Herzogs führen können, soll der König unbeteiligt bleiben!? Es geht um die Macht über eine *provincia* seines Reiches, die ihm der Herzog vermittelt. Unruhige Verhältnisse betreffen den König zentral, und er könnte sogar versucht sein, sie in seinem Interesse zu nutzen. Leicht hätte sich eine Einflussnahme des Königs in der ›Lex Baiuvariorum‹ sichern lassen durch Übertragung der Strafgewalt an König und Herzog, wie es beim rebellischen Herzogssohn vorgeschrieben wurde. Der Gedanke, man habe bewusst die inneren Angelegenheiten Bayerns allein dem Herzog überlassen wollen, gibt angesichts der aufgeworfenen zentralen Machtfragen keine ausreichende Erklärung. Von einer gezielten Ausgrenzung des fränkischen Königs kann keine Rede sein, wie seine bestimmende Einschaltung bei einer Erhebung des Herzogssohnes, die nicht nur als Familienangelegenheit der Agilolfinger behandelt wird, zeigt. – Weitere Forschungen sind erforderlich.

228) Bekanntlich nennt auch die ›Lex Salica‹ keinen Adel.

229) L. Bai. II, 10–12 (wie Anm. 9), S. 304–306.

230) L. Bai. IX, 2 (wie Anm. 9), S. 367.

231) L. Bai. II, 9 (wie Anm. 9), S. 302–304, Text oben Anm. 185.

IV. Die Verfassungsverhältnisse nach den ›Decreta Tassilonis‹

Im Kontrast zu den dargelegten Verhältnissen der ›Lex Baiuvariorum‹ werden nun knapp Regelungstendenzen der ›Decreta Tassilonis‹ angesprochen[232].

Während die Kirche sich im ersten Titel der Lex primär auf den Schutz und die Organisation ihres eigenen Bereiches konzentriert, tritt das Konzil von Aschheim gegenüber dem jungen Herzog wesentlich selbstbewusster auf und bemüht sich darüber hinaus, auch Missstände im weltlichen Bereich zu beheben. Die Wehrlosigkeit der Schwachen und Missstände im Rechtswesen stehen besonders vor Augen. Arme, Witwen und Waisen sollen gegen unrechtmäßige Bedrückung durch *potentes* geschützt werden[233]. Deshalb soll das Gerichtswesen verbessert werden. *Praesides*, *iudices*, *centuriones* und *vicarii* sind zu ermahnen, sich von Ungerechtigkeiten fernzuhalten. Die Garantie der *hereditas* außer bei Kapitalverbrechen, die schon die Lex aussprach, wird erneuert[234]. *Missi* des Herzogs sollen bei Inspektionsreisen durch ihr Gebiet (*circuitus diocenum*) von einem Priester begleitet werden, auf dass nicht ein Unschuldiger durch Täuschung Unrecht erleide[235]. Bei Gerichtstagungen soll ein Priester anwesend sein, damit bestochene Richter nicht die Fälle verdrehen, Unschuldige bedrücken und Schuldige rechtfertigen[236]. Es gelingt eine Elementarforderung nach der Verbindung von Recht und höherer Gerechtigkeit über die außerrechtliche Kategorie der *misericordia: primum quidem iudicium, postea misericordia*[237]. – Schutz und Gerechtigkeit für die Hilfsbedürftigen legitimieren die Kirche, ihren Einfluss in den weltlichen Bereich auszudehnen, um Übergriffe der *potentes* und bestochener Richter zu verhindern.

Auf der Synode von Dingolfing haben sich die bestimmenden Größen und das Regelungsanliegen deutlich verändert. *Tassilone principe mediante* beschließt die Versammlung. Zunächst werden einige Angelegenheiten der Kirche wie Sonntagsheiligung, Bestandskraft von Vergabungen und Verpflichtung auf die Regel eingeschärft[238]. Von Einflussnahme der Kirche auf Gerichtswesen und weltliche Machthaber zum Schutz der Bedürftigen, die in Aschheim im Vordergrund stand, ist nicht mehr die Rede. Der Anspruch der Kirche auf unmittelbare Mitwirkung in zentralen weltlichen Angelegenheiten

232) Sehr ausführliche Wiedergabe der Literaturmeinungen zu den Regelungen der ›Decreta Tassilonis‹ jetzt bei Holzner, Decreta Tassilonis (wie Anm. 6). Zu den Editionen siehe oben Anm. 6.

233) Concilium Ascheimense c. 10, 11 (wie Anm. 6), S. 58; Holzner, Decreta Tassilonis (wie Anm. 6), S. 150 ff., 158 ff.

234) Concilium Ascheimense c. 12 (wie Anm. 6), S. 58; Holzner, Decreta Tassilonis (wie Anm. 6), S. 168.

235) Concilium Ascheimense c. 14 (wie Anm. 6), S. 58; Holzner, Decreta Tassilonis (wie Anm. 6), S. 177 ff.

236) Concilium Ascheimense c. 15 (wie Anm. 6), S. 58; Holzner, Decreta Tassilonis (wie Anm. 6), S. 190 ff.

237) Siehe oben Anm. 234.

238) Concilium Dingolfingense c. 1–4 (wie Anm. 6), S. 94.

ist zurückgedrängt. Primäres Anliegen in Dingolfing ist die Klärung des Verhältnisses von Herzog und Adel. Ihnen, den *nobiles intra Bavarios*, wird alles bestätigt, was die *parentes principis* ihnen früher gewährten, und sie können es vererben, solange sie dem *princeps* treu dienen: [...] *quamdiu stabiles federe servassent apud principem ad serviendum sibi* [...][239]. Man hat hierin die Vererbbarkeit überlassener Benefizien gesehen[240]. Anscheinend gab es eine Vereinbarung zur Beseitigung vorausgegangener Spannungen zwischen Herzog und *nobiles.* Die Lösung bedeutete Besitzbestätigung gegen Unterordnung und Dienste für den Herzog.

Treue Dienste mögen jene Herzogsnähe bewirkt haben, durch die man zum *homo principis sibi dilectum* wurde und in der Folge durch besondere Sanktion gegen Tötung geschützt war[241]. Der so Hervorgehobene wird nicht durch seinen Stand charakterisiert, sondern zunächst nur als *homo principis.* Entscheidend ist seine enge Verbindung zum Herzog, die ihn zu dessen *dilectus* macht. Woraus sich diese Qualität ergab, lässt sich erahnen, da er getötet wird *ob iniuriam principis ad calumniam*, also wegen eines Unrechts des Herzogs, das der Täter ihm, dem *homo principis dilectus*, anlastete. Es dürfte sich um einen Vertrauten des Herzogs, der in seinem Auftrag tätig wurde, gehandelt haben. Die Tötung seines Beauftragten war für den Herzog nicht hinnehmbar, und bereits die ›Lex Baiuvariorum‹ sah in einem solchen Fall vor, dass er sich für einen *homo in utilitate domini sui* [...] *mortuus* einsetzte und den Kindern das Erbe erhielt[242]. In Dingolfing ging man weiter und durchbrach zum Schutz des *homo principis dilectus* das Sanktionensystem der Lex. Danach war bei Tötung eines *liber* das Wergeld in Höhe von 160 s. zu zahlen, das bei einem Angehörigen der *genealogiae* verdoppelt und bei einem Agilolfinger vervierfacht wurde[243]. Ansonsten gab es eine Garantie für *alodis/hereditas* und Leben, die in Aschheim erneuert wurde[244]. Ausgenommen waren drei todeswürdige Verbrechen, das

239) Concilium Dingolfingense c. 8 (wie Anm. 6), S. 95: *De eo quod parentes principis quodcumque praestatum fuisset nobilibus intra Baiuvarios, hoc constituit, ut permaneret et esset sub potestate uniuscuiusque relinquendum posteris, quamdiu stabiles federe servassent apud principem ad serviendum sibi, et haec firma permaneret, ita constituit.*

240) Heinrich WANDERWITZ, Quellenkritische Studien zu den bayerischen Besitzlisten des 8. Jahrhunderts, in: DA 39 (1983), S. 26–84, hier S. 46 Anm. 72, S. 72; STÖRMER, Prozeß sozialer Differenzierung (wie Anm. 6), S. 156; REINDEL, Bayerische Synoden (wie Anm. 6), S. 11; Roman DEUTINGER, Beobachtungen zum Lehenswesen im frühmittelalterlichen Bayern, in: Zs. für bayerische Landesgeschichte 70 (2007), S. 57–83. HOLZNER, Decreta Tassilonis (wie Anm. 6), S. 441 ff.

241) Concilium Dingolfingense c. 9 (wie Anm. 6), S. 95: *De eo ut nullus hereditate sua privetur nisi per tres causas, quas in pacto scribentur, et propter homicidium; hoc est ut quisquis hominem principis sibi dilectum occiderit ob iniuriam principis ad incalumniam, hominem componat secundum legem, tunc privetur hereditate sua.*

242) L. Bai. II, 7 (wie Anm. 9), S. 300 f., Text oben Anm. 204.

243) L. Bai. IV, 29 (wie Anm. 9), S. 334; L. Bai. III (wie Anm. 9), S. 312–315, Text oben Anm. 180.

244) L. Bai. II, 1 (wie Anm. 170); VII, 5 (wie Anm. 9), S. 351 f.; Concilium Ascheimense c. 12 (wie Anm. 6), S. 58.

waren die Fälle des *crimen maiestatis:* Planung der Herzogstötung, den Feind ins Land rufen oder dem Feind eine Stadt überliefern[245]. In Dingolfing unterläuft man die Garantie durch Einführung eines weiteren Ausnahmetatbestandes, nämlich die Tötung eines *homo principis dilectus.* Für diesen Fall wird außer Wergeldzahlung Vermögenseinzug angedroht. Es war an vermögende Täter gedacht, denn weniger Bemittelte hätte bereits die Zahlung des Wergeldes ruiniert. Der vorgestellte Täterkreis wird deutlich, als man sich in Dingolfing erneut mit dem Problem befassen musste, um festzulegen, wie weit der Vermögenseinzug reichen sollte. In der Schlussbestimmung kommt man auf die Vermögenseinziehung in jenen – mittlerweile – vier Ausnahmefällen von der Garantie der *hereditas* zurück. War der Täter *de nobili genere*, so sollte seine Frau ihre Rechte nicht verlieren[246]. Gedacht war also an Adelskreise, die sich an den Vertrauten des Herzogs, die dessen Aufträge erledigten, vergriffen. Für den Herzog stellte sich damit die Machtfrage. Zur Wahrung seiner Wirkungsmöglichkeit durch Beauftragte, die an jene in den Beschlüssen von Aschheim erwähnten *missi* erinnern, verstärkt er deren Sicherheit durch einen dem *crimen maiestatis* angenäherten Schutz.

Offen bleibt, wie weit gefächert das Spektrum der *nobiles* war. In Dingolfing bestimmt man, dass eine adelige Frau, die in Unkenntnis einen *servus* geheiratet hat, wieder frei sein sollte, nachdem sie sich von ihm getrennt hätte[247]. Was waren das für Familien, in denen man eine Frau ahnungslos einen *servus* heiraten ließ, und keinem fiel etwas auf[248]? Die Erscheinungsformen von *nobiles* aus der Sicht von Dingolfing reichen von vermögenden Leuten, die bestrebt sind, ihre Position für die Zukunft zu festigen, bis hin zu deutlich bescheideneren Verhältnissen. Das Regelungsanliegen war Ausgleich mit dem Herzog durch eine Verknüpfung von Besitzbestätigung und treuen Diensten. Anzeichen für eine darüber hinaus reichende politische Einbeziehung des Adels fehlen. Gestaltenden Einfluss könnte ein Vertrauter des Herzogs, ein *homo principis sibi dilectus*, gewinnen, doch wird das nicht institutionalisiert.

Die Synode von Neuching wird noch deutlicher von Tassilo dominiert. Trotzdem verzichtet er nicht darauf, eine breite Zustimmung von *proceres* zu inszenieren[249]. Deren

245) Siehe oben Anm. 31, 36.

246) Concilium Dingolfingense c. 12 (wie Anm. 6), S. 96; HOLZNER, Decreta Tassilonis (wie Anm. 6), S. 447 ff.

247) Concilium Dingolfingense c. 10 (wie Anm. 6), S. 95; HOLZNER, Decreta Tassilonis (wie Anm. 6), S. 353 ff.

248) Einen tatsächlichen Fall bietet die Ehe der Ermansuind mit einem *servus*, die in den Traditionen des Hochstifts Freising, 1. Bd. (wie Anm. 24), Nr. 401c, 402, S. 346 f. überliefert ist. Zur unterschiedlichen Einordnung: Wilhelm STÖRMER, Adelsgruppen im früh- und hochmittelalterlichen Bayern, München 1972, S. 14; Warren BROWN, The Use of Norms in Disputes in Early Medieval Bavaria, in: Viator 30 (1999), S. 15–40, hier S. 29–32 denkt an verwandtschaftliche Beziehungen der Ermansuind zu den Huosi; KOHL, Lokale Gesellschaften (wie Anm. 10), S. 198. – Grundsätzlich: STÖRMER, Prozeß sozialer Differenzierung (wie Anm. 6).

249) Siehe oben bei Anm. 155 f.

inhaltliche Mitwirkung ist allerdings nicht zu spüren. Von *nobiles* ist nirgends die Rede, obwohl weltliche Regelungsgegenstände zur Ergänzung und Weiterentwicklung der ›Lex Baiuvariorum‹ überwiegen[250]. Beachtlich im vorliegenden Zusammenhang ist eine Neufassung der Missachtung des herzoglichen Befehls[251]. Die Lex geht von einem durch Ring oder Siegel übermittelten Befehl *ducis sui* aus. Wer dem nicht nachkommt, zahlt 15 s. als Buße und soll das Befohlene ausführen[252]. In Neuching verallgemeinert man: jede durch Siegel übermittelte Anweisung ist zu erfüllen, schon dem Siegel selbst gebührt Ehrerbietung. Wichtiger sind die fein abgestuften Folgen eines Verstoßes. Beim ersten Mal gibt es eine Rüge. Das öffnet die Möglichkeit für eine gütliche Verständigung ohne Ansehensverlust auf beiden Seiten. Beim zweiten Mal sind 40 s. zu büßen, beim dritten das eigene Wergeld und beim vierten heißt es: [...] *exterminetur ab acto officio*, Amtsverlust. Normadressat ist ein Amtsinhaber, der ausgewechselt werden kann bei Fortbestehen des *officium*. Dessen Verlust ist einschneidender als die Zahlung des eigenen Wergeldes, die schon beim vorausgehenden Ungehorsam fällig war. Betroffen waren sehr vermögende Leute, die auch nach Zahlung einer solchen Buße noch über die nötigen Mittel verfügten, um das *officium* ausüben zu können. Denken lässt sich an adelige Kreise, deren Ansehen und Einfluss durch das vom Herzog erlangte *officium* noch gesteigert wurde. Der Entzug bedeutete folglich einen Prestigeverlust. Der Herzog kann die Zügel anziehen. Das schließt ein konsensgetragenes Zusammenwirken nicht aus, erlaubt es aber, auf Befehl und Gehorsam abzustellen. – Die *proceres* und alle Versammelten sollen dem in Neuching zugestimmt haben.

Unterschiedliche politische Konstellationen werden deutlich. In Aschheim sucht die Kirche ihren Einfluss auf örtliche Machthaber und Gerichte zu erweitern zum Schutz der Schwachen gegen *potentes*. Der junge Herzog soll das mittragen. Später ist von diesen Initiativen nichts mehr zu spüren. In Dingolfing geht es dem Herzog um Ausgleich mit dem Adel, und so einigt man sich auf Bestätigung früherer Rechts- und Besitzpositionen gegen treue Dienste, eine Vereinbarung, deren jeweilige Interpretation Aktivierungspotential birgt. In Neuching ist von *nobiles* nicht mehr die Rede. Der Herzog stärkt sein Durchsetzungsvermögen gegenüber Funktionsträgern. Zielstrebig versucht er seinen Machtbereich zu konsolidieren durch Heranziehung der Großen.

Abschließend sollen als Kontrast zu den angesprochenen Herrschaftsverhältnissen knapp zwei weitere Beobachtungsfelder in der ›Lex Baiuvariorum‹ zu Voraussetzung und Wirkung von Konsens überblickt werden.

250) Zum Beispiel: Diebstahlfälle c. 1–3, 7; Verfahrensrecht c. 4–6; Verfolgung von Diebesgut c. 11–13.
251) Concilium Neuchingense c. 15 (wie Anm. 6), S. 103: *Ut si quis signum, quod est sigillum, inhonoraverit vel huiuscemodi iniuncta minime impleverit, prima vice arguetur, secunda XL solidos componat, III.*[a] *suum reddat wergeldum, IIII.*[a] *exterminetur ab acto officio.*
252) L. Bai. II, 13 (wie Anm. 9), S. 307.

V. Gesellschaftlicher Konsens in Lex Baiuvariorum IV–XXII

Dieser Teil der ›Lex Baiuvariorum‹, der auf das sogenannte merowingische Königsgesetz Titel I–III folgt, beginnt mit Bußbestimmungen, darauf folgen privatrechtliche Regelungen, die stark an der westgotischen Vorlage orientiert sind. Abschließend werden Angelegenheiten des ländlichen Wirtschaftsbereichs behandelt. Die Verfassungsverhältnisse und die Stellung des bayerischen Herzogs im Frankenreich sind nicht mehr Regelungsgegenstand. König und *comes*, der Bischof und die Kirche fehlen. Allein *dux* und *iudex* werden wiederholt genannt. Dabei ist der Herzog nicht mehr einem König zugeordnet, und seine Herrschaft ist auch nicht auf die *provincia* in einem Großreich beschränkt. *Provincia*[253] meint jetzt das Inland, sodass eine Verbringung außer Landes mit [...] *foris provincia* [...][254] oder gleichbedeutend mit [...] *foras terminum* [...] *hoc est foras marcas* [...][255] beschrieben werden kann.

Die Aufgaben des Herzogs in diesem Teil der Lex betreffen die Sicherung des inneren Friedens und das Gerichtswesen. Im Falle von Brandstiftung übt er *ducalis disciplina*[256] aus. Bei einem Bandenüberfall mit 42 Schilden erhält er eine Buße von 40 s. und ist dadurch in die Bereinigung des Vorgangs einbezogen[257]. Durch entsprechende Bußandrohung verlangt er das Erscheinen von Beklagten vor Gericht[258] und wendet sich gegen eigenmächtige Pfändung[259]. Beides dient dem Rechtsfrieden. In diesem Bereich wirken Herzog und *iudex* zusammen[260]. Beide erscheinen mitunter in gleichen Aufgaben beim Schutz von Witwen[261], bei der Erteilung eines Pfändungsbefehls[262], und jeder von ihnen führt Vollstreckungshandlungen durch[263]. So ist es nur konsequent, dass *dux* und *iudex*

253) L. Bai. IV, 31; IX, 14; XVI, 5 (wie Anm. 9), S. 336, 378, 435.

254) L. Bai. XVI, 5 (wie Anm. 9), S. 435.

255) L. Bai. XIII, 9 (wie Anm. 9), S. 412.

256) L. Bai. X, 4 (wie Anm. 9), S. 388. Wie sich *ducalis disciplina* zur *disciplina hostilis* in L. Bai. II, 4 (wie Anm. 9), S. 297 verhält, bleibt offen. Siehe auch L. Bai. IX, 5, S. 371: *disciplina* im Sinne von Körperstrafe.

257) L. Bai. IV, 23 (wie Anm. 9), S. 351.

258) L. Bai. XIII, 2 (wie Anm. 9), S. 407.

259) L. Bai. XIII, 3 (wie Anm. 9), S. 408.

260) Kritisch lässt sich fragen, ob die ›Lex Baiuvariorum‹ in diesem Bereich stets exakt zwischen *iudex* und *dux* unterschieden hat oder ob sich die Bezeichnungen vertreten, da beide, *iudex* oder *dux*, die fraglichen Handlungen vornehmen konnten? Als Beispiel für ein solches Textverständnis bieten sich L. Bai. XIII, 1 (wie Anm. 9), S. 406: *nisi per iussionem iudicis* [...] und XIII, 3, S. 408: [...] *sine iussione ducis* [...] an. Beide Male dürfte das Gleiche gemeint sein, eine Pfändungserlaubnis durch *iudex* oder *dux*. Bei einem wortgetreuen Verständnis, dass tatsächlich eine *iussio ducis* erforderlich war, ergäbe sich eine schwer erklärbare Überlastung des Herzogs.

261) L. Bai. VIII, 7 (wie Anm. 9), S. 356 f.

262) Siehe oben Anm. 260.

263) Zum *dux:* L. Bai. VIII, 18 (wie Anm. 9), S. 361 f.: *Si qua mulier potionem, ut avorsum faceret, dederit, si ancilla est, CC flagella suscipiat, et si ingenua, careat libertate servitio deputanda cui dux iusserit.* Die Regelung entstammt aus westgotischer Vorlage: Lex Visigothorum VI, 3, 1 (wie Anm. 26), S. 260, doch

unter Strafandrohung ermahnt werden, die Garantie der Lex von Freiheit und *hereditas* einzuhalten[264]. Das gerichtliche Verfahren liegt in den Händen des *iudex*[265]. Seine Aufgabe ist es, die Wahrheit zu ermitteln und ein gerechtes Urteil nach dem *liber legis* zu fällen[266]. – Es bleibt anzumerken, dass die erwähnten Tätigkeiten des Herzogs nur bis Titel XVI, 11 angesprochen werden. Danach enden sie, so wie auch die Übernahmen aus dem westgotischen Recht[267].

Der in Titel IV–XXII der ›Lex Baiuvariorum‹ erfasste Lebensbereich tritt zunehmend plastisch hervor in Regelungen zu Grenzstreitigkeiten, zu Tier- und Ernteschäden, und endet im ländlichen Idyll von Hofhund, Bienen und Obstbäumen[268]. Es sind übersichtliche, kleinräumige Verhältnisse dörflichen Zuschnitts. Zur Sicherung der örtlichen Gemeinschaft werden vorausschauend Verfahren zur Bewältigung wiederkehrender Auseinandersetzungen geschaffen. Allseits erträgliche Lösungen mussten gefunden werden, um das Zusammenleben nicht zu gefährden. Das alles setzt einen ständig zu aktualisierenden Grundkonsens über Ziel und Form des gemeinsamen Wirtschaftens voraus. Dazu drängen bereits gemeinsame Anlagen. Mehrere Nachbarn haben zusammen einen Brunnen[269]. Schmiede und Mühle gehören zu den *casae publicae* [...] *semper patentes*, sie sind Gebäude der Allgemeinheit, deren Nutzung allen zusteht und die dementsprechend wohl auch von allen zu erhalten sind[270]. Das gleiche dürfte für den Gebrauch der Wege gelten[271]. Verbindende Gemeinschaftsrechte scheinen in der Waldnutzung auf. Selbst aus privatem Wald eines anderen darf der *commarcanus* [...] *quem calasneo dicimus* Vögel wegnehmen[272]. Aus dem Wald kann man sogar Bauholz für den eigenen Gebrauch holen, doch bleibt das Nähere ungewiss[273].

wurde der *dux* selbstständig eingefügt. – L. Bai. IX, 5, S. 371: *dux* bestimmt Körperstrafen für *servi.* – L. Bai. XVI, 11, S. 439 f.: Wegen einer Schuld nimmt der Herzog jemandem einen Sklaven (*mancipium*) weg und überträgt ihn einem anderen, der dadurch erwirbt. – Zum *iudex:* L. Bai. IX, 9. 17, S. 375, 380.

264) L. Bai. VII, 5 (wie Anm. 9), S. 352; siehe auch Anm. 244, 298–300.

265) L. Bai. IX, 18. 19 (wie Anm. 9), S. 380 ff. in Verbindung mit L. Bai. II, 14–18, S. 307–311.

266) Zum Gerichtswesen in der ›Lex Baiuvariorum‹: Jürgen Weitzel, Dinggenossenschaft und Recht. Untersuchungen zum Rechtsverständnis im fränkisch-deutschen Mittelalter, Köln/Wien 1985, S. 575–605; Landau, Lex Baiuvariorum (wie Anm. 9), S. 20–26.

267) Die Koinzidenz ergibt sich nicht aus einer Übernahme der *dux*-Regelungen aus dem westgotischen Recht. Sie könnte aber beachtlich sein für eine Untersuchung von Bearbeitungsabschnitten.

268) Zum Folgenden: Siems, Das Lebensbild der Lex Baiuvariorum (wie Anm. 9), S. 66–71; Kohl, Lokale Gesellschaften (wie Anm. 10), Abschnitt 3 und 7.

269) L. Bai. X, 23 (wie Anm. 9), S. 395.

270) L. Bai. IX, 2 (wie Anm. 9), S. 367: *Et si in ecclesia vel infra curtem ducis vel in fabrica vel in mulino aliquid furaverit, triniungeldo conponat, hoc est ter novem reddat, quia iste IIII domus casae publicae sunt et semper patentes.*

271) L. Bai. X, 19–21 (wie Anm. 9), S. 394 f. Eine gemeinsame Verantwortung für die Wege erschließt sich aus dem Kontext des gemeinsamen Brunnens (siehe oben Anm. 269).

272) L. Bai. XXII, 11 (wie Anm. 9), S. 473.

Eine vorausschauende Konfliktminimierung ergibt sich bereits aus der Standardisierung von Bußen für zerstörte Häuser oder Hausteile[274)], die einem Streit über den realen Schaden vorbeugt. Bezüglich Tier- und Ernteschäden sucht man einen Ausgleich zwischen Fruchtanbau, der durch Zäune geschützt wird, und Viehhaltung, die durch Verletzung der Tiere an Zäunen gefährdet wird[275)]. Das setzt abgestimmtes Wirtschaften voraus und schlägt sich nieder in einer gesetzlichen Festlegung der Zaunhöhe[276)]. Zum Ersatz sich erst entwickelnder Schäden an Feldfrüchten durch fremde Tiere wird von Nachbarn ein unbeschädigtes Vergleichslandstück bezeichnet, sodass die Ertragsdifferenz ausgeglichen werden kann[277)]. Gab es dafür auch eine westgotische Vorlage[278)], so gibt die ›Lex Baiuvariorum‹ doch eine griffigere und praktikablere Lösung. Die westgotische Vorlage zur Beilegung von Grenzstreitigkeiten hat die Lex zu einem eigenen Verfahren [...] *de conmarcanis* umgestaltet[279)]. Man findet selbstständig zu Regelungen vorläufiger Besitzstands- und Beweissicherung, wenn der Streit während eines laufenden Bauvorhabens ausbricht[280)]. Neue Grenzen sollen im Konsens festgelegt werden[281)]. Einverständliche Streitbeilegung wird angestrebt. Wurde fremdes Bauholz für eigene Zwecke verwandt und war deshalb nicht ohne Weiteres rückgebbar, so wird eine Verständigung zwischen den Betroffenen nahegelegt[282)]. Eine salomonische Lösung sucht man für den Fall, dass ein Hofhund jemanden an der Kleidung oder am Körper packt und deshalb von diesem mit der Hand erschlagen wird. Anscheinend sieht man sich in einem Prinzipienkonflikt, denn einerseits soll der *houauuart* den Hof verteidigen und andererseits braucht niemand eine Verletzung durch den Hund zu dulden. Deshalb ist für den Hund nicht die sonst fällige Buße von 1 s. zu leisten. Außerdem kann für den Hund nur dann Ersatz verlangt werden, wenn der Herr des Hundes bereit ist, die Hälfte dessen zu zahlen, was fällig wäre,

273) L. Bai. XII, 11 (wie Anm. 9), S. 405: *Si aliquis alicuius materiamen in silva aut propter inimicitias vel invidiam truncaverit vel lederit, cum alio simili restituat et cum solđ conponat.*

Et si ea sibi in usum miserit, nisi per convenientiam non potest cum alio placare restituendi et cum solđ, dum ipsam habet, conponat. – Die Rechte am Wald werden nicht angesprochen, doch lässt die Möglichkeit von Entnahme und geschütztem Erwerb von Bauholz an einen Gemeinschaftswald denken.

274) L. Bai. X, 6–14 (wie Anm. 9), S. 389–391.

275) L. Bai. XIV (wie Anm. 9), S. 413–420.

276) L. Bai. XIV, 1 (wie Anm. 9), S. 413.

277) L. Bai. XIV, 17 (wie Anm. 9), S. 419 f.

278) Lex Visigothorum VIII, 3, 13 (wie Anm. 26), S. 326 f.

279) L. Bai. XII, 8 (wie Anm. 9), S. 402 f. Zur Entwicklung der Textvorlage siehe oben Anm. 29.

280) L. Bai. XII, 9 und 10 (wie Anm. 9), S. 403 f.

281) L. Bai. XII, 5 (wie Anm. 9), S. 401: *Nemo novum terminum sine consensu partis alterius aut sine inspectore constituat.* Der Text ist Codex Euricianus 276, Leges Visigothorum (wie Anm. 26), S. 4 entnommen. Dabei wurde aus [...] *sine consorte alterius* [...] der Vorlage [...] *sine consensu partis alterius* [...] der ›Lex Baiuvariorum‹.

282) L. Bai. XII, 11 (wie Anm. 9), S. 405, Text oben Anm. 273.

wenn er die von seinem Hund angerichteten Schäden selbst herbeigeführt hätte[283]. Ansonsten sucht man Misshelligkeiten durch Öffentlichkeit und Hinzuziehung von Zeugen vorzubeugen[284]. Zeuge für die Besitzverhältnisse am Ort kann ein *conmarcanus* sein, dem ein Vermögen von *VI solidorum pecuniam et similem agrum* gehört[285].

Die aufgeführten Beispiele zeigen Regelungen, die darauf ausgerichtet sind, durch Verfahren und vorgeformte Lösungen für Standardkonflikte die Funktionsfähigkeit dörflicher Wirtschaftsgemeinschaft zu sichern. Die erforderliche Bereitschaft zu Konsensfindung und Ausgleich dürfte durch gemeinsame Einrichtungen und gleichgelagerte Interessen erleichtert worden sein.

VI. Vermittlung und Durchsetzung von Normen: Begründungen und Werteappell

Normen und Einzelanweisungen können ihren Durchsetzungsanspruch aus rechtmäßiger Entstehung herleiten. Die tatsächliche Befolgung wird allerdings wesentlich davon abhängen, inwieweit die Normadressaten von der inhaltlichen Richtigkeit überzeugt sind und sich das Regelungsanliegen zu eigen machen. Für den Erfolg von Gesetzen kommt der Vermittlung von Zielsetzung und Vorgehensweise erhebliche Bedeutung zu. Eine Möglichkeit, Akzeptanz zu schaffen, bieten den Normen beigegebene Begründungen, die sich auf anerkannte Werte berufen und auch argumentativ angelegt sein können. Die ›Lex Baiuvariorum‹ enthält außergewöhnlich viele Begründungen, die Gerhard Köbler zusammengestellt und untersucht hat[286]. Hier können nur einige Beispiele angesprochen werden, um die Normtechnik der ›Lex Baiuvariorum‹ zu veranschaulichen.

Begründungen können auf allgemeine Nützlichkeitserwägungen abstellen. Das für den Kriegseinsatz unbrauchbare Pferd ist weniger wert[287]. Eine im Kampf hinderliche

283) L. Bai. XX, 9 und 10 (wie Anm. 9), S. 464: c. 9 *Si autem canem qui curtem domini sui defendit, quem houauuart dicunt, occiderit post occasum solis in nocte, cum III sold. conponat, quia furtivum est.*

Si vero sole stante hoc fecerit, similem reddat et cum I solido conponat.

c. 10 *Si autem canis per vestimentum aut per membrum hominem tenuerit et de manu eum percusserit, ut moriatur, similem reddat et amplius non requiratur.*

Et dominus canis quod canis fecit, conponat medietatem ac si ipse fecisset; si hoc non voluerit, canem non requirat.

284) Zum Beispiel: L. Bai. XVI, 2. 15; XVII, 3 (wie Anm. 9), S. 432, 441, 449 f. Siehe auch den Grundsatz: [...] *et hoc in praesente populo fiat, ne per invidiam aliquis pereat* [...] in L. Bai. XVII, 2, S. 447 f. und fast identisch in L. Bai. II, 1, S. 292.

285) L. Bai. XVII, 2 (wie Anm. 9), S. 447.

286) Gerhard Köbler, Die Begründungen der *Lex Baiwariorum*, in: Studien zu den germanischen Volksrechten. Gedächtnisschrift für Wilhelm Ebel, hg. von Götz Landwehr, Frankfurt am Main 1982, S. 69–85.

287) L. Bai. XIV, 12 (wie Anm. 9), S. 418: [...] *angargnago* [...] *qui in hoste utilis non est* [...] .

Lähmung eines Fingergliedes rechtfertigt eine höhere Buße als dessen Verlust[288]. – Ein höheres Schutzbedürfnis ist ebenfalls durch höhere Bußen zu sichern. Frauen erhalten eine doppelte Buße, da sie sich nicht mit Waffen verteidigen können[289]. Beim Diebstahl in Kirchen, Herzogshof, Schmiede und Mühle wird die sonst übliche Buße verdreifacht, weil es sich um Gebäude der Allgemeinheit handelt, die immer offen stehen[290].

Aus einer der Zeit selbstverständlichen christlichen Weltsicht werden außergewöhnliche Sanktionen gerechtfertigt. Die über sieben Generationen laufende Abtreibungsbuße wird damit begründet, dass die Seele durch den Abort ohne das Sakrament der Taufe der Hölle übergeben werde[291]. Wer den Sonntag nicht heiligt und deshalb an diesem Tag nicht frei von Arbeit ist, soll auch sonst seine Freiheit verlieren und Sklave sein[292]. Die Entführung einer Nonne ist doppelt so hoch zu büßen wie die Entführung der Braut eines anderen, denn es ist ein größeres Verbrechen, eine Braut Christi zu entführen[293]. Diebstahl von Kirchengut soll nach Entscheidung des Richters gebüßt werden und je härter die Buße, desto sicherer wird der Friede der Kirche sein[294]. Christliche Nächstenliebe soll Härten des Erbrechts ausgleichen. Trotz fehlenden Erbrechts der Söhne, die ein Freier mit einer Sklavin hat, sollen seine Söhne mit einer freien Frau – also die Halbbrüder – ihnen aus *misericordia* etwas abgeben, denn es ist ihr Fleisch[295].

Begründungsqualität hat auch die Berufung auf anerkannte Grundsätze. Wegen einer Tötung auf Befehl des Königs oder Herzogs wird man nicht zur Verantwortung gezogen, denn es geschah auf Befehl, und einem Befehl kann man nicht widersprechen[296]. Hat man in Ausführung eines herzoglichen Auftrags den Tod gefunden, soll der Herzog den Kindern das Erbe erhalten, auf dass man treu und bereitwillig Befehle ausführe[297]. – Die Garantie von Leben, Eigen und Freiheit ist den Redaktoren der ›Lex Baiuvariorum‹ ein besonderes Anliegen und führt wiederholt zur Formulierung von Fundamentalsätzen: Kein Bayer soll ohne Kapitalverbrechen Eigen oder Leben verlieren[298]. Keine Schuld

288) L. Bai. IV, 11 (wie Anm. 9), S. 323: […] *mancus* […] *hoc impedimentum est ad arma baiolare* […] .

289) L. Bai. IV, 30 (wie Anm. 9), S. 335: […] *quia femina cum arme defendere se nequiverit* […] .

290) L. Bai. IX, 2 (wie Anm. 9), S. 367: […] *quia iste IIII domus casae publicae sunt et semper patentes.*

291) L. Bai. VIII, 21 (wie Anm. 9), S. 364: […] *quia sine sacramento regenerationis avortivo modo tradita est ad inferos.*

292) L. Bai. VII, 4 (wie Anm. 9), S. 350: […] *tunc perdat libertatem suam et sit servus qui noluit in die sancto esse liber.*

293) L. Bai. I, 11 (wie Anm. 9), S. 284: *Scimus illum crimine esse obnoxium, qui alienum sponsam rapit: quanto magis ille obnoxius est crimine qui Christi usurpavit sponsam.*

294) L. Bai. I, 6 (wie Anm. 9), S. 276: *Et quantum durius solverit, tantum firmior erit pax ecclesiae.*

295) L. Bai. XV, 9 (wie Anm. 9), S. 429: *Tamen debent misericordiam considerare, quia caro eorum est.*

296) L. Bai. II, 8 (wie Anm. 9), S. 301: […] *quia iussio domini sui fuit et non potuit contradicere iussionem* […] .

297) L. Bai. II, 7 (wie Anm. 9), S. 301: *Tunc fidus et prumptus implet iussionem.*

298) L. Bai. II, 1 (wie Anm. 9), S. 292: *Ut nullus Baiuuarius alodem aut vitam sine capitale crimine perdat.*

wiegt so schwer, dass das Leben nicht gelassen werden könnte[299]. Kein Freier darf ohne todeswürdiges Verbrechen versklavt oder aus seinem Erbgut vertrieben werden. Mag er auch arm sein, so soll er Freiheit und Erbgut nicht verlieren[300].

Die Begründungen zeigen eine Begabung zur sentenzenartigen Verdichtung allgemeiner Handlungsmaximen. Keinen darfst du ungerecht bedrücken, heißt es am Ende des Leistungskataloges im Kolonenstatut[301]. Den Richtern wird aufgetragen: Verurteile niemanden, bevor du die Wahrheit erforscht hast[302]. Zur Schutzgewähr für Fremde, die des Weges ziehen, gelingt ein Grundsatz naturrechtlicher Qualität: Alle benötigen den gleichen Frieden[303].

Schließlich geben die Begründungen auch Raum für juristische Argumentation. Die Haftung des Herrn für Sittlichkeitsdelikte seines Sklaven wird damit begründet, dass er diesem zu wenig Disziplin auferlegt habe[304]. Die Haftung wird auf eine vermutete eigene Pflichtverletzung des Herrn gestützt. Das Prinzip wird wiederholt und ausgeweitet bei Plünderung im Heer. War der Täter ein Sklave, soll der Herr haften, weil er seinen Sklaven nicht ermahnt habe, das nicht zu tun[305]. Eine Pflicht, Sorge zu tragen, dass die Untergebenen im Heer nicht gesetzeswidrig handeln, trifft den *comes*, der diese Pflicht auf seine *centuriones* und *decanos* erstreckt. Verletzt der *comes* seine Pflicht, Übeltäter ausfindig zu machen, haftet er selbst. Es entwickelt sich eine Haftung für das Unrecht anderer wegen Verletzung einer Aufsichtspflicht[306].

Ansätze für eine Legaldefinition und Verweistechnik finden sich im Zusammenhang mit dem Terminus *inunuuan*, der als *desperatio vitae* erklärt wird[307]. In diesem Sinne, aber ohne Erklärung wird das Wort *inunwan* noch dreimal verwandt und eine Buße von 12 s. angedroht, die nicht näher klassifiziert wird[308]. Bei einer Lebensgefährdung, *inunwan*, durch einen Hausbrand wird bezüglich der zu zahlenden Buße auf *hrevavunti* ver-

299) L. Bai. I, 7 (wie Anm. 9), S. 277: *Nulla sit culpa tam gravis, ut vita non concedatur propter timorem Dei et reverentiam sanctorum* [...] .

300) L. Bai. VII, 5 (wie Anm. 9), S. 351: *Ut nullum liberum sine mortali crimine liceat inservire nec de hereditate sua expellere* [...]. *Quamvis pauper sit, tamen libertatem suam non perdat nec hereditatem suam* [...].

301) L. Bai. I, 13 (wie Anm. 9), S. 290: *Tamen iniuste neminem opprimas.*

302) L. Bai. IX, 19 (wie Anm. 9), S. 382: *Neminem damnes, antequam inquiras veritatem.*

303) L. Bai. IV, 31 (wie Anm. 9), S. 336: *Tamen una pax omnibus necessaria est.*

304) L. Bai. VIII, 2 (wie Anm. 9), S. 354: [...] *pro eo, quod servo suo disciplinam minime inposuit.* – Siehe oben Anm. 209.

305) L. Bai. II, 5 (wie Anm. 9), S. 299: [...] *quia servo suo non contestavit, ut talia non faceret.*

306) L. Bai. II, 5 (wie Anm. 9), S. 297–299: [...] *et unusquisque provideat suos quos regit, ut contra legem non faciant* [...] – *Comes tamen non neglegat custodire exercitum suum, ut non faciant contra legem in provincia sua.* – Siehe oben Anm. 202 den Text im Zusammenhang.

307) L. Bai. X, 4 (wie Anm. 9), S. 387 f., siehe unten Anm. 309.

308) L. Bai. IV, 17. 19. 21 (wie Anm. 9), S. 328–330.

wiesen, ohne einen konkreten Betrag zu benennen[309]. *Hrevavunti* liegt vor: *si cervella in capite appareant vel interiora membra plagata fuerint* [...] und ist mit 12 s. zu büßen[310]. Darauf wurde verwiesen. Ein solcher Rechtsfolgenverweis auf *hrevavunti* wird bei gleicher Sachlage noch zweimal angewandt, doch fehlt die Bezeichnung des Tatbestandes als *inunwan*[311]. Die Beispiele zeigen, dass in den Begründungen der ›Lex Baiuvariorum‹ nicht nur das Potenzial zur Vermittlung von Akzeptanz, sondern auch zur Rationalisierung und zum Gewinn juristischer Methode steckt.

Wertungen, Worte mit Appellfunktion sind im Positiven: *veritas* und *pax.* Unbedingt zu vermeiden ist die Erregung eines *scandalum.*

VII. Zusammenfassung

Was ist aus der sperrigen Vielfalt der Beobachtungen für das Gesamtthema: »Herrschaft und Konsens« zu entnehmen? Welche Bedeutung hat der Konsens für die Autorität der ›Lex Baiuvariorum‹? Grundsätzlich sind Legitimität und Richtigkeit der Normen zentrale Voraussetzungen für Akzeptanz und Durchsetzung. Zum Nachweis von Legitimität und Richtigkeit finden sich unterschiedliche Ansatzpunkte:

1.) die Entstehung der ›Lex Baiuvariorum‹ aus der *consuetudo* der *gens* (so im langen Prolog),
2.) der vorgebliche Konsens aller (im kurzen Prolog und den ›Decreta Tassilonis‹),
3.) inhaltliche Argumentation und Werteappell (in den Begründungen).

Alle Ansätze sind Versuche, Akzeptanz zu vermitteln. Sie sind kein Zeugnis der tatsächlichen Normentstehung, insbesondere kein Beleg für Konsensgesetzgebung.

Herrschaft und Konsens in den bayerischen Verfassungsverhältnissen lassen sich nur greifen, soweit die Regelungen reichen, das heißt, soweit Strukturen, etwa in Gestalt eines Herrschaftsapparates, geschaffen wurden. Die volatilen politischen Konstellationen, mithin die Rahmenbedingungen jeglichen Regierens, sind mangels Regelbarkeit nicht ablesbar. Aussagen finden sich nur im Bereich des sogenannten merowingischen Königsgesetzes, Lex Baiuvariorum I–III. Es schafft eine Hierarchie vom fränkischen König über den bayerischen Herzog zu den Funktionsträgern, die auf Befehl und Gehorsam

309) L. Bai. X, 4 (wie Anm. 9), S. 387 f.: *Si autem ignem posuerit in domo ita, ut flamma eructuat et non perarserit et a familiis liberata fuerit: unumquemque de liberis cum sua hreuaunti conponat, eo quod illos inunuuan, quod dicunt, in disperationem vite fecerit; et non conponat amplius nisi tantum quantum ignis consumpserit. Ducalis vero disciplina integer permaneat. Et si negare voluerit, de istis cum campione se defendat aut cum XII sacramentalibus iuret. De servorum vero firstfalli, uniuscuiusque ut manum recisam conponat.*

310) L. Bai. IV, 6 (wie Anm. 9), S. 319 f.

311) L. Bai. I, 6; X, 1 (wie Anm. 9), S. 275, 385.

beruht. Die ›Decreta Tassilonis‹, bezogen auf den Herzog, verstärken das zum Teil und beziehen den Adel ein durch Vergünstigungen gegen Unterordnung. Ob diese Instrumente wirksam werden konnten, bleibt offen. Eine Indienststellung der Großen für allgemeine Belange des Königs oder Herzogs erforderte ein adeliges Selbstverständnis, das über Eigeninteressen hinausging. Einrichtungen zur Einbeziehung in eine politische Willensbildung oder zur Interessenabstimmung sind nirgends vorgesehen, es wird nicht einmal der Hof als politischer Ort installiert. Tatsächliche Absprachen und Vereinbarungen hängen damit wesentlich von der Individualität der Personen und des historischen Augenblicks ab. Diese sind nicht normierbar und können der ›Lex Baiuvariorum‹ nicht entnommen werden.

Im Laufe der Untersuchung musste zu neueren Hypothesen über die Entstehung der ›Lex Baiuvariorum‹ Stellung genommen werden. Dabei erschien die Fälschungsbehauptung bezüglich der ›Lex Baiuvariorum‹ unfundiert und hinsichtlich der ›Lex Alamannorum‹ überprüfungsbedürftig. Darüber hinaus ergaben sich bezüglich einiger Stellen Hinweise, die Übereinstimmungen beider *leges* als Benutzung der ›Lex Alamannorum‹ durch die ›Lex Baiuvariorum‹ unwahrscheinlich machen und an gemeinsame Vorlagen denken lassen. Entsprechend deuten Gemeinsamkeiten von langobardischem, bayerischem und alemannischem Recht auf Stufen einer längeren Textentwicklung. Das ist eine zu unsichere Grundlage für Schlüsse auf eine Entstehung der ›Lex Baiuvariorum‹ vor oder nach dem ›Edictum Rothari‹.

Keine Bestätigung hat sich für eine Abfassung der ›Lex Baiuvariorum‹ in Regensburg finden lassen. Die für Regensburg in Anspruch genommene Breviarhandschrift enthält den Vorlagetext der ›Lex Baiuvariorum‹ nicht und eine angebliche Benutzung der sogenannten Spanischen Epitome in der ›Lex Baiuvariorum‹ wie auch bei den Beschlüssen des Konzils von Aschheim lässt sich an den Handschriften nicht bestätigen. Der erneute Versuch, die Wertlosigkeit des Gesetzgebungsberichts im Prolog der Lex zu beweisen, kann nicht überzeugen. Die Behauptung, mit dem Magnus, der als Mitglied der Gesetzeskommission Dagoberts I. (623–638) im Prolog genannt wird, sei Magnus von Narbonne (um 460) gemeint, unterstellt, was sie beweisen will und übergeht Quellen und neuere Literatur zur Rolle des Magnus von Narbonne.

Es bleibt die wenig befriedigende Feststellung, dass eine trotz langer Forschung unsichere Quellenlage häufig nur kleine Erkenntnisgewinne zulässt und weitreichende Schlüsse sich nur schwer abstützen lassen. Datierungsversuche durch Abgleich der erschlossenen Verfassungsverhältnisse nach der ›Lex Baiuvariorum‹ mit den schwierigen Beziehungen zwischen Bayern und dem Frankenreich setzen für beide Bereiche Eindeutigkeit voraus, die nicht vorhanden ist. Darüber hinaus werden dabei Einzelhypothesen aus dem Sonderbereich von Titel I–III, dem sogenannten Königsgesetz, ungeprüft auf die ganze Lex erstreckt und als Gesamtbefund dargestellt. Demgegenüber ist festzuhalten, dass Gesamtbewertungen sich auch an allen Stellen der Lex rechtfertigen müssen.

Immerhin gibt es allseits anerkannte Anhaltspunkte zur Einschätzung der ›Lex Baiuvariorum‹: Das Vorliegen einer schriftlichen Fassung in der Mitte des 8. Jahrhunderts, eine intensive Auswertung zahlreicher Vorlagen, Gemeinsamkeiten mit dem alemannischen Recht und die Abhängigkeit vom fränkischen König. Selbst das Vorliegen unabgestimmter, widersprüchlicher Einzelaussagen wird allgemein angenommen, allerdings mit dem Unterschied, dass die Einheitstheorie hier Nachträge vermutet und die Schichtentheorie von Entstehungsstufen ausgeht. Weniger beachtet wurden die übergreifenden und die Teile der Lex verbindenden Gemeinsamkeiten in Vorlagenverwertung, Stil und Normtechnik. Damit rückt die Leistung der Redaktoren in den Vordergrund. Auswahl und Fortbildung zahlreicher Textvorlagen, historisch-theoretische Selbsteinordnung im Prolog, Bemühungen um Rationalität in den Begründungen, Fähigkeit zur sentenzenartigen Verdichtung, wie auch Ansätze zum methodischen Arbeiten kennzeichnen die ›Lex Baiuvariorum‹ und geben ihr eine Sonderstellung im Spektrum der frühmittelalterlichen Rechtsquellen.

Summary: Sovereignty and consent in the ›Lex Baiuvariorum‹ and the ›Decreta Tassilonis‹

The issue of »Sovereignty and consent« focuses on domination, subordination and diverging conditions for reaching a consensus in a political or administrative sphere.

The first question is whether the ›Lex Baiuvariorum‹ is presented as the result of mutual consensus. No clear evidence about the formation of the text can be drawn from its prologues. While the longer prologue mentions the repeated urgings of Frankish kings to record the *consuetudo* and the participation of legal experts, the short dialogue claims the promulgation to be the result of mutual consensus. The ›Decreta Tassilonis‹, issued at the synods of Aschheim, Dingolfing and Neuching, all stress the consensus but differ in the description of Duke Tassilo's influence. The professionally compiled content of *Lex* and *Decreta* suggest the participation of legal experts. To proclaim this law as having been promulgated as a result of consensus would not accommodate its complex process of composition.

The constitutional conditions before the Carolingian reorganization can be seen in titles I-III of the *Lex*, the so called Merovingian king's law. Bavaria was a province of the kingdom with a bishop and a duke, who received his power from the Frankish king, whose *decretum* he had to obey. In the army orders and obedience left no room for mutual consensus, but responsibility was assigned to authority. Scholars have often argued that apart from *genealogiae* a Bavarian nobility was not mentioned. However this group appears in the law sanctioning offences against the duke as his rivals prone to violence. The ›Decreta Tassilonis‹ tried to reconcile duke and nobility but did not grant governmental participation. The *Lex* does not mention institutions of assembly politics nor court-structures in general.

Titles IV-XXII of the ›Lex Baiuvariorum‹ concern rural life and production which demand coordination and agreements. In this area there were continual requirements to decide on questions of mills, wells, roads or cultivation and boundaries. Regulations were installed as institutions to prevent conflicts.

In all parts of the *Lex* reasons for the regulations are given sometimes condensed to neat sentences, which made the laws easy to accept and obey. Likewise a method to indicate judicial references was developed.

The paper includes results of the latest research concerning the ›Lex Baiuvariorum‹: the falsification theory (C. Schott); promulgation before the ›Edictum Rothari‹ from 643 (H. Nehlsen); promulgation in Regensburg between 737 and 743 stressing the position of the Bavarian duke (P. Landau). – The questionable falsification theory which has been drawn up for the ›Lex Alamannorum‹ does not convince for the ›Lex Baiuvariorum‹. Common formulations may result from common sources and can hardly be explained as one-sided taking over. Proximity of Alamannic and Bavarian law to the ›Edictum Rothari‹ show a longer development but do not enable us to decide upon their chronology. – The suggestion that a Breviary manuscript had been used, which perhaps (!) might have been in Regensburg at that time, does not take into account that the manuscript does not contain the required text. The use of the so-called Spanish Epitome for drawing up the ›Lex Baiuvariorum‹ lacks significant similarities and cannot be confirmed through the manuscripts for the canons of Aschheim. The fantastic identification of the »Magnus« in the prologue of the *Lex*, who had been a contemporary of Dagobert I. (623–638?), with Magnus of Narbonne (mid-fifth century) to prove the uselessness of the prologue is not supported by the sources. As a matter of principle it will not suffice to base an overall estimation of the *Lex* on the analyses of only one part of it, as titles I-III the so-called Merovingian king's law, but it demands an examination of the complete work, for which the course of editing could be useful.

All in all the results confirm what could be expected. The opportunities for and forms of mutual consensus do not follow strict rules, but depend on the given circumstances and on the people, who are involved.

Vandalisches oder römisches Recht? Betrachtungen zu Recht und Konsens im vandalischen Nordafrika am Beispiel der Verfolgungsgeschichte Victors von Vita

Roland Steinacher[*] *(Wien)*

I. Die Vandalen in der spätrömischen Welt

Seit den Markomannenkriegen hatte sich Rom mit verschiedenen vandalischen Gruppen an den Grenzen der pannonischen Provinzen auseinanderzusetzen. Gelegentlich gab es Krieg, häufiger machten einzelne Vandalen Karriere im römischen Militär. Der erfolgreichste Vandale in diesem Zusammenhang war der Reichsfeldherr Stilicho. Eine Reitereinheit, die *ala VIII Vandilorum*, ist im Staatshandbuch ›Notitia Dignitatum‹ für das 4. Jahrhundert in Ägypten verzeichnet und dürfte auf einen Friedensschluss zwischen Kaiser Aurelian und den Vandalenkönigen zurückgehen[1]. Im späteren 4. und beginnenden 5. Jahrhundert brach das Gleichgewicht an den Grenzen des Imperiums zusammen. Goten, sowie Vandalen, Alanen und Sueben überschritten 376 die Donau, respektive drangen im Jahr 406 über die Rheingrenze nach Gallien. Zwei Jahrzehnte versuchten nun die Vandalen und Alanen mit oder gegen die Römer ihren ›Platz an der Sonne‹ zu finden.

429 gelang es Geiserich schließlich, die afrikanischen Provinzen Proconsularis, Byzacena, Tripolitanien und Teile der beiden Mauretanien wie Numidiens zu besetzten. Diese Provinzen wurden zu einem wohlhabenden und gut funktionierenden Staatswesen. Die vandalischen Herrscher agierten in den Provinzen dabei wie Vizekaiser, und es gelang

*) Dieser Beitrag wurde durch den ERC-Advanced Grant SCIRE Walter Pohls an der Universität Wien »Social cohesion, identity and religion in Europe, 400–1200« ermöglicht. [The research leading to these results has received funding from the European Research Council under the European Union's Seventh Framework Programme (FP7/2007–2013) / ERC grant agreement No. 269591.]

1) Notitia dignitatum orientis 28, 13, hg. von Otto Seeck, in: Notitia dignitatum. Accedunt notitia urbis Constantinopolitanae et laterculi provinciarum, Berlin 1876, ND Frankfurt/Main 1962; Dexippos Fragment 7, 1–4, hg. von Gunther Martin, Dexipp von Athen. Edition, Übersetzung und begleitende Studien (Classica Monacensia 32), Tübingen 2006, S. 136–137 (als Fragment 30); vgl. Helmut Castritius, Wandalen § 1, in: Reallexikon der Germanischen Altertumskunde 2. Aufl. 33 (2006), Sp. 168–209, hier Sp. 172–173; Franz Miltner, Vandalen, in: Paulys Realencyclopädie der classischen Altertumswissenschaft 8, 1 A (1955), Sp. 298–335, hier Sp. 302.

ihnen, Teil der spätrömischen Reichselite zu werden. Früher als Goten, Franken oder Burgunder in Italien, Spanien und Gallien konnten die Vandalen eine politische Alternative zur römischen Zentralherrschaft anbieten. Dabei gab es Innovationen, etwa im Münzwesen und bei der Versorgung der Angehörigen der bewaffneten Macht. Gegenüber den einheimischen Mauren verhielten sich die Vandalen schnell wie zuvor die Römer ihnen selbst gegenüber. Ein Jahrhundert lang regierten die Hasdingen – die Dynastie Geiserichs – in Karthago, bis Belisar, der Feldherr Kaiser Justinians, 533 in einem kurzen Krieg ihr Königreich zerschlug[2]. Die Vandalen waren ›römische Barbaren‹, Soldaten, die sich im spätantiken Mittelmeerraum einen privilegierten Platz in der Gesellschaft zu sichern wussten.

II. Vandalisches Recht?

Wir verfügen insgesamt über wenige Quellen zur Verfassungsgeschichte und dem Rechtswesen im vandalischen Nordafrika. Die vorherrschende Sicht lässt sich in etwa folgendermaßen zusammenfassen: Das vandalische Afrika war ein zweigeteiltes Gemeinwesen. ›Germanische‹ Vandalen und ›Romanen‹ lebten nebeneinander und jede dieser Gruppen, »Nationen«, hatte ihr eigenes Recht. Darüber hinaus sei der vandalische Staat auf Gewalt, Raub und Unrecht beruhend und deshalb instabil gewesen. Die Forschung stützte sich insgesamt in hohem Maße auf Vermutungen und Bruchstücke, wenn nicht gar ein »germanisches« Recht als Vorannahme in die Quellen projiziert wurde. Aussagen über ein vandalisches ›Volksrecht‹ sind höchst problematisch, wenn nicht gar unmöglich. Man meinte zwar, »über die Rechtspflege im Wandalenreiche leider nur sehr unvollkommen unterrichtet« zu sein, um aber gleich zu schließen: »Die Wandalen wurden jedenfalls nach ihren nationalen Rechtsgrundsätzen von den Tausendschaftsführern gerichtet. « Dies ist problematisch, denn in keiner Quelle verbürgt, beruht aber auf einer

2) Das deutschsprachige Standardwerk zur Geschichte der Vandalen: Ludwig Schmidt, Geschichte der Wandalen, Leipzig/München 1942, ND 1970; das französische Pendant mit einem anderen, der Schule der *Annales* verpflichteten, Ansatz: Christian Courtois, Les Vandales et l'Afrique, Paris 1955; eine neue britische Vandalengeschichte: Andrew H. Merrills und Richard Miles, The Vandals (The Peoples of Europe), Chichester 2010; einen Überblick geben: Helmut Castritius, Die Vandalen. Etappen einer Spurensuche (Kohlhammer–Urban–Taschenbücher 605), Stuttgart 2007; John Hugo Wolfgang Gideon Liebeschuetz, *Gens* into *Regnum:* The Vandals, in: Regna and Gentes. The Relationship between Late Antique and Early Medieval Peoples and Kingdoms in the Transformation of the Roman World, hg. von Hans-Werner Goetz, Jörg Jarnut und Walter Pohl (The Transformation of the Roman World 13), Leiden, Boston und Köln 2003, S. 55–83 (dort auch der Gedanke der »röm. Position" der Vandalen gegenüber den Mauren); Hans–Joachim Diesner, Das Vandalenreich. Aufstieg und Untergang, Stuttgart 1966; quellenkritische Beiträge: Castritius, Wandalen § 1 (wie Anm. 1); bis 477: Miltner, Vandalen (wie Anm. 1), Sp. 477–533: Hans-Joachim Diesner, Vandalen, in: Paulys Realencyclopädie der classischen Altertumswissenschaft, Suppl. 10 (1965), Sp. 957–992.

langen intellektuellen Tradition, die sich bis ins 18. Jahrhundert und zum Baron de MONTESQUIEU (1689–1755) zurückverfolgen lässt[3].

Hinzu kommt, dass die angesprochenen »Tausendschaftsführer«, die *millenarii* oder Chiliarchen nicht befriedigend erklärt werden können. Der *millenarius* übte zweifellos eine militärische Funktion aus. Die Produktion und Bereitstellung von Waffen lag in seinem Zuständigkeitsbereich[4]. Solche Aufgaben oblagen aber den Offizieren der spätrö-

3) SCHMIDT, Wandalen (wie Anm. 2), S. 169 (Zitat) und Anm. 2; dort die Zurückweisung einer seltenen, weil von der Mehrheit der Forscher abweichenden, Meinung: Alfred von HALBAN (1865–1926), Das römische Recht in den germanischen Volksstaaten. Ein Beitrag zur deutschen Rechtsgeschichte 1–3 (Untersuchungen zur deutschen Staats- und Rechtsgeschichte 56, 64, 89), Breslau 1899–1907, Bd. 1, S. 82: »Ob nun die Gerichtsbarkeit durch die *millenarii* gehandhabt wurde oder durch andere königliche Beamte, germanisch war sie nicht.« Auch wenn es keine Quellen dafür gibt, für viele Forscher war klar, dass die Vandalen ihr eigenes (Volks-)recht hatten. Felix PAPENCORDT, Geschichte der vandalischen Herrschaft in Afrika, Berlin 1837, S. 249: »Wenden wir das Gesagte auf die Vandalen an, so müssen wir bedauern, daß wir auch nicht eine einzige genauere Nachricht über ihre Rechtspflege besitzen, und zum Beweise, daß sie in Afrika ihr eigenthümliches Recht behielten, kann außer der Analogie aller andern germanischen Stämme nur die ausdrückliche Angabe des Prokop dienen, daß die Vandalen nach denselben Gesetzen wie die Gothen gelebt hätten; (...).«PAPENCORDT verweist dann in Analogie zu den Goten auf Jacob GRIMM, Deutsche Rechtsalterthümer, Göttingen 1828, Bd. 1, S. 755–756, wo *millenariii*, *centenarii* und *decani* die Gerichtsbarkeit ausüben. Über diesen stehe der »Graf« und dann der König. Es handle sich um militärische und richterliche Ämter in einem. Solche Vorstellungen gehen letztlich auf die Frühzeit der französischen Aufklärung zurück und wurden etwa durch Friedrich Carl von SAVIGNY (1779–1861) in der deutschsprachigen Geschichtswissenschaft eingeführt. Vgl. Friedrich Carl von SAVIGNY, Geschichte des römischen Rechts im Mittelalter, Heidelberg 1834, Bd. 1, S. 116: Jedes Individuum wird nach einem Volksrecht abgeurteilt, wenn ein Franke, ein Gote und ein Römer an einem Ort leben. Die wahrscheinliche Wurzel ist Charles de Secondat Baron de MONTESQUIEU, De l'esprit des Loix, Genf 1784, Bd. 2, S. 284–285: »C'est un caractère particulier de ces Loix des Barbares, qu'elles ne furent point attachés à un certain territoire; le Franc étoit jugé par la Loi des Francs, l'Allemand par la Loi des Allemands, Le Bourguignon par la Loi des Bourguignons, le Romain par la Loi Romaine; (...)« Solches beruhe auf der germanischen Freiheit, wie man sie aus Tacitus kenne. »Tous ces peuples dans leur particulier étoient libres & indépendans; & quand ils furent mélés, l'indépendance resta encore; la Patrie étoit commune & la République particuliére; le Territoire étoit le même & les Nations diverses.« Der »Geist«, *esprit*, der *Loix personnelles* war schon unter diesen Völkern, bevor sie ihre Wohnsitze verlassen hatten, und sie brachten diesen Rechtsbrauch in die eroberten römischen Provinzen mit. Vgl. zum Baron de MONTESQUIEU (die Germanen als *la source de la liberté de l'Europe*) und im Folgenden zu Justus MÖSER (1720–1794) und Johann Gottfried HERDER (1744–1803) bis zur deutschen Romantik Klaus von SEE, Barbar, Germane, Arier. Die Suche nach der Identität der Deutschen, Heidelberg 1994, S. 64–82; Klaus von SEE, Deutsche Germanen-Ideologie vom Humanismus bis zur Gegenwart, Frankfurt/Main 1970, S. 14–43.

4) Victor von Vita, Historia persecutionis Africanae provinciae sub Geiserico et Hunirico regibus Wandalorum, hg. von Karl HALM (MGH Auct. ant. 3, 1), Berlin 1879, ND 1993, 30–35; vgl. María Elvira GIL EGEA, Africa en tiempos de los vándalos: continuidad y mutaciones de las estructuras sociopolíticas romanas (Memorias del Seminario de Historia Antigua 7), Alcalá de Henares 1999, S. 332; Gideon MAIER, Amtsträger und Herrscher in der Romania Gothica. Vergleichende Untersuchungen zu den Institutionen der ostgermanischen Völkerwanderungsreiche (Historia Einzelschriften 181), Stuttgart 2005, S. 225–227; COURTOIS, Vandales (wie Anm. 2), S. 217; SCHMIDT, Wandalen (wie Anm. 2), S. 152–155; Hans-Joachim

mischen Armee ebenso. Das Vandalenheer ersetzte in den afrikanischen Provinzen die bewaffnete Macht, das Feldheer der *comitatenses.* Das bedeutete eine entsprechende Rechtsstellung und ein spezifisches Versorgungssystem nach römischem Muster. Die Forschung ist sich allerdings alles andere als einig, wie man sich die Versorgung der Vandalen durch *sortes* vorzustellen hat. Hier ist jedoch nicht der Platz, diese Diskussionen zu führen. Nur seien folgenden Fragen gestellt: Was, wenn Geiserich und seine Nachfolger mit spätrömischen Heermeistern wie Rikimer oder Aspar zu vergleichen, und die Vandalen als Föderatenheer, das die Macht im Staat übernommen hatte, aufzufassen sind? Dem entsprechend wäre ihre gesellschaftliche Rolle in den afrikanischen Provinzen gewesen. Das hasdingische Königtum wäre ein Experiment mit Innovationskraft für die Umgestaltung der römischen Welt gewesen[5].

Was ist nun über Konsensbildung und das Rechtswesen im vandalischen Nordafrika zu sagen? Das erstarkende hasdingische Königtum soll in Afrika sowohl die ursprüngliche vandalische »Volksfreiheit« und die dazu gehörige Versammlung, als auch den Geblütsadel immer weiter zurückgedrängt haben. Den Aufstand einiger vandalischer Großer, *optimates*, gegen Geiserich im Jahr 442 sah die ältere Forschung als Datum des Übergangs zu einer absolutistischen Königsherrschaft. Die Vandalenkönige hätten danach einen »herrscherlichen Despotismus« ausgeübt. Der vandalische Staat sei mit dem König gestanden und gefallen. Vandalen und Alanen seien zwar privilegiert, aber von der Mitbestimmung weitgehend ausgeschlossen gewesen. Ein freier Geburtsadel sei zum nur dem König verpflichteten Dienstadel degradiert worden[6].

Diesner, Mobilität und Differenzierung des Grundbesitzes im nordafrikanischen Vandalenreich, in: Acta antiqua Academiae Scientiarum Hungaricae 15 (1967), S. 347–358, hier S. 350; Hans-Joachim Diesner, Sklaven und Verbannte, Märtyrer und Confessoren bei Victor von Vitensis, in: Philologus 106 (1962), S. 101–120, hier S. 105–107.

5) Diese Ansätze verfolgt Roland Steinacher, Die Vandalen. Aufstieg und Fall römischer Barbaren, Stuttgart 2015, im Druck; Roland Steinacher, Gruppen und Identitäten. Gedanken zur Bezeichnung ‚vandalisch', in: Das Reich der Vandalen und seine (Vor-)Geschichten, hg. von Guido M. Berndt und Roland Steinacher (ÖAW Denkschriften der phil.-hist. Klasse 366, Forschungen zur Geschichte des Mittelalters 13), Wien 2008, S. 243–260. Castritius, Wandalen § 1 (wie Anm. 1), Sp. 190: Die Vandalen nehmen die Stellung der röm. Feldtruppen, *comitatenses*, ein. Vgl. zur Debatte um die *sortes* nun Yves Modéran, L'établissement territorial des Vandales en Afrique, in: Antiquité Tardive 10 (2002), S. 87–122; Walter A. Goffart, The Technique of Barbarian Settlement in the Fifth Century. A Personal, Streamlined Account with Ten Additional Comments, in: Journal of Late Antiquity 3/1 (2010), S. 65–98; Stefan Esders, ›Öffentliche‹ Abgaben und Leistungen im Übergang von der Spätantike zum Frühmittelalter: Konzeptionen und Befunde, in: Von der Spätantike zum frühen Mittelalter: Kontinuitäten und Brüche, Konzeptionen und Befunde, hg. von Theo Kölzer und Rudolf Schieffer (VuF 70), Ostfildern 2009, S. 189–244.

6) Prosper Epitoma Chronicon 1348 (s. a. 442), hg. von Theodor Mommsen (MGH Auct. ant. 9, Chronica Minora 1), Berlin 1892, ND 1981, S. 341–499, hier S. 479: *Quidam optimates* erheben sich gegen Geiserich. Vgl. Ernst Stein, Geschichte des spätrömischen Reiches I, Wien 1928, S. 485 mit einem romantischen Bild germanischer Volksfreiheit. Schmidt, Wandalen (wie Anm. 2), S. 74–76 (Aufstand 442), 154–171: »Die

Lassen sich diese Ansichten aber in den Quellen nachprüfen? Zwei Stellen stehen im Zentrum der Diskussion. Prokop will von den besiegten Vandalen nach 533 gehört haben, zur Regierungszeit Geiserichs seien aus der alten Heimat Gesandte nach Afrika gekommen, um ihre Verwandten, ὁμογενέσοι, zu bitten, ihnen alle Besitzrechte zu überlassen. Geiserich wollte schon zustimmen, als ein alter Vandale, der sehr angesehen war, γέρων ἀνὴρ ἐν αὐτοῖς δόκιμος, Einspruch erhob. Für solche Entscheidungen sei das Menschenschicksal zu ungewiss, alles könne in der Zukunft eintreten, und man brauche eventuell eine Zuflucht in schlechten Zeiten. Die Vandalen spotteten, aber Geiserich schickte die Gesandten weg. Die Episode wurde immer wieder als Beleg für eine »Volksversammlung« herangezogen, die Rolle des alten Mannes belege ein Mitbestimmungsrecht des »Stammes«, das Geiserich eben gerade noch geduldet habe. Tatsächlich nimmt Prokop das spätere Schicksal der Vandalen vorweg und betont ihre Herkunft von außerhalb der Reichsgrenzen, wohin sie auch wieder zurückzukehren haben. Dass am Hof von Karthago einflussreiche Vandalen ihre Meinung sagen, der König sich berät, macht noch keine »Volksversammlung«. In jeder militärischen Hierarchie, antiker wie moderner, und sei sie noch so sehr auf den Oberbefehlshaber hin orientiert, gibt es einen Generalstab, und verschiedene Einschätzungen werden abgewogen[7].

Stände der Wandalen« (»Das Volk, das dem Adel bisher seine bevorzugte Stellung verliehen hatte, war von der Leitung des Staatswesens zurückgedrängt worden; allein der König vermochte jetzt Würde und Macht zu verleihen. « Nur die Adeligen, die in unmittelbarer Umgebung des Königs bei Hof dienen, bleiben einflußreich. Gleichzeitig eröffnet der neue Absolutismus auch den niedrigeren Ständen Aufstiegsmöglichkeiten.); »Der König – Titel, Abzeichen, Thronfolge, Inhalt der königlichen Gewalt«; »Kriegswesen«; »Vertretungshoheit, Recht, Gericht, Gesetzgebung«; Die häufige Verwendung von Begriffen wie »wahrscheinlich« und Verben im 2. Konkunktiv in diesen Abschnitten zeugen von Ludwig Schmidts gründlicher Quellenkritik. Ähnlich mit wenigen historisch–materialistischen Beigaben Diesner, Vandalenreich (wie Anm. 2), S. 111–137, (115 f. »herrscherlicher Despotismus«).

7) Prok. Kais. hist. 3, 22, 1–11, Prokop von Caesarea, Historien, in: Prokop Werke, hg. von Otto Veh (Sammlung Tusculum), München 1971. Castritius, Wandalen § 1 (wie Anm. 1), Sp. 175 meint, die Geschichte »läßt sich keineswegs in dem Sinn ausdeuten, bei den Zurückgebliebenen hätten mehr oder weniger herrschaftsfreie Verhältnisse existiert.« Prokop übertrage hier die Verhältnisse der griechischen Kolonisation , die ihm aus der Literatur bekannt waren. Dagegen deutete Schmidt, Wandalen (wie Anm. 2), S. 34, 163 f. die Stelle als Zeugnis für eine »Landesgemeinde«, »der gesamte Stamm« habe den »Beschluß« zur Auswanderung gefaßt. Erst in Afrika kann sich dann ein starkes Königtum durchsetzen. Courtois, Vandales (wie Anm. 2), S. 234–236 nimmt zwar mit Tacitus als Grundlage der politischen Verhältnisse bei den Vandalen ein *concilium* und den *rex* als gemeingermanische Elemente an, nicht aber in Afrika. Die Erzählung von den Gesandten aus Ungarn sei »tout pareillement du domaine des mythes«. »L'existence d'un *concilium* dans l'Etat vandale est tout aussi inconcevable sous sa forme aristocratique que sous sa forme populaire.« Vgl. zum Motiv der an das Ende der Welt, τὰς ἐσχατιὰς τῆς οἰκουμένης, verschwindenden Barbaren (hier der Heruler) bei Prok. Kais. hist. 6, 15, 1–4: Roland Steinacher, The Heruls. Fragments of a History, in: Neglected Barbarians, hg. von Florin Curta (Studies in the Early Middle Ages 32), Turnhout 2011, S. 321–364, hier S. 353–355, 357 f.

Ähnliches trifft auf einen Bericht des Malchus von Philadelphia zu. Geiserich empfing einen Gesandten Kaiser Zenons und erlaubte dem Senator, Gefangene freizukaufen. Der König bemühte sich um den Botschafter und kam ihm entgegen, nur, so meinte Geiserich, könne er seinen Leuten nicht vorschreiben, wie diese mit ihrer Beute und den von ihnen versklavten Römern verfahren wollten. Wieder zeige dies – so die ältere Forschung – Reste eines Mitbestimmungsrechts aller »Stammesangehörigen«, denn wenn es um Privateigentum und Kriegsbeute gehe, könne auch der große Geiserich nicht alleine entscheiden[8)].

Aber auch ein römischer Feldherr konnte und wollte seinen Soldaten nicht das Recht auf die Kriegsbeute nehmen, die nach der Schlacht unter Befolgung genauer Regeln auf alle Beteiligten aufgeteilt wurde. Zur Beute gehörten stets auch Gefangene, die ihre persönliche Freiheit verloren. Ein römischer Soldat durfte besiegte Feinde gewinnbringend auf dem Sklavenmarkt verkaufen. Nichts anderes taten die Vandalen Geiserichs. Malchus hätte von einem römischen Heermeister eine ganz ähnliche Geschichte erzählen können[9)]. Es gibt keinen Grund, die Reste eines vandalischen Volksrechts zu sehen, wenn ein in der spätantiken Mittelmeerwelt ganz gebräuchliches Vorgehen im Kriegswesen die einfacherere Erklärung ist.

Mit den Tablettes Albertini und den Ostraka von Bir Trouch stehen Quellen zur Verfügung, die mehr als nur Schlaglichter auf Recht und Wirtschaft im Afrika des 5. und 6. Jahrhunderts werfen. Sie zeugen insgesamt von einer Kontinuität des römischen Privatrechts[10)]. Die ›Historia persecutionis Africanae provinciae‹, die »Geschichte der Verfolgungen in den afrikanischen Provinzen«, des katholischen Bischofs Victor von Vita und Prokops »Vandalenkrieg« sind dagegen – neben der Vita des Fulgentius von Ruspe – die wichtigsten narrativen Quellen. Dieser Beitrag bespricht die Hintergründe der Ver-

8) Malchus von Philadelphia, Fragment 5, hg. von Roger C. BLOCKLEY, The Fragmentary Classicising Historians of the Later Roman Empire. Eunapius, Olympiodorus, Priscus and Malchus. Text, Translation and Historiographical Notes, 1/2 (ARCA. Classcial and Medieval Texts, Papers and Monographs 6/10), Liverpool 1983. Vgl. STEIN, Geschichte (wie Anm. 6), S. 536 f.; SCHMIDT, Wandalen (wie Anm. 2), S. 92–93 zur Stelle, S. 163 f.: Nur wenn es um Privateigentum und Kriegsbeute geht, entscheidet der König nicht alleine. Die Entwicklung hin zu einem starken Königtum sei mit 442 markiert, zuvor habe der Wille des Volkes auch bei der »Landnahme eine Rolle« gespielt (Verweis auf Vict. Vit. 1, 13: *exercitus*).

9) Vgl. Yann LE BOHEC, Kriegsbeute, in: Der Neue Pauly 6 (1999), Sp. 835–838; Karl-Heinz VOGEL, Praeda, in: Paulys Realencyclopädie der classischen Altertumswissenschaft 22, 1 (1953), Sp. 1200–1213 und den Sammelband War and Society in the Roman World, hg. von John RICH und Graham SHIPLEY, London 1993.

10) Tablettes Albertini: Kaufverträge auf Holztäfelchen; Edition und Kommentar: Christian COURTOIS, Louis LESCHI, Charles PERRAT und Charles SAUMAGNE, Tablettes Albertini. Actes privés de l'epoque vandale (Fin du Ve siècle), Paris 1952; vgl. Hendrik WESSEL, Das Recht der Tablettes Albertini (Freiburger Rechtsgeschichtliche Abhandlungen NF 40), Berlin 2003; Ostraka von Bir Trouch: Quittungen eines Massies; mit Tinte beschriftete Scherben quittierten die Übergabe einer bestimmten Menge Getreide und anderer landwirtschaftlicher Produkte: J.-P. BONNAL und Paul-Albert FÉVRIER, Ostraka de la région de Bir Trouch, in: Bulletin d'archéologie algérienne 2 (1966/1967), S. 239–249.

fügungen des Vandalenkönigs Hunerich, die bei Victor von Vita überliefert sind. Die Erzählung Victors und die darin inserierten Edikte des hasdingischen Herrschers sind geeignet, das Rechtswesen im vandalenzeitlichen Afrika zu charakterisieren. Darüber hinaus können aus dem Text Versuche der königlichen Regierung, gesellschaftlichen Konsens herzustellen, beschrieben werden. Victors Text wirft allerdings viele Probleme auf und nötigt den Historiker, sich auf die tendenziöse Erzählung des Bischofs einzulassen[11].

III. Hunerichs Versuch eines Ausgleichs mit der katholischen Kirche scheitert an der vandalischen Elite und dem arianischen Klerus

Früher als in anderen Provinzen des Westens regierte in Karthago eine militärische Elite barbarischer Herkunft und zwar *de facto* nicht mehr als Föderaten Roms. Die Hasdingen hatten ein Experiment begonnen, von dessen erfolgreichem Ausgang die Amaler, die spanischen Visigoten und die Franken nur lernen konnten. Ohne schwere innere Konflikte ging das aber nicht. Bereits 442 hatte Geiserich mit einem Aufstand seiner Großen zu tun, den er blutig niederschlagen ließ. Unter Hunerich entbrannte in den Jahren 480/481 innerhalb des königlichen Hauses und der vandalischen Führungsschicht erneut ein blutiger Machtkampf[12]. Sicher ist, 442 und 480/481 waren die ureigensten Interessen der Vandalen betroffen.

Nach dem Tod seines Vaters Geiserich im Jahre 477 stand die Thronfolge Hunerichs außer Zweifel, denn er war der älteste lebende männliche Hasdinge und entsprach somit den von Geiserich verfügten Nachfolgeregeln. Angesichts der Verteilungskonflikte zwischen den vandalischen Großen und auch innerhalb der königlichen Familie war Geiserichs Testament ein Versuch, die Handlungsfähigkeit der karthagischen Könige zu si-

11) Konrad Vössing, Victor von Vita. Kirchenkampf und Verfolgung unter den Vandalen in Africa, lateinisch und deutsch, hg., eingel. und übers. (Texte zur Forschung 96), Darmstadt 2011, S. 20–22; Serge Lancel, Histoire de la persécution vandale en Afrique suivie de La passion des sept martyrs, Registre des provinces et des cités d'Afrique. Textes établis, traduits et commentés (Collection des Universités de France. Série latine 368), Paris 2002; Merrills und Miles, Vandals (wie Anm. 2), S. 184–186; Tankred Howe, Vandalen, Barbaren und Arianer bei Victor von Vita (Studien zur Alten Geschichte 7), Frankfurt/Main 2007, S. 70–116; Schmidt, Wandalen (wie Anm. 2), S. 101 f.: »Unsere Hauptquelle ist Victor von Vita, dessen Darstellung, wenn auch vielfach übertrieben und legendenhaften Charakters, doch im großen und ganzen der Wahrheit entsprechen dürfte.«

12) Jordanes, De origine actibusque Getarum/Getica 184, hg. von Theodor Mommsen (MGH Auct. ant. 5), Berlin 1882, ND 1982, S. 53–138, hier S. 106: Hunerich war zuvor mit der Tochter des Westgotenkönigs Theoderich II. verlobt. Während eines Aufstandes gegen seinen Vater Geiserich (wohl 442) wurde der namenlosen westgotischen Prinzessin vorgeworfen, Geiserich vergiften zu wollen. Man schnitt ihr Nase und Ohren ab und schickte sie zurück zu ihrem Vater. Diese Brüskierung des westgotischen Königs hatte man in Kauf genommen. Vgl. Schmidt, Wandalen (wie Anm. 2), S. 76; Miltner, Vandalen (wie Anm. 1), Sp. 323; Merrills und Miles, Vandals (wie Anm. 2), S. 70, 113.

chern. Nur mit dem immensen königlichen Besitz, den Geiserich sich hatte aneignen können, war es einem Monarchen in Karthago möglich, politisch und militärisch zu reüssieren, und zwar sowohl in Afrika, als auch im westlichen Mittelmeerraum. Hunerichs Herrschaft war jedoch von schweren inneren Konflikten geprägt, seine herrscherliche Legitimität konnte der König zunächst nur mit Gewalt durchsetzen[13)].

Nun verfügte Hunerich noch über eine zweite Legitimationsmöglichkeit, um seine Herrschaft zu sichern. Neben seiner hasdingischen Herkunft und der Anerkennung als Erstem der Vandalen war es durch Geiserichs Politik und dessen Erfolge möglich geworden, dass sein Sprössling der Schwiegersohn eines Kaisers werden konnte. Hunerichs Ehefrau Eudocia, die Tochter Valentinians III., gab dem Hasdingenprinzen, und vor allem dessen Kindern, eine römische und kaiserliche Legitimation. Die Eheverbindung zum theodosianischen Haus ist bedeutsam für die nur auf den ersten Blick widersprüchlichen Versuche Hunerichs, die afrikanischen Provinzen in den 80er Jahren des 5. Jahrhunderts neu zu organisieren[14)].

Was berichtet nun Victor von Vita? Hunerich hatte zu Beginn seiner Herrschaft in Byzanz und Italien auf alle eventuellen Erbansprüche aus dem Besitz seines Schwiegervaters Valentinians III. verzichtet. Zumindest finanziell kam er den Römern einen Schritt entgegen. Mit Ostrom wurde ein Frieden geschlossen. Der weströmische Kaiserthron war schon ein Jahr vor Geiserichs Tod 477 vakant geworden. In Afrika versuchte Hunerich zu Beginn seiner Herrschaft, mit der katholischen Kirche zu regieren. Selbst Victor von Vita, der keine Gelegenheit ausließ, die Vandalen zu verdammen, bewertete erste Maßnahmen des neuen Königs positiv. Hunerich ließ nämlich die in Afrika noch zahlreichen Mani-

13) Prok. Kais. hist. 3, 7, 29–30; Jordanes, De origine actibusque Getarum/Getica 169–170, hg. von Theodor Mommsen (MGH Auct. ant. 5), Berlin 1882, ND 1982, S. 53–138, hier 102.Vgl. Dietrich Claude, Probleme der vandalischen Herrschaftsnachfolge, in: DA 30 (1974), S. 332; Schmidt, Wandalen (wie Anm. 2), S. 157 f.; vgl. auch die Überlegungen bei Ian N. Wood, Royal Succession and Legitimation in the Successor States of the 5th and early 6th Centuries, in: Staat im frühen Mittelalter, hg. von Stuart Airlie, Walter Pohl und Helmut Reimitz (ÖAW Denkschriften der phil.-hist. Klasse 334, Forschungen zur Geschichte des Mittelalters 11), Wien 2006, S. 59–72 und Andrew H. Merrills, The secret of my succession: dynasty and crisis in Vandal North Africa, in: Early Medieval Europe 18/2 (2010), S. 135–159, hier S. 135–140. Courtois, Vandales (wie Anm. 2), S. 120–122, 237–240; Herwig Wolfram, Gotische Studien. Volk und Herrschaft im frühen Mittelalter, München 2005, S. 152; Hermann Johann Friedrich Schulze, Geschichtliche Entwickelung der fürstlichen Hausverfassung im deutschen Mittelalter, in: ZRG Germ. 7 (1868), S. 323–405; Julius von Pflugk-Harttung, Zur Thronfolge in den germanischen Stammesstaaten, in: ZRG Germ. 11 (1890), S. 177–205; Theodor Mommsen, Ostgotische Studien, in: NA 14 (1889), S. 223–249, 451–544, hier S. 540 und Anm. 1 für einen »germanischen« Hintergrund und Vergleiche mit Tacitus; François Martroye, Le Testament de Genséric, in: Bulletin de la Société Nationale des Antiquaires de France (1911), S. 232–236 denkt an römische Vorbilder; Schmidt, Wandalen (wie Anm. 2), S. 157–160 bereits sehr kritisch über mögliche Hintergründe.

14) Wolfram, Gotische Studien (wie Anm. 12), S. 152 betont allerdings – unter Verweis auf Athaulf und Galla Placidia, Matasuntha und Germanus – die »geringe politische Bedeutung, die selbst Ansippung und Einheirat in die theodosianische Dynastie besaßen.«

chäer als Ketzer verfolgen und versuchte – ganz wie ein römischer Herrscher – mit der Orthodoxie konkurrierende Richtungen oder gar Gegenkirchen auszuschalten[15].

Im Zusammenhang mit den innervandalischen Machtkämpfen versuchte der neue König, die immer noch mächtige katholische Kirche in Afrika zur Anerkennung seiner Herrschaft zu bewegen. Hunerich verlangte kurz nach seiner Thronbesteigung – und auf diesen Punkt legte Victor besonderen Wert – von den katholischen Bischöfen die Zustimmung zu einer Änderung von Geiserichs Thronfolgeordnung zugunsten seines Sohnes Hilderich. Dieser Hasdingenprinz war der Enkel Valentinians III., ein Signal an die Bevölkerung der Provinzen – vielleicht auch an den ganzen ehemaligen römischen Westen. Die katholische Kirche war sich jedoch ihrer Macht durchaus bewusst und stellte wahrscheinlich Bedingungen, auf die Hunerich nicht einzugehen bereit oder imstande war. Die Weigerung der Bischöfe soll jedenfalls der Hauptgrund für die anschließende Verfolgung gewesen sein. Die Rolle der katholischen Kirche bleibt bei Victor ausgesprochen unscharf, der Bischof bemühte sich, dem Hasdingenkönig allein den schwarzen Peter zuzuspielen[16].

Gegen diese Versuche Hunerichs, die Basis seiner Herrschaft zu erweitern – was natürlich mit politischen und finanziellen Zugeständnissen verbunden gewesen wäre – leisteten andere Zweige der Königsfamilie, vandalische Große und zumindest Teile der arianischen Kirche Widerstand. Die Großen wollten keine Konkurrenz durch alteingesessene römische Familien oder einfach ein größeres Stück vom Kuchen in Form von Landgütern. Warum nicht noch weitere Enteignungen als 435 und 442 vornehmen, mag sich mancher Vandale gefragt haben. Die homöischen Geistlichen dagegen stellten den Anspruch, die einzig wahre Kirche zu sein. Nicht zuletzt schielten die arianischen Bischöfe auf den – auch nach den Enteignungen unter Geiserich – noch immer großen Besitz der katholischen Konkurrenz. Für die Gegner Hunerichs war viel zu gewinnen. Doch wusste der

15) Vict. Vit. (wie Anm. 4) 2, 1; zur Stelle vgl. LANCEL, Victor (wie Anm. 11), S. 295, Anm. 116; Dort ist die Rede von den Maßnahmen des Königs gegen die Ketzer und von einem arianischen Mönch, der heimlich Manichäer gewesen sei. VÖSSING, Victor (wie Anm. 11), S. 167, Anm. 115 f. nimmt an, dieser *monachus illorum* Clementianus sei ein manichäischer Asket, ein Vollkommener, und eben ein Einzelfall. Die Arianer dürften keine Klöster unterhalten haben. Zum Manichäismus generell und in Afrika vgl. Kurt RUDOLPH, Mani, Manichäer, in: Der Neue Pauly 7 (1999), Sp. 811–813 mit den Literaturangaben; Samuel N. C. LIEU, Manichaeism in the later Roman empire and medieval China (Wissenschaftliche Untersuchungen zum Neuen Testament 63), Tübingen 1992; SCHMIDT, Wandalen (wie Anm. 2), S. 100 f.; Heinz-Eberhard GIESECKE, Die Ostgermanen und der Arianismus, Leipzig/Berlin 1939, S. 177 versucht Parallelen zwischen der homöischen Christologie und dem Manichäismus zu konstruieren, was schon SCHMIDT, a.a.O. kritisiert hatte. Vgl. zu solchen Ansätzen Hanns Christof BRENNECKE, Der sogenannte germanische Arianismus als ‚arteigenes' Christentum. Die völkische Deutung der Christianisierung der Germanen im Nationalsozialismus, in: Evangelische Kirchenhistoriker im ‚Dritten Reich', hg. von Thomas KAUFMANN und Harry OELKE (Veröffentlichungen der Wissenschaftlichen Gesellschaft für Theologie 21), Gütersloh 2002, S. 310–329.

16) Vict. Vit. (wie Anm. 4), 2, 12–16; 3, 17–20.

König sich zu erwehren. Innerhalb der königlichen Familie wurden Hunerichs Bruder Theuderich und dessen Söhne, wie auch die Söhne des bereits verstorbenen zweiten Bruders Gento, ausgeschaltet[17].

Die Frau Theuderichs kam als erste zu Tode. Ihr warf man vor, ihren Mann und ihren Sohn gegen Hunerich aufgehetzt zu haben. Das nächste Opfer des neuen Königs war sein nicht namentlich genannter Neffe, ein Hasdingenprinz von hoher Bildung und mit bemerkenswerten Fähigkeiten. Im Falle einer baldigen Thronfolge wäre dieser Mann als ältester Enkel Geiserichs gemäß der Nachfolgeregelung der größte Konkurrent Hilderichs gewesen. Die Säuberungen in der Königsfamilie erstreckten sich auch auf andere Zweige der Familie. Godagis, der Sohn von Hunerichs jüngstem Bruder Gento, wurde mit seiner Frau des Landes verwiesen. Theuderich selbst starb nach der Hinrichtung seiner Frau und seines Sohnes im Exil. Der höchstrangige arianische Geistliche in Afrika – Jucundus – wurde öffentlich verbrannt. Victor von Vita ist zumindest in diesem Punkt deutlich: Mit der Unterstützung des Jucundus hätte das Haus Theuderichs den Thron gewinnen können. Die Verbindung des Jucundus zu Theuderich erscheint schon im ersten Buch Victors, wo der spätere Patriarch als Hauskaplan des Prinzen eingeführt wird. Hunerich verhalf auch innerhalb der Geistlichkeit seiner Partei zum Durchbruch. Cyrila wurde der Nachfolger des Jucundus[18]. All diese Gewalt will Victor auf den einen Grund reduzieren, Hilderichs Erbfolge zu sichern und damit die Verfügung Geiserichs zu durchbrechen. Dies betont er am Anfang des Berichts und dann noch einmal bei der Ermordung von Theuderichs ältestem Sohn. Die Nachfolgefrage war bedeutend. Nur ist Victors Bericht reduziert und einseitig. Die tatsächlichen Hintergründe bleiben hinter der erzählerischen Fassade verborgen[19].

17) Vict. Vit. (wie Anm. 4), 2, 12. Theuderich folgt dem Text Victors. Dieser Geiserichsohn erscheint öfter auch als Theoderich, so in The Prosopography of the Later Roman Empire 2, 1073 (Theodericus 4). Zum Namen und den Überlieferungsvarianten: Martin SCHÖNFELD, Wörterbuch der altgermanischen Personen- und Völkernamen, Heidelberg 1911, S. 232–234. Vict. Vit. 2, 12 und 13: *Post occiditur et ille filius magnis litteris institutus, cui secundum constitutionem Geiserici, eo quod maior omnibus esset, regnum inter nepotes potissimum debebatur.* Vgl. VÖSSING, Victor (wie Anm. 11), S. 134–135.

18) Vict. Vit. (wie Anm. 4), 2, 13: VÖSSING, Victor (wie Anm. 11), S. 170, Anm. 137; MERRILLS, Secret (wie Anm. 13), S. 144, Anm. 31. Vict. Vit. 1, 44 berichtet im Zusammenhang mit der Glaubensfestigkeit des am Hof Theuderichs tätigen Katholiken Armogast von grausamen Empfehlungen des Jucundus. Dieser wird dort als *presbyter* bezeichnet. Vict. Vit. 2, 14 (Übersetzung von Konrad VÖSSING, wie Anm. 11): Die vandalischen Großen: *Comites quam plurimos et nobiles gentis suae.* Vgl. MAIER, Amtsträger (wie Anm. 4), S. 163 f.; DIESNER, Vandalenreich (wie Anm. 2), S. 174–176.

19) Vorgebrachte Argumentation folgt zuerst MERRILLS, Secret (wie Anm. 13), S. 145–148. Die Forschung hat bisher die Erbfolgefrage als alleinigen Grund für die Gewaltausbrüche akzeptiert. Vgl. LANCEL (wie Anm 12), S. 297, Anm. 137; Herwig WOLFRAM, Das Reich und die Germanen. Zwischen Antike und Mittelalter (Siedler deutsche Geschichte 1), Berlin ^{2}1998, S. 174; CLAUDE, Herrschaftsnachfolge (wie Anm. 13), S. 338–342; SCHMIDT, Wandalen (wie Anm. 2), S. 104–106. COURTOIS, Vandales (wie Anm. 2), S. 241 f. merkt allerdings an, hinter Victors Berichten stehe wohl mehr als die Erzählung vorgebe. Er bleibt aber bei der Erbfolgefrage als hauptsächlichem Hintergrund.

Hilderichs Erbfolge erklärt weder hinreichend die schrittweise Ermordung und Exilierung der nächsten königlichen Verwandtschaft, noch die Aktionen gegen bestimmte führende weltliche und geistliche Vandalen. Selbst wenn man Victors Argument, der getötete Cousin Hilderichs hätte vor diesem den Thron besteigen müssen, akzeptiert, hätte die brutale Exekution Hilderich kaum innerhalb der vandalischen Elite legitimiert. Folgt man der Logik der Verfügung Geiserichs, hätte zuerst einmal Theuderich als ältester lebender Hasdinge das Erbfolgerecht in Anspruch nehmen können. Gento, der jüngere Bruder Hunerichs, starb offenbar vor 477. Er hatte aber vier Söhne, von denen drei älter als Hilderich waren. Aus diesem Zweig der Familie findet nur Godagis als Ältester der Linie Erwähnung. Godagis wurde aber lediglich verbannt und nicht exekutiert. Die tatsächlichen Nachfolger Hunerichs – seine Neffen Gunthamund (König 484–496) und Thrasamund (496–523) – kommen gar nicht vor. Diese Prinzen verfügten aber über eigene Höfe und eine entsprechende Machtposition. Auch Geilarith, der jüngste der vier Brüder dieser Linie, fehlt in den blutigen Geschichten aus dem zweiten Buch der ›Historia persecutionis‹. Geilarith könnte ebenso älter als Hilderich gewesen sein. Von den fünf Hasdingen, die vor Hilderich den Thron hätten besteigen müssen, ließ Hunerich also nur einen töten und zwei exilieren. Von Maßnahmen gegen die anderen ist nichts bekannt. Außerdem kennen wir keine Bemerkung über tatsächliche Erbfolgestreitigkeiten nach Hunerichs Tod. Hier fehlt Victors Bericht die Logik[20].

Durch die Exekution von Theuderichs namenlosem Sohn und dessen Mutter wie auch des Geistlichen Jucundus und anderer, lange dem Hof Theuderichs verpflichteter, Großer verteidigte Hunerich seine Machtposition gegen einen Übernahmeversuch dieses Teils der Königsfamilie. Ein gut erzogener und fähiger Hasdingenprinz, wie es der Sohn Theuderichs gewesen war, war ein Hoffnungsträger der innervandalischen Opposition gegen Hunerichs Kurs. Die Hinrichtung der hochrangigen arianischen Geistlichen zeugt von einer breiten *fronde* gegen Hunerich. Mehrere Möglichkeiten sind denkbar. Entweder haben die Bestraften an einem Putschversuch um Theuderichs anonymen Sohn oder ihm selbst teilgenommen, vielleicht waren sie aber auch aus anderen Gründen mit Hunerichs Regime unzufrieden. Solche sind in Hunerichs Beschwichtigungspolitik gegenüber dem Kaiser im Osten und der Einbeziehung der katholischen Kirche ins System der Macht in Afrika zu suchen[21].

20) Merrills, Secret (wie Anm. 13), S. 146; Gentos Tod wird in Prok. Kais. hist. 3, 8, 1 berichtet. Vgl. The Prosopography of the Later Roman Empire 2, 502–503 (Genton 1) und The Prosopography of the Later Roman Empire 2, 1333, Stemma 41 für die hasdingische Königsfamilie, ebenso Merrills und Miles, Vandals (wie Anm. 2), S. 57.

21) Vict. Vit. (wie Anm. 4), 2, 12: Der Sohn Theuderichs als ein hoffnungsvoller und kluger Mann: *Primo sciens uxorem Theuderici fratris astutam, credo, ne forte maritum aut maiorem filium, qui prudens et sapiens videbatur, consiliis acrioribus adversus tyrannum armasset, crimine adposito gladio eam intercipi iubet.* Die Interpretation aus Merrills, Secret (wie Anm. 13), S. 146–147; Merrills und Miles, Vandals (wie Anm. 2), S. 75.

Der Bischof von Vita verschleierte die politischen Hintergründe. Nur die unmittelbar mit der von ihm geschilderten Katholikenverfolgung oder der Situation der Kirche in Verbindung stehenden Fakten berichtete Victor. Noch weniger war ihm daran gelegen, eine machtpolitisch bedingte Verfolgung arianischer Gegner zu erklären. Doch passte ihm die Schilderung der Grausamkeit des Verfolgerkönigs Hunerich gegen seine eigene Familie und die arianische Geistlichkeit bestens ins Konzept. So ließen sich die Bestialität und das barbarische Wesen der Vandalen betonen und illustrieren[22].

Schließlich hatte Geiserich allen seinen Söhnen großen Besitz und einen eigenen Hof gegeben. Eine derartige Verteilung von Macht und Einfluss war ein geeigneter Nährboden für Konflikte. Der regierende König hatte auszugleichen, gleichzeitig aber musste er die Vorherrschaft seines Familienzweigs sichern. Hunerich konnte nun aber – und auch das war ein Erbe Geiserichs überregionaler Bestrebungen – in der Person Hilderichs auch eine kaiserliche Legitimation in die Waagschale werfen. Das unterschied ihn von allen anderen privilegierten Militärs und Hasdingen in Afrika. Dieser Trumpf dürfte für viele in den Provinzen von Bedeutung gewesen sein. Nicht nur römische Stadtbewohner, auch Mauren und Militärs, seien es Goten, Sueben, Vandalen, Alanen oder andere Barbaren, sahen vielleicht ihre Chance auf weitere Macht und mehr Reichtum auch außerhalb Afrikas. Nach 476 war ein solcher Anspruch umso realistischer, fehlte doch dem Westen ein legitimer Kaiser. Diese Experimente und Träume waren zum Scheitern verurteilt. Letztlich setzte sich schon während Hunerichs Herrschaft und endgültig nach seinem Tod eine Gruppe durch, die auf das Prestige des theodosianischen Hauses und einen Ausgleich mit der katholischen Kirche weniger oder gar keinen Wert legte. Erst Hilderich änderte 40 Jahre später wieder den Kurs und erkannte die katholische Kirche uneingeschränkt an. Darauf kam es zu einem Putsch gegen den König. Was Hunerich hatte abwenden können, sollte seinem Sohn widerfahren.

IV. Die arianische Geistlichkeit und ein strenges »Vandalentum« setzen sich durch

Hunerich war es zwar gelungen, die Konkurrenz in der eigenen Familie auszuschalten, nicht aber seine großen politischen Pläne zu verwirklichen. Ein Ausgleich mit den Katholiken in Afrika – oder gar darüber hinaus gehende Ansprüche – ließen sich nicht mehr verwirklichen, zu groß war der Widerstand in den eigenen Reihen. Der König sah sich nun gezwungen, der vandalischen Elite und der arianischen Geistlichkeit entgegen zu kommen. In dieser Situation war es den arianischen Bischöfen möglich, Maßnahmen ge-

22) Vict. Vit. (wie Anm. 4), 2, 16; vgl. Merrills, Secret (wie Anm. 13), S. 147: Die Verletzung von Geiserichs Thronfolgeordnung ließ Hunerich sozusagen seine eigenen ›vandalischen‹ Regeln brechen. Howe, Vandalen, Barbaren und Arianer (wie Anm. 11), S. 57, 192–195.

gen die katholische Konkurrenz durchzusetzen. Zuerst ging es gegen Hofbedienstete katholischen Glaubens[23]. Da sich viele von ihnen weiter zum Katholizismus bekannten, strich die Regierung den betroffenen Höflingen Getreiderationen und Besoldung. Als nächste Konsequenz verurteilte Hunerich frei geborene und wenig belastbare Männer zu harter körperlicher Arbeit auf königlichen Gütern[24].

Papst Felix III. intervenierte darauf hin bei Kaiser Zeno in Konstantinopel. Dieser schickte den Gesandten Uranius nach Karthago, der sich mehrere Monate in der afrikanischen Hauptstadt aufhielt. Hunerich zeigte sich von der oströmischen Intervention unbeeindruckt. Auch diese Richtungsänderung der hasdingischen Außenpolitik – immerhin hatte zu Beginn seiner Herrschaft der König in Konstantinopel beste Nachbarschaft gelobt – bleibt bei Victor von Vita ohne Erklärung. Alles deutet darauf hin, dass Hunerich in den letzten Jahren seiner Herrschaft tatsächlich mit dem Kaiser zu brechen wagte und versuchte, die arianische als einzige afrikanische Kirche zu etablieren. Am Himmelfahrtstag 483 erließ Hunerich eine Verfügung, die öffentlich verlesen und durch Kuriere in den Provinzen verbreitet wurde[25].

Dieses in Victors Erzählung inserierte Edikt nimmt gemeinsam mit einem zweiten von 484 eine Sonderstellung in der Überlieferung ein. Nur die Schenkungsurkunde Odoakers von 489 wird von der Diplomatik ähnlich hoch eingeschätzt. Die beiden vandalischen Verfügungen bedienten sich kaiserlicher Formen und Formeln. Die Urkunden Hunerichs datieren im Gegensatz zu römischen Kaiserurkunden allerdings erstmalig nach Königsjahren[26]. Was wurde verfügt?

23) Vict. Vit. (wie Anm. 4), 2, 8–9: Männer und Frauen, die am Hof tätig und durch ihre ‚barbarische‹ Kleidung erkenntlich sind, wollen den katholischen Gottesdienst besuchen und werden von Häschern des Königs drangsaliert: [...] *Mares vel feminas in habitu barbaro incedentes in ecclesia* [...]. Vgl. zum kontroversiell diskutierten *habitus barbarus* als Tracht oder soziale Kennzeichnung: Volker BIERBRAUER, Wandalen § 2. Archäologisch, in: Reallexikon der Germanischen Altertumskunde 2. Aufl. 33 (2006), Sp. 209–217, hier 214–215; Philipp von RUMMEL, Habitus barbarus. Kleidung und Repräsentation spätantiker Eliten im 4. und 5. Jahrhundert (Reallexikon der Germanischen Altertumskunde Erg. Bd. 55), Berlin, New York 2007, S. 376–406.

24) Vict. Vit. (wie Anm. 4), 2, 10; vgl. HOWE, Vandalen, Barbaren und Arianer (wie Anm. 11), S. 163–164 und Anm. 26.

25) Vict. Vit. (wie Anm. 4), 2, 38: der Gesandte *Reginus*; vgl. VÖSSING, Victor (wie Anm. 11), S. 173, Anm. 176, 188, Anm. 308; LANCEL, Victor (wie Anm. 11), S. 304–305, Anm. 192; SCHMIDT, Wandalen (wie Anm. 2), S. 102 mit Anm. 5. Der Gesandte Zenos wird wieder in Vict. Vit. 3, 32 erwähnt und diesmal als Uranius: *Sed qui hoc fabulosum putat, Uranium Zenonis legatum interroget, cuius praesentia praecipue gesta sunt*, [...]. COURTOIS, Vandales (wie Anm. 2), S. 245; Christian COURTOIS, Victor de Vita et son œuvre, Algier 1954, S. 53–54; The Prosopography of the Later Roman Empire 2, 1186–1187 (Uranius 4) identifiziert den Mann nur aufgrund chronologischer Parallelen. Es ist nicht auszuschließen, daß zwei verschiedene Personen nacheinander nach Karthago gereist sind.

26) Herwig WOLFRAM, Intitulatio I. Lateinische Königs- und Fürstentitel bis zum Ende des 8. Jahrhunderts (MIÖG Erg. Bd. 21), Graz 1967, S. 79–80 mit Anm. 18 zur Urkunde Odoakers; vgl. auch Peter

Wegen des ständigen Verstoßes gegen das Verbot katholischer Gottesdienste in den Vandalenlosen sollte der arianische und katholische Episkopat zu einem Streitgespräch in Karthago zusammenkommen. Eine tatsächliche Aussöhnung war dabei kaum das Ziel. Die deutlichen Worte des Edikts weisen in eine andere Richtung. »Hunerich, König der Vandalen und Alanen, an sämtliche homoousianischen Bischöfe, *Rex Hunirix Wandalorum et Alanorum universis episcopis omousianis.* Nicht nur einmal wurde untersagt, dass Eure Priester innerhalb der Vandalenlose, *in sortibus Wandalorum*, die Messe feiern. Die christlichen Seelen sollen nicht durch ihre Verführung zugrundegerichtet werden. Nun hat sich aber gezeigt, dass viele diese Bestimmung missachteten und entgegen diesem Verbot innerhalb der *sortes Vandalorum* Messen gehalten haben, wobei die Priester behaupteten, sie würden an der vollständigen Lehre des christlichen Glaubens festhalten. Und weil wir in den uns von Gott verliehenen Provinzen kein Ärgernis dulden, *et quia in provinciis a deo nobis concessis scandalum esse nolumus*, das vom rechten Weg abbringt, so nehmt zur Kenntnis, was wir nach Gottes Ratschluss und im Einklang mit unseren heiligen Bischöfen angeordnet haben: Am folgenden 1. Februar sollt Ihr, ohne Euch durch Furcht zu entschuldigen, alle nach Karthago kommen, um mit unseren ehrwürdigen Bischöfen in ein Streitgespräch über die Glaubenslehre einzutreten und den Glauben der Homoousianer, den Ihr verteidigt, ausschließlich aus den heiligen Schriften zu erweisen, so dass man danach erkennen kann, ob Ihr den vollständigen Glauben habt. Den Wortlaut dieses Ediktes haben wir allen deinen Mitbischöfen in ganz Africa zustellen lassen. Gegeben am 17. Mai im siebten Regierungsjahr [483] Hunerichs.[27]«

Der königliche Titel *Rex Hunirix Wandalorum et Alanorum* ist bemerkenswert, erscheint er doch bei dieser Gelegenheit erstmalig in den Quellen. Hunerich wollte seine vandalisch-alanische, seine gentile und barbarische Legitimation betonen. Der Gebrauch des Titels »König der Vandalen und Alanen« garantierte den Großen, den Kindern und Enkeln der Eroberer Afrikas, ihre Stellung, ihren Besitz und ihre Privilegien. Auffallend ist, dass in der Selbstrepräsentation auf Inschriften und Münzlegenden der Vandalenkönig meist als *dominus* oder *dominus noster rex* angesprochen wird. Weitere Übernahmen kaiserlicher Titel erscheinen ebenso, nur in der außerhalb Afrikas verfassten Historiographie und Hagiographie ist von einem *rex Vandalorum* in Karthago die Rede. Insgesamt verdeutlicht der parallele Gebrauch verschiedener Königstitel die Bruchlinien in den

Classen, Kaiserreskript und Königsurkunde. Diplomatische Studien zum Problem der Kontinuität zwischen Altertum und Mittelalter 2, in: AfD 2 (1956), S. 3–115, hier 16–22.

27) Vict. Vit. 2, 39 (Übersetzung nach Konrad Vössing, wie Anm. 11); vgl. Vössing, Victor (wie Anm. 11), S. 175, Anm. 185; Lancel, Victor (wie Anm. 11), S. 304–305, Anm. 192; Richard Heuberger, Vandalische Reichskanzlei und Königsurkunden. Mit Ausblicken auf die Gesamtentwicklung der frühgermanischen Herrscherurkunde, in: Festschrift Oswald Redlich zum 70. Geburtstag, hg. von Wilhelm Bauer (MIÖG Erg. Bd. 11), Innsbruck 1929, S. 76–113, hier S. 103; Classen, Kaiserreskript und Königsurkunde 2 (wie Anm. 26), S. 3–5; Courtois, Vandales (wie Anm. 2), S. 237, Anm. 7, 243, 296, Anm. 1; Courtois, Victor de Vita (wie Anm. 25), S. 11–15.

afrikanischen Provinzen. Der hasdingische Monarch konnte und musste mit verschiedenen Sprachen der Macht operieren[28].

Wie ein römischer Kaiser hatte König Hunerich im Mai 483 die afrikanischen Bischöfe nach Karthago berufen. Der Episkopat erschien vollzählig. Die katholischen Würdenträger litten allerdings von Anfang an unter Übergriffen und Schikanen[29]. Gerade wie die Donatisten Jahrzehnte zuvor, behandelten nun die Arianer die Vertreter der nicäanischen Theologie, die immerhin noch die Mehrheit der afrikanischen Christen repräsentierten. Die homoousianischen Geistlichen wussten, was ihnen bevorstand. Sie waren in der schwächeren Position und mittlerweile in Opposition zur politischen Macht. Gleichzeitig hätten sie wohl selbst nicht gezögert, ihre arianischen Gegner ähnlich zu attackieren[30].

Der Konflikt wurde auch mit Gesten und Symbolen geführt. Der arianische Patriarch Cyrila saß während der Synode auf einem Thron, während die katholischen Bischöfe stehen mussten. Cyrila weigerte sich, Latein zu sprechen. Beherrschte er tatsächlich diese für die homöische wie homoousianische Theologie grundlegende Sprache nicht, oder wollte er lediglich die Konkurrenz demütigen? Es ist schwer vorstellbar, dass der Vorsteher der arianischen Kirche der afrikanischen Provinzen nur Gotisch oder Vandalisch verstand. Cyrila wollte mit seinem Verhalten eine Lanze für die in der arianischen Kirche gängige gotische Liturgiesprache brechen. Victor machte ihn zu einem barbarischen Tölpel, ohne die Argumente Cyrilas auch nur zu erwähnen: »Unsere Leute änderten ihre Taktik und sagten zu Cyrila: ›Argumentiere, was Du zu tun gedenkst.‹ Cyrila antwortete: ›Ich spreche kein Latein.‹ Unsere Bischöfe sagten: ›Wir wissen ganz genau, dass Du immer Latein gesprochen hast, nun solltest Du Dich nicht so herausreden, gerade weil Du dieses

28) Diese These und die Quellenbelege: Roland STEINACHER, Who is the Barbarian? Considerations on the Vandal Royal Title, Post-Roman Transitions: Christian and Barbarian Identities in the Early Medieval West, hg. von Walter POHL und Gerda HEYDEMANN (Cultural Encounters in Late Antiquity and the Middle Ages 14), Turnhout 2013, im Druck; Roland STEINACHER, Der vandalische Königshof als Ort der öffentlichen religiösen Auseinandersetzung, in: Streit am Hof im frühen Mittelalter, hg. von Matthias BECHER (Super alta perennis. Studien zur Wirkung der klassischen Antike 11), Bonn 2011, S. 45–73, hier S. 61–66. Der Titel ist in dieser Form nur bei Vict. Vit. und auf der so genannten Silberschale Gelimers (Paris, Bibliothèque nationale de France, Cabinet des Médailles et Antiques BB 849) überliefert. Die Largitionsschale wurde 1875 in der Ruine der Burg von Artèn (Fonzaso, BL, Veneto) aufgefunden. Dort lautet der Titel: *Geilamir Rex Vandalorum et Alanorum.* Vgl. zum weiteren Hintergrund WOLFRAM, Intitulatio I. (wie Anm. 26), S. 79–80 und die dortigen Anm.

29) Vict. Vit. (wie Anm. 4), 2, 46; vgl. Yves MODÉRAN, Afrika und die Verfolgung durch die Wandalen, in: Der lateinische Westen und der byzantinische Osten (431–642), hg. von Jean-Marie MAYEUR, Charles PIÉTRI, André VAUCHEZ und Marc VENARD (Die Geschichte des Christentums. Religion. Politik. Kultur. Altertum 3), Freiburg, Basel, Wien 1998, S. 264–299, hier S. 277–278.

30) Chris WICKHAM, The Inheritance of Rome. A History of Europe from 400 to 1000 (The Penguin History of Europe 2), London 2009, S. 76–77.

Feuer angezündet hast.‹« Cyrila steht mit seiner einfachen Ausrede als der Dumme da, wie an so vielen Stellen in Victors Text[31].

Die Katholiken hatten eine Abhandlung zur Darlegung ihres Standpunktes zur Christologie vorbereitet. Dieses Buch vom katholischen Glauben, ›Liber fidei catholicae‹, sollte das nicäanische Credo argumentieren und ist in voller Länge in Victors Geschichte inseriert. Möglicherweise war der Metropolit Karthagos Eugenius selbst der Verfasser. Abgehandelt wird das Verhältnis Jesu Christi zu Gottvater. Die unterschiedliche Definition der Natur und Menschlichkeit Christi war der zentrale Streitpunkt zwischen Katholiken und Arianern. Die Einheit der drei Personen in einer heiligen Trinität, *unitas trinitatis*, bildet den Höhepunkt der Auseinandersetzung. Schließlich dreht sich die Argumentation um das Wesen des heiligen Geistes. Mittels Zeugnissen aus den biblischen Büchern werden die Ausprägungen und Wirkungsweisen des Geistes dem Vater und dem Sohn zugeordnet[32]. Der Text zeigte keine Wirkung, ein Konsens wurde verhindert, denn die arianische Konkurrenz hatte freie Hand.

31) Vict. Vit. (wie Anm. 4), 2, 53–55: *Conversique nostri Cyrilae dixerunt: Propone quod disponis. Cyrila dixit: Nescio latine. Nostri episcopi dixerunt: Semper te latine esse locutum manifesto novimus; modo excusare non debes, praesertim quia tu huius rei incendium suscitasti.* Die Gotenbibel und die gotische Liturgie waren Teil der bis heute in den Ostkirchen ganz selbstverständlichen Vielfalt von Liturgiesprachen. Vgl. Hanns Christof Brennecke, Lateinischer oder germanischer 'Arianismus'? Zur Frage einer Definition am Beispiel der religiösen Konflikte im nordafrikanischen Vandalenreich; Konrad Vössing, ‚Barbaren' und Katholiken. Die Fiktion der Collatio sancti Augustini cum Pascentio Arriano und die Parteien des vandalischen Kirchenkampfes, in: Collatio Augustini cum Pascentio. Einleitung, Text. Übersetzung, hg. von Hildegund Müller, Dorothea Weber und Clemens Weidmann (ÖAW Sitzungsberichte der phil.-hist. Klasse 779, Veröffentlichungen der Kommission zur Herausgabe des Corpus der lateinischen Kirchenväter 24) Wien 2008, S. 125–144; 173–206, hier S. 202 und Anm. 127; Courtois, Vandales (wie Anm. 2), S. 222, Anm. 6, S. 296; Wolfgang Haubrichs, *Nescio latine!* Volkssprache und Latein im Konflikt zwischen Arianern und Katholiken im wandalischen Afrika nach der Historia persecutionis des Victor von Vita, in: Geschichtsvorstellungen: Bilder, Texte und Begriffe aus dem Mittelalter. Festschrift für Hans-Werner Goetz zum 65. Geburtstag, hg. von Steffen Patzold, Anja Rathmann-Lutz und Volker Scior, Köln 2012, S. 13–42, hier S. 15–34, 42 mit einer anderen Deutung der Stelle. Cyrila sei es tatsächlich um seine Muttersprache gegangen.

32) Vict. Vit. (wie Anm. 4), 2, 58–100. Vgl. Modéran, Afrika (wie Anm. 29), S. 278 und Anm. 45–47 zu möglichen Quellen, wie etwa Nicetas von Remesiana, *Instructiones ad competentes.* Noch in der theologischen Debatte zwischen König Thrasamund und Fulgentius von Ruspe wird auf den Text eingegangen, was für seine Bedeutung in den afrikanischen Provinzen spricht und erklärt, warum Victor von Vita ihn vollständig inserierte.

V. Die königlichen Verfügungen bei Victor von Vita: Der König als Vizekaiser bedient sich römischen Rechts in den afrikanischen Provinzen unter vandalischer Herrschaft

Offenbar hatte die königliche Kanzlei eine Verfügung vorbereitet, die bereits in den afrikanischen Städten promulgiert wurde, als sich die katholischen Bischöfe noch in Karthago befanden. Nach nur wenigen Tagen des Disputs befahl Hunerich die Schließung aller katholischen Kirchen. Der gesamte noch vorhandene kirchliche Besitz wurde eingezogen und den homöischen Bischöfen übergeben. Das Edikt, so stellt Victor selbst fest, wandte die Häretikergesetze verschiedener Kaiser gegen die katholische Kirche an. Die unter dem Titel *De haereticis* im Abschnitt 16, 5 des ›Codex Theodosianus‹ gesammelten Bestimmungen waren einst zum Vorteil eben dieser Kirche erlassen worden. Abschließend behauptet Victor, die Königskanzlei habe eigene Bestimmungen widerrechtlich hinzugefügt, wie Tyrannen es eben zu tun pflegen[33]. Tatsächlich handelt es sich um eine wohlüberlegte und für Afrika ausgearbeitete Adaptierung der Kaisergesetze. Zu denken hat man etwa an die Verfügungen gegen die Donatisten Afrikas, die in den Archiven Karthagos sicherlich leicht zugänglich waren[34].

Am 24. Februar 484 erließ der König das bei Victor im Wortlaut wiedergegebene Edikt »an seine Völker«. Die Verfügung rekurriert dabei auf die königliche Autorität und jene Geiserichs. Mit solchen scharfen Worten konnte sich ein von Teilen der vandalischen Elite in Frage gestellter König legitimieren, denn man verfolgte ein gemeinsames Ziel, und die arianische Kirche kam dabei nicht zu kurz[35]. »Hunerich, König der Vandalen und

33) Vict. Vit. (wie Anm. 4), 3, 2: *Legem, quam dudum christiani imperatores nostri contra eos et contra alios hereticos pro honorificentia ecclesiae catholicae dederant, adversum nos illi proponere non eruberunt.*

34) Mechthild Overbeck, Untersuchungen zum afrikanischen Senatsadel in der Spätantike (Frankfurter althistorische Studien 7), Frankfurt/Main 1973, S. 74 und 80–82: »Das Edikt Hunerichs (…) bildet eine systematische Zusammenstellung der wesentlichen Bestimmungen der Kaiser auf diesem Gebiet [Häretiker].« Eine gewisse Nachlässigkeit bei der Bearbeitung sei zwar zu konstatieren, dies sei aber für spätantike Gesetze im Allgemeinen nicht ungewöhnlich. Ältere Verordnungen wurden nicht wahllos übernommen, man adaptierte bewußt und damit sei »der Quellenwert dieser Passage für das vandalenzeitliche Afrika recht hoch.«

35) Vict. Vit. (wie Anm. 4), 3, 3–14 wird ohne Einwände als Urkundenabschrift anerkannt. Vgl. Howe, Vandalen, Barbaren und Arianer (wie Anm. 11), S. 34 und Anm. 28–29; Lancel, Victor (wie Anm. 11), S. 22–24; Andreas Schwarcz, Bedeutung und Textüberlieferung der *Historia persecutionis Africanae provinciae* des Victor von Vita, in: Historiographie im frühen Mittelalter, hg. von Anton Scharer und Georg Scheibelreiter (Veröffentlichungen des Instituts für Österreichische Geschichtsforschung 32), Wien 1994, S. 115–140, hier S. 116; Courtois, Victor de Vita (wie Anm. 25), S. 27–29; Heuberger, Reichskanzlei (wie Anm. 27), S. 94–104 äußerte nach detaillierter diplomatischer Untersuchung keinerlei Zweifel an einer präzisen Überlieferung des Textes. Classen, Kaiserreskript und Königsurkunde 2 (wie Anm. 26), S. 5: »Protokoll, Textaufbau, Sprache und Rhythmus zeigen keine Abweichungen von den gleichzeitigen römischen Urkunden. Neu ist lediglich die Datierung nach Königsjahren. In ihr drückten die Wandalen nicht nur ihre Unabhängigkeit vom Römischen Reich mit aller Deutlichkeit aus, sondern sie führten damit

Alanen an alle unserer Herrschaft unterworfenen Völker. Von triumphaler Leistung und königlicher Majestät zeugt es bekanntlich, böse Pläne auf ihre Urheber zurückzulenken; denn wer etwas Schlimmes plant, hat sich selbst zuzuschreiben, was daraus folgt. In dieser Hinsicht folgt unsere Milde dem Wirken des göttlichen Urteils, das jede Person für ihr Verhalten, sei es gut oder von entgegengesetzter Art, je nach Verdienst entlohnt und damit zugleich bewirkt, dass es ausgeglichen wird. Deshalb greifen wir gegenüber der Herausforderung derjenigen, die gemeint haben, die Anordnungen unseres Vaters hochberühmten Andenkens und unserer eigenen Güte geringschätzen zu dürfen, zu strenger Maßregelung.[36)]«

Den katholischen Geistlichen warf der König vor, innerhalb der *sortes Vandalorum* Versammlungen und auch die Liturgie samt Wandlung abgehalten zu haben. Als Konsequenz habe der König am 1. Februar des achten Jahres seiner Herrschaft zum Disput in Karthago geladen. Dort sei es die Pflicht der Katholiken gewesen, ihre Sicht der Trinität mit biblischen Referenzen zu belegen. Hunerichs Edikt beruft sich dann auf die Reichssynoden von Rimini und Seleukia von 359. Die dort verurteilte Lehre werde von den Katholiken, den Homoousianern, in Afrika vertreten. Tausende Bischöfe des ganzen Erdkreises aber haben in Rimini und Seleukia die rechte Lehre eindeutig festgelegt. In dieser Einleitung wird der überregionale und universale Machtanspruch der Hasdingenkönige wie des arianischen Klerus deutlich[37)]. Wegen der Hetze und Bösartigkeit der Ketzer, die den rechten Glauben hartnäckig verweigern und auch noch die Bevölkerung auf den falschen Weg führen wollen, sei dem König gar nichts anderes übriggeblieben, als

auch etwas in dieser Form ganz Neues in das Urkundenwesen der Mittelmeerländer ein.« Zur Verwendung der Königsjahre zur Datierung vgl. Frank M. Clover, Timekeeping and Dyarchy in Vandal Africa, in: Antiquité Tardive 11 (2003), S. 45–63 und das Kapitel »439: Die Besetzung Karthagos bewirkt eine neue vandalische Identität« in: Steinacher, Die Vandalen (wie Anm. 4), mit den dortigen Anm.

36) Vict. Vit. 3, 3 (Übersetzung von Konrad Vössing, wie Anm. 11): *Triumphalis et maiestatis regiae probatur esse virtutis, mala in auctores consilia retorquere.* Vgl. Overbeck, Senatsadel (wie Anm. 34), S. 75.

37) Vict. Vit. (wie Anm. 4), 3, 4–5 zur Festlegung der arianischen Lehre: *Aut certe quod a mille et quot excurrunt pontificibus de toto orbe in Ariminensi concilio vel apud Seleuciam.* Die Konzilsakten von Ariminium und Seleukia nun vorliegend: Hanns Christof Brennecke, Uta Heil, Annette von Stockhausen und Angelika Wintjes, Dokumente zur Geschichte des arianischen Streites (Athanasius Werke 3, 4), Berlin/New York 2012, S. 437–481. Schon unter Geiserich wird dieses Verbot erwähnt in Vict. Vit. 1, 22, 29, 39 und in 2, 39 erneut unter Hunerich. Schmidt, Wandalen (wie Anm. 2), S. 103, 107 spricht von einem Verbot, »katholischer Propaganda« in den Vandalenlosen, das die katholischen Geistlichen wiederholt und willentlich übertreten hätten. Der katholische Klerus habe »Aufhetzung« betrieben und den königlichen Befehlen sei man »vielfach mit offenem Trotz begegnet« und dadurch habe man die Vandalen zu den »Gewalttätigkeiten regelrecht gereizt«. Ähnliche Tendenzen zeigt auch Courtois, Vandales (wie Anm. 2), S. 166, 291. Yves Modéran, Une guerre de religion. Les deux Eglises d'Afrique à l'époque vandale, in: Antiquité Tardive 11 (2003), S. 21–44, hier S. 22–23 mit den Anm. 8–16 konstatiert Courtois einen »véritable anticléricalisme personnel«. Zum Rückgriff auf die theologischen Debatten von Rimini/Seleukia im vandalischen Afrika vgl. Uta Heil, Avitus von Vienne und die homöische Kirche der Burgunder (Patristische Texte und Studien 66), Berlin/Boston 2011, S. 271.

jene Gesetze, die von verschiedenen Kaisern gegen Häretiker erlassen worden waren, zur Anwendung zu bringen[38].

Im Folgenden findet sich eine Zusammenstellung der Ketzergesetze. Gegliedert sind die Bestimmungen in zwei Teile: Der erste betrifft die Kirche, der zweite die Bevölkerung. Strafandrohungen für bestimmte Personengruppen folgen. Katholischen Priestern wird jegliche liturgische Handlung wie Taufe, Weihe und das Spenden anderer Sakramente verboten. Ebenso ist der dauerhafte Aufenthalt dieser Personen in den Städten zu unterbinden. Zuwiderhandelnde sollen ohne Appellationsmöglichkeit mit Geldstrafen und im Wiederholungsfall mit Verbannung und Vermögenskonfiskation bestraft werden. Diese Verfügungen entsprechen im Detail den von der Reichsregierung 412 gegen donatistische Priester erlassenen Bestimmungen. Die häretischen Geistlichen sollten gemäß diesen in verschiedene Verbannungsorte zerstreut, Gebäude und Pfründe ihrer Kirchen der katholischen übereignet werden[39].

Geiserich und Hunerich waren bereits früher gegen Hofbedienstete katholischen Glaubens vorgegangen. Diese Maßnahmen finden sich nun detailliert begründet. Die königliche Kanzlei verweist auf die kaiserliche Gesetzgebung und Rechtspraxis. »Auch gegen das Kirchenvolk, *in populos*, gingen die erwähnten Kaiser vor, wobei sie mit ähnlicher Grausamkeit wüteten, indem den Laien weder gestattet war, eine Schenkung oder ein Testament zu machen noch auch ein Vermächtnis von anderen anzunehmen, nicht als Fideikommiß, nicht als Legat, nicht durch Schenkung oder durch Überlassung im Todesfall, sei es mittels eines Kodizills, sei es irgendwelcher anderen Schriftstücke, wobei die Kaiser sogar ihre Hofbediensteten der angesichts ihrer Rangstufe härtesten Bestrafung unterwarfen und zwar so, dass sie alle Vorrechte ihrer Stellung verloren und der Ehrlosigkeit verfielen und dass sie erkennen sollten, sie seien nun, obgleich Personen in solcher Stellung, einem öffentlichen strafrechtlichen Verfahren unterworfen. Auch für die Beamten in den Büros der verschiedenen Provinzstatthalter war ein Strafbetrag von 30

38) Vict. Vit. (wie Anm. 4), 3, 6–7; Vgl. zum Edikt Courtois, Vandales (wie Anm. 2), S. 297–299; Schmidt, Wandalen (wie Anm. 2), S. 104–105; Diesner, Vandalen (wie Anm. 2), Sp. 961 f.; Diesner, Vandalenreich (wie Anm. 2), S. 80–82; eine Analyse des Texts bei Overbeck, Senatsadel (wie Anm. 34), S. 74–82.

39) Vict. Vit. (wie Anm. 4), 3, 8; Die Strafandrohung entspricht in Teilen wörtlich der gegen die Donatisten in Afrika gerichteten Verfügung Cod. Theod. 16, 5, 52, 5 (30.01.412), hg. von Theodor Mommsen, Paul Krüger und Paul M. Meyer, Berlin 1904, ND Hildesheim 2005: *Clerici vero ministrique eorum ac perniciosissimi sacerdotes, ablati de Africano solo, quod ritu sacrilego polluerunt, in exilium viritim ad singulas quasque regiones sub idonea prosecutione mittantur, ecclesiis eorum vel conventiculis praediisque, si qua in eorum ecclesias haereticorum largitas prava contulit, proprietati potestatique catholicae, sicut iam dudum statuimus, vindicatis.* Vgl. Overbeck, Senatsadel (wie Anm. 34), S. 75–78; Lancel, Victor (wie Anm. 11), S. 315, Anm. 374; Vössing, Victor (wie Anm. 11), S. 182, Anm. 248 f. Das Motiv der Beschmutzung der afrikanischen Lande findet sich wiederum in ähnlicher sprachlicher Form für die Vandalenlose. Vict. Vit. 3, 4: *Auctoritatibus enim cunctis populis fecimus innotesci, ut in sortibus Wandalorum nullos conventus omousiani sacerdotes adsumerent nec aliquid mysteriorum, quae magis polluunt, sibimet vindicarent.*

Pfund Silber festgesetzt worden; wenn es dazu gekommen sei, dass sie diesen Betrag – im Fall des Beharrens auf ihrem Irrtum – fünfmal bezahlen müßten, dann sollten sie schließlich, solchermaßen überführt, einer Auspeitschung unterzogen und des Landes verwiesen werden.[40]« Der Passus ist der Katalog der Maßnahmen, die Victor zuvor beschrieben hatte. Die Strafbestimmungen für Beamte entsprechen jenen des ›Codex Theodosianus‹[41].

Die spätantike Gesetzgebung nahm detaillierten Bezug auf die Stellung einer Person in der gesellschaftlichen Hierarchie. Das Strafmaß für Häretiker wurde auch von der vandalischen Kanzlei gemäß der jeweiligen Rangklasse genau festgelegt. Die oberste Stufe der Bestrafung betraf *illustres*, also Inhaber der höchsten Ämter wie Prätorianerpräfekten, Präfekten der Hauptstadt, Heermeister und höchste Beamte senatorischen Rangs bei Hof. Diese Männer müssten im Falle einer Verurteilung 50 Pfund Gold bezahlen. Die zweite Gruppe ist die der *spectabiles.* Dieser Titel stand Provinzstatthaltern, also den Prokonsuln von Afrika, und den Vorstehern der Diözesen wie den Chefs der Hofkanzleien und anderen hochrangige Beamten zu. 40 Pfund Gold war für sie das Strafmaß. Senatoren kamen mit 30, hochrangige Vertreter im Stadtrat, *principales*, mit 20 Pfund Gold davon. Eine afrikanische Besonderheit ist die Bestimmung für die ehemaligen Oberpriester des provinzialen Kaiserkults. Die *sacerdotales* hatten wie die Senatoren 30 Pfund Gold an Bußgeld zu entrichten. Gemeinderatsmitglieder der städtischen Kommunen, *decuriones*, dagegen wie Händler, *negotiatores*, und Stadtbürger, *plebei*, zahlten lediglich 5 Pfund Gold. Überführten Circumcellionen wurde 10 Pfund Silber als Strafe aufgebürdet. Bei einem Beharren auf dem Irrglauben war eine zweite Stufe der Bestrafung vorgesehen: Die Konfiskation des gesamtem persönlichen Besitzes und die anschließende Verbannung[42].

40) Vict. Vit. 3, 9 (Übersetzung von Konrad Vössing, wie Anm. 11). Die Hofbediensteten leisten die *militia* im Palast: *Ita ut etiam qui suis palatiis militarent* [...]. Für Beamte in den Büros der verschiedenen Provinzstatthalter: *officialibus etiam iudicum diversorum.*

41) Cod. Theod. (wie Anm. 39) 16, 5, 54, 7 (17.06.414): *Officiales autem diversorum iudicum si in hoc errore fuerint deprehensi, ad triginta librarum argenti illationem poenae nomine teneantur, ita ut, si quinquies condemnati abstinere noluerint, coherciti verberibus exilio mancipentur.* Cod. Theod. 16, 5, 29, 42 und 48 untersagt Ketzern, *intra palatium militare.* Vgl. Overbeck, Senatsadel (wie Anm. 34), S. 77–79.

42) Vict. Vit. (wie Anm. 4), 3, 10: Konfiskation und Exil als zweite Stufe: *Et si qui forte in hac pernicie permanerent, confiscatis omnibus rebus suis exilio multarentur.* Die Bestimmungen entsprechen weitgehend Cod. Theod. (wie Anm. 39) 16, 5, 52 (412). Vgl. Vössing, Victor (wie Anm. 11), S. 168, Anm. 119, 183, Anm. 256; Titel: Alexander Demandt, Die Spätantike. Römische Geschichte von Diocletian bis Justinian 284–565 n. Chr. (Handbuch der Altertumswissenschaft, Abt. 3/6), München ²2007, S. 335–337; Circumcellionen: Brent D. Shaw, Who were the Circumcellions?, in: Vandals, Romans and Berbers. New Perspectives on Late Antique North Africa, hg. von Andrew H. Merrills, Aldershot 2004, S. 227–258, hier 227–258; Overbeck, Senatsadel (wie Anm. 34), S. 78 f. hält *sacerdotales* für einen Schreibfehler. Vgl aber zu dieser afrikanischen Institution Clover, Timekeeping and Dyarchy (wie Anm. 37), S. 47; Frank M. Clover, Emperor Worship in Vandal Africa, in: Romanitas-Christianitas: Untersuchungen zur Geschichte

In Victors Verfolgungsgeschichte wird nur der kaiserliche Gesandte Alexander aus Konstantinopel mit dem Attribut eines *illustris*, eines glanzvollen Mannes, angesprochen. Die Anrede gebührte der ersten senatorischen Rangklasse. Das bedeutet nun keineswegs, dass es nicht am vandalischen Hof in Karthago auch *illustres* gegeben hätte. Der Vorsteher der Reichsverwaltung käme etwa dafür in Frage. Obadus, der Inhaber dieses Amts, *praepositus regni*, fragt den Bischof Eugenius, ob der Kirchenmann denn dem König gleichwertig sei, nachdem dieser königliche Anordnungen zu diskutieren begonnen hatte. Eugenius hatte verlangt, für das so genannte Religionsgespräch in Karthago 484 katholische Autoritäten auch aus anderen Provinzen zuzuziehen. Hunerich ließ nur bestellen, erst wenn der Bischof den ganzen Erdkreis, *universis orbis terrarum*, seiner königlichen Gewalt unterstellen könne, werde er solches erlauben[43)].

Wir kennen zwei Amtsinhaber der leitenden Position des Vorstehers der Reichsverwaltung; den von Hunerich exekutierten Heldica und eben seinen wahrscheinlichen Nachfolger Obadus. Wie in der kaiserlichen Bürokratie war der *praepositus* der direkte Vertreter des Königs und stand der zentralen Verwaltung vor. So wird Obadus auch von Eugenius schriftlich mit »Magnifizenz« angesprochen. Dies war die den höchsten Reichsbeamten zustehende Anrede. Der Titel ist vom 4. bis zum 6. Jahrhundert für leitende Funktionen am Hof des Kaisers gebräuchlich. Der *praepositus sacri cubiculi* etwa war der kaiserliche Oberkämmerer. Als Vertrauter des Kaisers konnte der Amtsinhaber in der zentralen Reichsbürokratie eine wichtige Stellung einnehmen. Das Amt in der Nähe des Kaisers ist erstmals für die Regierungszeit des Constantius II. erwähnt. Ein Eusebius hatte diese Funktion inne, der auf den Konzilien von Rimini und Seleukia eine gewisse Rolle spielte und später wegen seiner arianischen Überzeugung hingerichtet wurde[44)].

und Literatur der römischen Kaiserzeit, hg. von Gerhard WIRTH, Berlin 1982, S. 661–674, hier S. 661 f.; Duncan FISHWICK, The Institution of the Provincial Cult in Roman Mauretania, in: Historia 21/4 (1972), S. 698–711; Duncan FISHWICK, The Institution of the Provincial Cult in Africa Proconsularis, in: Hermes 92/3 (1964), S. 342–363.

43) Vict. Vit. (wie Anm. 4), 2, 43–44; vgl. HOWE, Vandalen, Barbaren und Arianer (wie Anm. 11), S. 215 und Anm. 75, S. 280 f.; Jörg SPIELVOGEL, Arianische Vandalen, katholische Römer: Die reichspolitische und kulturelle Dimension des christlichen Glaubenskonflikts im spätantiken Nordafrika, in: Klio 87/1 (2005), S. 201–222, hier S. 209 f.

44) Vict. Vit. (wie Anm. 4), 2, 14; 2, 42–44 (Obadus und Heldica); Soz. 4, 16, 22; Amm. 22, 3, 12; Sokr. hist. ecc. 3, 1, 46 (Eusebius am Hofe des Constantius und seine Schandtaten); Wilhelm ENSSLIN, Praepositus, Praepositus sacri cubiculi, in: Paulys Realencyclopädie der classischen Altertumswissenschaft, Suppl. 8 (1956), Sp. 539–556; The Prosopography of the Later Roman Empire 1, 302–303 (Eusebius 11); zum vandalischen *praepositus regni* vgl. CASTRITIUS, Die Wandalen (wie Anm. 2), S. 141; MAIER, Amtsträger (wie Anm. 4), S. 168 f. und Anm. 175 f.; VÖSSING, Victor (wie Anm. 11), S. 175, Anm. 190; COURTOIS, Vandales (wie Anm. 2), S. 253 denkt an eine afrikanische Variante des *magister officiorum*. SCHMIDT, Wandalen (wie Anm. 2), S. 175; PAPENCORDT, Geschichte (wie Anm. 3), S. 369, Anm. 3.

In den Strafbestimmungen Hunerichs von 484 waren Stadträte und die Verwalter und Pächter von Landgütern für Auslieferung und Anzeige ketzerischer Handlungen verantwortlich. Wenn sie die betroffenen Personen schützten, verfielen sie selbst der für die Häretiker festgesetzten Strafe. Die Pächter der Domänen müssten als zusätzliche Strafe ihren Pachtbetrag ein zweites Mal an den Fiskus abführen. Nach diesem Muster verfügte der Vandalenkönig, dass Pächter und Grundbesitzer, die an ihrem Glauben festhielten, eine solche Zahlung zu leisten hatten. Sollten Provinzstatthalter, die auch als Richter fungierten, die königlichen Verfügungen nicht umsetzten, drohte man die Todesstrafe an. Ebenso waren Geldbußen für die untergebenen Beamten vorgesehen[45].

Schließlich verfügte der König die Enteignung der katholischen Kirche. »Den wahren Verehrern der göttlichen Majestät dagegen, nämlich unseren Bischöfen, sollen durch dieses Dekret alle Kirchen und Häuser des gesamten Klerus der Katholiken, in welchen Ländern und Gegenden sie sich auch befinden, die durch Gottes gnädige Fügung unserer Herrschaft und Lenkung übereignet sind, zusammen mit allem, was dazu gehört, zugute kommen, da wir überzeugt sind, dass das, was von rechts wegen unseren ehrwürdigen Bischöfen zugewendet wird, dem Unterhalt der Armen mehr zugute kommt. Wir befehlen deshalb, dieses Gesetz, das dem Quell der Gerechtigkeit entspringt, allen bekannt zu machen, damit niemand vorschützen kann, das, was hier vorgeschrieben ist, sei ihm unbekannt.[46]« In den afrikanischen Provinzen sollte es nur noch eine Kirche geben. Der arianische Klerus hatte sein Ziel erreicht.

VI. Schlussfolgerungen

Bisher wurde meist davon ausgegangen, dass Glaubensfragen lediglich zu einer ethnischen Abgrenzung der ›germanischen‹ Vandalen von ihren ›romanischen‹ Untertanen dienten. Auch die jüngere Forschung sah die Verfügungen des Hunerichedikts bisweilen mehr als Staffage. Die Verfügungen seien lediglich der ungeschickte Versuch germanischer Herren gewesen, die Römer zu erschrecken. Solche Annahmen gehen davon aus, dass in den afrikanischen Provinzen römische Terminologie nur als Kolorit verwendet

45) Vict. Vit. (wie Anm. 4), 3, 11 mit Bezug auf Cod. Theod. (wie Anm. 39) 16, 5, 54 (414); vgl. Vössing, Victor (wie Anm. 11), S. 183, Anm. 257–259 mit der Annahme, die Verfügungen seien bloße Staffage. Im Cod. Theod. erscheint bei der Bestimmung der als Strafe zu entrichtenden doppelten Pacht *domus nostra* bei Vict. Vit. *domus regia*. 183, Anm. 260: Die Provinzstatthalter werden wegen ihrer hauptsächlichen Aufgabe *iudices* genannt. Overbeck, Senatsadel (wie Anm. 34), S. 79 und 81: *Regalia praedia* und *domus regia* als Anpassung an das vandalenzeitliche Afrika. Overbeck verweist auf Cod. Theod. 16, 5, 40, 56 und 65 wie 16, 6, 40 (Strafmaß von 20 Pfund Gold bei Nachlässigkeit) und für die Bestrafung der *primates officii* auf Cod. Theod. 16, 5, 46 und 16, 6, 4. Die Todesstrafe anstatt der Geldbuße sei nötig für die Vandalen, um eine stärkere Handhabe an einer wesentlichen Stelle zu haben.

46) Vict. Vit. 3, 14 (Übersetzung von Konrad Vössing, wie Anm. 11).

wurde. Dass das römische Recht weiter Anwendung fand, wird indes nicht generell bezweifelt, nur habe es eben nur zwischen ›Romanen‹ gegolten, nicht aber bei Konflikten an denen Vandalen beteiligt waren[47].

Von einem eigenen vandalischen Recht ist aber nichts bekannt. Die Vandalen mögen eine Sonderstellung gehabt haben, doch wenn es eine solche gab, ist an die Föderaten im Reichsverband zu denken, die auch ihr eigenes Statut hatten und gewisse Privilegien genossen. Trotzdem orientierte sich der König in Karthago an kaiserlichem Recht und wandte dieses auch auf seine Leute an. Ein straffällig gewordener Vandale wurde trotz seiner Privilegien nach römischem Recht abgeurteilt. Es gab sehr wohl auch Vandalen, die Katholiken waren, deshalb blieben sie dennoch Vandalen. Zwei Vandalen geben all ihren Besitz auf und gehen gemeinsam mit katholischen Priestern in die Verbannung. Sie waren schon unter Geiserich Bekenner des katholischen Glaubens[48]. Nach der Eroberung Afrikas durch Justinians Truppen wurde wieder getauften, also konvertierten Römern des öffentlichen Dienstes, der *militia*, jede weitere Beschäftigung untersagt. Sie wurden als Häretiker, nicht aber als Vandalen behandelt. Allerdings durften sie der Häresie abschwören und in den Schoß der Kirche zurückkehren[49].

Die gegen den katholischen Episkopat gerichteten Maßnahmen Hunerichs hatten einigen Erfolg. In der ›Notitia provinciarum et civitatum Africae‹, einer zeitgenössischen Liste afrikanischer Bischöfe, sprechen die Zahlen für sich. 459 Bischöfe hatten an der Synode in Karthago von 483 teilgenommen. In einer um 487 vorgenommenen Rezension dieser Aufstellung findet sich hinter 88 der Namen ein Vermerk, der meist als hingeschieden, *qui peribit = perivit*, gelesen wurde. Tatsächlich war damit aber der geistliche Abfall von der wahren Lehre – nun wiederum aus katholischer Sicht – gemeint. Das würde bedeuten, der katholische Episkopat hätte in kurzer Zeit beinahe 20 Prozent seines Personals an die Arianer verloren[50].

47) Howe, Vandalen, Barbaren und Arianer (wie Anm. 11), S. 275, Anm. 133; Vössing, Victor (wie Anm. 11), S. 182, Anm. 255; Vössing, ‚Barbaren' und Katholiken (wie Anm. 31), S. 190; Karl Leo Noethlichs, Die gesetzgeberischen Maßnahmen der christlichen Kaiser des vierten Jahrhunderts gegen Häretiker, Heiden und Juden, Köln 1971, S. 122–147.

48) Vict. Vit. (wie Anm. 4), 3, 38; vgl. Howe, Vandalen, Barbaren und Arianer (wie Anm. 11), S. 156 f. mit Anm. 1 und S. 176 mit Anm. 85; ähnlich schließt Manuel Koch, Ethnische Identität im Entstehungsprozess des spanischen Westgotenreiches (Reallexikon der Germanischen Altertumskunde Erg. Bd. 75), Berlin/Boston 2012, S. 190–216, 353, 405–412, dass eine einfache Einteilung in arianische Goten und katholische Römer der Komplexität der Verhältnisse nicht entspreche.

49) Novell. Iust. 37, 10, 7, Corpus Iuris Civilis 3, hg. von Theodor Mommsen und Paul Krüger, Berlin 1887, ND Hildesheim 1988.

50) Notitia provinciarum et civitatum Africae, hg. von Karl Halm (MGH Auct. ant. 3, 1), Berlin 1879, ND 1993, S. 63–71; neue Edition: Lancel, Victor (wie Anm. 11), S. 251–272 und die Erläuterungen S. 221–248; vgl. Yves Modéran, La *Notitia provinciarum et civitatum Africae* et l'histoire de l'Afrique vandale, in: Antiquité Tardive 14 (2006), S. 165–185, hier S. 172–175; Helmut Castritius, Barbaren im

Trotz allem konnte Hunerich die katholische Kirche nicht zerschlagen. Seine Regierungszeit war zu kurz, um die vorgesehenen Verfügungen in aller Konsequenz durchzusetzen. Auch bleibt fraglich, ob das tatsächlich das Ziel der königlichen Politik gewesen ist. Hunerichs Bestimmungen sind auch zur Festigung seiner Stellung gegenüber den eigenen Leuten zu verstehen. Die arianische Kirche wurde gestärkt und bevorzugt. Nirgends sonst in der spätantiken Mittelmeerwelt hatten homöische Geistliche derartige Macht, und das genügte vorerst. Eine Vernichtung des Gegners war nicht nötig und eben nicht im Interesse der romfreundlicheren Vandalen bzw. des mit dem Kaiserhaus verwandten Teils der Königsfamilie. Jedenfalls zeigen die bei Victor von Vita überlieferten Edikte, dass ein Hasdingenkönig den Anspruch hatte, in seinen Provinzen wie der Kaiser zu herrschen. Sie zeigen weiter die Kompetenz und Qualität der königlichen Kanzlei, die die Ketzergesetze verschiedener Kaiser für die Situation in den afrikanischen Provinzen adaptieren konnte.

Hunerichs Nachfolger Gunthamund konnte es sich leisten, den Katholiken wieder mehr Spielraum zu geben. Er entstammte einer anderen Linie des hasdingischen Hauses, die offenbar unter geringerem Legitimationsdruck stand. Weder von Gunthamund noch von seinem Nachfolger Thrasamund ist der doppelte Königstitel eines *rex Vandalorum et Alanorum* überliefert. Diese Monarchen mussten ihr Vandalentum nicht eigens betonen. Die unter Hunerich erreichte Position der arianischen Kirche scheint die Beteiligten zufrieden gestellt zu haben. Von Verfolgungsmaßnahmen des Ausmaßes wie in den Jahren vor 484 ist nichts bekannt. Hunerichs Sohn Hilderich sollte an einer Wiederaufnahme von Hunerichs ursprünglicher Politik scheitern. Bei seiner Thronbesteigung 523 hob er alle Beschränkungen gegen die katholische Kirche auf und wollte – ähnlich wie die westgotischen Könige 589 in Spanien – die beiden konkurrierenden Glaubensrichtungen vereinen. Ein Putsch der traditionalistischen Vandalen um Gelimer beendete seine Herrschaft. Diese Vorgänge, die letztlich zum Ende des Vandalenreiches führten, zeugen von den bis zuletzt vorhandenen Brüchen in der vandalisch-alanischen und arianischen Elite, mit denen schon Hunerich zu tun hatte.

Summary: Roman Law, Vandal Law? Law and consent in the Vandal kingdom of North Africa

On Ascension Day 483 king Huneric passed an order, which was read publicly and spread in the provinces by messengers. This edict was inserted in Victor of Vita's ›Historia persecutionis‹ and, together with a second edict from 484, held an exceptional position in tradition. Only a donation charter of Odoacer received a similar amount of at-

Garten »Eden«: der Sonderweg der Vandalen in Nordafrika, in: Historia 59/3 (2010), S. 371–380, hier S. 377–379; Howe, Vandalen, Barbaren und Arianer (wie Anm. 11), S. 82–91 und Anm. 109.

tention in scholarship. The two Vandal edicts imitated the shape and formulations of the Roman imperial chancelleries.

In taking a closer look at these two constitutions I will try to gain some insight into the legal reality of Vandal Africa. Latest research considered these edicts of Huneric from 484 to be merely a stylistic decoration of the text. (In the very passage Roman constitutions from the title *De haereticis*, chapter 16,5 of the ›Codex Theodosianus‹ were used against the catholic church.)

Can these edicts be interpreted as attempts by the Germanic rulers to discourage the Romans? It is generally accepted that Roman law was still applied in Vandal Africa. However, it is assumed that it was applied only in conflicts between Romans but not whenever Vandals were involved. The king in Carthage adapted parts of the Roman legal tradition. But did he apply them to his people? Not all Catholics were Romans, but some of them Vandals. After Justinian's troops had re-conquered northern Africa, the Emperor punished Romans working in the *militia* who had converted to Arianism. They were not to be employed further. This group was treated as heretics, not as Vandals. However, they were given the opportunity to renounce and return to the catholic faith.

Consensus and Assemblies in the Romano-Germanic Kingdoms: a Comparative Approach

Chris Wickham (Oxford)

One of our best sources for the construction of consensus in the early middle ages is Nithard's ›Historiarum libri‹, which is mostly an eye-witness account of his cousin Charles the Bald's preparations and politics in the Frankish civil war period of 840–3. A notable feature of that politics is the degree to which Charles took advice from assemblies, called variously *conventus*, *concilium* and *placitum*, as well as small groups of *partecipes secretorum*, confidential advisors. It is in fact striking, and an intrinsic part of Nithard's construction of Charles as the good king as opposed to his treacherous brother Lothar, that Charles seeks advice constantly, whereas Lothar is never depicted as doing so. (The third brother, Louis the German, seeks advice when he is with Charles.) In May 841, in particular, Charles

> »initiated a concilium, so as to decide how he might be seen to act more thoughtfully (*consultius*) towards [Lothar] henceforth. Some said that, since his mother [Judith] was coming with the Aquitainians, he should go to meet her; but the majority (*maxima pars*) argued that he should rapidly march against Lothar, or anyway, they said, he should await his arrival wherever he chose – above all because, if he began to change his route in any way, everyone would conclude that he had taken flight; this would make Lothar and his men bolder, and those who up till now had joined neither side because of fear would expect to flow to him everywhere, which indeed happened. For, although with difficulty (*difficile*), the opinion of the former prevailed, so Charles went to the city of Châlons, and met his mother and the Aquitanians there [...].«[1]

It is fairly rare in our early medieval sources to hear of formal disagreements in public meetings, which in this case were only decided *difficile*; and it is also striking here that Charles heard both sides and went with the minority, even though Nithard thought he

1) Nithard, Historiarum libri IV, ed. Ernest Müller (MGH SS rer. Germ. 44), Hannover 1907, II. 9; for other assemblies, I. 3, 7, II. 2, 4, 5, III. 1, 3, 5, IV. 1, 3, 4. See in general for Nithard: Janet L. Nelson, Politics and Ritual in Early Medieval Europe, London 1986, p. 195–237; eadem, The Frankish World 750–900, London 1996, p. 75–87; Adelheid Krah, Die Entstehung der »potestas regia« im Westfrankenreich während der ersten Regierungsjahre Kaiser Karls II. (840–877), Berlin 2000, p. 29–186. I am very grateful to Jinty Nelson and George Molyneaux for critiques of this text.

made the wrong choice. The king chose, then, but he also sought *consensus*; and *consensus* here went with public debate. Sometimes that consensus was indeed a strong one; a similar *concilium* at the end of the previous year, held because many men had already defected from Charles' side, ended up with his men reaching the »very easy« conclusion that their most noble choice was to die defending their king[2]. Nithard was covering up a lot in his account, and I would be happy to imagine that he made up some of it too, but the imagery of assemblies and collective decision-making is structural to his narrative – in Philippe BUC's words, »whether it occurred or not, it was expected to occur[3]« – and this indeed marks out all our Carolingian sources in this respect, although they are generally rather less detailed about decision-making than Nithard is.

The problems which these narratives pose go to the heart of some of the issues I wish to confront in this paper. The assemblies which Nithard describes are not all the same. Some were large-scale and prepared-for events; but some were called rather more quickly by Charles at moments of uncertainty, as in 840–1. These must have been larger than the groups of confidential advisors, for they are distinguished from them, but they were likely to have been rather more ad hoc than the most formal events. This in turn may mean that people could speak more freely at them – and, as we shall see, the issue of how free speech was at such assemblies is a matter of some debate, although it is of great importance if we wish to study the construction of consensus[4]. They were also, the more ad hoc they were, all the more likely to have only been composed of the members of Charles' immediate following and relatively few other people, which is also implied by their conclusion in 840 that they would die for him. This certainly distinguishes them from the *placita generalia* of the Carolingian period, which were regular assemblies, held in theory twice a year, as Hincmar of Reims characterised it in 882 in his ›De ordine palatii‹. (Hincmar was in large part following the much earlier text of the same name by Adalard of Corbie from c. 812, so we cannot be fully sure whether this characterisation belongs to the early or the very late Carolingian period, or indeed a bit of both; but given that it is a heavily idealised image it is of less importance which.) Hincmar/Adalard said that both of the annual *placita* expected the attendance of »all the important men (*generalitas universorum maiorum*), both clerics and laymen«; in addition, one of them included not only *seniores* but *minores. Minores* were doubtless still aristocrats, but they formed part of a wide *generalitas*; we are here some distance from the relatively tight group which was with Charles the Bald in the early 840s[5]. All the same, we are in both

2) Nithard, Historiarum libri (as n. 1), II. 4.

3) Philippe BUC, The Dangers of Ritual, Princeton 2001, p. 76.

4) The classic point of reference for all this is Gerd ALTHOFF, Spielregeln der Politik im Mittelalter, Darmstadt 1997, p. 157–184, focussed on the period immediately after the one discussed here.

5) Hincmar, De ordine palatii, ed. Thomas GROSS and Rudolf SCHIEFFER (MGH Fontes iuris), Hannover 1980, p. 82–84; for the dating of Adalard, see Janet L. NELSON, Aachen as a Place of Power, in: Topogra-

cases looking at political action which was focused on, and legitimated by, substantial gatherings of people. Both show ›assembly politics‹ in action. In what sorts of ways, however?

A politics based on assemblies underpins many of the monographic studies in this conference, and it is anyway an extremely well-known element of early medieval political action in western Europe. It determined a particularly early medieval habitus, Pierre BOURDIEU's useful term for the collection of practices and (usually unspoken) assumptions which characterise the field of social play in every society and microsociety: people knew that assemblies formed a very large, if intermittent, proportion of the arena of public action, and organised their lives accordingly[6]. I wish to begin here by outlining its basic elements, as they are currently accepted by historians; I will then discuss some of the implications of these elements, for our understanding of the period 500–900 as a whole (this will be my rough date range in this paper, although I will go later when I look at Anglo-Saxon England and Scandinavia, whose early documentation is so poor). I will then take different regions of western Europe in turn, looking at Visigothic Spain, Italy, Francia, England and Scandinavia, and at the role of assemblies in each (some of these regions have more detailed studies in this volume, but not all of them). This comparison will, finally, offer a basis on which some of the problems of how assemblies and *consensus* worked can be understood, as it happened in practice.

Assemblies, and group decision-making, exist in nearly all societies in one form or another. The Roman empire had city councils, headed by the most powerful of all, the Senate at Rome, and emperors first, kings later, had collectivities of councillors, sometimes in large numbers, whose views were regarded as important. In the central medieval period, kings' *curiae* steadily made way for parliaments and their equivalents, and the latter continue to this day. The organic relationship between emperor and Senate barely outlasted the second century, however, and imperial power had no other structural relationship with the civic tradition. City councils were also weakening in the late Roman empire, and disappeared altogether after the mid-sixth century in the West except for a vestigial and apparently ceremonial survival in the Loire valley; the importance even of the Roman Senate was greatly diminished by now, and it too cannot be tracked into the age of Gregory the Great at the end of the sixth[7]. Early medieval assemblies were different, and represent in almost all respects a break with the Roman past. The practice of expecting the whole political community to group together regularly, and the essential role of that grouping for the legitimation of rulers and of public decision-making (espe-

phies of Power in the Early Middle Ages, ed. Mayke DE JONG and Frans THEUWS, Leiden 2001, p. 217–241, at p. 227.

6) Pierre BOURDIEU, The Logic of Practice, Engl. trans., Cambridge 1990, p. 52–65.

7) See for the high empire Fergus MILLAR, The Emperor in the Roman World, London 1977, p. 341–355. For the end of city councils see J.H.W.G. LIEBESCHUETZ, The Decline and Fall of the Roman City, Oxford 2001, p. 104–202; Chris WICKHAM, Framing the Early Middle Ages, Oxford 2005, p. 68–70, 596–602.

cially in judicial affairs), was an importation from the North associated with the new ›Romano-Germanic‹ kingdoms, one of the very few post-Roman political practices which can be clearly said to be so. The Germanic peoples brought with them assemblies, that is to say, called with whichever name developed locally; and such practices existed way beyond the more organised political systems which developed in the post-Roman provinces, for the Anglo-Saxon and Scandinavian *thing* has more in common with the Frankish *placitum generale* than the latter has with anything in the Roman world. (The link between them is in fact explicit in the Strasbourg oaths of 842, in which the Old French word *plaid* < *placitum* is exactly matched by the Old High German word *thing*.)[8]

It is important to stress that assemblies were not specifically ›Germanic‹. Another example was Irish *óenaige*; and the Slav Liutizi had *placita* too, according to Thietmar of Merseburg, where decision-making had to be unanimous[9]. This is a relief, for it frees us from worrying about whether we are falling into the old trap of determining what was ›urgermanisch‹ about post-Roman political society. What does, however, seem to be the case is that Germanic peoples brought into the Roman empire the assumption, standard in the smaller-scale societies of the North, that political practice was at its base collective. Each king was the ruler of a community of free males, who met together and made decisions as a group, at least sometimes, or in theory: at major ceremonial points of the year, or to choose a king, or at the beginning of the campaigning season, or when legislation was made, or when justice was done, or when crises hit. There is a continuity in this respect which stretched from the small, face-to-face, polities of the North right up to very large, hierarchical and potentially anonymous ones such as Carolingian Francia. It also marks a presupposition that the process of political legitimation depended, at least in part, on the involvement of larger groups of people than those in the hand-picked entourage of rulers; once collectivities turned into nothing other than a ruler's *fideles*, or the invitees to Christmas and Easter courts, then their power to legitimate the actions of the ruler from the outside, so to speak, became much weaker[10].

8) Nithard, Historiarum libri (as n. 1), III. 5. (The context in which the Strasbourg oaths used the words was not actually to mean »assembly« – both words have wider semantic ranges – but the equivalence is still significant.) Old English used among other words *mæðel* (cf. the Frankish *mallus*) and *thing*, and above all, and especially later, *gemot:* see e. g. Æthelbert, c. 7, Hlothhere and Eadric, c. 6, and Wihtred, Preface (all ed. in Lisi OLIVER, The Beginnings of English Law, Toronto 2002, p. 60, 130, 152), and in general Aliki PANTOS, »*In medle oððe an þinge*«, in: Assembly Places and Practices in Medieval Europe, ed. EADEM and Sarah SEMPLE, Dublin 2004, p. 180–201; for *gemot* see below. For assemblies in our period (up to c. 700) see, as an essential comparative starting-point, Paul S. BARNWELL, Kings, Nobles, and Assemblies in the Barbarian Kingdoms, in: Political Assemblies in the Earlier Middle Ages, ed. IDEM and Marco MOSTERT, Turnhout 2003, p. 11–28.

9) Thomas M. CHARLES-EDWARDS, Early Christian Ireland, Cambridge 2000, p. 556–559; Thietmar, Chronicon, ed. Robert HOLTZMANN (MGH SS rer. Germ., nova series 9), Berlin 1935, VI. 24–25.

10) This marks my only difference from the fundamental article of Timothy REUTER, Assembly Politics in Western Europe from the Eighth Century to the Twelfth, in: The Medieval World, ed. Peter LINEHAN and

A picture such as this goes back to the *Gemeinfreie* theory of the late nineteenth century and early twentieth, and in the middle third of the last century it was criticised for paying too little attention to royal power, hierarchy and *Personenverband*, which were an inescapable part of the assumptions and practices of the early middle ages (as of most periods)[11]. I have myself argued elsewhere for a modified and updated version of *Gemeinfreie* theory, so this does not seem in itself problematic, at least to me; strong aristocracies and hierarchical relations, and the structuring role of royal and aristocratic clientèles in collective activity, could easily be, and were, a normal part of assembly practice everywhere[12]. It also has to be recognised that who actually was present at such assemblies was carefully controlled in many early medieval societies, and that only men[13] recognised as political players in the area from which the assembly was drawn normally at-

Janet L. NELSON, London 2001, p. 432–450, who assumes a greater continuity here – as, more implicitly, does Susan REYNOLDS, Kingdoms and Communities in Western Europe, 900–1300, Oxford 1984, focussed on a later period. And there is indeed a certain continuum between the *placitum generale* of the Carolingians, which indeed consisted of people who had sworn fidelity to the king because every free male had to in Carolingian society, and the large groupings of political dependants called together, for example, by Louis VI of France in 1124 (Suger, Vie de Louis VI Le Gros, ed. Henri WAQUET, Paris 1929, c. 28), which could be seen rhetorically in contemporary French epics as including 30,000 (Raoul de Cambrai, ed. Sarah KAY, Oxford 1992, line 4614) or even 100,000 men (La Chanson de Roland, ed. Frederick WHITEHEAD, Oxford 1946, line 3870). But there are differences too – which I will defend elsewhere, for the debate postdates 900.

11) E.g. (but the historiography here is large) Theodor MAYER, Die Ausbildung der Grundlagen des modernen deutschen Staates im hohen Mittelalter, in: HZ 159 (1939), p. 457–487; emblematic is Walter SCHLESINGER insisting that *Herrschaft* and king-centredness were the only guiding structures of the ›Germanic-German‹ state in our period: Die Entstehung der Landesherrschaft, Darmstadt ^{2}1964, p. 109–114. Against, e. g., Heinrich BRUNNER, Deutsche Rechtsgeschichte, 2 vols., Leipzig ^{2}1906–1928, I, p. 175–180.

12) Chris WICKHAM, Land and Power: Studies in Italian and European Social History 400–1200, London 1994, p. 203–204, 212–213. For the nature of the consensus of clients in a hierarchical context, in the Frankish kingdom, see Jürgen HANNIG, Consensus fidelium, Stuttgart 1982; p. 26–41 for the problematic. I have also myself argued for a very strong role for, in particular, judicial assemblies, which I see as having had such importance that their decreased relevance for the legitimation of local political action in the eleventh century can be said to mark in some countries, most notably France and Italy, major social and political change: Justice in the kingdom of Italy in the eleventh century, in: Settimane di studio del Centro italiano di studi sull'alto medioevo 44 (1997), p. 179–255; Chris WICKHAM, Public Court Practice: The Eighth and Twelfth Centuries compared, in: Rechtsverständnis und Konfliktbewältigung, ed. Stefan ESDERS, Köln 2007, p. 17–30. That is not our concern here, however, and will not be further developed in this article.

13) Assembly attendance was normally highly gendered, too; only major female political actors such as queens-regent normally attended (see e. g. NELSON, The Frankish World (as n. 1), p. 202–203, commenting on Sacrorum conciliorum nova et amplissima collectio 18, ed. Giovanni Domenico MANSI, Venezia 1773, cols. 171–172, for the sparse and difficult evidence for women at late Carolingian assemblies, here *placita generalia et publicos conventus*). But there are some Anglo-Saxon legal assemblies in the years around 1000 in which female participants are documented: Anglo-Saxon Charters, ed. Agnes Jane ROBERTSON, Cambridge 1939, nn. 66, 78; and, for the 950 s, see the will of Æthelgifu, cited below, n. 80.

tended. Furthermore, assemblies varied very greatly in their protagonism: in some societies, even kings could not always sway the opinions of assemblies, whereas in others there was no significant debate in them at all, and they existed as little more than a means of giving the decisions of kings and lords a veneer of collective legitimacy. But they were still needed; and that need for assemblies as part of legitimation is what marks the early medieval period out in the history of western Europe.

All this obviously means that not all assemblies were alike. It is also necessary to stress that most societies had several different types of assembly, with different functions, operating at either the local, regional or ›national‹ level. The personnel of each varied considerably; so did the sort of discussion which went on in them, as already indicated in my Nithard examples. How consensus was constructed in assemblies thus varied accordingly – even in theory, never mind in ever-changing daily practice, for there was nothing more changeable than the need to construct *consensus.* We cannot be quick to generalise, given these differences; and we risk the danger that our information might seem to be merely anecdotal. But if we approach our scarce sources with these dangers in mind, we can at least get some indicators of difference; and when we compare them there are some general trends which can genuinely, if cautiously, be drawn. It is best to see such dangers simply as questions: in any given society, how many types of assembly do there seem to have been in our period, and with what functions? How did local assemblies link with assemblies at the ›national‹ level? What social groups made each of them up? How regular were they, and who called them? Who led them, and what sort of authority did leaders have in each case? How much discussion was there in them, and how much was it stage-managed? What sort of decision-making processes can be said to have been used in each – who got their way, and how easily? We usually do not have the evidence to give us more than sketchy answers to these questions, and not all of them can be dealt with systematically here; all the same, the questions, if they structure our analyses, can act as the underpinnings for understanding, not only the way in which each type of assembly generated consensus, but, through that, how social action in the widest sense worked in each society of the early middle ages.

The issue underlying all this is how political legitimacy and the public sphere were constructed. Medieval historians have not stopped being fruitfully irritated at Jürgen HABERMAS' exclusion of the middle ages from the world of *Öffentlichkeit*, the ›public sphere‹ in English[14]. The early middle ages, in particular, was very far from the closed

14) Jürgen HABERMAS, The Structural Transformation of the Public Sphere, Engl. trans., Cambridge MA 1989, esp. p. 1–26. For fruitful irritation, see e. g. REUTER, Assembly Politics (as n. 10), p. 442; ALTHOFF, Spielregeln (as n. 4), p. 229–233; Christina PÖSSEL, Symbolic Communication and the Negotiation of Power at Carolingian Regnal Assemblies, 814–840, University of Cambridge, PhD thesis, 2003, p. 49–54. As is increasingly often accepted, ›public sphere‹ is also a misleadingly concrete translation of *Öffentlichkeit.* It is, all the same, a useful error; anyway, there is a tinge of spatial concreteness to the German term which ›publicness‹ (its most direct translation, and a clumsy word in English) does not well represent, as Aloys

world of pre-modern rulers and their clientèles hypothesised by HABERMAS. A quick run through the thousands of citations of the word *publicus* and its derivatives in e-MGH makes the point clear even to the most suspicious academic; the commonest usage (*publice, in publico*) is simply represented by modern English ›in public‹ – activity in the sight of all; the otherwise standard meaning is ›belonging to the public (or royal) power‹ – as with *villa publica, via publica, publica functio, persona publica* (i. e. any public official)[15], *publicum tributum*, and, of course, *concilium* or *placitum publicum*[16]. That is to say, the terminological range of *publicus* matches pretty much exactly that of ›public‹, in English at least, even taking into account the inevitable differences resulting from the different nature of public cultures in different periods; and the idea of a public sphere is clearly delineated by this dense network of usages. This also, I would add, gives force to the argument that early medieval political systems, at least in the ›Romano-Germanic‹ kingdoms and their successors, can be usefully described as states. I have sustained this elsewhere on the basis of essentially economic and institutional criteria; but the meaning and the importance of the imagery of ›the public‹ in our texts gives further weight to that argument, from a different direction. This fits the way Hans-Werner GOETZ has argued for the *Staatlichkeit* of the early middle ages as part of his *vorstellungsgeschichtlich* approach; to the best of my knowledge he has not focussed on the word *publicus* (others have, though with different aims), but it would certainly add force to his arguments here[17].

This does not mean, however, that the public sphere was necessarily constructed in the informal, discursive and (ideally) bottom-up way that it was supposed to be in the coffee-

WINTERLING, Politics and Society in Imperial Rome, Oxford 2009, p. 61–62, observes; see in general ibid., p. 60–68, and also Lucian HÖLSCHER, Öffentlichkeit, in: Geschichtliche Grundbegriffe, 4, ed. Otto BRUNNER et al., Stuttgart 1978, p. 413–467.

15) E.g. Chlotharii II. edictum, c. 5, in: Capitularia regum Francorum 1–2, ed. Alfred BORETIUS and Victor KRAUSE (MGH Capit. 1–2), Hannover 1883–1897 [henceforth Cap. 1, 2], 1, n. 9; but examples are very many.

16) See also Léopold GÉNICOT, Sur la survivance de la notion d'État dans l'Europe du Nord au haut moyen âge, in: Institutionen, Kultur und Gesellschaft, ed. Lutz FENSKE et al., Sigmaringen 1984, p. 147–164, for a Low Countries case study, more cautious in its conclusions than the evidence implies to me; and n. 17 below. The connection between *publicus* and ›royal‹ was stressed by Walter SCHLESINGER, Herrschaft und Gefolgschaft in der germanisch-deutschen Verfassungsgeschichte, in: HZ 176 (1953), p. 225–275, at p. 227, 229, 271, but not all its usages can be so translated.

17) WICKHAM, Framing (as n. 7), p. 56–62; Hans-Werner GOETZ, Vorstellungsgeschichte, Bochum 2007, p. 219–272 (p. 261 for *res publica*); IDEM, Die Wahrnehmung von ‚Staat' und ‚Herrschaft' im frühen Mittelalter, in: Staat im frühen Mittelalter, ed. Stuart AIRLIE et al., Wien 2006, p. 39–58. Yves SASSIER, L'utilisation d'un concept romain aux temps carolingiens, in: Médiévales 15 (1988), p. 17–29, discusses the early medieval usage of *res publica*; Peter VON MOOS, in: ‚Öffentlich' und ‚privat' im Mittelalter, Heidelberg 2004, and, particularly fruitfully, IDEM, Das Öffentliche und das Private im Mittelalter. Für einen kontrollierten Anachronismus, in: Gert MELVILLE and Peter VON MOOS, Das Öffentliche und Private in der Vormoderne, Köln 1998, p. 3–83, analyses the vocabulary across the medieval period.

houses and newspapers of Modernity. Precisely because we can use the imagery of ›the public‹ to analyse the early middle ages, we can also see – we have to see – that the way it was constructed was usually very different from that in the Habermasian model. It tended to be formalised, and often directed; legitimising moments tended to be highly choreographed, or (to use the Althoffian term) *inszeniert*; public discussion was often carefully constructed, stage-managed, as well[18]. And nor was this simply the work of kings and lords, determined not to lose face, and thus honour and status, because of public disagreement; when the evidence is good enough for us to be able to find out about non-aristocratic society, which is not until the twelfth century at the earliest in most cases, we find that public speech at the most local level was effortfully constructed as well – ›existential‹, as Eva ÖSTERBERG has called it in the Icelandic context – to create the (male) world of collectively-agreed knowledge which was called in Italy, and soon in wider canon law, *publica fama.* It would not be right to say that all speech was formalised in this manner; people have always spoken in unguarded and free-flowing ways too, and the more they drank (a pretty common scenario in our period) the more likely this was to be the case. But speech which was regarded as having public validity was as far as we can see more formalised, and certainly more charged, everywhere. If and when we find it, this does not mean that it all has to have been *inszeniert*[19].

Conversely, however, the formalisation and choreography of speech also does not mean that the early middle ages was irretrievably ›other‹ for this reason. Public speech must have been constructed on a regular basis with much the same degree of formalisation as the speeches in a parliament or an academic senate today, or indeed the questions and answers in an academic conference. Consider the high level of ritualised behaviour which is considered appropriate at the Reichenau, or at Spoleto, and one may get a sense of what was probably considered normal in any early medieval public context too. We ourselves can in these environments tolerate disagreement with greater ease than could some early medieval public fora, but the same games of honour and status apply. The level of permitted explicit disagreement, as also permitted anger, also varies today, quite substantially, from forum to forum (there is much less permitted anger, and even sometimes

18) ALTHOFF, Spielregeln (as n. 4), p. 229–257, critiqued in PÖSSEL, Symbolic Communication (as n. 14), p. 26–33.
19) Eva ÖSTERBERG, Mentalities and Other Realities, Lund 1991, p. 9–30; cf. for the twelfth century Chris WICKHAM, *Fama* and the Law in Twelfth-Century Tuscany, in: *Fama*, ed. Thelma FENSTER and Daniel L. SMAIL, Ithaca, NY 2003, p. 15–26; Julien THÉRY, Fama: l'opinion publique comme preuve judiciaire, in: La preuve en justice de l'Antiquité à nos jours, ed. Bruno LEMESLE, Rennes 2003, p. 119–147. It is worth noting that a high proportion of the extensive *oratio recta* in, for example, Notker, Gesta Karoli Magni imperatoris, ed. Hans F. HAEFELE (MGH SS rer. Germ., nova series 12), Berlin 1959, is ›existential‹ speech of this type.

less explicit disagreement, in academic conferences than in parliaments) and, not least, from country to country; so may they have done then[20].

One thing is at least clear about the early middle ages, however: it is venue. Who speaks for ›the public‹ now, and where? It is often contested. The people of Cairo in spring 2011 contested the restriction of the Egyptian political sphere to a managed autocracy by assembling in public in Tahrir Square, and the perceived legitimacy of that assembly helped them to overthrow their ruler; when many of them concluded in the autumn that the Egyptian army had conceded little power in practice they returned there, but this time were less successful in pulling the public sphere back into an assembly format, and the concurrent parliamentary elections, which presumed a very different notion of ›the public‹, continued with high turnouts. (I leave out the complex subsequent iterations of the same conflicts up to now, June 2014, which, however they turn out in the end, have shown similar ambiguities.) In the early middle ages, however, the overwhelmingly dominant location for ›the public‹ was in the assembly. Even peasants, when they sought to resist royal and aristocratic power, did so by invoking an assembly, as with the *conventicula* of the eastern Norman *rustici* in the 990s, and, more implicitly in our sources, in the [assembly-based] *antiquiorum Saxonum consuetudo* sought by the Stellinga rebels in Saxony in 841[21]. It is precisely because assemblies were so important in our period for consensus, legitimation of political acts, and a wider political legitimacy, that kings and lords sought so often to stage-manage them – usually with success, but not always with ease. That is, then, the context for an empirical study of differences, which will be the focus of the rest of this paper.

* * *

Let us start with Visigothic Spain; by far the most Roman of the ›Romano-Germanic‹ kingdoms, it is also, probably for that reason, by far the hardest to characterise in assembly terms, and gives us the least data to work with. The Visigoths certainly had assemblies at one point, as is shown by two well-known texts. One is Jordanes' account of the election of King Thorismund in 451 in Gaul by the Goths acting together, *armis in-*

20) For the range of micropolitical activity in assembly contexts across the world in the mid-twentieth century, see e. g. Councils in action, ed. Audrey RICHARDS and Adam KUPER, Cambridge 1971.

21) For Normandy, The Gesta Normannorum Ducum of William of Jumièges, Orderic Vitalis and Robert of Torigni 2, ed. Elisabeth M. C. VAN HOUTS, Oxford 1995, V. 2 (p. 8), with Bernard GOWERS, The Norman Peasants' Revolt of 996 Revisited, in: Early Medieval Europe 20 (2012); for Saxony, Annales Bertiniani, ed. Georg WAITZ (MGH SS rer. Germ. 5), Hannover 1883, s.a. 841 (p. 26), with Eric GOLDBERG, Popular Revolt, Dynastic Politics and Aristocratic Factionalism in the Early Middle Ages: the Saxon *Stellinga* Reconsidered', in: Speculum 70 (1995), p. 467–501. For Saxon assemblies, see Cap. 1, n. 26, c. 34, and Vita Lebuini antiqua, ed. A. HOFMEISTER (MGH SS 30/2), Leipzig 1934, p. 791–795, cc. 4–6 (treating the latter with some caution).

sonantibus, one of the *loci classici* for the traditional image of ›Germanic‹ military-political organisation. This might be set aside as part of a traditional Roman construction of the ›barbaric‹ practices of the Goths, written a century later; but it is paralleled by a reference in Hydatius' ›Chronica‹, finished in the late 460s, which is an anecdote about what happened when the Goths were *congregatis quodam die concilii sui*, again somewhere in Gaul, in 466–7, when it was noticed that the weapons which the Goths had in their hands had suddenly become multicoloured. (Isidore of Seville in his ›Historia Gothorum‹, written in the 630s, copied this, calling it a *conloquium.*) Whatever this odd event is meant to symbolise, which Hydatius evidently did not know (he says it is a ›portent‹, as well he might, but not of what), the backdrop is clearly a lay and militarised gathering, and the information in this case highly contemporary[22].

Isidore's repetition of this story may possibly indicate that the concept of such assemblies still existed in Spain in 630. They are not otherwise attested, however; in the Romanised kingdom which developed in the sixth and seventh centuries in Spain, they seem to have fallen into desuetude. The most we can say is that King Wamba, when he organised his show-trial of the rebel and failed king Paul in 673, did it not only in front of the *seniores* of the *palatium*, the officials of the king's palace, and his personal dependants or *gardingi*, but also *adstante exercitu universo*, in the presence of the whole army. Like other ›Romano-Germanic‹ kingdoms, Visigothic Spain assumed that all free men would serve in the army, and even (in Spain but not elsewhere) a substantial tranche of the unfree, so this was a potentially wide assembly[23]. But it is also a unique citation. Perhaps Wamba used a very traditional format for this trial to make a specific point, that he was publicly victorious in the most substantial civil war of the later seventh century; doubtless, too, the army was simply still with him at the conclusion of the war. We cannot generalise here; and all the other evidence we have is negative. Laws were not promulgated before assemblies in Spain, as far as we can tell, but only by the *artifex legum*, i. e. the king, as the ›Lex Visigothorum‹ (LV) put it; and, far from justice being assembly-based, Chindaswinth in the 640s enacted that »only those should enter into the tribunal (*in iudicio*) who are seen to have an interest«, so that »the *audientia* is not disturbed by tumult or clamour«. When the kings added themselves and a lay gathering to the ecclesi-

22) Jordanes, Getica, ed. Theodor MOMMSEN (MGH Auct. Ant. 5/1), Berlin 1882, pp. 53–138, c. 41; Hydatius, Chronica, ed. in Richard W. BURGESS, The *Chronicle* of Hydatius and the *Consularia Constantinopolitana*, Oxford 1993, p. 70–122, at p. 120; Isidore of Seville, Historia Gothorum, ed. Theodor MOMMSEN, Chronica Minora 2 (MGH Auct. Ant. 11), Berlin 1894, p. 267–295, c. 35; see Jacek BANASZKIEWICZ, Les hastes colorées des Wisigoths d'Euric (Idace c. 243), in: Revue belge de philologie et d'histoire 72 (1994), p. 225–240, for a fanciful Indo-European context.

23) Julian of Toledo, Historia Wambae, ed. Wilhelm LEVISON (MGH SS rer. Merov. 5), Hannover 1910, p. 500–535, Iudicium, c. 5; for the army, see in general Dionisio PÉREZ SANCHEZ, El ejército en la sociedad visigoda, Salamanca 1989, p. 129–174. Claudio SÁNCHEZ-ALBORNOZ, Estudios visigodos, Rome 1971, p. 149–164, cf. 249–254, gives a sensible analysis of this and the previous texts.

astical councils of Toledo, which they often did from 589 onwards, given the importance of these councils for political decision-making in Spain, the lay group was restricted to the *seniores* of the royal palace, even if membership of that group was certainly substantial[24]. There is no other hint in Spain of the sort of regular collective political practice, centred on the *placitum generale*, which was normal in Carolingian Francia. At most we find processional rituals, of victory and the humiliation of losers, which had Roman roots and parallels in contemporary Byzantium: public ceremonies, certainly, but of a different type[25].

This does not sound promising. But the Visigothic kings were concerned with consent as well, as indeed was only sensible given the large and geographically diverse territory they ruled, and the kingdom's long history of coups. LV may have stressed the king as legislator, but it also assumed that legislation was *consilio probis et parvis, adsensu civibus populisque conmunis*, and, in general, *ex universali consensu* (I. 1. 5), even if it did not spell out how (or if) that consent was actually to be obtained. At royal accessions, however, public assent was widely sought, both at Toledo and in the localities, and oaths were administered[26]. The church councils, too, were major moments of aggregation for the political community of Spain, even if they were relatively infrequent, and even if the lay aristocratic presence there was more restricted than that of the ecclesiastical leadership (though this was, of course, aristocratic as well). III Toledo in 589, in particular, was carefully framed by the written agenda or *tomus* of King Reccared, so as to get the Catholic bishops who made the council up to be rather more fraternal to their defeated Arian colleagues than they wished to be, with the result that a real consensus around the abandonment of Arianism could be established, as Rachel STOCKING has shown: this is indeed the clearest example we have for Spain of the deliberate construction of consensus in an assembly context[27]. Many of the later councils, from 653 onwards, were also structured by a previously-written royal *tomus*, which the bishops ratified, filled out, and gave a wider consent to. Kings could be supplicants, as well: VIII Toledo in 653, as also XV

24) *Artifex legum:* Leges Visigothorum, ed. Karl ZEUMER (MGH LL nat. Germ. 1), Hannover / Leipzig 1902 (henceforth LV), I. 1; Chindaswinth: ibid., II. 2. 2. Our very rare documents for courts also show *iudices* and *vicarii* apparently acting on their own: Documentos de época visigoda escritos en pizarra (siglos VI-VIII), ed. Isabel VELÁZQUEZ SORIANO, 2 vols., Turnhout 2000, n. 39; Formulae Wisigothicae, in: Miscellanea wisigothica, ed. J. GIL, Sevilla 1972, pp. 70–112, n. 40. Councils of Toledo: see in particular III (589), VIII (653), XII (681), XIII (683), XVI (693), in: Concilios visigóticos e hispano-romanos, ed. J. VIVES, Barcelona 1963 (a poor edition, and partially superseded, but still the only one which goes to the end).
25) Michael MCCORMICK, Eternal Victory, Cambridge 1986, p. 297–327.
26) BARNWELL, Kings, Nobles and Assemblies (as n. 8), p. 17n, collects the evidence: see esp. LV, II. 1. 7, for oaths.
27) Rachel STOCKING, Bishops, Councils, and Consensus in the Visigothic Kingdom, 589–633, Ann Arbor, MI 2000, p. 59–77, 85–88.

Toledo in 688, had kings coming before the council who sought to be freed from unbreakable oaths for political convenience, and the bishops found reasons, with some difficulty, for allowing them[28]. Spain was not one of the early medieval states where it was easy to defy kings in public, so the fact that bishops did this is not in itself surprising; but it is important for our understanding of the construction of political consensus in Spain that kings felt that they needed such publicly-agreed legal justifications and framings for making convenient political choices of a type which other kings (in sixth-century Francia, say) would have made routinely and without qualm.

At the local level, too, we have hints of public groupings. Although *iudices* judged on their own, LV stresses that punishments by beating were to take place in public, *in conventu, publice* (once *in conventu mercantium, publice*, i. e. at a market); as one law put it, judges were required to »exercise discipline, not in secret or hidden places, but *in conventu, publice*«. Twice, late seventh-century laws even put an institutional stamp on this: wandering animals should be denounced to a priest, count or *iudex*, or to the *seniores loci*, or *in conventu publico vicinorum*; and the *iudex* had to present fugitives *ubi cunctorum constat esse conventum*, »where the *conventus* of everyone is known to be«[29]. This looks like a formal village-based collectivity. We do not have to be legalistic about our interpretation of these laws to be able to recognise that such collectivities must have existed, in some areas at least; it is also certainly worth remembering that the best evidence in Latin Europe for village decision-making bodies in the tenth century (called *concilia* by then) is from northern Spain. This probably simply marked Spain out as particular, at the local level, in some parts of the peninsula at least; it has even been argued that such collectivities were in some areas pre-Roman, and there is certainly no need to see them as having anything to do with the Visigoths as an ethnic group[30]. They do, however, show that there were versions of local assemblies in existence in Spain, for whatever reason, and it is clear that *iudices* were expected to take them into account. It may well be these village-level assemblies which subsequently became the basis for the judicial assemblies which did appear in a later period, in the kingdom of León by the end of the tenth century; these

28) Concilios visigóticos (as n. 24), p. 267–277, 450–471; for 653 see STOCKING, Bishops, Councils (as n. 27), p. 1–2. See also Concilios visigóticos, p. 380–389 (a. 681) for some very suspicious work around the ›resignation‹ of King Wamba, again wrapped around with a careful legalism.

29) LV, III. 4. 17, VI. 2. 3, VII. 2. 6, VIII. 1. 3, IX. 2. 2, IX. 2. 4 (*mercantium*), IX. 3. 3, XII. 2. 14 for beating; VII. 4. 7 for »discipline«; VIII. 5. 6 for animals; IX. 1. 9 for fugitives. I have added a comma before *publice* in the quoted texts, as it seems called for by the context.

30) SÁNCHEZ-ALBORNOZ, Estudios visigodos (as n. 23), p. 99–100, 145; for the tenth century see e. g. Reyna PASTOR, Resistencias y luchas campesinas en la época del crecimiento y consolidación de la formación feudal Castilla y León, siglos X-XIII, Madrid 1980, p. 20–73; Wendy DAVIES, Acts of Giving, Oxford 2007, p. 202–207. The unusually collective nature of the society of northern Spain is stressed by, in particular, Santiago CASTELLANOS and Iñaki MARTIN VISO, The Local Articulation of Central Political Power in the North of the Iberian Peninsula (500–1000), in: Early Medieval Europe 13 (2005), p. 1–42.

were a new development in Spain, a sign of a developing, not a retreating, assembly practice. It is however one which goes well beyond our period[31].

Visigothic Spain thus mostly gives us negative evidence for assemblies. The evidence for local assemblies in the late Roman world is very similar (indeed, at the level of cities much better, and at the village level in some regions, notably Egypt, rather better as well[32]), without Rome giving us any real insight into ›assembly politics‹; and the same is true for Spain up to 711 – although it is important to repeat that this is much less true two to three centuries later. But at least, in our time-period, we have here an exemplification of some observations made earlier: every polity needs to have techniques for creating public consensus, both in local society and around the affairs of rulers; if rulers do not establish such consensus, they fail in the end, and indeed if local judicial figures do not take the views of their neighbours into account they will fail in the end as well. Assemblies are not an essential part of societies, even early medieval societies; but consensus is, however it is obtained. And in Visigothic Spain, in the councils of Toledo, ecclesiastical though they largely were, we also see signs that the methods of obtaining secular political consensus in the peninsula were often structured by an unusually explicit legal framing.

* * *

We are on firmer ground with Lombard-Carolingian Italy. Here, as also later with Francia, it will not be necessary to seek out every fragmentary reference to an assembly in order to create an argument, as I have just done for Spain; there is more evidence at every level except for villages, where collective activity is ill-documented until the eleventh or twelfth century in most parts of the peninsula[33]. Here we find assemblies of at least two types. Lombard kings certainly legislated in an assembly context. Rothari enacted his *Edictus* in November 643 *pari consilio parique consensum cum primatos iudices cunctosque felicissimum exercitum nostrum*, »both by advice and consent with all senior judges and our most happy army«[34]. In the eighth century, Liutprand, Ratchis and Aistulf legislated

31) Davies, Acts of Giving (as n. 30), p. 203; eadem, Summary Justice and Seigneurial Justice in Northern Iberia on the Eve of the Millennium, in: Haskins Society Journal 22 (2010), p. 43–58, which shows that not all disputes were held before assemblies in that period.

32) See for villages the data in Wickham, Framing (as n. 7), p. 411–428, 443–465; and Cam Grey, Constructing Communities in the Late Roman Countryside, Cambridge 2011; for cities see n. 7 above.

33) Chris Wickham, Community and Clientele in Twelfth-century Tuscany, Oxford 1998, p. 54–62, 185–189, 209–231; one exception is the *plebs* of Musciano near Pisa which collectively consents to the ordination of a priest in 746: Codice diplomatico longobardo, ed. Luigi Schiaparelli et al., 5 vols., Roma 1929–2003 [henceforth CDL], I, n. 86.

34) Edictus Rothari, c. 386, in: Leges Langobardorum 643–866, ed. Franz Beyerle, Witzenhausen 1962. Ennio Cortese, *Thinx, garethinx, thingatio, thingare in gaida et gisil*, in: Rivista di storia del diritto italiano 61 (1988), p. 33–64, disposes of the »fragrant« (p. 38) traditional reading of the nation in arms of 643, ratifying royal law in an assembly brandishing spears, but he cannot argue away the *exercitus*.

(regularly on 1 March) on over fifteen occasions with specified groups of people around them: always their *iudices*; usually their *obtimates* or *fideles Langobardi*, their aristocratic entourage (often identified as being from the three main parts of the kingdom, *Austria*, *Neustria* and *Tuscia*, and therefore specifically called to the capital at Pavia, perhaps annually); but also sometimes wider groups, *cuncto populo adsistente* (713, at the start of Liutprand's legislative career and in the most important text for setting the tone of the next forty years), *ceteris nostris Langobardis* (717), *Langobardis adstantibus* (746), and so on[35].

We need not be naïve about the degree of real advice such wider groups offered; the kings, when they mention people actually discussing new laws (*haec omnia inter se conlocuti sunt*, 726)[36], refer only to their *iudices* and sometimes their *fideles*, a restricted and largely professional group, although at least one which kings needed to get the agreement of. The *cunctus populus*, itself inevitably a restricted group (peasants, obviously, could hardly get to Pavia every year), doubtless simply affirmed such decisions. But it was important to register their presence and their approval. There is also a continuum between the *exercitus* of Rothari, the *populus* of Liutprand, and the more local *exercitus Senensium civitatis* whose name is invoked by the gastald Warnefred of Siena in 730 as a metonym for the whole public sphere when he founded his family monastery of S. Eugenio in the city[37]. The people, whether armed or not (*exercitalis* was a synonym for ›free man‹ in Lombard legislation), whether centrally gathered or local, and whether or not socially restricted (which must have varied from locality to locality), was a body whose views, or at least legitimating presence, it was necessary to invoke. Paul the Deacon at the end of the same century, when he wrote his ›Historia Langobardorum‹, similarly assumed that wide groups of *Langobardi* chose or ratified kings, from the sixth century onwards, *congregatis in unum* as he said about the royal election of 590. In his most dramatic account, he described the exiled King Perctarit, returning to Italy in 672 when he heard that his supplanter King Grimoald had died, being awaited at the frontier by *omnia obsequia palatina* [the men of the palace, doubtless the equivalent of Liutprand's *iudices et fideles*], *omnemque regiam dignitatem* [»the whole royal regalia« seems to me less likely than »the aristocracy, taken as a whole«], *cum magna Langobardorum multitudine praeparatam*, a large legitimating assembly which supposedly had actually come to meet him – even be-

35) Liutprandi leges, praef. to cc. 1 (713), 7 (717), 15, 19, 30, 54, 65, 70, 84, 96, 104, 117, 143; Ratchis leges, praef. to cc. 1, 5 (746); Ahistulfi leges, praef. to cc. 1, 10; all in Leges Langobardorum (as n. 34). The standard traditional accounts of this are Carlo Morossi, L'assemblea nazionale del regno longobardo-italico, in: Rivista di storia del diritto italiano 9 (1936), p. 248–290, 434–475 (very detailed and continuing into the thirteenth century), and Carlo Guido Mor, Modificazioni strutturali dell'Assemblea nazionale langobarda nel secolo VIII, in: Album Helen Maud Cam, 2, Louvain 1961, p. 3–12 (more quirky).
36) Liutprandi leges, praef. to c. 70, in Leges Langobardorum (as n. 34).
37) CDL (as n. 33), I, n. 50.

fore his elevation to the throne, which was ratified in Pavia by *universis Langobardis*[38]. In the Carolingian period, this body was renamed the *placitum generale* along Frankish lines by 781 at the latest, and is sometimes cited (although not as often as before 774) in Carolingian legislation in Italy too[39].

This kingdom-level assembly was then matched by the assembly of each city, as indeed the Senese reference just cited implies. This had no visible filiation to the city councils of the Roman empire, and met, as far as we can tell, above all to resolve legal disputes. Before the Frankish conquest of 773–4, our evidence for such assemblies is mostly restricted to Rieti in the duchy of Spoleto (the nearest city to the monastery of Farfa, which kept the texts), starting in the 750s; thereafter we find them in as many cities as we have evidence for, notably Lucca and Milan in the ninth century, but plenty of others as well. These legal assemblies (they too, from 798, and very generally by the second quarter of the ninth century, were called *placita*) were indeed exceptionally well-rooted in Italy, and continue without a break and without any diminution in size into the later eleventh century and sometimes later still[40]. From the start to the finish, these assemblies were explicitly *propter singulorum hominum decidendas intentiones*, »in order to decide the disputes of individual men« (this being the form of the phrase in its earliest citation, in 761, but it has equivalents in hundreds of other court documents from the next three centuries and more), and they met regularly – the assembly met, that is to say, and people then brought cases to it. Carolingian laws said that such *placita* had to meet three times a year; we cannot track such a neat periodicity for them, and François BOUGARD has shown in his fundamental study of justice in the *Regnum Italiae* that every month has surviving *placita* documents (with a greater density, however, in the spring), but it is clear that they were frequent enough for people to use them, at least for major civil pleas[41].

Earlier in the history of the Lombard kingdom, it is possible that legal assemblies were called to hear specific cases, at royal request. That is certainly the case for our two earliest references to such an assembly, in 715 and 716. But it is very likely that those were special occasions even then, and that the practice of regular local legal assemblies was older than

38) Paul the Deacon, Historia Langobardorum, ed. L. BETHMANN and Georg WAITZ (MGH SS rer. Lang.), Hannover 1878, pp. 45–187, II. 31, III. 16, 35 (a. 590), IV. 30, V. 33 (a. 672), VI. 35, 55; his assumptions about consent are also visible in his repetitiveness about *consensus militum* being part of the election of later Roman emperiors in his Historia Romana, ed. Hermann DROYSEN (MGH SS rer. Germ. 49), Berlin 1879 – IX. 2, 12, X. 10, 11, 15, 17, XV. 2.

39) Cap. 1, n. 90 praef. (781), cf. 102 praef. (806/10), 163 praef. (825).

40) For pre-774, see CDL (as n. 33), IV/1, nn. 12, 14, 15. After 774, see Cesare MANARESI, I placiti del «Regnum Italiae», 3 vols., Roma 1955–1960, passim; n. 10 for 798. See in general François BOUGARD, La justice dans le royaume d'Italie de la fin du VIIIe siècle au début du XIe siècle, Roma 1995; p. 135 for the appearance of the word *placitum*; for the eleventh century, see e. g. WICKHAM, Justice in the Kingdom of Italy (as n. 12).

41) CDL (as n. 33), IV/1, n. 14 (a. 761); BOUGARD, La justice (as n. 40), p. 207–209.

the 750s[42]. There was certainly in the seventh century an assumption that plenty of legal acts, notably some donations and the manumission of the unfree, had to take place in public gatherings (apparently called *thinx*, as in northern Europe)[43]. Either way, assembly-based local justice was established before the Frankish conquest, and it was only reinforced by Carolingian practice. Up to a hundred people might attend each *placitum*, judging by eleventh-century evidence, i. e. a group extending well outside the aristocracy of each city/county, however that social category is to be defined; in 761, the attenders listed in Rieti were the duke of Spoleto, a royal *missus*, *reliqui nostri iudices* (a bishop, two gastalds and three *sculdahes*, senior officials), and then »many other *adstantes*«, and the recognition of the existence of such *adstantes* was standard for the whole three centuries of the *placitum* tradition[44].

On one level, we have to be careful about what weight we put on such assemblies. The real players in them were the *iudices*, often in the Carolingian period called *scabini*, another Frankish loan-word: semi-professional notables with practical legal experience, experience which they sometimes can be seen exercising in a sequence of cases[45]. The *adstantes* were there to give a public authority to legal decisions which were not taken by them. They had importance as a local political aggregation; they made things public; but it was not obviously necessary, at the local level any more than at the level of the kingdom, to put effort into establishing consensus. On the other hand, there was one important category of people who did have to be persuaded, against their will, to consent to legal decisions: they were, as always in legal contexts, the losers of disputes. Given early medieval resources, losers could not easily and regularly be forced to cede; they had to agree to give in (often for a sweetener) and stick to it. Italian records thus almost from the start, as do most judicial records from our period, put considerable stress on the formal and public cession of the case by losers. This became steadily more important, at least in the documentary record; by the tenth century, indeed, in most cases, the only part of a north Italian court-case which appeared in the document which recorded it was an increasingly

42) CDL (as n. 33), I, nn. 20, 21. Both concern diocesan boundary disputes; the second has a mixed lay and ecclesiastical assembly, the first has only clerics, plus the king's *missus*. The first, nonetheless, uses the terminology which had become standard in secular courts half a century later, clericalising it: the bishops are *residentes*, [...] *una cum presbiteros nostros* [named], *et reliqui sacerdotibus circumstantibus audientibus*. I deduce that this was already the normal format for secular court-case records in Lombard Italy, and for the assemblies they recorded, which may well therefore have been common already, although too few documents survive as early as 715 to confirm or deny it. Note that, unlike in Spain, church councils were a marginal part of Lombard political practice.

43) *Thinx:* Edictus Rothari, cc. 171, 172, 174, in Leges Langobardorum (as n. 34). CORTESE, *Thinx, garethinx* (as n. 34), esp. p. 53–61, argues that by 643 the *thinx* or *thingatio* procedure was by now only dispositive, and did not depend on any formal gathering, but the etymology of the word points to a *thing* in its meaning of a wider gathering at some point in the not-so-distant past.

44) CDL (as n. 33), IV/1, n. 14.

45) BOUGARD, La justice (as n. 40), p. 140–158.

elaborate ritual of concession[46]. This shows the importance which was put in *placitum* assemblies on the consent of such defeated parties. But it is also the case that the major context for that consent was indeed the assembly venue: if one was defeated in public, it was harder to ignore that defeat, and one's own concession and the public recognition of it, and continue as if nothing had happened. The establishment of a wider consensus may not have been a very difficult process in these fora, but their role in the reinforcement of legal decisions was crucial. The public forum gave a momentousness to the legal process; and this must be one major reason why *placitum* assemblies survived so long in Italy. By the eleventh century, indeed, when kings were so seldom in Italy, city-level judicial assemblies were the most important surviving element of the Italian state.

We do not see the process of *consensus*-building in the texts I have characterised so far; we have to assume it from the solidity of the public tradition in Italy. A slightly later text does give us some hints, the ›Miracula Sancti Columbani‹, a text from the mid-tenth century (perhaps the 960s) which recounts the affairs of the monastery of Bobbio in 929, under King Hugh. Bobbio had suffered, the text claims, a number of recent usurpations of its land, which Hugh could not easily reverse in case his *principes* rebelled against him; so he advised the abbot of Bobbio to bring the body of St Columbanus to Pavia when Hugh *conloquium cum suis principibus ageret* [i. e. when he held a *placitum generale* there], so that the impact of the body might make them back off from their *rapacitas.* When the abbot came to Pavia with his grand relic, crossing many of the disputed estates as he did, accompanied by crowds of people and miracles, Hugh carefully stage-managed Columbanus' presence in the city too, mixing informal and secret visits by himself and his wife with formal ones with his *principes*; this allowed him to create such notoriety for Bobbio's démarche that, when his *colloquium* began in the *aula regia* of the palace, it was enough for the king to pass around the chalice of St Columbanus for the two principal villains (in Bobbio's eyes), Bishop Guido of Piacenza and his brother Ranieri, count of the same city, to refuse to drink and to flee the palace that night; two other usurpers respectively fell from a horse and temporarily went mad. Hugh then confirmed the monastery's properties[47]. The clear implication of the text is that Hugh could humiliate and marginalise major political players by wielding a supernatural weapon, and a peace-making collective drinking ritual, in an assembly; but that had he sought to do so without that, he would have risked dangerous opposition. To the author of the text, Columbanus was a means for the king to persuade, in a situation in which he did not have full authority, at least in the

46) WICKHAM, Justice in the Kingdom of Italy (as n. 12), p. 181–189.

47) Miracula sancti Columbani, ed. Harry BRESSLAU (MGH SS 30/2), Leipzig 1934, p. 993–1015, esp. cc. 8, 17, 21, 22; see François BOUGARD, La relique au procès: autour des miracles de saint Colomban, in: Actes des congrès de la Société des historiens médiévistes de l'enseignement supérieur public 31 (2000), p. 35–66, who stresses the uniqueness of the text in an Italian context of usually more regular and effective secular justice; see further Faye TAYLOR, Miracula, Saints' Cults and Socio-Political Landscapes, University of Nottingham, PhD thesis, 2011, p. 78–90, 101–106, 113–124 (and 97 for the date).

context of a narrative which of course had to stress the superiority of spiritual power to legal regularities. This is an image of *consensus*-building not by force, or argument, but by careful strategic planning[48]. We are by now in the tenth century, when the hegemony of all Italian kings was weak (although one would have thought that taking out one family in Piacenza was not beyond Hugh's powers; he did it elsewhere, after all), but the image of the assembly as being the proper location of such management fits an earlier period too.

Lombard-Carolingian Italy thus shows us a paradox. Assemblies were a crucial feature of political practice at the level of both the state and the city, valued by kings as part of their public presence, and sufficiently long-lasting, especially at the local level, that they show that they were valued by their participants as well – they were evidently not a waste of time, simply a veneer. But, on the other hand, they do not show any real signs, except in this last, isolated, example, of being in any way difficult to control; they were important vehicles of a consensus which seems, however, to have been exceptionally easy to maintain. In part, this is the product of the poverty of Italian narratives in every century before the twelfth: the tensions which were inevitably there are largely hidden from us. In large part, however, I would argue that it shows us an essential solidity in Italian political practice which can be argued to derive from the very great difference in wealth between kings on the one hand and national and, still more, local aristocracies on the other – royal power could more easily be hegemonic as a result. This, plus relatively tight networks of local patronage (extending well into the ranks of the peasantry), the vivacity of city-level assemblies, and a regular practice of appealing to the court of the king in Pavia, created an unusually cohesive kingdom, one which was also, after 712, mostly free of succession disputes until the very end of the Carolingian era[49]. It was only thereafter that a localisation of political practice slowly began, and the hegemony of the kings weakened; but assemblies carried on even then.

* * *

If we see assemblies in Italy at two levels, those of the kingdom and of the city, we see them in Francia at three, for here we have evidence of smaller-scale assemblies too, in the form of the local *mallus* court. The ›Pactus legis Salicae‹ assumes that one could in the early sixth century appeal to the *mallus* or *placitum* at a very localised level, well below the level of the count, although he was always available to be appealed to; a *thunginus* [once more <*thing*] or *centenarius* presided over many courts, and others were run by the

48) It thus also resembles some of the more strategic of the classic examples of ›games‹ discussed by Gerd ALTHOFF, also focussed on the tenth century: see ALTHOFF, Spielregeln (as n. 4), p. 233–250. There are no references to such assembly strategies in the most discursive narrative from tenth-century Italy, Liutprand of Cremona's Antapodosis; but, as Philippe BUC has shown (The dangers of ritual (as n. 3), pp. 15–50; Italian Hussies and German Matrons, in: Frühmittelalterliche Studien 29 (1995), p. 207–225), Liutprand systematically downplayed the standard markers of legitimate politics in pre-Ottonian Italy.

49) See in general WICKHAM, Framing (as n. 7), p. 115–124.

most local figures of all, *rachineburgii* or *rachimburgii* [›judgement-guarantors‹], whose duty was to »speak the Salic law« and who decided cases collectively; these features were developed in later sixth-century legislation, and remained in the later reissues of ›Lex Salica‹, which continued into the ninth century. In these local courts, although one could not say that judgements were all exactly consensual, it is still visible that wide-scale support was needed in order to establish one's case, with groups of oathhelpers (*iuratores*) who were often numerous; in the famous *de migrantibus* chapter of the ›Pactus‹, incomers to a village (*villa*) could be expelled, but only if an opponent could collect *testes* to support his case on four separate occasions, which presumed a considerable degree of local consensus, no matter how obtained[50].

It is not my task here to summarise the huge and forbidding literature on the world of the ›Pactus‹; much of it is unhelpful, not just because of the legalism of many writers, but also because we do not have any examples of such courts in action. But it is worth noting that the best example of this sort of world operating in practice comes from not so far away from the geographical remit of Salic law, the border between Neustrian Francia and Brittany, in the ninth-century Redon court records; here, village communities or *plebes* routinely decided disputes, and the evidence for their collectivity is very strong. Although this was a Breton-speaking area, and there is no reason at all to think that an identifiably Frankish legal practice was followed or even known about, the picture of a small-scale community which is strong in the ›Pactus‹ (and indeed heavily ideologically stressed – the ›Pactus‹'s mythical legislators legislated *per tres mallos*[51]) appears in actual documents. There were courts (often called *placita*) in each *plebs*, usually but not necessarily with a *machtiern*, a local notable, as court president; but also large groups, assemblies, of *nobiles* or *boni viri* acting as judges and impartial witnesses, who were in many cases peasants. People appeared both as litigants and as *nobiles viri* in different cases; and one needed both witnesses and sureties to get anywhere in the court – i. e. one needed local support from the same kind of people as were judging, and sureties in fact guaranteed not only victory but also the continued consent of the defeated[52]. These practical and coherent small-scale legal assemblies show that the kind of local operation envisaged in the ›Pactus‹

50) Pactus legis salicae, ed. Karl August ECKHARDT (MGH LL nat. Germ. 4/1), Hannover 1962, e. g. cc. 42, 45 (*de migrantibus*), 46, 50, 56, 57, and (for laws later in the century) 69, 79, 102, 113, 115. A few more or less sensible guides from very different standpoints are: BRUNNER, Deutsche Rechtsgeschichte (as n. 11), 2, esp. p. 217–241, 289–312, 472–478; Aleksandr I. NJEUSSYCHIN, Die Entstehung der abhängigen Bauernschaft, Berlin 1961, p. 118–228; Ruth SCHMIDT-WIEGAND, Fränkische und frankolateinische Bezeichnungen für soziale Schichten und Gruppen in der Lex Salica, Göttingen 1972; Paul S. BARNWELL, The Early Frankish Mallus, in: Assembly Places and Practices (as n. 8), p. 233–244. Hans-Achim ROLL, Zur Geschichte der Lex Salica-Forschung, Aalen 1972, unfortunately stops his account in 1875.

51) Pactus (as n. 50), Kurzer Prolog, c. 2 (p. 3).

52) Wendy DAVIES, People and Places in Dispute in Ninth-Century Brittany, in: The Settlement of Disputes in Early Medieval Europe, ed. EADEM and Paul FOURACRE, Cambridge 1986, p. 65–84; EADEM, Small Worlds, London 1988, p. 146–160.

could indeed work, as long as the hierarchies and patronage-networks of aristocratic power did not stretch too deep into the countryside, which was not a completed process until late in our period.

At the city, or county, level we see assemblies too. There are no comital court documents surviving from the Merovingian period, but the *placita* taking place in the city of Angers are well-represented in the ›Formulae Andecavenses‹, which survive in a late eighth-century manuscript and seem to represent documents from several points in the Merovingian period. Such *placita* have some analogies to the picture of disputes in the ›Pactus‹ (even *rachinburgi* are cited once).[53] Counts also appear as judges in (what we would call) criminal cases in saints' lives; a common Merovingian-period topos is for an episcopal saint to save a man condemned by a count to imprisonment or hanging, and in one case, in the ›Vita Amandi‹, the count in question (called Dotto; his county is said to be Tournai in some manuscripts), *congregata non minima multitudine Francorum, … ad dirimendas resederat actiones*, i. e. he was judging in a classic *placitum* assembly. Here there was no problem about consensus; the crowd (*turba*) called for the guilty man's death and Dotto decreed hanging; Amandus however miraculously revived the dead man afterwards. It is in fact interesting that at the city level we find many more references to crowds in our sources in non-judicial contexts as well, witnessing miracles, taking part in processions, turning out for episcopal burials (the *populus* who watched the burial of Bonitus of Clermont in c. 705 was so large that it resembled an arrayed army, *exercitus coadunatus*, or the celebration of a fair), listening to the will of Bishop Nicetius of Lyon being read out in 573, acclaiming Bishop Syagrius of Autun in the 560s with such gusto that a local aristocrat had his eye put out[54]. Merovingian cities may not have been very large in most cases, but they were certainly the scene of a good deal of collective action, or action which gained resonance from taking place with large numbers of participants and witnesses. *Placitum* assemblies had a different basis to this form of informal gathering, but their force was all the greater because it was expected that the community would act collectively in other ways.

53) Formulae Andecavenses, ed. Karl ZEUMER, Formulae Merowingici et Karolini Aevi (MGH Legum sectio V), Hannover 1886, p. 1–25, esp. nn. 10–14, 24, 28, 47, 50a (*raciniburdi*), 53. See Alice RIO, Legal Practice and the Written Word in the Early Middle Ages, Cambridge 2009, p. 67–80. Centres like Angers are the only places in the West where a possible continuity can be posited from local Roman collective practices, given the late survival in the Loire valley of some collective acts traditionally associated with city councils. See citations in WICKHAM, Framing (as n. 7), p. 110–111. But the differences still seem to me great, and I see a functional discontinuity even here.

54) Vita Amandi, ed. Bruno KRUSCH (MGH SS rer. Merov. 5), Hannover 1910, c. 14; Vita Boniti, ed. Bruno KRUSCH (MGH SS rer. Merov. 6), Hannover, 1913, c. 40; Gregory of Tours, Liber vitae patrum, ed. Bruno KRUSCH (MGH SS rer. Merov. 1/2), Hannover, 1885, VIII. 5; Venantius Fortunatus, Vita sancti Germani, ed. Bruno KRUSCH (MGH SS rer. Merov. 7), Hannover, 1920, c. 63.

When we get into the Carolingian period, we begin to get documents for county-level *placitum* assemblies in the Frankish lands. They tend to resemble those just described for Italy. In 814, for example, Count Ostoric, *missus* of Louis the Pious, resided in the *mallus publicus* at Tournon, on the Rhône south of Vienne, with three *missi* of the archbishop of Lyon, eight other imperial *missi*, and »very many other *boni homines*, who were present with them, to hear the disputes of many men, to solve the business of their cases, and end them with just and legal judgements«; at least twelve *boni homines* signed the document together with the *missi*[55]. Such *boni homines* were often aristocratic, in all likelihood, but there are some interesting exceptions. In one from 857, studied by Janet NELSON – unusual in that it was from the judicial immunity of Saint-Martin of Tours, so was run by the abbey's provost Saramian, not the count – the provost prorogued a land case from the *constitutum placitum* to the *villa* in dispute, to be heard by *vicini* and other *boni homines*, later glossed as *multi nobiles viri et coloni*, i. e. on this occasion explicitly peasants[56]. Here a spectrum of collective judgement begins to be visible which links major aristocratic players down into all the ranks of free society, as we also found at Redon. Once we get into the immunity of Saint-Martin – or into the collectivity of any city – we are certainly getting into the arena of Frankish aristocratic power, which was extremely elaborate and generally domineering (as NELSON demonstrated in the example of the 857 case), but a wider collective decision-making is still capable of being invoked, throughout the ninth century and in some cases later, and was, as in Italy, crucial for the successful ending of disputes in public. Such collective action extended beyond the settlement of disputes, too; oaths were sworn to the Frankish king by all free adults in such assemblies from the late eighth century onwards, and one manuscript of a capitulary of 803 states that the count of Paris had it read in a *mallus pubplicus* there, with local leaders signing their names on it: this is directed consensus, but it shows again the very public context for local assertions of royal hegemony[57].

I begin this Frankish section with local assemblies in order to make it quite clear that Francia had a very wide range of functioning assemblies, and that ›assembly politics‹ was a normal part of daily practice, of the habitus of Frankish political society at all levels. This is to give a context to the *placitum generale* of the Merovingian and Carolingian kings, which is the best-documented and best-studied of all the types of assembly discussed in this article, and which is, I expect, the image which first comes to the minds of most of us when we think of assemblies in our period. The Frankish kings held assemblies from the beginning, in the *placita* of Gregory of Tours, to the end, in the *universalis populi conventus* of Widukind and the often failed or subverted West Frankish *placita* of Flo-

55) Recueil des chartes de l'abbaye de Cluny 1, ed. Auguste BERNARD and Alexandre BRUEL, Paris 1876, n. 3.

56) NELSON, The Frankish World (as n. 1), p. 62–70, and 73–74 for the text.

57) Matthias BECHER, Eid und Herrschaft, Sigmaringen 1993, p. 78–216; Cap. 1, p. 112.

doard[58]. They are remarkably prominent in our narrative sources, particularly in the Carolingian period. To them came all the major political players of their kingdoms, secular or ecclesiastical, willingly or not, by Charlemagne's time bearing gifts which were carefully counted; people who did not come had to have good excuses, as several letters of Einhard, among others, show. They were necessary for both king and magnates: they gave legitimacy to the former, but they confirmed the status of the latter (if it was risky for a magnate not to come to a *placitum*, it was far more disastrous not even to be invited). They were in the idealised world of Hincmar/Adalard also partially autonomous: there, the Carolingian *placitum generale* was not just a remarkably regulated and disinterested policy-making collectivity, but it largely met in the absence of the king, who supposedly spent much of his time outside, networking and glad-handing, until he returned to hear the views of his assembly, expressed through partially free opinion (*non ex potestate, sed ex proprio mentis intellectu*) which he then ratified or not as was appropriate. We cannot know how accurate this is, but it is very interesting as an image, given the long-term concern of Hincmar, in particular, for right rule and royal authority[59].

The historiography of the Frankish royal *placitum* is enormous, particularly for the Carolingians and Ottonians (less so the Merovingians), and there is no need here to rehearse the developments in that historiography, from SEYFARTH and GANSHOF to the *neue Lehre* of ALTHOFF, NELSON, PÖSSEL or AIRLIE. It is enough to stress that that historiography has become progressively less institutional and more transactional, and has also abandoned the assumed opposition between king and aristocracy which was normal up to half a century ago[60]. Certain elements of such assemblies can be taken for granted,

58) Gregory of Tours, Decem libri historiarum [henceforth LH], ed. Bruno KRUSCH and Wilhelm LEVISON (MGH SS rer. Merov. 1/1), Hannover ^{2}1951, VII. 7, 14, 23, 33, VIII. 20–21, X. 28; Widukind, Rerum gestarum saxonicarum libri tres, ed. Paul HIRSCH (MGH SS rer. Germ. 60), Hannover, 1935, II. 10, III. 16, 32, 41, 70; Les Annales de Flodoard, ed. P. LAUER, Paris 1905, s.aa. 945, 961.

59) Janet L. NELSON, The Settings of the Gift in the Reign of Charlemagne, in: The Languages of Gift in the Early Middle Ages, ed. Wendy DAVIES and Paul FOURACRE, Cambridge 2010, p. 116–148, at p. 143; Einhard, Epistolae, ed. Karl HAMPE (MGH Epp. 5), Berlin 1898–1899, pp. 109–145, nn. 13, 14, 25, 27; Hincmar, De ordine palatii (as n. 5), p. 84, 92.

60) Among others, Erich SEYFARTH, Fränkische Reichsversammlungen unter Karls dem Großen und Ludwig dem Frommen, Leipzig 1910; Heinrich WEBER, Die Reichsversammlungen im ostfränkischen Reich, 840–918, Würzburg 1962; J. T. ROSENTHAL, The Public Assembly in the Time of Louis the Pious, in: Traditio 20 (1964), p. 25–40; François Louis GANSHOF, Frankish Institutions under Charlemagne, Providence 1968, p. 21–23, 116–119; Gerd TELLENBACH, Die geistigen und politischen Grundlagen der karolingischen Thronfolge, in: Frühmittelalteriche Studien 13 (1979), p. 184–302, esp. p. 249–253 (notably more sophisticated than the foregoing); HANNIG, Consensus fidelium (as n. 12); Janet L. NELSON (her work here is summed up in her recent article, How the Carolingians Created Consensus, in: Le monde carolingien, ed. Wojciech FAŁKOWSKI and Yves SASSIER, Turnhout 2009, p. 67–81); ALTHOFF, Spielregeln (as n. 4); IDEM, Die Macht der Rituale, Darmstadt 2003, p. 28–67; Philippe DEPREUX, Lieux de rencontre, temps de négotiation, in: La royauté et les élites dans l'Europe carolingienne (début IXe siècle aux environs

and seem to be a feature of our entire period. They were sometimes the ›nation in arms‹ in the most literal way, in that they took place at the formal springtime army-muster, hence the association of, for example, the legislation of Childebert II in 596 with the same 1 March date that we later find in Lombard Italy, and the importance of a switch to May in the eighth century; although it has also to be said that May was a *placitum* month already in 642 in Frankish Burgundy, and anyway by no means every *placitum* had anything to do with the army – indeed, although some were for sure in the Carolingian period, where our evidence is densest, the majority equally clearly were not[61]. They were very often explicitly structured by liturgical procedures, and other, more ad hoc, religious events such as collective and individual penance, again particularly under the Carolingians, which will have added to a sense of collective political and moral enterprise[62]. They were also based on an explicitly-stated and ever-repeated need for consent, often characterised explicitly as *consensus*. Collective agreement was a key image all through, from the assembly of *priores regni sui*, including 300 *viri optimi*, called by Queen Fredegundis in 585 to swear to the legitimacy of her son Chlotar II, to the set-piece penance of Louis the Pious at Attigny in 822 and the much more suspect unanimities of the assemblies of 833–4. Indeed, when the *obtimates* of Neustria were not invited by the *maior* Ebroin to the enthronement of Theuderic III in 673, but instead were told not to come, they concluded (probably rightly) that Ebroin was planning to rule without their involvement, and they switched their support to Theuderic's brother Childeric II[63].

Assemblies were always called by kings or by their most immediate representatives, such as, in the Merovingian period, queens-regent or *maiores*. They were thus not by any means always regular (notwithstanding Hincmar's claims), and if the king did not call them they did not meet – even if that could itself be a bad sign, as in the menacing summer of 828[64]. They were called for major decision-making, to plan (or to start) campaigns, and to sort out political disputes, particularly between royal family-members; they were also called for judicial purposes, as with the royal *placitum* documents which begin to survive from the 640s and which consistently show the king with his *proceres*, an often numerous group, residing *ad universorum causas audiendum vel recto iudicio termenandum*, a

de 920), ed. Régine LE JAN, Lille 1998, p. 213–231; REUTER, Assembly Politics (as n. 10); PÖSSEL, Symbolic Communication (as n. 14); Stuart AIRLIE, Talking Heads, in: Political Assemblies (as n. 8), p. 29–46.

61) Cap. 1, n. 7; Fredegar, Chronica, ed. J. Michael WALLACE-HADRILL, The Fourth Book of the Chronicle of Fredegar with its Continuations, London 1960, p. 2–79, IV. 90; for recent comment on the link with armies, citing earlier work, REUTER, Assembly Politics (as n. 6); AIRLIE, Talking Heads (as n. 60), p. 34–36.

62) See in general Mayke DE JONG, The Penitential State, Cambridge 2009.

63) Gregory of Tours, LH, VIII. 9; for Attigny and the 830s, see DE JONG, The Penitential State (as n. 62), p. 122–131, 224–259, and PÖSSEL, Symbolic Communication (as n. 14), p. 148–207, 226–232 (and 233–248 for the general issue of consensus); Passio Leudegarii I, ed. Bruno KRUSCH (MGH SS rer. Merov. 5), Hannover 1910, c. 5.

64) DE JONG, The Penitential State (as n. 62), p. 157–158.

phrase which first appears in the 660s and is also preserved in Marculf's formulary, dating to slightly later[65]. Although we very seldom know more than small numbers of the names of participants at *placita*[66], they were certainly overwhelmingly aristocratic in composition (that term, here as elsewhere, including ecclesiastical leaders). The participation of the wider free was restricted for the most part to local assemblies, of types we have already seen, and reference to non-aristocratic participation in royal assemblies was a delegitimizing tactic by authors – as when Munderic's attempt at kingship in, probably, the early 530s was supported only by the oath-swearing of a *rustica multitudo* according to Gregory of Tours, and as when opposition to the agreement between Louis the Pious and his son Lothar at Nijmegen in 830, although doubtless above all aristocratic, was voiced, according to the Astronomer, by a *vulgus* or a *popularis tumultus* until Louis calmed the crowd[67].

Consensus between the king and his aristocrats was thus of great and continuous importance in our Frankish material, as we have already seen for Italy. But the political situation was different in the Frankish lands. Kings were immensely wealthy and thus powerful in every period before 900 (and, in East Francia, later too), but so were very many of their aristocrats, and they could not be as easily dominated as in the Lombard kingdom; indeed, our abiding image of Frankish aristocrats in every century is of a boisterous protagonism, which, while by no means hostile to royal power, certainly posed potential problems of control to any king. Consensus was thus potentially much more agonistic in Merovingian and Carolingian Francia (as also later); and there are a few signs that this was indeed the case. We do have here to rely on anecdote; there are few guides to how consensus actually was constructed. But we do have enough anecdotes for us to be able to get some sense of some of the things that might go on, or go wrong, in assemblies, at least according to our authors.

One sign that there was something wrong with consensus at an assembly was people not coming. Many of the *priores* of Childebert II's kingdom considered not coming to his *placitum* in 585, for fear that they would be accused of supporting the upstart king Gundovald, although they did do so on that occasion; Hincmar and his fellow bishops refused flatly to come to their opponent Louis the German's first *placitum* in West Francia after his bloodless defeat of Charles the Bald in November 858 with the comically phony ex-

65) Die Urkunden der Merowinger, ed. Theo KÖLZER (MGH DD Merov.), Hannover 2001, nn. 79, 88 (the first *placita*), 95, 136, 141 (the first and some other examples of the cited formula), with Marculfi formulae, ed. ZEUMER, Formulae (as n. 53), p. 32–106, I. 25 (for dating see RIO, Legal Practice (as n. 52), p. 81–92).

66) DEPREUX, Lieux de rencontre, temps de négotiation (as n. 60), p. 218–226.

67) Gregory of Tours, LH, III. 14; Astronomus, Vita Hludovici, ed. Ernst TREMP (MGH SS rer. Germ. 64), Hannover 1995, c. 45; at the Field of Lies, too, the disloyal followers of Louis immediately become a *plebs*, ibid., c. 48. DE JONG, The Penitential State (as n. 62), p. 201, notes that these people could have been retinues of lower status; but the argument holds either way.

cuse »because of the inconvenient and short notice and the inconvenience of the place«, and, later, »the inclemency of the air and the inconvenience of the weather and the imminence of the day [a month later!] of the birth of Our Lord«[68]. A second sign was people leaving. Sometimes this was the flight of losers, as with the *patricius* Hector fleeing from the court of Childeric II in 675; the fear of this was what kept Lothar at Nijmegen in 830 to negotiate with his father. But there was always a risk that such moves would cut away at a king's support more widely, as when the *primores regni* of Lotharingia reached an *inexpiabilis dissensio* with King Zwentibald in 900 and collectively joined his half-brother Louis the Child.[69] The archetype of that was of course the Field of Lies in 833, when Louis the Pious's assembly/army melted away, whether quickly (Thegan, Paschasius Radbert) or slowly (the Astronomer), to join Lothar on the other side of the field, where they newly appeared as *unus populus*. Both of these choices, not coming and leaving, derived from the simple fact that discussion and dissent were not all that easy, even in Frankish *placita*, so voting with one's feet was often the only option; as the Astronomer put it when seeking to explain away the assent of respectable players to the assembly at Compiègne, later in 833, where the temporarily-deposed Louis the Pious performed his forced penance: »a few disputed (*contradixere*) the judgement, many offered their assent, but the majority, as usual in such situations, agreed verbally so as not to offend the *primores*«[70].

All the same, the fact that a few disputed the judgement even at Compiègne, Louis' absolute low point, also shows that dissent could exist at these events. Consensus did sometimes have to be quite carefully constructed. This was often done in private, before an agreed front was presented to the *placitum* as a whole; this was indeed what happened at Nijmegen in 830, and as we have seen it was met with open hostility by some. A more successful example was the careful dealing between Louis the Stammerer and the West Frankish *primores* at his accession in 877, when they were angered by the fact that he had granted away *honores* to others without their consent, as described by Hincmar in the ›Annales Bertiniani‹: Louis sat at Compiègne while the *primores* gathered as a *conventus* at Mont-Aimé some 100 km away, and both sides sent messengers to each other, before they all agreed to meet in another *conventus* outside Compiègne, in which, as had by now been agreed, they too would receive *honores*, and the coronation of the king at Com-

68) Gregory of Tours, LH, VII. 33; Cap. 2, n. 297, cc. 1, 15.

69) Passio Praeiecti, ed. Bruno Krusch (MGH SS rer. Merov. 5), Hannover 1910, p. 212–248, cc. 25–26; for Nijmegen, see above, n. 65; Regino of Prüm, Chronicon, ed. Friedrich Kurze (MGH SS rer. Germ. 50), Hannover 1890, s.a. 900 (p. 148).

70) Astronomus, Vita Hludowici (as n. 67), cc. 48, 49 (Compiègne); Paschasius Radbert, Epitaphium Arsenii, ed. Ernst Dümmler, in: Abhandlungen, Berlin 1900, p. 18–98, II. 18 (*unus populus* quote); Thegan, Gesta Hludowici, ed. Ernst Tremp (MGH SS rer. Germ. 64), Hannover 1995, c. 42. For the general issue of managed consensus in the Carolingian period as being in the context of a recognition of aristocratic protagonism, see esp. Hannig, Consensus fidelium (as n. 12), p. 152–301.

piègne could then take place with formal promises of all kinds. This is a type-example of Gerd ALTHOFF's *Inszenierung*, indeed: the private negotiation which resulted in a set of planned symbolic acts representing agreement and amity, in a public arena where the need for such agreement was paramount, and disagreement risked both the loss of honour and possibly even the need for subsequent revenge[71)].

Disagreement could nonetheless take place in public as well; and it did not have to be seen as random disturbance, as was the reaction to the Nijmegen deal. It could well be dealt with in public too. In 642, Queen-regent Nantechildis with her young son King Clovis II called all the *seniores* of Burgundy together at Orléans; she had to »win them all over individually« (*cumtus ... sigillatem adtragens* [sic]) to elect her chosen *maior*, the disastrous and ill-fated Flaochad. Similarly, when in 889 Arnulf called a *generale conventum* at Forchheim to get his *primores* to agree to the succession of his illegitimate sons, »some of the Franks refused for a time«, before relenting and giving their right hands to the king, with conditions. Hincmar himself publicly contested some of the decisions of the Ponthion assembly in 876, as we shall see later. These were by no means people who feared public disagreement, that is to say. Nor, perhaps most dramatically, were the Rhineland Franks who met King Chlotar I when he succeeded to their kingdom in 556 and sought to have him wage war on the Saxons; when he refused, with good reasons (Gregory says), they rose up against him, tore his tent to pieces, assaulted him and threatened him with death, before he agreed to go to war, of course unsuccessfully. Chlotar was no weakling in Gregory's text, but all the same he could be claimed to have faced dissent of an extreme and unusual kind, and, once again, in public[72)].

The concept of *Inszenierung* has had criticism by now, some of it well-aimed. It is by now clearer, for example, that everything that happened at such public assemblies is mediated for us through the textual strategies of authors who were very concerned indeed to create their own versions of events; Gregory of Tours or the Astronomer or Hincmar were highly *parti pris*, and they were far from the only ones. It is also clearer that the process of symbolic communication, as Christina PÖSSEL calls it, was a complex, constantly contested, and transactional business; it had fewer formal rules than ALTHOFF proposed. These are developments of ALTHOFF's thesis, however, not negations of it[73)]. The discovery, too, that disagreement could be open, and not hidden and covered over by ritual, does not mean that events like those of 556 or even 889 were that common. More often people kept quiet, and then the formalised public acts, which they could doubtless

71) Annales Bertiniani (as n. 21), s.a. 877 (p. 137–138); cf. ALTHOFF, Spielregeln (as n. 4), e. g. p. 245–246, and 229–257 passim.

72) Fredegar, Chronica (as n. 61), IV. 89; Annales Fuldenses, ed. Friedrich KURZE (MGH SS rer. Germ. 7), Hannover 1891, s.a. 889 – see AIRLIE, Talking Heads (as n. 60), p. 40–41; below, n. 94, for Ponthion; Gregory of Tours, LH, IV. 14.

73) BUC, The Dangers of Ritual (as n. 3), p. 8–11 and passim; PÖSSEL, Symbolic Communication (as n. 14); AIRLIE, Talking Heads (as n. 60).

see through at the time even more easily than we can, had their effect nonetheless, and became what people remembered.

For this is the eventual conclusion which anecdotes of this kind, and the many others in our dense narratives, bring us to: that consensus was indeed the norm at Frankish *placita generalia.* It had to be worked for, for sure, and there were lots of ways to do that; but the norm was to agree, and to be seen to agree. Royal *placita* worked, that is to say, most of the time. The slight danger that they might not work indeed made the success of each that much more important and resonant in the minds and memories of participants. Essentially, *placita generalia* were defined as royal occasions, and were thus ready for royal stage-management. If you had come there at all, you had to be very strong-willed, and/or have a large amount of support, to withstand that, and in the latter case you might well simply prefer not to take part: the very act of taking part meant signing up to the stage-management process, to a large extent. The habitus of ›assembly politics‹ was thus one in which the rules of the game could look overwhelmingly royal. Only if there was more than one king in play was there any realistic prospect of trouble, and even then the tendency was for trouble to be overcome, one way or another. But, conversely, if Frankish kings had not, often desperately, needed that managed consensus, from a wide aristocratic (and, in the localities, often non-aristocratic) public, they would not have had to call assemblies at all.

* * *

The evidence for England is in many respects simply a less well-documented version of that for Francia, even if the relative intensity of the documentation of assemblies is, by Anglo-Saxon standards, quite high in all periods. I will therefore discuss it more rapidly. Legislation was almost invariably the work of the king and his assembly, from the seventh up to the eleventh century[74]. The variety of terminology in the seventh-century laws was regularised by the ninth century, by which time the king's counsellors are called *witan*, »wise men«, or *sapientes* in Latin, and the assembly in which they meet is called a *gemot.* (This is a usage going back at least to Bede in the 720s-30s, who says, for example, that Edwin with the advice of his *sapientes* – here a synonym of other words too, *principes*, *consiliarii*, or *optimates* – decided to convert to Christianity in Northumbria in 627.) One example is the late ninth-century will of the West Saxon king Alfred, listing four separate assemblies which ratified the distribution of the private lands of himself and his deceased brother Æthelred I, including one *on ure gemôt æt Langandene*, in which the will was read before *eallum Westseaxena witum*; another is Æthelred II of Mercia's Gloucester assembly in 896 in which he called *alle Mercna weotan tosomne* [together], [...] *biscopas*

74) See above, n. 8; for Alfred onwards see Levi N. Roach, Meetings of the *witan* in Anglo-Saxon England, 871–978, University of Cambridge, PhD thesis, 2011, p. 97–111; this whole text is now the basic study of assemblies in England.

and aldermen and alle his duguðe [aristocrats], to deliberate how they might govern justly and do justice, and then determined a dispute brought by the bishop of Worcester in which the bishop won »as the Mercian *witan* declared in this assembly« (*swa hit Mercna weotan on tham gemote gerahtan*)[75]. These kingdom-level secular assemblies (with clerics attending as well) are matched by the church councils (with secular lords attending as well) which are so much a feature of, in particular, the period 670–850, culminating in the Mercian councils of Clofesho and Chelsea (among other places), which were called throughout the century of the Mercian supremacy[76].

By the tenth century, in what can now be called the kingdom of England, these assemblies were so frequent that one of their most recent analysts, John MADDICOTT, is happy to see them largely as a Carolingian import, probably by Æthelstan in the 920s. So much of tenth-century English political practice had direct Carolingian antecedents that the argument has a certain plausibility. But the previous paragraph casts considerable doubt on their novelty; if there was a tenth-century change, it was only in the formalisation and regularisation of procedures which were old in the various English kingdoms, and which are well-documented in Wessex and Mercia alike, and even Northumbria, whose evidence is normally so poor. As in Francia, the core make-up of assemblies of this kind was aristocratic; but the scale of some of them was sufficiently great – up to 100 men are listed as witnesses in Æthelstan's charters in the 930s – that it is likely that the *thegnas* (in Latin, *milites*) who participated were not just from the leading strata; thegns could be very rich, but could also be lesser aristocrats who might hold only one estate each. England, even after the conquests of the West Saxon kings in the early tenth century, was very small by Frankish standards, so such socially wide assemblies were certainly practicable; they were also, as sometimes in Francia, associated with army muster, which always involved wider social groups[77].

The process of gaining consensus at the level of the kingdom was analogous to everything we have seen hitherto. Liturgical acts (assemblies often met at Easter, Whitsun and Christmas) and land-granting took place there, as in the assemblies of Charlemagne. But

75) Bede, Historia ecclesiastica, ed. Charles PLUMMER, Oxford 1896, II. 13 (II. 5 has Æthelberht legislating *cum consilio sapientium* too); for Alfred and Æthelred see Select English Documents of the Ninth and Tenth Centuries, ed. Florence E. HARMER, Cambridge 1914, nn. 11 (S 1507), 14 (S 1441) [S numbers are from the ›Electronic Sawyer‹ hand-list of all Anglo-Saxon charters, to be found at www.esawyer.org.uk]. For other examples of kingdom-level *witan* in the ninth century, Select English documents, nn. 12, 13, 15, 16. For *sapientes* and *witan*, Felix LIEBERMANN, The National Assembly in the Anglo-Saxon Period, Halle 1913, p. 6–8, although he supposes that the meaning of ›wise‹ was soon lost, which I do not accept.

76) Catherine CUBITT, Anglo-Saxon Church Councils *c.*650-*c.*850, Leicester 1995.

77) John R. MADDICOTT, The Origins of the English Parliament, 924–1327, Oxford 2010, p. 31–32 for Carolingians; his important chapter on secular assemblies before 1066, p. 1–56, should now be read together with ROACH, Meetings of the *witan* (as n. 74; p. 15–34 for assembly attendance). The only earlier study of any weight, LIEBERMANN, The National Assembly (as n. 75), although written with a very traditional problematic, still repays reading.

the emphasis on the decision of the »king and his *witan*« is even more insistent than in Francia. The decision-making body of the kingdom was king-dominated, of course, but typically collective. Dunstan was made bishop of Worcester in (probably) 957 in a *magnus sapientium conventus, ... omnium ex electione*, »a great assembly of the wise, ... by the choice of all«; Æthelred I of Wessex gave land to a layman around 870 *mid leve and etheafunghe* [consent] *mine ðare seleste* [most distinguished] *wiotene*, and such advice or consent (*consensus* is a common word in the Latin charters) is repeated many times in the next century[78]. This also meant that in extreme circumstances an assembly could act independently, as when, to cite a late example, »all the *witan* in England, church and lay« agreed to recall the deposed King Æthelred II in 1014, »if he would rule more rightly (*rihtlicor*) than before«; and we have instances of assemblies giving apparently unsought advice to more popular kings, too, as when in one of Æthelstan's law-codes he says that his previous laws have been »worse kept than I should like, ... and my *witan* say that I have borne it too long«[79]. The political community of England was indeed sufficiently tight and cohesive that it survived a constant succession of royal minorities across the mid- and late tenth century (and constant dynastic changes, including two violent conquests, in the eleventh) without more than occasional problems, and the link between the king and his major aristocrats in these assemblies was one of the major means of maintaining that cohesion.

Here again, this kingdom-wide collectivity was matched at the level of every county (or shire) by similar assemblies, and indeed, by 1000, assemblies existed at a more local level still, that of the hundreds into which every county by 1000 was divided. These *gemotas* are not documented before 850 or so (with the exception of one reference to *popularia concilia* in a Mercian charter of c. 800), and were not necessarily fully incorporated into a royal power-structure until the mid-tenth, but by the later tenth century they could be very large groupings indeed, as with the thousand-plus participants in a Kentish judicial assembly at Erith, which included »everybody« (*ealra*) from East and West Kent – not all of whom can have been aristocrats; or the Berkshire *scirgemot* of 990–2 whose *witan* included »all the shire« (*eal sio scir*); or the two thousand leading (*yldestan*) men and women from Bedford and Hertford who witnessed the oath of Æthelgifu in the 950s, recorded later in her will. Similarly, the »assembly of king's thegns«

78) »B«, Vita Dunstani, in: The Early Lives of St Dunstan, ed. Michael WINTERBOTTOM and Michael LAPIDGE, Oxford 2012, c. 25 (for the date 957 see p. xxxvi); Anglo-Saxon Charters (as n. 13), n. 12 (S 342); cf. ibid., nn. 11, 23, 38, 44, 45, etc.; for references to *consensus* see LIEBERMANN, The National Assembly (as n. 75), pp. 24–26.

79) The Anglo-Saxon Chronicle. A Collaborative Edition 5, Ms. C, ed. Katherine O'BRIEN O'KEEFFE, Cambridge 2001, s.a. 1014; V Æthelstan, pref., ed. Felix LIEBERMANN, Die Gesetze der Angelsachsen 1, Halle 1903, p. 166. For equivalents to Althoffian *Inszenierung* in English assemblies, see ROACH, Meetings of the *witan* (as n. 74), p. 153–205, and Julia BARROW, Demonstrative Behaviour and Political Communication in Later Anglo-Saxon England, in: Anglo-Saxon England 36 (2007), p. 127–150.

(*cinges ðeningmanna gemot*) which decided another Kentish case in c. 980 is defined as that, before the text also says that the king himself was present at it with his bishops and many of his *witan*. These judicial assemblies are depicted as deciding more collectively than in Italy or Francia. It was the *witan* in the Berkshire case – here »the wise« of the county, not of the king – who directed events in the court-case document that records them, for example, not any leading ealdorman or judges, even though one party to the dispute (with a huge set of supporters) was the queen-mother Ælfthryth herself; and when the future queen Eadgifu fought an earlier case, around 909, at the Aylesford assembly in Kent, it was again the *witan* who told her how many oath-helpers she would need to win it, in an oath which she performed »before the whole assembly« (*on ealre theode gewitnesse*)[80]. Here, as in Italy, the size of such gatherings also helped to achieve the consent of the defeated.

The English evidence does not offer the sort of discursive density which we have just seen for Francia, but it is overall considerably more collective in character, both at the level of the kingdom and at that of the county alike, than in either Francia or Italy. Most of our evidence is late, and after 900 or so any documented assembly practice in England could well draw from Frankish example, given the considerable Carolingian influence on the post-Alfredian kingdom, although, if so, they went further in their collective protagonism than most assemblies apparently went south of the Channel. But we have seen earlier examples in this brief selection too, and it would be wrong to exclude that this protagonism could equally have gone back to the early period of the Anglo-Saxon settlement, when royal power was considerably simpler in structure, and northern European assumptions about the collective nature of political practice may well have been stronger. We cannot document such a period in England, but, for signs of how such collectivities might have worked, it is worth moving to the far north of Europe, where our evidence, although problematic and often even later, converges to give us some ideas.

* * *

Our earliest useful evidence for Scandinavian assemblies comes from the late 860s, in the form of Rimbert's ›Vita Anskarii‹. According to Rimbert, Anskar at one point, in the 840s quite plausibly, went to try to convert the Swedes and was met by King Olef at Birka, after the king had already heard opposition in a *conventus deorum*, i. e. an assembly held with pagan rituals. The king told him that he could not accept his mission without casting

80) Respectively Cartularium Saxonicum, ed. Walter de Gray Birch, 3 vols., London 1885–1893, n. 201 (S 106); Anglo-Saxon Charters (as n. 13), nn. 41 (S 1458), 66 (S 1454); Dorothy Whitelock et al., The Will of Æthelgifu, Oxford 1968 (S 1497) = Charters of St Albans, ed. Julia Crick (Anglo-Saxon Charters 12), Oxford 2007, n. 7; Anglo-Saxon Charters, n. 59 (S 1457); Select English documents (as n. 75), n. 23 (S 1211). For other examples of judicial decision-making by a local group of *witan* see Anglo-Saxon Charters, nn. 44, 69. See in general Roach, Meetings of the *witan* (as n. 74), p. 112–126.

lots and asking the *populus*, »for it is the custom for them that any public affair (*negotium publicum*) is more in the will of the *populus unanimus* than in [the remit of] royal power«. The lots did not favour Anskar when the king and his *principes* discussed the matter, but when it came to the *placitum*, an old man got up *in medio plebis* and told both *rex* and *populus* that having an extra god might help against dangers at sea, so they agreed to accept the mission. Olef also agreed to ask another *placitum* in another part of his kingdom, and the same occurred. Now: this was eventually a failed mission, and it took place a long way away from Rimbert in Hamburg. It is also interesting that he says nothing about similar assemblies in Denmark, which was closer, and where Anskar spent more time. But here we have a classic image of an assembly which cannot be controlled by a king, and which the king does not even try to control, although he has a hierarchical group around him as well; and Rimbert does not exoticise the events in any way that would make us suspicious. The *placitum* is thus unproblematically posed as autonomous here[81]. The picture of the assembly (outside Latin texts, it was universally in Scandinavia called a *thing*) as being a place where ordinary people need to – but also are able to – impress and persuade also appears, quite casually, in one of the earliest vernacular texts from Norway, the ›*Hávamál*‹, which is largely a collection of maxims for daily life, which have a probable tenth-century basis: the foolish man will find that when he reaches the *thing* he has no support; if you go to the *thing*, wear clean clothes, even if poor ones[82].

This is important; for Scandinavian evidence is otherwise much later than this. The earliest Norwegian laws are twelfth-century; the earliest narratives for Norway are from the late twelfth and thirteenth; those for Iceland, the other region where *thingar* are extremely well-attested before 1300, begin only slightly earlier and are mostly thirteenth-century as well. All the same, in all of them assemblies are very prominent as points of reference, and the first Norwegian code is not the law of kings (though it includes royal enactments from the eleventh and twelfth century) but the laws of a *thing*, the *Gulathing* of the western fjords[83]. Iceland had no kings, so all its *thingar* were autonomous, with an annual island-wide assembly, the *Althing*, acting as a supreme legislative and deliberative body as well as a primary court and court of appeal. We know a good deal about the usually contested, often cunning, and sometimes violent construction of consensus in

81) Rimbert, Vita Anskarii, ed. Georg Waitz (MGH SS rer. Germ. 55), Hannover 1884, cc. 26, 27. For a contextualisation, Ian Wood, The Missionary Life, Harlow 2001, p. 125–134.

82) Hávamál, ed. David A. H. Evans, London 1986, cc. 25, 61; see ibid., p. 13–14 for the date of this part of the text.

83) Norges gamle love indtil 1387, 1, ed. R. Keyser and P. A. Munch, Christiania 1846, p. 3 (c. 1 of the *Gulathingslov*) – immediately following, cc. 2–12, contain eleventh- and twelfth-century royal laws; the second code, of the Frostathing of the Trondelag in the North, has an introduction by the thirteenth-century king Hákon IV (ibid., p. 121), although here too most of the text makes little reference to kings and is explicitly earlier.

Icelandic assemblies (at least as written up in highly-structured narratives)[84], but they are too different from the monarchical worlds of the Continent to be close parallels to the foregoing; what follows will therefore concentrate on Norway alone. Our Norwegian narratives are structured by the reigns of kings, and are in general very sympathetic to royal power, especially at the crucial moment of the Christianisation of Norway, which the narratives depict as very much the work of two powerful and ruthless kings, Óláfr Tryggvason (d. 1005) and Óláfr Haraldsson (d. 1030); but the texts show that at every stage they had to confront the resistance of both aristocrats and free peasants, assembled in *thingar*, district by district.

The patterning of these conversion narratives in fact matches the ›Vita Anskarii‹, but it is much more detailed – as well as more artificial, but also quite diverse. So the *bœndr* (free men, of a variety of economic statuses from aristocrats to cultivators) of the Rogaland *thing* elect their three most eloquent men to counter the »fine words« of Óláfr Tryggvason, but different speech defects prevent them from saying a word on the day, so they all are baptised; at the *Gulathing* the king buys off an influential local aristocrat, Ölmóðr the Old, by marrying his sister to a member of the family, the future regional leader Erlingr Skjálgsson, and then at the *thing* both local leaders push for Christianity and »no-one dared oppose it«. At the *Frostathing* the *bœndr* – forewarned, one would suppose, by these events – arrive fully armed, as if for a campaigning *thing*, and King Óláfr therefore does not use threats as at other *thingar*, but instead accedes to their demands that he make sacrifice at their festival at midsummer; when he comes there, the king says he will indeed make a sacrifice, but it will be of the (named) leading men of the community, and faced with this coup de théâtre the *bœndr* back down. At nearby Trondheim, where as many armed *bœndr* are present, led by Járnskeggi, who says that the king should not break their laws, Óláfr again agrees to sacrifice but goes into the temple and destroys the idols of the gods, killing Járnskeggi as well, so that the now-leaderless *bœndr* give in. Later, in a set of parallel accounts, Óláfr Haraldsson faces off the same *thingar* and others; when he comes to the Trondheim district, for example, he confronts a large number of hostile and armed *bœndr* who had not chosen a leader, so his envoy picks twelve able men from them to meet the king; the latter explains to them that they can accept his rule or fight him, and they go back and all the *bœndr* discuss it »back and forward«, eventually agreeing to submit. Kings get their way in these narratives, but there are accounts where they do not, as in earlier the confrontation between Hákon I (d. 961) and, once again, the *Frostathing*, in which the king already wishes to convert them to Christianity but they flatly refuse; Ásbjörn of Meðalhús in an eloquent speech, met with applause, invokes their ancient faith and their loyalty, asking for »moderation« and toleration in return, and politely threatening rebellion otherwise. This time, Hákon not only agrees but is depicted as being wise to agree, and when he does the sacrifice they demand

84) E.g. Jesse L. Byock, Viking Age Iceland, London 2001, p. 120–126, 170–187.

he contents himself with neutralising it by making the sign of the cross. (Greater tension nonetheless arises over the ritual eating of horse-meat, and war is in the end only averted because of the threat of external invasion.)[85]

I cite Snorri Sturluson's ›Heimskringla‹ here, the longest but also by far the most constructed history of the Norwegian kings, dating to c. 1230. There is no point in giving more detail here of his accounts of assemblies, however interesting they are; it would be out of place in a volume which is by no means devoted to thirteenth-century narrative strategies[86]. But I would suggest that these accounts, although obviously no guide to what actually happened in Norway around 1000, are nonetheless very valuable as a characterisation of the sort of thing which needs to happen if you wish to construct consensus in an assembly which does not automatically, unlike those we have looked at hitherto, regard the wishes of kings as its starting-point and essential terms of reference. Snorri thought that kings were right and that their opponents were wrong; that *bœndr* were inept and often ridiculous except when they were led by kings or at least aristocrats; that all sorts of violence was justified if it was for a higher goal (he is more critical of royal high-handedness when it is not to save souls, but the context remains similar); that the autonomy of *thingar* was usually easy to counter. But he took for granted that *thingar*, and the *bœndr* in them, had to be persuaded, whether by words or cunning or threats; that they would be the loci of considerable debate before they agreed; and that if they did agree, they tended to stick to such agreements until circumstances changed. When they changed, conversely, serious trouble could ensue. Óláfr Haraldsson was not just a Christian king, but a seriously high-handed one, and a combined peasant and aristocratic uprising (together with Danish support) destroyed him in the end in 1030. Their fighting force was called the *lið bónda* and other synonyms, the »*bóndi* army«, in ›Heimskringla‹ and the slightly earlier ›Fagrskinna‹[87]. It was led by aristocrats, but was essentially associated with the *bœndr* as a whole: both *ríkir* (»powerful«) and *thorparar ok verkmenn* (»cottagers and labourers«)[88]. Here, too, Snorri saw *bœndr* as leaderless unless aristocrats were available, but their political protagonism is, conversely, not in doubt. Nor is there a hint that fighting the king was an inappropriate thing for *bœndr* to be doing, even though

85) Heimskringla, ed. Bjarni Aðalbjarnarson, 3 vols. (Íslenzk fornrit 26–28), Reykjavík 1941–1951. The royal lives used here are Hákona saga goða, Óláfs saga Tryggvasonar (vol. 1, p. 150–197, 225–372, henceforth HH, OT), and Óláfs saga ins Helga (vol. 2, henceforth OH). For citations, see respectively OT, cc. 55, 56–58, 65–67, 68–69; OH, c. 40; HH, cc. 15–19.

86) See in general Sverre Bagge, Society and Politics in Snorri Sturluson's *Heimskringla*, Berkeley 1991. See Chris Wickham, Passages to Feudalism in Medieval Scandinavia, in press, for a longer defence of this method of using these texts.

87) See in general in most detail OH, cc. 215–235. For the *bóndi* army, e. g. OH, c. 226; Fagrskinna, ed. Bjarni Einarsson (Íslenzk fornrit 29), Reykjavík 1985, c. 34; cf. OH, c. 235, for one of the poems, contemporary to the death of Óláfr, by Sighvatr *skáld*.

88) OH, c. 216.

Snorri and our other prose authors wrote after Óláfr Haraldsson was recognised as a saint[89].

Even as aristocratic and royal-minded a writer as Snorri Sturluson, that is to say, knew that *bœndr* and their *thingar* had a partial autonomy in their own territories, which had to be negotiated with, by whatever means. It was the result of that negotiation which produced consensus here, not any predetermined royal decision. These were also assemblies in which speech, however formalised, was allowed to express considerable disagreement – the recipients of hostile words might well be angry and seek vengeance subsequently, and people might be cowed as a result, but this did not mean that a façade of agreement ever had to be maintained during debate[90]. And, although hierarchy mattered very greatly in these assemblies – something which Snorri can be expected to have stressed, but which it would be naïve to think was not normal – it was also important to get the spoken consent of all, and the views of less powerful people were often heard as well.

We cannot make any useful hypotheses as to what actually went on in Norwegian assemblies in our own period. I would defend the view that the basic elements of these practices went back at least to 900, for Iceland was settled from Norway in the generation either side of that date, and its assembly habitus was very similar indeed by the time we see it in the twelfth and thirteenth centuries, indicating that the two had a common root; anyway, the ›Vita Anskarii‹ shows such processes in operation in the previous century not so far away, in central Sweden. I would not regard it as excessively romantic to imagine that the main lines of this habitus were rather older, too, although the details of local practices are highly likely to have changed, for it would only be common sense to imagine that *thingar* worked differently before Christianity and before the (slow and difficult) unification of Norway. The point of using Snorri's accounts for us is, however, a different one. These narratives may be highly-coloured and late, but they invoke a dense and sometimes naturalistic account of what was necessary to win over an assembly full of potentially violent men, not preordained to agree with their ruler, who often seems indeed not to have been the man who summoned it. This is one version of the process of gaining consensus: harder than many, but not impossible. It can be set, as an example, against those which our period does document: an Italy where assembly leaders are not documented as having much trouble with agreement, an England where assemblies, however they worked, had very regularly to be consulted, and a Francia where kings had the strategic upper hand all the time beyond any doubt, but not an automatic agreement on every occasion. All these are different versions of the process of gaining consensus, in

89) OH, c. 181, contrast c. 205.

90) This was not functionally related to a relative absence of hierarchy, however; the even more aggressively egalitarian Liutizi banned disagreement in assemblies altogether, in Thietmar's account – above, n. 9.

political and social systems which all invoked the format of the public assembly as the major venue for gaining not only consensus but political legitimacy in the widest sense.

* * *

In the Latin of our period, ›*consensus*‹ simply means ›consent‹, or ›agreement‹[91]. We use it in this sense too, but our usage is also wider, extending to mean ›common accord‹, or ›consent to a political system or régime‹. Local and ›national‹ rulers in our period, throughout western and northern Europe (except to an extent in Visigothic Spain), used assemblies to gain consensus in both these senses. They did so because assembling large groups of male political players together was seen as the most effective and most direct – often, indeed, the most legitimate – way of reaching and affecting their loyalties, which also shows that such wide loyalties mattered to rulers. Assemblies did not, furthermore, necessarily start large or important and get smaller or more marginal as polities got further from their simpler roots; in all of Spain, Italy, Francia and England there is actually better evidence for assemblies in the ninth or (in England, and especially Spain) tenth centuries than earlier. They doubtless existed throughout, but the regularisation of assemblies was a standard part of strong and ambitious kingship. This underlines still further that assemblies were fully accepted as legitimising venues, not seen as inconveniences to be sidestepped and marginalised. It was, that is to say, taken for granted that the process of making decisions *publice* or *in publico*, with lots of people physically present to agree to them, made such decisions stronger, more likely to be accepted and maybe even obeyed. Laws did not *have* to be made *in placito*, but most were, all the same, and so were major political decisions, as also major collective penances. The networks of private power and loyalty, with *seniores* or *sapientes* (lay or ecclesiastical) and their *fideles* jockeying for power and influence in permanent rivalry, also existed; but they existed in apposition to the public *placitum*. Conflict could be appealed to the *placitum* if either party desired; and victory was stronger if it took place in the *placitum* too. This went for both kingdom-level and local assemblies; and, by and large, the two (or more) levels legitimised each other – the more people were used to decision-making in public in one venue, the more they were likely to expect it and value it in another. What this tells us about (most) early medieval European political systems is that they were not exclusively top-down in their legitimising processes. We do not need to fight again the battles of the 1940s-1970s for and against *Gemeinfreie* theory to recognise that early medieval kings, however devoted (as they all were) to an uncompromising dominance, recognised that the opinion of a very wide spectrum of male society was necessary to manage, and sometimes even to

91) See http://clt.brepolis.net/emgh, s.v. *consensu*, *-us*, *-um*. See in general, especially for Francia, HANNIG, Consensus fidelium (as n. 12).

listen to; that the ›public sphere‹ was, in other words, both legitimate and potentially autonomous.

If assemblies were a standard, normative, part of the establishment of consensus, however, it also means that we ought to be able to identify difference in their practices, and to ascribe considerable importance to such differences. And here, I think, we can indeed see such differences, as summarised at the end of the previous section. Those distinctions are indeed guides to differences in expectations concerning the nature of political action in the different kingdoms we have looked at. Visigothic kings of Spain, Roman-style, were relatively indifferent to a physically-present legitimising consensus except insofar as they valued correct legal procedure, big ceremonial events and the approval, even if coerced, of senior clergy; Italian kings were concerned for public agreement but usually highly confident that they would obtain it; English kings were so concerned for such agreement that they can rarely be seen acting without it; Frankish kings more often had to stage-manage or negotiate to achieve such agreement, but almost always successfully; and Norwegian and Swedish kings were by no means sure that they would ever get such agreement. The assembly as a concept here acts as a *spia*, as Carlo Ginzburg calls it, to allow comparisons to be usefully made and developed[92]. This is my main argument in this article.

But how was such consensus actually achieved? Kings made presentations to assemblies, from the *tomi* of Visigothic kings to the more fragmentary records of Carolingian royal speeches[93], but how did they persuade? When it was through the catharsis of public argument, as sometimes in Francia (as with the Nithard example I started with, or the 889 Forchheim assembly debate) and often in Norway, we can see it in action; but where disagreement was less visible – especially where it may not have taken place, as in Italy, and also more often than not in Francia – we can say much less about how the process worked. Here the usual rules of early medieval evidence, limited and external as it generally is, have to be recognised. We only have the occasional clue; and I will end with one such. Hincmar of Reims, Charles the Bald's most powerful bishop and major intellectual, was quite alienated from Charles' policies in the latter's final years, 875–7, particularly his Italian adventures, and also some of his ecclesiastical policies, which were marginalising Hincmar himself. This was not made better by the Ponthion assembly in June and July 876, which made a number of decisions and appointments against Hincmar's publicly expressed opposition, as the ›Annales Bertiniani‹ – written by Hincmar himself – make clear in unusual detail. It would therefore have been easy for that account to delegitimise the assembly's proceedings by the sort of narrative tropes which Philippe Buc has ana-

92) Carlo Ginzburg, Spie, in: idem, Miti emblemi spie, Torino 1986, p. 158–209.

93) Nelson, How the Carolingians Created Consensus (as n. 60), p. 72–75; cf. eadem, Politics and Ritual (as n. 1), p. 91–116.

lysed for us, which indeed Hincmar was capable of using in other contexts[94]. But the interesting thing is that it is the ›Annales Bertiniani‹ which are our source for the impressive ceremonial structuring which Charles used to open and close the assembly: at the start Charles appeared in Frankish costume (*habitu Francico*) with gilded cloth, surrounded by his bishops, to hear the elaborate liturgical beginning of the proceedings; at the end he reappeared dressed *Grecisco more paratus et coronatus*, to reflect his recently-acquired imperial title, and a similar liturgical conclusion ensued, with antiphons and prayers, after which Charles' wife Queen (now Empress) Richildis was brought in, also crowned, and everyone stood up, arrayed according to rank (*in gradu suo*). Charles had been king, and now was emperor; he wished to make that point very firmly to his wider entourage; and Hincmar recognised it. But this sort of framing was also the ›right way‹ to run an assembly, a proper legitimising way, and it evidently had its effect on the author of the text which records it, even though he was a major loser in its deliberations. The archbishop of Reims was thus the witness, precisely, to the capacity of that assembly and its rituals to achieve consensus. Hincmar of course knew how rituals worked (he had written *ordines* himself[95]), and how they worked to make an effect, none better; however reluctant he was, they worked on him too. Getting this sort of ritual right was clearly one key element of getting consensus right. There were others; but here, at least, we can see how the effect was created and received, by both the willing and the unwilling. Assemblies as examples of effective pieces of social drama operated, perhaps much like this, elsewhere too[96]. They did so from the beginning of our period to the end; and in some places well afterwards as well.

Summary: Consensus and assemblies in the Romano-Germanic kingdoms: a comparative approach

How consensus was constructed in early medieval assemblies varied very greatly. We cannot be quick to generalise, given this variation; and we risk the danger that our information might seem to be merely anecdotal. But if we approach our scarce sources with these dangers in mind, we can at least get some indicators of difference; and when we compare them there are some general trends which can genuinely, if cautiously, be drawn. It is best to see such dangers simply as questions: in any given society, how many types of assembly do there seem to have been in our period, and with what functions? How did local assemblies link with assemblies at the ›national‹ level? What social groups made each

94) Buc, The Dangers of Ritual (as n. 3), p. 55–87; for Hincmar's alienation, see most recently Janet L. Nelson, Charles the Bald, London 1992, p. 239–243. For Ponthion, see Annales Bertiniani (as n. 21), s.a. 876 (p. 128–131).

95) Nelson, Politics and Ritual (as n. 1), p. 149–152, 294–295, 351–352.

96) See esp. Victor Turner, Dramas, Fields and Metaphors, Ithaca, NY 1974.

of them up? How regular were they, and who called them? Who led them, and what sort of authority did leaders have in each case? How much discussion was there in them, and how much was it stage-managed? What sort of decision-making processes can be said to have been used in each – who got their way, and how easily? We usually do not have the evidence to give us more than sketchy answers to these questions, and not all of them can be dealt with systematically; all the same, the questions, if they structure our analyses, can act as the underpinnings for understanding, not only the way in which each type of assembly generated consensus, but, through that, how social action in the widest sense worked in each society of the early middle ages.

In the light of this, the article discusses the evidence we have for assemblies and the habitus of consensus in Visigothic Spain, Lombard Italy, Merovingian and Carolingian Francia, Anglo-Saxon England, and Scandinavia: up to 900, except in the latter two, where early evidence is poor. In the light of this, we can see at least regionally-defined differences. Visigothic kings of Spain, Roman-style, were relatively indifferent to a physically-present legitimising consensus except insofar as they valued correct legal procedure, big ceremonial events and the approval, even if coerced, of senior clergy; Italian kings were concerned for public agreement but usually highly confident that they would obtain it; English kings were so concerned for such agreement they they can rarely be seen acting without it; Frankish kings more often had to stage-manage or negotiate to achieve such agreement, but almost always successfully; and Norwegian and Swedish kings were by no means sure that they would ever get such agreement. The assembly as a concept here acts as a guide, to allow comparisons to be usefully made and developed.

Zwischen Historie und Rechtshistorie: Der *consensus iuris* im frühen Mittelalter*

Stefan Esders (Berlin)

Karl Kroeschell in Dankbarkeit

Bernd SCHNEIDMÜLLERS im Jahr 2000 erschienener ›Essay über Formen und Konzepte politischer Ordnung im Mittelalter‹, mit der griffigen Formel ›Konsensuale Herrschaft‹ überschrieben[1], suchte aus der auffälligen Bedeutung konsensualer Elemente in den politischen Strukturen des Hoch- und Spätmittelalters ein heuristisches Konzept für die gesamte mittelalterliche Epoche zu gewinnen. Seit seinem Erscheinen ist dieser gedankliche Entwurf, der die konstruktive Rolle der Fürsten innerhalb der politischen Organisation und Entscheidungsprozesse hervorhob, in der Mediävistik auf große Resonanz gestoßen[2]. Neu an der Begriffsschöpfung ist freilich weniger der Hinweis auf die kooperative Funktion ständischer Versammlungen gewesen, deren repräsentativen, bestimmte Gruppeninteressen vertretenden Charakter um 1930 bereits Otto HINTZE vergleichend herausgearbeitet hatte[3], als vielmehr die Fokussierung auf das – allerdings hier noch nicht

*) Die Vortragsform der Tagungszusammenfassung wurde weitgehend beibehalten und für die schriftliche Ausarbeitung um die nötigsten Belege ergänzt. Eingang fanden darüber hinaus auch einige Diskussionsvoten sowie Überlegungen, die sich im Anschluss an die Tagung ergaben. Besonderen Dank schulde ich Christoph MEYER für Hinweise konzeptioneller Art im Vorfeld, während und nach der Tagung.

1) Bernd SCHNEIDMÜLLER, Konsensuale Herrschaft. Ein Essay über Formen und Konzepte politischer Ordnung im Mittelalter, in: Reich, Regionen und Europa in Mittelalter und Neuzeit. Festschrift für Peter Moraw, hgg. von Paul-Joachim HEINIG, Sigrid JAHNS, Hans-Joachim SCHMIDT, Rainer Christoph SCHWINGES und Sabine WEFERS (Historische Forschungen 67), Berlin 2000, S. 53–87; zuletzt DERS., Kaiser Ludwig IV. Imperiale Herrschaft und reichsfürstlicher Konsens, in: ZHF 40 (2013), S. 369–392.

2) Vgl. etwa Steffen PATZOLD, Konsens und Konkurrenz. Überlegungen zu einem aktuellen Forschungskonzept der Mediävistik, in: FmSt 41 (2007), S. 75–103; DERS., *Consensus – concordia – unitas.* Überlegungen zu einem politisch-religiösen Ideal der Karolingerzeit, in: *Exemplaris imago.* Ideale in Mittelalter und Früher Neuzeit, hg. von Nikolaus STAUBACH (Tradition – Reform – Innovation 15), Frankfurt/M. u. a. 2012, S. 31–56; DERS., »Konsens« und *consensus* im Merowingerreich (in diesem Band), S. 265–297 mit zahlreichen Literaturhinweisen. – Zu Beginn des Jahres 2014 hat der Begriff »konsensuale Herrschaft« sogar einen eigenen Wikipedia-Artikel gefunden, wo es heißt: »die Einsicht in konsensuale Herrschaftsformen im Mittelalter gilt in der Mediävistik als eine der wichtigsten Erkenntnisse der letzten Jahrzehnte«: http://de.wikipedia.org/wiki/Konsensuale_Herrschaft (Zugriff am 26. 2. 2014).

3) Otto HINTZE, Typologie der ständischen Verfassungen des Abendlandes (1930), in: DERS., Feudalismus – Kapitalismus, hrsg. von Gerhard OESTREICH, Göttingen 1970, S. 48–67; DERS., Weltgeschichtliche Bedingungen der Repräsentativverfassung (1931), ebd., S. 68–113; außerdem Michael MITTERAUER, Grund-

definitorisch geklärte – Element des Konsenses. Dieser wird in den mittelalterlichen Quellen allenthalben als *consensus*, *assensus* oder in ähnlichen Wendungen erwähnt und muss daher auch für die Zeitgenossen während des gesamten mittelalterlichen Zeitraumes eine wichtige begriffliche Leitvorstellung dargestellt haben[4]. Das Exposé für die Tagung, aus welcher der hier zu resümierende Band hervorgegangen ist, berief sich auf die Formel ›konsensuale Herrschaft‹[5], um danach zu fragen, was ein solches Konzept, welches sein Erfinder zeitlich einsetzend mit dem Jahr 751 erprobt hat, zu erklären imstande wäre, wenn man es, noch weiter zurückgehend, auf die Übergangszeit von der Antike zum Mittelalter anzuwenden sucht. Das stellt, insofern es den Finger in die Wunde unserer epochalen Selbstvergewisserungen legt, eine mehrfache Herausforderung dar. Zunächst: Glaubt man im Element des Konsenses ein signifikantes Element »mittelalterlicher« politischer Ordnungen vor sich zu haben, drängt sich sogleich die grundsätzliche Frage auf, ob antike politische Ordnungen mit ihren demokratischen, republikanischen und monarchischen Traditionen weniger oder anders konsensorientiert gewesen sind als mittelalterliche und ob gegebenenfalls die Entwicklung hin zu stärker »konsensorientierten« Formen des Politischen auch ein Produkt erst der Übergangszeit selbst gewesen sein könnte. In engerer zeitlicher Fokussierung wird man sodann zweitens zu klären haben, worin die Besonderheit konsensualer Strukturen innerhalb des frühmittelalterlichen Zeitraumes bestanden haben mag, in dem es augenscheinlich noch keine institutionalisierte Mitwirkung eines mehr oder weniger klar definierten Kreises von Fürsten gegeben hat. Vor diesem Hintergrund stellt sich weiterhin drittens die Frage, ob es zwischen spätantik-frühmittelalterlichen Konsensformen und solchen des hohen und späten Mittelalters Entwicklungszusammenhänge gab und wie man sich diese gegebenenfalls vorzustellen hat.

lagen der politischen Berechtigung im mittelalterlichen Ständewesen, in: Der moderne Parlamentarismus und seine Grundlagen in der ständischen Repräsentation, hg. von Karl Bosl und Karl Möckl, Berlin 1977, S. 11–41. Zur Wiederentdeckung dieser Aspekte vgl. zuletzt Otto Gerhard Oexle, Otto Hintze – Weltgeschichtliche Bedingungen der Repräsentativverfassung (1931), in: Die Vergangenheit der Weltgeschichte. Universalhistorisches Denken in Berlin 1800–1933, hg. von Wolfgang Hardtwig und Philipp Müller, Göttingen 2010, S. 292–312.

4) Anders übrigens als der Begriff der »Herrschaft«, vgl. dazu für das Frühmittelalter die im Wesentlichen negative Bestandsaufnahme durch Karl Kroeschell, Haus und Herrschaft im frühen deutschen Recht. Ein methodischer Versuch (Göttinger rechtswissenschaftliche Studien 70), Göttingen 1968.

5) Ich beziehe mich hier auf die von Verena Epp und Christoph Meyer verfasste zweiteilige Tagungseinführung, die zusammengefasst im Protokoll Nr. 407 des Konstanzer Arbeitskreises für mittelalterliche Geschichte e.V. über die Reichenautagung »Recht und Konsens im frühen Mittelalter« vorliegt. Vgl. auch die Einführungen zu diesem Band.

I. »Konsens«, »Herrschaft« und »Recht«: Begriffliches und Definitorisches

Bevor diese Fragen auf der Grundlage der Beiträge des vorliegenden Bandes und unter Einbeziehung weiterer Aspekte näher behandelt werden können, sind zunächst einige Bemerkungen zu den forschungsgeschichtlichen Grundlagen der Verbindung von »Herrschaft« und »Konsens« vorauszuschicken. Den Ausdruck »Konsens« mit Begriffen wie »Herrschaft« oder »Ordnung« zusammenzubringen, scheint für den hier interessierenden Zeitraum des frühen Mittelalters keineswegs zwingend zu sein[6]. Definiert man mit Max Weber »Herrschaft« als »die Chance, für einen Befehl bestimmten Inhalts bei angebbaren Personen Gehorsam zu finden«[7] und unterscheidet ihm folgend hinsichtlich der Legitimitätsgrundlage als Idealtypen »legale«, »traditionale« und »charismatische« Herrschaft[8], deren anteiliges Mischungsverhältnis sich in der jeweiligen historischen Konstellation verschieden ausgestaltete, so fragt sich, wie das Element des Konsenses sich dazu verhält. Offenkundig ist es allen drei Idealtypen zu Eigen, wenn man den Aspekt der Legitimität von Herrschaft in den Mittelpunkt rückt, der für Weber entscheidend war, um »Herrschaft« und »Macht« begrifflich und analytisch voneinander zu trennen. Und gerade den Konsens kennzeichnet, wie später ausführlich zu zeigen ist, in besonderer Weise der Gesichtspunkt der Legitimität. Vor dem Hintergrund der Weberschen Begriffsdefinition von (legitimer) Herrschaft stellt sich dann jedoch die Frage, worin die besondere Leistungsfähigkeit des Begriffs »konsensuale Herrschaft« für die Mediävistik bestehen soll[9]. Dieser ergibt sich also offenkundig nicht aus der Adaption der begrifflichen Schärfe der Weberschen Herrschaftsoziologie, von dessen Begriffspaar »Befehl – Gehorsam« die Formel möglicherweise Abstand zu gewinnen sucht[10]. Vielmehr ist sein Gebrauch aus der praktischen Notwendigkeit heraus verstehen, speziell für die historische Mediävistik den Herrschaftsbegriff so zu qualifizieren, dass durch ihn bestimmte Phänomene, deren Relevanz aus dem Bewusstsein der jüngeren Forschung entschwunden war[11], wieder stärker in den Blick treten können. Wissenschaftsgeschichtlich wurzelt dies darin, dass die historische Mediävistik unter »Herrschaft« stets etwas anderes verstand als Max Weber. Auch wenn die seiner Herrschaftsdefinition zugrundeliegende »Befehl-Gehorsam« Beziehung es anders erscheinen lässt: Weber hatte seinen Herrschaftsbegriff, wie der von ihm entwickelte Idealtyp der »charismatischen Herrschaft« deutlich macht, vor allem aus der – neukantianisch perspektivierten – Frage entwickelt, warum ein Indi-

6) In diesem Sinne auch Patzold, »Konsens« und *consensus* (wie Anm. 2), S. 267–274, mit ausführlicher Begründung.

7) Max Weber, Wirtschaft und Gesellschaft. Grundriß der verstehenden Soziologie, Tübingen [5]1972, S. 28.

8) Weber, ebd. S. 122–148.

9) Vgl. dazu auch Patzold, »Konsens« und *consensus* (wie Anm. 2), S. 272–274.

10) Vgl. Epp, Einführung (wie Anm. 5), S. 4.

11) Hier genügt nur der erneute Hinweis auf die älteren Forschungen von Otto Hintze, siehe oben Anm. 3.

viduum aufgrund seiner persönlichen Wahrnehmung bereit sein kann, einer bestimmten Person oder Institution die Legitimität zu regieren zuzusprechen und sich infolge dieser Einsicht deren Entscheidungen und Anweisungen zu fügen. Im Unterschied zu dieser aus der Sicht der »Herrschaftsunterworfenen« entwickelten Perspektive auf Herrschaft als eine *gedachte* Ordnung verbirgt sich forschungsgeschichtlich hinter dem Herrschaftsverständnis der historischen Mediävistik ein pauschaler Herrschaftsbegriff, der von oben als »Ordnung« konstruiert war und in dem die Frage der Legitimität nicht annähernd eine so entscheidende Rolle spielte wie für WEBER. Kronzeuge dafür ist Otto BRUNNER, dessen in ›Land und Herrschaft‹[12] erstmals 1939 zur Analysekategorie erhobener Herrschaftsbegriff einschließlich seiner Fixierung auf (konkrete) »Ordnungen« inzwischen historisiert worden ist[13]. Die für WEBERS Definition von Herrschaft[14] – von der sich Otto BRUNNER noch 1962 ausdrücklich absetzte[15] – zentrale Frage nach der Legitimität hat aus diesem Grund in der historischen Mediävistik keine zentrale Rolle gespielt, und wenigstens ich habe SCHNEIDMÜLLERS Aufsatz als den Versuch verstanden, diese Sicht zu korrigieren und den Faktor der Herstellung politischer Entscheidungen aufzuwerten. Wenn man jedoch mittelalterliche politische Ordnungsformen als »Herrschaft« beschreibt und diese Perspektive um den Gesichtspunkt des »Konsenses« erweitert, drängen sich einige Fragen auf. Worüber soll denn in einer so verstandenen Gesellschaft »Konsens« erzielt werden: Übers Herrschen und Beherrschtwerden? Über konkrete Entscheidungen, etwa darüber dass im Kriegsfall zwischen König beziehungsweise Kaiser und verschiedenen Gruppen Konsens erzielt werden muss, der dann auf einer darunter befindlichen Ebene auf dem Wege von Befehl und Gehorsam in Rekrutierung beziehungsweise Steuererhebung mündet? Liegt hier also ein Missverständnis darin begründet, dass Mediävisten häufig, wenn sie von »Herrschaft« sprechen, eigentlich »Regieren« und »Entscheiden« meinen? In diesem Fall wäre allerdings zu fragen, ob »Herrschaft« ein Regierungsziel ist und ob es überhaupt möglich und sinnvoll ist, zwischen »Herrschaft an sich« und »Herrschaftspraxis« zu unterscheiden. Der begriffliche und heuristische Mehrwert schiene mir vor dem Hintergrund der jüngsten Forschungsentwicklung ungleich größer, wenn man anstelle von »Herrschaft« von »Regieren« spräche[16], da der Begriff der Herrschaft, gleich wie man ihn definiert, doch eher auf die Selbstperpetuierung einer politi-

12) Otto BRUNNER, Land und Herrschaft. Grundfragen der territorialen Verfassungsgeschichte Österreichs im Mittelalter, Baden bei Wien u. a. 1939.

13) Gadi ALGAZI, Otto Brunner – »Konkrete Ordnung« und Sprache der Zeit, in: Geschichtsschreibung als Legitimationswissenschaft, 1918–1945, hg. von Peter SCHÖTTLER, Frankfurt/M. 1997, S. 166–203.

14) WEBER, Wirtschaft und Gesellschaft (wie Anm. 7), S. 28 f.

15) Otto BRUNNER, Bemerkungen zu den Begriffen »Herrschaft« und »Legitimität« (1962), wieder abgedruckt in: DERS., Neue Wege der Verfassungs- und Sozialgeschichte, Göttingen ^{3}1980, S. 64–79.

16) Vgl. Stefan ESDERS / Gunnar Folke SCHUPPERT, Mittelalterliches Regieren in der Moderne oder Modernes Regieren im Mittelalter? Baden-Baden 2015. In der Abschlussdiskussion äußerte sich ausdrücklich auch Wilfried HARTMANN in diesem Sinne.

schen Ordnung als ganzer zu zielen scheint, und zwar in bewusster Vermeidung des Begriffs »Staat«. Meine Befürchtung geht dahin, dass man mit dem Begriff »konsensuale Herrschaft«, sucht man ihn als analytische Kategorie zu verwenden[17], den heuristischen Nutzen des Konsens-Elementes möglicherweise allzu frühzeitig begrenzt, ja sein eigentliches Potential entschärft, indem man ihn von vornherein mit einem in der Mediävistik problematisch verwendeten Herrschaftsbegriff verquickt, der noch dazu für das Spätmittelalter als die Zeit der entwickelten »Landesherrschaften« entworfen worden ist. Die formulierten Bedenken betreffen also nicht den Konsens-, sondern den die Dinge ungebührlich vereinfachenden Herrschaftsbegriff[18]. Wie die Beiträge dieses Bandes nämlich eindrucksvoll zeigen, verkörpert das Element des Konsenses, untersucht man es in seiner ganzen Verwendungsbreite, bereits im frühen Mittelalter ein Konstruktionsprinzip sozialen und politischen Handelns, das keineswegs nur der Festigung und dem Erhalt von »Herrschaft« sowie gegebenenfalls deren »Kontrolle« oder der Herstellung von »Entscheidungen« dienen konnte. Vielmehr fungierte der herzustellende und hergestellte Konsens als ein eigenständiges Element der Schaffung und Beibehaltung von Legitimität, das durchaus in Spannung zu gegebenen Ordnungen treten konnte und dessen überragende Bedeutung vor allem vor dem Hintergrund der die frühmittelalterliche Welt charakterisierenden normativen Pluralität sichtbar wird.

Fruchtbarer und weiterführender erscheint es daher gerade für das frühe Mittelalter, »Konsens« mit dem weitaus offeneren und insofern spannungsreicheren Begriff »Recht« zu verknüpfen[19]. Mit dem Fokus auf das »Recht« wird zugleich der Anspruch erhoben, neben der politischen, Entscheidungen treffenden Elite auch breitere Teile der Gesellschaft in den Blick zu nehmen. »Recht« basiert zwar in erheblichem Maße immer auch auf einem unterstellbaren »Konsens« hinsichtlich der allgemeinen Richtigkeit, Verbindlichkeit und Erwartbarkeit bestimmter Normen und »normativer Erwartungen«[20], und

17) Die Eignung der Wortschöpfung als eines analytischen Begriffes wird – mit anderen Argumenten – ebenfalls bezweifelt von PATZOLD, »Konsens« und *consensus* (wie Anm. 2), S. 272–274.

18) Vgl. dazu auch Steffen PATZOLD, *Episcopus.* Wissen über Bischöfe im Frankenreich des späten 8. bis frühen 10. Jahrhunderts (Mittelalter-Forschungen 25), Ostfildern 2008, S. 533–535.

19) Vielen, ja den meisten Definitionen von Recht liegt doch die Überzeugung zugrunde, dass zu den rechtlichen Normen nicht einfach jede Art von generellen Regeln und Normen und normativen Erwartungen zu rechnen ist, sondern eben vorzugsweise solche Normen, deren Geltung institutionell eingefordert und auch durchgesetzt werden können. Vgl. etwa WEBER, Wirtschaft und Gesellschaft (wie Anm. 7), S. 17. Zur Definition von Rechtsbegriffen und ihrer Anwendbarkeit auf den frühmittelalterlichen Zeitraum vgl. auch Stefan ESDERS, Rechtsdenken und Traditionsbewußtsein in der gallischen Kirche zwischen Spätantike und Frühmittelalter. Zur Anwendbarkeit soziologischer Rechtsbegriffe am Beispiel des kirchlichen Asylrechts im 6. Jahrhundert, in: Francia 20/1 (1993), S. 97–125.

20) Grundsätzlich dazu René KÖNIG, Das Recht im Zusammenhang der sozialen Normensysteme (1967), in: Seminar: Abweichendes Verhalten I. Die selektiven Normen der Gesellschaft, hg. von Klaus LÜDDERSEN und Fritz SACK, Frankfurt am Main 1974, S. 186–207, sowie Niklas LUHMANN, Rechtssoziologie, Opladen ^{3}1987, S. 94–105 u. ö. Zum antiken *consensus iuris* siehe auch unten S. 462 f.

gerade für die vieldiskutierten mittelalterlichen »Rechtsgewohnheiten« hat die rechtshistorische Forschung auch ihren ausgeprägten konsensualen Bezug betont[21]. Aber die Verknüpfung von »Recht« und »Konsens« ergibt sich keineswegs nur im Bereich des Politischen[22]. Sie beginnt eigentlich, wie schon Max WEBER betonte, im Vertragsrecht mit der »Begründung subjektiver Rechte«[23]. Und wie wir sehen werden, spielte bereits im Frühmittelalter an zahlreichen Stellen der Konsensgedanke eine fundamentale Rolle, um rechtliche Normen zu begründen und deren Umsetzung auf den Weg zu bringen – im Bereich des Politischen ebenso wie des Religiösen, Familiären oder »Privaten«.

Wenn wir vor diesem Hintergrund in einem ersten Anlauf eine funktionsbezogene Definition zu geben versuchen, so geht es also bei der Herstellung von »Konsens« vor allem um *eine durch Zu- oder Übereinstimmung von Personen oder Personengruppen geschaffene, besondere Qualität von Legitimität* – Legitimität für individuelles oder gemeinschaftliches Handeln, Legitimität für die Normen, nach denen gesellschaftliche Gruppen oder ganze Gesellschaften leben. Es gab und gibt bekanntlich durchaus verschiedene Möglichkeiten, Legitimität zu begründen[24] – unter Rekurs auf Alter und Tradition, auf ethisches Gebotensein beispielsweise, auf die Vernunft, mit Blick auf eine zu bewältigende Notlage, unter Hinweis auf den gemeinen Nutzen oder aus unterschiedlichen religiösen Gründen[25]. Vor diesem Hintergrund stellt der »Konsensgedanke« unter mehreren Möglichkeiten, rechtliches Handeln und normative Erwartungen zu legitimieren, eine besondere dar, deren Eigenheit ich weiterhin wie folgt definieren möchte: *Im Falle des Konsenses wird Legitimität in einer Öffentlichkeit geschaffen, für deren Herstellung mehr oder weniger klar bestimmte Personengruppen erforderlich sind, die durch ihre Anwesenheit, ihre Beteiligung und eben ihre im- oder explizite Zustimmung dem Geschehen, dem sie beiwohnen, und den aus diesem resultierenden Folgen ein höheres,*

21) Vgl. etwa Gerhard DILCHER/Heiner LÜCK/Reiner SCHULZE/Elmar WADLE/Jürgen WEITZEL/Udo WOLTER (Hgg.), Gewohnheitsrecht und Rechtsgewohnheiten im Mittelalter (Schriften zur Europäischen Rechts- und Verfassungsgeschichte 6), Berlin 1992; Gerhard DILCHER/Eva-Maria DISTLER (Hgg.), *Leges – gentes – regna.* Zur Rolle von germanischen Rechtsgewohnheiten und lateinischer Schrifttradition bei der Entstehung der frühmittelalterlichen Rechtskultur, Berlin 2006. Vgl. auch die »Debatte Rechtsgewohnheiten« in: Rechtsgeschichte 17 (2010), S. 15–90 (mit Beiträgen von Gerhard DILCHER, Martin PILCH, Andreas THIER, Bernd KANNOWSKI, Michele LUMINATI, Dirk HEIRBAUT, Karl KROESCHELL, Jürgen WEITZEL, Joachim RÜCKERT, Guido PFEIFER und Chung-Hun KIM). Siehe auch unten Anm. 224.

22) Vgl. zuletzt den Überblick von Gerhard DILCHER, Art. Konsens, in: HRG^2 3 (17. Lieferung, 2013), Sp. 109–117.

23) WEBER, Wirtschaft und Gesellschaft (wie Anm. 7), S. 397–440.

24) Vgl. dazu etwa die Sammelbände: Ulrich NEMBACH (Hrsg.), Begründungen des Rechts, Göttingen 1979; Dietmar WILLOWEIT (Hrsg.), Die Begründung des Rechts als historisches Problem (Schriften des Historischen Kollegs, Kolloquien 45), München 2000.

25) Mit welchem Spektrum an religiösen Normbegründungen allein bei Gregor dem Großen zu rechnen ist, zeigt anschaulich Thomas NOBLE, Theological Perspectives on Law and Consensus in the Writings of Gregory the Great (in diesem Band), S. 47–62.

anders offenkundig nicht so leicht oder gar nicht erreichbares Maß an Verbindlichkeit verleihen.

II. Institutionalisierungen der Herstellung von Konsens in Spätantike und Frühmittelalter

»Konsens« als Instrument der Herstellung von Legitimität kann je nach Gesellschaft, Situation oder auch Gegenstand unterschiedlich ausgeprägt und relevant sein. Historisch betrachtet, unterscheiden sich auch Rechtskulturen erheblich darin voneinander, welchen Stellenwert sie dem Element des Konsenses zubilligen. Im mittelalterlichen Zeitraum beruhte beispielsweise die Rechtsdurchsetzung (die Vollstreckung eines Urteils) in erheblichem Maße auf konsensualen Elementen. Wenn zum Beispiel vor Gericht die Annahme des gerichtlichen Urteils erst einmal von den Parteien feierlich versprochen werden musste, wie uns das zahllose frühmittelalterliche Gerichtsurkunden bezeugen[26], dann erfolgte die Umsetzung des Rechts nicht selten aus Akten der Selbstbindung heraus. Die Funktionstüchtigkeit des Zusammenspiels von »Recht« und »Konsens« lässt sich dann nur verstehen, wenn man dessen Einbettung in die gegebenen sozialen Strukturen des lokalen Lebens berücksichtigt, vor allem sein Aufruhen auf variablen Faktoren wie Autorität, Reputation und anderen mehr, die wiederum auf eine Form von »Öffentlichkeit« bezogen waren[27].

Mit Blick auf die historische Entwicklung im Übergang von der Antike zum Mittelalter stellt sich die Frage, wie weit man darin gehen kann, Konsens als eine Neuigkeit anzusehen, deren Bedeutungszuwachs mit der allgemeinen politischen Entwicklung zu korrelieren ist. Karol Modzelewski[28] und auch Chris Wickham[29] haben die Vielfalt von

26) Vgl. dazu etwa Franz Beyerle, Das Entwicklungsproblem im germanischen Rechtsgang I. Sühne, Rache und Preisgabe in ihrer Beziehung zum Strafprozeß der Volksrechte (Deutschrechtliche Beiträge 10, S. 199–602), Heidelberg 1915; Hans-Rudolf Hagemann, *Fides facta* und *wadiatio.* Vom Wesen des altdeutschen Formalvertrages, in: ZRG Germ. 83 (1966), S. 1–34; Dieter Werkmüller, *Et ita est altercatio finita.* Ein Beitrag zum fränkischen Prozeß, in: Wege europäischer Rechtsgeschichte. Karl Kroeschell zum 60. Geburtstag, hg. von Gerhard Köbler, Frankfurt/M. u. a. 1987, S. 592–606; Jürgen Weitzel, Dinggenossenschaft und Recht. Untersuchungen zum Rechtsverständnis im fränkisch-deutschen Mittelalter (Quellen und Forschungen zur Höchsten Gerichtsbarkeit im Alten Reich 15), Köln u. a. 1985, S. 1346–1350 u. o.; Ders., Die Formel *consilio et iudicio* im Lichte des fränkisch-deutschen Urteilsverständnisses, in: Wege europäischer Rechtsgeschichte (wie oben), S. 573–591.

27) Zu diesbezüglichen Definitionsfragen vgl. zuletzt: Politische Öffentlichkeit im Spätmittelalter, hgg. von Martin Kintzinger und Bernd Schneidmüller (VuF 75), Ostfildern 2011.

28) Karol Modzelewski, Das barbarische Europa. Zur sozialen Ordnung von Germanen und Slawen im frühen Mittelalter (Klio in Polen 13), Osnabrück 2011 (polnische Ausgabe 2004), S. 283–337 u. bes. S. 348–390.

Versammlungen, die der Herstellung von Konsens dienten, als eine Eigenart des germanisch-keltisch-slawischen Kulturraumes bezeichnet, WICKHAM spricht sogar von einer »importation from the North« in Abgrenzung vom römischen Imperium, wo es lediglich Stadtversammlungen gegeben habe, die aber in der Spätantike mit dem allgemeinen Niedergang der Städte verschwunden seien. In Spanien als einer Landschaft mit hoher römischer Kontinuität habe es (außer den Konzilien) so gut wie keine Versammlungen gegeben, während solche dort, wo die römische Staatlichkeit fehlte oder verschwunden war, auf allen Ebenen gewissermaßen wie Pilze aus dem Boden schossen. Doch gerade WICKHAMS eigener Hinweis auf einen *conventus publicus vicinorum* und weitere Versammlungsformen auf lokaler Ebene im westgotischen Spanien widerspricht seiner Annahme[30]. Ich habe zudem erhebliche Zweifel, ob man mit Blick auf das Thema »Konsens« die Abgrenzung gegen über dem römischen Imperium allzu weit treiben sollte. Dagegen spricht prima facie bereits die – von WICKHAM nicht behandelte – große Bedeutung von *consensus* im Kontext der christlichen Kirche, die unbestreitbar eine antike Institution war[31]. Die Wertschätzung des *consensus* lag im Textbezug der christlichen Religion begründet[32], hat aber auch mit der konkreten Ausformung konsensherstellender Institutionen und Verfahren zu tun, insofern die christliche Kirche sich hier teilweise auch an säkulare Modelle anlehnte[33], die im gesamten römischen Imperium beispielsweise in Form von städtischen Kurien[34] und oberhalb der *civitas*-Ebene tagenden Provinzlandtagen etabliert waren[35].

Welche Bedeutung daher der Untergang der Kurien in den Städten des weströmischen Imperium[36] für die Institutionalisierung von »Konsens« auf Versammlungen hatte, wird wohl etwas nuancierter zu beurteilen sein[37]. Dazu nur ein Beispiel aus dem ländlichen

29) Chris WICKHAM, Consensus and Assemblies in the Romano-Germanic Kingdoms: A Comparative Approach (in diesem Band), S. 389–426.

30) WICKHAM, ebd. S. 400.

31) Siehe dazu unten Abschnitt 3.

32) Vgl. dazu Leo KOEP, Art. Consensus, in: Reallexikon für Antike und Christentum 3 (1957), Sp. 294–303, bes. S. 298–303.

33) Zur Ausbildung der antiken Synodalpraxis und dortigen Bestimmung des Begriffs »Konsens« vgl. Andreas WECKWERTH, Ablauf, Organisation und Selbstverständnis westlicher antiker Synoden im Spiegel ihrer Akten (Jahrbuch für Antike und Christentum, Ergänzungsband, Kleine Reihe 5), Münster 2010.

34) Zusammenfassend Horst CALLIES, Zur Lage der städtischen Selbstverwaltung in der Spätantike, in: Die Gemeinde: Verfassung, Planung, Wirtschaft und das kommunale Selbstverwaltungsrecht. Festschrift zum 70. Geburtstag von Heiko Faber, hg. von Götz FRANK, Tübingen 2007, S. 81–88.

35) Siehe unten Anm. 65 u. 66.

36) Vgl. Jochen MARTIN, Der Verlust der Stadt, in: Die okzidentale Stadt nach Max Weber, hg. von Christian MEIER (HZ Beiheft 17), München 1994, S. 95–114.

37) Zur allgemeinen Entwicklung vgl. neuerdings Sebastian SCHMIDT-HOFNER, Der *Defensor civitatis* und die Entstehung des städtischen Notabelnregiments in der Spätantike, in: Chlodwigs Welt. Organisation von Herrschaft um 500, hgg. von Mischa MEIER und Steffen PATZOLD (Roma aeterna 3), Stuttgart 2014, S. 487–522.

Bereich. Vor wenigen Jahren ist in Spanien eine Inschrift des zweiten nachchristlichen Jahrhunderts mit einem Dekret gefunden worden, das minutiös die Bewässerung im Ebrotal organisierte: eine zentrale Rolle spielt darin ein *magister pagi*, und wir können en détail beobachten, wie die Gaubewohner, die *pagani*, über alles, was die Wassernutzung innerhalb ihres *pagus* betraf, abstimmen konnten, es wurde sogar festgelegt, welcher Stimmenanteil zu erreichen war, um eine Entscheidung zu treffen[38]. Das ist nur ein Beispiel, das die Elastizität dieses Apparates illustriert, vor allem aber zeigt, dass auch im römischen Imperium nicht alles nach dem »Top-down-Prinzip« funktionierte. Das pauschale argumentum e silentio, hier sei mit dem Ende des weströmischen Reiches alles zum Erliegen gekommen, vermag angesichts weitreichender Kontinuitäten des antiken Wasserrechtes in Spanien über die westgotische und islamische Periode bis in die Moderne – in Valencia etwa tagt noch heute regelmäßig ein Wassergericht und manches muslimische Wassergerichtsurteil zitiert sogar die Digesten – nicht zu überzeugen. Eher wird man anzunehmen haben, dass es weiterhin örtliche Organe gegeben hat, die diese Dinge entschieden, dass einstiges Schriftrecht im lokalen Herkommen fortlebte und dass Funktionen antiker Einrichtungen auf andere Institutionen übertragen wurden, um aufkommende Konflikte auch weiterhin vor Ort konsensual regeln zu können. Es ist angesichts der Brüchigkeit der Überlieferung gewiss nicht einfach, sich diese Prozesse und die Veränderungen konkret vorzustellen. Doch ist beispielsweise über die Rolle der spätrömischen *pagi* in Spanien[39] und auch in Gallien und Italien einiges bekannt, auch über ihr Fortbestehen und ihre Veränderung nach 476[40]. Der entscheidende Wandel lag wenigstens im fränkischen Gallien darin, dass der *pagus* sich vielerorts aus dem Kontext der Städte herauslöste und einem *comes* unterstellt wurde, der militärische und zivile Funktionen bündelte. Die Militarisierung von Verwaltung und Gesellschaft führte in Verbindung mit einer zunehmenden Regionalisierung dazu, dass in Gallien wenigstens Versammlungen auf lokaler Ebene ein anderes Gewicht und auch einen anderen Charakter erhielten. Dafür braucht man nicht auf ein zu importierendes Versammlungsmodell aus dem Norden zu verweisen. So hat beispielsweise der Rechtshistoriker Wulf Eckart Voss

38) Francisco Beltrán Lloris, An Irrigation Decree from Roman Spain: The *Lex Rivi Hiberiensis*, in: Journal of Roman Studies 96 (2006), S. 147–197, bes. S. 160–162 u. 182 f.; vgl. auch mit textlichen Ergänzungen Michael H. Crawford/Ders., The *Lex Riui Hiberiensis*, ebd. 103 (2013), S. 233. – Das Vorbild für das Abstimmungsprozedere scheint in den Stadtrechten der römischen Munizipien und Kolonien gelegen zu haben. Vgl. dazu zusammenfassend Michael Kulikowski, Late Roman Spain and its Cities, Baltimore 2004, S. 26 f.

39) Leonard A. Curchin, *Vici* and *pagi* in Roman Spain, in: Revue des études anciennes 87 (1985), S. 327–345.

40) Vgl. zuletzt hierzu Stefan Esders, Zur Entwicklung der politischen Raumgliederung im Übergang von der Antike zum Mittelalter: Das Beispiel des *pagus*, in: Politische Räume in vormodernen Gesellschaften. Gestaltung – Wahrnehmung – Funktion, hg. von Ortwin Dally, Friederike Fless, Rudolf Hänsch, Felix Pirson und Susanne Sievers (Menschen – Kulturen – Traditionen. Studien aus den Forschungsclustern des Deutschen Archäologischen Instituts 6), Berlin 2013, S. 195–211.

sogar das kollektive Urteilen im frühmittelalterlichen Gerichtsverfahren auf das spätrömische Militärrecht der Föderaten zurückgeführt[41]. In jedem Fall generierte die Lebenssituation vor Ort Bedarf, wichtige Dinge auch unter veränderten Rahmenbedingungen möglichst einmütig zu regeln. Mit dem Rück- oder Untergang der römischen Staatlichkeit verteilte sich die Aufgabe, in einer nunmehr weniger literaten Gesellschaft mit schwächeren und weniger stark zentrierten Institutionen für Legitimität, Sicherheit, Verbindlichkeit und Handlungsfähigkeit zu sorgen, gleichsam auf mehrere Schultern und musste sich in Gestalt öffentlichkeitswirksamer Praktiken der Beratung, Zustimmung und Anerkennung konkretisieren.

Das trifft nun selbstredend auch für Gebiete zu, in denen die römische Tradition schwach oder gar nicht vorhanden war. In Irland, so zeigt Fergus Kelly[42], wurde die Heiligung des Sonntags aus der Bibel heraus begründet, die zum wichtigsten normativen Text wurde. Bestimmte Praktiken, die wir als konsensbildende Maßnahmen interpretieren würden, spielten hier eine wichtige Rolle. Auch zeigt das irische Beispiel ein ausgeprägtes Interesse an Fragen der Legitimität, wie nicht nur die Typologisierung gerechten und ungerechten Königtums illustriert, sondern auch die Begründung bestimmter Normen mit der »Notlage«[43]. »Irishness« konnte ein wichtiges Argument sein, um Normen zu legitimieren. Aber der Unterschied zu kontinentalen Modellen ist doch unverkennbar, etwa darin, dass Dichtung einen wesentlichen Anteil an der Normenbegründung und Memorierung hatte. Vor allem aber war »Konsens« kein zentrales Konzept in Irland und das ist in sich schon höchst aussagekräftig für den traditionalen Zug des irischen Rechts, den Kelly betonte: Wer aus Tradition konsensual handelt, braucht darüber nicht zu reden[44].

Man wird demnach auch zu unterscheiden haben, wo »Konsens« sich begrifflich als eine Leitvorstellung der politischen und rechtlichen Kultur verfestigt hat und wo dies nicht der Fall gewesen ist. Damit ist keine Wertung verbunden, ob die eine Gesellschaft mehr oder weniger »konsensual« gewesen sei – entscheidend ist vielmehr, wo und unter

41) Dazu Wulf Eckart Voss, Vom römischen Provinzialprozeß der Spätantike zum Rechtsgang des frühen Mittelalters, in: Recht im frühmittelalterlichen Gallien. Spätantike Tradition und germanische Wertvorstellungen, hgg. von Harald Siems, Karin Nehlsen-von Stryk und Dieter Strauch, Köln u. a. 1995, 73–108. Nicht überzeugt haben mich demgegenüber die Einwände von Jürgen Weitzel, Die Bedeutung der Dinggenossenschaft für die Herrschaftsordnung, in: *Leges – gentes – regna* (wie Anm. 21), S. 351–366, hier S. 356 – auch wenn zugegebenermaßen der Rekurs auf das römische Militärrecht nicht alles zu erklären vermag. Vgl. demnächst auch Stefan Esders, Spätrömisches Militärrecht in der *Lex Baiuvariorum*, in: *Civitas, iura, arma.* Organizzazioni militari, istituzioni giuridiche e strutture sociali alle origini dell'Europa (sec. III–VIII), hg. von Fabio Botta und Luca Loschiavo, 2015, S. 43–78.

42) Kelly, The Evidence for Consensus in the Irish Law-texts of the Seventh to Ninth Centuries AD (in diesem Band), S. 117–128.

43) Kelly, ebd. S. 125.

44) Kelly, ebd.

welchen Voraussetzungen der zu erzielende Konsens zu einer bestimmenden Kategorie, gleichsam zu einem Selbstwert und -zweck, werden konnte. Für den spätantik-frühmittelalterlichen Zeitraum soll daher im Folgenden in Zusammenführung der Beiträge dieses Bandes wie auch unter Einbeziehung weiterer Aspekte systematisiert werden, in welchen Situationen und Bereichen sich der Konsensgedanke zur Legitimierung von Handeln so institutionalisiert finden lässt, dass sich dies auch in der wiederholten oder sogar regelmäßigen Verwendung des lateinischen Begriffs *consensus* beziehungsweise *assensus* und entsprechender Verben oder Wendungen niedergeschlagen hat. Grob und zugegebenermaßen etwas künstlich lassen sich dabei sechs große Bereiche unterscheiden[45]:

II.1. Consensus iuris und Kodifikation

Im frühmittelalterlichen Zeitraum, der hier vor allem interessiert, wurden nicht nur private Verträge[46] und gerichtliche Entscheidungen,[47] sondern kirchliche Beschlüsse und Dogmen[48], einzelne Herrschererlasse[49], ja selbst ganze kodifizierte Normenbestände[50] und Reichsteilungen[51] durch konsensuale Akte in ihrer Verbindlichkeit gesteigert – da-

45) Eine hiervon teilweise abweichende Systematik, die den kirchlichen Anteil m. E. deutlich zu gering bewertet, bietet DILCHER, Konsens (wie Anm. 22).
46) Siehe dazu unten Abschnitt 2.2.
47) Siehe dazu die in Anm. 26 genannte Literatur.
48) Vgl. etwa Rachel L. STOCKING, Bishops, Councils and Consensus in the Visigothic Kingdom, 589–633, Ann Arbor/Michigan 2000. Vgl. dazu jetzt auch Wilfried HARTMANN, Das Westgotenreich – Misslingen »konsensualer« Herrschaft? (in diesem Band), S. 87–115.
49) Reinhard SCHNEIDER, Zur rechtlichen Bedeutung der Kapitularientexte, in: DA 23 (1967), S. 273–294; Hubert MORDEK, Kapitularien und Schriftlichkeit, in: Schriftkultur und Reichsverwaltung unter den Karolingern, hg. von Rudolf SCHIEFFER (Abh. d. Nordrh.-Westfäl. Akad. d. Wiss. 97), Opladen 1996, S. 34–66.
50) Das gilt z. B. für die unter Eid durchgeführte Erfragung beziehungsweise Weisung von mündlich tradiertem Recht, vgl. dazu Stefan ESDERS/Thomas SCHARFF, Die Untersuchung der Untersuchung. Methodische Überlegungen zum Studium rechtlicher Befragungs- und Weisungspraktiken in Mittelalter und früher Neuzeit, in: Eid und Wahrheitssuche. Studien zu rechtlichen Befragungspraktiken in Mittelalter und früher Neuzeit, hgg. von DENS. (Gesellschaft, Kultur und Schrift. Mediävistische Beiträge 7), Frankfurt/M. u. a. 1999, S. 12–47; exemplarisch: Stefan ESDERS, Regionale Selbstbehauptung zwischen Byzanz und dem Frankenreich. Die *inquisitio* der Rechtsgewohnheiten Istriens durch die Sendboten Karls des Großen und Pippins von Italien, ebd. S. 49–112.
51) Reinhard SCHNEIDER, Brüdergemeine und Schwurfreundschaft. Der Auflösungsprozeß des Karolingerreiches im Spiegel der *caritas*-Terminologie in den Verträgen der karlingischen Teilkönige des 9. Jahrhunderts (Historische Studien 388), Lübeck u. a. 1964; Burkhard APSNER, Vertrag und Konsens im früheren Mittelalter. Studien zu Gesellschaftsprogrammatik und Staatlichkeit im westfränkischen Reich (Trierer Historische Forschungen 58), Trier 2006.

durch, dass man vorher über sie beriet[52], über sie in welcher Form auch immer abstimmte[53], und ihre öffentliche Bekanntmachung mit rituellen Akten der Anerkennung verknüpfte[54]. Woher kommt diese Vielfalt an Konsensvorstellungen und handelt es sich hierbei um ein typisch westliches Phänomen? Soll mit der Betonung des Konsenses im Frühmittelalter etwa implizit unterstellt werden, für die antiken Römer sei zwar das Recht – wer wollte das bezweifeln? –, aber weniger der politische Konsens bedeutend gewesen? Das fällt mir schwer zu glauben. Wenn der weströmische Kaiser Valentinian III. in einem Gesetz des Jahres 446 bestimmte, dass keine Gesetze ohne die Zustimmung des Senates (von Konstantinopel und wohl auch Rom) im Konsistorium beschlossen werden und damit Gültigkeit erlangen sollten[55], verkündete er erst daraufhin, wie schon Detlef LIEBS betonte, »nichts Geringeres als das Grundgesetz der konstitutionellen Monarchie«[56]. Die Verlautbarung mag hier zwar einer besonderen historischen Situation geschuldet gewesen sein, aber es lassen sich doch deutliche Schranken beim Gesetzgebungsvorgang selbst erkennen[57]. In Konstantinopel wurden manche Kaiser fortan gleich zu Regierungsantritt in die Pflicht genommen. So ist für den oströmischen Kaiser Anastasius I. bezeugt, dass er im Jahr 491 vor seiner Inthronisation gegenüber dem Patriarchen ein schriftliches Bekenntnis zur Orthodoxie abgeben und vor den Senatoren und übrigen Würdenträgern in einem feierlichen Eid versprechen musste, »er würde niemandem etwas nachtragen und nach Recht und Gerechtigkeit regieren«, so wörtlich im 10. Jahrhundert Konstantinos Porphyrogennetos, immerhin selbst Kaiser: Ihm zufolge erfolgten erst nach dieser Eidesleistung im Hippodrom die Akklamationen des Volkes, die Schilderhebung durch die Soldaten sowie die Einkleidung des neuen Kaisers und seine Krönung durch den Patriarchen[58]. In diesen Fällen reagierten die Herrscher auf die normativen Erwartungen der hauptstädtischen und provinzialrömischen Bevölkerung und

52) Vgl. dazu etwa Gerd ALTHOFF, *Colloquium familiare – Colloquium secretum – Colloquium publicum.* Beratung im politischen Leben des früheren Mittelalters, in: FmSt 24 (1990), S. 145–167.

53) Paul S. BARNWELL/Marco MOSTERT (Hgg.), Political Assemblies in the Earlier Middle Ages (Studies in the Early Middle Ages 7), Turnhout 2003.

54) Auguste DUMAS, La parole et l'écriture dans les capitulaires carolingiens, in: Mélanges d'histoire du moyen âge dédiés à la mémoire de Louis Halphen, Paris 1951, S. 209–216; Arnold BÜHLER, Wort und Schrift im karolingischen Recht, in: AKG 72 (1990), S. 275–296.

55) Cod. Iust. I, 14 (*De legibus et constitutionibus principum et edictis*), 8 vom Jahr 446 (Codex Iustinianus, hg. von Paul KRÜGER [Corpus iuris civilis II] Berlin u. a. ^{9}1915, S. 68). Vgl. dazu auch Christoph F. WETZLER, Rechtsstaat und Absolutismus. Überlegungen zur Verfassung des spätantiken Kaiserreichs anhand von CJ 1. 14. 8 (Freiburger rechtshistorische Abhandlungen N. F. 27), Berlin 1997.

56) Detlef LIEBS, Das Gesetz im spätrömischen Recht, in: Das Gesetz in Spätantike und frühem Mittelalter (Abh. d. Akad. d. Wiss. in Göttingen, phil.-hist. Kl., 3. Folge, Nr. 196), hg. von Wolfgang SELLERT, Göttingen 1992, S. 11–27, hier S. 22.

57) Detlef LIEBS, Geltung kraft Konsenses oder kraft königlichem Befehl? Die *lex Romana* unter den Westgoten, Burgundern und Franken (in diesem Band), S. 63–85.

58) Constantini Porphyrogenneti De cerimoniis aulae byzantinae, hg. von Johann Jacob REISKE, Bd. 1, Bonn 1829, S. 421.

ihrer weltlichen wie kirchlichen Eliten, und das sollte sich im Westen unter den Nachfolgern des weströmischen Kaisertums noch verstärken. Bei näherer Betrachtung finden sich also bereits in Recht und Politik der spätrömischen Zeit gewichtige »konsensuale Elemente«, und zwar keineswegs nur in peripheren »Bereichen« und auch nicht nur im Privatrecht. Es ist ein bleibendes Verdienst der Untersuchung von Jürgen HANNIG, auf die auffällige Betonung von *consensus* (*civium*) und *consilium* in den spätrömischen Kaisergesetzen hingewiesen zu haben[59]. Anders als HANNIG muss man diese jedoch nicht einfach als inhaltslose rhetorische Floskeln bewerten und damit gleichsam das Problem selbst eliminieren. Wenn solche Elemente in offiziellen Texten auftauchen oder stärker hervorgekehrt werden, spricht dies eher dafür, dass sich die Legitimitätskonstruktionen veränderten, innerhalb derer die politischen Akteure wirkten[60].

Ungeachtet dessen ist es eine interessante Frage, inwieweit nicht auch die besonderen Zustände und Bedingungen während der Übergangsepoche selbst die Herausbildung von Konsensvorstellungen begünstigt haben. Im Tagungsexposé wurde gefragt, »ob das Prinzip ‚konsensualer Herrschaft' partizipatorischen Zuschnitts nicht ... bereits in der Spätantike, genauer im Konsens der gentilen *regna* über ihre Rechtsordnungen als *pacta*, angelegt war«[61]. Angesprochen wurde in diesem Zusammenhang bereits die Vermutung, dass ein maßgeblicher Entwicklungsstrang sogar bis zu den spätrömischen *foedera* zurückreichen könnte, jenen Verträgen also, welche die späteren Reichsgründer dereinst mit dem römischen Imperium geschlossen hatten.

Eine Antwort auf diese Fragen ist in der Tat zuerst von der Untersuchung der *foedera* zu erwarten, die mittel- und langfristig zur Entstehung von neuen Reichen auf römischem Provinzboden führten, Reichen mit gemischten Bevölkerungen, mit romanischen Bevölkerungsmehrheiten unter fremden militärischen Führungsschichten und mit einer neuen Form von »Rechtspluralismus«, welches dem Verhältnis von »Recht und Konsens« eine neue, wegweisende Qualität beschert haben könnte. Man hat immer schon berechtigterweise eine besondere Qualität der spätrömischen *foedera* darin gesehen, dass nun Verbündete im Anschluss an ihre *deditio* auf römischem Reichsterritorium als eigene Verbände angesiedelt wurden[62]. Das war eine höchst komplexe Angelegenheit, wo konsen-

59) Jürgen HANNIG, *Consensus fidelium.* Frühfeudale Interpretationen des Verhältnisses Königtum und Adel am Beispiel des Frankenreiches (Monographien zur Geschichte des Mittelalters 27), Stuttgart 1982, S. 42–50.

60) Vgl. auch Christoph MEYER, König Rothari begründet seine Gesetze. Zum Verhältnis von Konsens- und Argumentation in den Leges Langobardorum (in diesem Band), S. 151–234, hier S. 170 f. mit Überlegungen zur Funktion sog. Topoi.

61) Siehe oben Anm. 5.

62) Vgl. Frank AUSBÜTTEL, Die Dedition der Westgoten von 382 und ihre historische Bedeutung, in: Athenaeum N.S. 66 (1988), S. 604–613; Raimund SCHULZ, Die Entwicklung des römischen Völkerrechts im vierten und fünften Jahrhundert n. Chr. (Hermes Einzelschriften 61), Stuttgart 1993, S. 133–148; Stefan ESDERS, *Deditio* e battesimo. Sull'integrazione dei barbari nel tardo impero romano, in: Atti dell'Accademia Romanistica Costantiniana. XIX Convegno internazionale, Bologna 2015, S. 233–244.

suales Handeln eine wichtige Rolle spielen konnte. Nehmen wir dazu als Beispiel die Westgoten: Bei ihrer Ansiedlung in Thrakien im Jahr 376 beziehungsweise 382 erhielten die Westgoten von Kaiser Valens Land, mussten im Gegenzug dafür fortan dem Imperium Militärdienst leisten, erkannten die *maiestas* des römischen Volkes an, unterstellten sich mit einem Treueid dem Kaiser und versprachen außerdem, sich arianisch taufen zu lassen. Durch ihr zustimmendes Versprechen, die Bedingungen zu erfüllen, wurden die Westgoten Reichsuntertanen, die vertraglich auf besondere Weise in die Provinz integriert waren: sie unterstanden fortan dem römischen Militärrecht, manchmal auch dem Kirchenrecht, behielten ansonsten aber ihr eigenes Recht bei[63)]. Wir dürfen vermuten, dass all dies zu regeln den beteiligten Juristen einiges abverlangt haben dürfte. Deutlicher erkennbar wird dies allerdings erst im Jahr 418, als für die Westgoten nach erneuter Wanderung die Frage ihrer langfristigen Integration anlässlich der Ansiedlung ihrer Verbände in Aquitanien und ihrer Eingliederung in das gallische Verteidigungssystem relevant wurde[64)]. Die geschlossenen Verträge sind uns zwar nicht erhalten, aber in diesem Zusammenhang ist auch zu berücksichtigen, dass genau im selben Jahr 418 der weströmische Kaiser Honorius in einem an entlegener Stelle überlieferten Erlass für die sieben Provinzen Südgalliens die Wiederherstellung der Provinzlandtage verfügte[65)]. Die Provinzlandtage waren regelmäßig abzuhaltende Versammlungen, auf denen die wichtigsten Notabeln und Würdenträger einer Provinz zu erscheinen verpflichtet waren und auch einmal Beschwerden gegen einen korrupten Provinzstatthalter vorgebracht werden konnten[66)]. Es liegt nahe, die Gleichzeitigkeit von Reorganisation der südgallischen Regionaladministration und der aquitanischen Westgotenansiedlung im Jahr 418 nicht für eine zufällige Koinzidenz zu halten. Die Ansiedlung war ein folgenreicher Vorgang, der sich nicht einfach auf eine einzige politische Entscheidung reduzieren ließ, die »von oben« ohne Mitwirkung weiterer Gruppen ohne weiteres hätte getroffen werden können. Sie involvierte außer den Westgoten selbst potentiell Zehntausende römischer Landbesitzer und Steuerzahler. Ne-

63) Vgl. Esders, ebd. Zur Frage der kirchenrechtlichen Unterstellung vgl. Ralph W. Mathisen, Barbarian Bishops and the Churches *in barbaricis gentibus* in Late Antiquity, in: Speculum 72 (1997), S. 664–695.

64) Vgl. dazu etwa Hagith S. Sivan, On *foederati*, *hospitalitas*, and the Settlement of the Goths in A.D. 418, in: American Journal of Philology 108 (1987), S. 759–772 sowie die unten Anm. 67 aufgeführte Literatur.

65) Corpus legum ab imperatoribus Romanis ante Iustinianum latarum, quae extra constitutionum codices supersunt, ed. Gustav Haenel, Leipzig 1857 (Neudr. Aalen 1965), Nr. 1171, S. 238 f.; dazu bereits Joseph Zeller, Das *Concilium* der *Septem provinciae* in Arelate, in: Westdeutsche Zeitschrift für Geschichte und Kunst 24 (1905), S. 1–19; Ders., *Concilia provincialia* in Gallien in der späteren Kaiserzeit, ebd. 25 (1906), S. 258–273; Ralph W. Mathisen, Ecclesiastical Factionalism and Religious Controversy in Fifth-century Gaul, Washington, D.C. 1989, S. 19.

66) Jakob A. O. Larsen, The Position of Provincial Assemblies in the Government and Society of the Late Roman Empire, in: Classical Philology 29 (1934) S. 209–220. Zur Tradition der Einrichtung vgl. auch Jürgen Deininger, Die Provinziallandtage der römischen Kaiserzeit von Augustus bis zum Ende des dritten Jahrhunderts n. Chr. (Vestigia 6), München 1965.

ben dem Kaiser, dem gallischem Heermeister und den Westgoten waren wenigstens Provinzlandtage und Städte an den Aushandlungen zu beteiligen[67]. Wir haben es hier also mit einer ausgesprochenen »Mehrebenenproblematik« zu tun, und angesichts der ebenso vielfältigen wie unvermeidlichen Interessenkonflikte wird es notwendig gewesen sein, auf verschiedenen Ebenen Einigkeit zu erzielen[68].

Als im späteren 5. Jahrhundert das westliche Kaisertum und die obere Ebene der römischen Militär- und Provinzverwaltung wegbrachen und für provinziales Handeln keine primäre Bezugsgröße mehr bildeten, wurde Konsensfindung in einer ganz neuen Qualität möglich und notwendig. Erst aus dieser Zeit – interessanterweise noch nicht aus dem vandalischen Nordafrika[69] – stammen die ältesten Rechtsaufzeichnungen, deren auffällige Betonung von Beratung und Konsenses seit langem bekannt ist. Der Burgunderkönig Gundobad etwa berief sich bei der Publikation des ›Liber constitutionum‹ auf die Beratung mit den Großen seines Reiches (*habito consilio comitum et procerum nostrorum*)[70]. Bei näherer Betrachtung werden hier die institutionellen Grundlagen seines Handelns deutlich. Gundobad war *magister militum* gewesen, das heißt noch als höchster weströmischer General hatte er Normen dekretiert; manche davon hatte er vorher mit seinen *optimates* beraten; zahlreiche Erlasse datieren nach oströmischen Konsuln, erinnern darin an die Edikte von Provinzstatthaltern[71]. Nun, um 500, wurde alles in einem Rechtscodex, dem ›Liber constitutionum‹, zusammengefasst; schließlich haben die *comites* in Stadt und Land, in den *civitates* wie in den *pagi*, diese Rechtsaufzeichnung durch ihr Handzeichen bekräftigt[72]. Der Weg vom Erlass einzelner Rechtsnormen über ihre Sammlung bis hin zu

67) Vgl. dazu Walter GOFFART, Barbarians and Romans. A.D. 418–584. The Techniques of Accommodation, Princeton 1980, S. 166 f.; Herwig WOLFRAM, Die Goten. Von den Anfängen bis zur Mitte des sechsten Jahrhunderts. Entwurf einer historischen Ethnographie, München ³1990, S. 178–180; DERS., Die dauerhafte Ansiedlung der Goten auf römischem Boden. Eine endlose Geschichte, in: MIÖG 112 (2002), S. 11–35, bes. S. 22–27.

68) Dazu auch unten Abschnitt 4.2.

69) Siehe dazu die negative Bestandsaufnahme durch Roland STEINACHER, Vandalisches oder römisches Recht? Betrachtungen zu Recht und Konsens im vandalischen Nordafrika am Beispiel der Verfolgungsgeschichte Victors von Vita (in diesem Band), S. 363–387.

70) L. Burg. Pr. Const. 2. (Leges Burgundionum, hg. von Ludwig Rudolf v. SALIS [MGH LL nat. Germ. II, 1], Hannover 1892, S. 30).

71) David FRYE, Gundobad, the *Leges Burgundionum*, and the Struggle for Sovereignty in Burgundy, in: Classica et Mediaevalia 14 (1990), S. 199–212; Patrick AMORY, The Meaning and Purpose of Ethnic Terminology in the Burgundian Laws, in: Early Medieval Europe 2 (1993), S. 1–28. Zu Gundobad vgl. zusammenfassend Reinhold KAISER, Die Burgunder, Stuttgart 2003, S. 114–133.

72) L. Burg. Pr. const. 14: *Constitutiones vero nostras placuit, etiam adiecta comitum subscriptione, firmare, ut definitio, quae ex tractatu nostro et communi omnium voluntate conscripta est, etiam per posteros custodita perpetuae pactionis teneat firmitatem.* (wie Anm. 70, S. 34). Es folgen darauf die Unterschriften der 31 *comites*. Zu den Funktionären vgl. Herbert HEFTNER, *Comites, iudices, iudices deputati*: Untersuchungen zum Gerichtswesen im südgallischen Burgunderreich (443–534), in: Concilium medii aevi 5 (2002), S. 119–141; zur Grafenliste neuerdings Wolfgang HAUBRICHS, Akkulturation und Distanz. Ger-

ihrer Verbindlichmachung als Teil eines größeren Rechtskodex war demnach ein äußerst vielschichtiges Verfahren, bei dem in jedem Stadium »Konsens« etwas anderes bedeutet und auch jeweils verschiedene Personengruppen involviert haben dürfte. Hermann NEHLSEN erblickte in solchen Wendungen ein »wichtiges Zeugnis für die Vertragsidee«[73], während Jürgen HANNIG den hier beschriebenen Konsens einer »unabdingbaren Anerkenntniserklärung« entsprechen sah, im Unterschied »zur freigewährten Zustimmung« der karolingischen Zeit[74]. In jedem Fall ist hier erneut ein sich über verschiedene Ebenen erstreckender Prozess zu erkennen, der nicht einfach automatisch ablief, nachdem der König und seine Berater eine Entscheidung getroffen hatten. Dafür war die Materie viel zu komplex und betraf letztlich zu viele Personen.

Ungefähr zur selben Zeit setzen nämlich auch jene Rechtsaufzeichnungen ein, in denen nichtrömische Herrscher das römische Recht ihrer romanischen Untertanen aufzeichnen ließen, wie die ›Lex Romana Visigothorum‹ und die ›Lex Romana Burgundionum‹. Das Prooemium zu Alarichs Breviar ließ, wie Detlef LIEBS zeigt[75], einen mehrstufigen Prozess erkennen, der von der Auswahl des Materials bis hin zur allgemeinen Anerkennung (kraft *assensus*) reichte, wobei die zustimmenden Bischöfe und *electi provinciales* als »Nachfolgeorgan der Diözesanlandtage in Südgallien und Spanien« fungierten[76]. Der neu geschaffene Konsens ruhte also auf den schon 418 bewährten Provinzeinrichtungen auf, die im Jahr 455 sogar möglicherweise an der Ausrufung des Avitus zum Kaiser beteiligt gewesen waren[77]. Auch hier ist wiederum ein über mehrere Ebenen verlaufender Prozess der Herstellung eines *consensus iuris* zu erkennen[78], der die aus dem Kaiserrecht übernommenen, nicht selten als autoritative Rechtsbefehle formulierten Normen inkludierte[79].

Den genannten Rechtsaufzeichnungen sind aus späterer Zeit feierliche Versprechen an die Seite zu stellen, in denen seitens des merowingischen Königtums die Zusicherung Gundobads erneuert wurde, dass die Richter Rechtsfälle unter Romanen nach römischem Recht aburteilen sollten, und dass auch die Könige selbst die alten Rechtstraditionen re-

manische und romanische Personennamen im *regnum* der Burgunden, in: Völker, Reiche und Namen im frühen Mittelalter, hgg. von Matthias BECHER und Stefanie DICK (MittelalterStudien 22), München 2010, S. 191–222.

73) Hermann NEHLSEN, Art. Lex Burgundionum, in: HRG 2 (1978), Sp. 1901–1915, hier Sp. 1907 f.

74) HANNIG, *Consensus fidelium* (wie Anm. 59), S. 6.

75) LIEBS, Geltung kraft Konsenses (wie Anm. 57), S. 65.

76) LIEBS, ebd., S. 69.

77) Vgl. dazu allerdings Andrew W. GILLETT, Envoys and Political Communication in the Late Antique West, 411–533, Cambridge 2003, S. 106 mit Anm. 99.

78) Siehe dazu unten Abschnitt 4.2.

79) Dazu LIEBS, Geltung kraft Konsenses (wie Anm. 57), S. 68–71.

spektieren würden[80]. Weder Merowinger noch Karolinger haben jedoch, wie Liebs betont, neue Aufzeichnungen römischen Rechts veranlasst[81], sie wurden vielmehr auf der Grundlage der älteren westgotischen und vielleicht auch burgundischen Aufzeichnungen von der provinzialrömischen Bevölkerung in die Pflicht genommen, um mit ihnen Einvernehmen über die Gegenstände, Formen und Grenzen ihres Regierens zu erzielen, zum Beispiel darüber, in welchem Umfang sie durch Erteilung eines Reskripts oder die Ausstellung einer Urkunde in lokale Rechtsverhältnisse eingreifen durften. Im Breviar fehlen allerdings die Religionsgesetze, so dass sich allein schon hieraus die Notwendigkeit ergab, entweder den theodosianischen Codex selbst zu Rate zu ziehen oder zusätzliche Texte wie beispielsweise die Sirmondschen Konstitutionen zu konsultieren – die Texte erhielten zunehmend Autorität als Texte, und aus diesem Grund bestätigte schließlich sogar Karl der Große noch einmal die ›Lex Romana‹[82].

Im ostgotischen Italien forderte nach dem Tod König Theoderichs im Jahr 526 dessen Tochter Amalasuntha von der Bevölkerung, dass sie dem noch minderjährigen Athalarich den Treueid schwor. »Damit«, wie Cassiodor es aus diesem Anlass formulierte, »in unserem Reich süßeste Übereinstimmung *(suavissimus consensus)* zwischen Goten und Römern herrsche, … haben diese ihre Versprechen eidlich bekräftigt (*vota sua sacramentorum interpositione firmarunt*)«. Doch nicht nur die Bevölkerung schwor. Stellvertretend für ihren König sollten dessen Boten unter Eid versprechen, »dass wir Gerechtigkeit und gleichverteilte Milde, die die Völker ernährt, unter Gottes Beistand bewahren werden, dass für Goten und Römer bei uns ein gemeinsames Recht *(ius commune)* herrschen und zwischen euch keine andere Trennlinie verlaufen wird außer derjenigen, dass die Goten für den gemeinsamen Nutzen die militärischen Aufgaben übernehmen, euch Romanen aber das friedvolle Leben in der Stadt Rom vervielfacht.« Und für seinen Eid berief sich der Herrscher auf das Vorbild des römischen Kaisers Trajan, den *optimus princeps*, der 400 Jahre zuvor auch schon einmal einen solchen Eid geschworen hatte[83]. Es würde vielleicht zu weit gehen, hier von einer vollständigen Kontraktualisierung der politischen Ordnung oder gar von einem Herrschaftsvertrag zu sprechen, doch begegnen solche doppelten Akte mit der gleichzeitigen eidlichen Selbstbindung sowohl des Herrschers

80) Stefan Esders, Römische Rechtstradition und merowingisches Königtum. Zum Rechtscharakter politischer Herrschaft in Burgund im 6. und 7. Jahrhundert (Veröffentlichungen des Max-Planck-Instituts für Geschichte 134), Göttingen 1997, S. 157–169.

81) Liebs, Geltung kraft Konsenses (wie Anm. 57), S. 76 u. 83 f.

82) Liebs, ebd. S. 79–83. Dazu jetzt auch Karl Ubl, Die erste *Leges*-Reform Karls des Großen, in: Das Gesetz – The Law – La Loi, hg. von Andreas Speer und Guy Guldentops (Miscellanea Mediaevalia 38), Berlin 2014, S. 75–92, hier S. 82–85.

83) Cassiodor, Variae VIII, 3 (Magni Aurelii Cassiodori Variarum libri XII, hg. von Åke J. Fridh; De anima, hg. von James Werner Halporn [CC 96], Turnhout 1973, S. 302 f.). Zur Programmatik vgl. Aarne Stüven, Rechtliche Ausprägungen der *civilitas* im Ostgotenreich mit vergleichender Berücksichtigung des westgotischen und des burgundischen Rechts, Frankfurt/M. u. a. 1992. – Zu Trajans Eid vgl. Cassius Dio, Historia Romana 68, 15.

und der Bevölkerung vereinzelt auch im frühen Byzanz und dem Merowingerreich. Aber nirgendwo finden wir es so explizit formuliert wie bei Cassiodor: der ostgotische *suavissimus consensus*, der zwischen Goten und Römern bestehen sollte und der in einem anderen, aus gleichem Anlass verfassten Brief an den römischen Senat auch als *generalis consensus* bezeichnet wird[84], sollte, ja durfte nichts anderes als ein *consensus iuris* sein. Gleichwohl ist zu beachten, dass diese Argumentation in dem Brief zu finden ist, der an den römischen *populus* gerichtet war, während Cassiodor, wie John MOORHEAD in seinem Beitrag zeigt, in der Situation des Thronwechsels im Jahr 526 in den Briefen an weitere Adressaten diese mit anderen, zum Teil raffinierten argumentativen Strategien von seinem Anliegen zu überzeugen suchte[85].

Christoph MEYER stellt für die Gesetzgebung König Rotharis, mit dem die eindrucksvolle Serie langobardischer gesetzgeberischer Maßnahmen einsetzt, dar, welche Rolle dem Konsens sowohl in der Begründung einzelner Normen wie auch für die Legitimierung von Gesetzgebung und Rechtsaufzeichnung insgesamt zukam[86]: entscheidend war dabei die Authentizität garantierende Ermittlungsform in Gestalt von gegenseitiger Befragung und Beratung[87]. Die in den langobardischen Aufzeichnungen zu Tage tretenden Rechtsbegründungen – unter denen der Konsens nur eine ist, neben der auch Gemeinwohl, *ratio* und weitere figurieren – zeigen, welche Bedeutung Topoi hatten, um bestimmten Normen eine konsentierbare Verbindlichkeit zukommen zu lassen. Begründungen erscheinen hier als Ausdruck eines Konsensbedürfnisses, wobei König Rothari mit seinen Begründungen gleichsam nachträglich für die Verbindlichkeit der von ihm garantierten Normen zu werben suchte. Wichtig ist dabei MEYERS Hinweis, dass einstmals konsentierte Normenbestände im Laufe der Zeit durch ihr Altern zu traditionsgeschützten Normenbeständen werden konnten, die »per se Autorität hatten und entsprechend auch keines Konsenses bedurften«[88]. Hier deutet sich eine zeitliche Entwicklung vom Konsens zur Tradition an, die Rechtsbegründung verschob sich.

Für das Thema »Konsens und Kodifikation« bieten aus merowingischer Zeit die ›Lex Baiuvariorum‹ und die ›Decreta Tassilonis‹ wichtige Quellenzeugnisse, die Harald SIEMS eingehend untersucht hat[89]. Die im Text der bairischen Lex fassbaren textlichen Schichten und die ebenfalls noch in Teilen erkennbare Verarbeitung unterschiedlicher Vorlagen bis hin zur Integration eines königlichen Erlasses, der anscheinend eine Rahmenverord-

84) Cassiodor, Variae VIII, 2 (wie letzte Anm., S. 301 f.).
85) John MOORHEAD, The Making and Qualities of Ostrogothic kings in the Decade after Theoderic (in diesem Band), S. 129–149.
86) MEYER, König Rothari (wie Anm. 60), S. 166–173.
87) MEYER, ebd. S. 173–188.
88) MEYER, ebd. S. 177.
89) Harald SIEMS, Herrschaft und Konsens in der ›Lex Baiuvariorum‹ und den ›Decreta Tassilonis‹ (in diesem Band), S. 299–361.

nung für merowingische Dukate vorgab[90], lassen zunächst einen kompilatorischen Charakter der Aufzeichnung erkennen, wobei SIEMS betont, dass der Inhalt zahlreicher Bestimmungen, insbesondere solcher militärrechtlicher Art, für die Konsensidee keinen Raum lasse[91]. Gleichwohl zeigen viele Rechtsbegründungen und insbesondere der dem Text vorangestellte lange Prolog mit seiner Betonung der *consuetudo*, dass hier eine formende Hand dem Ganzen Kohärenz zu verleihen suchte. Ist in diesen der Appell an rechtliches Herkommen, an allgemeine Wertvorstellungen sowie an Nützlichkeitserwägungen erkennbar, um dem Inhalt der Lex Akzeptanz zu geben, so lassen erst der kurze Prolog und die zum Teil im konziliaren Rahmen entstandenen ›Decreta Tassilonis‹ aus dem späteren 8. Jahrhundert das Bemühen erkennen, die Idee des Konsenses zu bemühen, auch wenn hier nicht im eigentlichen Sinne von »Konsensgesetzgebung« zu sprechen sei[92].

Die Tradition, Konsens herzustellen und ihn mit gesetzgeberischen Maßnahmen zu verknüpfen, findet sich im spanischen Westgotenreich, wie Wilfried HARTMANN zeigt, in einem andersartigen organisatorischen Rahmen. Der Konsensgedanke wurde hier einerseits in Zusammenhang mit Kodifikation und Gesetzgebung bemüht[93], doch eine Besonderheit besteht darin, dass die Legitimierung von Recht und Entscheidungen im westgotischen Spanien nachhaltig vom Konsensdenken der auf den Konzilien versammelten Bischöfe bestimmt war, die das institutionelle Rückgrat des westgotischen Königtums seit der Konversion König Reccareds bildeten[94]. Dieses Modell finden wir zeitlich früher einsetzend auch im Merowingerreich, wie Steffen PATZOLD anhand der fränkischen Konzilien des 6. Jahrhunderts aufzeigt. Vor allem im Karolingerreich sollte dann konziliares Denken im Hinblick auf die Kapitulariengesetzgebung, aber auch für die politische Selbstwahrnehmung und -beschreibung prägend werden[95].

Aushandlungsprozesse über normative Erwartungssicherheit mussten immer wieder neu geführt werden und mündeten auffälligerweise erst nach längerer Zeit in umfassende schriftliche Rechtsaufzeichnungen oder bedingten, dass bestehende rechtliche Traditionen demonstrativ neu »konsentiert« werden mussten, weil sie für sich genommen nicht mehr genügend Autorität und Verbindlichkeit besaßen. Der Konsensgedanke versinnbildlicht insofern das Aufbrechen der relativen Rechtseinheit des römischen Imperium,

90) SIEMS, ebd., S. 335–347. Zu diesem Aspekt vgl. auch Stefan ESDERS, Spätantike und frühmittelalterliche Dukate. Überlegungen zum Problem historischer Kontinuität und Diskontinuität, in: Die Anfänge Bayerns. Von Raetien und Noricum zur frühmittelalterlichen Baiovaria, hg. von Hubert FEHR und Irmtraut HEITMEIER (Bayerische Landesgeschichte und europäische Regionalgeschichte 1), St. Ottilien 2012, S. 425–462, hier S. 438–450.

91) SIEMS, ebd., S. 344.

92) SIEMS, ebd., S. 320–335.

93) HARTMANN, Das Westgotenreich (wie Anm. 48), S. 87–115.

94) HARTMANN, ebd., S. 108–110. Zu diesem Aspekt siehe ausführlicher unten S. 451–455.

95) PATZOLD, »Konsens« und *consensus* im Merowingerreich (wie Anm. 2), S. 285–289.

die Verselbständigung und Aufsplitterung seiner provinzialen Rechtskulturen und deren Integration in neue politische Formationen. Dass nun Rechtstraditionen ganzer ethnisch kategorisierter Gruppen auf Konsens gegründet wurden, erklärt sich also letztlich aus einer zunehmenden Heterogenität dieser Gesellschaften, dem Nachlassen institutioneller Garantien und der Notwendigkeit, Einvernehmen über die künftigen normativen Grundlagen des Zusammenlebens zu erzielen. Insofern charakterisierte der *consensus iuris* auch die nachrömischen Gemeinwesen als Wertegemeinschaften und als ›Orte‹ konsensualer Willensbildung[96]. Der konziliaren Tradition sollte dabei die Zukunft gehören.

II.2. Konsens und Konsensualvertrag im »Privatrecht«

Das breite Spektrum spätrömischer Wurzeln mittelalterlicher Konsensvorstellungen, soweit sie sich aus antiken Rechtsideen und Besonderheiten der Umbruchssituation seit dem 5. Jahrhundert ergaben, ist aber damit noch nicht annähernd ausgemessen. Als zweites Feld ist das in diesem Band zweifellos zu kurz gekommene breite Feld des »Privatrechts« in Betracht zu ziehen, wo beim Abschluss von Verträgen der Konsens zentral war. Im römischen Recht gab es Konsensualverträge, die aufgrund der Willensübereinstimmung der beiden Parteien eine Obligation begründeten[97]. Gleiches gilt für die sogenannte »Konsensehe«, für deren Zustandekommen im Laufe der römischen und nachfolgend der kirchlichen Rechtsentwicklung in unterschiedlicher Akzentsetzung der Konsens der Väter, unter deren *patria potestas* die Eheschließenden standen, und der Konsens der Ehewilligen selbst erforderlich war. Dies hat sich im bekannten Rechtssatz *consensus facit nuptias* niedergeschlagen, der immer auch dazu dienen konnte, andere Motive und Formen der Eheschließung abzuwehren und einen potentiellen Normenkonflikt nach dem Kriterium des Konsenses zu entscheiden[98]. Beides, Konsensualkontrakt und Ehekonsens, unterstreichen die rechtsschöpferische Kraft des Konsensgedankens. Vor dem Hintergrund, dass dieser wichtige Gedanke in den meisten Beiträgen dieses Bandes nicht zur Sprache kommt, erscheint es höchst bemerkenswert, dass im irischen Recht, worauf Fergus KELLY aufmerksam macht, aus der Geschichte vom Sündenfall,

96) MEYER, König Rothari (wie Anm. 60), S. 197.

97) Max KASER, Römisches Privatrecht, München [10]1992, S. 53 f. u. 180: »Nur bei den Konsensualkontrakten genügt der formfrei erklärte *consensus*, die Willenseinigung, um ohne Sachleistung und ohne Formalakt eine Verpflichtung zu erzeugen.« Vgl. außerdem Theo MAYER-MALY, Der Konsens als Grundlage des Vertrages, in: Festschrift für Erwin Seidl zum 70. Geburtstag, hg. von Heinz HÜBNER, Ernst KLINGMÜLLER und Andreas WACKE, Köln u. a. 1975, S. 118–129 sowie jüngst umfassend Cosimo CASCIONE, *Consensus.* Problemi di origine, tutela processuale, prospettive sistematiche, Neapel 2003.

98) Ralf FRASSEK, Art. *Consensus facit nuptias*, in: HRG[2] 1 (2008), Sp. 884 f.; Ines WEBER, *Consensus facit nuptias!* Überlegungen zum ehelichen Konsens in normativen Texten des Frühmittelalters, in: ZRG Kan. 118 (2001), S. 31–66.

sonst vor allem als Rechtfertigung der Einrichtung des Staates bekannt[99], die Erzählung von Adams Eintauschen der Welt gegen einen einzigen Apfel entnommen wurde, um als Exempel für Vertragstreue zu dienen[100]. Die Bedeutung des Konsenses als Element der Begründung von Recht unterstreicht auch der von Steffen PATZOLD gegebene Hinweis auf Mt. 18, 19: »Wenn zwei von Euch auf Erden übereinstimmen (*consenserint*), dann werden sie alles, was sie erbitten, von meinem himmlischen Vater erhalten«.[101] Der Gedanke weist eine Nähe zur – gleich zu behandelnden – Konsensfindung auf Konzilien auf[102], verdeutlicht jedoch bereits für sich genommen den wichtigen Grundgedanken, dass einem jeden Christen aufgrund seiner Taufe, durch die er von Gott angenommen worden ist, die Befähigung zuerkannt wird, aus seinem Willen heraus Verträge zu schließen und zu halten[103]. Gerade wenn man beim »einfachen« Element des Vertrages ansetzt, wird also deutlich, dass wir es im Frühmittelalter nicht nur mit einer Vielfalt unterschiedlicher Rechte zu tun haben, sondern auch mit einer Vielfalt unterschiedlicher Normentstehungskreise, als deren Legitimitätsgrundlage »Konsens« außerordentlich wichtig sein konnte.

II.3. Konsens bei der Bischofsbestellung

Innerhalb der Kirchenorganisation treten seit spätantiker Zeit drei institutionalisierte Formen der Herstellung von Konsens in Erscheinung: bei der Bischofsbestellung, der Verwaltung des Kirchengutes und schließlich der Beschlussfassung auf Konzilien. In allen Fällen sind dabei römisch-rechtliche Vorstellungen vom Konsens theologisch überformt worden. Im Fall der Bischofsbestellung, auf die hier zuerst einzugehen ist, waren die Regularien der Wahl, wie Andreas THIER kürzlich eingehend dargestellt hat[104], seit dem dritten Jahrhundert festgelegt worden. Wenn in den Konzilstexten des 6. Jahrhunderts wiederholt vom notwendigen *consensus* des Metropoliten sowie von Klerus und Volk die Rede ist, muss dies als bewusste Fortführung einer antiken Tradition verstanden wer-

99) Wolfgang STÜRNER, *Peccatum* und *potestas.* Der Sündenfall und die Entstehung der herrscherlichen Gewalt im mittelalterlichen Staatsdenken (Beiträge zur Geschichte und Quellenkunde des Mittelalters 11), Sigmaringen 1987. Zur Sünde als Rechtsbegründung vgl. auch NOBLE, Theological Perspectives on Law and Consensus in the Writings of Gregory the Great (wie Anm. 25), S. 56.

100) KELLY, The Evidence for Consensus in the Irish Law-texts (wie Anm. 42), S. 120.

101) PATZOLD, »Konsens« und *consensus* im Merowingerreich (wie Anm. 2), S. 288.

102) PATZOLD, ebd.

103) Vgl. dazu Okko BEHRENDS, Treu und Glauben. Zu den christlichen Grundlagen der Willenstheorie im heutigen Vertragsrecht, in: Christentum und modernes Recht. Beiträge zum Problem der Säkularisierung, hgg. von Gerhard DILCHER und Ilse STAFF, Frankfurt/M. 1984, S. 255–303.

104) Andreas THIER, Hierarchie und Autonomie. Regelungstraditionen der Bischofsbestellung in der Geschichte des kirchlichen Wahlrechts bis 1140 (Recht im ersten Jahrtausend 1, Studien zur europäischen Rechtsgeschichte 257), Frankfurt/M. 2011, S. 101, 128–130 u. 211.

den[105]. Folgerichtig konnte man eine Ernennungsurkunde gewissermaßen pars pro toto als *consensus* bezeichnen[106]. Die Hälfte aller *consensus*-Belege, die Thomas NOBLE im Briefregister Gregors des Großen fand[107], bezog sich auf Bischofswahlen, und in den Quellennachweisen, die Steffen PATZOLD für das Merowingerreich versammelt hat[108], nimmt diese Bedeutung ebenfalls eine zentrale Stellung ein; auch John MOORHEAD hat am Ende seines Beitrages auf dieses Modell hingewiesen[109]. Nach allem, was aus der alten Kirche[110] und auch aus späterer Zeit über die Bedeutung der *pars maior et sanior* bekannt ist[111], dürfte dieser *consensus* im Frühmittelalter nicht allein nach dem Mehrheitsprinzip hergestellt worden sein. Dass die Bischofswahlen häufig alles andere als konsensual verliefen, kontrastiert damit in anregender Weise. Der Merowingerkönig Chlothar II. modifizierte im Jahr 614 auf dem Pariser Konzil die bischöfliche Forderung nach konsensualer Bischofswahl durch Klerus und Volk in seinem anschließend publizierten Edikt dahingehend, dass nach Verdienst und Bildung gegebenenfalls ein königlicher Hofbeamter eingesetzt werden sollte[112]. Das war auch ein Rechtssatz, und zwar einer, der dem kirchenrechtlich fixierten, auf Diözesanebene hergestellten Konsens direkt zuwiderlaufen konnte – als konsensverliebte Historiker können wir also nur hoffen, dass wenigstens die Auswahl eines Bischofskandidaten am Hof konsensual ablief, wenn man schon den Konsens von örtlichem Klerus und Volk ignorieren zu können glaubte; ähnliches taten ja auch, worauf Wilfried HARTMANN hinweist, die westgotischen Herrscher, die in Zusammenhang mit der Bischofsbestellung auf dem XII. Konzil von Toledo im Jahr 681 sogar von einer *libera principis electio* sprachen[113]. Der Folgenreichtum dieses Interessengegensatzes in der längerfristigen historischen Entwicklung ist an dieser Stelle nicht mehr

105) Für den Bereich der Besetzung geistlicher Ämter in der Spätantike vgl. neuerdings Peter VAN NUFFELEN, The Rhetoric of Rules and the Rule of Consensus, in: Episcopal Elections in Late Antiquity, hgg. von Johan LEEMANS, DEMS., Shawn W. J. KEOUGH und Carla NICOLAYE (Arbeiten zur Kirchengeschichte 119), Berlin – New York 2011, S. 243–258 (der Band enthält überdies zahlreiche weitere wichtige Beiträge zur Thematik); vgl. auch Jakob IBOUNIG, Konsens, Erbe und Vormund. Das römische Recht und das Verhältnis Bischof und Gemeinde, in: Ethical Finance. Festschrift für Bischof Alois Schwarz zum sechzigsten Geburtstag, hgg. von Johannes KRALL, Franz LAMPRECHT und Richard LERNBASS u. a., Frankfurt/M. u. a. 2012, S. 21–38, bes. S. 21–25.

106) PATZOLD, »Konsens« und *consensus* im Merowingerreich (wie Anm. 2), S. 275.

107) NOBLE, Theological Perspectives on Law and Consensus (wie Anm. 25), S. 61 f.

108) PATZOLD, »Konsens« und *consensus* im Merowingerreich (wie Anm. 2), S. 274–289.

109) MOORHEAD, The Making and Qualities of Ostrogothic kings (wie Anm. 85), S. 147.

110) Vgl. dazu THIER, Hierarchie und Autonomie (wie Anm. 104), S. 164–192.

111) Vgl. etwa Klaus GANZER, Das Mehrheitsprinzip bei den kirchlichen Wahlen des Mittelalters, in: Theologische Quartalschrift 147 (1967), S. 60–87.

112) Chlotharii II. edictum a. 614, c. 1 (Capitularia regum Francorum I, hg. von Alfred BORETIUS, Hannover 1883 [MGH LL Sect. II, 1] S. 21). Vgl. dazu Carlo SERVATIUS, *Per ordinationem principis ordinetur.* Zum Modus der Bischofsernennung im Edikt Chlothars II. vom Jahr 614, in: ZKG 84 (1973), S. 1–29; THIER, Hierarchie und Autonomie (wie Anm. 104), S. 220–223.

113) HARTMANN, Das Westgotenreich (wie Anm. 48), S. 109.

darzustellen[114]. Man könnte vielleicht von einer potentiell konfligierenden Konsenskonstellation sprechen, die letztlich darin wurzelte, dass *consensus* Recht schaffen konnte – seitens der »Herrschaft« oder auch gegen sie.

II.4. Konsens bei der Verfügung über Kirchengut

In den kirchlichen Organisationsstrukturen gab es außerhalb der Bischofsbestellung mit dem Kirchengut (und den gleich zu behandelnden Konzilien) noch zwei weitere außerordentlich bedeutsame Bereiche, in denen sich eine direkte und ununterbrochene Entwicklungslinie zum institutionalisierten Konsens im Hochmittelalter ziehen lässt. Bei der Verwaltung und Bewahrung des Kirchengutes war die Herstellung von Konsens eine conditio sine qua non. In spätantiker Zeit galt seit der Gesetzgebung der oströmischen Kaiser Leo, Anastasius und Justinian das Kirchengut als unveräußerlich: es durfte allenfalls getauscht werden, und auch das nur, indem sich der Bischof oder Abt hierbei der strengen Kontrolle durch seinen Klerus beziehungsweise seine monastische Kommunität unterwarf, die zu allen tauschweisen Veräußerungen ihren Konsens erteilen musste[115]. Interessanterweise ist hier ähnlich wie bei der Bischofsbestellung eine doppelte, sich potentiell widersprechende Konsensstruktur zu beobachten, denn außer dem Klerus musste nach Aussage einiger justinianischer Novellen auch der Herrscher seinen Konsens erteilen[116]. Dieser den Kaiser begünstigende Satz ist im Frankenreich über die *Epitome Iuliani* rezipiert worden[117], aus der Ansegis von Fontanelle ihn wörtlich in seiner Kapitulariensammlung zitierte[118]; unter Ludwig dem Frommen tritt dann folgerichtig hierfür sogar ein eigener neuer Urkundentyp in Erscheinung: die kaiserliche Tauschbestätigungsur-

114) Dazu jetzt insbesondere THIER, Hierarchie und Autonomie (wie Anm. 104).

115) Stefan ESDERS, Die frühmittelalterliche »Blüte« des Tauschgeschäfts. Folge ökonomischer Entwicklung oder Resultat rechtspolitischer Setzung? In: Tauschgeschäft und Tauschurkunde vom 8. bis zum 12. Jahrhundert / L'acte d'échange, du VIIIe au XIIe siècle, hgg. von Irmgard FEES und Philippe DEPREUX (AfD, Beih. 13), Köln u. a. 2013, S. 19–44 (auch zum Folgenden).

116) Novella 7, 2 u. 54, 2 ([Iustiniani] Novellae, hgg. von Rudolf SCHOELL und Wilhelm KROLL [Corpus iuris civilis III], Berlin u. a. 1895, S. 53 u. 307 f.).

117) Epitome Juliani 7, 32 (Iuliani epitome Latina novellarum Iustiniani, hg. von Gustav HAENEL, Leipzig 1873, S. 32).

118) Ansegis, Capitularium collectio II, c. 29 f., 2 (Die Kapitulariensammlung des Ansegis, hg. von Gerhard SCHMITZ [MGH Capitularia regum Francorum, Nova series I], Hannover 1996, S. 553). Vgl. dazu Wolfgang KAISER, Die *Epitome Iuliani.* Beiträge zum römischen Recht im frühen Mittelalter und zum byzantinischen Rechtsunterricht (Studien zur Europäischen Rechtsgeschichte 175), Frankfurt/M. 2004, S. 419–492.

kunde, die eine Konsensurkunde war[119]. In den Bischofskirchen gingen Kontrolle und Erteilung des Konsenses folgerichtig schon früh auf die sich ausbildenden Domkapitel über[120]. Seit im 11. Jahrhundert dem Herrscher die Verfügungsgewalt über das Kirchengut immer mehr beschnitten wurde, blieb vor allem der Konsens des Klerus notwendig, wenn es zu tauschweisen Veräußerungen von Kirchengut kommen sollte[121]. Und es war dann nur konsequent, wenn im Hochmittelalter die Domkapitel und auch die aus Stiftsgut belehnten Ministerialitäten für sich ein Konsensrecht zu allen Handlungen beanspruchten, in denen ein Bischof über Kirchenvermögen verfügte[122]. Hier verläuft also tatsächlich eine direkte Entwicklungslinie vom frühmittelalterlichen Konsens zur Veräußerung von Kirchengut zum »Landtag« in den geistlichen Territorien des Hoch- und Spätmittelalters[123].

Natürlich hat es auch immer wieder Versuche gegeben, ein königliches beziehungsweise »fürstliches« Konsensrecht analog für solche Rechtshandlungen durchzusetzen, die das Fiskal- oder Reichsgut betrafen. Was bei den merowingischen und karolingischen Reichsteilungen zu verteilen war, wurde nach Möglichkeit »konsensual« geregelt, da mit großem Widerspruch zu rechnen war[124], und in den bekannten agilolfingischen »Konsensschenkungen« gab der bairische Herzog seine Zustimmung dazu, wenn von ihm beliehene Leute herzogliches Fiskalgut an ein Kloster übertragen wollten[125]. Leihebeziehungen unterschiedlicher Art konstituierten im gesamten Mittelalter eigene Rechtskreise, für deren Funktionieren »Konsens« an verschiedenen Stellen elementar war. Die Be-

119) Philippe Depreux, The Development of Charters Confirming Exchange by the Royal Administration (Eighth–Tenth Centuries), in: Charters and the Use of the Written Word in Medieval Society, hg. von Karl Heidecker (Utrecht Studies in Medieval Literacy 5) Turnhout 2000, S. 43–62, bes. S. 48–50.

120) Rudolf Schieffer, Die Entstehung von Domkapiteln in Deutschland (Bonner historische Forschungen 43), Bonn 1976, S. 137, 144, 153 u. ö.

121) Joseph Francis Cleary, Canonical Limitations on the Alienation of Church Property. An Historical Synopsis and Commentary, Washington/D.C. 1936, S. 40–45; Carl Strandberg, Zur Frage des Veräußerungsverbotes im kirchlichen und weltlichen Recht des Mittelalters (Rättshistorikst Bibliotek 11), Stockholm 1967, S. 98–91 u. 124 f. (freundlicher Hinweis von Theo Kölzer, Bonn).

122) Vgl. dazu etwa Bernd Schneidmüller, Verfassung und Güterordnung weltlicher Kollegiatstifte im Hochmittelalter, in: ZRG Kan. 72 (1986), S. 115–151, hier S. 135 u. 140; Ders., Konsensuale Herrschaft (wie Anm. 1), S. 57; exemplarisch Stefan Esders, Friedrich II., die Mark Brandenburg und das Erzbistum Magdeburg. Zur Kommerzialisierung von Lehensbeziehungen und Entstehung politischer Stände im Gefolge des Thronstreites, in: ZRG Germ. 107 (2006), S. 67–109, bes. S. 87–97.

123) Vgl. zusammenfassend Ernst Schubert, Fürstliche Herrschaft und Territorium im späten Mittelalter, München 1996, S. 7–9; Schneidmüller, Konsensuale Herrschaft (wie Anm. 1), S. 57.

124) Schneider, Brüdergemeine und Schwurfreundschaft (wie Anm. 51); Eugen Ewig, Überlegungen zu den merowingischen und karolingischen Teilungen, in: Nascita dell'Europa ed Europa Carolingia (Settimane di studio dell Centro italiano di studi sull'alto medioevo 27), Spoleto 1981, Bd. 2, S. 225–253; Apsner, Vertrag und Konsens (wie Anm. 51).

125) Friedrich Prinz, Herzog und Adel im agilofingischen Bayern. Herzogsgut und Konsensschenkungen vor 788, in: Zs. für bayerische Landesgeschichte 25 (1962), S. 283–311.

schränkungen hinsichtlich der Veräußerung von Kirchengut dürften sich dabei auch auf die Handhabung des Reichsgutes ausgewirkt haben[126]. Hier lassen sich gewisse Verbindungslinien hin zum Verfahren der Aufnahme in den Reichsfürstenstand[127] und zum kurfürstlichen Konsensrecht der spätmittelalterlichen Willebriefe ziehen[128], welche seit dem 13. Jahrhundert im Bewusstsein der »Unveräußerlichkeit der Reichsrechte«[129] getätigt wurden und im Fall der Kurfürsten eng mit dem Verfahren der Königswahl verknüpft waren[130].

II.5. Konsens auf Konzilien

Nehmen wir als letzten kirchlichen Bereich noch die Konzilien hinzu. Natürlich war auch die Tradition, auf Bischofsversammlungen einen Glaubenskonsens herzustellen, ein spätantikes Erbe[131]. Zu diesem gehörte allerdings auch, dass der weltliche Monarch in unterschiedlicher Weise an der Abhaltung von Konzilien beteiligt war[132], sei es, dass er diese einberief und deren Tagesordnung vorgab, sei es, dass er sogar für sich beanspruchte, die theologische Glaubensrichtung vorzugeben[133].

Was dies vor dem Hintergrund der christologischen Kontroversen um den Arianismus und der Reichsgründungen auf römischem Boden bedeutete, veranschaulicht Roland STEINACHER für das vandalische Nordafrika[134]. Einen kirchlichen Konsens inszenierte

126) Ernst Hartwig KANTOROWICZ, Inalienability. A Note on Canonical Practice and the English Coronation Oath in the Thirteenth Century, in: Speculum 29 (1954), S. 488–502; Peter N. RIESENBERG, Inalienability of Sovereignty in Medieval Political Thought, New York 1956.

127) Edmund E. STENGEL, Land- und lehnrechtliche Grundlagen des Reichsfürstenstandes, in: ZRG Germ. 66 (1948), S. 294–342.

128) Karl LAMPRECHT, Die Entstehung der Willebriefe und die Revindication des Reichsgutes unter Rudolf von Habsburg, in: Forschungen zur deutschen Geschichte 21 (1881), S. 1–19; DERS., Zur Vorgeschichte des Konsensrechtes der Kurfürsten, ebd. 23 (1883), S. 63–116; SCHNEIDMÜLLER, Konsensuale Herrschaft (wie Anm. 1), S. 82 f.; Karl-Friedrich KRIEGER, König, Reich und Reichsreform im Spätmittelalter, München [2]2005, S. 46 f. u. 109 (Lit.).

129) Hartmut HOFFMANN, Die Unveräußerlichkeit der Kronrechte im Mittelalter, in: DA 20 (1964), S. 389–474.

130) Vgl. auch SCHNEIDMÜLLER, Konsensuale Herrschaft (wie Anm. 1), S. 83 f.

131) Hermann Josef SIEBEN, *Consensus*, *unanimitas* und *maior pars* auf Konzilien, von der Alten Kirche bis zum Ersten Vatikanum, in: Theologie und Philosophie 67 (1992), S. 192–229; WECKWERTH, Ablauf, Organisation und Selbstverständnis westlicher antiker Synoden (wie Anm. 33), S. 200–222.

132) Klaus Martin GIRARDET, Kaiser Konstantin d. Gr. als Vorsitzender von Konzilien. Die historischen Tatsachen und ihre Deutung, in: Gymnasium 98 (1991), S. 548–560.

133) Zu diesem Problem vgl. zuletzt die strukturellen Überlegungen von Jan-Markus KÖTTER, Die Suche nach der kirchlichen Ordnung. Gedanken zu grundlegenden Funktionsweisen der spätantiken Reichskirche, in: HZ 298 (2014), S. 1–28.

134) STEINACHER, Vandalisches oder römisches Recht? (wie Anm. 69), S. 369–378.

der Vandalenkönig Hunerich, indem er die katholische Gegenseite zum Religionsgespräch einlud, dessen Scheitern ihm schließlich die Legitimität gab, jene große Verfolgung zu initiieren, mit der er sich in die Tradition der spätrömischen Häretikergesetzgebung stellte und die römischen Antidonatistengesetze[135] nun gegen die Katholiken anwandte, die er zur arianischen Wiedertaufe zwang. Entscheidend war daneben aber auch, dass Hunerich, wie schon Dietrich CLAUDE zeigte[136], die Übernahme des arianischen Bekenntnisses mit einem Eid auf die Änderung der vandalischen Thronfolge verknüpfte, also religiöse Identität und politische Loyalität ganz bewusst miteinander verquickte. STEINACHER erklärt diese Vorgehensweise aus dem Widerstand der vandalischen Elite und des arianischen Klerus, die sich letztlich mit ihrer Forderung nach einem »strengen Vandalentum« durchgesetzt hätten und dem König nahelegten, mit dem oströmischen Kaiser zu brechen und den Arianismus gleichsam zur Staatsreligion zu erheben[137]. Seine Vorgehensweise, so darf man hinzufügen, erscheint auch in »konsenspolitischer« Hinsicht bemerkenswert, insofern Hunerich kein Konzil einberief, um nun die theologische Richtigkeit des Arianismus feststellen zu lassen. Vielmehr suchte er auf dem informelleren Wege eines Religionsgespräches die Gegenseite zur Übernahme des Arianismus zu bewegen; erst nach dessen Scheitern griff er dann direkt zu den staatlichen Repressionsmaßnahmen, um die Wiedertaufe zu erzwingen. Dies verdient insofern Beachtung, als es, wenn ich richtig sehe, in den westlichen *regna* überhaupt nur einen Versuch gegeben hat, den Arianismus über das Instrument einer reichsweiten Synode zum allgemein verbindlichen Glaubensdogma zu machen, nämlich unter dem Westgotenkönig Leovigild im Jahr 580[138]. Einen gegen das imperiale Reichsdogma gerichteten regional begrenzten Glaubenskonsens über ein Konzil herzustellen, scheint demnach im 5. Jahrhundert außerordentlich schwierig, wenn nicht unmöglich gewesen zu sein[139]; und auch hundert Jahre später bei den Westgoten folgte nur wenige Jahre nach Leovigilds arianischem Reichskonzil mit der Konversion seines Sohnes Reccared auf dem III. Konzil von Toledo (589) die religionspolitische Verkehrung ins genaue Gegenteil[140].

Im westgotischen Spanien ergab sich hieraus für das Königtum die Möglichkeit, auf das konsensstiftende Element des Reichskonzils zur Stabilisierung der eigenen Stellung zurückzugreifen. Wilfried HARTMANN zeigt, wie einzelne Könige von dem ihnen zustehenden Recht Gebrauch machten, Konzilien einzuberufen, diesen in Form eines *tomus* Beratungs- und Entscheidungsgegenstände vorzugeben und ihre Beschlüsse mit eigener

135) Zu diesen zuletzt Brent SHAW, Sacred Violence. African Christians and Sectarian Hatred in the Age of Augustine, Cambridge 2011, S. 275 f., 535–537 u. 643–645.

136) Dietrich CLAUDE, Probleme der vandalischen Herrschaftsnachfolge, in: DA 30 (1974), S. 329–355.

137) STEINACHER, Vandalisches oder römisches Recht? (wie Anm. 69), S. 374–378.

138) Vgl. dazu Markus MÜLKE, *Romana religio* oder *Catholica fides*? Der Westgotenkönig Leovigild und das arianische Reichskonzil von 580 n. Chr. in Toledo, in: FmSt 43 (2009), S. 53–69.

139) Diese Frage scheint mir bisher nicht hinreichend untersucht worden zu sein.

140) Vgl. dazu STOCKING, Bishops, Councils and Consensus (wie Anm. 48), S. 59–88.

Zustimmung (*consentiente rege*) zu publizieren, wodurch sie auch »weltlicherseits« in Kraft gesetzt wurden[141]. Hatte Rachel STOCKING bereits den Zeitraum zwischen 589 und 633 als Zeitalter des »Konsenses« dargestellt[142], so setzt HARTMANN den zeitlichen Schwerpunkt seiner Überlegungen in der zweiten Hälfte des 7. Jahrhunderts und untersucht für die Zeit des entwickelten »Wahlkönigtums« Häufigkeit, Besuch und Beschlüsse der westgotischen Konzilien. Die Politik der einzelnen westgotischen Monarchen unterschied sich zum Teil erheblich darin, ob sie zur Legitimierung und Durchsetzung politischer Maßnahmen die Unterstützung von Konzilien suchten, beispielsweise um Maßnahmen ihrer Vorgänger zu revidieren. In die Entscheidungsprozesse der Konzilien wurden neben den Bischöfen von König Reccesvinth zunehmend auch Mönche und Laien einbezogen, was eine erhebliche Anpassungsfähigkeit dieses Modells erkennen lässt und wodurch »die Konzilien allmählich zu Reichstagen« wurden[143]. Auf der Grundlage eines solchen Konsenses ließ sich gleichzeitig ein anderer, bis dahin bestehender Konsens aufkündigen, nämlich derjenige, dass das römische Recht unter Römern Geltung haben sollte: Der ›Liber Iudiciorum‹ wurde zum alleinigen Rechtsbuch erhoben, auf die Einzigartigkeit dieses Vorgehens in den poströmischen *regna* weist auch Detlef LIEBS hin[144]. Dass ein spätbekehrtes Wahlkönigtum nun sein politisches Handeln konsequent aus der Zusammenarbeit mit der Kirche zu konzipieren suchte und damit auf ein synodales Konsensmodell gründete, wirkte umgekehrt auf Legitimität und Regierungsstil der Monarchie zurück[145], sichtbar etwa darin, dass dem gewählten König Versprechungen hinsichtlich der Trennung von Fiskalgut und Hausgut abgenötigt wurden[146], die womöglich vom Kirchengut her entwickelt worden war oder auf antike Wurzeln verweist[147]. Aber auch die Lösung der Untertanen vom Treueid, welche die Bischöfe einmütig unter König Ervig verfügten[148], um die Herrschaft des abgesetzten Wamba formal für beendet zu erklären, zeigt, welche Definitionsmacht dem Konsensorgan »Konzil« zufallen konnte. Damit hatten die westgotischen Bischöfe in ihren Beschlüssen die eine oder andere Zeitbombe versteckt, die erst viel später, nach dem Ende des Westgotenreiches, ver-

141) HARTMANN, Das Westgotenreich (wie Anm. 48), S. 90.

142) STOCKING, Bishops, Councils and Consensus (wie Anm. 48).

143) HARTMANN, Das Westgotenreich (wie Anm. 48), S. 109.

144) LIEBS, Geltung kraft Konsenses (wie Amn. 57), S. 71.

145) Vgl. dazu Pablo C. DIAZ/Maria R. VALVERDE, The Theoretical Strength and Practical Weakness of the Visigothic Monarchy of Toledo, in: Rituals of Power. From Late Antiquity to the Early Middle Ages, hgg. von Frans THEUWS und Janet L. NELSON (The Transformation of the Roman World 8), Leiden u. a. 2000, S. 59–93.

146) HARTMANN, Das Westgotenreich (wie Anm 48), S. 100.

147) Dazu auch ESDERS, Römische Rechtstradition (wie Anm. 80), S. 440–443.

148) HARTMANN, Das Westgotenreich (wie Anm. 48), S. 104. Vgl. zu diesem Aspekt auch Antonio GARCÍA, El juramento de fidelidad de los concilios visigoticos, in: *De iuramento fidelitatis.* Estudio preliminar: Conciencia y politica, hg. von Francisco SUAREZ (Corpus Hispanorum de pace 18), Madrid 1979, S. 447–490.

mittelt über die spanischen Kanonessammlungen ihre eigentliche Sprengkraft entfalten sollten[149].

Auch im Merowingerreich wurde wiederholt das Modell praktiziert, Bischofs- und Reichsversammlungen parallel zu veranstalten. Im Vergleich zum Westgotenreich blieb jedoch, wie Steffen PATZOLD zeigt[150], die Trennung zu weltlichen Versammlungen weitaus klarer gezogen, ja der Konsens der Großen tritt in den Quellen der Merowingerzeit nur ausnahmsweise in Erscheinung; daher führe auch vom *consensus*-Wortgebrauch der Merowingerzeit »kein einfacher Weg zur politischen Sprache des *consensus fidelium* in den Texten der Karolingerzeit, in denen *consensus* auf die regelmäßig eingeholte Zustimmung der Getreuen des Königs zu politischen und rechtlichen Entscheidungen« verweise[151]. Während die Ausbeute einer begriffsgeschichtlichen Untersuchung von *consensus* und ähnlichen Vorstellungen in den meisten Textgattungen der Merowingerzeit ausgesprochen mager bleibe, sei allein in den Konzilstexten der Konsensgedanke regelmäßig und mit allgemeinem Anspruch vertreten worden. Auf der Synode von St. Jean-de-Losne beispielsweise reklamierten um 673 die burgundischen Bischöfe für ihre Zusammenkunft unter Berufung auf Matthäus 18 (19–20) Christi Anwesenheit, um aus dem in seiner Gegenwart erzielten *consensus* die Wahrhaftigkeit ihrer Beschlüsse zu folgern. Allein die in den Konzilstexten der Merowingerzeit fassbaren Konsensvorstellungen seien daher als Vorläufer der karolingischen Konsensidee in Betracht zu ziehen[152], wobei erst in karolingischer Zeit *consensus* gleichsam zum Selbstzweck des politischen Selbstverständnisses geworden sei – eine Eigenheit, die vor allem aus der Strahlkraft der konziliaren Konsensidee zu erklären sei. In der Karolingerzeit, vor allem unter Ludwig dem Frommen, sei dieser »Konsens« dann zum beschworenen religiösen Ideal der gesamten christlichen Gesellschaft geworden, passenderweise formuliert zu einem Zeitpunkt, als gerade auf der obersten Reichsebene der politische Konsens zerbrach: »An dem ehrgeizigen Versuch, jeden einzelnen Christen auf diese Weise einzubinden, sollten Ludwig der Fromme und die Eliten seines Reiches dann in den 830er Jahren dramatisch scheitern«.[153]

Auf Konzilien, das machen die Beispiele dieses Bandes deutlich, wurde am wirksamsten die Idee eines religiös fundierten Konsenses formuliert, der per definitionem weder ein Kompromisskonsens sein noch sich mit einer einfachen Stimmenmehrheit begnügen durfte: Hier ging es um die Wahrheit des Glaubens und die aus ihr zu folgernden allgemeinen Grundsätze des kirchlichen Lebens. Wer wollte schon die Verantwortung für den Verlust nur einer einzelnen Seele übernehmen? Die Strahlkraft dieser Konsensidee

149) Zu einem wichtigen Aspekt vgl. Tilman STRUVE, Das Problem der Eideslösung in den Streitschriften des Investiturstreites, in: ZRG Kan. 106 (1989), S. 107–132.

150) PATZOLD, »Konsens« und *consensus* im Merowingerreich (wie Anm. 2), S. 285–289.

151) PATZOLD, ebd., S. 285.

152) PATZOLD, ebd., S. 286–289.

153) PATZOLD, ebd., S. 295

war umso stärker, je enger die Kooperation zwischen Kirche und Königtum sich ausgestaltete.

II.6. Konsens auf weltlichen Versammlungen

Trotz gelegentlicher personeller Überschneidungen und mancher entwicklungsgeschichtlicher Zusammenhänge ist vom Synodalkonsens die Konsensherstellung auf weltlichen Versammlungen und im Gerichtswesen klar zu trennen. In diesem Bereich ist freilich mit einem großen Spektrum unterschiedlicher Versammlungsformen zu rechnen, zudem ist die Quellenbegrifflichkeit nicht so konsistent, dass man mit dem Verfahren, nach Belegen für *consensus* und *consentire* Ausschau zu halten, weit käme; auch Wendungen wie *una cum*, *placuit*, *convenit* etc. sind hier zu berücksichtigen, und vielfach erfahren wir nur über die Abhaltung von Versammlungen (*conventus*, *placita* und so weiter), und müssen gut begründet vermuten oder dürfen unterstellen, dass diese der Herstellung von Konsens dienten. Umso wichtiger ist daher der Versuch Chris WICKHAMS, in einem weit umspannenden Vergleich unterschiedliche Formen von Versammlungen im frühmittelalterlichen Italien, Spanien, Gallien, Britannien und Skandinavien darzustellen, deren Funktion es gewesen sei, durch Publizität politisches Handeln und die Herstellung von Sicherheit auf allen möglichen gesellschaftlichen und politischen Ebenen zu legitimieren[154]. Dabei glaubt er in frühmittelalterlichen Versammlungen die radikale Abkehr von der antiken Praxis zu erkennen: »Early medieval assemblies … represent in almost all respects a break with the Roman past«.[155] Um zu ermitteln, wie auf frühmittelalterlichen Versammlungen Legitimität geschaffen wurde und was dies für den Charakter des dort herzustellenden Konsenses bedeutet haben mag, dient WICKHAM ein Katalog von Kriterien, etwa: Wie verhalten sich lokale Versammlungen zu übergeordneten Versammlungen oder Entscheidungsträgern? Wie regelmäßig kamen sie zusammen? Wer berief sie ein? Wer durfte oder musste daran teilnehmen? Wer hatte mehr, wer weniger zu sagen? Wie frei war die Diskussion? In welchem Maße war das Procedere formalisiert oder gar ritualisiert? WICKHAM betont, dass am Bodensee geradezu ideale Möglichkeiten herrschten dies nachzuvollziehen: »Consider the high level of ritualized behaviour which is considered appropriate at the Reichenau, or at Spoleto, and one may get a sense of what was probably considered normal in any early medieval public context, too«.[156] Zum Glück – für die frühmittelalterlichen Menschen – differenziert er das dann noch etwas: Auf den *placita generalia*, die auf Reichs- beziehungsweise Teilreichsebene organisiert wurden,

154) Chris WICKHAM, Consensus and Assemblies in the Romano-Germanic Kingdoms (wie Anm. 29), S. 397–423.
155) WICKHAM, ebd., S. 391.
156) WICKHAM, ebd., S. 396.

trafen die fränkischen Herrscher nicht selten ihre Entscheidungen im Verbund mit dem Heer, wenn es um Krieg und Frieden ging, um die Anerkennung eines Thronfolgers, oder auch darum, wie in karolingischer Zeit, sich einem kollektiven Bußakt als Konsensritual zu unterziehen, mit dem man Gottes Gnade wiederzuerlangen suchte. Die Teilnahme an solchen Versammlungen war verpflichtend und konstituierte eine – wenn auch nicht immer repräsentative – Öffentlichkeit, der Rede- und Entscheidungsspielraum konnte völlig unterschiedlich sein; rituelle Akte machten Handlungen und Entscheidungen verbindlich, minorisierten zugleich potentiell widerstreitende Positionen. Unterschiedlich waren auch die Möglichkeiten der Manipulierbarkeit solcher Versammlungen – WICKHAM spricht unter anderem von »directed consensus« und »managed consensus«, allerdings nur für bestimmte Versammlungsformen[157]. Angesichts der Vielfalt der Versammlungen und der häufig nur punktuellen Überlieferung ist es jedoch schwierig zu rekonstruieren, welche Art von »Konsens« hier jeweils hergestellt wurde. Dabei sind die Anlässe der Einberufung von Versammlungen und deren jeweilige Funktion zu berücksichtigen. Insbesondere in Situationen der zu regelnden Thronfolge war die Herstellung von Konsens mit wichtigen weltlichen Führungsgruppen fundamental, wie dies in je verschiedener Weise auch die Beiträge von John MOORHEAD[158], Wilfried HARTMANN[159], Roland STEINACHER[160], Steffen PATZOLD[161] und Christoph MEYER[162] illustrieren. WICKHAM betont mit Recht die enorme Bedeutung der Gerichtsversammlungen, die im lokalen Rahmen der Lösung von Konflikten wie auch der Anerkennung und Umsetzung politischer Entscheidungen dienten[163] – man darf vermuten, dass Konsens im einen Fall etwas anderes bedeutete als im anderen. Ein weiterer wichtiger Punkt, den WICKHAM anspricht, ist auch das Verhältnis unterschiedlicher Versammlungen und Konsensorgane zueinander[164].

Was nun die Träger konsensualen Handelns anbetrifft, so zeigt Wolfgang HAUBRICHS am Beispiel der merowingerzeitlichen *leudes*, welche Macht dem königlichen Heer als Konsens herstellendem »Organ« bei wichtigen politischen Entscheidungen zufallen konnte[165]. Weit davon entfernt, eine gefolgschaftlich organisierte Gruppe zu sein, wie man lange annahm, waren die *leudes* das häufig auf der Ebene eines Teilreiches rekrutierte Heer des Königs, dessen Loyalität der Herrscher sich immer wieder versichern musste –

157) WICKHAM, ebd., S. 409 u. 415.

158) MOORHEAD, The Making and Qualities of Ostrogothic kings (wie Anm. 85), S. 131–134.

159) HARTMANN, Das Westgotenreich (wie Anm. 48), S. 101–105 u. 110 f.

160) STEINACHER, Vandalisches oder römisches Recht? (wie Anm. 69), S. 370–373.

161) PATZOLD, »Konsens« und *consensus* im Merowingerreich (wie Anm. 2), S. 275 f.

162) MEYER, König Rothari (wie Anm. 60), S. 157.

163) WICKHAM, Consensus and Assemblies in the Romano-Germanic Kingdoms (wie Anm. 29), S. 393, 400 f., 405, 418 u. ö.

164) WICKHAM, ebd. S. 419–425. Siehe dazu auch oben S. 394.

165) Wolfgang HAUBRICHS, *Leudes*, *fara*, *faramanni* und *farones:* Zur Semantik der Bezeichnungen für einige am Konsenshandeln beteiligte Gruppen (in diesem Band), S. 235–263.

durch Kriegszüge, durch Schenkungen, aber eben auch durch ihre Einbeziehung in politische Entscheidungsprozesse, die sich nicht zuletzt in Gesetzgebung niederschlugen, welche durch Formeln wie *convenit una cum leudis nostris* legitimiert wurde[166]. Ihr Verhaltenscodex wurde im 7. Jahrhundert im austrasischen *regnum* sogar zur Leitvorstellung, an der sich die Loyalitätspflicht der freien Bevölkerung orientierte, wenn sie den fränkischen Königen unter Eid *fidelitas et leudesamio* versprach[167]. In Frankoburgund scheinen den *leudes* zu Beginn des 7. Jahrhunderts die *Burgundofarones* entsprochen zu haben, deren archaisierend gebrauchter Name der lokalen Oberschicht als Selbstidentifikation diente[168].

Der in den fränkischen *leudes* hervortretende Zusammenhang zwischen Heer, Heeresversammlungen und Gesetzgebung wurde ähnlich auch im Langobardenreich erkennbar, wie Christoph MEYER dies für das langobardische Heer der Zeit König Rotharis zeigt[169]. Normengebung durch Gesetzgebung war Teil eines politischen Willensbildungsprozesses, in einem Fall offenkundig in zeitlicher Koinzidenz mit einem Feldzug gegen die Byzantiner auf den Weg gebracht. Die spätere Entwicklung unter König Liutprand ließ für das Jahr 726 eine »institutionalisierte Mehrstufigkeit von Entscheidungsverfahren« erkennen, wie sie später auch in Hinkmars *De ordine palatii* zu greifen ist[170]; damit verbunden war offenkundig eine Herausdrängung des Heeres aus den Entscheidungsverfahren, in denen jetzt die *iudices et reliqui fideles* hervortreten, was einen rechtlichen Spezialisierungsprozess erkennen lässt.

Der Kontrast zum Merowingerreich könnte kaum deutlicher ausfallen: Hier entwickelte sich, wie Wolfgang HAUBRICHS belegt, die außerordentlich wichtige Vorstellung, dass die *leudes* das *regnum* repräsentierten[171]. Und aus diesem Grund wurde im Kloster St. Denis pflichtgemäß gebetet, wie es in einer Urkunde Chilperichs II. vom Jahr 716 heißt, damit *pro estabiletat(e) rigni nostri vel pro quietem quibuslibit chunctis leodis nostrus Domin(i) misericordia* erfleht würde[172]. Der Weg der *leudes* führte demnach von der Militärhilfe, über die Beratung und den Konsens zur Bildung einer repräsentativen Gruppe, und entsprechend fanden auch bei den merowingischen Reichsteilungen deren

166) HAUBRICHS, ebd. S. 239.

167) Marculf, Formulae I, 40 (Formulae Merowingici et Karolini Aevi, hg. von Karl ZEUMER [MGH Legum Sectio V], Hannover 1886, S. 68).

168) HAUBRICHS, *Leudes, fara, faramanni* und *farones* (wie Anm. 165), S. 248–259.

169) MEYER, König Rothari (wie Anm. 60), S. 163 u. 174–176.

170) Hinkmar von Reims, De ordine palatii, cc. 6–7, hgg. von Thomas GROSS und Rudolf SCHIEFFER (MGH Fontes iuris Germanici antiqui in usum scholarum separatim editi [3]), Hannover 1980, S. 82–97.

171) HAUBRICHS, *Leudes, fara, faramanni* und *farones* (wie Anm. 165), S. 243–247.

172) Die Urkunden der Merowinger, nach Vorarbeiten von Carlrichard BRÜHL hg. von Theo KÖLZER unter Mitwirkung von Martina HARTMANN und Andrea STIELDORF (MGH Diplomata regum Francorum e stirpe Merovingica), Hannover 2001, Bd. 1, Nr. 166, S. 414.

Interessen besondere Berücksichtigung. Hier lässt sich also, wenn auch nur punktuell, neben der bischöflich geprägten eine parallele militärisch geprägte Konsensöffentlichkeit auf der Ebene einzelner Teilreiche erkennen, die das Merowingerreich auch vom Westgotenreich unterschied. Die Königin Brunichilde ließ der fränkische König Chlothar II. auf barbarische Weise an den Schwanz eines wilden Pferdes binden und zu Tode schleifen, wobei er die Westgotin für den Tod von neun Merowingern verantwortlich machte. Das blutrünstige Konsensritual diente dem klar erkennbaren Ziel, Brunhilde zum Sündenbock für den Bürgerkrieg der letzten 30 Jahre zu machen. Bemerkenswert erscheint dabei das von Fredegar mitgeteilte Detail, Chlothar habe die Königin zuvor rücklings auf ein Kamel setzen und so durch die Heeresversammlung seiner *leudes* führen lassen[173)]. Im späten Rom und in Byzanz, darauf hat Michael McCormick einmal hingewiesen, war es Gang und Gäbe, einen Hochverräter rücklings auf ein Kamel oder einen Esel zu setzen und im Heer oder Hippodrom verspotten zu lassen, bevor man ihn grausam hinrichtete[174)]. Vor diesem Hintergrund kopierte der Merowinger Chlothar also ein römisch-byzantinisches, vor allem im Heer praktiziertes Strafritual, um einen politischen Prozess wegen Hochverrats abzuschließen. Die Öffentlichkeit des Heeres war es, die den Merowinger einen inneren Dynastiekonflikt in einem bestialischen Konsensakt austragen ließ, dem nichts, aber auch gar nichts Germanisches eignete. Selbst nach langjähriger Ritualforschung steckt die Erforschung des Themenkomplexes »Konsens und Kamel« also noch ganz in den Anfängen.

III. Zur Qualifizier- und Systematisierbarkeit von »Konsens«

Ruft man sich die oben gegebene funktionale Basisdefinition von Konsens in Erinnerung[175)], nimmt die Erkenntnisse der einzelnen Beiträge des vorliegendes Bandes hinzu und sucht auf dieser Grundlage ein zugleich strukturiertes und differenziertes Bild von »Recht und Konsens im frühen Mittelalter« zu zeichnen, so ist zunächst festzuhalten, dass es für diesen Zeitraum um höchst unterschiedliche Formen der Herstellung und auch Vorstellungen von Konsens geht[176)]. Daher erscheint die Frage berechtigt, inwieweit es für die Vielfalt dieser Phänomene überhaupt einen einheitlichen – antiken, frühmittelalterlichen oder modernen – Konsensbegriff gibt.

173) Fredegar, Chronicon IV, 42 (Chronicarum quae dicuntur Fredegarii scholastici libri IV cum continuationibus, hg. von Bruno Krusch, in: Fredegarii et aliorum chronica. Vitae sanctorum [MGH SS rer. Mer. II], Hannover 1888, S. 1–193, hier S. 141 f.).

174) Michael McCormick, Eternal Victory. Triumphal Rulership in Late Antiquity, Byzantium, and the Early Medieval West, Cambridge 1986, S. 49 f. u. 339 f.

175) Siehe oben S. 432 f.

176) Vgl. dazu auch die Wiedergabe der Forschungsmeinungen durch Meyer, König Rothari (wie Anm. 60), S. 166–173.

Das moderne Wort »Konsens« geht bekanntlich auf lateinisch *consentire* beziehungsweise *consensus* zurück, meint also genau genommen nicht nur einen vollendeten Akt des Zustimmens – das würde *assentire* beziehungsweise *assensus* auch ausdrücken –, sondern zuvorderst eine Art des Übereinstimmens. Ob man in den Quellen wirklich *consentire* und *assentire* durchgängig gegeneinander absetzen kann, erscheint allerdings fraglich. Schon die frühmittelalterlichen Quellen gebrauchen *consensus* teilweise bereits so formelhaft, dass es schwierig werden könnte, diesen Begriff zu differenzieren, auch wenn *assensus* vielleicht eine schwächere Form des Zustimmens bezeichnet haben könnte. Da auch Wendungen wie *una cum*, *convenit*, *placuit* und so weiter benutzt wurden,[177] um gemeinschaftlich-einmütiges Handeln auszudrücken, und auch die frühmittelalterlichen Versammlungsformen als Instrument der Herstellung von Konsens gewürdigt wurden, obwohl unsere darüber berichtenden Quellen keineswegs immer diesen Gesichtspunkt erwähnen oder hervorheben, wird man mittels einer rein begriffsgeschichtlichen Methode nicht zu einer klaren Definition gelangen können. Zum anderen ist das, was frühmittelalterliche Quellen als *consensus* bezeichnen, so weit gefächert, dass ein sich dahinter verbergendes Gesamtkonzept eher vag und vor allem auf das Element der Zustimmung fixiert gewesen sein müsste – während spezifischere Fragen, beispielsweise wie weit die Übereinstimmung gehen und ob sie von allen beteiligten Personen getragen werden musste, nicht für die Verwendung des Terminus selbst entscheidend gewesen sein können.

In Anbetracht dieser doch sehr allgemeinen begriffsgeschichtlichen Beobachtungen erscheint die Frage berechtigt, ob moderne Definitionskriterien helfen können, um den frühmittelalterlichen Befund innerlich stärker zu strukturieren und einzuordnen. In mehreren Beiträgen dieses Bandes werden Versuche unternommen, Kriterienkataloge für »Konsens« zu entwickeln und systematisierende Aspekte zusammenzustellen, die helfen können, »Konsens« näher zu qualifizieren. Steffen PATZOLD etwa betont, dass es sich bei der Herstellung von Konsens um einen kommunikativen Akt handele, doch sei zu fragen, welche Verbindlichkeit eine konsensuale Entscheidung hatte und was beispielsweise geschah, wenn nicht alle zustimmten[178]. In der Tat ist häufig viel zu wenig Genaues über Stimmberechtigung, Informiertheit und konkretes Abstimmungsverhalten bekannt, als dass hier Generalisierungen möglich wären. Dass speziell der *consensus omnium* »schon in der Antike als Merkmal der Wahrheit« galt, betont Harald SIEMS, der zudem die unterschiedliche Qualität von Konsens hervorhebt, je nachdem, in welchem Lebensbereich welche Dinge von wem zu entscheiden waren – in dörflichen Gemeinschaften beispielsweise konnte »die erforderliche Einmütigkeit aller Beteiligten zur Erledigung von Gemeinschaftsaufgaben ... vom Bewusstsein des Aufeinanderangewiesenseins erzwungen«

177) Vgl. MEYER, König Rothari (wie Anm. 60), S. 185–187 mit zahlreichen Belegen. Vgl. auch Franz BEYERLE, Über Normtypen und Erweiterungen der Lex Salica, in: ZRG Germ. 44 (1924), S. 216–261.
178) PATZOLD, »Konsens« und *consensus* im Merowingerreich (wie Anm. 2), S. 273.

sein[179]. Beide Verfasser betonen, dass es wichtig sei zu klären, für welche Entscheidungen Konsens überhaupt erforderlich gewesen sei[180]. Dass politische Fundamentalentscheidungen in der Regel konsensual getroffen oder wenigstens verbindlich gemacht werden mussten, wie zum Beispiel über Krieg und Frieden, betont SIEMS[181]. Hier wie auch bei anderen Entscheidungen sei vor der Konsensherstellung ein Akt der Beratung wenn auch vielleicht nicht immer unverzichtbar, so doch allemal sinnvoll gewesen: »Ein Befehl kann auch ohne Konsens ergehen, dennoch wird … selbst eine strafbewehrte Anweisung größere Erfolgsaussichten haben, wenn sie auf Einverständnis stößt.«[182]

Mit überzeugenden Argumenten stellen Steffen PATZOLD[183] und Christoph MEYER[184] die Tauglichkeit des im Tagungsexposé[185] genannten Definitionskriteriums der Freiwilligkeit von Konsens in Frage. Angesichts des asymmetrischen, keinesfalls Gleichheit implizierenden Charakters von Konsens sollte man sich davor hüten, bei solchen Akten »Konsens« mit »Freiwilligkeit« gleichzusetzen. Aktives Konsenshandeln, so betont Harald SIEMS, wird es ebenso gegeben haben wie eher passives, erduldendes Konsensverhalten, und selbstverständlich konnte es auch eine Art Zwang zum Konsens geben[186]. Steffen PATZOLD geht sogar so weit, dass vor diesem Hintergrund »Konsens« im Einzelfall kaum mehr von Akzeptanz, Duldung beziehungsweise gegebenenfalls sogar Gehorsam zu unterscheiden sei[187]. Dies sind allesamt Vorstellungen und Assoziationen, die zu evozieren die mediävistische Forschung mit dem Gebrauch des Wortes »Konsens« eigentlich gerade hatte vermeiden wollen. Der Begriff »konsensuale Herrschaft« könne daher laut PATZOLD zur Destruktion manch liebgewonnener Vorstellung von »Herrschaft« dienen, entbehre aber für den frühmittelalterlichen Zeitraum letztlich des analytischen Potentials, solange man nicht in der Lage sei, ihn präziser zu definieren.

Auf der Suche nach einer Formel, welche es erlauben könnte, die Vielfalt der im frühen Mittelalter zu beobachtenden Formen von »Konsens« zu systematisieren, erscheint eine philosophische Definition hilfreich, die Dietrich BÖHLER und Boris RÄHME gegeben haben: Ihnen zufolge »bezieht sich der Begriff ›Konsens‹ auf jede gemeinsame Anerkennung oder Ablehnung von Aussagen, Meinungen, Werten, Normen etc. durch eine Gruppe von Sprechern«[188], wobei in der Grundbedeutung durchaus an einen kommuni-

179) SIEMS, Herrschaft und Konsens in der ›Lex Baiuvariorum‹ (wie Anm. 89), S. 301.

180) PATZOLD, »Konsens« und *consensus* im Merowingerreich (wie Anm. 2), S. 272; SIEMS, ebd., S. 301 f.

181) SIEMS, ebd., S. 301.

182) SIEMS, ebd., S. 302.

183) PATZOLD, »Konsens« und *consensus* im Merowingerreich (wie Anm. 2), S. 272.

184) Christoph H.F. MEYER, Konsens in der Rechtsgeschichte des frühen Mittelalters (in diesem Band), S. 19–45, hier S. 22.

185) Siehe oben Anm. 5.

186) Vgl. auch SIEMS, Herrschaft und Konsens in der ›Lex Baiuvariorum‹ (wie Anm. 89), S. 302.

187) PATZOLD, »Konsens« und *consensus* im Merowingerreich (wie Anm. 2), S. 272.

188) Dietrich BÖHLER/Boris RÄHME, Art. Konsens, in: Historisches Wörterbuch der Rhetorik 4 (1998), Sp. 1256–1298, hier Sp. 1256. Den Hinweis auf diese Definition gab Christoph MEYER.

kativen Akt zu denken sei. Voraus gehe einem so verstandenen »Konsens« nicht selten eine Unklarheit oder ein Streit. Der konsensherstellende Akt basiert auf der Idee der Selbstbindung. Eine Folge dieses Aktes sei ein deutlich erhöhter Geltungsanspruch derjenigen Lösung oder Entscheidung, die sich als konsensfähig erwiesen habe.

Ausgehend von dieser Basisdefinition unterscheiden BÖHLER und RÄHME daraufhin systematisch zwischen einem (theoretischen) Wahrheitskonsens und einem (praktischen) Kompromiss- oder auch Richtigkeitskonsens[189]. Sucht man diese Unterscheidung fruchtbar zu machen, so könnte man unter die Kategorie des Wahrheitskonsenses beispielsweise die innere Übereinstimmung von Altem und Neuen Testament[190], den Lehrkonsens der Väter (lat. *consensus patrum*, griech. συμφονία)[191] und den *consensus evangeliorum* (das heißt die Übereinstimmung der Evangelien bezogen auf den Wortlaut und die synoptische Auslegung der heiligen Schrift) verstehen, aber auch den *consensus* bei Konzilien, insofern diese als von Gott inspiriert vorgestellt wurden und der Anpassung der religiösen und kirchlichen Praxis an die offenbarte Glaubenswahrheit dienten. In den ersten drei Fällen von *consensus* würde es sich ja nach unserer Vorstellung um die Übereinstimmung zwischen »Sachen« handeln, während wir im letzten Fall die Übereinstimmung von Personen im Hinblick auf einen Sachverhalt als Akt der Zustimmung qualifizieren würden[192]. Im Kontext einer Offenbarungsreligion, die ihre Lehre gleichermaßen wie ihre kirchliche Struktur am Anspruch der offenbarten Wahrheit misst, stellt dies freilich keinen Gegensatz dar, sondern erklärt nur, warum *consensus* eine zentrale Vorstellung der christlichen Kultur werden konnte, die sich von ihren römisch-rechtlichen Vorläufern markant unterschied. Aus dem Wahrheitsbezug resultiert folgerichtig ein sehr viel weiter gehender Geltungsanspruch der konsensual getroffenen Entscheidung, und vor diesem Hintergrund kann ein solcher Konsens sich auch nicht mit der einfachen Stimmenmehrheit begnügen, sondern muss tatsächlich im Sinne des unterstellten *consensus universorum* allgemeine Zustimmung verlangen. Der Wahrheitskonsens kann eben nur innerhalb bestimmter Grenzen der Mehrheitsregel folgen[193], streng genommen erforderte er die Zustimmung und Kompetenz aller Beteiligten.

Der »Richtigkeitskonsens« schließt dagegen die meisten Abstimmungs- und Entscheidungsverfahren ein, aber ebenso den Abschluss von Konsensual- und Eheverträgen. Hier gilt es, für einen konkreten Entschluss oder ein bestimmtes Handeln in gemeinsamem Willen eine übereinstimmende Entscheidung zu treffen, wobei diese Entscheidung

189) BÖHLER/RÄHME, ebd., Sp. 1257 f.

190) Vgl. dazu KOEP, Consensus (wie Anm. 32), Sp. 299 f.

191) Vgl. dazu etwa Manfred CLAUSS, Die συμφονία von Kirche und Staat zur Zeit Justinians, in: Klassisches Altertum, Spätantike und frühes Christentum. Adolf Lippold zum 65. Geburtstag gewidmet, hgg. von Karlheinz DIETZ, Dieter HENNIG und Hans KALETSCH, Würzburg 1993, S. 579–593.

192) Vgl. KOEP, Art. Consensus (wie Anm. 32), Sp. 295.

193) Zu diesem Prinzip vgl. zuletzt umfassend Egon FLAIG, Die Mehrheitsentscheidung. Entstehung und kulturelle Dynamik, Paderborn 2013.

eben durchaus Kompromisscharakter haben kann, aber nicht muss. Entscheidend ist, dass innerhalb der unter sich Konsens herstellenden Gruppe die Bereitschaft vorhanden ist, ihre Entscheidung mit einem höherwertigen Geltungsanspruch auszustatten, und die begründete Aussicht besteht, dass dies zur Annahme und Befolgung der Entscheidung führt.

Es kann nun allerdings nicht darum gehen, sämtliche in diesem Band behandelten Konstellationen und Fälle dem einen oder anderen Idealtyp von Konsens zuzuordnen. Das wäre nicht der Sinn der Bildung von Idealtypen[194)], und dagegen ließe sich selbstredend geltend machen, dass die Grenzen in einzelnen Fällen fließend sein können. Aber zumindest wird deutlich, dass die Herstellung von Konsens auf Konzilien ein Verfahren zur Herstellung eines Wahrheitskonsenses ist und daher nach einer anderen Qualität der konsensualen Entscheidung verlangt als andere Verfahren der Herstellung von Konsens. Die Strahlkraft dieser spätantiken Vorstellung wird im westgotischen Spanien[195)] und im merowingischen[196)] sowie in neuer Qualität vor allem karolingischen[197)] Frankenreich daran erkennbar, dass sie zur Definition des Politischen und des Gemeinwesens überhaupt über das Vorbild der episkopal verfassten Kirche führte[198)], in welcher *consensus* eine tragende Vorstellung war[199)].

Diese Idee sollte ihrerseits die folgenden Jahrhunderte mitprägen. Dennoch würde man historisch auf die schiefe Bahn geraten, wollte man in den prägnanten politisch-staatsrechtlichen Begriffen der Moderne einstmals theologische, erst später säkularisierte Begriffe sehen[200)]. So betrachtet, könnte das Interessante des uns interessierenden Zeitraums gerade darin liegen, die bekannte Schmittsche Entwicklungshypothese gewissermaßen umzukehren. In einer berühmten Staatsdefinition lässt Cicero im ersten Buch seines Werkes *De re publica* Scipio Africanus sagen, dass ein Staat (*res publica*) die Sache des Volkes (die *res populi*) sei – Volk (*populus*) jedoch sei nicht jede beliebig zusammengewürfelte Gruppe von Menschen, sondern die Ansammlung einer Menge, die in der Übereinstimmung des Rechts (*consensu iuris*) und der Gemeinsamkeit des Nutzens (*utilitatis communione*) vereinigt sei[201)]. Cicero integrierte in diese Definition zwar die von ihm affirmierte aristotelische Vorstellung, dass der Mensch ein *zoon politikon* sei und

194) Vgl. dazu Uta GERHARDT, Idealtypus. Zur methodischen Begründung der modernen Soziologie, Frankfurt/M 2001.

195) HARTMANN, Das Westgotenreich (wie Anm. 48), S. 108–110.

196) PATZOLD, »Konsens« und *consensus* im Merowingerreich (wie Anm. 2), S. 285–289.

197) Gerhard SCHMITZ, *Concilium perfectum.* Überlegungen zum Konzilsverständnis Hinkmar von Reims (845–882), in: ZRG Kan. 65 (1979), S. 27–54.

198) PATZOLD, Episcopus (wie Anm. 18), S. 105–253.

199) Dies hilft auch erklären, warum die karolingische Kirche großes Interesse an der westgotischen Konzilstradition zeigte, wie sie beispielsweise in der *Collectio Hispana* dokumentiert war.

200) Carl SCHMITT, Politische Theologie. Vier Kapitel zur Lehre von der Souveränität, Berlin [7]1996, S. 43.

201) Cicero, De re publica I, 39 (M. Tulli Ciceronis De re publica, De legibus, Cato maior de senectute, Laelius de amicitia, hg. von Jonathan G. F. POWELL, Oxford 2006, S. 28).

deshalb von sich aus, ohne weiteres Zutun, zur Geselligkeit neige. Aber er gab diesem Gedanken, was in unserem Zusammenhang viel wichtiger ist, eine sehr römische Wendung, indem er den *populus* als einen zweckorientierten Zusammenschluss darstellt, der auf der Übereinstimmung im Recht, dem *consensus iuris*, beruhe[202]. Das war eine Feststellung, die für die Zeit des römischen Reiches und weit darüber hinaus Bedeutung haben sollte. Das zitierte ostgotische Beispiel[203] zeugt von der Wirkmächtigkeit dieser Vorstellung des *consensus iuris*, und Harald SIEMS[204] und Christoph MEYER[205] haben das Fortleben dieser Gedankenwelt über Augustinus ›De civitate Dei‹[206] weiterverfolgt und gezeigt, wie Isidor von Sevilla auch *rex* und *imperator* in diese Welt einbezog[207]. Darüber vermittelt lässt sich eine Kenntnis dieser bedeutenden Aussage auch in einer Glosse zur ›Lex Romana Visigothorum‹ nachweisen[208], wie hiermit wohl auch die Gemeinwohlargumentationen in der langobardischen Gesetzgebung in Verbindung gebracht werden kann, als Ausdruck politischen und rechtlichen Denkens einer rudimentären Staatlichkeit[209]. Weitere Spuren sind nicht zufällig in den karolingischen Kapitularien zu greifen, wo der *consensus iuris* zur Rechtfertigung der fränkischen Gesetzgebung dienen konnte[210]. Auch die frühmittelalterliche Konsentierung der ›Lex Romana‹ und des bairischen Rechts, die Detlef LIEBS[211] und Harald SIEMS[212] eingehend dargestellt haben, zeigen, dass in der politischen und sozialen Umbruchssituation in den frühmittelalterlichen *regna* die Herstellung des *consensus iuris* durch Gesetzgebung und Rechtsaufzeichnung eine zentrale Leitidee war, eine gesamtgesellschaftlich getragene Übereinstimmung hinsichtlich bestimmter Normenbestände zu erzielen.

Wenn wir von hieraus versuchen, den Einfluss der christlichen Vorstellungswelt auf die beschriebene Entwicklung einzuschätzen, so tritt vor allem der anders begründete Wahrheitsanspruch kirchlicher Konzilien hervor. Diese lehnten sich zwar organisatorisch an das Prozedere römischer Versammlungen an, und Justinian ließ die vier ökumenischen

202) Vgl. dazu auch Hans-Peter KOHNS, *Consensus iuris – communio utilitatis* (zu Cic. rep. I 39), in: Gymnasium 81 (1974), S. 485–498.

203) Siehe oben Anm. 83 u. 84.

204) SIEMS, Herrschaft und Konsens in der ›Lex Baiuvariorum‹ (wie Anm. 89), S. 320 f.

205) MEYER, König Rothari (wie Anm. 60), S. 180, 197, 200 u. 232.

206) Augustinus, De civitate Dei XIX, 21 (Sancti Aurelii Augustini episcopi *De civitate dei* libri XXII, hgg. von Bernhard DOMBART und Alfons KALB [CC 48], Turnhout 1955, S. 687 f.).

207) Isidor, Etymologiae IX, 4, 5 (Isidori Hispalensis Etymologiarum sive originum libri XX, hg. von Wallace M. LINDSAY, Oxford 1911, Bd. 1, S. 212).

208) SIEMS, Herrschaft und Konsens in der ›Lex Baiuvariorum‹ (wie Anm. 89), S. 320 f.

209) MEYER, König Rothari (wie Anm. 60), S. 40 f.

210) SIEMS, Herrschaft und Konsens in der ›Lex Baiuvariorum‹ (wie Anm. 89), S. 321; MEYER, König Rothari (wie Anm. 60), S. 41.

211) LIEBS, Geltung kraft Konsenses (wie Anm. 57), S. 76–83.

212) SIEMS, Herrschaft und Konsens in der ›Lex Baiuvariorum‹ (wie Anm. 89), S. 320–335.

Konzilien auch im weltlichen Recht gelten[213]. Letztlich war jedoch vor allem im konziliaren Denken die Möglichkeit enthalten, angesichts der gegenüber der Antike eingetretenen rechtlichen Fragmentierung die politische Übereinstimmung im Bild der *ecclesia* auszudrücken und mit dem Konsens Gottes auszustatten.

VI. Forschungsperspektiven

Im Folgenden sollen kurz drei Themenfelder skizziert werden, in denen die Beiträge dieses Bandes weiterführende Fragen aufgeworfen haben und überhaupt die Problemgeschichte von »Recht und Konsens im frühen Mittelalter« Potential für künftige Forschungen offenbart.

IV.1. Konsens, Rechtsbegründung und »Rechtspluralität«

Rechtsethnologen haben darauf hingewiesen, dass in zahlreichen schriftlosen Gesellschaften Recht aus der Tradition, der unabgeschlossen bis in die Gegenwart reichenden Vergangenheit begründet wurde, ja von dieser im eigentlichen Sinne kaum zu trennen sei.[214] Über diese Vergangenheit herrscht, wenn man so will, so weit »Konsens«, dass dieser nicht unbedingt durch Abstimmung hergestellt werden muss. Vielfach genügt es, an die normgebende Kraft der Vergangenheit zu erinnern. Obwohl diese Eigenheit auch das frühmittelalterliche Recht bis zu einem gewissen Grad teilt[215], kontrastiert damit doch die fortwährende Betonung des Konsenses in frühmittelalterlichen Texten. Vielleicht mag man daraus sogar den Umkehrschluss ziehen, dass der Vorrat an gemeinsamen rechtlichen Traditionen in den Gesellschaften der frühmittelalterlichen *regna* vergleichsweise gering war und man daher über die Grundlagen des Zusammenlebens erst mittels Abstimmung Konsens erzielen musste. Zudem lässt sich ja gerade in der Existenz einer schriftlichen Rechtsüberlieferung ein markanter Unterschied zu denjenigen Gesellschaften namhaft machen, mit denen Ethnologen es vorzugsweise zu tun haben. Die frühmit-

213) Vgl. etwa Cod. Iust. I, 3 (*De episcopis et clericis*), 44 vom Jahr 530 (Codex Iustinianus, hg. von Paul Krüger [Corpus iuris civilis II], Berlin u. a. ⁹1915, S. 30 f.); dazu Spyridon N. Troianos, Kirche und Staat. Die Berührungspunkte der beiden Rechtsordnungen, in: Ostkirchliche Studien 37 (1988), S. 291–296, hier S. 294; Ders., Nomos und Kanon in Byzanz, in: Kanon. Kirche und Staat im christlichen Osten 10 (1991), S. 37–51, hier S. 38.

214) Rüdiger Schott, Anarchie und Tradition. Über Frühformen des Rechts in schriftlosen Gesellschaften, in: Begründungen des Rechts (wie Anm. 24), S. 22–48.

215) Womöglich zu stark betont von Jürgen Weitzel, Der Grund des Rechts in Gewohnheit und Herkommen, in: Die Begründung des Rechts als historisches Problem (wie Anm. 24), S. 137–152.

telalterlichen *regna* kennzeichnet eine bemerkenswerte normative Pluralität[216], deutlich sichtbar in den verschiedenen *leges barbarorum*, im sektorial und geographisch abgestuften Fortleben des römischen Rechts und in der Weiterentwicklung und Systematisierung des kirchlichen Rechts[217], aber auch in den regional verschiedenen *formulae*[218] und nicht zuletzt den *coniurationes*, die ihren Mitgliedern legitim erschienen, ihren Gegnern freilich nicht[219]. Überdies ist das Instrument der eidlichen Rechtsweisung vor dem Hintergrund zu sehen, dass mündlich tradiertes Gewohnheitsrecht durch einen Akt des Konsenses aktualisiert und allgemein verbindlich gemacht wurde[220]. Das Aufbrechen der Rechtseinheit des spätrömischen Imperium und die Herausbildung unterschiedlicher lokal, funktional und gentil definierter Rechtstraditionen in den Reichen des frühmittelalterlichen Westens und die zunehmende Bedeutung nicht schriftlich fixierten Rechts bildeten einen wichtigen Hintergrund dafür, dass »Konsens« zu einer zentralen Kategorie der Legitimation und der Begründung von Recht werden konnte[221]. Dieser diente dazu, solche Normen zu begründen und Verfahrensweisen zu regulieren, die man unter Rekurs auf das Herkommen allein nicht mehr regeln konnte. Ein solches zweckorientiertes Vorgehen setzte die »Übereinstimmung« gezielt als Rechtsbegründung ein. Diese Rationalität stellt sich quer zu in der Forschung verwandten Dichotomien, etwa zwischen gesetztem Recht und Rechtsgewohnheit, zwischen oral übermitteltem und schriftlichem Recht,

216) Vgl. überblicksweise Harald SIEMS, Zum Weiterwirken römischen Rechts in der kulturellen Vielfalt des Frühmittelalters, in: *Leges – gentes – regna* (wie Anm. 21), S. 231–256; DERS., Die Entwicklung von Rechtsquellen zwischen Spätantike und Mittelalter, in: Von der Spätantike zum frühen Mittelalter. Kontinuitäten und Brüche, Konzeptionen und Befunde, hg. von Theo KÖLZER und Rudolf SCHIEFFER (VuF 70), Sigmaringen 2009, S. 245–286.

217) Zum römischen Recht vgl. SIEMS, ebd. Zum kirchlichen Recht vgl. überblicksweise Hubert MORDEK, Das kirchliche Recht im Übergang von der Antike zum Mittelalter, in: Akten des 26. Deutschen Rechtshistorikertages, hg. von Dieter SIMON (Ius Commune, Sonderheft 30), Frankfurt/M. 1987, S. 455–464, sowie NOBLE, Theological Perspectives on Law and Consensus in the Writings of Gregory the Great (wie Anm. 25), S. 48 f., 50 u. 54.

218) Alice RIO, Legal Practice and the Written Word in the Early Middle Ages. Frankish *Formulae*, c. 500–1000, Cambridge 2009.

219) Otto Gerhard OEXLE, *Conjuratio* und Gilde im frühen Mittelalter. Ein Beitrag zum Problem der sozialgeschichtlichen Kontinuität zwischen Antike und Mittelalter, in: Gilden und Zünfte. Kaufmännische und gewerbliche Genossenschaften im frühen und hohen Mittelalter, hg. von Berent SCHWINEKÖPER (VuF 29), Sigmaringen 1985, S. 151–213; Corinne LEVELEUX-TEIXEIRA, Les serments collectifs (*conjurationes*) dans le droit canonique préclassique (V^{e}–XIIIe siècle), in: Oralité et lien social au Moyen Âge (Occident, Byzance, Islam): Parole donnée, foi jurée, serment, hgg von Marie-France AUZEPY und Guillaume SAINT-GUILLAIN (Centre de recherche d'histoire et civilisation de Byzance, Monographies 29), Paris 2008, S. 247–264.

220) DILCHER, Konsens (wie Anm. 22), Sp. 113 f. u.ö; ESDERS, Regionale Selbstbehauptung (wie Anm. 50).

221) MEYER, König Rothari (wie Anm. 60), S. 166 spricht in diesem Zusammenhang von einem »konsensualen Rechtsverständnis«.

aber auch zwischen Herrschaft und Genossenschaft. Denn aus der festgestellten Übereinstimmung von Personen vermag Legitimität und eben auch Recht geschaffen zu werden.

Wenn man die Art der Rechtsbegründungen in einer Gesellschaft zu deren Integrationsbedingungen in Beziehung setzt, erscheint die Herstellung von »Konsens« als eine wichtige Form, um für verschiedene Personengruppen einen verbindlichen normativen Rahmen herzustellen, auf der Ebene einer lokalen Kommunität ebenso wie auf derjenigen eines Reiches. Es hieße meines Erachtens die Bedeutung von Konsens als wirkungsvollem Prinzip der Entstehung von Recht und Legitimität gewaltig unterschätzen, wollte man dieses Prinzip vor allem funktional auf eine vorgegebene »Verfassung«, »Ordnung« oder »Herrschaft« beziehen. Das eigentlich Bemerkenswerte liegt vielmehr darin, dass es bereits im Frühmittelalter unterschiedliche Formen und Kreise der Rechtsentstehung gab, ohne dass diesen in einem wie auch immer gearteten »System«, sei es im Sinne einer politisch-administrativen Hierarchie oder einer Rechtsquellenlehre, ein fester Platz hätte zugewiesen werden können[222]. In der Freilegung der Wurzeln und Entstehungsbedingungen dieses mittelaltertypischen Rechtspluralismus liegt der besondere Erkenntniswert des frühen Mittelalters, und der Blick auf die rechtliche Bedeutung von Konsens ist hierfür besonders erhellend. Noch die bekannte spätmittelalterliche Formel »Gedinge bricht Landrecht« illustriert die rechtsbegründende Bedeutung einer auf Konsens ruhenden Vereinbarung, welche sogar bestehende Rechtsgewohnheiten zu neutralisieren vermochte[223]. Und hiermit hängt wiederum aufs engste die in der rechtshistorischen Forschung von Karl KROESCHELL angestoßene und seitdem intensiv diskutierte Frage nach der Eigenheit des mittelalterlichen Rechtsbegriffs zusammen[224].

222) Klassisch dazu die Formulierung von Karl KROESCHELL, Deutsche Rechtsgeschichte 1 (bis 1250), Opladen [10]1991, S. 149 u. 151: »Der Herrscher ist stets deutscher König, zumeist aber auch italienischer König und römischer Kaiser; seine Position als Richter und als Gesetzgeber ist im einen und im anderen Falle nicht die gleiche, und doch muß man damit rechnen, daß diese verschiedenen Rollen im Selbstverständnis des Herrschers und seiner führenden Berater miteinander verschmolzen. Andererseits ist aber die Vorstellung von ›dem Recht‹ zu einfach, weil sie dazu führt, das Recht als Normenordnung im modernen Sinn zu denken und das Problem womöglich auf die Frage zu reduzieren, ob der König über oder unter ›dem Recht‹ stehe. [...] Die differenzierte Rechtspraxis des Herrschers ist vielmehr ein Hinweis darauf, daß in verschiedenen Bereichen des Rechtslebens verschiedene Vorstellungen lebendig waren, die noch nicht von einem einheitlichen Denksystem umfaßt waren.«

223) Vgl. Hans-Rudolf HAGEMANN, Gedinge bricht Landrecht, in: ZRG Germ. 87 (1970), S. 114–189.

224) Karl KROESCHELL, Recht und Rechtsbegriff im 12. Jahrhundert, in: Probleme des 12. Jahrhunderts. Reichenau-Vorträge 1965–1967 (VuF 12), Konstanz u. a. 1968, S. 309–335; DERS., Verfassungsgeschichte und Rechtsgeschichte des Mittelalters, in: Gegenstände und Begriffe der Verfassungsgeschichtsschreibung (Der Staat, Beiheft 6), Berlin 1983, S. 47–77. Zur Einführung in die Diskussion vgl. den Sammelband: Rechtsbegriffe im Mittelalter, hgg. von Albrecht CORDES und Bernd KANNOWSKI (Rechtshistorische Reihe 262), Frankfurt/M. u. a. 2002, außerdem die in Anm. 21 genannte Literatur zum ebenfalls von Karl KROESCHELL geprägten Begriff der »Rechtsgewohnheiten«. Zum Zusammenhang von Rechtsbegriff und Konsens vgl. MEYER, König Rothari (wie Anm. 60), S. 36.

IV.2. Konsens, Selbstbindung und »Mehrebenenproblematik«

In vielen der in diesem Band behandelten Fälle und Themenfelder erfolgte der dem Konsens eigene Zustimmungsakt aus freien Stücken, in anderen Fällen hingegen nicht oder kaum[225]. Wer beispielsweise nicht bereit war, am Konsensualakt der allgemeinen Treueidleistung teilzunehmen, wurde dazu gezwungen – daran erlauben die Kapitularien, die sich auf den Treueid beriefen um neue Rechtsbestimmungen zu erlassen, keinen Zweifel[226]; und im 11. Jahrhundert konnten Leute schwer bestraft werden, die es versäumten den Gottes- oder Landfrieden zu beschwören[227]. Vor dem Hintergrund, dass Freiwilligkeit kein geeignetes Definitionsmerkmal von Konsens zu sein scheint, erlaubt der Begriff der »Selbstbindung« vielleicht mehr Flexibilität. Er drückt zunächst einmal lediglich aus, dass eine Person sich durch ihr Erscheinen und ihre Mitwirkung an einem Konsens herstellenden Akt selbst darauf verpflichtet, die Entscheidung mitzutragen. Häufig wird die fragliche Person dabei keine Wahl gehabt haben, aber das ist hier nicht der entscheidende Punkt. Viel wichtiger erscheint mir der Gesichtspunkt, dass praktisch jede Form von Staatlichkeit Elemente der Selbstverpflichtung voraussetzt, damit bestimmte Normen aus Eigenantrieb befolgt werden und deren Akzeptanz gesteigert wird[228]. Am deutlichsten tritt dies im Mittelalter zweifellos an der allgegenwärtigen Bedeutung von Versprechenseiden hervor[229]. André HOLENSTEIN hat das für den promissorischen Eid einmal treffend so formuliert: »Der promissorische Eid überführt Fremdbestimmung in Selbstzwang«.[230] Der Prozess von Beratung, Beschluss und Durchsetzung von Normen enthielt auf verschiedenen Ebenen unterschiedliche konsensuale Elemente, da die politische oder gerichtliche Gewalt nicht dazu in der Lage war, bestimmte Dinge ohne die Selbstbindung der Gegenseite durchzusetzen. Die Leute vor Ort mussten das Anliegen zu ihrer eigenen Sache machen, es ihrem Selbstverständnis integrieren. Der öf-

225) MEYER, Konsens in der Rechtsgeschichte (wie Anm. 184) S. 22; SIEMS, Herrschaft und Konsens in der ›Lex Baiuvariorum‹ (wie Anm. 89), S. 302; PATZOLD, »Konsens« und *consensus* im Merowingerreich (wie Anm. 2), S. 272 u. 290.

226) Stefan ESDERS, Treueidleistung und Rechtsveränderung im frühen Mittelalter, in: Rechtsveränderung im politischen und sozialen Kontext mittelalterlicher Rechtsvielfalt, hgg. von DEMS. und Christine REINLE (Neue Aspekte der europäischen Mittelalterforschung 5), Münster u. a. 2005, S. 25–62, hier S. 26 f.

227) Vgl. dazu Hans-Werner GOETZ, Gottesfriede und Gemeindebildung, in: ZRG Germ. 105 (1988), S. 122–144, sowie Dietmar WILLOWEIT, Die Sanktionen für Friedensbruch im Kölner Gottesfrieden von 1083. Ein Beitrag zum Sinn der Strafe in der Frühzeit der deutschen Friedensbewegung, in: Recht und Kriminalität. Festschrift für Friedrich-Wilhelm Krause zum 70. Geburtstag, hgg. von Ellen SCHLÜCHTER und Klaus LAUBENTHAL, Köln u. a. 1990, S. 37–52.

228) Vgl. dazu auch MEYER, König Rothari (wie Anm. 60), S. 172 f.

229) Vgl. Lothar KOLMER, Promissorische Eide im Mittelalter (Regensburger Historische Forschungen 12), Kallmünz 1989.

230) André HOLENSTEIN, Die Huldigung der Untertanen. Rechtskultur und Herrschaftsordnung (800–1800) (Forschungen zur Agrargeschichte 36), Stuttgart u. a. 1991, S. 52.

fentliche Akt der Selbstbindung war häufig konkurrenzlos und half die aufwändige Ausdehnung von Staatlichkeit zu begrenzen.

Dabei ist nun aber auch eine Kontrastierung von »Konsens« und »Gehorsam« höchst unproduktiv, im politischen Bereich ebenso wie demjenigen des rechtlichen Verfahrens. Die *fideles*, deren *consensus* die Könige sich so gerne versicherten, hatten sich über ihren Eid selbst zu Treue und Loyalität verpflichtet, aber dies vorausgesetzt unterstanden sie im Kriegsfall der Befehlsgewalt ihres *comes*, waren diesem also zu Gehorsam verpflichtet; dessen Banngewalt folgerte ebenso aus dem allgemeinen Treueid[231]. Mir scheint, wenn man dieses Ineinandergreifen von autoritativen und konsensualen Elementen mehr in den Blick nähme, böte sich ein Ausweg aus verhärteten Debatten über den staatlichen oder nicht-staatlichen Charakter der frühmittelalterlichen *regna*[232]. Aber auch für die Durchsetzung von Recht ist viel zu gewinnen, wenn man sich das legitimierende Verfahren prozesshaft vorstellt: Um im Falle eines Konfliktes zu verhindern, dass dieser in einer Spirale der Gewalt ausuferte und immer größere Kreise zog, lud man die Parteien feierlich vor, ließ von der Gerichtsversammlungen Sanktionen verhängen für den Fall, dass eine Seite nicht erschien. Vor der Versammlung wurde die Urteilsfrage präzise gestellt und die Beweisrolle verteilt. Manchmal waren es zweizüngige Urteile mit der Aufforderung, entweder den Reinigungseid oder ein Erfüllungsgelöbnis zu leisten. Eine nachmalige Weigerung konnte entsprechend als Bruch des eigenen Versprechens verstanden werden, den zu ahnden Gott als Zeuge angerufen worden war. Das schrittweise Vorgehen und die Einbeziehung des Eides verquickten bewusst Recht und Religion sowie verschiedene Formen von »Öffentlichkeit« miteinander. Dies kanalisierte die Handlungsspielräume der Parteien, und, vielleicht noch wichtiger, es engte auch die diskursiven Spielräume ein: Welches höhere Gut konnte denn den Bruch eines selbst gegebenen Versprechens rechtfertigen? Diese Frage hat ja bis in unsere Gegenwart immer wieder höchste Brisanz.

Man könnte dasselbe ebenso für andere Bereiche durchspielen: Immer geht es um die Überführung von Fremdbestimmung in Selbstverpflichtung, um die gesellschaftliche Verobjektivierung der Verfahrensschritte und um die Einengung diskursiver Spielräume,

231) Esders, Treueidleistung und Rechtsveränderung (wie Anm. 226), S. 50–54; Katrin Bayerle, Einsatzfelder des weltlichen Bannes im Frühmittelalter, in: Von den *leges barbarorum* bis zum *ius barbarum* des Nationalsozialismus. Festschrift für Hermann Nehlsen zum 70. Geburtstag, hgg. von Thomas Gutmann, Mathias Schmoeckel, Hans-Georg Hermann, Viktor Agartz, Joachim Rückert, Hans-Georg Herrmann und Harald Siems, Köln 2008, S. 13–34; Gerhard Dilcher, Die Zwangsgewalt und der Rechtsbegriff vorstaatlicher Ordnungen im Mittelalter, in: Rechtsbegriffe im Mittelalter (wie Anm. 224), S. 111–153. Zum Begriff der *districtio* im kirchlichen Recht vgl. Noble, Theological Perspectives on Law and Consensus in the Writings of Gregory the Great (wie Anm. 25), S. 54 f.

232) Zum Status quaestionis: Stuart Airlie/Walter Pohl/Helmut Reimitz (Hgg.), Staat im frühen Mittelalter (Forschungen zur Geschichte des Mittelalters 11), Wien 2006; Walter Pohl/Veronika Wieser, Der frühmittelalterliche Staat – Europäische Perspektiven (Forschungen zur Geschichte des Mittelalters 16), Wien 2009; vgl. auch Christoph Meyer, Zum Streit um den Staat im frühen Mittelalter, in: Rechtsgeschichte – Legal History 17 (2010), S. 164–175.

die Einengung der Begründbarkeit alternativer Handlungsweisen als der konsentierten, so dass dem Votum der Mehrheitsgesellschaft nur schwerlich etwas entgegenzusetzen war. Hieran wird aber auch deutlich, dass es gilt, soweit als möglich den Akt der Herstellung von Konsens als Teil einer Handlungskette zu verstehen, die namentlich im Bereich dessen, was wir als »Politik« und »Verwaltung« zu trennen geneigt sind, über mehrere verschiedene Stufen und Ebenen ablief[233]. Ein Beispiel soll dies verdeutlichen: Nach einem fränkischen Formular der Sammlung Marculfs aus dem 7. Jahrhundert sollten alle *pagenses* dem König und seinem Sohn (wohl Dagobert I. und Sigibert III.) *fidelitas et leudesamio* schwören[234]. Der Treueid der *leudes* wurde zum Vorbild für die gesamte Bevölkerung. Das Formular zeigt, dass die Einsetzung des Königssohnes »in Übereinstimmung mit unseren Vornehmen« (*una cum consensu procerum nostrorum*), das heißt wohl im Konsens mit den kirchlichen und weltlichen Großen erfolgte. Sehr wahrscheinlich war es die Situation des Jahres 633/34, der das Vereidigungsformular der Sammlung Marculfs seine Entstehung verdankte[235]. Wir erfahren zu diesem Jahr aus der Fredegarchronik, dass König Dagobert auf Anraten der Bischöfe und vornehmen Leute und unter Zustimmung aller »Primaten« seines Reiches (*cum consilio pontevecum seo et procerum omnesque primatis regni sui consencientebus*) seinen Sohn Sigibert III. als austrasischen Unterkönig eingesetzt habe, diese Maßnahme im Kontext einer militärischen Reorganisation der merowingischen Ostgrenze stand und damit auch die Schaffung eines *thesaurus* und die Bekräftigung von Privilegien verbunden war[236]. Das Marculf-Formular, das hierauf zu beziehen ist, ordnete an, dass der örtliche Graf, an den sich das Schreiben richtete, in den Städten, Festungen und Dörfern seines Sprengels die Bevölkerung versammeln sollte, um sie, wie es ausdrücklich heißt, ungeachtet ihrer ethnischen Herkunft auf den König und seinen Sohn zu vereidigen. Zu diesem Zweck sollte der *missus* sogar Reliquien vor Ort mitbringen, das heißt die Reliquien schufen eine vertikal ausgerichtete Schwurkommunität, sofern sie am Ort blieben. Das war ein stark hierarchisierter Konsensakt, der lokale Kollektive von Getreuen schuf und über verschiedene Entscheidungen einen Konsens herstellte, der letztlich in der lokalen Kommunität zu beachten war, auch nachdem *missus* und Graf diese bereits wieder verlassen hatten. Dieser Konsens überlagerte bewusst eth-

233) Grundlegend hierzu die Überlegungen zu fränkischen Versammlungen von WICKHAM, Consensus and Assemblies in the Romano-Germanic Kingdoms (wie Anm. 29), S. 405–415.

234) Marculf, Formulae I, 40 (Formulae Merovingici et Karolini aevi [wie Anm. 167], S. 68). Vgl. dazu Stefan ESDERS, Les implications militaires du serment dans les royaumes barbares (V^{e}–VIIe siècles), in: Oralité et lien social au Moyen Âge (wie Anm. 219), S. 17–24, hier S. 24–26, sowie HAUBRICHS, *Leudes, fara, faramanni* und *farones* (wie Anm. 165), S. 247 Anm. 41, und PATZOLD, »Konsens« und *consensus* im Merowingerreich (wie Anm. 2), S. 275 f.

235) Vgl. Bruno KRUSCH, Der Staatsstreich des fränkischen Hausmeiers Grimoald I., in: Historische Aufsätze Karl Zeumer zum 60. Geburtstag als Festgabe dargebracht von Freunden und Schülern, Weimar 1910, S. 411–438, hier S. 414 f.

236) Fredegar, Chronicon IV, 75 (Chronicarum quae dicuntur Fredegarii scholastici libri IV [wie Anm. 173], S. 158 f.).

nische Unterscheidungen, die es innerhalb der Gesellschaft weiterhin gab, die Loyalität zum König neutralisierte die bestehenden rechtlichen Zuordnungen bis zu einem gewissen Punkt. Das Ganze erscheint also bei näherer Betrachtung als ein höchst vielschichtiger Prozess, der wahrscheinlich sogar noch komplexer war, als diese beiden Quellenzeugnisse es erahnen lassen. Denn in denselben zeitlichen und regionalen Kontext fällt offenkundig auch die Aufzeichnung der ›Lex Ribuaria‹ für die im Rheinland lebende Bevölkerung[237]. Trifft diese Vermutung zu, so haben wir hier für ein einziges Jahr drei verschiedene Quellen, die das Konsenshandeln auf mehreren Ebenen zeigen: der König regelt mit seinen Optimaten und *leudes* die Thronfolge beziehungsweise Regentschaft für seinen minderjährigen Sohn, dessen Einsetzung von den lokalen Magnaten gefordert wird; dann die Schaffung eines eigenen Teilreiches samt fiskalischer Ausstattung mit dem Zentrum Metz, daraufhin der Treueid in den Grafschaften, womöglich durch Reliquientranslationen verstärkt; zuletzt die Aufzeichnung des Rechts in der ›Lex Ribuaria‹ mit der Fixierung der Rechtspersonalität bei gleichzeitiger Betonung der Gültigkeit von Königsurkunden, von Rechtsgrundsätzen zur Infidelität, zum Militärdienst und zum Königsbann[238]. Die Herstellung des Konsenses war eine höchst komplexe Angelegenheit, und er wurde im konkreten Fall gleichsam schrittweise hergestellt, auf jeder Ebene in unterschiedlicher Weise. König Dagobert hat sich also keineswegs nur, wie ihm der Verfasser der Fredegarchronik unterstellte[239], um die Füllung seines Geldspeichers bemüht, sondern war zugleich ein außerordentlich bedeutsamer Rechtspolitiker, als der er ja auch in

237) Vgl. in diesem Sinne Franz Beyerle, Zum Kleinreich Sigiberts III. und zur Datierung der *Lex Ribuaria*, in: Rheinische Vierteljahrsblätter 21 (1956), S. 357–361; Eugen Ewig, Die Stellung Ribuariens in der Verfassungsgeschichte des Merowingerreiches (1969), in: Ders., Spätantikes und fränkisches Gallien. Gesammelte Schriften (1952–1973), Bd. 1 (Beihefte der Francia 3,1.), Zürich/München 1976, S. 450–503, hier S. 463 ff.. Nicht überzeugt hat mich die Datierung der Lex in das spätere 7. Jahrhundert durch Matthias Springer, *Riparii* – Ribuarier – Rheinfranken nebst einigen Bemerkungen zum Geographen von Ravenna, in: Die Franken und die Alemannen bis zur ‚Schlacht bei Zülpich' (496/97), hg. v. Dieter Geuenich [RGA, Erg.bd. 19] Berlin/New York 1998, S. 200–269, hier S. 224 f. u. 228. – Hubert Mordek, Die Hedenen als politische Kraft im austrasischen Frankenreich, in: Karl Martell in seiner Zeit, hgg. von Jörg Jarnut, Ulrich Nonn und Michael Richter (Beihefte der Francia 37) Sigmaringen 1994, S. 345–366, hier S. 359, hat damit den Thüringerherzog Heden (II?) in Verbindung gebracht und die Redaktion später datiert, allerdings kommen in der ›Lex Ribuaria‹ gar keine Thüringer vor, so dass ich weiterhin der alten Auffassung zuneige. Vgl. auch Karl Ubl, Inzestverbot und Gesetzgebung. Die Konstruktion eines Verbrechens (300–1100) (Millennium-Studien 20), Berlin u. a. 2008, S. 188 Anm. 329, der ebenfalls Mordeks Datierung widerspricht und die Aufzeichnung der Lex in den Kontext des Jahres 623 setzt.
238) Vgl. zusammenfassend demnächst Stefan Esders, La loi ripuaire, in: Les lois barbares, hgg. von Sylvie Joye, Marcelo Cândido da Silva und Bruno Dumézil (im Druck).
239) Fredegar, Chronicon IV, 60 (Chronicarum quae dicuntur Fredegarii scholastici libri IV [wie Anm. 173], S. 150 f.); vgl. Christoph Wehrli, Mittelalterliche Überlieferung von Dagobert I., Bern u. a. 1982, S. 22 f. u. 29.

den Prologen mehrerer *leges* und vielleicht auch den Spuren eines vieldiskutierten Königsgesetzes in Alamannien und Bayern in Erscheinung tritt[240].

Dieses Beispiel macht deutlich, wie vielschichtig die unterschiedlichen Vorgänge der Beratung, Aushandlung, Entscheidung und Anerkennung gewesen sein müssen, wie diese ineinandergriffen und welche Rolle der unter und mit verschiedenen Gruppen herzustellende Konsens besaß, um über mehrere Ebenen hinweg neue politische und rechtliche Organisationsstrukturen zu etablieren. Die traditionelle verfassungsgeschichtliche Fixierung auf das Zusammenwirken von »König« und »Großen« beziehungsweise »Adel« verstellt den Blick auf diese »Mehrebenenproblematik« und blendet deren gesamtgesellschaftliche Implikationen allzu leicht aus.

IV.3. Konsens und »Text«

Mehrere Beiträge des vorliegenden Bandes machen deutlich, dass es nicht ausreicht, die frühmittelalterlichen Quellen, wenn sie über *consensus* berichten, als Steinbruch zu benutzen, um daraus Institutionalisierungen und Vorstellungen von »Konsens« zu rekonstruieren. Vielmehr bedienten sich, wie bereits Jürgen HANNIG erkannt hatte, zahlreiche Texte bestimmter Strategien, um »Konsens« zu funktionalisieren.[241] Auch wenn HANNIGS Methode, dies als realitätsfernen, »topischen« Überbau zu enttarnen, heute einhellig abgelehnt wird, verdient doch seine Herangehensweise, den in frühmittelalterlichen Zeugnissen gegebenen Hinweis auf *consensus* und ähnliches als integrativen Bestandteil der argumentativen Struktur und Aussageabsicht von Texten zu verstehen, weiterhin Beachtung.

In ihren Beiträgen weisen Detlef LIEBS[242], Christoph MEYER[243] und Harald SIEMS[244] auf die Bedeutung der Prologe frühmittelalterlicher Rechtssammlungen hin, darauf, dass man den darin enthaltenen vermeintlichen »Topoi« durchaus eine über das »rein Literarische« hinausgehende, eine Form von »Wahrheit« ausdrückende Funktion zubilligen muss und dass es sich nicht selten lohnt, auch die in den *leges* zu findenden Rechtsbegründungen zusammen mit den Prologen zu betrachten; überdies konnten Texte wie der berühmte Prolog zur ›Lex Baiuvariorum‹ mit unterschiedlichen anderen Texten kombiniert werden. »Topoi« sind Konsens, das konnte man der antiken Rhetorik entnehmen,

240) Heinrich BRUNNER, Über ein verschollenes merowingisches Königsgesetz des 7. Jh. (1901), in: DERS., Abhandlungen zur Rechtsgeschichte. Gesammelte Aufsätze, Weimar 1931, Bd. 1, S. 598–628.

241) HANNIG, *Consensus fidelium* (wie Anm. 59), S. 42–93 u. ö.

242) LIEBS, Geltung kraft Konsenses (wie Anm. 57), S. 65–67.

243) MEYER, Konsens in der Rechtsgeschichte (wie Anm. 184), S. 43–45, DERS., König Rothari (wie Anm. 60), S. 173–190.

244) SIEMS, Herrschaft und Konsens in der ›Lex Baiuvariorum‹ (wie Anm. 89), S. 313 f., 324, 327–334 u. 358–360.

»Gemeinplätze« eben, die mit bestimmten Erwartungshaltungen korrespondieren und insofern in einem bestimmten, keineswegs nur »ideologischen« Verhältnis zur Wirklichkeit stehen[245]. Der Berufung auf Konsens sind dann aber auch andere Formen der Rechtsbegründung an die Seite zu stellen, etwa der Rekurs auf allgemeine, bis zu einem gewissen Grad universalisierbare Werte (Gemeinnutzen, religiöse Glaubensgebote und Vorstellungen)[246], die ebenfalls weit mehr darstellen als lediglich eine Art »Ideologie«[247]. Rechtliche wie außerrechtliche Rechtsbegründungen sind vor diesem Hintergrund zweifellos der augenfälligste Niederschlag eines allgemeinen Bemühens, die Aufzeichnung des Rechts zu legitimieren[248] und der Geltung von Normen höchstmögliche Plausibilität und Akzeptanz zu verleihen. Auch Text- und Bibelzitate zählen in diesem Sinne zu den konsentierbaren Topoi[249], die Übereinstimmung mit der offenbarten Glaubenswahrheit suggerieren.

Für bestimmte narrative Quellen, zum Beispiel die fränkischen Reichsannalen, ist hervorgehoben worden, dass sie in ganz auffälliger Weise betonen, wie die karolingischen Herrscher im Einvernehmen mit ihren Großen handelten, Reichsversammlungen einberiefen und so weiter. »Konsensualität« wird dabei in historiographischen Texten zu einer diskursiven Strategie, etwa im ›Liber historiae Francorum‹, wie Steffen Patzold gezeigt hat[250]; seinen Erkenntnissen sind diejenigen von Helmut Reimitz an die Seite zu stellen, der auf subtile Weise die den historiographischen Narrativen zugrundeliegenden Kommunitäts- und Identitätsentwürfe herausgearbeitet hat[251]. Dort, wo frühmittelalterliche Geschichtsschreiber den Konsens betonen, ist dies weniger deskriptiv zu verstehen denn als Teil ihres historiographischen Strebens nach einer legitimierenden Aussage, als pointierter Ausdruck ihres »Gerechtigkeitsnarrativs«.

245) Dazu besonders Meyer, König Rothari (wie Anm. 60), S. 166–173.

246) Vgl. dazu auch Noble, Theological Perspectives on Law and Consensus in the Writings of Gregory the Great (wie Anm. 25), S. 55, 59 u. ö.

247) Siehe dazu unten Abschnitt 4.3.

248) Meyer, Konsens in der Rechtsgeschichte (wie Anm. 184), S. 44.

249) Dazu Noble, Theological Perspectives on Law and Consensus in the Writings of Gregory the Great (in diesem Band), S. 48 u. 60.

250) Patzold, »Konsens« und *consensus* im Merowingerreich (wie Anm. 2), S. 294 f.

251) Helmut Reimitz, *Omnes Franci.* Identifications and Identities of the Early Medieval Franks, in: Franks, Northmen, and Slavs. Identities and State Formation in Early Medieval Europe, hgg. von Ildar H. Garipzanov, Patrick J. Geary und Przemyslaw Urbanczyk (Cursor Mundi 5), Turnhout 2008, S. 51–70; Ders., The Providential Past. Visions of Frankish Identity in the Early Medieval History of Gregory of Tours' Historiae (sixth–ninth century), in: Visions of Community in the Post-Roman World. The West, Byzantium and the Islamic World, 300–1100, hgg. von Walter Pohl, Clemens Gantner und Richard Payne, Aldershot 2012, S. 109–136.

V. Schlussbemerkung

Das Thema »Recht und Konsens im frühen Mittelalter« ließ eine breite Vielzahl unterschiedlicher Rechts- und Konsensvorstellungen erkennen. Die beiden Idealtypen des Wahrheits- und Richtigkeitskonsenses bieten die Möglichkeit, das Spektrum und die Eigenart von Konsensvorstellungen im frühmittelalterlichen Zeitraum besser zu verstehen. Die römisch-rechtliche Vorstellung, dass aufgrund der Willensübereinstimmung von Personen »Recht« geschaffen werden kann, und die in der Kirche etablierte Idee, dass Bischofsversammlungen in einem aufwändigen Verfahren einen Wahrheitskonsens herzustellen in der Lage sind, verkörpern zwei wichtige antike Prinzipien, die an »das frühe Mittelalter« weitergegeben wurden und dabei im Falle des erstgenannten durch die christliche Willenslehre noch einmal überformend verstärkt wurden[252]. Doch erklärt sich ihre Bedeutung nur, wenn man zugleich die sich im Übergang von der späten Antike zum frühen Mittelalter vollziehenden politischen und gesellschaftlichen Veränderungsprozesse berücksichtigt. Letztlich waren sie es, welche den Zusammenhang von »Recht und Konsens« auf einen so fruchtbaren Boden fallen ließen: Hierzu ist das Aufbrechen der relativen Rechtseinheit des römischen Imperium zu rechnen, weshalb vor dem Hintergrund des frühmittelalterlichen Rechtspluralismus einer rein traditionalen Normenbegründung innerhalb der neuen *regna* von vornherein Grenzen gezogen waren. Der herzustellende Konsens stellte vor diesem Hintergrund ein wichtiges Instrument der Begründung beziehungsweise Neubegründung von Normen dar. Ihm ist der Rekurs auf generalisierbare und daher konsensfähige Werte (*utilitas publica* und so weiter) an die Seite zu stellen, die ebenfalls als Begründung von Normen und Recht fungierten.

Die herausgestellte Bedeutung des konziliaren Vorbildes für die politische Organisation ist auch damit zu erklären, dass das antike Modell des Zusammenwirkens von Herrscher und Bischofskirche ein wichtiges Integrationsmodell verkörperte. Die nachrömischen Herrscher entschlossen sich in ihren kleineren Reichen dazu, die antike Reichsreligion zu adaptieren. Es ist kein Zufall, dass die römischen Provinzstrukturen bereits im frühen Mittelalter vielerorts bald nur mehr im Rahmen der Kirche fortbestanden, während im weltlichen Bereich sich auf lokaler Ebene die *civitates* verselbständigten, die *pagi* aus ihrer Zuordnung zu den *civitates* lösten und im ländlichen Raum neue, stärker von militärischen Erfordernissen geprägte Formen des Zusammenlebens und Versammlungswesens entstanden, die den veränderten Stadt-Land-Beziehungen Rechnung trugen. Die antiken Traditionen und die Veränderungen der Umbruchszeit, weniger der Import nördlicher oder gar germanischer Versammlungsformen sorgten dafür, dass der Herstellung von Konsens auf verschiedenen Ebenen und in unterschiedlichen Kontexten eine erhebliche Bedeutung zukam.

252) Dazu Behrends, Treu und Glauben (wie Anm. 103).

Das Rahmenthema »Recht und Konsens« eröffnete, so ist zu resümieren, eine erhebliche Breite und Divergenz von Konsensvorstellungen, die weit über den engeren Bereich des Politischen hinausgehen und vielleicht auch Geschichte und Rechtsgeschichte wieder etwas enger miteinander ins Gespräch bringen können. Vor allem der Gedanke, dass »Konsens« bereits im Frühmittelalter an ganz verschiedenen Stellen der Gesellschaft »Recht« entstehen lassen und dessen Geltung garantieren konnte, rät davon ab, hier an ein »System« zu denken oder die unterschiedlichen Rechtsentstehungsformen sogleich und ausschließlich auf einen größeren, womöglich erst viel später entstandenen »politischen« Rahmen zu beziehen – mag man diesen nun »Herrschaft«, »Ordnung« oder »Verfassung« nennen. František GRAUS und ihm folgend Karl KROESCHELL hatten Otto BRUNNER für dessen in ›Land und Herrschaft‹ entworfenes Bild der mittelalterlichen »Sozialverfassung« kritisiert, vor allem dafür, dass dieser darin »das Recht durch die Herrschaft ersetzt« habe[253]. Im Titel des vorliegenden Bandes ›Recht und Konsens im frühen Mittelalter‹, dessen Ausgangsfrage von der Formel »konsensuale Herrschaft« angeregt war, ist der Begriff der »Herrschaft« nun wiederum durch denjenigen des »Rechts« ersetzt worden. Erst vor diesem Hintergrund kann der Konsensbegriff sein eigentliches analytisches Potential entfalten, seine Ambivalenz sichtbar werden lassen und die eigentümliche Kraft verdeutlichen, die dieser besonderen Form der Herstellung von Legitimität im Mittelalter zu eigen war. Die so gewonnene Perspektive erlaubt es, sich für die Pluralität der Legitimitätsstrukturen und die besonderen Legitimationsprobleme frühmittelalterlicher Gesellschaften und Reiche zu sensibilisieren und nicht der in der verfassungsgeschichtlichen Tradition begründeten, offenbar akuten Versuchung zu erliegen, rechtliche Normen einfach mit »Machtstrukturen« gleichsetzen oder genau umgekehrt der »rechtlichen Norm« die angeblich diametral verschiedene »historische Praxis« entgegenhalten zu wollen. Das würde am Ende vielleicht am meisten dazu beitragen, der, wie ich finde, in den letzten Jahrzehnten weit über das sachliche und methodisch Gebotene hinausgehenden Entfremdung zwischen Historie und Rechtshistorie entgegenzutreten[254].

253) František GRAUS, Die Gewalt bei den Anfängen des Feudalismus und die »Gefangenenbefreiungen« der merowingischen Hagiographie, in: Jahrbuch für Wirtschaftsgeschichte 1 (1961), S. 61–156, hier S. 63 Anm. 11; zustimmend dazu KROESCHELL, Verfassungsgeschichte und Rechtsgeschichte des Mittelalters (wie Anm. 224), S. 47–77, hier S. 57.
254) Von fast schon zeitloser Beispielhaftigkeit und Originalität: Recht und Schrift im Mittelalter, hg. von Peter CLASSEN (VuF 23), Sigmaringen 1977.

Register

Orte

Personen

Abkürzungen: Bf.: Bischof, hl.: heilige(r), Hm.: Hausmeier, Hzg.: Herzog, Jur.: Jurist, Kg.: König, Kgn.: Königin, Ks.: Kaiser, Ksn.: Kaiserin, P.: Papst, Patr.: Patriarch, Ps.: Pseudo